# All Over クトゥルー

## クトゥルー神話作品大全

森瀬 繚 著

JN158057

三才ブックス

## 日本のクトゥルー神話界の大立者

# 菊地秀行

## インタビュー

**１９８０年代から現在に至るまで、日本のクトゥルー神話展開を牽引してきた作家の一人であり、先頭を切ってＨ・Ｐ・ラヴクラフトゆかりのニューイングランド地方への巡礼を果たしたマルチジャンルの小説家、菊地秀行。ラヴクラフト、そしてクトゥルー神話をこよなく愛する彼に、幼少期に遡る思い入れのほどを、存分に語っていただいた。**

※このインタビューは、２０１１年に収録されたものです。

2011年9月某日、都内の居酒屋で、タコをやっつける菊地先生のお姿。撮影・小島眞治

聞き手・森瀬 繚
協力・植草昌実

### §怪奇物語との出会い§

——菊地先生がクトゥルー神話作品に最初に接したのは、講談社の児童向け雑誌『ぼくら』に掲載された「怪物のすむ町」だというお話ですね。

**菊地**　「インスマス」の翻案ですね。大伴昌司※1さんの文で、映画の『大アマゾンの半魚人』が、背広着て松明持ってるイラストがついていた。載ったのはいつでしたっけ。

——1963年10月号です。

**菊地**　ということは、14歳の時か。懐かしいなあ。うちでとってた本は毎月

「怪物のすむ町」が掲載された、講談社の児童向け漫画雑誌『ぼくら』１９６３年１０月号。『マガジン』の前身である。

※1　大伴昌司　1960年代以降、SF・映画分野においてライター・編集者として活躍した人物。『ウルトラQ』の頃から円谷特技プロダクションに協力し、児童向け雑誌の関連記事を数多く執筆した。『ぼくら』以外に、少年画報社の『少年画報』1967年5・6月号でも「インスマスを覆う影」の翻案「幽霊町のカエル人間」を手がける。

7日発売の『少年』だったんですけど、『ぼくら』と『マンガ王』は5日発売でちょっと早かったのね。だから、本屋で立ち読みしてました。（笑）

――『宇宙船』[※2]での連載で、写真入りで内容を紹介されていたので、てっきり当時から大事にとっておかれたのかと。ラヴクラフトの名前も、この作品で知ったのでしょうか？

**菊地**　違いますね。当時は「あー、半魚人が出て来るんだ」くらい。

――怪奇小説を好んで読まるようになったのも、その頃から？

**菊地**　ぼくは49年生まれなんですけど、物心ついた頃には全然、小説なんか出てなかったんですよ。映画は時たま来るんですけどね。で、ようやく本屋で見つけたのが『世界怪談名作集』でね。岡本綺堂の翻訳を子供向けに改稿した一冊。あれで一番怖かったのは、寝台の上に水死人が帰ってくるっていう、「上床」（注：これは原典のタイトル。以下同じ）ってやつですね。

――フランシス・マイロン・クラウフォードですね。13巻の。

**菊地**　あれとね、ビアスの「妖物」ってやつかな。あの2作がダントツで印象に残ってたな。怪物が好きなんで。プーシキンの「スペードの女王」なんかも入ってて、あれもまあ面白かったけど、怖かったかというとね。

――「スペードの女王」は、どちらかというとオカルト小説ですよね。

**菊地**　とにかく、毎日本屋に通って読み漁ったんですよ。親父に「ちょっと買ってくれ」と言えなくて。自分も好きなくせに「勉強もしないで」って怒るんでね。しようがないから毎日、本屋の一番奥の棚でこそこそ読んでてね、読んでるうちに日が暮れてお袋が探しに来たんですよ。

――海外の怪奇小説をまとめて読んだ、最初の機会であったと。

**菊地**　まあ、その前にマンガがありました。小学館の『面白ブック』、光文社の『少年』、秋田書店の『冒険王』。あとは少年画報社の『少年画報』とか。あのへんの雑誌は絵物語で怪奇小説とか怪獣物とか、毎月のように載ってたんですよ。イラストがまた凄くてね。

――石原豪人さんや樺島勝一さんがバリバリ仕事されていましたね。

**菊地**　うろ覚えだけど、「タコ島の魔女」とかいうのがあって、これがまた怖かった。戦争中に軍隊がタコ島っていう小さな島に行くんですよ。そこには吸血魔女が住んでて、気に入った一人と、逃げ延びた一人を除いてみんな殺しちゃう。で、その逃げ延びた一人が、ヨシト君っていう主人公のところにやってきて、「お父さんの日記がある、これを買ってくれ」と。

――それで、生存がわかるんですね。

**菊地**　そうそう。ヨシト君はそれで知り合いの小説家と一緒にタコ島に乗り込むんだけど、この小説家がどういうわけか居合か何かの使い手なのね。

――突然、菊地作品っぽく。（笑）

**菊地**　イラストでも総髪でね、着物を着てるわけですよ。で、船で島に向かっているところで大蛸が出て来る。ヨシト君はお母さんにもらったお守りを

※2『宇宙船』　1980年に朝日ソノラマから創刊された、特撮・SF雑誌で、小説家デビュー以前の菊地氏が「X君」という筆名で映画紹介ライターとして参加していた。1985年4月号に「クトゥルフ神話入門講座①　入り口について」を皮切りに（同講座の②〜④は仁賀克雄が担当した）、1988年までクトゥルー神話関連の記事を寄稿していた。『宇宙船』での記事は、創土社から2017年に刊行された『邪神金融街〈クトゥルー短編集〉』に収録されている。

開いて、観音経を読み上げると退散しちゃう。まだまだ続くんですけど、そんな話を喜んで読んでました。

——ある意味、クトゥルー神話っぽい絵物語ですね。僕も探してみます。

【編注：この作品については、ついに該当作が見つかりませんでした。ご存知の方は是非、ご連絡ください】

**菊地**　H・P・ラヴクラフトという名前をはっきりと意識したのは、まだ銚子に住んでいた頃で、早川の『幻想と怪奇』の2巻だったかな。あれの新版[※3]で読んだんですよ。

——たしかに、「ダンウィッチの怪」が収録されていますね。「インスマスを覆う影」の方の初読は？

『幻想と怪奇』シリーズは当初、早川書房の世界探偵小説全集（ハヤカワ・ポケット・ミステリ）のレーベルで刊行された。

**菊地**　東京創元社の『ラヴクラフト傑作集』[※4]の第1巻だったかな。あれで遅まきながら「ああ、これだったのか」と思ったか、それとも誰かから話を聞いたのか……それと、『ミステリマガジン』にも「クトゥルーの呼び声」の翻訳が載りましたよね。

——1972年に、矢野浩三郎さんの翻訳で3回に分けて掲載されましたね。

**菊地**　そうそう。そんな感じで、ラヴクラフトという作家の小説をぼつぼつ読み始めたわけです。その後、東京に出て予備校生になった頃に、創元の『世界怪奇小説傑作集』を高田馬場の本屋で見つけて、小踊りして読んだ記憶があります。

## §聖地巡礼の思い出§

——菊地先生は、80年代に二回、ニューイングランド地方に行かれたという話を、『宇宙船』の連載で紹介されていました。一回目の1982年9月は、先生が『魔界都市〈新宿〉』で小説家デビューをされたまさにその月です。お祝いとか、そういう意図があったのでしょうか？

**菊地**　いや、まったく偶然でしたね。ただ、帰ってきた日が25日で、私の誕生日だったんですよ。で、空港の本屋で本当に発売されているのを見つけたんで、「やった」って空港の寿司屋で祝杯をあげはしました。あの時は、女房の友達が結婚して、マサチューセッツ州のアムハースト（アマースト）って町にいて、訪ねることになったんで

菊地氏が映画ライターとして参加していた、朝日ソノラマ社のSF・特撮雑誌『宇宙船』の創刊号（1980年2月）。

※3『幻想と怪奇』三崎書房、歳月社から刊行された同名の怪奇・幻想小説雑誌ではなく、1956年に早川書房から世界探偵小説全集（ハヤカワ・ポケット・ミステリ）のレーベルで刊行された、全2冊のアンソロジー『幻想と怪奇―英米怪談集―』のこと。第2巻に、塩田武訳の「ダンウィッチの怪」が収録されている。その後、幾度か版を変えていて、1976年の時点では第5版。その後、文庫化もされた。

すよ。女流詩人のエミリー・ディキンソンが、部屋にこもりっきりで家から出ず、一生を過ごしたという町なんですがね。それでまあ、せっかくニューイングランドに行くなら、プロヴィデンスにも行こうよと。

――今ならネットでラヴクラフト縁の土地や住所を簡単に調べられますが、当時は大変でしたでしょうね。

**菊地**　サンフランシスコのファンタジー・エトセトラっていう古書店で、Lovecraft's Providence and Adjacent Partsって写真入りの紀行文みたいなのを見つけてね、それを参考にして行ったんですよ。

――『妖神グルメ』を出されたのは1984年ですから、ニューイングランド地方の描写にはこの時の経験が反映されていますよね。

**菊地**　そうですね。うん、町の感じには出てるんじゃないかな。まあでも、最初にプロヴィデンスに行った時はちょっとショックでしたね。ボストンからアムトラックって高速鉄道で一時間ほどだったんですが、到着してみれば、なんか近代都市って感じなんですよ。

――駅の周囲は官庁街で、見た感じは普通のビジネス街ですよね。(笑)

**菊地**　それで、駅舎から降りていくと、遠くに丘みたいなのが見えて、古風な家が建ち並んでる。「ここだ!」って思いましたね。

――自分の時はイースト・サイドから入ったので、官庁街は最後でした。

**菊地**　ああ、それはよかった。あれは、ちょっと絶望しますよ。

――ただ、古風な住宅街の方も結構広いですよね。「チャールズ・デクスター・ウォード事件」にある散歩コースに沿って歩いてみたのですけど、何時間もかかりました。これを毎日続けてたとすると、ものすごい健脚だなと。

**菊地**　あれすごいですよね。こちらはもう最初っから構えちゃってたわけですが、町中まで行きますとそれなりに綺麗で、地図を見ながら丘の近くまで行くと公園があったりしまして、だんだん気分が出てくるんですよね。

――プロヴィデンス、ボストン、セイラムと回られたということですが、キングスポートのモデルになった東海岸沿いのマーブルヘッドなどは?

**菊地**　一回目の時は、そこまでは行きませんでしたね。

――「インスマスを覆う影」に出てくるボストン・アンド・メイン鉄道の廃線の写真をとられたのは……。

**菊地**　あれは二回目の時ですね。ただね、あの線路のポジ・フィルム、出版社になくされちゃったんですよ。1点しかないのに。

ソノラマ文庫初期の作品である『妖神グルメ』は、2000年2月にソノラマ文庫ネクストのレーベルから改めて刊行された。

※4『ラヴクラフト傑作集』東京創元社から1974年に刊行された、雑誌やアンソロジーなどで翻訳されたものを中心に集めた、H・P・ラヴクラフトの作品集。全2巻。1984年春に『ラヴクラフト全集』第3巻が刊行されるタイミングで、『ラヴクラフト全集』の第1、2巻としてリニューアルされている。

——あんなに貴重なものを！　あれ、たぶんもう残っていませんよね。

**菊地**　菓子折り持って謝りに来たけど、こちらとしてはそんなものもらったって何にもならない。もう一度撮影しにいくから旅費を出せって——言えなかったけど。（笑）

## § 神話作家・菊地秀行 §

——菊地先生の紀行文は最初、雑誌『宇宙船』の連載という形でしたが、どのような経緯でこうした記事を書くようになったのでしょうか。

**菊地**　まあ、この雑誌でライターをやってたんですけど、当時の編集だった上岡雅史が「クトゥルーやってくれ」「紀行文やってくれ」と言うので、やり出したんだったかな。

——連載中にソノラマ文庫から『妖神グルメ』を出されていますが、『宇宙船』の記事とは関係が？

**菊地**　特にそういうことはなかったね。風見潤（注：大学の後輩につき呼び捨て）の『クトゥルー・オペラ』や栗本薫さんの『魔界水滸伝』もありましたし、自分なりにやったら面白いかなと、ただそれだけです。

——ご自分で企画を出された？

**菊地**　そうです。最初は『魔界都市』だったでしょ？　次が『吸血鬼ハンター〝D〟』で、それから『エイリアン（秘宝街）』『インベーダー・サマー』、それから5本目が『（風の名は）アムネジア』かな？

——まさに、手を変え品を変え、という感じでした。

**菊地**　ソノラマの良いところは、シリーズ物じゃなくても良いというところでしたね。何でも書かせてくれる。「これはダメ」と言わないんですよ。

——そこで、「そろそろクトゥルーのターン」みたいな感じですか。

**菊地**　そうですね。あの頃、『幻想文学』でもクトゥルー特集をやったじゃないですか。みんながクトゥルー言い出してるし、そろそろいいかなと。

——当時、先行作として先程名前を挙げられたあたりの作品がありましたが、意識されたりはしましたか？

**菊地**　『クトゥルー・オペラ』は、何か合わなかったんですよね。『魔界水滸伝』も、日本の妖怪と外国の妖怪を戦わせたいってのが先行する作品だから、クトゥルー物って言っていいのかなと疑問に思うところがありましたね。それで、もっと純粋なクトゥルーなものをやろうと思ったわけです。

——そこでグルメに行ってしまうところが、菊地先生らしいと言いますか。

**菊地**　はっはっは（笑）。いや、なんであれああいうふうにしたのかね。自分でもよくわかんないんですよ。

——冒頭のエピグラフで、グルメというのは魔神の名前のようであると仰っていたので、そこからの発想だと思っていたんですが。

**菊地**　ああ、これね。まあ、デタラメと言いますか、創作ですよ。（笑）

　僕がこういうのをやるようになったのは、ミステリ作家の小林久三さんの影響なんです。『推理文学』っていう同人誌に入ってたんですけど、各同人誌の作家さんのところをインタビューして回っていたんですよ。それで、小林さんに会った時、「ミステリを書く時、資料やら何やらを全部でっち上げて書くのは面白いだろう」という話をされまして、それがピーンと来たんです。

——エラリー・クイーンも、国名シリーズでやっている引用のほとんどが創作なんだそうですね。

**菊地**　ああ、そうなんだ。（笑）それにしてもなんでグルメだったのかな……ハリー・クレッシングの『料理人』※5が頭にあったのかも。

——怪しい料理人というキャラクターに印象付けられたということですね。

**菊地**　料理人がいるんですけど、あれの正体が結局不明で、化け物じみているじゃないですか。クトゥルーものを書くのに、ただ人間が脅かされるだけのものはつまらないので、料理人を絡ませるという話を思いついたんだと思います。クトゥルーを蘇らせるということが大前提にあるわけだから、蘇らせるためには何が必要か。それを料理にしてしまえ。クトゥルーは腹が減っていることにしました。「クトゥルーの呼び声」で船に特攻されてあっさりとやられるのも、それが原因なんだろうと。（笑）

——クトゥルーの頭の描写を「ヤリイカ」とされていたのが印象的でした。

**菊地**　一応、「クトゥルーの呼び声」にも出てくるフレーズですよね。高木準三という造形師の方がいて、槍烏賊の頭でデザインしたクトゥルーが立体物が、『宇宙船』に載ったんですよ。みんな蛸だと書いているのに、この人だけ全然オリジナルでしたので、自分もそうしたんだ。

——その後も数多くの作品を手がけてこられましたが、ちょくちょくクトゥルー要素を盛り込まれていますよね。

**菊地**　そうですね。苦しくなるとクトゥルーを使うんですよ。何か使いたくなってね。（笑）

——『吸血鬼ハンターD』でも、本編では『邪神砦』だけで、後は外伝の『グレイランサー』でイタカの召喚呪文が出てきましたね。

**菊地**　あ、そうでしたっけ。『邪神砦』しか覚えてませんでした。（笑）

——『魔界都市ブルース〈魔法街〉戦譜』でも、こちらはイサカの表記なんですけど、召喚呪文を出されていました。イタカがお好きなんですか？

**菊地**　あれはね、何というか。トラウマになってるんですよね。青心社が『クトゥルー』出してるじゃないですか。大瀧さんに連絡を取って、翻訳をやらせてくれって頼んだんですよ。

——営業をかけられたんですね。

『吸血鬼ハンターD—邪神砦』は、吸血鬼ハンターシリーズの13冊目にあたる。現在は朝日文庫ソノラマセレクションから刊行。

※5『料理人』1967年に早川書房から日本語版が刊行された、ハリー・クレッシングのブラック・ユーモア小説。コブという田舎町のヒル家に雇われた謎めいた料理人コンラッドが、やがて家を、そして町全体を変容させていく。

**菊地**　原書をもらって訳したんだけど、「訳がひどい」って大瀧さんがカンカンに怒っちゃって。それが「風に乗りて歩むもの」[※6]だった。結局、別の方と共訳ってことで載りました。

――そんな事情が……！

**菊地**　あれはダーレスでしたっけ。話は凄く面白かった。それが今でも頭に残ってるんでしょうね。失敗したことも含めて。だから、無意識にイタカが多くなってるのかも。幻冬舎コミックの方で原作をやった『RAPPA 乱波』っていう漫画があるんだけど、あれでも主人公にくっついる姉弟が召喚呪文でイタカを呼ぶんですよ。まあ、イタカばかり出したいわけじゃなくて、たとえば『魔界創生記』だったかな。ドマっていう主人公の中にヨグ＝ソトートが入ってるって話なんだけど、あれはもうちょっと派手にやりたかったんだけど、ダメだったんですよね。

――『YIG』は、そのままイグですよね。完結を長らく待っているんですけれど。[※7]

**菊地**　話はちゃんとあるんで書きたいんですけど、出版社の方が「それ書くなら『妖魔』やれ」って言うんですよね。

――主人公の女性がイヴという名前でなおかつ蛇の神でもあるというのは、「創世記」を意識されたのでしょうか。

**菊地**　あれはね、邪神の系図みたいなのがあるじゃないですか。

――ラヴクラフト、スミスやリン・カーターがやってますね。

**菊地**　僕が、クトゥルー神話の神様で特に好きなのはヨグ＝ソトホースなんですよ。「ダンウィッチ」への思い入れもありますし、人間とひっついて子供を作るというのがいいですよね。それで、イグをヨグ＝ソトホースの子供ってことにすれば、話が広がるかなと。

――なるほど。「ヨグ＝ソトホースの末裔としてのイグ」だったんですね。

**菊地**　そうなんです。

――『YIG』の後書きで、ラヴクラフトの本格的なものを書きたいという意気込みを書かれていましたよね。『妖神グルメ』の時にも、もう一作書きたいのがあると書かれていましたが、あれが『YIG』だったのでしょうか。

**菊地**　今度は正面切ってクトゥルー一派対人間の戦いを、というやつですね。邪神対人間のアクション物を一発やりたいという話だったんですけど、それは『YIG』とは違いますね。ただねえ、正面切って邪神と、例えば地球防衛軍が戦闘するのもあれなんで、やっぱりこう人間の奇妙な連中が呼び合って、まとめて敵にあたるみたいな話になるんじゃないかなあ。

――『YIG』は96年の作品ですが、同時期の『マリオネットの譚詩』でもクトゥルーネタを出されていました。あのちょっと前に、『ネクロノミコン』や『マウス・オブ・マッドネス』なんかの映画があって、学研さんがプッシュしてあれこれ本の出ていた時期でもありますが、[※8]何かしら刺激されたりしたのでしょうか。

**菊地**　特に、何かしらあったわけじゃなくて。ただ単にやってみたいと思っただけだと思いますよ。

※6「風に乗りて歩むもの」
青心社文庫版『クトゥルー4』に収録されている、オーガスト・W・ダーレスの短編。アルジャーノン・ブラックウッドの「ウェンディゴ」を下敷きに、北米大陸の先住民族の間で知られる風の精霊の恐怖を描く。

※7『YIG』
1990年代後半に光文社のカッパノベルズ、文庫から刊行された、クトゥルー神話もののシリーズ。2冊で物語が中断している。クトゥルー・ミュトス・ファイルズを展開している創土社が、完結編となる第3巻を刊行するというリリースを出しているが、2017年11月時点では未刊行。

——さて、このあたりで『邪神迷宮』[※9]のお話を聞かせていただければと思います。内原富手夫の帰還は、古くからの読者として感無量でした。

**菊地**　あれはご存知の通り、ナイアルラトホテップのアナグラムなので、また使ってみたい、使おうとは思ってたんですけどね。まあいい機会かなあ、と思ってやってみました。

——すっかり男前になりましたね。黒コートの美丈夫になって。

**菊地**　昔は、悪態つく高校生でしたからね。エキセントリックな奴でしたけど。まあ、ナイアルラトホテップらしくなって帰ってきたのかな。

——あの企画は、どのような経緯で立ち上がったのでしょうか。

**菊地**　あれは確かかね、外道棒八ものにそろそろ飽きてきたので、楽しく書けるクトゥルーネタをと。苦しい時のクトゥルー頼みでね、疲れるとついついやっちゃうんですよね。（笑）

——それで、せっかくだから内原富手夫を出してみようと。

**菊地**　そうだったんじゃないかな。クトゥルーってのがね、神様だ神様だって言われてる割には結構だらしがないっていうか、スケールのでかいことをやらないじゃないですか。まあ、あれが好きなことやったら地球が破滅しちゃうんで、せめて神様らしいことをやらせてみようと思って、宇宙の星系か何かを壊滅させたりしてみたんですね。それともうひとつあって、あの頃まだね『退魔針』って漫画があったじゃないですか。あれが終わって、新しい漫画をって話があった時に、クトゥルーをやろうと思ったの。ダーレスのクトゥルー物に、善神と悪神が宇宙の彼方で戦うみたいなちょっとした描写があったじゃないですか。

——「潜伏するもの」ですね。

**菊地**　あれを、絵にしてみようと思って。善神と悪神に鎧着せて、宇宙のどこかで殴りあい蹴りあい斬りあいをやって、それが地球に影響を与えて……そんな話を色々考えてたんですけど、予定していた漫画家がでっかい出版社に持ってかれてしまって。（笑）

——話だけ残ってしまった。

**菊地**　で、新しい漫画家を連れてきたんで、今度はクトゥルーとガンアクションを組み合わせようとしたんだけど、その漫画家も持ってかれちゃって

——それは、ひどいですね。（苦笑）

**菊地**　都合三人ぐらい入れ替わり立ち代わりですよ。そのたびに原作書いてるから、「原稿料もらわねえと割に合わないな」って。それで、なんか頭きて、小説でやってやろうってなったのが『邪神迷宮』なんですよ。

——壮絶な誕生秘話が。内原富手夫の正体について、『妖神グルメ』を書かれた時にはもう、考えられていたのでしょうか。

**菊地**　あの時は、復活させる役であるからには名前も合わせた方がいいというくらいの考えですね。正体がああだと考えていたわけじゃないです。ただのエキセントリックな高校生でした。まあ、強引な名前ですよね。（笑）

——気づかない方は結構いました。

※8　学研のプッシュ学習研究社は、1994年に新書サイズのハードカバーレーベル、学研ホラーノベルズを創刊。朝松健による映画『マウス・オブ・マッドネス』『ネクロノミカン』のノベライズや作品集、ジョージ・ヘイ編の『魔道書ネクロノミコン』の翻訳など、クトゥルー神話物に力を入れていた。

※9『邪神迷宮』
2007年に実業之日本社のジョイ・ノベルスから刊行された、まさかの『妖神グルメ』の後日談。『妖神～』の主人公・内原富手夫の正体が明かされた。

**菊地**　最初は誰も分かんなかったんじゃないですかね。

――そういえば、『邪神迷宮』の世界には、ちゃんと『妖神グルメ』という小説が存在しますよね。棒八が「なかなかの傑作だ」とか褒めてました。

**菊地**　自分で褒めてしまったか。やべえなあ。いやあ、全然覚えていませんでした。私は書いたものをすぐ忘れるようにしているから。（笑）

## §ラヴクラフトの魅力§

――菊地先生がラヴクラフト、もしくはクトゥルー神話に強く惹かれた理由は、どのあたりになるのでしょうか。

**菊地**　昔は、怪物の細かい描写かな。「ダンウィッチの怪」のウィルバー・ウェイトリーの死体の、あの描写にイカれたんですよね。おどろおどろしいというのもあるし、どこにでもありそうな街が舞台になっているというのも良かった。お隣のAさんの家が、実は召喚者みたいな。あの感覚が忘れあれないんですよね。

――地続き感がありますよね。

**菊地**　実際、そういう表現ですよね。地に足がついてるっていうか。本当の場所で起こった、知ってる場所で起こったありえない話。そういう感じが好きなんじゃないかな。

――コズミック・ホラーにしてご近所ホラー。ラヴクラフトがまた、旅先で書いた日記や手紙の文面を、そのまま旅行の直後に書いた作品で使ってしまう作家だったんですよ。

**菊地**　とんでもないな。（笑）そういう部分が、自分に合ってたんじゃないですかね。よく知ってる人、知ってる土地、知ってる場所。そこでとんでもない話が起こる。書いている方も、書きやすいんですよ。嘘を書いているわけなんだけど、ドキュメンタリーを書いているつもりで書いてるところがあるのかも。現実の場所を舞台にした時が特にそうですね。例えば、新宿を舞台にして何か書く時、あの新宿は僕の作った〈新宿〉ですけど、でも、現実にも存在する。そこで何か事件を起こす時には、「本当にあったんだよ」という気分で書いてるんですね。

――たしかにそれは、ラヴクラフトの書き方に通じるものがありますね。

**菊地**　他の作家の作品は、どれもまあその作家の世界なんだけど、ラヴクラフトだけは身近に感じる。たとえば、プロヴィデンスに行けば、事件が起きた場所に実際に行けるわけじゃないですか。そこが違うんだ。

――「忌まれた家」なんかも、実際にある家ですからね。

**菊地**　僕が行った時は黄色で塗られてましたけど、今はどうでした？

――今も黄色ですね。ラヴクラフトの時代には汚かったようですけど、小奇麗な感じでしたよ。補修するたびにペンキを塗り替えているらしくて、ネットにあがっている写真を見るとちょくちょく色が変わっているみたいです。

（ひとしきり、ニューイングランド地方の話で盛り上がる）

※10　異形コレクション　怪奇小説家、井上雅彦が監修しているホラー小説アンソロジー。廣済堂、光文社と版元を変えながら、現在までに50冊以上が刊行されていて、時折、クトゥルー神話要素のある作品も収録される。

## §2011年からの挨拶§

――面白い話を聞かせていただき、ありがとうございました。最近々でクトゥルーものを書かれる予定などは？

**菊地**　『異形コレクション』[※10]の神様テーマの本に載せた、金融物があるじゃないですか。

――『GOD―異形コレクション12』の「サラ金から参りました」ですね。

**菊地**　あれの連作短編で、クトゥルー対サラ金みたいなのを考えています。

――例のチャールズ・デクスター・ウォード金融ものということですか。

「サラ金から参りました」は、後に創土社クトゥルー・ミュトス・ファイルズの『クトゥルー短編集 邪神金融街』に再掲された。

**菊地**　あれを連作でやろうと思って、実際にサラ金まで取材にも行くつもりだったんです。だけど、編集者がちょっと間違えちゃって、サラ金じゃなくて普通の町金に行っちゃったんですね。

――それは……。（笑）

**菊地**　それこそこう、風呂に沈めてやるみたいなとこじゃないとねえ。

――小説の取材に行くのは、なかなかキツそうですよね。

**菊地**　資料なんかもいくつか買ったんですけど、肝心なとこがいまいちパッとしないんですよ。どういうえげつない取立てをやるとか、そういうのが欲しかったんですけど。

――楽しみです。そういえば、CDWがチャールズ・デクスター・ウォードだというのは、最初に読んだ時はなかなか気づかなかったんですよね。地下のくだりで、ようやく「あれ？」って。

**菊地**　ああいう、謎めいたやつが出てきて、それっきりというのを見ると、「もったいない」って思っちゃうんですよ。それで、俺が使ってやる、と。あれの元になったのは、「チャールズ・デクスター・ウォード事件」の地下に入っていって、助けてもらうところですね。番号の書かれた壺があって、それを復活させると、外国に逃げた奴らなんかを処分していって、一番肝心なのはあんたに任せる、と。これを主人公にしない手はないだろうって。

――あの、姿を見せない社長ですね。あれの正体については、昔から研究者の間でも取り沙汰みたいですね。

**菊地**　ほお、そうなんですか。大昔の賢人かなんかじゃ？

――情報がありませんので……ランドルフ・カーターだとか、ヨグ＝ソトースだと色々言われてますね。

**菊地**　あの悪党が、話を聞いた途端に失神しちゃうじゃないですか。よっぽど物凄い強敵なんでしょうね。

――ともあれ、謎は謎のまま、現在は金融会社の社長として暗躍しているという……本当に楽しみです。今日は、お忙しい中ありがとうございました。

編者注：2017年現在、菊地秀行先生は創土社の〈クトゥルー・ミュトス・ファイルズ〉シリーズにおいて、インタビューで仰っていた『邪神金融道』をはじめ数多くのクトゥルー神話作品を発表されています。

# 凡例

❂ クトゥルー神話の性質上、解説文中に実在・非実在の文献ならびに作品名が併記されることがあります。

❂ 出典の文献、製品、作品のタイトルの内に、日本語訳が存在しないものについては、調査・確認の利便性を優先して英語などの原題を併記します（日本でもよく知られている新聞、雑誌などに一部例外あり）。

❂ 解説文中に示される著作物などの媒体は、以下のカッコ記号で示されます。

・『 』……単行本、雑誌（日本国内）、映画などの商業製品としての名称。

・〈 〉……海外の新聞、雑誌などの名称。

・「 」……小説作品、詩、エッセイなどの個別作品の名称。

❂ 国名・地名の表記については、大使館や旅行代理店が用いている表記を一般用語として使用します。ただし、カタログパートについては、作中表記を優先します。

❂ 天体名の表記については、2000年以降に発売された天文学書、天文関連ソフトウェアに準拠します。

❂ 解説文中に頻出する以下のクトゥルー神話作家については、フルネーム表記を省略することがあります。

・ＨＰＬ　　：ハワード・フィリップス・ラヴクラフト

・スミス　　：クラーク・アシュトン・スミス

・ハワード　：ロバート・Ｅ・ハワード

・ダーレス　：オーガスト・Ｗ・ダーレス

・ブロック　：ロバート・ブロック

・ロング　　：フランク・ベルナップ・ロング

・カットナー：ヘンリー・カットナー

・レイニー　：フランシス・Ｔ・レイニー

・カーター　：リン・カーター（リンウッド・ヴルーマン・カーター）

・ラムレイ　：ブライアン・ラムレイ（ウィリアム・ラムレイとの混同にご注意ください）

・キャンベル：ラムジー・キャンベル

All Over クトゥルー

クトゥルー神話作品大全

# 目次

クトゥルー神話とは、〈ウィアード・テールズ〉などの安価な読み物雑誌《パルプ・マガジン》を主な作品発表の場としていた二〇世紀前半の怪奇小説家、Ｈ・Ｐ・ラヴクラフト（以下、ＨＰＬ）を中心とする一群の作家達が、自分達が創造した太古の神々や魔導書などの固有名詞を互いの作品で共有していくという楽屋落ち的なお遊びを通し、意図せずして作りあげていった架空の神話体系である。

《窮極《きゅうきょく》の混沌と呼ばれる大宇宙の中心に、アザトースと呼ばれる黒々とした不定形の怪物めいた存在が君臨している。アザトースこそは、〈大いなる古きもの〉とも呼ばれる異形の神々の総帥である。その副王たる〈門の鍵にして守護者〉ヨグ＝ソトース、その妻と言われる〈千匹の仔を孕みし森の黒山羊〉シュブ＝ニグラスなどの神々が並び立つ中、太古の地球へと眷属を引き連れて飛来し、人類の先祖から崇拝されたのが、神々の祭司とも呼ばれる大いなるクトゥルーなのである》

——クトゥルー神話の最大公約数的な概要は、このような感じになるだろう。

# クトゥルー神話への誘い

文章：森瀬 繚

ＨＰＬはこの神話を「クトゥルーその他の神話——戯れに地球上の生物を創造した『ネクロノミコン』中の宇宙的存在にまつわる神話」と呼び、その名称はやがて、書簡などを通して仲間の作家達にも広まった。

なお、複数の作家が同じ歴史、登場人物が息づく世界観を共有し、その世界を舞台に様々な作品を創作するというスタイルは、「シェアード・ワールド」と呼ばれている。

ただし、クトゥルー神話を題材とする物語の多くは必ずしも「共通の世界」を持たず、同じ固有名詞を用いる場合でも、その背後にある設定や世界観は個々の作家の裁量にゆだねられていた。たとえば、ＨＰＬ自身の作品と、彼の友人であったクラーク・アシュトン・スミス、死後に熱心なフォロワーとなったブライアン・ラムレイの作品は、作風が違うばかりか設定や世界観さえ大きく異なっている。にも関わらず、それらが「クトゥルー神話作品」として認識されるのは、『ネクロノミコン』や「クトゥルー」などの共通の言葉——ワードがシェアされているからだった。

故に、筆者はこの神話大系を「シェアード・ワード」と呼ぶことにしている。

HPLが最初のクトゥルー神話小説「ダゴン」を執筆してから、実に一世紀が経過した。

彼の存命中ですら、複数作家が互いの作品中の記述や設定に拘泥せず、実に無頓着に、好き勝手に作品世界を構築したクトゥルー神話の全貌を把握することは困難だった。

世界観の共有ではなく、名称と設定の部分的な共有という第一世代作家のスタンスは、後続者にも受け継がれた。

HPLの年少の友人であるA・W・ダーレスがアーカム・ハウス社から関連書を刊行し始め、フランシス・T・レイニーやリン・カーターといった熱心な読者たちが「共通の世界」としてのクトゥルー神話の体系化を進めた後ですら、「一人の作家ごとにひとつの世界観」に近い独立性が継続したことは、ブライアン・ラムレイやゲイリー・メイヤーズらの証言や作品から明らかである。

ましてや、100年！

クトゥルー神話の関連作品は小説のみならず実写、コミック、アニメ、ゲーム、ライトノベルなど媒体を越えて広がり続け、邪神やクリーチャーなどにまつわる設定は様々にアレンジされ、掘り下げられ、追加されてきた。

# Invitation of Cthulhu Mythos

本書で取り上げたのは、日本国内で単体の商業製品として販売されたものに限定しているが、それとて1000を超える数となった。

今となっては、H・P・ラヴクラフトの小説作品を読んでいるかどうかすら、誤差の範囲でしかないように思われるほどだ。各社の作品集だけを追っていれば事足りた1980年代とは、もはや事情が違うのである。

かつて、日本を代表するクトゥルー神話作家の一人である菊地秀行氏は、朝日ソノラマ社のSF・特撮情報雑誌『宇宙船』1985年4月号に掲載された「クトゥルフ神話入門講座」において、次のように書いている。

「入口なんて何だっていいのだ。「エイリアン」やH・R・ギーガーの画集〝ネクロノミコン〟だっていっこうにさしつかえはない。また、どこかの雑誌の恐怖小説特集に再録されていたヘーゼル・ヒールド（ラブクラフトの弟子のひとり）の短編だっていい。たしかに、その作品そのものの質にも関わってくるが、肝心なのは、入ってからどれだけその世界にのめり込めるか、そしてどれだけ世界を共有できるか、である」

2010年代に入ったあたりから、クトゥルー神話は幾度目かのブームを迎えている。

過去、現在、未来と、いずれの時点でも構わない――この案内書は、今や恐ろしい大きさに膨れ上がった、〈クトゥルー神話〉という不定形の怪物に挑まんとする、勇気ある探索者のための、言わば『禁書目録《インデックス》』である。

最後に、本書が読者諸兄諸姉の良き道標になることを、全宇宙の調和の御霊たる大いなるクトゥルーに祈念しつつ――。

いあ！ くとぅるぅ なふるふたぐん！

――2018年2月2日

聖燭祭の日に

メール・インタビュー
「アーカム・ハウス時代の生き証人たち」①

# ブライアン・ラムレイ

## Brian Lumley

**1937年12月12日、英国北東部のダラム郡にあるホーデンという町に生まれる。1937年当時、英陸軍の軍曹だったラムレイは、任地の西ベルリン（当時）で神話作品を執筆し、アーカム・ハウスに送付。A・W・ダーレスに注目され、同社の季刊誌に収録された短編「深海の罠」で作家デビューを果たす。**
**軍を退役後は専業のプロ作家として活躍し、「タイタス・クロウ・サーガ」シリーズやドリーム・ランドものの三部作、「ネクロスコープ」シリーズ（東京創元社から可能予定）などの代表作がある。**

聞き手・森瀬 繚
協力・高家あさひ

編注：未訳作品については、タイトルを英文で示しています。

——あなたは、クトゥルー神話のどういう部分に惹かれたのでしょうか？

「クトゥルー神話は魅力的なコンセプトだ。ホラー、ファンタジーを書く上で完璧な設定だからね。作家としてキャリアをはじめようとする者は誰でもそれを使った話を書きたいと思うだろうし、少なくともHPLのような文章を書きたいと思うはずだよ。私自身の話をすれば、初めてクトゥルー神話の物語を読んだときから（それは、ロバート・ブロックの「無人の家で発見された手記」だ）、未知への恐怖、そして宇宙的恐怖の虜になったんだ。12、3歳の頃だが、66年経った今でもそれは変わっていないよ。このセンセーションズ・オブ・エイリアン・ミステリーとHPLの文章スタイルに、僕は1960年代の中葉から現在に至るまで影響を受けている。他の作家たちが影響を受けたのと同様にね」

——HPLの言う「宇宙的恐怖」について、あなた自身の解釈を教えてください。

「その答えは明らかだよ。宇宙的恐怖とは、星々の向こう、空間と時間のあちら側、人間の想像力の及ばないところに怪物的な何かが隠れているという感覚であり、内なる自覚だ

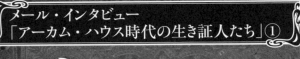

と思っている。我々が「全て」と感じる宇宙と呼ばれるものの中、あるいはその外側に、生物や存在、事象がある。我々にとってあまりにも異質で、それらの存在の前では我々は恐怖の中で死に、灰となり、塵《ちり》となって消えるしかない、そういうものたちがね」

――お好きなHPL作品は何ですか？

「多すぎて、選ぶのは難しい。特に印象に残っているのは、「闇をさまようもの」「異世界の色彩」「ダンウィッチの怪」かな。いずれも異星、異界からの侵略とそれが人々にもたらす悪夢を描いている。それと、アメリカのFedogan & Bremerから最近、Earth, Aier, Fire & Water: Four Tales of Elemental Mythos Horrorという私の作品集が刊行されたんだが、収録されているThe Gatheringという短編は「インスマスを覆う影」と「異次元からの色彩」を結ぶ話でね。「インスマス〜」も、好きな作品に含めるべきかもしれない。まあ、みんなが好きな作品なのだけど」

――ラヴクラフト以外に、好きなクトゥルー神話作品にはどんなものがありますか？

「やはり、初期の作家たちのものかな。HPLを個人的に知っていて、手紙のやりとりがあり、彼本人が自身へのトリビュートだと感じ、賞賛した作品さ。R・E・ハワードの「黒の碑」や、C・A・スミスの全作品、そしてもちろんオーガスト・ダーレス。彼の作品では「境界から覗くもの」「閉ざされた部屋」が特に好きだ。「丘の夜鷹」も、とてもHPLを想わせる作品だね。彼ら――つまりHPLのインナー・サークルの一員になって、彼自身からの手紙で「ベラム＝リ Belum-li」と呼ばれたかったと何度思ったことか！

　私とHPLの唯一の現実世界での接点は、私が1937年12月2日、つまりラヴクラフトの死からちょうど9ヶ月後に生まれたということだけでね。転生を信じているわけではないよ！　編集者のドナルド・ウォルハイムがこの偶然を指摘してくれたんだ。

――アーカム・ハウスの刊行物で作家デビューをされたあなたにとって、オーガスト・W・ダーレスはどのような人物でしたか？

「直接会ったことはないので、彼に対する私の感謝の念は個人的な交友からくるものではないんだ。だけど、彼は私にとって、ロマンティックな文学を紹介してくれた人だ。男女のロマンスという意味ではなく、書かれた言葉のロマンス、作家の想像の中に存在する幻想のロマンスのことさ。ダーレスが、私の最初の作品群にそれを見出してくれたのだと思いたいところだ。そして、私に書くことを勧めてくれたのだとね。彼は私の導師《メンター》のような存在だった。ガイドであり、時には批評者でもあった。だが、厳しいことを言われたことは滅多になかったな。私は、自分の文章が彼を喜ばせることを望んだ。それがうまくいったとき、彼は興奮を隠さなかったものだよ。手紙を通して、彼の喜びが直接伝わってくるように感じた。彼自身から、直接言われているように思えたんだ。

　もちろん、オージィとは仕事の話ばかりしたわけじゃない。面白かったやり取りもあって、今でも思い出すと笑ってしまう。手紙の中で、彼は「このあとキノコ狩り hunting mushrooms に行く」と書いてきた。私は、イングランドではそれを「キノコ採り pick」という、と返信した。キノコを狩る必要はない。逃げ出したりはしないからね！」

――あなたはF・T・レイニーの「クトゥルー神話小辞典」やリン・カーターの「クトゥルー神話の神神」などのまとめた神話大系と

は異なる、神々についての独自の解釈を作品中で提示されましたね。

「レイニーやカーターの仕事のことは知っていたが、気にしたことはなかった。私のアイディアに、それらが影響するのは好ましくないと思ったのでね。オージィ・ダーレスにも設定についてあれこれ問われたことはなかった記憶しているよ。私は、私自身の神話の理解と「神々」を設定として採用したのさ」

――ムナールの位置を現在のサウジアラビアのあたりと設定した理由を教えてください。

「よく覚えていないが、リン・カーターやHPLが設定した架空の「ムナールにある」サルナスと、インドのヴァラナシ（かつてはベナレスと呼ばれていた）にあるサールナートを区別したくてそうしたのかもしれない（編注：欧文表記はどちらもSarnath）。実在のサールナートはブッダが初めて説法を行った場所で、古代の遺跡が広く残っているが、そのことで周知の土地なんだ。「現在と、そして未来永劫に廃墟となった運命のSarnath」という文章が指すのは、鹿野苑にあるサールナート（しかも、かつてはムナールと若干表記が似た「ベナレス＝ベナール・エス」と呼ばれていた場所にある）のことなのか、それとも全く異なる場所にあるのか……HPLがが、サールナートについて知っていたかどうかはわからない。もし彼が知らなかったのだとしたら、サルナスは彼が創作したものだということになるだろう[※1]」

――あなたはクティーラの外見を詳しく描写しませんでしたが、ティナ・L・ジェンスのIn His Daughter's Darkling Wombには、伸縮自在の三組の目、収納可能な鉤爪を先端に持つ触手、体内にひっこめられる翼ないし鰭を持つ、巨大な黒いタコのような姿と描写されていますね。

「私はクティーラを描写しようとはしなかったが、ジェンス氏の描写は他のどういう描写に比べても相応しいものに思えるね。もっとも、私自身はクティーラを創造したことを間違いだと感じて、以降の作品で登場させたことはないんだ。彼女の存在は、他の私の神話に関するアイデアにフィットしなかったんだよ。だが、人生とはそういうもので、我々は失敗から学ぶのさ。それにしても、思い返すにつれクトゥルー神話体系に女性の神格が少ないことには驚かされるよ。母なるヒュドラは有名だが、主要な登場神格として描かれることはめったにないからね」

――あなたの作品に言及されるエリュシア、ボレアなどの地名は、それぞれギリシャ語のElysion（天国）、Borea（北方）を連想させます。古代のギリシャ人が、それらの地名をつけ、それが現代に伝わったのでしょうか？

「そうではないと思うよ。それらの世界や場所は、古代ギリシャ人の時代よりも遥か昔に名付けられたのだということ、そしてそれは人間の登場よりも昔であることを忘れてはならない。クトゥルーやイタクァ、その他の神々、そして悪魔的な姿をした信奉者たちは、長い長い時間存在してきたのだから」

――「深海の罠」「けがれ」など、海にまつわるあなたの作品からは、実に濃厚な潮の香りのようなものを感じます。何か特別な思い出や体験などがあるのでしょうか？

「私はイングランドの北東海岸部で生まれたんだ。北海が見える場所で、そこで泳ぐことをおぼえたのさ。私が英国軍に勤務していたとき（22年間もね！）、内陸の任地に配属されるといつも海を恋しく思ったものだった。キプロスと地中海で過ごした3年間は幸せだったよ！　家のすぐそばに海があったので、銛つき漁やタコ狩りをした（タコは「狩る」ものだ。マッシュルームと違って、漁師から逃げようとするからね！）。そんなふうに、私はいつも海と泳ぐことが好きだった。もしかすると深きものの子孫なのかもしれないね。作家にならなかったなら、海洋学者になったかもしれない。そして今、私はイングランドのデボン州トーキーの美しい海沿いに住んでいる。これ以外の場所に住みたいと思ったことはない。まあ、ギリシャの島々はとても魅力的だったけれどね……。

**――あなたの作品は、ヒーローを中心に配した長編と、慄然たるラヴクラフト風の恐怖を描く短編で、大きく作風が異なっていますね。**

「私のスタイルの変化は、長編や中篇ではキャラクターを深く描きこんだり、場所や風景の描写が詳しくできるからだと思う。短編では長い描写をすることはできず、短く収めてキャラクターや背景は細かい描写なしに、自明であることが求められる。私の長編や中篇により深みがあるように見えるのはそのせいだろう。もっともそれは、多くの作家にとって同じことだろうと思うがね」

**――あなたは作中で善なる旧神をクローズアップしましたが、少なくとも小説ではノーデンスを登場させたことがありません。**

「既に答えた通り、私はこれまでに設定されてきたものを無視して、自分のやりたいようにやってきたんだ。ノーデンスに関して言えば、私はいつだって彼を海の神格と考えていた。海にはすでにクトゥルーとヒュドラがいる。加えて、海の神として聖書時代に中東で信仰されていた（実際に！）ダゴンもいる。さらにはインスマスなどの場所にも〈深きものども〉がいて、海中の都市には奉仕生物のショゴスがいる。なので、ノーデンスをそこに加えるのはやり過ぎだと思ったのかもしれないな。HPL自身、ノーデンスにそれほど多くの言葉を割いていなかったように記憶している。なので、私は設定を変えたというよりも、自分の視点、自分のアイデア、そして何について書か「ない」か、という私自身の決定にもとづいて書いたというわけさ」

**――あなたが創造した『クタアト・アクアディンゲン Cthäat Aquadingen』という書物について、日本ではAquadingenを「水神」、Cthäatはその水神の名前だと解釈されています。この解釈は合っていますか？**

「その理解は正しい。『クタアト・アクアディンゲン』は、水の深みからある種の生物を呼び、目覚めさせる、あるいは励起させ、物質化させ、出現させる呪文を記したものなんだ。興味があるなら、Crypt of Cthulhu[※2]第51号（1983年ハロウマス号）を探して読んでみることをお勧めする。私の若い（当時）友人で、ファンジンDagonの編集者・発行人として賞をとったこともあるカール・T・フォードが、『クタアト・アクアディンゲン』についてすばらしい記事を書いている。カールはその記事で、『クタアト』が「おそらく前ネカアル・カタン人の言語か宗教に関連がある」と考察している。前ネカアル・カタン人は現生人類以前の半人類の種族で、本そのものは「湖、川、海に関する超自然の存在にまつわる神話と伝説を収集したもの」としている。カールの考察はかなり正確なものだと言っていいと思うよ」

**――『クタアト～』に関連して、あなたの作品には「サスラッタ Sathalattae」という言葉が出てきます。この意味については、日本でも様々に議論されてきました。**

「サスラッタというのは異界の／異星の「詩」あるいは「警告」を集めた小編のようなもので、グレート・オールド・ワンズやクトゥルー神話に興味を持ちすぎ、それらと関わること、あるいはそれらの脅威を無視することの危険性を述べたものだと考えている」

――『地を穿つ魔』に登場するクトーニアンCthonianは、固有の種族名なのでしょうか。

「クトーニアン Cthonianという、暗闇の住民を指す言葉がある。しかし、『地を穿つ魔』に登場するクトーニアン Cthonianという言葉は、私の創作なんだ。この「クトーニアン」はシャッド＝メルを崇拝する特定の種族で、シャッド＝メルは女王アリや女王バチがそうであるように、彼らの中でも特に巨大な一体なんだ。唯一の違いはシャッド＝メルがオスであること、あるいは人間が持っている（と一般的に考えられている）ふたつの性以外の、未知なる性を持っているところだ」

――ティームドラ大陸について、あなたの作品では「恐竜以前」「2000万年前」という二種類の説明がされています。これは、どちらが正しい情報なのでしょうか？

「サブテラニアン社から2015年に出版された、*Tales of the Primal Land*の完全版（ティームドラ大陸物3部作の合巻）の序説で書いた通りだよ。「アトランティス、ウスマル、ムーよりもさらに昔、遠い昔過ぎて現代の科学者のほぼすべてがその存在を否定するような古代、知られざる人類の時代が原初のティームドラ大陸にあった。どれくらい昔のことか？　ここで私が二千万年前ということもできるが、それも単なる推測にすぎない。四千万年前だったかもしれないし、一億年前だったかもしれない。私にはわからない」

　申し訳ないが、その答えは今もわからない」

――G'harneの発音について、作者としてはどんな発音を想定されていたのでしょうか？

「私自身は、ゲイ＝ハー＝ニー Gay-har-neeという具合に発音している。日本語にうまく直せると良いのだが」

――旧神の王であるKthanidについては如何でしょうか？

「クタニドが近いと思う。コンベンションなどで話をしたときには、Kth-をクトゥルーのCthu-に近い音で発音したと覚えているよ」

――あなたはアメリカに幾度も行ったことがあると聞いていますが、ラヴクラフト・カントリーには行ったことがありますか？

「米国には何度も行ったよ。10を超えるコンベンションに行ったし、トー・ブックス[※3]の代表者と各地を回ったこともあるよ。ネクロノミ・コンにも2回、ラブクラフト映画祭、ネコンなどの似たような集まりにも招待された。すべて、楽しい経験だったね。ロードアイランド州のプロヴィデンスは、1986年に初めてトー・ブックスのトム・ドハーティと会った場所なので、よく覚えているよ。ラヴクラフト研究家のランディ・エヴァーツがガイドを買ってきてくれて、プロヴィデンスにある移築されたHPLの旧宅を訪れたんだ。当時、そこに住んでいた夫人はとても親切で、HPLの書斎だった部屋を見せてくれた。私は彼が使っていた椅子にも座ったのさ！　その部屋は彼の存在感に溢れていて（ラヴクラフトが好んで使ったであろう言葉で言えば、暗示《ラドレント》というやつだ）、これが訪問のハイライトだった。スワンポイント墓地では彼の墓碑の前に立った。悲しさもあったが、素晴らしい体験だったよ」

――NATOの士官として東西勢力の衝突す

る最前線にいたあなたは、アザトースを核兵器の象徴として描いた。現在のあなたであれば、邪神の力をどのように表現しますか？

「今日の世界にクトゥルー神話の主要な神格の力が解き放たれたとしたら、ともかくその場には居合わせたくないね。現代の我々であれば、なんらかの物理的な防御はできるかもしれない。だが我々の精神は終わりのない異質な恐怖の悪夢に崩れ去ってしまうだろうな。そしてもし、人類が瞬時に完全な狂気に陥らなくとも、アザトース自身（HPLは「中核の混沌」と描写した）が地球、あるいは太陽系や銀河系までも塵に、灰に、虚空にただようガス雲にしてしまうだろう。といっても、人類にはそうなることも許されない。侵略者たちは私たちを檻に閉じこめ、彼らの子孫のための飼料にしようとするからだ。私が*Long, Last Night*[※4]で書いたようにね。

――2017年現在、クトゥルー神話というジャンルはいよいよ活況を見せています。現状について、思うところをお聞かせください。

「いいことだと思っている、と言いたいところだね。ある意味ではその通りで、どこかにはクトゥルー神話のジャンルに新しい命を吹き込む未来の作家たちがいるのだろう。ただ、今この瞬間に、彼らないしは彼女らを見いだす努力は無為に終わっている。クトゥルー神話については実に多くのことがすでに書かれ、新しく、エキサイティングな発展を考えることが難しいんだ。それに、ひとつかふたつの優れた作品があるとしても、それらは駄作の巨大な山に埋もれてしまっている。作家になりたがり、そして決してなることのできない有象無象《うぞうむぞう》によって書かれた、下手くそで意義もなく平凡な、意味のない言葉の羅列《られつ》にね。それらはHPLと彼の一番の友人たちや、そのフォロワーによってHPLの死後も数十年にわたって作られ、手を加えられ、再生されてきた文学的な構築物たるクトゥルー神話に一切、合致しないものだ。残念だが、新たなラヴクラフトが生まれることはないし、彼のホラーの才能を凌駕する作家もあらわれないのだろうね。だが、我々には御大自身がいるし、彼の言葉と世界が残っている。そして、これを忘れてはいけない。「久遠に横たわりしものは死せずして」というやつをね」

――日本の読者に向けて、一言お願いします。

「日本ではもうすぐ、新しいラムレイ作品の翻訳が発売されるはずだよ。日本の読者は、**Necroscope**[※5]を四半世紀もの間、熱心に待ち続けてくれたと聞いている。これまでのどの本よりも、この本を楽しんでくれると信じているよ。賭けてもいい。私はこの作品にとても誇りを持っているし、日本はこの作品が刊行される13番目の国になるんだ」

※1　**サルナス**　HPLは、サルナスという地名を独自に思いついたと証言している。

※2　**Crypt of Cthulhu**　クトゥルー神話研究家のロバート・M・プライスが、1981年から20年にわたり刊行していた同人誌。プロの作家や評論家が数多く寄稿し、クトゥルー神話界を牽引した。

※3　**トー・ブックス**　ニューヨークの出版社。ラムレイの「タイタス・クロウ・サーガ」シリーズの版元。

※4　**Long, Last Night**　2012年刊行の〈ウィアード・テールズ〉360号に掲載された短編。

※5　**Necroscope**　1986年から2009年にかけて全16冊が刊行された、ラムレイの代表作。吸血鬼物だが、クトゥルー神話要素も。東京創元社が翻訳権を取得している。

メール・インタビュー
「アーカム・ハウス時代の生き証人たち」②

# ラムジー・キャンベル

## Ramsey Campbell

**1946年1月4日、英国のリバプールに生まれる。両親が家庭内別居状態という複雑な環境で育ち、幼少期から怪奇小説に耽溺。15歳の頃、アーカム・ハウスに作品を送ってA・W・ダーレスに注目され、彼の親身な指導を受けて作家デビューを果たした。クトゥルー神話作家としては、英国南西部のグロスタシャーの、セヴァン・ヴァレー界隈を舞台にした作品群で知られている。英国幻想文学協会の終身会長を務める同国ホラー界の重鎮で、近年もクトゥルー神話作品を発表し続けている。**

聞き手・森瀬 繚
協力・高家あさひ

編注：未訳作品については、タイトルを英文で示しています。

――あなたがクトゥルー神話に関心を抱いた当時、イギリスではラヴクラフト作品とクトゥルー神話作品はどのように受け取られていたのでしょうか？

「60年代以前には、英国ではラヴクラフトはほとんど知られていなかった。英国での最初の単行本*The Haunter of the Dark*（1951年）が、ポオと好意的に比較する良い評価を受けたこともあったが、当時は既に絶版でね。熱心なファン、特に〈ウィアード・テールズ〉を買い集めていたような層を除けば、クトゥルー神話という言葉さえ聞いたことがなかったのじゃないかな。私はといえば、アンソロジーで数編のラヴクラフト作品に触れたことがあるだけだった。8歳の時に、グロフ・コンクリン編の*Strange Travels in Science Fiction*（1954年）で「異世界の色彩」を読んだのだけど、それがとても恐ろしくて、作者の名前が印象に刻まれたんだ。11歳の時にはロバート・ブロックの「無人の家で発見された手記」を読んだ。これはブロックに無許諾で、*Them Ones*というタイトルでScreen Chills and Macabre Storiesという短命の雑誌に掲載されたものだが、これも怖かったね。それで、同じ年に書いた*The Hollow in the Woods*という作品に、私はショゴスを登場させたのさ。しかし、私がHPL作品に本格的に接したのは、英国でペーパーバックの短編集が最初に刊行された1960年のことだった。*Cry Horror*というタイトルで、*The Lurking Fear*を改題したものなんだ。ドナルド・ウォルハイムがアメリカのアヴォン社のために編集したものだったよ。私はこの短編集を一日で読了した。「異世界の色彩」に再会するとともに、「壁の中の鼠」「クトゥルーの呼び声」などの作品を知り、HPLの薫陶を受けたんだ。HPLは超自然恐怖ものの最高峰に達した作家だと思った。そして、彼が自分以前に存在していたいくつもの伝統をまとめあげたことを考えると、その評価は概ね正しかったと思う。

――ブロックといえば、あなたは「城の部屋」で、彼の「星から訪れたもの」で言及されるバイアティスを登場させましたね。

「バイアティスを使ったのは、ボブ・ブロックが彼の作品の中で、名前を出しながらほとんど描写しなかったからさ。それは、私が私なりの描写を作れるということだからね。オーガストとやり取りを始める前に書いたもので、彼に初めて送った原稿のひとつだった。当時、私はボブ・ブロックと交流がなく、実際に会ったのは14年後のことだ」

――オーガスト・W・ダーレス氏との親しい交流については、書簡集Letters to Arkham[※1]からもわかりますが、ダーレス氏以外で親しく交流されたクトゥルー神話作家はいらっしゃいますか?

「彼以外の作家とは、それほど親しい付き合いがあったわけではない。特に創作に関してはね。だけど、70年代にアメリカのワールド・ファンタジー・コンベンションに行くようになってからは、何人かとは友人になった。ロバート・ブロックは優しくウィットに富んだ男で、実際に会ってみると、作品の文中よりもさらによく冗談や鋭い考察を飛ばしたものだった。フランク・ベルナップ・ロングは紳士で親切だった。ブルックリン訛りがあって、晩年の彼は映画『リオ・ブラボー』[※2]でウォルター・ブレナンが演じたキャラクターに似ていた……と、言っても失礼にはあたらないと思う。リン・カーターは我々のジャンルと、ラヴクラフト、そして彼と同時代の作家たちに情熱的に肩入れしていた。英国では、ブライアン・ラムレイとコンベンションなどでよく話したよ。だが、不思議なことにラヴクラフトについての話をした記憶がほとんどなくてね。後悔しているよ」

――あなたは、クトゥルー神話というもののどういう部分に惹かれたのでしょうか。

「驚異の感覚、超自然なるものに対する示唆、そして完全なる異質が想起されることだね。残念ながら、私は自作中で多くのもの(例えば〈墓に群れるもの[※4] *Tomb-herd*[※3]〉やシュブ=ニグラスの本質とされるもの)に明確な形を与え、ミステリーとそこから生じる力を奪ってしまった。*The Voice of the Beach*以降の作品では「未知なるものへの驚異」を取り戻し、クトゥルー神話ジャンルにもそれを戻そうと努力したつもりだよ」

――作家として、友人として、あなたにとってオーガスト・W・ダーレスはどのような人物だったでしょうか。

「フレンドリーでプロフェッショナルだった。だがそれ以上に、彼は父親のような存在で、実の父親と幼いころに離別した私に、人間関係のようなことについても助言をくれた。関係がどのように発展したかは書簡集にあるとおりだ。彼の訃報を聞いたときには、実の父が死んだときよりも深い喪失感があった」

――先程の話にもありましたが、ニューイングランドを舞台にしたあなたの作品について、ダーレス氏から「イギリスを舞台にして書く」ように指導された時、あなたはどのように思われたのでしょうか？

「多くの作家が改稿のアドバイスを受けたときに感じるのと同じように、当初、私はそうした助言を怒りとともに拒絶した。だけど、少し考えてみるとそのアドバイスのメリットは明らかだった。私が彼のアドバイスにすぐに同意したことは、書簡集からもわかると思う。その時の私はまだ、彼がアーカム・ハウスから私の作品を出版するつもりだと知る前の出来事でね。私は彼のそうした提案を、単に役に立つ助言と受け取ったのだと思う。それまでの私は出版を考えずに作品を書いていた……母は、私の作品が出版されることを望んでいたようだったがね。ここで明らかにしておきたいのは、それらがとても有益なアドバイスだった、ということだ。そうしたアドバイスを作家としてのキャリアの非常に早い時期に受けられたのは、とても幸運だった」

――改稿内容について知りたいです。

「私が書いた最初期のいくつかの作品は、当初はラヴクラフトが創作した町を舞台にしていた。*The Box in the Priory*（後に「城の部屋」に改稿）はアーカムが舞台で、ローリーやイプスウィッチなどの町にも言及していたんだ。*Tomb-Herd*はキングスポートが舞台だったのだが、後に舞台を英国に移し、ダーレスが「ハイ・ストリートの教会」に変更した。「恐怖の橋」は、当初はヒーリービルという私が創作したマサチューセッツ州の町が舞台だったが、アーカムでの場面もあって、HPLの後期作品の落ち着いたスタイルを模倣しようとしたんだ。構造は「ダンウィッチの怪」に似ていたかな。*The Tower from Yuggoth*も元の舞台はアーカムとダンウィッチで、インスマスやアイルズベリイ街道も登場するはずだった。「妖虫」も初稿ではアーカムとイプスウィッチに始まり、森に入っていく展開だった。これらはPSパブリッシングの*The Inhabitant of the Lake and Other Unwelcome Tenants*に収録されているよ」

――あなたが好きなラヴクラフト作品や、他の作家の神話作品を教えてください。

「「壁の中の鼠」には色々な要素があるが、「言葉を使うこと」に関する物語でもある。語り手はそれをコントロールしようとするが、最終的に言葉が表現するものに圧倒されてしまうんだ。「クトゥルーの呼び声」は、複雑な構造と、ディテールの積み重ねが非常に力強い物語に発展する。「異世界の色彩」は、HPLが多くの作品で伝えようとした「完全に異質なるもの」の完璧な表象がこの作品には現れる。そして不気味さや恐怖を超えた崇敬と驚異へと導いてくれる。「チャールズ・デクスター・ウォード事件」では、示唆と間接性に富んだ語りが、地下に潜む恐怖を描いた最高のシーンにつながっていく。「超時間の影」は、HPLの他の作品が空間の無限さを伝えるのと同様に、この作品は時間の隙間とその向こうにあるものに対する驚異を伝えている。他の作品では、フランク・ベルナップ・ロングの「喰らうものども」だね。素晴らしいシーンがいくつかあって、それらはウィアード・ホラーものの最高峰に達していると思う。ホラー小説の登場人物的にふるまうキャラクターが多すぎるのが残念ではあったけれどね。ボブ・ブロックの『無人の家で発見された手記』は、会話体で語られたクトゥルー神話作品の中では、今なお最も優れた作品だ。語り手の純朴さが、より強い恐怖をもたらしている。それと、T・E・D・クラインの『復活の儀式』。「チャールズ・デクスター・ウォード事件」のように、神話的存在への直接的な言及がなくとも、異質なるものへの恐怖を想起させることができる、という好例だった。カール・エドワード・ワグナーの*Sticks*も好きだ、ラヴクラフト本人とクトゥルー神話への賛辞だよ。スティーヴン・キングの「クラウチ・エンド」には、キング自身の考える邪悪なる混沌が織り込まれている。彼の*Revival*は、死後の世界に対するラヴクラフト的観念を示した物語だった。

　クラーク・アシュトン・スミスの「ウボ＝サスラ」は、宇宙的恐怖を掴みどころがなく、雰囲気たっぷりで、なおかつ唐突な驚きのある作品に落とし込んでいる。後はアラン・ムーアのコミックだ。彼の*The courtyard*と*The Great Old Ones*は、ラヴクラフトの神話存在の賞賛すべき再解釈だった。ジョン・クルサードによる絵も素晴らしいしね」

──あなたは英国のグロスタシャーやセヴァン・ヴァレーを舞台にした数多く作品を書かれています。これらの地域に何かしらの思い出や、作品のモチーフになった伝承などがあったのでしょうか？

「自分の経験や現地の伝承が元になっているということは全くない。この地域を選んだのは、ダーレスの助言に従ったからに過ぎないんでね。１９６１年10月18日付の彼の手紙に、こう書かれていた。「きみは、アーカム・カントリーと並ぶような、英国の舞台を考案することに注力するべきだ。きみの作品にしたローマ時代の伝統を取り入れるとともに、かつてローマ帝国の支配下にあった英国の土地を舞台にすることを薦める。セヴァン・ヴァレーなどはどうだろう。コッツウォルズが物語に色彩と風景を与えるだろう。海岸に設定する必要は特になく、どちらにしてもセヴァンは海に注ぐ。そのようにしたら、我々はあなたの本を英国のＨＰＬ信奉者によるクトゥルー神話の伝統にのっとった作品、と広告することができる」。とはいっても、図書館で調べて、現地の伝説や伝統をいくつか導入することはしたよ。「城の部屋」に出てくるバークレーの魔女や、バークレーの蝦蟇などがそうだった」

──ブリチェスターのモチーフは、あなたが生まれ育ったリヴァプールだと言われていますが、これは事実でしょうか。

「もう少し複雑な経緯がある。私の最初の本では、ブリチェスターはざっくりとした大都市のイメージで、地理的な配置についてはほとんど考えていなかった。１９６５年に書いた*The Cellars*は、明確にリバプールを舞台にした最初の作品だった。実在する場所は登場させなかったが、タイトルが示す場所からインスピレーションを得たんだ。66年の終わりから67年のはじめにかけて「コールド・プリント」を書いたとき、ブリチェスターの中心部は名前が異なるだけで、リバプールの中心街そのものだった。「コールド・プリント」は、クトゥルー神話作品としてはラディカルなものだったが、私が創作したラヴクラフト的な土地を舞台にするにせよ、より現実に寄せた場所を舞台にすべきだと考えたのだと思う。以降の作品に登場するブリチェスターは概ね、現実のリバプールをベースにするというこの傾向を引き継いでいる」

――ゴーツウッドのモチーフはコッツウォルズだということですね。

「先ほども言ったが、コッツウォルズを使うことはオーガストの提案だった。私が実際にそこを訪れたのは、作品を書いてから10年ほど経った頃のことだ。それも、後に私の妻になった女性が、当時チェルトナムの郊外に住むようになったからでね。私は作中で「穏やかに上り下りするコッツウォルズの丘」と書いたが、実際にその地を歩いてみると、まったく穏やかではなかったよ」

――今日、コッツウォルズは観光地として有名で、ゴーツウッドの不穏な雰囲気とはなかなかイメージが結びつきません。

「たとえばリバプールも観光地だが、私の作品中では私の構想に合うように、変えて書いているよ。読者の中には、そちらのイメージのほうを体験したくてリバプールを訪問する者もいるようだけどね」

――あなたはラヴクラフト・カントリー（マサチューセッツ州の地方都市やプロヴィデンス）を訪れたことがあるとお聞きしました。その時に感じた印象をお聞かせください。

「HPLが愛した歴史観を思わせてくれる土地だった。そしてプロヴィデンスは特に、彼の暗示《ラドレント》が深く残っていたよ。それから幸運なことに、ドノヴァン・K・ルークスがジェニーと私をHPLツアーに連れて行ってくれた。足を運ぶことをお勧めするよ」

――重箱の隅をつつくようで恐縮ですが、あなたの作品中の設定についていくつか質問させてください。「ムーン・レンズ」でのシュブ＝ニグラスの描写は大変ユニークですが、あなたのイメージに近いイラストなどはありますでしょうか。

「マイケル・ブコウスキのイラストが、私のイメージに最も近い。ただ、あのようにシュブ＝ニグラスについて細かく描写してしまったことについては、後悔しているよ。HPLが目指していた「未知」を、この存在から奪ってしまうことになったからね」

――The tuggingに登場するグロースという神は、日本人としては1962年の映画『妖星ゴラス』を連想させられるものでした。何かしら影響を受けられるようなことは？

「いや。私の知る限りでは、この映画は英国でかからなかったと思うよ」

――同作では、DCコミックス社のアメコミに登場したムナガラーという神についての言及もありましたね。

「あの頃、私はかなりたくさんのコミックを読んでいたんだ。中でも特に、アラン・ムーアのストーリーとバーニー・ライトソンの絵が好きだった。だから、彼らの「スワンプ・シング」のシリーズも追いかけていたんだ。彼らがラヴクラフト的な存在を登場させた時、私はそれが神話の一部になるべきだと考えた。それで、作品で言及したのさ」

――グロスタシャーのリドニーには、ローマ植民地時代に遡るノーデンスの遺跡がありますが、あなたが作中でノーデンスを登場させたことがないのは何故でしょうか？

「単純に、「夢の旅に未知なるカダスを探して」において、ノーデンスが善き（あるいは害意のない）神として登場するからだと思う。クトゥルー神話の文脈にそぐわないと考えたので、登場させようとも思わなかったよ」

――あなたが「湖の住人」でハイチのゾンビについて言及したのは、ジョージ・A・ロメロのゾンビものの映画が流行する以前でした。あなたは、ゾンビについての情報をどのソースから得られたのでしょうか？

「残念ながら、記憶していないな。映画*Dead Men Walk*[※5]だったかもしれない。ともあれ、頭の中のどこかにアイディアがあったことは確かだよ」

――同作で言及される、〈タグ＝クラターの逆角度〉のニュアンスを教えてください。

「これは「異質な幾何学《きかがく》」というラヴクラフト的な発想を伝えるフレーズなんだ。この場合は多分、何らかの理由で、そうなるはずの方向とは逆向きに働く角度なんだろうね」

――あなたは最近になって、クトゥルー神話要素のある作品を幾つも書いておられますね。

「より正確に言えば、クトゥルー神話というよりもブリチェスター神話の要素だね。最初の本で私は、現存する神話作品から要素を借りた。バイアティス、*tomb-herd*、シュブ＝ニグラスなど。それ以来は、私は自分で構想を作ったか（グロース）、自分で考案したものをもう一度使うかしている（グラーキ、ダオロス）。これらの最近の作品で、私はかつての作品ではうまく書くことができなかったアイデアを再び発展させてみようと考えた。「宇宙的驚異」をより強調したいと思ったんだ。たとえば*The Darkest Part of the Woods*では、「シャッガイの昆虫」で書くことに失敗したラヴクラフトのアイデアに再挑戦している。オリジナルが持っていた奇妙さをキープできていればいいのだがね」

――新作*The Last Revelation of Gla'aki*を書かれた経緯はどのような。

「PSパブリッシングの担当編集者であるピート・クラウザーが英国北部の海岸地方の町を舞台にした、神話的要素のあるノヴェラを書くことを提案してくれたんだ」

――この作品の冒頭では、TRPG独自の設定について突っ込みが入れられていました。御自身の設定が他人にアレンジされることは、あまり好ましくないとお考えなのでしょうか。

「私の考案した物に使用価値があると考えてくれることには感謝する。ただ私自身が展開したものが正伝であるとも言っておきたい」

――表紙イラストは、日本のクトゥルー神話ファンの間でも話題になりました。あのイラストは、あなたが監修されたのでしょうか？

「悪くないね。作画の前に、私はピートからスケッチを見せてもらっていたよ。世の中にはグラーキを描いた絵がかなりたくさんあるが、それを見るたびに、想像する人によってかくもイメージが変わるのかと感心するね」

――2017年現在、クトゥルー神話というジャンルはいよいよ活況を見せています。現状について、思うところをお聞かせください。

「最近はとてもすべてを読むことができない。純粋な宇宙的恐怖と驚異を表現しようとする作品は応援するし、私もいつかは、それらを本当に伝える作品を書けるようになりたい」

――日本の読者に向けて、一言お願いします。

「皆様がグラーキの笑顔に祝福されますように。そして皆様の頭脳が、ダオロスが明らかにする真実で満たされますように」

※1　**Letters to Arkham**　2014年にPSパブリッシングから発売された、ダーレスとキャンベルの書簡集。

※2　**『リオ・ブラボー』**　1959年公開の西部劇映画。年寄りの保安官助手スタンピーをブレナンが演じた。

※3　**〈墓に群れるもの Tomb-herd〉**　キャンベルの「ハイ・ストリートの教会」に登場する、墓場に巣食うクリーチャー。

※4　**シュブ＝ニグラス**　キャンベルの「ムーン・レンズ」は、シュブ＝ニグラスの姿が描写された数少ない作品。

※5　**Dead Men Walk**　1943年公開のホラー映画。むしろ、ブードゥー教のゾンビが登場している、翌年公開のVoodoo Manなのかもしれない。

※5　**Dead Men Walk**　1943年公開のホラー映画。むしろ、ブードゥー教のゾンビが登場している、翌年公開のVoodoo Manなのかもしれない。

# ニトロプラス シナリオライター対談

『沙耶の唄』 『斬魔大聖デモンベイン』

# 虚淵 玄×鋼屋ジン

**21世紀のオタクシーンを語る上で決してはずせない株式会社ニトロプラスは、同時にクトゥルー神話のエポックメイカーでもあった。今回は、同社のシナリオライターであるお二人に、御自身の作品を含め、クトゥルー神話について大いに語っていただいた。（編者注：このインタビューは、2011年に収録されたものです）**

1972年12月生。『Phantom -PHANTOM OF INFERNO-』のシナリオライターとしてニトロプラス創設時から参画。近年は『魔法少女まどか☆マギカ』『PSYCHO-PASS』『仮面ライダー鎧武/ガイム』など映像媒体を中心に活躍している。

1976年12月、北海道生。WEB上での創作活動が縁でニトロプラスにスカウトされ、『斬魔大聖デモンベイン』でデビュー。以後、ゲームのみならず『仮面ライダー鎧武／ガイム』をはじめ、ドラマ、アニメのシナリオも数多く手がける。

## 最初はTRPGから

――鋼屋さんとクトゥルー神話の関わり合いについては、『クトゥルー神話ダークナビゲーション』※1という本の巻頭対談でがっつりお聞きしましたので、今日は虚淵さんを中心にお話を伺えればと思います。

**虚淵** よろしくお願いします。

**鋼屋** 大槻《おおつき》涼《すず》樹《き》さんとの対談ですね。収録はいつ頃でしたっけ。

――2006年の春だと思います。

**鋼屋** 5年前か……早いなあ。

――虚淵さんは元々、クトゥルー神話がお好きだったとお聞きしていますが、実際に読み始めるのはどういうきっかけだったのでしょうか。

**虚淵** 中学時代にはソノラマ祭りで、はままさのりさんの『ベルゼルガ物語』であるとか、菊地秀行さんの『吸血鬼ハンターD』に熱中していたんですが、高校に入ってから図書館に入り浸るようになって、それで海外冒険小説を読むようになったんですね。

※1『クトゥルー神話ダークナビゲーション』2006年9月にぶんか社から発売された、本書の前身とも言うべきガイドブック。AVG『黒の断章』『Esの方程式』などを手がけた元アボガドパワーズのシナリオライター、大槻涼樹氏と鋼屋氏の対談が、巻頭に掲載されていた。

※2 A・J・クィネル、クライブ・カッスラー 共に80年代を代表する冒険小説家。前者は『燃える男』や『パーフェクト・キル』、後者は『タイタニックを引き揚げろ』『海中密輸ルートを探れ』などが代表作である。

※3「ゴールデン・ボーイ」 1982年発売の作品集『恐怖の四季』に収録されている。ナチスの記録にのめりこんだ少年が、戦犯の老人か

――高校の図書館でラヴクラフトを？

**虚淵**　それはもう少し先ですね。最初はA・J・クィネルとか、クライブ・カッスラーとか[※2]――置いてあるのがそんなのばかりだったんですよ。それで、純文学とかに行かずに、海外の冒険小説ばかり読みまくりました。

――高校でというと、ジャック・ヒギンズとか出てきそうなものですが。

**虚淵**　ヒギンズも読みましたけど、クィネルやカッスラーの派手さが好きで……そういう流れでスティーブン・キングに出会ったんですね。最初に読んだのは「ゴールデン・ボーイ」[※3]。あれを面白いと思っちゃった段階で、魂が病んでいたのかも。（笑）

それで、キングにがっつりハマりこみ、クトゥルフ神話が下敷きなのを知ったわけなんですが……テーブルトークRPG（以下、TRPG）の方が早かったかも。『クトゥルフの呼び声』（以下、CoC）を見つけて「何これ、面白そう」と手を出して、そこから原典に興味を抱いた、という流れでした。

――時期的には『D&D』『ソードワールド』の全盛期でしたね。

**虚淵**　そうですね。ただ、『D&D』は長続きしなかった。あれは、キャラクターを愛しみ育てることを前提のゲームだったんで、死ぬか生きるかギリギリのセッションとかはできなくて。『ウィザードリィ』なんかも、自分ハマれないんですよ。迷宮縛りでなく、もっと色々なシチュエーションで遊びたくなる。その辺、あの頃に好きだったジェームズ・ボンド映画の影響なのかもしれません。ぽんぽん画面が変わっていくところが好きだったんで。

――高校時代には、ゲームサークルのようなものに参加していたんですか？

**虚淵**　学校には無かったですね。自分は模型趣味で寿屋《ことぶきや》に入り浸《びた》っていたんですけど、あそこが主宰しているオービターというゲームサークルがありまして、そちらでどっぷりと。そこで知り合った人とプライベートで集まってセッションする日々が続きました。

**鋼屋**　プレイヤーだったんですか？

**虚淵**　マスターと半々くらい……いや、半々ってほどマスターしてないな。自分はシナリオをやたら作りこむんで時間がかかったのと、あまりに死亡率

「恐怖の四季　春夏編」と銘打たれた、キングの『ゴールデンボーイ』（新潮文庫）。「秋冬編」は『スタンド・バイ・ミー』。

当時はボックス版TRPGとしてホビージャパンが展開していた、『クトゥルフの呼び声』スタートセット。

ら当時の話を聞くうちに、凶暴性を増していき――という物語。

※4　正気度ロール　『クトゥルフ神話TRPG』の、いわゆるSANチェックの事。PC（プレイヤーキャラクター）は、恐ろしい事物に遭遇する都度、ダイスを振って正気度（SAN）を失うかどうかチェックする。正気度ロールに失敗し、さらにアイデアロールにも成功してしまうと「恐ろしい事実に気づいてしまった」という状態になり……。

※5　目星ロール　『クトゥルフ神話TRPG』において、隠されているものを発見するために使用される重要な技能のひとつ。このロールに成功すれば、隠し扉や棚の二重底、色を塗り替えた自動車や、懐に隠された拳銃、待ち伏せなどに気付くこともできる。

が高くて皆ついてきてくれなかった。

（一同爆笑）

――現在の作風の萌芽が。（笑）

**虚淵** 「ギリギリ感がいいじゃない」位の感じで、「成長を楽しむ、何それ？」みたいなとこがあった。だからCoCとは凄く相性が良かったんですよ。「どう死ぬか」という話ですから。ただ、シナリオを作るのに凄い時間かかったんですよね。プロット組みにかなりの時間を費やしていたんで。

――虚淵さんの手がけたクトゥルー神話作品というと『沙耶の唄《うた》』ですが、「愛が深まるにつれ、世界が変わっていく」というコンセプトは正気度ロール※4を想起させられました。

**虚淵** 空き家の探索シーンなんかは完全にCoCですね。目星ロール※5をしてみた結果、色々なものが出てきたよ、みたいな。

――ひょっとすると、あの作品は昔作られたシナリオが下敷きに？

**虚淵** そうではないです。だけど、作り方は全く同じだったので、ほぼ自分が作ったCoCのシナリオみたいになってるとは思います。

**鋼屋** 登場人物たちの役振りが、まさしく探索者だって感じがしますよね。ああ、丹保先生、一回探索をこなしてるんだけど、そこで何か恐怖症もらっちゃってるんだなって。（笑）

**虚淵** まあ、そういうことよ。（笑）

**鋼屋** 永久的狂気※6を振ってしまった感がありますよね。

**虚淵** あれは、召し上げられたPCなんじゃないかな。「前回の僕のPCが女医さんとして出てきた」みたいな。

**鋼屋** あ、なるほどなるほど。

クトゥルー神話が題材のＡＶＧ、『沙耶の唄』（ニトロプラス）。現在は『沙耶の唄 Nitro The Best! Vol.2 Windows10対応版』として発売中。

――失敗セッションの後日談の味わいですよね。セッション終了時に「というわけでこのPCは精神病院にぶち込まれることになりました」的な。

**虚淵** 彼女、もっと理知的なキャラクターで最後まで進めるはずだったんですけど、書いてるこっちが何だかね、鬱展開に気が滅入ってきて。

**鋼屋** はいはいはい。

**虚淵** そろそろ、なんかぱーっとやりたくなって、ショットガンとか持たせちゃっていいかなって。（笑）

**鋼屋** でも、CoC的には、ショットガン持つのは合理的ですよ。※7

**虚淵** 最強武器だからねえ、切り詰めショットガンは。（笑）

## 『デモンベイン』へのカウンター

――『沙耶の唄』は2003年12月の発売で、同じ年の4月には『斬魔大聖デモンベイン』が発売されています。『デモンベイン』開発の終盤か直後くらいに着手されたと思いますが、虚淵さん自身も好きなジャンルということ

※6 永久的狂気
正気度ポイントがゼロになったPCが陥る状態。期間は1年の場合も、生涯の場合もある。通常処理としては、神経科病院への長期入院やカルティスト（邪神崇拝者）となるなど、PCとしての引退を意味する。キーパーの判断によっては、長期間の離脱の後復帰できることもある。

※7 ショットガン
『クトゥルフ神話TRPG』においては、ショットガンは、散弾を用いると敵に近づけば近づくほど威力が増す武器と設定されている。10メートル以内の至近距離で発砲すると、人間を一発で殺害できる威力（10面ダイスを4つ振る）があるため、このゲームでは人気の武器である。

で、何かしら思うところが?

**虚淵**　ぶっちゃけ、『デモンベイン』へのカウンターと言いますか、罪滅ぼしで作ったのが『沙耶』なんですよ。

**鋼屋**　そう言ってましたよね。(笑)

**虚淵**　余計な十字架を背負ったと言いますか。いや、『デモンベイン』も大好きなんだけど、世間的に「これがクトゥルフだ!」みたいな流れにしたくはないという思いがありました。最初は追加武装的なもので、クトゥルフ要素が入ってくると思ってたんですよ。

**鋼屋**　最初はそういう話でしたね。

**虚淵**　それが、割とガチで入ってきて。

**鋼屋**　入れちゃったと言いますか。

**虚淵**　俺、ヤバいことをしてしまったんじゃという気分になって……。(一同爆笑)　あのゲームに加担した自分の、個人的な禊というやつです。信者としてケジメをつけておかねばと。

**鋼屋**　わかる、わかります。

**虚淵**　直前に作った作品が男ばっかり出てくる話だったので、リハビリがてら男より女が多い話を作ろう。増やすだけ増やして、初《しょ》っ端《ぱな》から殺そう。みたいなのもあった。(笑)

**鋼屋**　(笑)

――以前のインタビューか何かで「沙耶がヒロイン」だと言われると、違和感があると仰っていましたね。

**虚淵**　普通にクリーチャーのつもりで書いていました。今度こそ、お客さんは引くだろうって思ってたんですが、萌えキャラとして人気が出たのはむしろビビりました。(笑)　あの頃、自分の中に屈折がありまして。『鬼哭街』でついてきたお客さんをどうすれば突き放せるかって、歪んだチャレンジだったんですよ。自分がどれくらい地を出せば「うわっ」って言ってくれるのか……全然そんなことありませんでした。「本当にこれで萌えてくれちゃったんですか。貴方がたのキャパシティーに土下座です」

――2003年頃と言いますと、触手陵辱系の美少女ゲームが増え始めていた時期でもありますし。それにほら、見えている範囲では可愛いですから。

**虚淵**　相当嫌な話を書いたつもりでいたんですけどね。ただ、自分なりに信じるものをやっておかないと気が済まなかった。『デモンベイン』もね、いわゆるダーレス系のクトゥルフとしては間違ってなかったと思うんだけど、恐怖の拠り所としては納得できない部分があった。やっぱり、「怖い」ものとして楽しんできたんで。

**鋼屋**　ちゃんとホラーとして、ということですね。

**虚淵**　更に言うと、自分にとってのホラーの根っこがどこにあるかというと、クトゥルフじゃなくて、矢追純一のUFO特番[※8]なんだよ。

**鋼屋**　ああ、はいはい。

**虚淵**　子供の頃から「宇宙人こえー、チョーこえー!」って漠然とした恐怖の原体験があって、それをうまく拾ってくれたのがクトゥルフだった。

**鋼屋**　『沙耶』の冒頭って、確かにちょっとUFO特番っぽいですね。病院の噂、みたいなとこが。

**虚淵**　確かに。何かね、同じ怖い話で

※8　矢追純一のUFO特番
日本テレビの番組プロデューサーであった矢追純一は、深夜ワイドショー『11PM』のディレクターを経て、1980年代に超能力やUFOなどの特番を数多くプロデュースし、マスメディアにおけるオカルト番組の顔のような存在となった。『MJ-12の秘密』(89年、ワニマガジン社)、『ナチスがUFOを造っていた』(94年、雄鶏社)などの著書もあるが、荒唐無稽な内容で、後者は『トンデモ本の世界』(95年、宝島社)でネタにされた。機会があれば、彼の『カラスの死骸はなぜ見あたらないのか』(93年、雄鶏社)を読んでみて欲しい。

『装甲悪鬼村正』（ニトロプラス）。シナリオは奈良原一鉄で、今なお根強い人気がある。現在は『装甲悪鬼村正Windows10対応版』が発売中。

も心霊系にはピンと来なくて、宇宙人ネタが絡むと途端にワクワクする。

**鋼屋**　（笑）

——侵略者的な部分に恐怖を感じるということですか。

**虚淵**　人の情念とか怨霊とか言われても、それがどうなの？　という。

**鋼屋**　ぶっちゃけ、恨み言いってるだけのウザい人たちですものね。

**虚淵**　そうそう。人間の延長線上にあるものには、そんなに恐怖を感じない。なら、どんなのが怖いかというと、キングの「霧」※9とか、もうガチ勘弁してくださいの世界な訳です。

——未知なるものへの恐怖、まさにラヴクラフトの言う宇宙的脅威ですね。

**虚淵**　だから、そこを拾ってくれたラヴクラフト御大にはこう、負うところが多いんです。

——そういえば、『装甲悪鬼村正』にさりげなく『デモンベイン』ネタが出てきますが、あれは鋼屋さんが絡んでいるんですか？

**虚淵**　新聞の小説だっけ、あったよね。

**鋼屋**　あれは奈良原が勝手に。（笑）まあ、ニトロプラスの伝統ですよね。自社パロディネタはよくやるんで。

——事後承諾だったとは。

**鋼屋**　実は、事後承諾も受けてません。（笑）知らないうちに明智日向守が『ネクロノミコン』の持ち主に。

**虚淵**　茶器ネタも、何かこう。

**鋼屋**　松永弾正《まつながだんじょう》の平蜘蛛《ひらぐも》が、鬼械神《デウス・マキナ》サイクラノーシュであるという。まあでも『村正』の話なら、あの世界観における全ての根源が「外からやってきた客人神《まれひとがみ》である」というところが一番、クトゥルーっぽいですね。

**虚淵**　そうだね、確かに。

**鋼屋**　金属生命体がやってきて、地球ごと変えてしまった話ですので。

——侵略テーマというものを、『宇宙戦争』的な侵攻ではなくそうとすると、クトゥルー的になりますよね。

**虚淵**　そうなっちゃうんだよね。『魔法少女まどか☆マギカ』も、半分くらいはそのつもりだったんですよ。

**鋼屋**　はいはいはい、確かに。あれも、宇宙侵略的な何かですね。

**虚淵**　違う価値観のものに、直面させられてしまうというところですね。

**鋼屋**　ちゃんと、そのテーマ通りになっていたと思いますよ。

**虚淵**　まあでも、ホラーまで持っていくつもりはなかったんだけど。（笑）

——キュウべえの、あの全く無表情のまま、登場人物にしてみれば異質感溢れる理屈を滔々と話しながら、じーっと見つめてくるあたりは、ラヴクラフト的なものを感じました。

**虚淵**　そういうところはありますね。だけど、向こうから説明してくれるわ

※9「霧」　１９８０年刊行の作品集に収録された、キングの中編小説。一般的には、２００７年の映画版のタイトル『ミスト』の方が有名で、町を包む謎の霧の中に垣間見える異形の怪物たちは、H・P・ラヴクラフトからの多大なる影響を受けている。99年に発売されたコナミのPS用ホラーゲーム『サイレントヒル』は、本来はこの作品のゲーム化企画だった。

けですし、ホラーじゃないよ。

**鋼屋**　そうかも。（笑）

――キュウべえ、最低限のチュートリアルはしてくれますものね。

**虚淵**　説明抜きであれをやると、ホラーになるんだけど。（笑）

## 名前のないモンスター

――クトゥルー神話は、文字の形で記録され、体系化され、分類されてしまったことで、恐怖が薄まったという話はありますよね。

**虚淵**　対策ができちゃうんだよね。人間がトンチを効かせて。

**鋼屋**　要するに、ダーレスとリン・カーターが悪いって話に。（笑）

――ラヴクラフトにしてからが、アンブローズ・ビアスの作品から記号的に神様を引っ張ってきているので、作家としての「お遊び」の部分と恐怖の部分が、実は最初から両立していなかったという部分もあるかもです。

**虚淵**　何だかんだ言ってモンスターはオリジナルのほうが良いんじゃないかと思うんです。作品ごとに違う恐怖を作ったほうが良いんじゃないかって。だから、ＣｏＣのシナリオを作る時にも、絶対にオリジナルのモンスターを出すことにしてました。

**鋼屋**　手の内がバレるんですよね。それに、何を出してみてもプレイヤーにしてみれば「キター！」にしかならないってところがありますし。

**虚淵**　ほんと、キター！　にしかならない。しょんぼりだよ！　クトゥルフのモンスターって、キャラが立っているじゃないですか。ＴＲＰＧのセッションだと、それで対処法がばれちゃう。「じゃ、部屋の角に漆喰をぬろう」とか言い出すんです。何でそんなこと知ってるんだ、お前ら。（笑）

**鋼屋**　あれはホントにそう思います。

――『沙耶の唄』の発売当時、プレイヤーたちが沙耶の正体について、ショゴスだのウボ＝サスラだのと、あれこれ取り沙汰していたのを思い出します。

**虚淵**　そういうのじゃないのにしよう、と予め心に決めてました。

――虚淵さんとしては、あくまでも正体不明の恐怖にこだわって、「何だか解《わか》らない」物を「何だか解らない」ように出すというのをやられたと。

**虚淵**　そうですね。何だかんだで、戦えば弱いというのも、そういうこだわりなんですよ。沙耶レベルのクリーチャーだったら、『デモンベイン』のメイド三人衆にも殺されますね。そういうポジションですから。（笑）

――朝松健先生などの日本の怪奇小説家の作品では、クトゥルー神話特有の名称と実体が必ずしも結びついているわけでなく、外見描写もグチャドロな正体不明の何かにとどめていることが多いですね。

**虚淵**　日本のホラーには、そういうウエットさがありますね。

――ラヴクラフト研究家のＳ・Ｔ・ヨシ氏[※10]に言わせますと、ラヴクラフトが出してるあれらの神々はただの宇宙生物であって、超自然的なものではないんだという話になりまして。「ダーレ

※10　Ｓ・Ｔ・ヨシ　１９５８年に生まれた、インド系アメリカ人のラヴクラフト研究家。ラヴクラフトの原稿の校訂作業に始まり、書簡集や事典、伝記などを精力的に編纂・刊行し続けている。２０１２年には彼の『Ｈ・Ｐ・ラヴクラフト大事典』の日本語版が刊行されている。

※11「永劫の探求」　オーガスト・Ｗ・ダーレスのクトゥルー神話代表作とも言うべき連作小説で、ミスカトニック大学のラバン・シュリュズベリイ博士とその若き仲間たちが、クトゥルー教団の陰謀に立ち向かうという内容。青心社文庫『クトゥルー』２巻まるまる１冊がこれである。矢野健太郎のコミック「邪神伝説」シリーズの前日譚に相当する。

スはそれを勘違いして、むしろオカルト・ホラーにしてしまった」みたいな話も出ています。

**虚淵**　えー！

**鋼屋**　逆転しちゃってるんですね。

――実際、ダーレスの「永劫の探求」[※11]あたりの作品には、クトゥルー教団を追いかけていたら、家の裏や地下から変な足音が聞こえてくるという、時間も距離も越えた、そういう心霊的な怖さは確かにあります。

**鋼屋**　ああ、確かに。

**虚淵**　超自然的ですね。それにしても、ただの異星人、というのはちょっと自分には納得できないな。

――有名な研究者の意見ということで、皆が皆賛同しているというわけではないですね。超自然的な恐怖を期待している読者も多いですし、キングなんかはまさにそうでした。最近、朝松健先生をはじめ日本人作家の作品が英訳されて、向こうで受けてるというのも、そういう事なんだと思います。

**虚淵**　なるほどね。

## 好きな作品

――ここまで色々とお話を聞いてきましたが、既存の好きなクトゥルー神話作品は、どのあたりになりますか？

**虚淵**　やっぱり「狂気の山脈にて」かなあ。「超次元の影」も結構好き。

――どちらも、SFテイストの強い作品ですよね。

**虚淵**　どちらかというと、そっち寄りかもしれません。「狂気山脈」は出だしのあたりの、明らかに異常な事態を、無理やり科学的に解釈しようと頑張っているあたりが非常に好きです。

**鋼屋**　ああ、なるほど。

**虚淵**　この穴だけなーんか深く掘ってあるなあとか、遺体がなーんか欠けてるなあとか。そのあたりを、強引に、科学的に解釈しようとしているうちに、段々と言い訳がつかなくなっていく、あの下りが好きなんですよ。

――読者が登場人物ごと、恐ろしい場所にどんどん引きずり込まれていくという、あの感覚ですね。

**虚淵**　その意味では、「クトゥルーの呼び声」も結構好きなんですよね。

――一見関係ないことが徐々に結びついていって、気がつけばもう抜き差しならない状態に陥っているという。

**虚淵**　ええ。あの感じです。人間の好奇心が裏目に出る……でも、そこで一矢報いるのもかっこいいよね。（笑）

**鋼屋**　ボートで突っ込んでバラバラにしちゃいますからね。（笑）　あれを読んだ菊地秀行さんが、クトゥルー結構弱いぞと『妖神グルメ』を書いたわけですが、腹が減ってたんじゃないの？　というあの理屈が凄い好きです。

**虚淵**　体当たりされた瞬間に、どうでもよくなっちゃったんだよ。（笑）

**鋼屋**　逃がしてしまった、食べられなかったよ、もう面倒くせえよ。（笑）
　自分はだから、既存の作品だと『妖神グルメ』が一番好きかもしれません。

**虚淵**　「チャールズ・デクスター・ウォード事件」もね。出来は凄くいいと思うんだけど。今ひとつハマれなかったのは、やっぱり黒魔術方面に話が傾

※12　プロジェクト・ブルーブック、MJ-12
前者は、1948年にプロジェクト・サインとして設立され、紆余曲折を経て1952年に改めて発足した……とされる、アメリカ空軍のUFO調査機関。後者は、12名の政府高官や科学者たちから構成され、異星人にまつわる調査を行っていたという、アメリカ合衆国政府の極秘委員会で、当初はマジェスティック・トウェルブの意味だとされたが、後にマジョリティ-12というのも広まった。共に80年代UFO特番や陰謀物の定番ワードであり、国内外のライトなSF作品にも大きな影響を与えている。知っている人間の年がバれるリトマス紙的なワードでもある。

※13　お前がそれを
このインタビューの収録当時、聞き手（森瀬）は『うちのメイドは不定形』（スマッシュ文庫）というライトノベルを書いていた（静川龍宗との共著）。

いていって、そこがピンとこなかった。
――人間の科学的探究心とか、そういうアプローチがお好きなんですね。
**虚淵**　そうですね。プロジェクト・ブルーブックとか、MJ-12[※12]がギュンギュンきちゃったクチでしたので。こう、一歩踏み外した先に全く違う体系のものがあるっていう、ゾッとする感じ。完全に暗闇なんじゃなくて、見るに耐えないような物凄いものが既にあるという感じですか。それをちらっと見ちゃった後に逃げ帰る。
**鋼屋**　ラヴクラフトの作品だと、自分は「ダンウィッチの怪」が好きなんですけど。あの話の怖いところは、隣に住んでる危ない感じの爺ちゃんが本当に危険な存在で、地球の、ひいては宇宙の存亡にまで繋がっているという、ご近所の恐怖感なんですよね。
**虚淵**　秘密結社でもカルトでも何でもない、ただの田舎のお爺さんだってところが輪をかけてひどい。（笑）
**鋼屋**　あれ、もしかしてこの世界って、凄く脆いんじゃ？　という感じが凄く漂っていて、しかもあれと同じような事例が世界中にあるんだよ、というあたりがいいですよね。
**虚淵**　確かに。
――またあの、ラヴクラフトの地方都市シリーズの大部分が、基本的に直前に旅行していた場所なんですよね。
**鋼屋**　そういえば、そうでした。
**虚淵**　そうなんだ。（笑）
――旅行先を歩きながら、そんなことを延々と想像していたらしいです。
**虚淵**　いいなあ、それ。俺もやってみようかな。実のところ出不精なんで、旅行とか全然出ないんですけどね。
――最後になりますが、禊《みそぎ》として『沙耶の唄』を作られた虚淵さんとしては、最近の萌えクトゥルー路線について、お考えを聞かせてください。
**鋼屋**　お前がそれを聞くのか、みたいなところがありますねえ。[※13]
――そこはまあ、それということで。
**虚淵**　端的に言えば『びんちょうタン』[※14]と一緒で、そこに萌えを見出だすのか！ってレベルの話なんですけど、まあ別カテゴリと思ってます。
**鋼屋**　別カテゴリ。
**虚淵**　元々、何ていうか、ホラーとしてのクトゥルフと、SFとしてのクトゥルフが、自分の中ではっきりと分かれているんですよ。その上で、たとえば『這いよれ！ニャル子さん』あたりSFカテゴリーに入るのかな、って。
**鋼屋**　宇宙人ですしね。[※15]
**虚淵**　SFパロディなのかな。そういう感じなので。あれはあれで面白いものは面白いし、否定する気は全くないんだけど、自分の中では別カテゴリなんですよ。傍から見ていると同じロボット物に見えるかもしれないけれど、『コンバトラーV』と『ボトムズ』くらい違うよねっていう話で。
**鋼屋**　あ、そのたとえはいいですね。自分も使おう。（笑）
**虚淵**　そういえば、気になってたんだけど、「狂気の山脈にて」が映画化されるって話はどうなったの？
――あれはですね……。
（以下、四方山話が延々と続く）

※14『びんちょうタン』　備長炭（つまり、木炭である）を擬人化した美少女キャラクター。株式会社アルケミスト（2016年に倒産）内の冗談から生まれたキャラクターで、2005年に自主制作アニメが公開されたあたりから口コミで人気を集め、コミカライズを経てついにはTVアニメ、ゲームが制作された。

※15　宇宙人　『這いよれ！ニャル子さん』（SBクリエイティブ）の設定では、ニャル子は厳密に言えばクトゥルー神話の邪神そのものではなく、ニャルラトホテプ星人の一個体である。なお、2013年4月1日のニトロプラスのWEBサイトにおけるエイプリルフールネタは『渾沌大殲 -Thousand Confusion Wars-』と題する嘘ゲームで（元々は鋼屋氏と聞き手（森瀬）の冗談話だった）、『這いよれ！ニャル子さん』も正式にコラボしている。

# CTHULHU CHRONICLES

## ［Mythos：神話］

**本稿は、「クトゥルー神話の大統合者」と呼ばれるリン・カーターの体系化した設定群を主軸に、物語世界「内」の視点に立って、通史としてのクトゥルー神話年代記の解説を試みたものである。**

筆者：新井沢ワタル　編集：森瀬 繚

### クトゥルー神話の曙光

英ブリチェスター大学大学院で考古学の博士号を取得し、Egyptian Relics in the British Isles（同大学出版局）などの著作が知られる新井沢ワタル氏は、この分野の数少ない研究者として90年代末期より精力的な探索を続けている人物である。この文章は、氏より委託された草稿を再編集したものだ。

「クトゥルー神話」あるいは「クトゥルーその他の神話」について、この神話を好んで創作の題材にした20世紀前期のアメリカ人作家H・P・ラヴクラフトは、「戯れに地球上の生物を創造した『ネクロノミコン』中の宇宙的存在にまつわる神話」と総括している。

クトゥルーとは、この異形の神話に登場する神々——〈大いなる古きものども〉の祭司と呼ばれる存在だ。「ヨグ＝ソトース神話」の呼称の方が適切とする意見もあるが、学術的研究における先行性、そして人間社会に与える危険性により、今日、「クトゥルー神話」の呼称が定着しているのである。

イラスト：nabe

1908年、アメリカ考古学協会の年次総会に持ち込まれたクトゥルーの神像は、大いに注目を集めた。ニューオーリンズの警察署に厳重に保管されていたが、オーストラリア博物館に収蔵された同種の神像ともども、現在は所在不明である。ラヴクラフトは、友人のR・H・バーローウに宛てた1934年5月11日付の手紙に彫像のスケッチを描いている。彼は現物を目にしたことがあったのだろうか。

用語としての「クトゥルー神話」の初出は、1906年のコープランド＝エリントン中央アジア遠征隊の中心人物であったハロルド・ハドリー・コープランド教 授が1906年に発表した論文『ポリネシア神話――クトゥルー神話体系に関する一考察』と思われる。

20世紀初頭、環太平洋地域の島々の神話や民間伝承の比較研究に取り組んでいたコープランド教授は、広漠な海に隔てられたこれらの島々に、はるか太古に波の下へと沈んだ「母なるムー」と呼ばれる失われた故郷にまつわる非常に似通った伝承が存在することに着目した。この論文は考古学会において静かな反響を呼び、セントルイスで1908年に開催されたアメリカ考古学協会の年次総会の席上でも、ある事情によって「クトゥルー」が話題になったと記録されている。

コープランドはといえば、新たに見出したテーマにすっかりのめりこんでしまった。彼は論文発表の翌年から世界各地の図書館や稀購書蒐集家に連絡を取り、『ネクロノミコン』『無名祭祀書』『ナコト写本』『ポナペ教典』『ルルイェ異本』『タンガロア、その他の太平洋の神話』などの書物（一部は写し）をかき集め、1909年からはカロリン諸島のポンペイ（ポナペ）島を拠点にフィールドワークを開始した。彼はこの研究成果を『『ポナペ教典』から考察した先史時代の太平洋海域』と題する論文にまとめ、1911年に発表するのだが、以前の論文とは異なり、学術界からの反応は困惑に満ちていた。考古学会からの退会を余儀なくされたコープランド教授は、悲惨な結果に終わった中央アジア遠征の後、1918年に狂乱して精神病院に入り、1926年に孤独な死を迎えている。

**関連作品：**
**カーター『クトゥルーの子供たち』**
**ラヴクラフト「クトゥルーの呼び声」**

## 地球の旧支配者たち

「クトゥルー神話」とはいかなるものか――最大公約数的な言葉でまとめると「人類が誕生する以前のはるかな太古に、宇宙や異次元から地球を訪れ、この星を支配していた怪物的な存在を巡る物語群」ということになる。

太古の人間や異形の種族から神として崇められたクトゥルーやヨグ＝ソトース、ナイアルラトホテプなどの名で呼ばれるこれらの宇宙的存在は、現在では地球内外のそこかしこの場所に潜み、あるいは眠りについている。

これらの〈神々〉の多くは、地球上の生物の誕生に深く関わる一部の存在を含め、人類の繁栄や価値観には無関心である。しかし、『ネクロノミコン』をはじめ、地球の禁断の歴史を記した禁断の書物の内容を信じるならば、地球は入れ替わり立ち替わり異形の神々や種族が訪れる、実に賑やかな場所だった。

ミスカトニック大学のアルバート・N・ウィルマース教授による報告では、ユゴスと呼ばれる太陽系外延の惑星（2006年まで太陽系第9惑星とされていた冥王星とされているが、異説もある）を中継して地球に飛来する菌類に似た宇宙生物が、1億年以上前から特殊な鉱物の採掘を続けているというというが、額面通りに受け取れる話ではない。これほど長い年月をかければ、地球という惑星そのものが掘り尽くされてしまうだろう。

19世紀のドイツ人神秘学者フリードリヒ・ヴィルヘルム・フォン・ユンツトが著した『無名祭祀書』は、この問題にひとつの回答をもたらしてくれる。フォン・ユンツトによれば、地球という惑星は本来、この物質世

イラスト：dys

星間宇宙を越えて地球圏に到達したアザトースとその眷属たちは、〈旧神〉と呼ばれる至高存在および彼らに従属する星の戦士たちと激しい戦いを繰り広げ、その多くが自由を奪われた。オクラホマ州ビンガーで発見されたというパンフィロ・デ・サマコナ・イ・ヌーニェスの手記のように、この〈旧神〉と思しい存在を「人間の神々に敵意を抱く宇宙の悪魔」と呼ぶ記録も存在する。

界とは異なる、強大な力を持つ存在が住まう別の宇宙に属していたというのである。

この超越存在を、仮に〈旧神〉と呼ぶことにしよう。時間というものが始まってから間もなく、〈旧神〉たちは自らの従僕として二つの怪物的な存在を生みだした。一方の名をアザトース、もう一方の名をウボ＝サスラという。これらは共に両性具有ないしは複数の性を有し、〈旧神〉たちに仕える更なる生物たちを生みおとす役割を与えられていた。

しかし、彼らは造り主に叛逆した。まず、ウボ＝サスラが神々の知識が刻印された〈旧き記録〉を盗み出した。『ネクロノミコン』によれば、〈旧き記録〉はローマ人がケレーノと呼んだおうし座16番星の付近にある無明の世界に保管されていた。ウボ＝サスラは、現在、地球と呼ばれるこの星の地底深くにある彼の棲家、灰色に照らし出されたイクァアに〈旧き記録〉を隠匿した。そして、怒り狂う〈旧神〉たちが〈旧き記録〉の在り処を突き止めたまさにその時、ウボ＝サスラは記録から学び取った力を行使し、地球とその原初の住人たちをこの宇宙に落下させた。〈幾十億とも知れぬ永劫の昔〉のことである。

ウボ＝サスラの叛逆から間もなく、アザトースとその眷族たち――ナイアルラトホテプ、ヨグ＝ソトース、サクサクルースなどの異形の存在もまた、〈旧神〉に対して反旗を翻し、宇宙の最外縁部から現在地球の存在する領域に侵入し、星々の海に広がり始めた。彼らはその途上で、さらにおぞましい眷族を生み落としていった。なお、アザトースの三柱の御子については、ヨグ＝ソトース、サクサクルースではなく〈無名の霧〉〈闇〉とする系図も知られている。この系図では、〈無名の霧〉の子がヨグ＝ソトース、〈闇〉の子がシュブ＝ニグラスとなっている。

**関連作品：**
**カーター「ネクロノミコン」**
**ラヴクラフト「狂気の山脈にて」**
**ラヴクラフト「ダンウィッチの怪」**

## 地球を目指す神々

『無名祭祀書』によれば、〈旧き記録〉を盗み出し、地球の底に広がるイクァアと呼ばれる領域にそれを隠匿したウボ＝サスラは、無数の眷族を産み落とし始めた。その中には、ズルチェクォン（ズシャコン）とアブホース、ニョグタ、イグ、アトラック＝ナチャ、バイアティス（注1）、ハンなどの、後世において神々と呼ばれる存在が含まれている。

いっぽう、ウボ＝サスラの双子の兄弟たるアザトースとその御子たちもまた、星海を渡る過程でおぞましい眷族を増やしていた。

ヨグ＝ソトースは第２３星雲の奥に存在するという〈ヴール〉なる領域において、名前のわからない雌性存在とつがって〈大いなる古きものたち〉の祭司たる大クトゥルーを産んだ。ヨグ＝ソトースはまた、名もなき場所で別の存在との間に〈名状しがたきもの〉ハスターをもうけた。このため、ハスターはクトゥルーの半兄弟と呼ばれている。

ヨグ＝ソトースと同じく、アザトースの御子であるサクサクルースはギースグースを産み、ギースグースはツァトーグァを産んだ。

なお、ツァトーグァにはヴルトゥームという弟がいるのだが、このヴルトゥームは同時にまたヨグ＝ソトースの子にあたるといい、『ネクロノミコン』によればアザトースの眷族たちの中でも最も若い神性とされている。

これらの記述が正しいのであれば、ヴルトゥームはツァトーグァと母親にあたる雌性存在とヨグ＝ソトースの間に生まれた子供ということになるのだろう。

なお、ツァトーグァについて、クトゥルー神話の碩学《せきがく》であった作家のH・P・ラヴクラフトは、根拠は不明ながらクトゥルーよりも年長の存在だとC・A・スミス宛ての書簡中で触れている。

この書簡には「ツァトーグァの地球到来は、クトゥルーがルルイェの砦を建造した後」ともあるが、『エイボンの書』にはアザトースの眷族たちの中で最初に地球に到着したのがツァトーグァだったと書かれている。『ネクロノミコン』『無名祭祀書』にも、『エイボンの書』を根拠に同様の記述がある。

ツァトーグァは、星と星の間の次元を通り抜けるという方法で太陽系のサイクラノシュ（ヒュペルボレイオスにおける土星の呼称）に出現し、そこから更に地球の地下に広がるンカイと呼ばれる領域に転移した。

地球の底に、別世界ともいうべき広大な空間が広がっているという地球空洞説については、世界各地の神話や伝承に語られている。

１６９２年、ハレー彗星の軌道計算で知られるイギリスの天文学者エドモンド・ハレーは、極の磁場変動の問題を説明する手段として地球の中身が空洞であるという大胆な仮説を唱えた。ハレーの説は正統派の科学者達から一蹴されたものの、セイラムの魔女裁判にも関与したことで悪名高いコットン・メイザー師がこの説を支持したこともあって後世に伝わり、スイスの数学者レオンハルト・オイラーやスコットランドの物理学者ジョン・レスリー卿などの後続者が現れた。

中でも、１８１８年に『同心円と極地の空洞帯』という書物を刊行したアメリカのジョン・クリーヴズ・シムズ大尉は、自説を証明するため北極探検を敢行すると発表して世間の耳目を集めた。

ミスカトニック大学のアルバート・N・ウィルマース教授らの報告によれば、北米大陸の地下にはクナ＝ヤンと呼ばれる地底世界が広がっており、ムーやアトランティスなどの陸地が海上にあった時代、クトゥルーやシュブ＝ニグラス、イグといった神々を崇拝していた種族の生き残りが今なお潜むという。

クナ＝ヤンという地名は、『ザントゥー石

板』などに言及のある古代ムー大陸のクナア、クナンなどの都市・国家と関係があるのだろうが、黄帝に反旗を翻した祝融族が封印されたという中国神話の地下世界〈崑央〉との名称上の類似は興味深い。

　オクラホマ州カドー郡のビンガー村にほど近い古代の墳丘で発見された16世紀のスペイン人冒険家パンフィロ・デ・サマコナの手記（紛失により現存しない）によれば、クナ＝ヤンには青く輝くツァス（注2）、赤く輝くヨスと呼ばれる2つの領域が存在する。そして、ヨスの更に下層に広がる暗黒世界が、ツァトーグァが最初に出現し、しばしの棲処としたンカイなのだという。

『ネクロノミコン』などによれば、ツァトーグァの到来時期は「地球に最初の生命が誕生してから間もなく」とされるので、最古の生物の痕跡が確認されている38億年前より以前ということになるだろう。

**関連作品：**
**カーター『ネクロノミコン』**
**カーター『クトゥルーの子供たち』**
**ビショップ「墳丘」**
**ラヴクラフト「闇に囁くもの」**
**朝松健『崑央の女王』**

## クトゥガの到来時期について

『ネクロノミコン』などによれば、地球に最初に到達したアザトースの眷族はツァトーグァである。ただし、メトロポリタン美術館の学芸員クラーク・アルマンによる報告によれば、中央アジアへのツァン高原で崇拝されたチャウグナー・フォーンは、有機生命体の出現以前の時代——つまり、ツァトーグァよりも早くに到来したことを示唆したようだ。

　また、『ネクロノミコン』にはフォーマルハウト（みなみのうお座の一等星）にとどまったと書かれている〈生ける炎〉クトゥガ（注3）が、地球がどろどろに融解していた40億年以上前に地球に到来したという説も知られている。1世紀頃ローマのグノーシス主義者にまつわる断片的な文書によれば、当時のティルス（レバノン南西部）においてクトゥガがメルカルトの名で崇拝されていたとある。ティルスには地球とフォーマルハウトを結び、クトゥガに生贄を捧げるための門が存在したともされる。このことからも、太古の地球をクトゥガが訪れた可能性は高い。

　少なくとも、1940年にウィスコンシン州のリック湖畔の森を焼きつくした大火は、ウィンスコンシン州立大学の二人の学生がクトゥガを呼び出したことによって発生したと言われている。フォマルハウトが梢の上にかかる時、しかるべき呪文を唱えると無数の光の小球を従えたクトゥガを召喚することができることが、オカルティストの間ではよく知られている。幸い、この呪文は非常に高いリスクを伴うため、濫用されてこなかった。クトゥガの召喚に失敗した場合、〈星から来たむさぼるもの〉の異名で知られるヤマンソの精神が術者に接触し、自らをこの世界に解き放つよう要求してくるのである。

**関連作品：**
**ロング「恐怖の山」**
**ダーレス「闇に棲みつくもの」**
**ティアニー Pillars of Melkarth**
**バーグルンド The Feaster from the Stars**

## 生物の出現と変容

　21世紀現在の地質学的見地によれば、地球という惑星の誕生は46億年前に遡る。ただし、我々の生きるこの宇宙に地球がい

## 資料：神々の系図（リン・カーターの諸作品による）

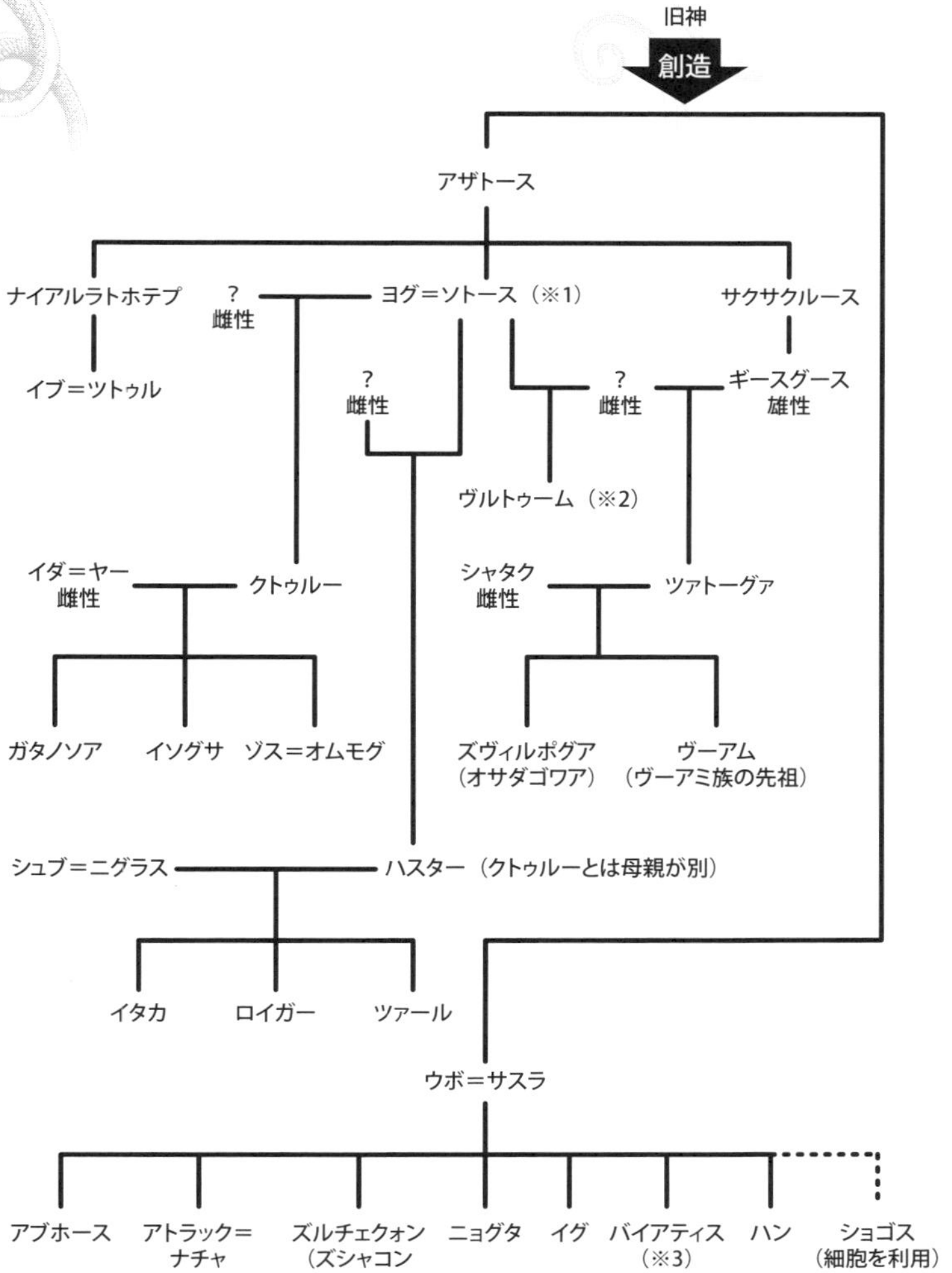


※1：カーター版『ネクロノミコン』に、ヨグ＝ソトースを生みだした〈無名の霧〉という記述あり。

※2：「陳列室の恐怖」にはクトゥルー以下の三兄弟の末弟とあるが、この作品とカーター版『ネクロノミコン』にはツァトーグァの兄弟とも書かれている。ヴルトーゥムとツァトーグァは、同腹の兄弟と解釈できる。

※3：カーター版『ネクロノミコン』では、イグの息子。

つ出現したのか――かつては〈旧神〉たちの住まう領域に存在したこの星の深奥にウボ＝サスラが潜み、その力をもって地球を落下させたのがいつであったかについては、ムー・トゥーランのエイボンも、アブドゥル・アルハズレッドも知らなかったようだ。無理もない、彼らの知識の源泉はツァトーグァやヨグ＝ソトースなどのアザトースの眷族たちにあり、ウボ＝サスラ由来のものではないからだ。

アザトースの眷族たちの中で地球に一番乗りした可能性のあるクトゥガの到来時、地球の表面はまだどろどろに溶けた状態であったという。地表が冷却し、原初の海が形成されたのは43億年前と考えられているので、ウボ＝サスラが地球最奥のイクァアに巣食ったのは、この星の核となる部分が生まれて間もない頃のことだと考えられる。『ネクロノミコン』の記述を信じるなら、ツァトーグァが到来した時点で地球には既に生命が存在していたというから、38億年前よりも古い時期に遡ることは確かと考えて良いだろう。

無定形の肉塊のような姿をしたウボ＝サスラは、体を波打たせながらひっきりなしに増殖と分裂を続けていた。その眷族たちは、生まれ落ちて間もない頃は親に似た姿をしていたようである。そのままの形状を保持しながら途方もない大きさに育った者もいれば、地の底深くに隧道を穿ちながら這い進んでいく内に、生体細胞を変化させて独特の形状を獲得する者たちがいた。アブホース、ニョグタは前者であり、イグ、アトラック＝ナチャ、バイアティスは後者である。この頃はまだ彼らは地表に興味を示さず、地球という巨大なハーフボイルド・エッグ（半熟卵）の中でゆっくりと力を蓄えていた。

その一方で、ウボ＝サスラから分離した細胞のいくらかは地表の海に辿りついたと考えられる。

2013年、東北大学とコペンハーゲン大学の調査グループがグリーンランドで発見した、38億年前に遡る生物の痕跡は、こうした細胞群によるものだろう。

ウボ＝サスラの細胞群からはやがて原始的な生物が誕生することになるのだが、大きな変化が生じたのは32億年前のこと。光を用いて有機物を作り出す光合成細菌、シアノバクテリアが出現したのである。

この頃までに、ンカイと呼ばれる地底の領域にツァトーグァが出現していたが、その前後で地球に到来した別の生命体が存在した。自らを全能の宇宙神、過去と現在、未来を自らに備えた万物の総体と称し、生物の体液を糧とするチャウグナー・フォーン――古代ローマ人から〈マグヌム・イノミナンドゥム（大無名者）〉と呼ばれた存在である。

チャウグナー・フォーンの出自については、あまり多くのことがわかっていない。アザトースの眷族とされることもあれば、宇宙起源の吸血生物に過ぎないとの意見もある。

地球にやってきたばかりの頃、黒い粘液のような姿をしていたチャウグナー・フォーンは、地球上の鉱物を「受肉」することで、現生の象を思わせる形を手に入れた。チャウグナー・フォーンの崇拝者の伝えるところによれば、この存在は自らの糧、自らの召使を得るべく地球上の生物を加工したという。

あるいは、シアノバクテリアの出現と、それがもたらした大気中の酸素の増加は、自分に都合のよい環境を求めたチャウグナー・フォーンによる、10億年以上の歳月をかけたテラフォーミングだったのかもしれない。

一つの推測に過ぎないが、少なくとも生物

の改良、環境の改造といった大仕事を、怠惰なツァトーグァと結び付けることは難しいという点で、研究者の意見は一致している。

**関連作品：**
**ロング『恐怖の山』**
**スミス「七つの呪い」**
**スミス「ウボ＝サスラ」**

## 最初の〈地球人《テレストリアル》〉

地球環境の改造に先鞭をつけたのがチャウグナー・フォーンだったとして、それを完成させたのは宇宙から飛来した別の生命体——それも、アザトースの眷族たちのような単独の生命体ではなく、高度な知性を備えた種族によるものだった。彼らは固有の種族名を持たず、文献によって〈大いなる古きもの《グレート・オールド・ワン》〉〈旧きもの《エンシェント・ワン》〉〈極地のもの《ポーラー・ワン》〉など様々な名で呼ばれる異星人である。

背丈は8フィート。黒っぽい灰色をした樽型の胴体は6フィート（1．8メートル）ほどの高さがあり、繊毛の生えた海星型の頭部には、ガラス質の赤い虹彩のある目、白く鋭い歯に似た突起物の並ぶ鈴の形をした口を持っている。胴体の隆起した部分からは、海百合を思わせる5本の触腕が生え、最長3フィート（0．9メートル）まで伸ばすことができる。彼らはまた扇のように折り畳むことができる膜状の翼を持ち、この翼で星間宇宙を飛行してきたのである。

『エイボンの書』や『ネクロノミコン』の記述、そしてミスカトニック大学地質学科による南極探検隊（1930年）のウィリアム・ダイアー教授らの報告によれば、この種族は10数億年前、原生代の地球に飛来した。

当時、地球には巨大な大陸（超大陸パノティア）がひとつ存在するのみで、彼らが最初の植民地を建設したのは後に南極大陸となる領域だった。『エイボンの書』によれば、彼らはウボ＝サスラから分離した肉塊を見い出し、これを加工して自分たちに奉仕する人工生物を産みだした。これが、ショゴスの名で知られる万能生物である。

ショゴスは何世代にもわたり改良を続けられた（注4）。おそらく、他の原始的な生物群も素材として用いられたのだろうが、この過程で重大な事故が起きた。地殻変動による

イラスト：アオガチョウ

地球に入植した樽型異星人によるショゴス創造の想像図。樽型異星人たちは、体の形を自在に変化させるショゴスを、大型の工作機械のように活用したとされる。なお、クリプトン星という地球によく似た生態系を持つ惑星に、ショゴットという緑色の不定形生物が棲息していたという、不確かな風聞もある。樽型人たちは、地球を拠点に他の星々への植民を続けていたのかもしれない。

ものか、外敵との戦いの影響か、ショゴス細胞が原生代の海に漏れ出したのである。

　このショゴス細胞こそが多細胞生物の先祖となった。そして、地球の大部分を覆う海の中に、〈神々〉の計画に含まれない生物が溢れかえることになったのだ。

**関連作品：**
**プライス・編『エイボンの書』**
**ラヴクラフト「狂気の山脈にて」**

## 侵略者たち

　今日、〈古のもの〉《エルダー・シング》の通称で主に知られる樽型人の繁栄は、実に数億年にわたって継続した。陸海空のあらゆる環境で暮らすことのできる順応性の高い種族である彼らは、陸上、海中において都市を建設したが、その支配圏はどうやら地表にとどまっていたらしい。

　少なくとも、彼らが地球の底深くで蠢いていたウボ＝サスラとその眷族たちと接触した形跡は見当たらないようである。

　地球を拠点として宇宙にも進出していたのだろう〈古のもの〉だが、エーテルの風を掴んで宇宙空間を飛翔する彼らの翼はある時期から退化をはじめ、徐々に地球に引き込もるか、他植民星と分断されるかしたようだ。

　転換点となったのは、地球外からの侵略者の存在だろう。最初の侵入者は、6億年前に太陽系外から飛来し、地球を含む4つの惑星の侵略を企てた半ポリプ状の生物だ。オーストラリア西部、グレートサンデー砂漠地下の都市遺構で発見された記録によれば、この生物は視覚を持たない代わりに優れた知覚を備え、翼なしで空を飛び、姿を消し、風を操るなどの能力を持っていた。ラテン語版『ネクロノミコン』の翻訳と称する『サセックス草稿』では、この半ポリプ状生物はロイガーノスと呼ばれ、ハスターの眷族たるロイガー、ツァールの下僕と説明されるが、この記述は訳者の誤訳ないしは誤解釈の可能性が高い。

　皮肉なことに、この生物の地球侵略は別の侵略者によって食い止められた。前述の都市遺構の建設者であり、半ポリプ状生物についての詳しい記録を遺した精神生命体である。

　その記録――『ナコト写本』によれば〈生命体の言葉で「記録庫の都市」を意味するナコトゥスに由来する〉、〈偉大なる種族〉を自称するこの種族は、哺乳類が誕生した2億2500万年前よりも以前に地球に到来したということである。

　なお、アメリカ合衆国有数のクトゥルー神話研究家ダニエル・ハームズは、この時期を4億年前のことだろうと推測している。

　彼らは、10億年前から地球に棲息し、半ポリプ状生物の攻撃によって絶滅に瀕していた大型の円錐状生物の肉体に、精神のみを交換するという方法で移住してきた。

　身長3メートルほどの巨躯でありながら、〈偉大なる種族〉の精神を受け入れる余地のある高度な知能を備え、精密な機械工作などもこなしたというこの円錐生物は、あるいはショゴス同様の〈古のもの〉の奉仕生物、ないしは彼らが別の惑星から連れてきた住人であったのかもしれない。

　ともあれ、円錐状生物の肉体を得た〈偉大なる種族〉は半ポリプ状生物をいったん地下へと追いやり、オーストラリア北西のグレートサンディ砂漠の地下に廃墟が眠る最初の都市ナコトゥスをはじめ、いくつかの都市を建設して〈古のもの〉と睨みあったようだ。

　ただし、ミスカトニック大学地質学部の探検隊が〈古のもの〉の都市で確認した、興亡の歴史を綴った壁画には、〈偉大なる種族〉

との争いについては触れられていなかった。

　彼らにとってより深刻、より決定的であった侵略は、3億5千万年前に始まった。暗黒の二重星ゾスを旅立ち、長きにわたり宇宙空間を旅してきた大クトゥルーとその眷族たちが、ついに地球へ到達したのだった。

　そして、クトゥルーは単独で飛来したのではなかった。イダ＝ヤーとの間にもうけたガタノソア、イソグサ、ゾス＝オムモグらのおぞましい子供たち、ダゴンとヒュドラ、ムナガラーといった強力な従属者たち、そして彼らを崇め、仕える崇拝者たちから成る、大規模な移民団を率いていたのである。

　なお、『ネクロノミコン』や『エイボンの書』などの記述によれば、地球に飛来したクトゥルーとその眷族たちは、現在、太平洋となっている海域に隆起した新大陸を領有したとされている。しかし、現代の地質学者は、大陸隆起の痕跡を見つけられていない。

　クトゥルーが支配した「大陸」とはあるいは、彼らを運んできた船そのものだったとも考えられる。

**関連作品：**
**ラヴクラフト「狂気の山脈にて」**
**ラヴクラフト「超時間の影」**
**カーター『ネクロノミコン』**

## 地球のチェス・ゲーム

　地球の先住種族たる〈古のもの〉と、新来のクトゥルーたちがただちに激しく対立し、戦争が始まったことについては、『ネクロノミコン』をはじめ少なからぬ文献に記述されている。地球の海を襲った大変動（この変動そのものがクトゥルー襲来に引き起こされた可能性がある）によって数多くの海底都市を破壊されていたこともあって、〈古のもの〉はこの侵略者を退けることができなかった。

　両者は最終的に和平を結び、地球は〈古のもの〉とクトゥルーの眷族たちによって分割領有されることになった。なお、クトゥルー到来の少し前に（1千万年のタイムラグがある）、地球上では両生類が誕生していた。クトゥルーとその眷族の奉仕種族である〈深きものども〉にまつわる記録はこの頃に遡れるので、彼らが宇宙から伴ってきた人間に似た崇拝者種族と、原始的な両生類をベースに、

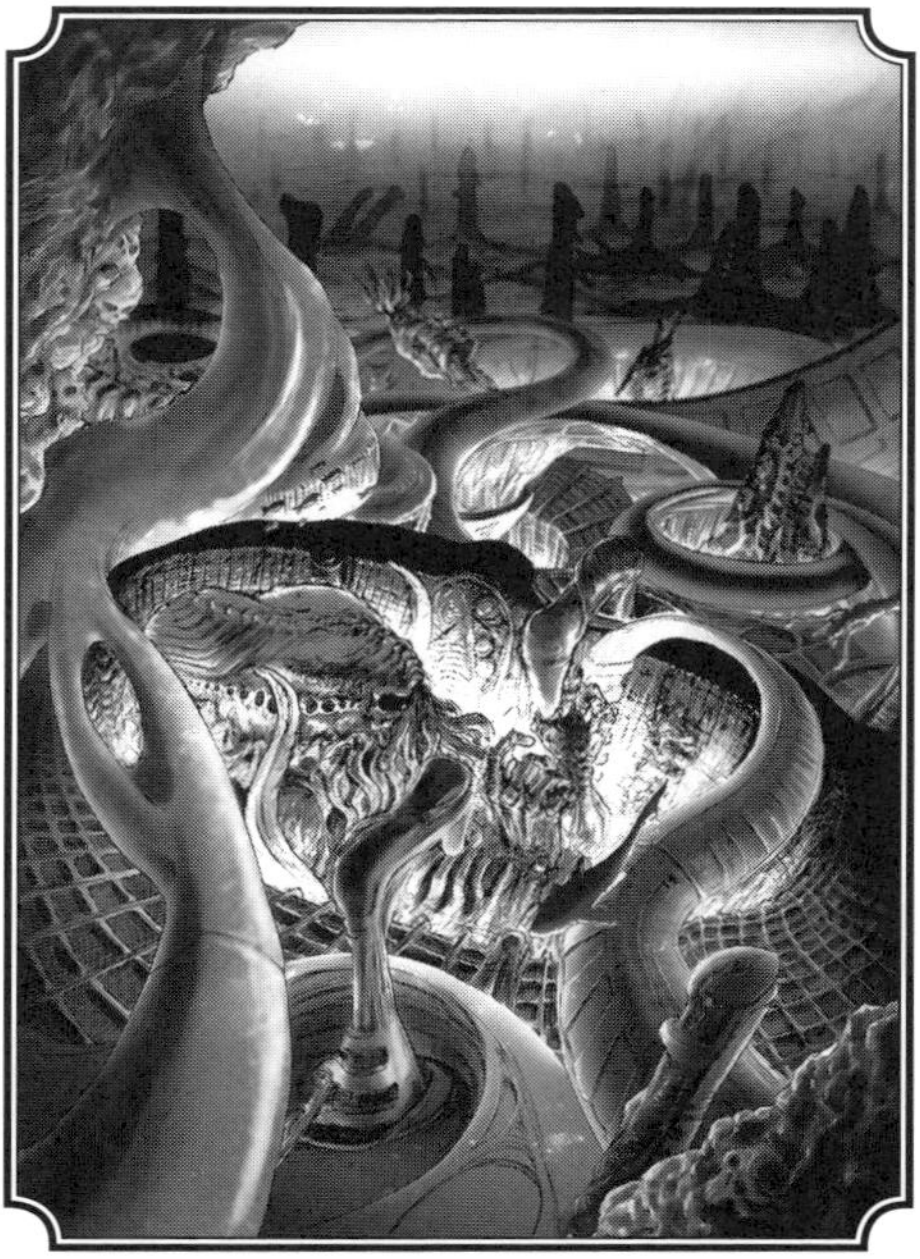
イラスト：dys
移民船内に座する、大いなるクトゥルーの想像図。従来、彼とその眷属たちは、自身の翼で宇宙空間を羽ばたいて飛来したと考えられてきた。しかし、〈深きものども〉をはじめ、明らかに翼を備えていない種族もまたクトゥルーに導かれて地球に到来したことを考慮すいると、映画『エイリアン』シリーズに描かれる異星人のように、巨大な宇宙船団で到来したと考えるのが妥当ではないだろうか。

地球上で創造されたものと考えられる。

しかし、クトゥルーの繁栄はわずかな期間——ほんの数千万年ほどしか続かなかったようだ。『ネクロノミコン』などの文献や、前述のパンフィロ・デ・サマコナの手記によれば、本稿で仮に〈旧神〉と呼んでいる存在の攻撃を受け、支配していた大陸のほぼ全域が海中に没し、大クトゥルー自身も拠点であったルルイェの宮殿に幽閉の身となった。

これは、3億年前のこととされている。『ネクロノミコン』の散漫な記述を読み解くと、地球の底で蠢動していたウボ=サスラとその眷族たちとの接触が、〈旧神〉介入の引き金になったことが示唆されている。

この戦いについて、北米大陸の地下にあるツァスという都市の住民たちの間では、人間と人間の神々の双方に敵意を持つ宇宙の魔物により地上の大半が水没し、クトゥルー（彼らはトゥルーと呼んだ）もまた海底都市レレクスに幽閉されたと伝えられている。ツァスの住民は、遥かな太古、彼らがトゥルと呼んでいる大クトゥルーと共に地球にやってきた崇拝者種族の末裔だと伝えている。

なお、興味深いことに、〈旧神〉の攻撃を受けた際、〈偉大なる種族〉の少なくとも一部がクトゥルーと同じ側に立ち、〈旧神〉と戦ったことを示唆する記録が存在する。

**関連作品：**
**ラヴクラフト「クトゥルーの呼び声」**
**ビショップ「墳丘の怪」**
**ラヴクラフト&ダーレス「異次元の影」**

## 人類史以前

『ネクロノミコン』には、地球上の蛇類はイグと密接な関わりを持つという記述がある。

ある種の両生類が爬虫類に進化したのは3億年前。イグを含むウボ=サスラの眷族と、アザトースの眷族——クトゥルーが遭遇したのもまた3億年前。この符合は偶然とは思われない。続く人間の時代、ムー（レムリア）大陸などのクトゥルー崇拝地で、同時に崇拝されたのがイグである。あるいは両者は、同盟関係を結んでいたのかもしれない。

アザトースの眷族であり、『ネクロノミコン』によればアザトースの子である〈闇〉の娘とされるシュブ=ニグラスもまた、クトゥルー、イグと共に崇拝された神だった。淫蕩なる多産の女神シュブ=ニグラスの到来時期については、はっきりした情報は得られていない。ともあれ、シュブ=ニグラスはイグとの間にウーツル=ヘーアという娘を設け、クトゥルーとの間にも数多の落とし子を設けたという。約2億５１００万年前に始まる中生代三畳紀において巨大爬虫類が繁栄した背景には、この時期に到来したシュブ=ニグラスの影響があったのかもしれない。

なお、ラヴクラフトは、１９３０年のある書簡において、クトゥルーが恐竜を使役していたことについて触れている。

ミスカトニック大学のL・N・イジンウィル准教授らの研究によれば、蛇人間とも呼ばれる人型爬虫類（レプティリアン）の出現もこの時期とされる。彼らの多くは父祖神たるイグの崇拝者だったが、中にはクトゥルーの崇拝者もいて、その子孫が建設したのがルブアルハリ砂漠の〈無名都市〉であるらしい。

樽型人や〈偉大なる種族〉に及ばぬまでも、高度な独自文明を発達させた人型爬虫類だが、恐竜の脅威を前に次第にその数を減らし、ついには2億２５００万年前頃、長い冬眠に入ることになる。

既に述べたように、地球で活動していた

神々の眷族たちは〈旧神〉なる存在の介入で、多くが潜伏ないしは休眠を余儀なくされた。

しかし、地球最初の支配種族たる樽型人が往時の勢いを取り戻すことはなかった。

ジュラ紀（約1億9960万年前〜1億4550万年前）になると、古い文献においてユゴスと呼ばれる惑星を橋頭保に、外宇宙から飛来した新たな種族が地球に到来し、樽型人は北半球における領土の殆どを喪った。この新来の種族は体長1．5メートルほどの甲殻類を思わせる有翼の生物で、その体組織は植物や菌類に近いようだった。頭部には渦巻き型の楕円体があり、短いアンテナが多数ついている。その形状から、彼らは〈ユゴスよりの菌類〉と呼ばれている。バーモント州の先住民族ペナクック族の言い伝えによれば、彼らの故郷はおおくま座の方向にあり、地球にしか存在しない希少鉱物を採掘するのが目的だというが、2億年近くにわたり特定の鉱物を採掘し続けてきたなどという途方もない話を、そのまま受け入れるのは難しい。

**関連作品：**
**ラヴクラフト「闇に囁くもの」**
**カーター"Vengeance of Yig"**
**タイスン『ネクロノミコン』**

## 「ヒト」の時代

1億5千万年前頃、地球上の生物を捕食ないしは模倣することにより脳を手に入れ、自意識の芽生えたショゴスが反乱を起こすに及び、10億年以上にわたりこの星を支配してきた樽型人の社会は実質的に崩壊した。

5000万年前になると、いったん地下へと追いやられていた半ポリプ状生物が再び地上に現れたことを受け、〈偉大なる種族〉もまた未来の地球に棲息するカブトムシに似た種族の肉体へと移住した。

この黄昏の時期において地球上に出現したのが、「ヒト」と呼ばれる種族である。明らかに現生のホモ・サピエンスとは異なる種ではあるが、非常に似通っていたと思われるこの生物は2000万年前、ティームドラの名で知られる大陸に出現した。1963年に海底火山の噴火で隆起したスルツェイ島から発見された文書によれば、ティームドラ大陸に出現したヒトは〈第一種族〉を自称し、星の世界から到来したと自称している。

続く時代、ムー（レムリア）やアトランティス、ヒュペルボレイオスなどの古代大陸に出現したヒトもまたホモ・サピエンスとそっくりな種族であったが（「ホモ・マギ」の分類名が用いられることもある）、その起源についてはよくわかっていない。

北米大陸の地下世界クナ＝ヤンの住人は、ムーやアトランティスに住まった人々の子孫を名乗っているが、彼らは自身のことをトゥル（クトゥルー）により地球へと連れてこられた宇宙起源の種族だと考えている。

なお、『エイボンの書』によれば、爬虫類型生物の一部が現在の北米大陸の地下深くにある赤い世界ヨスへと移住した。しかし、300万年ほど前、彼らの多くはヨスよりも更に深い場所に広がる暗闇の世界ンカイで見出したツァトーグァを崇拝したことにより、イグの怒りを受けて蛇に変えられた。この時、イグへの信仰を捨てなかった一部の者たちは、大神官ススハーに導かれてヒュペルボレイオス大陸の地下に移り住んだ。ヒュペルボレイオスの蛇人間はヒスと呼ばれ、スリシック・ハイに沼地の王国を築いたものの、ツァトーグァによって滅ぼされたという。その後、氷河期を嫌ってヒュペルボレイオスから離れた蛇人間は、いっときムー（レムリア）大陸を支配下に置くも、約50万年前、ヒトによって駆逐される。

かくして、ヒトの時代が到来した。

この新たな種族は、かつてクトゥルーとその眷族達の領土であったムー大陸を中心地として繁栄し、その名残は世界各地に巨石遺構として残されている。中央アジアで発見された『ザントゥー石板』の解読結果によれば、ムー大陸が滅亡したのは16万年以上前のことで、クトゥルーの御子たちの一柱、イソグサを蘇らせるという無謀な試みが発端だったようだ。続く十数万年にわたり、地球上のヒトの文明圏は大西洋のアトランティス大陸へとその中心を移すことになるが、この大陸もまた2万年前に海の底へと沈み、支配種族たるヒトもまたネアンデルタール人、クロマニョン人などの種族との混交を繰り返して現生人類——ホモ・サピエンスへと移行していくのだった。

イラスト：吉永有希

C・A・スミスの「七つの呪い」という小説によれば、北方のヒュペルボレイオス大陸に聳えるヴーアミタドレス山の地下には、ツァトーグァやアブホース、アトラック＝ナチャらの神々や、蛇人間の生き残りが棲息していたということである。これらの小説を執筆するにあたり、スミスは『エイボンの書』の現物か、さもなくば限りなく完全な形に近い写本を参考にしたのだと信じられている。

**関連作品：**

**ラムレイ"The House of Cthulhu"**

**ラヴクラフト「闇に囁くもの」**

**プライス・編『エイボンの書』**

**カーター「レムリアン・サーガ」シリーズ**

## 有史以降の蕃神たち

19世紀後期、ハインリヒ・シュリーマンによるトロイア発見の衝撃を背景に、主に考古学や人類学に代表されるアカデミズムと、神智学に代表されるオカルティズムという2つの分野において、地球外から到来した意識体の関与、ホモ・サピエンス勃興以前の人類文明の存在を前提とするオルタナティブな学問が勃興した。最初に「クトゥルー神話」という言葉を用いたのが誰であったかは不明だが、アザトース、ウボ＝サスラと呼ばれる2柱の神性から生じた血縁関係にある〈神々〉——蕃神たちがこの星の歴史に影響を及ぼしたことは確かなようである。ただし、世界各地で崇拝を集めた既知の神々に、これらの蕃神たちが1対1で当てはまるわけではない。

ゼウスがアモンやユピテルと、天照大神が観世音菩薩や大日如来と同一視されたように、時代や土地、そして信仰を共有する人々によって、同じ名前で呼ばれる神々が決して同一の存在ではなかったからだ。

『無名祭祀書』において、現在のエジプトに相当する土地に栄えたスティギアではセトという蛇身の神が崇拝されたという。この神がイグと無関係とは思われないが、古王国時代より後に冥府神ナイアルラトホテプと習合した形跡が見られる。また、帝政ローマ期に遡るグノーシス文献にひとつで、セトとして言及される神は明らかにハスターである。

　バビロン捕囚後、ヘブライ人の信仰がバビロニアやエジプトの影響で変質し、天から追放された堕天使と神の軍勢の闘争をモチーフとする黙示文学が出現したことが知られるが、その背景に知識の守り手としてのヨグ＝ソトース信仰があったことが、やはりグノーシス文献から窺える。

　大部分が深い森に覆われていた古代ヨーロッパ亜大陸の中央部では、ギリシャ人からケルトイ（よそ者）と呼ばれた人々がシュブ＝ニグラスに相当する大地母神を崇拝し、ハイボリア時代以前に遡るメンヒルやドルメンと呼ばれる巨石遺構を祭祀場として利用していた。4世紀頃にゲルマン民族の大移動が始まると、ケルト人達と彼らの信仰は次第に西方へと追いやられた。五賢帝の一人に数えられるトラヤヌス帝の時代になると、東は黒海と地中海の沿岸地域、西は大西洋の入り口に至る広大な版図がローマ帝国の領するところとなり、古い神々の信仰は、各地の神々を貪欲に呑み込むローマ人の神話に呑み込まれ、ヨーロッパ北方やトランシルヴァニアのような深い森の奥に細々と生き残ったようだ。

イラスト：上院馬郎

氷河期が終わった後、ヨーロッパの大部分は深い森に覆われ、ヒュペルボレイオスの記憶を伝えるケルト人達がヨーロッパ中央部に居住した。宗教、政治の両面でケルト人を統べたドルイド僧はシュブ＝ニグラスに相当する大地母神を崇拝し、各地に巨石遺構を遺している。これらの遺跡はヨーロッパ西部に集中し、最近になってエジプトのピラミッドよりも古い時代に遡ることが判明している。


　313年のミラノ勅令による公認化から1世紀を経ずして国教となったキリスト教は、西方伝道の過程で蕃神崇拝の排除に腐心した。ハイドストール修道院のクリタヌス修道士が著したという『告白録』には、教会が各地に聖職者を派遣し（その中には、かのアウレリウス・アウグスティヌスも含まれる）、これらの邪悪な存在を湖底や海底に封じ込めたという驚くべき逸話が載っている。ヨーロッパ各地に伝わる、聖人による竜退治の逸話は、こうした出来事が形を変えたものだろう。

　ガリア（現在のフランス）北西部のブルターニュや、ブリテン島やアイルランドは、北方のロマールやヒュペルボレイオス大陸、西方のアヴェロン大陸（アトランティスを指すと考えられる）の記憶を残すのみならず、エジプト古王国時代に国を追われた古き神々の神官たちが移り住んだ特異な土地だった。

18世紀末のカルト教団に由来する『グラーキの黙示録』には、ブリテン島南西部のグロスタシャーには、グラーキやアイホート、バイアティスなどの蕃神が飛来したと書かれるが、ローマ人がノーデンスの名で呼んだ〈旧き神〉の神殿もこの地方に存在する。しかし、これらの島々における蕃神崇拝もまた、ローマ人とキリスト教によって大部分が押し流されていく。

**関連作品：**

**ブロック「無人の家で発見された手記」**

**ダーレス「湖底の恐怖」「エリック・ホウムの死」**

## 太平洋文明圏

前述のコープランドやブラウン大学のジョージ・ガメル・エンジェル教授、ムー大陸の研究者であるジェームズ・チャーチワードらは、南太平洋の島々は太古に沈没するか破壊されるかしたムー大陸（レムリア大陸）の残滓であり、これらの土地にはクトゥルーとその眷族、シュブ＝ニグラスやイグといった神々の崇拝が色濃く残留していると説く。

この地域に点在する巨石遺構や彫像のモチーフが中南米の遺構と共通することから、チャーチワードは南米がムー大陸の植民地だったと主張している。実際、15世紀のヨーロッパ人に「発見」されるまでの間、手つかずの状態だった南北アメリカ大陸には、他の地域とは違う形の蕃神崇拝が息づいていた。

16世紀の冒険家スペイン人パンフィロ・デ・サマコナが、北米大陸の広範な地域に、レムリアやアトランティスの時代に遡る広大な地底世界が広がっていているという内容の手記を遺していることについては、既に述べた通りである。彼らの信仰が、地上世界にも及んでいたと考えるのが自然なのだろう。

アメリカ北部からカナダにかけての森林地帯では先住民族のオジブウェイ族がイタカ（ウェンディゴと呼んだ）を、中西部ではホー＝ホー＝カム族などがイグ（イグ＝サツーティ）を、西海岸ではヒパウェイ族がゾス＝オムモグやイソグサなどのクトゥルーの眷族を崇拝した。東海岸沿では ワンパノアグ族が丘の頂に環状列石を築き、ヨグ＝ソトースやズヴィルポグア（ズヴィルポグア）を崇拝したというが、これはバーモント州のペナクック族と接触があったと考えられる宇宙生物の影響かもしれない。

現在、北米大陸はクトゥルー教団の中心地として知られるが、これはアブナー・エゼキエル・ホーグやオーベッド・マーシュといったマサチューセッツ州の貿易商人たちが新たに持ち込んだもので、黒人奴隷やアジア、南太平洋の移民の一部が密かに維持していた蕃神信仰と結び付くことで、世界的ネットワークに拡大したものと考えられている。

**関連作品：**

**ラヴクラフト「クトゥルーの呼び声」「闇に囁くもの」など**

**カーター「陳列室の恐怖」など**

## 古人の知恵、古き書物

アザトースとウボ＝サスラという兄弟神に発する異形の蕃神たちの系譜と、外宇宙や異次元からの来訪者たちによる地球上の生命の創造――数十億年に及ぶ秘密の歴史は、様々な形で伝承されている。神々ないしは地球の先住種族から直接教えられる場合もあれば、部族や教派に伝わる歌や祈りを通してその秘史を知る場合もある。しかし、大多数の者たちはやはり、書物――文字化された記録を通してその知識を得たようだ。

　蕃神とその信仰や歴史にまつわる断片的な情報を含む（あるいは含むとされる）文献は、それこそ星の数ほど存在する。時に、J・G・フレイザーの『金枝篇』のような著名な学術書までもが挙げられるほどである。

　しかし、歴史年代記や辞典ないしはそれに準ずる、ある程度体系だった情報を含む書物となると、ごくわずかしか知られていない。

　主だった書物の中で、おそらくは最古のものは、ミスカトニック大学附属図書館などに所蔵される『ナコト写本』だ。更新世（約258万年〜1万年前）に生息していたウミウシ状の知的生物が残した記録を、北極圏のロマールという土地で人間の言葉に翻訳された書物とされている。

　次いで古いのが、北方のヒュペルボレイオス大陸において、ツァトーグァの大祭司であったエイボンの知識の集大成とされる『エイボンの書』で、彼の高弟サイロンによって編纂されたものらしい。後述の『アル・アジフ』の記述を裏付けるのみならず、欠けた部分を補う情報を数多く含むため、クトゥルー神話の知識を求める人間の間で、『ネクロノミコン』に次いで重要視されている。

　なお、1847年にライプツィヒで自費出版された『アジアの秘めたる神秘――『ゴール・ニグラル』への注釈付き』は、『エイボンの書』の中で『夜の書』と呼ばれる『ゴール・ニグラル』の翻訳と称し、作家H・P・ラヴクラフトはその書簡中で、この本をミスカトニック大学付属図書館で目にしたと主張している。

　キリスト教圏ではこれらの書物およびその扱うテーマが禁忌とされ、徹底的に根絶が図られた。しかし、『エイボンの書』のギリシャ語版やラテン語版の存在が、少なからぬ聖職者や修道院がこれらの禁断の書物を隠匿していたことを物語っている。

　他の文化圏ではいかなる状況だったかについては、今後の研究が待たれるところである。少なくとも、中国には夏王朝の時代（紀元前2千年頃）に書かれたと称する『螺湮城本傳』（英題『ルルイェ異本』）が存在する（ただし、現存するのは人皮装丁の冊子本1冊であり、中国で冊子本が造られるようになった8世紀以降のものと思われる）。この他、『フサンの七秘聖典』と題する写本（原本は7巻組みの巻子本だったらしい）が知られているが、2世紀頃に「フサン・ザ・グレーター（大フサン）」と呼ばれる人物によって著されたとも、「冱山（ふさん）」というのはレン高原のことで、紀元前213年に始皇帝によって焚書に処されたとも言われるなど、その素性ははっきりしていない。

**関連作品：**
**プライス・編『エイボンの書』**
**ラヴクラフト「未知なるカダスを夢に求めて」「狂気の山脈にて」**

## 『アル・アジフ』

　クトゥルー神話を紐解くにあたり、最も重要視されるのは、アブドゥル・アルハズレッド（あるいはアブド・エル＝ハズレッド）という名前の、8世紀アラブの神秘家が著した『アル・アジフ』（『イスラムの琴』とも）と題する書物で、日本の稀購書蒐集家の間では『暗黒祭司書』と呼ばれることもある。

　アルハズレッドは、西暦700年頃にイエメンのサナアに住んでいた人物で、〈狂える詩人〉〈狂えるアラブ人〉などの異名で知られるデモノロジストだ。各地の遺構や廃都を放浪した後、人類以前の古い種族にまつわる秘密を発見したと主張し、イスラム教の神を捨ててヨグ＝ソトース、クトゥルーといった太古の神を崇拝するようになった。その後、現シリアのダマスカスで730年頃に『アル・アジフ』を執筆した後、738年に死亡、あるいは失踪したと後世に伝わっている。

　今日、『アル・アジフ』は『ネクロノミコン』の表題で知られるが、これは10世紀コンスタンティノープルのテオドラス・フィレタスが『アル・アジフ』をギリシャ語訳した際につけたものである。ただし、レイモンド・ノウビー教授がカンダールの遺跡で発見した『ネクロノミコン・エクス＝モルテス』と混同されることが多いので、本稿では『アル・アジフ』を用いることにする。

イラスト：海野なまこ

738年の、アルハズレッドの不可解な最期については、幾つかの異なる話が存在する。12世紀の伝記作家イブン・カリカンによれば、アルハザードは白昼のダマスカスの大通りで不可視の怪物に捕えられ、惨たらしくも貪り食われたという。しかし、ミスカトニック大学のラバン・シュリュズベリイ博士によれば、これは集団幻覚のようなもので、実際には無名都市に連れ去られたということだ。

　『アル・アジフ』はイマーム、即ち新たな教派の教導者を自称したアルハズレッドが、明らかに「『クルアーン』にとってかわるもの」を意図して著した聖典で、彼が奉ずる神々の素性と歴史、祈祷などの儀式次第が解説されている。それらの知識は、彼が師ヤクトゥーブから学び、放浪の中で直接見聞したもののみならず、『エイボンの書』からの引用を少なからず含んでいる。この書物こそは、中世における蕃神たちの神話大系の集大成であり、19世紀に『無名祭祀書』（『アル・アジフ』からの引用が確認される）を著したドイツ人神秘学者F・W・フォン・ユンツト、16世紀に『妖蛆の秘密』を著したベルギーのルートウィヒ・プリンをはじめ、後続の者たちは『アル・アジフ』を通読し、多かれ少なかれその影響を受けたと考えられている。

　のみならず、口伝の不明瞭な情報に満足できない蕃神崇拝者たちの間でも、『エイボンの書』『アル・アジフ』などの書物は聖典扱いを受け、数多くの写本が作られた。その有様は、かつて秘密結社フリーメイソンリーの暴露本が、当のフリーメイソン（フリーメイソンリーの会員のこと）たちの間で奥義書として珍重されたことを想起させる。

やがて——禁じられ、秘匿され、狂信者や神秘家、異端の学者、好事家の間でのみ知られたこれらの書物は、産業革命を経たマス・メディアの時代の只中、20世紀の前半にH・P・ラヴクラフトを筆頭とする一群の怪奇小説家たちの作品を通して、広く知られることとなるのである。

**関連作品：**
**ラヴクラフト「『ネクロノミコン』の歴史」**
**カーター「ネクロノミコン」**

## ニューイングランドを覆う影

海外の新聞記事や書籍の日本語訳の中で、時折「ニューイングランド州」と誤って書かれることもあるニューイングランド地方は、アメリカ合衆国の北東の端に固まっているマサチューセッツ州、ロードアイランド州、ニューハンプシャー州、バーモント州、コネチカット州、メイン州を合わせた地域の呼び名である。英国国教会を攻撃し、分離派と呼ばれるピューリタンの一派に属する102人の人々——ピルグリム・ファーザーズが、弾圧を逃れて新たな「神の国」を建設するべくメイフラワー号で故国を後にし、マサチューセッツ州のプリマス湾に上陸したのは1620年のことだ。この土地に彼らが建設した「コモン（共有地）」と呼ばれる街こそがアメリカ最初の植民地であり、やがて人々はこのプリマス植民地から各地に散らばっていった。

ニューイングランド地方とは、言うなればアメリカ合衆国発祥の土地なのだ。

「マサチューセッツ」という地名は、この土地に住んでいた先住民族の部族名から取られたものだが、後にマサチューセッツ州の州都となるボストンは、イギリスのリンカシャーにおけるピューリタンの拠点の名前（元々は、「聖ボトルフの街」を意味する英語の短縮名）である。また、1692年に悪名高い魔女裁判の舞台となったセイラムは、キリスト教の聖地であるエルサレム（ヘブライ語で「神の祈り」を意味する）から取られたもので、ジエルーサレムないしはセイラムという地名はアメリカの各地に見られるものだ。

コモンの政治的な中心となった分離派の会衆派教会の教えは、神意にかなうことだけを重要視し、娯楽や奢侈を排する徹底的な禁欲主義が特徴である。但し、ピューリタンの教えでは労働の対価として財産を得ることは神意に沿ったものとされ、こうした考え方が自由競争による富の蓄積を賛美したアメリカ北部のヤンキー気質のバックボーンとなった。

今日、ニューイングランド気質というと「謹厳実直で批判的、伝統を重んじ、富に対して貪欲でありながら倹約家」というイメージがある。ただし、ロードアイランド州については、少しばかり事情が違っていた。

マサチューセッツにおけるコモンの政治的な中心は分離派の会衆派教会であり、バプテストをはじめ、同じくイギリスから渡ってきた分離派の他の宗派は一段低い地位に置かれていた。そうした中、セイラムの牧師であったロジャー・ウィリアムズは、会衆派ではなくバプテストの聖職者だった。彼は、やがて先住民族の土地を詐欺同然に収奪した植民地の指導者たちを厳しく批判するようになり、1936年1月、ついにはマサチューセッツから追放されることになる。彼とその4人の信奉者たちはナラガンセット湾へと向かい、先住民族との正当な交渉のもと、沿岸の土地を買い取って新たなコミュニティを建設した。自分たちこそが真に神意にかなった存在であると信じるウィリアムズは、この土地に「神の摂理」を意味する「プロヴィデンス」という名前を与えたのだった。

会衆派教会から追放された経緯から、ウィリアムズは他宗派に寛容だった。やがてプロヴィデンスは信教にとらわれない町となり、キリスト教徒だけでなくユダヤ教徒も受け入れる、北米最初の自由都市となったのである。

ロードアイランドという州名は、1663年にイギリス国王チャールズ2世が与えた勅許状に基づくもので、正式名称を「ロードアイランドおよびプロヴィデンス植民地州」という。一説によれば、イタリア人探検家のジョバンニ・ダ・ヴェラッツァーノが1524年にこの土地を訪れ、ロードアイランド州の沖合にあるブロック島がギリシアのロードス島に似ているということでこの名前をつけたのだとされている。（なお、「ロード島」という地名は現在、ナラガンセット湾にあるアクィドネック島のものになっている）

――そうした来歴を持つニューイングランド地方だが、甚だ奇妙なことではあるが、斯界の研究者やオカルティストたちの間ではクトゥルー神話に連なる神々と深く結びついた、危険な土地として知られている。

イラスト：上院馬郎

ニューイングランド地方各地には古い石積みの遺構があり、マサチューセッツ州のダンウィッチの町外れにあるセンティネル・ヒルの頂きには、ヨグ＝ソトースの祭祀場として使用されてきたらしい、ストーン・サークルが確認されている。なお、ニューハンプシャー州のノース・セイラムにも、ストーンヘンジと呼ばれる石積みの遺跡が現存し、観光スポットとして公開されている。

複雑な事情が絡み合った末のことだが、まず大前提として、ヨーロッパ人たちが到来する以前から、キリスト教の目の届かぬこの地において、古き神々への崇拝や星の世界から到来した種族との交流が行われていたという歴史的な事実がある。このあたりに棲んでいたワンパノアグ族やナラガンセット族などの一部の部族の間で、サドゴワアと呼ばれる神が崇拝されていたことについては、既に触れた通り。このサドゴワアが、かつてヒュペルボレイオス大陸などで崇拝されたツァトーグァに他ならぬことは、ミスカトニック大学のセネカ・ラファム博士らの報告から明らかだ。

のみならず、ニューイングランド地方のいくつかの場所には、『ネクロノミコン』においてヨグ＝ソトースと結び付けらるものと酷似した環状列石や石塔などが存在していた。

同大学のウィルマース教授によれば、地底世界クナ＝ヤンへと続く開口部がペンシルベニア州の山嶺にあるということなので、これらの先住民族たちは遥かな昔、地上へと出てきたクナ＝ヤン人たちから信仰を受け継いだのか、さもなくば子孫なのかもしれない。

　２０世紀前期を代表する魔女研究の泰斗、マーガレット・Ａ・マレーによれば、魔女裁判の舞台となったセイラムには、ヨーロッパに起源を持つ本物のカルトが関与していたということである。アーカムやキングスポートといったマサチューセッツ州の地方都市には、魔女裁判から逃れたセイラム村の住民を匿ったという内容の民間伝承がいくつも伝わっているが、こうした逃亡者たちの中には巧妙に立ち回って騒ぎが起きる前に身を隠した、真に力有る魔術師や魔女たちが含まれていたというのが研究者の一致した見解であり、キザイア・メイスン、ジョゼフ・カーウィン、サイモン・オーンといった人物の名前が古い記録中に頻出している。

**関連作品：**
**ラヴクラフト「魔女の家の夢」「チャールズ・デクスター・ウォード事件」など**
**ダーレス＆ラヴクラフト「暗黒の儀式」**
**リン・カーター「ヴァーモントの森で見いだされた謎の文書」**

## クトゥルー崇拝者の前哨地

影横たわるニューイングランド地方について、２０世紀前期に好事家の間で人気を集めた怪奇小説家ハワード・フィリップス・ラヴクラフトが、興味深い物語をいくつも書き遺している。ラヴクラフトはプロヴィデンスの名家フィリップス家の血筋の者で、１８９０年８月２０日に生まれた。殖民地時代の輝かしい記憶を残すニューイングランド地方の伝統を重んじる気風の中で育ち、その風土をこよなく愛したラヴクラフトは、同時にまた夜毎に望遠鏡で空を見上げる天文少年でもあった。

　人文学と自然科学の双方に興味を抱き、幼少時より文筆活動に歓びを見出していた彼は、１０代の頃から雑誌上でコラムや記事の執筆を始めている。なお、彼が〈ウィアード・テールズ〉などのパルプ雑誌上に怪奇小説を発表するようになったのは、１９２０年代以降のことだ。ラヴクラフトの作品の多くは、人類誕生以前に地球と宇宙を支配してい

イラスト：池田正輝

隣接するセイラム村（現ダンバース）で1692年の魔女裁判騒動が持ち上がる以前、セイラムという町はキザイア・メイスンやアビゲイル・プリンら古い神々を崇拝する魔女や、ジョウゼフ・カーウィンやシモン・オーンら魔術師の集う、世界有数の危険な土地だった。彼ら、真に力を有する存在の大半は裁判以前に町を離れ、アーカムやダンウィッチ、プロヴィデンスに潜伏した。

た神々の存在について暴露するものであり、ラヴクラフトをチャールズ・フォートのような警告者であったと見なす者も少なくない。

なお、スタニスラウス・ヒンターシュトイザー博士によれば、ラヴクラフトの幼少期に精神に異常をきたした父親のウィンフィールド・ラヴクラフトは、革命前夜のフランスで暗躍した怪人カリオストロ伯爵が各地に設立した、エジプト・フリー・メイソンリーの会員だったという。この結社には『キタービ・マアニ・アル＝ナフス』という『ネクロノミコン』との関わりが噂される秘儀書が伝わっていて、これに接したウィンフィールドから彼の息子へと禁断の知識が伝えられた可能性が指摘されているのだ。

ラヴクラフトはまた熱心な郷土史家でもあり、マサチューセッツ州ウィルブラハムの碩学イーディス・ミニターから、この土地に伝わる様々な伝説を教示された。また、セイラムの魔女の子孫を名乗る女性とも手紙で交流していたということだが、残念ながら彼女とやり取りした手紙は現存していない。

ラヴクラフトはニューイングランド地方の各地に足を伸ばしては、地元の歴史協会に足を運んで古い記録にあたり、歴史の狭間に隠れていた様々な出来事を掘り起こした。

たとえば、彼が1931年に執筆した「インスマスを覆う影」は、ニューイングランド地方の東海岸に、異星から到来した半人半蛙の種族のコロニーがあって、イプスウィッチ付近の港町インスマスを半ば占拠して地上侵攻の機会を窺っていたというものだ。

無論、読者諸兄諸姉も知っているように、インスマスは実在の町であるし、1846年に伝染病で人口が激減したことや、1927年末に大きな火事があったことについても、当時の新聞で確認することができる。なお、ラヴクラフトは、この物語の語り手の名前を覚書にはっきりと記しておきながら、ついに本編中で言及しなかった。まるで、誰かに遠慮してでもいるかのように、である。

ラヴクラフトの物語は、どこまでが創作で、どこまでが実際に起きた事件を下敷きにしていたのか――彼が数多の友人知人とやり取りしていた夥しい数の書簡や、大量のメモ書きの向こう側に隠された真実の在り処をつきとめられるかどうかは、ひとえに我々探索者の努力に委ねられているのである。

**関連作品：**
**ジョージ・ヘイ編『魔道書ネクロノミコン』**
**ラヴクラフト「インスマスを覆う影」**

## 【補遺・地球の夢について】

### 幻夢境と夢見人

夢というものは、どこからやってくるのだろうか。「睡眠」は、大脳を有する生物に特有の生理的な状態のことを指す。神経生理学の分野においては、レム睡眠と呼ばれる急速眼球運動を伴う睡眠中に、大脳の皮質や辺縁系などの記憶に関係する部位が覚醒時と同様の活動状態になり、過去の記憶を組みあわせたストーリーが作られると考えられている。

然るに、互いに会ったことのない複数の人間が夢の中で同じ場所を訪れ、時には互いに言葉を交わしたという報告例は古い時代から数多く存在している。1980年代に雑誌の読者交流欄において活発に行われた「前世の記憶を共有する仲間探し」も、こうした事例の一種と見ることができるだろう。同様の報告は、19世紀から20世紀の前半にかけての文学者や芸術家のグループにおいてもあがっている。とりわけ、1928年に失踪したマサチューセッツ州アーカムの名士ランドルフ・カーターと、彼を中心とするグループに関係する日記や書簡は、彼らがドリームランド（日本では主に「幻夢境」と翻訳されている）と呼ぶ異世界についての潤沢な情報源として、カール・グスタフ・ユングの流れを汲む分析心理学派の間で注目を集めてきた。

ドリームランドでの記憶を覚醒後にもとどめることができた人々は、「夢見人〈ドリーマー〉」と呼ばれている。彼らの記録や証言によれば、単に眠るだけではこの世界を訪れることができない。まずは、通常の夢――浅い夢の中のどこかにある階段の入り口を見つけなければならないのである。この階段を70段降りると、そこに〈焔の神殿〉があって、ナシュトとカマン＝ターという名の2人の神官に迎えられる。彼らに送り出された「夢見人」はそこから更に700段の階段を降りることで、〈深き眠りの門〉に到達する。

この門を越えた先に、広大なドリームランドがある。この地の自然環境や気候などは覚醒の世界とさほど変わらない。セレファイスやダイラス＝リーンといった数多くの都市が栄え、そこで生まれ育った人々が生活を営んでいる。また、人語を解する猫やガグ、ガスト、赤足のワンプなどの怪生物が棲息する。

諸都市の文明は、産業革命以前の時代を想起させる水準のものだが、空中に都市が浮かび、星と星の間をガレー船が往来し、人語を解する猫や怪生物が多数生息するなど、自然科学の法則に縛られない、「剣と魔法のファンタジー」然とした異世界ではあるようだ。

住人たちの多くは〈大いなるもの〉〈大地の神々〉と呼ばれる神々を崇拝し、審神と呼ばれる異形の神々については、恐怖の対象としてこれを忌避した。たとえばウルタールという都市にはナス＝ホルタースなどの神々を祀る神殿が存在するる。神々はかつて、霊峰ハテグ＝クラの城に住まっていたが、20世紀前期の時点ではカダスと呼ばれる凍てつく荒野にある夕映えの都で暮らしていた。

〈大いなるもの〉は〈深淵の大帝〉ノーデンスの保護下にある。ノーデンスとは、ブリテ

イラスト：ねなし

〈大いなるもの〉〈大地の神々〉などと呼ばれている地球本来の神々の容姿は、概ね人間そっくりではあるが、切れ長の目や長い耳たぶ、薄い鼻と尖りぎみの顎という特徴がある。彼らは時折、人里に降りてきては人間の女性と交わり、子孫をもうけた。神の血を引く子孫は地球の神々の美しい容貌を受け継ぎ、インガノクというセレネル海北岸の町に住んでいる。

ン島に植民した古代ローマ人が崇拝した同名の海の神と同一の存在であるらしい。なお、古伝承の大家であるケンブリッジ大学の文献学者J・R・R・トールキン教授は、ノーデンスの前身をアイルランド神話における〈銀の腕〉ヌァザのことだと指摘している(注5)。ただし、不可解なことではあるが、〈大いなるもの〉が同時にナイアルラトホテプの支配下にあったことを示す報告も、数多く存在する。これについて、ドリームランドが長きにわたり審神の侵攻を受けていたという、ミスカトニック大学の外郭団体ウィルマース・ファウンデーションの報告が知られている。ただし、地球外の領域からドリームランドに到来した〈大いなるもの〉たちが、この地で深い眠りについていた審神を封印し、神として君臨したという異説もあり、正確なところはよくわかっていない。

**関連作品：**
**ラヴクラフト「ウルタールの猫」「セレファイス」「審神」「未知なるカダスを夢に求めて」他**

## 地続きの夢

ドリームランドがいつ頃から存在したかについては、様々な説がある。

ランドルフ・カーターによれば、地球以外にもフォマルハウトやアルデバランの伴星、土星などにも固有の幻夢境が存在するらしく、ひとつの星に付随して存在するとも考えられる。ドリームランドには〈夜鬼〉と呼ばれる顔のない人型生物が棲息するが、この生物は2000万年前、ティームドラ大陸に棲息していた生物が、大陸住民の夢を介してドリームランドに持ち込まれたようだ。

なお、主だった都市で信仰を集めるナス＝ホルタースは、古代ヒュペルボレイオス大陸で知られた夢の守護神である。

のみならず、ドリームランドは夢の深層に存在する世界であると同時に、覚醒の世界と直接行き来することのできる場所でもあるらしい。例えば、〈偉大なる種族〉が遺した記録である『ナコト写本』には〈大いなるもの〉にまつわる言及があり、極北のロマール王国がノフケーという異形の種族に滅ぼされた際、最後の一冊が幻夢境に持ち込まれたことで消失を免れたとされる。また、ドリームランドのナスの谷にある岩山には、食屍鬼（グール）と呼ばれる犬に似た外見の人型種族のコロニーが存在するが、少なくとも彼らの一部は覚醒の世界から移り棲んできたということだ。彼らの一人であるリチャード・アプトン・ピックマンは1920年代、マサチューセッツ州のニューカムという港町において「幽霊屋敷」と忌避されたとある屋敷から、ドリームランド入りを果たしたとされる。また、ドリームランドの各地で奴隷貿易を営むレン人と呼ばれる商人たちは、ユゴスという太陽系外延の星に隣接する暗黒次元から、彼ら崇拝する審神に連れられてドリームランドにやってきたということである。

**関連作品：**
**ラムレイ"Cryptically Yours..."**
**フルツ、バーンズ"Wizards of Hyperborea"**
**ゼラズニイ『虚ろなる十月の夜に』**
**山本弘『ラプラスの魔』**

注1『ネクロノミコン』では、バイアティスはイグの子とされる。
注2　ツァトーグァに由来する地名。
注3『ネクロノミコン』では、アザトースの眷族に数えられている。
注4『クトゥルフ神話TRPG』にはプロト・ショゴスというクリーチャーが存在する。
注5　新井沢博士は1990年、ブルターニュにおいてノーデンス神殿の発掘にあたっている。『ノーデンスの巫女たち』(私家版)参照。

# クトゥルー神話関連年表

CHRONICLE OF CTHULHU MYTHOS

| 年 | 月日 | 神話事件 | 作品 |
|---|---|---|---|
| 46億年前 | | 地球誕生はこの頃とされている。 | |
| 10数億年前 | | 樽型異星人が南極大陸に到来。 | HPL「狂気の山脈にて」 |
| 3億5千万年前 | | クトゥルーとその眷属が暗黒の星々より到来。 | HPL「狂気の山脈にて」 |
| 3億年前 | | クトゥルーが眠りにつく。 | HPL「狂気の山脈にて」 |
| 2億5千年前〜1億5000年前 | | 〈ユゴスよりの菌類〉の到来。 | HPL「闇に囁くもの」 |
| 2億25百万年前以前 | | 〈偉大なる種族〉がオーストラリア大陸の円錐状生物の肉体に転移。 | HPL「超時間の影」 |
| 5千万年前 | | 〈偉大なる種族〉が円錐状生物の肉体を去る。 | HPL「超時間の影」 |
| 紀元前173148年頃? | | 赤い月の年。シュブ＝ニグラスの神官トヨグがヤディス＝ゴー山に向かう。 | HPL（ヒールド）「永劫より出でて」 |
| 紀元前161844年頃? | | 囁く影の年。ザントゥーがイソグサ教団の大神官に。（ムー大陸滅亡はその少し後と思われる） | カーター「赤の供物」 |
| 紀元前5世紀頃 | | 哲学者プラトンが『クリティアス』『ティマイオス』でアトランティスに言及。 | |
| 1世紀頃? | | 共和制ローマの兵士たちとミリ・ニグリ族の間で小競り合いが発生。 | ロング「恐怖の山」 |
| 1世紀 | | 博物学者プリニウス、『博物誌』でヒュペルボレイオスに言及。 | |
| 4〜5世紀 | | ヒッポの司祭アウグスティヌスらが、各地で邪神の眷属を封印する。 | ダーレス「彼方からあらわれたもの」 |
| 545年 | | ペルシャの剣士カリム、秘宝の眠る遺跡に向かう。 | 任天堂『エターナルダークネス』 |
| 589年 | | 物部瑠璃音、一族を救うために蛇神の巫女となる。 | ホビージャパン『黄昏の天使』 |
| 730年 | | アブドゥル・アルズレッド、『アル・アジフ』を執筆。 | HPL「『ネクロノミコン』の歴史」 |
| 738年 | | アルズレッド、ダマスカスの路上で怪死もしくは失踪。 | HPL「『ネクロノミコン』の歴史」 |
| 751年 | | 唐とアッバース朝の二大世界帝国、タラスで激突。 | |
| 935年 | | バクトリア人の墓から『エイボンの書』『カルナマゴスの遺言』が発見される。 | カーター「『エイボンの書』の歴史と年表」 |
| 950年 | | テオドラス・フィレタス、『アル・アジフ』を『ネクロノミコン』の表題でギリシャ語に翻訳。 | HPL「『ネクロノミコン』の歴史」 |
| 9世紀 | | 『エイボンの書』ラテン語版が刊行される。 | カーター「『エイボンの書』の歴史と年表について」 |
| 1050年 | | 総主教ミカエルが『ネクロノミコン』の出版を禁止、焚書に処す。 | HPL「『ネクロノミコン』の歴史」 |
| 1136年 | | ハウプトマン男爵、「野獣の結社」を結成する。 | ホビージャパン『ユゴスからの侵略』 |
| 1150年 | | クメールの踊り子エリア、古文書にある寺院を探検する。 | 任天堂『エターナルダークネス』 |
| 13世紀 | | スペインの宗教裁判により『カルナマゴスの誓約』が処分される。 | スミス「塵埃を踏み歩くもの」 |
| 1228年 | | オラウス・ウォルミウス、『ネクロノミコン』をラテン語に翻訳。 | HPL「『ネクロノミコン』の歴史」 |
| 1231年 | | 教皇グレゴリウス九世、『ネクロノミコン』を禁書となする。 | HPL「『ネクロノミコン』の歴史」 |
| 1240年 | | ガスパール・デュ・ノール、ギリシャ語版『エイボンの書』をフランス語へと翻訳。 | カーター「『エイボンの書』の歴史と年表について」 |
| 1261年 | | ギルバート・ド・ラ・ポーア男爵、アンチェスターを賜る。 | HPL「壁の中の鼠」 |
| 15世紀 | | ラテン語版『ネクロノミコン』のゴシック活字体版がおそらくドイツで印刷される。 | HPL「『ネクロノミコン』の歴史」 |
| | | 『エイボンの書』英語版が刊行される。 | カーター「『エイボンの書』の歴史と年表について」 |
| 16世紀 | | ギリシャ語版『ネクロノミコン』がイタリアで印刷される。 | HPL「『ネクロノミコン』の歴史」 |
| | | 英国のジョン・ディーが『ネクロノミコン』を英訳する。 | HPL「『ネクロノミコン』の歴史」 |
| 1521年 | | スペイン帝国が新大陸にヌエバ・エスパーニャ副王領を設立。 | HPL（ビショップ）「墳丘」 |
| 1526年 | | トルコ軍、シュトレゴイカバールの先住民を抹殺。 | ハワード「黒の碑」 |
| 1532年 | | スペイン人パンフィロ・デ・サマコナ、新大陸に渡る。 | HPL（ビショップ）「墳丘」 |
| 1537年 | | 修道士マルコス・デ・ニサが黄金都市シボラを垣間見たと考える。 | HPL（ビショップ）「墳丘」 |
| 1540年 | | スペイン人探検家フランシスコ・ヴァスケス・デ・コロナド・イ・ルヤン、黄金都市の探索に出発。 | HPL（ビショップ）「墳丘」 |
| 1541年 | | 一〇月七日、サマコナ、コロナドの遠征隊から抜け出し、南へと向かう。 | HPL（ビショップ）「墳丘」 |
| | | ルートウィヒ・プリン、処刑までの間に獄中で『妖蛆の秘密』を執筆。 | ブロック「星から訪れたもの」 |

| | | | |
|---|---|---|---|
| 1542年 | | スペイン人探検家アルバル・ヌーニェス・カベサ・デ・バカ、見聞録を出版する。 | HPL〈ビショップ〉「墳丘」 |
| | | ハウプトマン男爵、ルートヴィヒ・プリンの独房から『妖蛆の秘密』の原稿を持ち出す。 | ホビージャパン『ユゴスからの侵略』 |
| | | 『妖蛆の秘密』がドイツのケルンにて刊行される。直ちに発禁処分。 | ブロック「星から訪れたもの」 |
| 1571年 | | 哲学者アル・カレブが、ジョン・ディーの依頼でアラブ語版『ネクロノミコン』を英訳。 | 『死霊のいけにえ2』 |
| 1586年 | | 魔術師ジョン・ディー、ハウプトマン男爵の城にて『ネクロノミコン』を英訳。 | ホビージャパン『ユゴスからの侵略』 |
| 1590年 | 8月18日 | この日までに、1587年にロアノーク島に入植した115人の男女が行方不明に。 | |
| 17世紀 | | ペンシルベニアにて、欧州の呪術と先住民の魔術信仰を折衷した白魔術信仰自警集団パウワウが活動する。 | |
| | | リック湖付近でピアガード神父失踪。 | ダーレス「闇に棲みつくもの」 |
| | | ラテン語版『ネクロノミコン』が、おそらくスペインで印刷される。 | HPL「『ネクロノミコン』の歴史」 |
| | | シャッガイからの昆虫がブリチェスターに棲みつく。 | キャンベル「妖虫」 |
| 1602年 | | ジュリアン・カーステアズ、コラジンに生まれる。 | ラムレイ「妖蛆の王」 |
| 1603年 | | アン・シャトレーヌ、スコットランドに産まれる。 | ホビージャパン『ヨグ＝ソトースの影』 |
| 1620年 | | メイフラワー号がプリマス湾に上陸。 | |
| 1612年 | | ランカシャーの魔女リズ・サザーン処刑される。 | ウィルスン『ロイガーの復活』 |
| 1620年 | | アン・シャトレーヌ、魔女として告発されるが逃走。 | ホビージャパン『ヨグ＝ソトースの影』 |
| 1626年 | | セイラムにて最初の集落が建設される。 | |
| 1636年 | | ジャン＝フランソワ・シャリエール、生まれる。 | HPL&ダーレス「生きながらえるもの」 |
| 1638年 | | グロスター湾のケープアンで、とぐろを巻いた怪物が目撃される。 | |
| 1643年 | | インスマス建設。 | HPL「インスマスを覆う影」 |
| 1648年 | | ニューイングランドの魔女狩りにより、メアリ・ジョンソン処刑される。 | |
| 1650年代 | | 北米先住民族の魔術師ミスカマカス、オランダ人に脅かされて転生を試みる。 | マスタートン『マニトウ』 |
| 1657年 | | アン・シャトレーヌ、〈銀の黄昏錬金術会〉を設立。 | ホビージャパン『ヨグ＝ソトースの影』 |
| 1662年 | 2月18日 | セイラムにてジョゼフ・カーウィン生まれる。 | HPL「チャールズ・デクスター・ウォード事件」 |
| 1670年 | | マーテンス館が建設される。 | HPL「潜み棲む恐怖」 |
| 1674年 | | シャリエール、フランス軍医となる。 | HPL&ダーレス「生きながらえるもの」 |

| | | | |
|---|---|---|---|
| 1677年 | | カーウィン、船員となり4年間にわたり海外を流浪。 | HPL「チャールズ・デクスター・ウォード事件」 |
| 1681年 | | カーウィン、セイラムに帰還し禁断の知識の研究に熱中。 | HPL「チャールズ・デクスター・ウォード事件」 |
| 1690年 | 12月14日 | セイラムの魔女アビゲイル・プリン、心臓に杭を打ち込まれて埋葬される。 | カットナー「セイラムの恐怖」 |
| 1691年 | | シャリエール、カナダに移住。 | HPL&ダーレス「生きながらえるもの」 |
| 1692年 | 3月 | カーウィン、セイラムを逃れてプロヴィデンスに移住。 | HPL「チャールズ・デクスター・ウォード事件」 |
| | | セイラム村（現ダンバース）にて魔女狩り。これを逃れた市民に混ざり、魔女や妖術師がアーカムやダンウィッチに移住。 | |
| 1693年 | | コットン・メイザーの『不可視の世界の驚異』刊行。セイラムの魔女裁判への言及。 | |
| 1697年 | | プロヴィデンスにシャリエール館建設される。 | HPL&ダーレス「生きながらえるもの」 |
| 18世紀初頭 | | ジェームズ・ウェザートップがニューカムに移住する。 | 山本弘『ラプラスの魔』 |
| 18世紀中ごろ | | リック湖周辺で材木業者が災難に見舞われる。 | ダーレス「闇に棲みつくもの」 |
| 1710年 | | ジェームズ・ブーンの信徒、メイン州にジェルサレムズロット村創設。 | キング「呪われた村〈ジェルサレムズ・ロット〉」 |
| 1717年 | | フリーメーソンリーのグランドロッジが英国にて設立。 | |
| 1720年 | 6月24日 | シモン・オーン、セイラムより失踪。 | HPL「チャールズ・デクスター・ウォード事件」 |
| 1734年 | | アブナー・エゼキエル・ホーグ船長、『ポナペ教典』を発見。 | カーター「時代より」 |
| 1745年 | | アン・シャトレーヌ、再び魔女として告発されるが逃亡。 | ホビージャパン『ヨグ＝ソトースの影』 |
| 1746年 | | ニューヨーク州アッティカにヴァン・デル・ハイル一族が移住。 | W・ラムレイ「アロンソ・タイパーの日記」 |
| 1747年 | | ダンウィッチでアバイジャ・ホードリイ神父が行方不明に。 | HPL「ダンウィッチの怪」 |
| 1763年 | 3月7日 | カーウィン、イライザ・ティンガリスと結婚。 | HPL「チャールズ・デクスター・ウォード事件」 |
| 1770年 | | プロヴィデンスの有力者達がカーウィン抹殺の謀議。 | HPL「チャールズ・デクスター・ウォード事件」 |
| 1771年 | 4月12日 | カーウィン、近隣の住民達の襲撃を受けて死亡。 | HPL「チャールズ・デクスター・ウォード事件」 |
| | | ジェディダイア・オーン、セイラムより失踪。 | HPL「チャールズ・デクスター・ウォード事件」 |

| | | | |
|---|---|---|---|
| 1778年 | | ニュージャージー州の松類荒原にてジャージー・デビルの目撃始まる。 | |
| 1781年 | | エドマンド・カーター失踪。 | HPL「銀の鍵の門を越えて」 |
| 1788年 | 6月5日 | アーカム近郊で、取り替え子の獣人焚刑に処せられる。 | HPL&ダーレス『暗黒の儀式』 |
| 1789年 | 9月16日 | フィリップ・ブーンの手許に『妖蛆の秘密』が届く。 | キング「呪われた村〈ジェルサレムズ・ロット〉」 |
| | 10月31日 | ジェルサレムズロットの住人、一夜にして消え去る。 | キング「呪われた村〈ジェルサレムズ・ロット〉」 |
| 1793年 | | メイン州のマウント・デザート島の沖で巨大な怪物が目撃される。 | |
| 1794年 | | スペイン人ファン・ゴンザレス、蟇蛙の神殿発見。 | ハワード「屋根の上に」 |
| | | ウォード・フィリップス師の『ニューイングランドの楽園における魔術的驚異』がボストンにて刊行される。 | |
| 1795年 | | フリードリヒ・ヴィルヘルム・フォン・ユンツト、ドイツに生まれる。 | ハワード「黒の碑」 |
| 1797年 | | オーベッド・マーシュ、コーリー号の遭難を報告。 | ダーレス「ルルイエの印」印」 |
| 18世紀末 | | グラーキの教団が設立される。 | キャンベル「湖畔の住人」 |
| 19世紀中頃 | | コンゴ自由国で、バコンゴ族の反乱者がアトゥと呼ばれる神を崇拝。 | ドレイク「蠢く密林」 |
| 1801年 | | ウォード・フィリップス師の『ニューイングランドの楽園における魔術的驚異』、ボストンにて刊行される。 | HPL&ダーレス『暗黒の儀式』 |
| | | 『ニューイングランドの楽園における魔術的驚異』の削除版が刊行。 | |
| 1803年 | | ジョゼフ・ノートンがセヴァンフォードの小島で怪異に遭遇する。 | キャンベル「呪われた石碑」 |
| 1804年 | | プロヴィデンスで吸血鬼事件。4名が犠牲となる。 | HPL「忌み嫌われた家」 |
| | | セヴァンフォードの小島で青白い浮遊物体が目撃される。 | キャンベル「呪われた石碑」 |
| 1807年 | | ダンウィッチにて連続失踪事件。 | HPL&ダーレス『暗黒の儀式』 |
| 1810年 | | オーベッドの弟、カレブ・マーシュがインスマスに生まれる。 | クレイトン「謎に包まれた孤島の愛」 |
| 1816年 | | ランドルフ・ブーン、自殺。 | キング「呪われた村〈ジェルサレムズ・ロット〉」 |
| 1817～1819年 | | グロスター湾、ナハント湾で怪物が度々目撃される。 | |
| 1818年 | | アーカムにて魔女狩り事件。 | ブロック「窖に潜むもの」 |
| 1819年 | | マサチューセッツ州ボストンにてキャボット考古学博物館が設立。 | HPL（ヒールド）「永劫より出でて」 |
| 1820年 | | チャールズ・レゲット翻訳の英語版『妖蛆の秘密』が刊行。 | ラムレイ「妖蛆の王」 |
| 1828年 | | インスマスのオーベッド・マーシュ、南洋にて「深きもの」との取引を開始する。 | HPL「インスマスを覆う影」 |
| 1834年 | | イギリスの天文学者パーシー・ボルストン卿、ハレー彗星観測のためにインスマスに赴き、その後発狂する。 | EAV『シャドウ・オブ・ザ・コメット』 |
| 1838年 | | 東インド諸島のとある島の住民が消失。その後、マサチューセッツ州インスマスのオーベッド・マーシュ船長が、悪魔の暗礁において〈深きものども〉と接触する。 | HPL「インスマスを覆う影」 |
| 1839年 | | フリードリヒ・ヴィルヘルム・フォン・ユンツトの『無名祭祀書』がドイツで刊行される。 | ハワード「黒の碑」 |
| 1840年 | | フォン・ユンツトが怪死する。 | ハワード「黒の碑」 |
| | | インスマスの地に〈ダゴン秘儀教団〉創設。 | HPL「インスマスを覆う影」 |
| 1842年 | | ユベル・ビオンディの『影のフランス』刊行される。 | 山本弘『ラプラスの魔』 |
| 1843年 | | イノック・ボウアン教授、エジプトでネフレン＝カの墓所を発掘。 | HPL「闇の跳梁者」 |
| 1844年 | 7月 | ボウアン教授、プロヴィデンスにて「星の智慧派」設立。 | HPL「闇の跳梁者」 |
| 1845年 | | 英ブライドウォール社、『無名祭祀書』の海賊版を刊行。 | ハワード「黒の碑」 |
| 1846年 | | インスマスの住人が多数「疫病」により命を落す。 | HPL「インスマスを覆う影」 |
| | | インスマスにてダゴン秘儀教団が設立。 | HPL「インスマスを覆う影」 |
| | | おそらくこの年、メイン州スクアンポティス島にもダゴン秘儀教団の教会が設立される。 | クレイトン「謎に包まれた孤島の愛」 |
| 1847年 | | カレブ・マーシュ、スクアンポティス島で死去。 | クレイトン「謎に包まれた孤島の愛」 |
| | | ゴットフリート・ムルダー、『アジアの秘めたる神秘、『ゴール・ニグラル』への注釈付』をドイツのライプツィヒにて刊行。 | カーター「陳列室の恐怖」 |
| 1848年 | | ムルダー、精神病院で死亡。 | カーター「陳列室の恐怖」 |
| 1850年 | 10月2日 | チャールズ・ブーン、従者のカルヴィンと共にチャペルウェイトに移住。周辺に怪事が頻発する。 | キング「呪われた村〈ジェルサレムズ・ロット〉」 |
| | 10月27日 | チャールズ・ブーン、『妖蛆の秘密』を焼き捨てる。 | キング「呪われた村〈ジェルサレムズ・ロット〉」 |
| 1854年 | | ニューイングランドのノールウィッチで吸血鬼騒動。 | |
| 1856年 | | セヴァンフォードの小島で怪異。 | キャンベル「呪われた石碑」 |
| 1863年 | | 「星の智慧派」教会、会員が200名近くに達する。 | HPL「闇の跳梁者」 |
| 1865年 | | アメリカ南部で秘密結社クー・クラックス・クランが結成される。 | |
| 1868年 | | ジェームズ・チャーチワードが、インドの高僧より『ナアカル碑文』を見せられる。 | |
| 1869年 | | アーカムで移民の暴動。 | ブロック「窖に潜むもの」 |
| 1870年 | | セヴァンフォードの小島で青白い浮遊物体が再び目撃される。 | キャンベル「呪われた石碑」 |
| | | この頃、グラーキの教団が活動を停止する。 | キャンベル「湖畔の住人」 |
| 1872年 | | ヴァン・デル・ハイル一族、姿を消す。 | ウィリアム・ラムリー「アロンソ・タイパーの日記」 |

| 年 | 月日 | 出来事 | 作品 |
| --- | --- | --- | --- |
| | | ジェイムズ・モリアーティ教授、『小惑星の力学』を発表。 | ベアリング＝グールド『シャーロック・ホームズ ガス燈に浮かぶその生涯』 |
| 1873年 | 10月7日 | ランドルフ・カーター、生まれる。 | ＨＰＬ「銀の鍵の門を越えて」 |
| | | ＫＫＫを装った強盗により黄金の仮面が盗難。 | ライトスタッフ『ティラムバラム』 |
| 1875年 | 10月12日 | 「黙示録の獣」アレイスター・クロウリー誕生。 | |
| | 9月 | ニューヨークにて神智学協会設立。 | |
| | | マサチューセッツ州リンの沖合で怪物が目撃される。 | |
| 1877年 | 9月18日 | 「ニューヨーク・サン」紙、ブルックリン上空を飛行した謎の男について報じる。 | |
| | | 当局によりプロヴィデンスでの「星の智恵派」の活動が禁じられ、多くの信者が町を出る。 | ＨＰＬ「闇の跳梁者」 |
| 1878年 | 5月11日 | 貨物船エリダヌス号の乗員が太平洋上に新島を発見。 | ＨＰＬ（ヒールド）「永劫より出でて」 |
| 1879年 | | エリダヌス号の乗員が発見したミイラを、キャボット博物館が購入する。 | ＨＰＬ（ヒールド）「永劫より出でて」 |
| 1880年 | 2月1日 | エドワード・チャンドラー産まれる。 | ホビージャパン『ユゴスからの侵略』 |
| 1882年 | | イギリスで象形文字の刻まれた粘土板が発見される。 | シーライト「知識を守るもの」 |
| | | １９１２年、『エルトダウン・シャーズ』の翻訳小冊子刊行。 | ＨＰＬ「彼方よりの挑戦」 |
| | | アーカム郊外の農場に隕石が落下。 | ＨＰＬ「異世界の色」 |
| | | 英国心霊協会設立される。 | |
| 1883年 | | ランドルフ・カーター、「蛇の穴」で奇妙な体験をする。 | ＨＰＬ「銀の鍵」 |
| 1884年 | 7月27日 | ゲルマン神智学協会設立される。 | |
| 1885年 | | 英国心霊協会、ブラヴァッキー夫人を詐欺師として告発。 | |
| 1888年 | 3月 | ウィリアム・ウェストコット、「黄金の夜明け団」を設立。 | |
| | | 『シークレット・ドクトリン』刊行される。 | |
| 1889年 | | 北海道寿渡似郡の夜鷹山にて、横穴式三角回廊遺跡が発見。 | 朝松健『肝盗村鬼譚』 |
| 1890年 | 8月20日 | ロードアイランド州プロヴィデンスにハワード・フィリップス・ラヴクラフト生まれる。 | |
| | | この頃、モリアーティ教授の助力で「星の智慧派」がイギリスのヨークシャに拠点建設。 | ホビージャパン『クトゥルフ・バイ・ガスライト』 |
| | | フレイザー卿『金枝篇』を刊行。 | |
| | | セヴァンフォードの小島から石碑を持ち帰った役人が惨殺される。 | キャンベル「呪われた石碑」 |
| 1891年 | | ヒートン青年がオクラホマ州ビンガーの墳丘で一時的に失踪。 | ＨＰＬ（ビショップ）「墳丘」 |
| | | ホームズとモリアーティ教授、スイスで消息を絶つ。 | コナン・ドイル「最後の事件」 |
| 1892年 | | ビンガーにて、ジョン・ウィリス保安官が幽霊の戦闘を目にする。 | ＨＰＬ（ビショップ）「墳丘」 |
| 1893年 | | エドウィン・リリブリッジ、プロヴィデンスの教会で失踪。 | ＨＰＬ「闇の跳梁者」 |
| | | ロンドンに戻ったモリアーティ教授が欧州の邪教集団と犯罪組織の連合をすすめる。 | ホビージャパン『クトゥルフ・バイ・ガスライト』 |
| 1895年 | | ドイツで「東方聖堂騎士団」設立される。 | |
| 1895年頃 | | 戯曲『黄衣の王』がアメリカで刊行される。 | チェンバーズ「黄衣の王」 |
| 1898年 | | 英国情報部、特殊能力者を集めて「怪人連盟」を結成。 | ムーア『リーグ・オブ・エクストラオーディナリー・ジェントルメン』 |
| 1901年 | 2月21日 | ジョー・スレイターが州立精神病院で死亡。 | ＨＰＬ「眠りの壁の彼方」 |
| 1902年 | | チャールズ・デクスター・ウォード生まれる。 | ＨＰＬ「チャールズ・デクスター・ウォード事件」 |
| 1903年頃 | | 『イエーの儀式』の写本がエジプトで発見されたとの噂。 | カーター「奈落の底のもの」 |
| 1904年 | | クロウリー、カイロにてエイワスから『法の書』を授かる。 | |
| 1905年 | | アーカムにて疫病が流行し、連続殺人鬼が横行。 | ＨＰＬ「ハーバート・ウェスト─死体蘇生者」 |
| | | 狂気の詩人ジャスティン・ジョフリ生まれる。 | ハワード「黒の詩人」 |
| 1906年 | | コープランド教授の『ポリネシア神話──クトゥルー神話体系に関する一考察』発表。 | カーター「墳墓に棲みつくもの」 |
| 1907年 | 11月1日 | ニューオリンズの沼沢地で、クトゥルー教団に手入れ。 | ＨＰＬ「クトゥルーの呼び声」 |
| | | ドイツ人探検家マンハイム・ドルフマン、コンゴ奥地で邪神の神殿に遭遇する。 | ホビージャパン「四つの神殿の谷」 |
| 1908年 | 4月17日 | アロンゾ・タイパー、ヴァン・デル・ハイル邸に侵入。 | HPL（ウィリアム・ラムレイ）「アロンゾ・タイパーの日記」 |
| | 5月14日 | ミスカトニック大学のナサニエル・ウィンゲート・ピースリー教授、昏睡状態に。 | ＨＰＬ「超時間の影」 |
| | 6月30日 | シベリア東部のツングースカに隕石が落下? | |
| | | ルグラース警部、アメリカ考古学協会の総会にクトゥルーの神像を持ち込む。 | ＨＰＬ「クトゥルーの呼び声」 |
| 1909年 | | ピースリー教授、ヒマラヤで1月すごす。 | ＨＰＬ「超時間の影」 |
| | | ポナペ沖にてゾス＝オムモグの神像が発見される。 | カーター「奈落の底のもの」 |
| | | 削除版『無名祭祀書』がニューヨークのゴールデン・ゴブリン・プレスより刊行される。 | ハワード「黒の碑」 |
| 1910年代 | | 魔女グラディス・ショロックがブリチェスターに移り住む。 | キャンベル「魔女の帰還」 |
| 1910年 | 7月 | 海江田阿礼、ラヴクラフトからインスマスの話を聞く。 | 田中文雄『邪神たちの2・26』 |
| | 7月 | ハーバート・ウェスト、人工鮮度保存法の実験を行う。 | |

| 年 | 月日 | 出来事 | 作品 |
| --- | --- | --- | --- |
| 1911年 | | エドワード・チャンドラー、チャンドラー・エンタープライズの社長の座に着く。 | ホビージャパン『ユゴスからの侵略』 |
| | | 天文学者ジョン・パーカー、パーシー卿の発見の謎を探るためにインスマスへ赴く。 | EAV『シャドウ オブ ザ コメット』 |
| | | 海江田阿礼、故郷の黒龍神社を再建。 | 田中文雄『邪神たちの2・26』 |
| | | ピースリー教授、アラビアの未知の砂漠をラクダで踏破。 | HPL「超時間の影」 |
| | | コープランド教授、『『ポナペ教典』から考察した先史時代の太平洋海域』発表。 | カーター「墳墓に棲みつくもの」 |
| 1912年 | 5月 | 老ウェイトリー、センティネル丘でヨグ＝ソトースを召喚する。 | HPL「ダンウィッチの怪」 |
| | | スタンフォード、死霊術師ジョン・スコットを復活させる。 | ホビージャパン『ヨグ＝ソトースの影』 |
| | | ドイツにてアーリア人至上主義秘密組織「ゲルマン教団」結成。 | |
| | | アーサー・ブルック・ウィンタース＝ホール師が『エルトダウン・シャーズ』の部分的翻訳を刊行。 | HPL「彼方よりの挑戦」 |
| | | 気象学者アルフレート・ヴェーゲナーが大陸移動説を提唱する。 | |
| 1913年 | 2月2日 | ウェイトリー家に双子の兄弟が生まれる。 | HPL「ダンウィッチの怪」 |
| | 9月27日 | ピースリー教授、意識不明の状態で発見される。 | HPL「超時間の影」 |
| | | コープランド教授とエリントン率いるコープランド＝エリントン中央アジア遠征隊が遭難。 | カーター「墳墓に棲みつくもの」 |
| 1914年 | 7月28日 | 第一次欧州大戦勃発。 | |
| 1915年 | 5月 | 英国船籍の豪華客船ルシタニア号をドイツ帝国海軍のU－20が撃沈。 | HPL「ダゴン」 |
| | 9月 | ラバン・シュリュズベリイ博士、アーカムの西で失踪。 | ダーレス『永劫の探求』 |
| | | ウィルバー・エイクリー、ミスカトニック大学を卒業。 | HPL&ダーレス「破風の窓」 |
| | | ジャスティン・ジョフリ、廃屋で一夜を過ごす。 | ハワード「黒の詩人」 |
| | | マサチューセッツ州ケンブリッジにて、ハーバード大学ワイドナー図書館が設立される。 | |
| 1916年 | 5月11日 | ロートン大尉がビンガーの墳丘で失踪。 | HPL（ビショップ）「墳丘」 |
| | 10月 | 「ゲルマン教団」分裂。反主流派がバヴァリア地方で勢力を伸ばし、「トゥーレ協会」と名乗る。 | |
| | | ランドルフ・カーター、戦場で負傷。 | HPL「銀の鍵」 |
| | | タイタス・クロウ誕生。 | ラムレイ『タイタス・クロウの事件簿』 |
| | | ナイアルラトホテプ、「血塗られた舌の教団」のムウェルウエの前に姿を現す。 | ホビージャパン『ニャルラトテップの仮面』 |
| | | コープランド教授、私家版『ザントゥー石板：その推測的な翻訳』をサンフランシスコにて出版。 | カーター「赤の供物」 |
| | | オーストリア＝ハンガリー帝国皇帝並びにハンガリー国王フランツ・ヨーゼフが没する。 | |
| 1917年 | 6月18日 | 六月一八日、ドイツ帝国海軍のU－29が英国船籍の貨物船《ヴィクトリー》号を撃沈。 | HPL「神殿」 |
| | 8月13日 | 漂流中のU－29、大西洋海底の古代遺跡に到達。 | HPL「神殿」 |
| 1918年 | | チャールズ・ウォード、自分の先祖がジョゼフ・カーウィンと知る。 | HPL「チャールズ・デクスター・ウォード事件」 |
| | | エドワード・テイラーがブリチェスター大学に入学。グラーキの教団に加わる。 | キャンベル「暗黒星の陥穽」 |
| | | 神秘家エドワード・フィッシャーがグラーキの教団に加わる。 | キャンベル「ヴェールをはぎ取るもの」 |
| 1919年 | 1月15日 | ミュンヘンにてドイツ労働者党設立。トゥーレ協会が関与する。 | |
| | 9月 | カーライル探検隊、消息を絶つ。 | ホビージャパン『ニャルラトテップの仮面』 |
| | 9月12日 | アドルフ・ヒトラー、ドイツ労働者党の集会に参加。 | |
| | 12月 | ハリー・ウォーラン、ランドルフ・カーターと共に地下墓地を探索中に失踪。 | HPL「ランドルフ・カーターの弁明」 |
| | | アメリー・ウェンディ＝スミス卿、ガールンで発見された粘土板の翻訳を『ゲイハーン断章』として出版。 | ラムレイ「狂気の地底回廊」 |
| | | チャールズ・ウォード、カーウィンの肖像画と文書を発見。 | HPL「チャールズ・デクスター・ウォード事件」 |
| 1920年 | 2月 | ドイツ労働者党、国家社会主義ドイツ労働者党へ再編。 | |
| | 9月 | クレイ兄弟がビンガーの墳丘で失踪。兄のエド、三ヶ月後に帰還するも自殺。 | HPL（ビショップ）「墳丘」 |
| | | 小学校教師ウィリアムズ、ミスカトニック大学のマーティン・キーンの助力を得る。 | HPL&ダーレス「魔女の谷」 |
| 1920年代 | | カリフォルニア州のダンハム・ビーチ付近のハップルズ・フィールドから大量の遺骨が発見される。 | カーター「ウィンフィールドの遺産」 |
| 1921年 | 3月 | アンブローズ・デュワート、ビリントン屋敷を相続。 | HPL&ダーレス『暗黒の儀式』 |
| | 8月 | デュワート、塔の封印を解いてしまう。 | HPL&ダーレス『暗黒の儀式』 |
| | 8月5日 | とある人物がテンペスト山の調査に訪れる。 | HPL「潜み棲む恐怖」 |
| | | ヘンリー・エイクリーの甥ウィルバー、アーカムに戻る。 | HPL&ダーレス「破風の窓」 |
| | | フランク・ジンメル、セイラムからシカゴに乗り込む。 | 朝松健「聖ジェームズ病院」 |
| | | ニューカムのベネディクト・ウェザートップ失踪。 | 山本弘『ラプラスの魔』 |
| 1922年 | 5月17日 | 漁船アルマ号の船員が怪物を殺害。死体をグロスターに曳航する。 | HPL、グリーン「マーティンズ・ビーチの恐怖」 |
| | 6月17日 | 〈ホノルル・センティネル〉紙がポナペ沖の怪事件を報じる。 | |

| | | |
|---|---|---|
| 8月8日 | グロスターのマーティンズ・ビーチにて、謎めいた怪事件。 | HPL、グリーン「マーティンズ・ビーチの恐怖」 |
| 11月4日 | 考古学者ハワード・カーターがトゥト＝アンク＝アモン（ツタンカーメン）の王墓を発見。 | |
| 12月 | キングスポートで発見された記憶喪失患者が、アーカムの聖マリア病院に入院。 | HPL「魔宴」 |
| | マサチューセッツの田舎町の外れにある「死者の森」にて、私立探偵が『ネクロノミコン』発見。 | アイマックス『インスマウスの館』 |
| **1923年** | | |
| 4月5日 | カーターの支援者カーナヴォン伯爵ジョージ・エドワード・スタンホープ・モリニュー・ハーバートがカイロにて急死。 | |
| 7月16日 | イグザム修道院跡の改修工事が終わる。 | HPL「壁の中の鼠」 |
| 9月1日 | 関東大震災。 | |
| 10月26日 | フランク・ジンメル、パティ・マーフィー譲を拉致する。 | 朝松健「聖ジェームズ病院」 |
| | ナイアルラトホテプ、アル・カポネに接触する。 | 朝松健「聖ジェームズ病院」 |
| **1924年** | | |
| 4月7日 | スティーブン・ベイツ、ミスカトニック大学のラファム教授に相談事を持ちかける。 | HPL&ダーレス『暗黒の儀式』 |
| 4月10日頃 | ラファム教授と助手が、ビリントンの森の怪異に挑む。 | HPL&ダーレス『暗黒の儀式』 |
| 7月 | エドワード・カーンビイ、デルセト邸の事件に遭遇。 | アローマイクロテックス『アローン・イン・ザ・ダーク』 |
| 12月 | エドワード・カーンビイ、グレース誘拐事件に遭遇。 | アローマイクロテックス『アローン・イン・ザ・ダーク2』 |
| | ウィルバー・エイクリー、死亡。 | HPL&ダーレス「破風の窓」 |
| | マサチューセッツ州ニューカムにて「食屍鬼」事件発生。 | 山本弘『ラプラスの魔』 |
| | ミスカトニック大学のセネカ・ラファム博士とウィンフィールド・フィリップス、ビリントンの森の怪事件に遭遇。 | HPL&ダーレス「暗黒の儀式」 |
| | エドワード・テイラー、ブリチェスターの「悪魔の階」にて発狂して発見される。 | キャンベル「暗黒星の陥穽」 |
| **1925年** | | |
| 3月 | スローター・ガルチにて映画ロケ隊が行方不明に。 | エーエムティーサヴァン『アローン・イン・ザ・ダーク3』 |
| 3月1日 | H・A・ウィルコックスがジョージ・ガメル・エンジェル教授を訪問する。 | HPL「クトゥルーの呼び声」 |
| 3月12日 | ニュージーランド船籍のエマ号、武装船アラート号と交戦。 | HPL「クトゥルーの呼び声」 |
| 3月23日～4月2日 | 太平洋上にルルイェあるいはその一部が浮上し、世界中で詩人や芸術家が悪夢を見る。ジャスティン・ジョフリの狂気もこの頃に悪化。 | HPL「クトゥルーの呼び声」 |
| 4月1日 | 「銀の黄昏」の最高幹部達がルルイェに集結。 | ホビージャパン『ヨグ＝ソトースの影』 |
| 4月2日 | エマ号の乗員たち、ルルイェに上陸する。 | HPL「クトゥルーの呼び声」 |
| 4月12日 | エマ号の生き残り、ヨハンセン救助される。 | HPL「クトゥルーの呼び声」 |
| 4月18日 | 「謎の漂流船発見さる」という記事が〈シドニー・ブレティン〉紙に掲載。 | HPL「クトゥルーの呼び声」 |
| 7月 | エドワード・カーンビイ、映画ロケ隊行方不明事件の捜査の依頼を受けてスローター・ガルチへ。 | エーエムティーサヴァン『アローン・イン・ザ・ダーク3』 |
| 10月31日 | グラディス・ショロックが死亡する。 | キャンベル「魔女の帰還」 |
| | ミスカトニック大学図書館のヘンリー・アーミティッジ博士、ダンウィッチのウェイトリー家を訪問。 | HPL「ダンウィッチの怪」 |
| | 〈銀の黄昏〉残党の一部が国家社会主義ドイツ労働者党に合流する。 | ホビージャパン『黄昏の天使』 |
| **1926年** | | |
| 1月14日 | 皆既日食にあわせ、世界各地の邪教集団が儀式を行う。 | ホビージャパン『ニャルラトテップの仮面』 |
| 年末 | エンジェル教授が怪死。 | HPL「クトゥルーの呼び声」 |
| | エインジェル教授、急死。 | HPL「クトゥルーの呼び声」 |
| | 画家リチャード・アプトン・ピックマン失踪。 | HPL「ピックマンのモデル」 |
| | ジャスティン・ジョフリ狂死。 | ハワード「黒の詩人」 |
| | アル・カポネ、南米で『ネクロノミコン』を探索。 | ウルフチーム『アーネスト・エバンス』 |
| | コープランド教授死去。 | カーター「墳墓に棲みつくもの」 |
| **1927年** | | |
| 4月15日 | チャールズ・ウォード、カーウィンの復活に成功。 | HPL「チャールズ・デクスター・ウォード事件」 |
| 7月16日 | ロバート・オルムステッドがインスマスから逃亡する。 | HPL「インスマスを覆う影」 |
| 10月31日 | ラヴクラフト、ピレネー山麓のポンペロをミリ・ニグリ族が脅かす古代の夢を見る。 | |
| 11月 | ヴァーモント州の洪水でミ＝ゴの死体が目撃される。 | HPL「闇に囁くもの」 |
| | 年末から翌年にかけて、政府機関がインスマスにて一斉検挙を行う。 | HPL「インスマスを覆う影」 |
| | プロヴィデンスで墓荒らしや吸血鬼騒動などの怪事が頻発。 | HPL「チャールズ・デクスター・ウォード事件」 |
| | エリオット・ネスのチームがシカゴでカポネとの闘争を開始。 | |
| | ミスカトニック大学のヘンリー・アーミティッジ博士の『世界の隠秘学、神秘主義、魔術に関する書誌的な覚書』が、同大出版局より刊行。 | カーター「陳列室の恐怖」 |
| | ルイジアナ州のセブン・ドアーズ・ホテルで画家が惨殺される。 | 映画『ビヨンド』 |
| **1928年** | | |
| 1月17日 | ウィルバー・ウェイトリー、セプティマス・ビショップと交流。 | ダーレス「恐怖の巣食う橋」 |
| 4月13日 | ウィレット医師、カーウィンを滅ぼす。 | HPL「チャールズ・デクスター・ウォード事件」 |

| | | | |
|---|---|---|---|
| | 9月12日 | ウィルマース教授、エイクリー宅に招かれる。 | HPL「闇に囁くもの」 |
| | 9月13日 | ヘンリー・エイクリー失踪。 | HPL「闇に囁くもの」 |
| | 9月15日 | アーミティッジ教授ら、ダンウィッチの怪を葬る。 | HPL「ダンウィッチの怪」 |
| | 10月7日 | ランドルフ・カーター、アーカム郊外で失踪。 | HPL「銀の鍵」 |
| | 2月 | カーウィン、チャールズ・ウォードを殺害。 | HPL「チャールズ・デクスター・ウォード事件」 |
| | 5月 | ウォルター・ギルマン、死亡。 | HPL「魔女の家の夢」 |
| | 5月 | ミスカトニック大学のアルバート・N・ウィルマース教授、ヘンリー・エイクリーと交流。 | HPL「闇に囁くもの」 |
| | 6月 | エイクリー、ウィルマースに不気味な声を録音した蝋管を送る。 | HPL「闇に囁くもの」 |
| | 7月 | エイクリー、ウィルマースに黒い石を送るも盗難に遭う。 | HPL「闇に囁くもの」 |
| | 7月 | 神秘家ハルピン・チャマーズの惨死体が発見される。 | F・B・ロング「ティンダロスの猟犬」 |
| | 8月 | ある民族学者がビンガーでのフィールドワークを開始する。 | HPL（ビショップ）「墳丘」 |
| | 8月3日 | ミスカトニック大学への侵入を試みたウィルバー・ウエイトリーが、番犬に噛み殺される。 | HPL「ダンウィッチの怪」 |
| | 8月3日 | サンボーン研究所のキュレーター、ヘンリー・スティーヴンスン・ブレイン博士がサンティアゴ警察に保護され、マーシイ病院に収容される。 | カーター「墳墓に棲みつくもの」 |
| | | ダンウィッチで連続殺人事件発生。 | ダーレス「丘の夜鷹」 |
| | | インスマスに手入れ。悪魔の岩礁に魚雷が打ち込まれる。 | HPL「インスマスを覆う影」 |
| | | エドワード・ピックマン・ダービイ、アセナス・ウエイトと結婚。 | HPL「戸口にあらわれたもの」 |
| | | ハスター教団、アル・カポネと結びシカゴにて暗躍。 | ウルフチーム『エル・ヴィエント』 |
| | | 〈銀の黄昏錬金術会〉幹部夕泊麗子、拝村に現れる。 | ホビージャパン『黄昏の天使』 |
| | | コープランド・コレクションがサンボーン太平洋古代遺物研究所に遺贈される。 | カーター「墳墓に棲みつくもの」 |
| 1929年 | 3月3日 | アーサー・ウィルコックス・ホジキンスがブレイン博士と面会。 | |
| | 3月20日 | ホジキンスがマサチューセッツ州アーカムを訪問。 | |
| | 3月26日 | ホジキンスがサンティアゴへ帰還。サンボーン研究所で夜警エミリアーノ・ゴンザレスが殺害される。 | |
| | 5月 | ダンウィッチのセプティマス・ビショップ失踪。 | ダーレス「恐怖の巣食う橋」 |
| | 8月26日 | 幻視者・北一輝、皇居上空に邪神の気配を察知する。 | 田中文雄「邪神たちの2・26」 |
| 1930年〜1931年 | | ミスカトニック大学の南極探検隊が遭難。 | HPL「狂気の山脈にて」 |
| 1930年代 | | ブリチェスター大学の教授、丘陵地帯の調査中に失踪。 | キャンベル「異次元通信機」 |
| 1930年 | 2月18日 | ローウェル天文台のクライド・トンボー、冥王星を発見。 | |

| | | | |
|---|---|---|---|
| | 2月25日 | カナダのスティルウォーター村の住人全員が原因不明の失踪。 | ダーレス「風に乗りて歩むもの」 |
| | 9月2日 | ミスカトニック大学の南極探検隊出発。 | HPL「狂気の山脈にて」 |
| | 10月 | 「チャンドラプトゥラ」と名乗る人物が、ランドルフ・カーターの知人と文通を開始する。 | HPL「銀の鍵の門を超えて」 |
| | | セヴァンフォードの小島でブリチェスター大学の学生が怪異に見舞われる。 | キャンベル「呪われた石碑」 |
| 1931年 | 2月 | ミスカトニック大学南極探検隊、南極から撤収。 | HPL「狂気の山脈にて」 |
| | 2月26日 | カナダ騎馬警察のロバート・ノリスの前に、スティルウォーターで失踪した3人が空から落下しまもなく死亡。 | ダーレス「風に乗りて歩むもの」 |
| | 3月 | アーカムの魔女の家、強風にて崩壊。 | HPL「魔女の家の夢」 |
| | 3月 | ミシガン湖の埋め立て工事にて、クトゥルーの落し子が解放される。 | ダーレス「湖底の恐怖」 |
| | 3月7日 | 警官ロバート・ノリス、イタカの秘密を知った後に失踪。 | ダーレス「風に乗りて歩むもの」 |
| | 4月5日 | 〈ボストン・ピラー〉紙がキャボット博物館のミイラについて報道。 | HPL（ヒールド）「永劫より出でて」 |
| | 夏 | シュトレイゴイカヴァールを訪れた旅行者、黒い碑で陰惨な幻を目撃する。 | ハワード「黒の碑」 |
| | 10月17日 | ロバート・ノリスの死体が発見される。 | ダーレス「風に乗りて歩むもの」 |
| | | ジェームズ・チャーチワードの『失われたムー大陸』、ニューヨークにて再刊される。 | |
| 1932年 | 10月 | カーターの遺産相続についての話し合いが行われる。 | HPL「銀の鍵の門を超えて」 |
| | 12月 | キャボット博物館のミイラの解剖調査が行われる。 | HPL（ヒールド）「永劫より出でて」 |
| | 12月 | 通信省電気試験所員の滝口紹三、婚約者から「怪しい人間が家を狙っている」と相談を受ける。 | 紀田順一郎「明治南島伝奇」 |
| | 12月5日 | ウィリアム・マイノット医学博士らがキャボット博物館のミイラの頭蓋骨を開頭する。 | HPL（ヒールド）「永劫より出でて」 |
| 1933年 | 2月 | ヘンリー・ルーカス失踪。 | ダーレス「イタカ」 |
| | 3月 | ルーカス失踪を調べていたジェイムズ・フレンチ警部失踪。 | ダーレス「イタカ」 |
| | 5月7日 | ジェイムズ・フレンチ警部の死体が発見される。 | ダーレス「イタカ」 |
| | 5月10日 | ジョン・ダルフツ隊長の死体が発見される。 | ダーレス「イタカ」 |
| | 9月 | ポール・ウエンディ・スミス、失踪。 | ラムレイ「地を穿つ魔」 |
| | | ポール・トリガーディス失踪。 | スミス「ウボ＝サスラ」 |
| | | 佐野昌一、ガタノソアを崇拝するナゴブ教団に肉薄する。 | 紀田順一郎「明治南島伝奇」 |
| | | キャボット博物館のミイラの調査に関わった人間、次々と不審な死をとげる。 | HPL（ヒールド）「永劫より出でて」 |
| 1934年 | | ロバート・ブレイクがプロヴィデンスに移住。 | HPL「闇の跳梁者」 |

| | | | |
|---|---|---|---|
| 1935年 | 3月 | ミスカトニック大学、オーストラリアの砂漠に発見された遺跡に調査団を送り込む。 | HPL「超時間の影」 |
| | 7月 | アーネンエルベ設立される。 | |
| | 8月8日 | ロバート・ハリスン・ブレイク死亡。「輝くトラペゾヘドロン」海底に沈められる。 | HPL「闇の跳梁者」 |
| | 8月28日 | 海江田阿礼、死亡。 | 田中文雄『邪神たちの2・26』 |
| | 11月16日 | 旧ヴァン・デル・ハイル邸が強風により倒壊。 | ウィリアム・ラムレイ「アロンソ・タイパーの日記」 |
| | | ラバン・シュリュズベリイ博士、アーカムに帰還。 | ダーレス『永劫の探求』 |
| | | ドイツにて東方聖堂騎士団の活動が禁止される。 | |
| 1936年以前 | | この年までに、作家のH・P・ラヴクラフトがミスカトニック大学図書館で『ゴール・ニグラル』ないしは『アジアの秘めたる神秘、『ゴール・ニグラル』への注釈付』を閲覧した。 | HPL書簡より |
| 1936年 | 2月26日 | 皇道派の青年将校が武装決起。 | 田中文雄『邪神たちの2・26』 |
| | 6月 | カリフォルニア州のダンハム・ビーチにてハイラム・ストークリイが死去。ウィンフィールド・フィリップスとブライアン・ウィンフィールドが葬儀に出席する。 | |
| | | シュリュズベリイ教授の『『ルルイェ異本』を基にした後期原始人の神話の型の研究』が刊行される。 | |
| 1937年 | 3月14日 | ミ=ゴ、ロードアイランド病院に侵入。死に瀕した紳士の脳髄を持ち去る？ | フリッツ・ライバー「アーカム、そして星の世界へ」 |
| | 3月15日 | ラヴクラフト、ロードアイランド病院にて息をひきとる。 | |
| | | この頃、米英軍がナチスドイツ及び謎の宗教団体を対象に「ポラリス作戦」を展開。 | エクシング『プリズナー オブ アイス』 |
| 1937年？ | | サンボーン研究所大学院生助手のジェイコブ・メイトランド、アントン・ザルナックへと相談事を持ち込む。 | |
| 1938年 | 6月 | アンドリュー・フェラン、シュリュズベリイ博士に助手として雇われる。 | ダーレス『永劫の探求』 |
| | 6月 | シュリュズベリイ博士、ペルーのクトゥルー神殿を破壊。 | ダーレス『永劫の探求』 |
| | 9月 | アンドリュー・フェラン、失踪。 | ダーレス『永劫の探求』 |
| | 10月 | オーソン・ウェルズのラジオドラマ「宇宙戦争」がパニックを引き起こす。 | |
| | 晩冬 | サンドウィン館で怪事が発生する。 | ダーレス「サンドウィン館の怪」 |
| | 年末 | ナチス政権下のドイツ、南極に遠征隊を派遣。 | |
| 1939年 | 4月27日 | アサ・サンドウィンがサンドウィン館より失踪する。 | ダーレス「サンドウィン館の怪」 |
| | 7月16日 | ナチスドイツの南極探検隊、ショゴスに襲われて壊滅。 | 朝松健「狂気大陸」 |
| | | オーガスト・W・ダーレス、アーカムハウスを設立。 | |
| | | アーネンエルベの魔術・錬金術の研究部門が活動を開始。 | |

| | | | |
|---|---|---|---|
| | | 島根県で子供の行方不明事件が続発する。 | ホビージャパン『黄昏の天使』 |
| 1940年 | 7月 | アプトン・ガードナー教授、リック湖周辺のフィールドワークを開始。 | ダーレス「闇に棲みつくもの」 |
| | 9月 | ジョサイア・アルウィン失踪。 | ダーレス「戸口の彼方へ」 |
| | 10月 | リック湖畔のンガイの森、クトゥグアに焼き払われる。 | ダーレス「闇に棲みつくもの」 |
| | | エイベル・キーン、アンドリュー・フェランに協力してダゴン秘密教団再建の陰謀と戦う。その後、失踪。 | ダーレス『永劫の探求』 |
| | | アンブローズ・ビショップ、ダンウィッチに移住。1 | ダーレス「恐怖の巣食う橋」 |
| 1941年 | 4月 | ジョサイア・アルウィンの死体が発見される。 | ダーレス「戸口の彼方へ」 |
| | | 第三帝国において、オカルト団体の活動が全面的に禁止される。 | |
| 1942年 | 2月 | カリフォルニアのダゴン秘密教団に調査が入る。 | ジャック ヨーヴィル「大物」 |
| | | 夕泊麗子、〈銀の黄昏錬金術会〉を離脱。 | ホビージャパン『黄昏の天使』 |
| 1943年 | | メイン州リヴァーバンクスにて大量殺人が発生。 | アボガドパワーズ『黒の断章』 |
| 1944年 | 7月20日 | クラウス・フォン・シュタウフェンベルク、ミ=ゴに操られるアドルフ・ヒトラーの爆殺を試みる。 | 朝松健「怒りの日」 |
| | | リチャード・シェイバー、地底人デロの陰謀を暴露する。 | |
| | | スコットランドに上陸したドイツ軍の一部勢力が邪神オグドル・ヤハドの召喚を試みる。 | 映画『ヘルボーイ』 |
| 1945年 | 4月2日 | ドイツ情報部員エーリヒ・ベルガー、サーガと名乗る謎の人物と共に極秘任務でUボートに乗り込む。 | 朝松健「ギガントマキア1945」 |
| | 4月7日 | 戦艦大和、地球外生命体に最後の闘いを挑む。 | 田中文雄『戦艦大和 海魔砲撃篇』 |
| | 5月 | サーガ、ダゴンにより滅ぼされる。 | 朝松健「ギガントマキア1945」 |
| | 5月27日 | シュリュズベリイ博士、沖縄を訪れて首里城で発生した事件の調査を行う。 | 神野オキナ「五月二十七日」 |
| | 8月6日 | 黒龍神社、宮司の妻の礼子の放火により本殿焼失。 | 田中文雄『邪神たちの2・26』 |
| | | タイタス・クロウ、陸軍省を退官後「妖蛆の王」と戦う。 | ラムレイ 『タイタス・クロウの事件簿』 |
| | | 第三帝国崩壊後、ナチ残党共に「銀の黄昏」残党も南米に拠点を移す。 | ホビージャパン『黄昏の天使』 |
| 1946年 | | アリゾナ州ギャローズ・ベルにてミスカトニック大学地質学調査団が5万年前の隕石を発見。 | 皆川亮二『ARMS』 |
| 1947年 | 6月24日 | ケネス・アーノルド、未確認飛行物体を目撃。 | |
| | 8月以降 | モーリー島の未確認飛行物体目撃者が行方不明となる。 | |
| | 9月 | 米海軍太平洋艦隊による〈ポナペ作戦〉が実行される。 | ダーレス『永劫の探求』 |
| | 9月24日 | ハリー・S・トルーマン大統領、ロズウェル事件対処のための秘密機関「MJ－12」を設立。 | |
| | 11月7日 | ポリネシア諸島でフィリップス夫婦失踪。 | ダーレス「ルルイエの印」 |
| | | 拝一族と夕泊麗子が殺害される。 | ホビージャパン『黄昏の天使』 |

| 年 | 月日 | 事項 | 作品 |
| --- | --- | --- | --- |
| | | 探検家トール・ヘイエルダール、〈コン・ティキ〉号で南太平洋を横断。 | |
| 1948年 | 1月7日 | ケンタッキー州空軍のトーマス・マンテル大尉、未確認飛行物体の追跡中に命を落とす。 | |
| | 7月24日 | イースタン航空576便、未確認飛行物体と遭遇。 | |
| | | 拝幻一郎、拝村の廃墟からヤタノカガミを持ち去る。 | ホビージャパン『黄昏の天使』 |
| 1950年 | | 〈銀の黄昏錬金術会〉残党がナチス残党に吸収される。 | ホビージャパン『黄昏の天使』 |
| 1957年 | 10月4日 | ソビエト連邦、人工衛星の打ち上げに成功。 | |
| 1958年 | 夏 | ブリチェスター大学で怪事件。『グラーキの黙示録』が大学に回収される。 | キャンベル「異次元通信機」 |
| 1959年 | | ウィルマース・ファウンデーション、「ムナールの五芒星石」の複製に成功。 | ラムレイ『地を穿つ魔』 |
| 1960年代 | | ラバン・シュリュズベリイ博士、「マジック・カウンター・マジック」運動のカリスマとして注目を集める。 | 伏見健二『ハスタール』 |
| 1960年 | 2月1日 | ノーマン・オーウェンがブリチェスターに転居する。 | キャンベル「魔女の帰還」 |
| | | 画家のトーマス・カートライト、セヴァーンヴァレーの湖の湖畔に住み着く。 | キャンベル「湖畔の住人」 |
| | | ルチオ・ダミアーニ師父が『クシャの幻影』を発表。 | 朝松健『邪神帝国』 |
| 1961年 | 4月1日 | ロイ・リーキイがゴーツウッドに滞在、怪異に遭遇する。 | キャンベル「ムーン・レンズ」 |
| | 4月12日 | ソビエト連邦のガガーリン、初の有人宇宙飛行に成功。 | |
| | 9月19日 | ヒル夫妻、異星人により拉致される。 | |
| 1964年 | 4月8日 | アメリカの有人宇宙船ジェミニ1号の乗組員、宇宙空間で未確認飛行物体と遭遇。 | |
| | | クトーニアンが北米大陸に侵攻。ウィルマース・ファウンデーションとの死闘はじまる。 | ラムレイ『地を穿つ魔』 |
| 1965年 | | 夕泊蘭子、〈銀の黄昏錬金術会〉に合流。 | ホビージャパン『黄昏の天使』 |
| 1966年 | 11月12日 | ウエストヴァージニア州でモスマンの目撃が多発。 | |
| | | アントン・ラヴェイ、悪魔教団を設立。 | |
| 1967年 | 6月 | クロウとマリニーがウィルマース・ファウンデーションに参加。 | ラムレイ『地を穿つ魔』 |
| | 9月9日 | スニッピーという牝馬の死体見つかる。最初のキャトルミューティレーション事件。 | |
| 1968年 | 10月4日 | タイタス・クロウ失踪。 | ラムレイ「黒の召喚者」 |
| 1969年 | 2月19日 | ムー大陸研究家ライオネル・アーカート失踪。 | ウィルスン『ロイガーの復活』 |
| | 7月20日 | アポロ11号、有人月面着陸に成功。 | |
| | | 長野県にて悪魔崇拝者の集団が映画監督の北柴とその家族を惨殺。 | ホビージャパン『黄昏の天使』 |
| 1970年代 | | ナイ神父なる人物、カリフォルニアに「星の智慧派」の教会設立。 | ブロック『アーカム計画』 |
| 1971年 | 8月20日 | 殺人鬼「グール」誕生。 | スレイド『グール』 |
| | 10月2日 | ジェイムズ・ロバート・ブーン、チャペルウェイトに引っ越す。 | キング「呪われた村〈ジェルサレムズ・ロット〉」 |
| 1972年 | | 元ドイツ情報部員エーリヒ・ベルガー、モサドの暗殺要員に処刑される。 | 朝松健「ギガントマキア1945」 |
| 1973年 | | アウルズウィック・プレスから『アル・アジフ』が刊行。 | |
| 1975年 | | ジェルーサレムズロット、ゴーストタウンとなる。 | キング『呪われた町』 |
| 1977年 | | スクランクラフト社からシモン版『ネクロノミコン』が刊行。 | |
| 1980年代 | | ダゴン秘密教団と星の智慧派、共同で「輝くトラペゾヘドロン」の回収を試みる。 | 大瀧啓裕『暗黒教団の陰謀』 |
| 1980年代? | | ロバート・ブレイク率いるラヴクラフト崇拝カルト、「アーカム計画」なる陰謀を目論む。 | 伏見健二「ハスタール」 |
| 1981年 | | メキシコで国際魔女協議会が世界征服の謀議を行う。 | |
| 1982年 | | 栗本薫、印南薫らとセント・ジョセフ島の探検に出発。 | 栗本薫『魔境遊撃隊』 |
| 1983年 | | 夕泊蘭子、東方薄暮騎士団（G∴O∴T）を結成する。 | ホビージャパン『黄昏の天使』 |
| | | 左翼的カルト教団「赤派崇神教」教祖、東宮一尾死亡。 | 伏見健二「セレファイス」 |
| 1986年 | 1月 | ロンドンにて殺人鬼「グール」が殺戮を行う。 | マイケル・スレイド『グール』 |
| | 4月26日 | チェルノブイリの原発事故。 | |
| | | 拝幻一郎、ヤタノカガミを用いて星の精を召喚。 | ホビージャパン『黄昏の天使』 |
| 1987年 | | カダス共和国で内乱。 | 皆川亮二『ARMS』 |
| 1988年 | | シュトレイゴイカヴァールが核物質の廃棄場所として利用されるようになる。 | 矢野健太郎「邪神伝説」シリーズ |
| 1990年 | 10月 | 夕泊蘭子、「黄昏の天使」となる。 | ホビージャパン『黄昏の天使』 |
| | | プロヴィデンスの作家ヘルムート・ヘッケル、次年度の世界ファンタジー大会をプロヴィデンスで行う旨の発案。 | チェット・ウィリアムスン「ヘルムート・ヘッケルの日記と書簡」 |
| | | スペースシャトル〈チャレンジャー〉が撮影した写真により、古代都市ウバル発見。 | |
| 1993年 | | メイン州リヴァーバンクスにマイケル・マクシミリアン神父が赴任。 | アボガドパワーズ『黒の断章』 |
| 1995年 | | リヴァーバンクスの「地獄の半エーカー」邸焼失。 | アボガドパワーズ『黒の断章』 |
| | | 泥府神社焼失。 | アボガドパワーズ『ESの方程式』 |
| 1997年 | 2月 | 中国黒竜江省のジャムス市郊外で、紀元前1400年頃の古代遺跡が発見される。 | 朝松健『崑央の女王』 |
| 1999年 | | ロンドンで切裂きジャックの恐怖が復活する。 | 後藤寿庵『アリシア・Y』 |
| | | テムズ川から星型の石が引き揚げられる。 | 後藤寿庵『アリシア・Y』 |

# CTHULHU CHRONICLES
## ［Real：海外編］

**Ｈ・Ｐ・ラヴクラフトの誕生から説き起こし、1917年に執筆した「ダゴン」が最初の作品にカウントされるクトゥルー神話の創生、そしてＦ・Ｔ・レイニーやリン・カーターらに体系化されていった歴史を辿る。**

筆者：森瀬 繚・竹岡啓

### I AM PROVIDENCE

クトゥルー神話の創造者とされるＨ・Ｐ・ラヴクラフト（以下、ＨＰＬ）は、１８９０年８月２０日、植民地時代の伝統を色濃く残すロードアイランド州の古邑、プロヴィデンスに生まれた。母親のサラ・スーザン・ラヴクラフトは地元の名家フィリップス家の出で、父親のウィンフィールド・スコット・ラヴクラフトは裕福な家柄ではないが、そこそこの収入がある地方巡回の訪問販売員だった。

ただし、幼いＨＰＬの記憶の中に父の姿はなかった。彼が3歳の頃、ウィンフィールドは精神を患い、プロヴィデンスのバトラー病院に入院したのである。以後、ＨＰＬとその母は、母方の祖父であるプロヴィデンス有数の名士ウィップル・ヴァン・ビューレン・フィリップスの家である、エンジェル・ストリート４５４番地の豪邸に移り住んだ。

ウィンフィールドは5年後に精神異常者として死亡するが、死亡診断書には、死因について「不全麻痺」と書かれている。その後の研究によると、どうやら梅毒を患っていたようだ。夫の発狂は、やや神経症気味のスーザン夫人に重くのしかかった。家族を失くすことへの恐怖と、経済的破綻の予感に打ちのめされた彼女の怯えは、奇行となって現れた。彼女は息子に女の子の服を着せ、過剰の愛情を向けながらも「おまえのような醜い顔の人間は誰からも愛されないだろう」と言い聞かせ、たまに外出する時にも幼子の手をしっかり掴んでいた。幼少期のＨＰＬには友達らしい友達がおらず、母親に執拗に吹き込まれた「自分は醜い」という思い込みは、生涯を通して彼のコンプレックスになった。

とはいえ、使用人が何人もいる豪邸で、甘やかされて育ったＨＰＬの幼少期は、決して不幸なものではなかった。好きなものばかり与えられた彼は終生、甘いものに目がなく、特にアイスクリームが好物だった。

ラヴクラフトについて詳しく知りたい向きには、HPL研究の第一人者Ｓ・Ｔ・ヨシの『Ｈ・Ｐ・ラヴクラフト大事典』（エンターブレイン）をお勧めする。

2歳でアルファベットを覚え、4歳で大人が読むような難しい本を読みこなすようになった彼は、愛書家だった祖父の蔵書に耽溺し、18世紀の書物や文体に親しんだ。ギリシャ神話の物語や詩、『千夜一夜物語』などに熱中し、「神話」への興味をかき立てられたのもこの頃である。なお、彼は生涯にわたりアルコールを遠ざけていたが、これはフィリップス家の家風であると同時に、5歳の頃に読んだ『光と影』と題する節制改革運動家ジョン・B・ゴフの著書の影響であるらしい。

周囲の環境や、早過ぎた読書遍歴によるものだろう。第一バプテスト教会で開かれていた日曜学校の幼年学級では、聖職者から道徳的に有害とみなされる質問ばかりするうちに、ついには出席を求められなくなったという。

彼の興味はやがて、書くことにも向けられた。フィリップス家を訪ねてきた親類たちは、早熟な少年に様々な物語を聞かせ、グレコ・ローマン風の詩作を指南してくれた。現存する彼の最も古い小説は1905年に書かれたもので、当時の彼が愛読していたエドガー・アラン・ポオの影響が色濃い暗鬱《あんうつ》な作品が大半だったが、最初に小説を書いたのは5、6歳の頃だったという。

スレーター・アヴェニュー小学校にあがってからは親しい友達もでき、手に負えない悪童として悪名を馳せた。シャーロック・ホームズ物語やダイム・ノベルに熱中し、数篇の探偵小説を書いたのもこの頃のことである。

その後、「詩や随筆に比べて小説は劣る」という理由から彼の小説創作はぱったりと止まり、化学や天文学に関心を移した。この変化について、HPLは「驚異の旅」シリーズで知られるSF小説の草分け、ジュール・ヴェルヌの影響が大きいと証言している。

幸福な少年時代はしかし、長続きしなかった。フィリップス一族の財源であるオワイヒー土地灌漑社が経済的な苦境に陥ったのみならず、社長でもあった祖父が1904年に急逝したのである。母子はフラット（家賃の安い集合住宅）への転居を余儀なくされ、お坊ちゃん育ちのHPLに衝撃を与えた。

幸い、ホープ・ストリート・ハイスクールでは好成績を収めたのみならず、〈サイエンティフィック・アメリカン〉誌への太陽系の第9惑星（当時は未発見）についての投稿が掲載され、16歳の頃にはローカル紙〈ポータクシット・ヴァレー・グリーナー〉と〈プロヴィデンス・イブニング・トリビューン〉で天文学のコラムを連載するようになり、「教授」のあだ名で一目を置かれるようになった。なお、後に冥王星と名付けられることになる第9惑星は、クトゥルー神話の作品世界では「ユゴス」と呼ばれている。

この頃の彼の将来の夢は、地元のブラウン大学で天文学を専攻することだった。しかし、1908年頃からの心身症の悪化で高校に通い続けることが困難となり、HPLは夢を断念せざるを得なくなる。この学問的な挫折も、生涯にわたるコンプレックスとなった。

1908年から13年にかけて、彼は自宅に引きこもり、人目を避けて暮らしていた。祖父の年金支給を受け、父の遺産もあったので衣食住に困ることはなく、定職に就かないまま趣味的な生活に没頭することができたのである。悪友たちもそれぞれ社会に出て、疎遠になっていた。彼は親類との手紙のやり取りや、愛読していた〈アーゴシー〉〈オール・ストーリー〉誌の読者投稿欄に詩の形をとった批評を大量に投稿し、他の読者たちとの論争に時間を費やした。こうした投稿活動が、HPLに新たな転機をもたらした。投稿を通じて知り合った人間の誘いで、HPLはユナイテッド・アマチュア・プレス・アソシエーション（UAPA）という地元のアマチュア文筆家たちの集まりに参加した。時に1914年頃、この純粋培養で一匹狼の文筆家は、初めて「同好の士」を得たのである。

会合に参加するのみならず、彼は手紙を介して緊密に連絡を取り合い、やがてアマチュア・ジャーナリズムの有力者となった。自分を病的に束縛する家族を持つHPLにとって、心おきなく他人と接する機会が久々に訪れたのである。アマチュア・ジャーナリズムにおける彼の八面六臂の活躍は、S・T・ヨシの『H・P・ラヴクラフト大事典』（邦訳はエンターブレイン）に詳しい。アマチュア・ジャーナリズム仲間のW・ポール・クックの勧めで、十代以来の小説作品となる「霊廟《れいびょう》」「ダゴン」を執筆したのもこの時期である。

その後、1919年にイギリスの高名な幻想作家ロード・ダンセイニの作品に出会い、散文が詩に劣るというコンプレックスから脱却した彼は、いよいよ小説執筆に熱中した。

ロード・ダンセイニはれっきとしたダンセイニ男爵領の後継者で、「18世紀の英国紳士」を理想としていたHPLの憧れの存在となった。流麗な文体のみならず、ダンセイニがHPLに与えた影響の最大のものが「創作神話」の手法だろう。『ペガーナの神々』などの作品群を通して、ダンセイニはオリジナルの神々や地名をふんだんに用いた全く新しい神話を創出したのである。HPLは、ダンセイニを見出す以前にも「北極星《ポラリス》」というダンセイニ風の作品を書いているので、こうした作品が元々、好みだったのだろう。ともあれ、頭の中でもやもやしていた世界をどのように文章として書き起こせば良いかを知ったHPLは、この時期から1920年にかけて、「セレファイス」「ウルタールの猫」など、幻夢境を舞台とする幻想的な作品を含む、実に16篇もの短編小説を執筆している。

HPLが迎えた次なる転機は、幸福であると共に不幸でもあった。1921年5月21日、奇行が目立つようになっていた母スーザンが亡くなったのである。創作活動を除く私生活のあらゆる面を支配した母の死を彼は嘆き悲しんだが、これは同時に解放の瞬間ともなった。3年後、HPLはあれほど愛したプロヴィデンスを去り、母が死んだ年に知り合った7歳年長の美しい未亡人と結婚して、周囲を驚かせたのである。短い間とはいえHPL夫人となったソニア・H・グリーンはユダヤ系のロシア人移民で、ニューヨークの服飾業界で働くキャリアウーマンだった。HPLとは1921年、ナショナル・アマチュア・プレス・アソシエーション（NAPA）のボストン大会で知り合い、面長でやせぎすの容貌は気に入らなかったものの、彼の知性と博識、抜きん出た文才に魅力を感じ、親しく手紙をやり取りするようになった。コンプレックスに満ちた年下の友人を何かと気にかける内に、彼女の友情は愛情へと変化した。HPLもまた、明るく活発で、文学や歴史へと向けられた彼の興味を共有してくれる彼女に特別な感情を抱くようになった。かくして1924年3月、彼はソニアのいるニューヨークへと家出同然で移り住み、聖パウロ教会で結婚式をあげたのである。

最初のうち、ニューヨークはHPLにとっては魅力的な街だったようだ。ニューヨーク市立図書館など、歴史ある古い建物がHPL

を魅了し、夜になると友人と共に植民地時代の面影を残す家を探し回るようなこともあった。結婚の前年に創刊された怪奇小説専門誌〈ウィアード・テールズ〉に寄稿するようになったものの、HPLは余りにも寡作で、年収1万ドルを稼ぎ出すソニアが家計を支えていた。なお、友人のジェイムズ・ファーディナンド・モートンの勧めでHPLが〈ウィアード・テールズ〉編集部に送ったのが、クトゥルー神話最初の作品とも言うべき「ダゴン」であり、1923年10月号に掲載された。

無論、他の雑誌にも作品が掲載されたことが幾度もあり、中でも宇宙からの特異な侵略を描いた「異次元の色彩」と題する短編作品が、著名なSF雑誌である〈アメージング・ストーリーズ〉に掲載されている。しかし、HPLは同誌の提示した原稿料に満足せず、以後、作品を提供することはなかった。この事が無ければ、ひょっとすると「SF作家H・P・ラヴクラフト」の誕生もありえたかも知れない。

さて、とりあえずは幸福な生活も、ニューヨークでの事業が行き詰った彼女がオハイオ州に仕事を見つけるまでのだった。友人たちのいるニューヨークを離れがたかったHPLは妻と別居し、家賃を浮かせるべくブルックリン地区に引っ越さねばならなかった。それによって、それまでは観光客のような気分で暮らしていたHPLの目に、騒がしい雑踏や地下鉄、彼の価値観では汚らしいスラム街といった、ニューヨークの「都会」的な部分が否応なく入り、彼の嫌悪感をかきたてた。

やがて1926年、妻の勧めもあってHPLは懐かしいプロヴィデンスへと帰還し、母親ほどではないものの過保護な叔母2人と同居するようになる。HPLが、ニューヨークで暮らした2年を除き、その人生の大半を過ごしたニューイングランド地方——とりわけ生まれ故郷であるプロヴィデンスをどれほど愛しているか気づかされたのは、まさにこの「帰還」の時なのだろう。

HPL夫妻が正式に離婚したのは、1929年のことである。

## クトゥルー神話の誕生

HPL自身の創作神話の試みは、1922年執筆の「魔犬」から始まった。これは禁断の書物『ネクロノミコン』の著者としてアブドゥル・アルハズレッドの名前を出した最初の作品だが、アルハズレッドの名前自体は、その前年に執筆された「無名都市」で言及されていた。なお、アブドゥル・アルハズレッドというのはそもそも、『千夜一夜物語』に熱中していた幼少期のHPLのために、親戚が拵えてくれた名前だった。

以後、クトゥルー神話の骨子をなす作品世界の重要な構成要素が徐々に彼の作品中に現れ、時間を遡る形で1917年執筆の「ダゴン」も取り込まれることになった。これらの断片的な名称が有機的に結び付けられ、「神話」の片鱗をついに見せ始めたのが1926年執筆の「クトゥルーの呼び声」で、〈ウィアード・テールズ〉1928年2月号で読者の目に触れることとなる。この時点で既に、同誌には「ダゴン」「魔犬」「壁の中の鼠」などの作品が掲載されていて、読者たちの中には彼の作品中に現れる共通のワードに気づく者もちらほら現れ始めていた。「クトゥルーの呼び声」は奇しくも、宇宙から飛来した謎めいた神と、その崇拝者たちの存在が「発見」される物語である。小説というよりも、ドキュメンタリーに近い文章で、断片的に示される

「クトゥルーの呼び声」が掲載された、〈ウィアード・テールズ〉の1928年2月号。マニアの間で人気が高く、古書価が年々あがっている。

情報を寄せ集め、整合させる作業は読者に丸投げされていた。

たとえば、語り手の亡くなった大おじとして「ブラウン大学のセム系言語の名誉教授ジョージ・ガマル・エンジェル」が登場する。

ブラウン大学が実在することは読者にとって周知の事実なので、エンジェル教授は限りなく実在に近い人物として受け止められる。作中で言及されるスコット＝エリオットの『アトランティスと失われたレムリア』、フレイザーの『金枝篇』といった実在の書物の中に、さりげなく『ネクロノミコン』の書名が挙げられてもいる。いかにも本物らしい「新聞記事の切り抜き」などが積み重なり、それを読者が自分で考え、噛み砕きながら整理していくにつれて虚構と現実がシャッフルされ、実在しないはずのクトゥルー教団が、文章の向こう側から浮かび上がってくるのである。

ＨＰＬはまた、自身の作品のみならず、彼が代作を請け負った他の作家の作品にまで、自分が創造したものだけでなく、友人の作品に登場するワードまでも勝手に挿入し、「神話」を拡張した。

そして、「神話」はついにＨＰＬ作品の外側へと広がっていく。ニューヨーク大学を中退して作家となった友人のフランク・ベルナップ・ロングが、「喰らうものども」の冒頭に『ネクロノミコン』の一節を引用したのである。残念ながら、この作品が〈ウィアード・テールズ〉１９２８年７月号に掲載されたとき、冒頭の引用は編集長の判断で削除されてしまった。他作家の作品にＨＰＬ設定が引用された最初の機会は、〈ストレンジ・テールズ〉１９３１年９月号に掲載されたクラーク・アシュトン・スミスの「妖術師の帰還」における『ネクロノミコン』の引用が最初となる。

なお、これに先立って、彼が１９３０年に著した「闇に囁くもの」には、スミス作品に登場する邪神ツァトーグァや、ロバート・Ｅ・ハワード（後述）の作品に登場するカトゥロスという人物への言及がある。

目端の効く読者たちの中には、こうした作家たちの「お遊び」に気づく者たちが現れ、好奇心はやがて熱狂の域に高まった。何かとんでもなく面白いもの、何かとんでもなく謎めいた秘密がそこにあったのである。

当時、ＨＰＬと交流し、〈ウィアード・テールズ〉誌などに寄稿していた作家たちは、この「お遊び」に積極的に参加した。

例えば〈英雄コナン〉シリーズでヒロイック・ファンタジーという新ジャンルを切り拓いたＲ・Ｅ・ハワードは、「スカル・フェイス」という作品に登場させたアトランティスの生き残りカトゥロスについて、読者からＨＰＬのクトゥルーとの類似を指摘されたのをきっかけにＨＰＬと交流するようになり、クトゥルー神話作品を幾つも手がけている。

また、後年に『サイコ』などの作品でメジャー作家となったロバート・ブロックとＨＰＬの作品を介した応酬こそは、彼らの「遊び」の本質を理解するのに最も役立つ事例だろう。〈ウィアード・テールズ〉の１９３５年９月号に掲載されたロバート・ブロックの「星から訪れたもの」という作品において、彼はプロヴィデンスの古典研究家が星空から飛来した怪物にむごたらしく殺される様を描いたのだが、当然ながらこの人物のモデルはHPLその人だった。流石に気がとがめたのか、ブロックは執筆前にHPLに殺害許可を求める手紙を送った。これに対するHPLの返信がまたふるっている。HPLは、ブロックが彼を作中で「描写し、殺害し、消滅させ、崩壊させ、美化し、変容させ、あるいは他の方法で扱うこと」を全面的に認める許可証を、公文書の文体と書式に則って作成し、送り返したのである。HPLの「返礼」はそこで終わりはしなかった。「星から訪れるもの」で自分の分身が悲惨な死を迎えたことに気をよくしたHPLは、今度は「星から訪れるもの」の主役であるロバート・ブレイクという怪奇小説家（無論、ブロック自身の投影である）を、「闇をさまようもの」という小説で殺害し返したのである。

HPLが1939年に亡くなった後、ブロックは、ブレイクの友人がHPLの助力を得て友人の死の真相に迫る「尖塔の影」を1950年に発表、亡き師への手向けとした。

読者たちの期待はさておき、HPLら作家たちの間に「共通の世界観」についての取り決めは存在しておらず、たとえばクラーク・アシュトン・スミスは、「妖術師の帰還」以後もたびたびHPLと設定を交換したが、事前に許可をとったり話を合わせたりするようなことは全くなかった。

彼らにとって、この神話遊戯は真剣な創作活動ではなく、肩から力を抜いて楽しむことができる気楽な遊びであり、こうした作品を書くこと自体が互いに送るエールであり、親愛の情の証だったのである。

とはいえ、そうして生み出された作品群は、読者にとってもエキサイティングな娯楽となった。それは、例えば「アーカム」といったような共通のキーワードをヒントに、作品から作品へと辿って行く、旅のようなものである。愛好者のコミュニティが生まれ、情報収集と研究が行われ、設定の食い違いが検討される。そこから、創造者たちの思いもよらぬ「新事実」が発見されもする。この神話に憧れ、熱中の余り自ら作家として「参加」する者もいる。虚実は入れ替わり、作り手と読み手も入れ替わり、その全てが神話を形作り、膨らませてゆく。そんなゲームだった。

HPLの死から80年近くが経過しているが、このゲームは現在もなお、HPLに会ったこともない無数の作家や読者たちによって、連綿と継続されている。

そうした後継者たちの中には、『2001年宇宙の旅』のアーサー・C・クラークや『リングワールド』のラリイ・ニーヴンのような、SF界の巨人達も含まれている。

クラークは〈アスタウンディング・ストーリーズ〉誌に掲載された「狂気の山脈にて」『異時間の影』などの作品を読んだことでラヴクラフトに熱中し、学生時代には「胡乱の山脈にて」と題するパロディを書いている。

ニーヴンもまた『リングワールドふたたび』『ドリーム・パーク』などの作品にクトゥルー神話ネタを仕込み、『リングワールド』発表の翌年には「最後の『ネクロノミコン』」（邦訳は『ナイトランド』4号）と題するパロディ掌編を書いているのだった。

また、『呪われた村（原題は「ダンウィッチの怪 The Dunwich Horror」を彷彿とさせるThe Midwich Cuckoos）』や『海竜めざめる』などの、ラヴクラフト的なテーマの作品を手がけたジョン・ウィンダムはアマチュア時代、ジョン・ベイノン・ハリス名義でアーカム・ハウスの〈アーカム・サンプラー〉誌に寄稿していたことが知られている。

　ところで、前世紀において、「クトゥルー神話」という言葉はオーガスト・W・ダーレスの拵えたものであり、ラヴクラフト自身は自身の作品群についてヨグ＝ソトーサリー、アーカム・サイクル（アーカム・ハウスから刊行されていた書簡選集がソース）などと呼んでいたと考えられてきた。

　しかし、実際には１９３０年代初頭（３１年２月以前）にＨＰＬが著した「狂気の山脈にて」執筆のための覚書の中に「Cthulhu & other myth - myth of Cosmic Thing in Nec. which created earth life as joke（クトゥルーその他の神話――戯れに地球上の生物を創造したネク（ネクロノミコン）中の宇宙的存在にまつわる神話）」というフレーズが出てきている。のみならず、彼はロバート・Ｈ・バーロウ宛の１９３１年７月１３日付の書簡でも、「Cthulhu & his myth-cycle（クトゥルーとその神話大系）」という言葉を使っていることが確認されている。ＨＰＬが設定の整理に着手したのは１９３０年頃と思しいが、この頃から彼とその周辺では「クトゥルー神話」に類する総称が使用されていたと考えるのが妥当だろう。ＨＰＬ以外では、スミスがダーレスに送った１９３７年４月１３日付書簡中の「the Cthulhu mythology」が最古の用例と考えられている。

## アーカム・ハウス時代

　１９３０年代以降、ＨＰＬは代作から手を引き、ようやく脳裡で形を取り始めたクトゥルー神話大系を、いくつかの作品を通して描き続けていた。新作のペースこそ極端に減ったものの、相変わらず大量の書簡をやり取りし、ニューヨークやフロリダなどの友人たちを訪ね、しばしば共に過ごした。

　しかし、ＨＰＬ自身も知らないうちに癌が彼の体を蝕んでいた。病が進行していくにつれてＨＰＬは身体に不快感を覚えることがあったようだが、彼から健康状態の悪化のことを書簡で知らされた友人はいなかった。

　１９３７年２月にクラーク・アシュトン・スミスから手紙が届いたとき、衰弱しきっていたＨＰＬは自分でペンを執れず、友人のハリー・ブロブストにスミスへの返事を書いてもらわなければならなかった。

　彼は１９３７年３月１０日に入院し、３月１５日の早朝に世を去った。享年４６歳。

　突然の死に、３月１８日に営まれた葬儀にはブロブストら数人が参列したのみだった。

　師とも仰ぐＨＰＬの死に際し、彼の作品を後世に遺していかねばならないと声をあげたのが、ＨＰＬの年少の友人であったオーガスト・W・ダーレスだった。

　オーガスト・W・ダーレスは１９０９年２月２４日に生まれ、１７歳の時から商業媒体で作品を発表していた。彼の作品が日本に紹介されたのはＨＰＬよりも早く、〈ウィアード・テールズ〉１９２６年５月号に掲載されたデビュー作「蝙蝠鐘楼」が、『新青年』の１９２９年７月号で紹介されている。名門として知られるウィスコンシン大学マディソン校を１９３０年に卒業した後は、プロの作家として本格的に活動を開始することになる。「蝙蝠鐘楼」を発表した１９２６年はダーレスが作家としてデビューした年であると共に、ＨＰＬと知り合った年でもあった。ＨＰＬとダーレスは、一方が他界する直前まで親しく文通した。ダーレスがHPLから受け取った手紙は1000通に上っている。

　2人は直接顔を合わせたことが一度もなかったが、ダーレスはHPLを師と仰ぎ、HPLもまたダーレスを高く評価していた。批判めいた事を口にすることもあったが、そうした書簡は付き合いはじめの頃のことである。

　たとえば、こんなエピソードがある。

　1931年の夏、ミネソタ州での出版社勤務を経て帰郷したダーレスは、高校時代の文学仲間マーク・スコラーと共同で「潜伏するもの」「モスケンの大渦巻き」「湖底の恐怖」などの短編を書き上げた。「潜伏するもの」は当初「エリック・マーシュ」というタイトルで、双子の邪神ロイガーとツァール、彼らを崇めるチョー＝チョー人などに加え、現在、旧神と呼ばれる邪神の敵対者が最初に登場した作品でもある。2人は早速〈ウィアード・テールズ〉に原稿を送ったものの、余りにもHPL的だという理由で採用されなかった。

　この時期、HPLは自らの代表作と意気込んだ「狂気の山脈にて」を各誌から拒絶され、G・P・パトナムズ・サンズ社で動いていた作品集刊行の話が流れるなどの不運が続き、半ば筆を折ろうかとまで考えていた。

　そんな折に送られてきた、自作へのオマージュとも言うべき若手の作品を読んだHPLは、彼らの作品を絶賛して編集長の不見識を罵った。ダーレスとのやり取りと同時期に別の作家に宛てた書簡で、ダーレスについて前途有望な作家だと繰り返し太鼓判を押していることは、彼の賛辞が決してお世辞ではなかったことを意味している。HPLは「エリック・マーシュ」のための新タイトルや設定を提案、チョー＝チョー人を自作品に登場させることを約束した。この約束は後に「時間からの影」「博物館の恐怖」で果たされた。のみならず、彼がその年に書き上げた「インスマスを覆う影」には〈深きものども〉を退けるオールド・ワンズのサインなるものが登場するのだが、これは「潜伏するもの」の旧神（原文ではオールド・ワンズ）、「モスケンの大渦巻き」「湖底の恐怖」の旧き印を採用したものらしい。かくして、HPLは再び創作意欲を取り戻したのである。

　HPLの死後、彼の作品集を刊行するために動いたのがダーレスとドナルド・ウォンドレイだった。早くも1937年3月30日にはスミスがダーレス宛の手紙で「君やドナルドのように有能な一流の人物がその仕事をしてくれるとは嬉しい限りです」と述べているが、HPLの作品集を出版する計画は実のところ彼の生前からあったらしい。ダーレスとウォンドレイは出版社にHPLの原稿を持ち込んだが、関心を示してくれるところはなかった。そこで2人は自分たちの出版社を立ち上げ、HPLの創造した架空の都市アーカムにちなんでアーカム・ハウスと命名した。

　1939年にHPL最初の作品集OUTSIDER AND OTHERSが発売されたが、ダーレスらは売り上げの1000ドル（現在の金額に換算して数万ドル）を、手数料を差し引くことすらせず、HPLの叔母アニー・ギャムウェルに渡している。

　第2次世界大戦が始まるとワンドレイは出征し、アーカム・ハウス社の経営はダーレス1人に委ねられた。ダーレスはHPLの遺著管理人だったロバート・H・バーロウの協力で事業を進めたが、当初は赤字続きだった。

　1939年から49年にかけての10年間でダーレスは2万5000ドルの私財をアーカム・ハウス社の経営に注ぎ込んでいる。

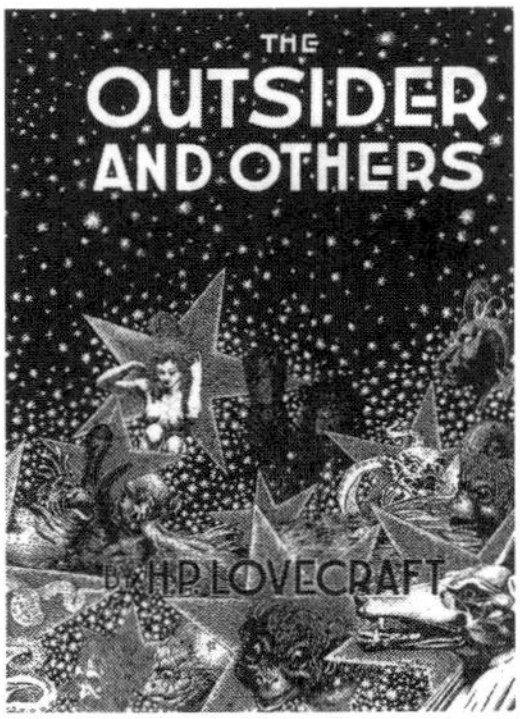


HPLの死後に刊行された最初の作品集OUTSIDER AND OTHERS。なお、商業アンソロジーに作品が掲載されるようなことは生前、幾度かあった。

それだけの資金を捻出するために、ダーレスは作家、編集者、大学講師など様々な仕事をこなして忙しく働かなければならなかった。

その1方で、ダーレスはHPLとは直接面識のない、第2世代のクトゥルー神話作家たちの発掘にも尽力した。

ダーレスが英国のラムジー・キャンベルと知り合い、文通を始めたのは1961年のことである。1946年に英国のリバプールで生まれたキャンベルは、ダーレスと親交を結んだ時にはまだ15歳の少年だった。両親が家庭内別居状態で、しかも母親が心の病を患っているという環境で育ったキャンベルはHPL作品に耽溺し、ついには自分でも神話作品を書いてダーレスに意見を求めたのである。キャンベルの素質を見抜いたダーレスは彼の作品を出版することにしたが、物語の舞台は米国のニューイングランドではなく英国にするべきだと提案した。「これで作品が激しく変わることはありませんが、新しい舞台を用意するというのは大いに必要なことなのです。そうして読者にHPLの作品と君自身の作品をじかに比較させないことが大事です。そんな風に比較されてしまったら、君が君自身の舞台を作ったときよりも作品が見栄えしなくなってしまうでしょう」とダーレスは説明している。ダーレスはキャンベルの短編を1962年発行のアンソロジーに収録し、63年には彼の短編集をアーカム・ハウス社から刊行した。現在、キャンベルは英国幻想文学協会の会長を務める英国幻想文学界の押しも押されもせぬ重鎮である。

キャンベルと同世代の英国の作家に、ブライアン・ラムレイがいる。1967年当時、英陸軍の軍曹だったラムレイは、任地の西ベルリン（当時）で神話作品を執筆し、ダーレスに送付した。原稿をダブルスペースでタイプするという慣例を知らなかったラムレイは自分の作品をシングルスペースでびっしりと打っていた。その原稿をダーレスが読んでくれたことに、ラムレイは今でも感謝しているという。ともあれアーカム・ハウス社の季刊誌にラムレイの短編「深海の罠」が収録され、彼は作家デビューした。そして軍を退役した後は専業のプロ作家として活躍し、英国を代表する怪奇小説家の1人となっている。

ラムレイの創造したオカルト探偵タイタス・クロウは多くの作品で活躍するが、ラムレイはクロウを早い段階で死なせてしまおうとしたことがあった。そのときダーレスが諭してくれていなかったら、クロウが主役の神話長編6編は決して書かれなかっただろうとラムレイは後に回想している。この時、ダーレスはアーサー・コナン・ドイルがシャーロック・ホームズをライヘンバッハの滝で「殺した」時のことを例に挙げている。シャーロック・ホームズは、クトゥルー神話よりも遥かに多くの模倣者を生んだ小説であり、その中の1人にダーレスがいた。ホームズを愛好していた彼は、ドイルが続編を書いてくれることを希望していたが、彼にその気が全くないことを知ると自らホームズの物語を書くことにした。こうして生み出されたのがプレード街7番地Bに事務所を構える私立探偵ソー

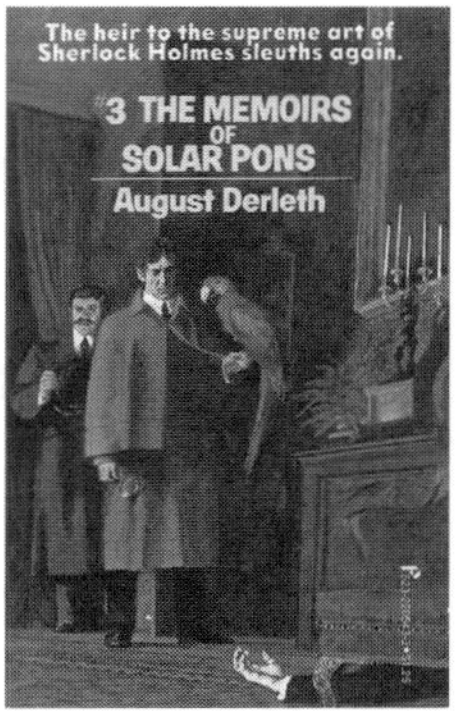

マイクロフト&モラン社から刊行されたダーレスのTHE MEMOIRS OF SOLAR PONS。この本に収められたThe Six Silver Spidersでは、ダレット伯爵のフルネームが言及されている。

ラー・ポンズで、アーカム・ハウス社と共にダーレスが設立したマイクロフト&モラン社から単行本が刊行された。このシリーズはエラリー・クイーンをはじめシャーロッキアン達に非常に高い評価を受け、ダーレスの死後も後続の作家に書き継がれている。

また、イェール大学の図書館に勤務する傍ら小説を書いていたジョゼフ・ペイン・ブレナンも短編集Nine Horrors and a Dreamをアーカム・ハウス社から出しており、The Feaster From Afar、「第七の呪文」などの神話作品を発表している。なお、The Feaster From Afarの設定は後にクトゥルー神話TRPGに取り入れられた。なおブレナンは「スライム」というモンスターを創造した人物でもあるが、HPLの「狂気の山脈にて」に出てくる不定形の怪物ショゴスが、このスライムの原型という説もある。

この時期になると、海外の研究者の中にもHPLの文学的価値について注目する者が現れ始めた。奇しくもHPLの最初の単行本と同じタイトルの論集『アウトサイダー』で文壇に鮮烈にデビューしたコリン・ウィルスンは、１９６１年に著した『夢見る力』(邦訳は河出文庫)という文学論集の冒頭をHPLのために割いている。実際にこの文章を読んでみると、巷間で言われているほどの酷評とは思われない。むしろ、ウィルスンがHPLの「下手糞な文章」に強烈に惹かれ、その正体を知ろうと執拗な分析を加えている真摯な姿が見て取れる内容であり、ファンからすれば噴飯物の記述の多くは単純な事実誤認に基づくものだ(時折忘れられがちなことだが、ウィルスンは「外国人」なのである)。より多くのHPLの作品を求めたウィルスンはアーカム・ハウス社に在庫の問い合わせを送り、これにダーレスが『夢見る力』におけるウィルスンの記述に対する苦言を交えた手紙を返したことで2人は交流を始め、やがて非常に親しくなった。神話作品を書いてくれればアーカム・ハウス社から出版するとのダーレスの提案に応じたウィルスンが１９６７年に書いたのが『精神寄生体』(学研M文庫)だ。ウィルスンはこれに続いて『ロイガーの復活』(ハヤカワ文庫)、『賢者の石』(創元推理文庫)などクトゥルー神話に材を採った作品を次々と書き下ろしており、１９７８年にはロバート・ターナーらと語らって『ネクロノミコン』そのものを出版してしまうという壮大な悪戯を仕掛けている。この奇書は、国書刊行会の『真ク・リトル・リトル神話大系』第2巻に「死霊秘法　断章」のみが訳出され(当時、コリン・ウィルスンの版権料はべらぼうな金額だったため、その他の部分については割愛されたものらしい)、全文が邦訳されたのは１９９４年、立ち上がったばかりの学研ホラーノベルズの「クトゥルー神話セレクション」の1冊『魔導書ネクロノミコン』として刊行されたのが最初である。なお、この本がウィルスンの悪戯であったことについては、ロバート・プライスが編集・発行している同人誌CRYPT OF CTHULHU23号に掲載された「『魔道書ネクロノミコン』捏造の起源」(邦訳はトライデントハウス『ナイトランド』創刊

アーカム・ハウス刊行のゲイリー・メイヤーズの作品集The House of the Worm。日本での知名度は低いが、旧神設定を掘り下げた第二世代作家だ。

号に掲載）と題する文章において、ウィルスン自身がネタばらしをしている。

　このように、何だかんだと言いながら、ウィルスンはHPL及びクトゥルー神話を愛好していたようで、後に映画化もされた『スペース・バンパイア』（新潮文庫）においては、深宇宙から飛来した「吸血鬼」達にウボ＝サスラ人という名称を与えている。

　アーカム・ハウスから連作集The House of the Wormが刊行されているゲイリー・メイヤーズは、地球の幻夢境と旧神を主題とする独自の世界観に基づくクトゥルー神話小説を執筆した、ユニークな作家だった。

　国書刊行会の『真ク・リトル・リトル神話大系』に日本語訳が収録されているメイヤーズの短編「妖蛆の館」は、アーカム・ハウスから刊行されていた雑誌〈アーカム・コレクター〉1970年夏号に掲載された初期版の翻訳で、ダーレスの死後に刊行された前述の連作集には、改稿版が収録された。なお、メイヤーズは近年、改めてクトゥルー神話小説を執筆し、電子書籍として発表している。

　アーカム・ハウス社から小説の単行本こそ刊行されなかったが、リチャード・L・ティアニーもまたダーレスに見出された第二世代の神話作家だ。彼は若き日のシモン・マグス（最初のキリスト教異端で、皇帝ネロの宮廷魔術師だったと言われる人物）を主人公に、古代ローマが舞台の神話作品群を展開した。

　ティアニーはグノーシス主義の世界観を応用し、ダーレス作品群における神々の善悪の対立構造にひねりを加え、優位に立っている旧神の方こそを邪悪な存在と描いた。旧神が宇宙の支配者であり、世界が苦しみに満ちているのも旧神の責任だとするコンセプトは、山田正紀の「銀の弾丸」に先立っている。

　シモン・マグスのシリーズについては、2008年にミソス・ブックスから長編The Drums of Chaosが刊行されているが、これはティアニーの創造したもうひとりの主人公、時間旅行者ジョン・タッガートとの共演作であり、ナザレのイエスその人も登場する。

　ダーレスが1969年に刊行したTales of the Cthulhu Mythosは、ダーレス、スミス、ロングら第1世代の作家たちと、キャンベル、ラムレイ、ウィルスンら第2世代の作家たちの作品を集めたクトゥルー神話作品集の金字塔となった。ダーレスはさらにNew Tales of the Cthulhu Mythosの刊行を計画していたが、若い頃から患っていた心臓の病が悪化、アーカム・ハウス社の不安定な経営を支えるための激務も彼の健康に影を投げかけた。

　彼は1969年に3カ月ほど入院し、4度にわたる手術を受けている。退院後も相変わらず忙しく仕事を続けたが、もはや彼の心臓は限界に達していた。1971年7月4日の朝、心臓発作を起こして病院に運ばれたダーレスは、そのまま帰らぬ人となった。

　享年62歳。死の翌年、英国幻想文学協会は彼の功績を記念してオーガスト・ダーレス賞を制定している。

## 「クトゥルー神話」の定着と発展

クトゥルー神話の体系化が進んだのも、ア

ーカム・ハウス時代のことだった。
巷間、「オーガスト・W・ダーレスがクトゥルー神話の体系化を行った」という話が広まっているが、１９４２年以前のダーレスの諸作品を眺め渡す限りでは、彼の目はもっぱらHPL作品に向けられていて、他の作家たちの付け加えた要素を取り入れることにさほど熱心ではなかったことがわかる。〈旧神〉も、いわゆる4大説も、ハスターやイタカ、ロイガーにツァールといった〈大気の精〉に分類される神々も、HPLの生前に彼がこしらえたものであって、設定の整理や体系化を念頭においたものではなかった。

クトゥルー神話を体系化しようという試みを最初に形にして世に送り出したのは、いわゆるラヴクラフト・スクールの作家たちの熱心なファンであるフランシス・T・レイニーだった。ファンジン〈アコライト〉の編集長であった彼は、同誌１９４２年冬号掲載の「クトゥルー神話小辞典」（邦訳は青心社『クトゥルー12』収録）において、統合的な「クトゥルー神話大系」を初めて提示したのである。

これに注目したダーレスはレイニーとの意見交換を経て、１９４３年にアーカム・ハウス社から刊行した作品集Beyond the Wall of Sleepに加筆版の「小辞典」を掲載した。旧神が2度にわたり邪神を追放したという設定や、ウボ＝サスラなど必ずしもHPL作品と世界観が接続していなかったC・A・スミス作品の神々をHPL年代記の中に配置し、ダーレス作品では「4大精霊に対応しているように見える」とおぼろげに書かれていた4大設定を明確な分類として取り入れ、不在だった火の精霊を補うなど、今日知られる「クトゥルー神話大系」の数多くの設定が、レイニーによって明文化されたのである。

なお、これ以後にダーレスが執筆した「暗黒の儀式」「永劫の探求」などの作品は、明らかに「小辞典」の設定に準拠し、時にはそれを膨らませている。

レイニーの仕事を、さらに発展させたのがリン・カーターだ。リンウッド・ヴルーマン・カーターは、１９３０年6月9日、フロリダ州のセントピーターズバーグに生を享けた。彼は兵役に服していた１９５３年から翌５４年にかけて、アメリカ陸軍の歩兵として朝鮮戦争に従軍した後、コロンビア大学に学び、コピーライターを経て１９６９年以降、専業のフリーライター兼編集者となった。

熱狂的な読者、情熱的な編集者、先駆的な研究者であると同時に、疲れを知らぬ作家だったカーターは、「大系」としてのクトゥルー神話に早くから着目した1人である。

ファンジン〈インサイド・アンド・サイエンス・フィクション・アドヴァタイザー〉１９５６年3月号発表の「クトゥルー神話の魔道書」（青心社『クトゥルー2』収録）、そして〈インサイドSF〉１９５７年１０月号発表の「クトゥルー神話の神神」（同『クトゥルー1』収録）は、アマチュア時代のカーターによるクトゥルー神話への最初の貢献で、アーカム・ハウス社から１９５９年に刊行された作品集The Shuttered Room and Other Piecesに掲載された。これらのエッセイは、「HPL＝CTHULHU神話特集」が組まれた歳月社の怪奇・幻想文学雑誌『幻想と怪奇』第4号（１９７３年１１月）に掲載され、青心社のハードカバー版『クトゥルー』シリーズに収録されたことで、日本のクトゥルー神話ファンにも多大なる影響を与えている。

但し、カーターが体系化した「クトゥルー神話大系」の世界観は、最終的に「魔道書」『神神」の記述と大分異なるものとなっている。彼の神話大系に興味があるのなら、前述の「神神」ではなく、『エイボンの書』(新紀元社)、『魔道書ネクロノミコン外伝』(学習研究社)、『クトゥルーの子供たち』(エンターブレイン)など、後期の作品にあたることをお勧めする。

H・P・ロウクラフト名義(デイヴ・フォーリーとの合作)で、同名の作家が主人公のHPLの文体模写小説The Slitherer from the Slime(軟泥より滑りよるもの)を1958年に著したり、HPLの「『ネクロノミコン』の歴史」を発展させたエッセイ「ネクロノミコンの歴史」(邦訳は早川書房『ロイガーの復活』収録)が、1959年にアーカム・ハウス社から刊行されたLovecraft: The Booksに掲載されたこともあったが、彼が本格的にクトゥルー神話に取り組み始めたのは、1970年代以降のことである。

その前段階、1960年代のカーターは「レムリアン・サーガ」全6冊を次々と発表するのと並行して、カーターはランサー・ブック社刊行のロバート・E・ハワードのコナン全集に関わった。編者のライアン・スプレイグ・ディ・キャンプ(HPL研究家でもあり、バランタイン社から伝記Lovecraft:A Biographyを刊行している)に協力して、ハワードの遺した未完成原稿に加筆する形で補作を行い、作品間の繋がりが必ずしも明確ではなかった蛮人王コナンの物語をひと続きの年代記に再編したのである。

今世紀に入って刊行された「新訂版コナン全集」の前に、東京創元社から出ていたのがこちらだった。この全集についてファンは賛否両論だったが、物語世界の体系化に向けられたカーターの情熱、そして具体的なノウハウが、やがて彼がクトゥルー神話に「復帰」した際にも如何なく発揮されたことを考えると、この仕事が彼のキャリアに占めるウェイトは文字通りの意味で重大なものだった。

そもそも、ハワードの〈英雄コナン〉シリーズの世界観は、クトゥルー神話と緩やかに繋がっているのだ。HPLは「超時間の影」においてキンメリアのクロム=ヤーについて言及し、ハワードもまた〈英雄コナン〉シリーズと接続している〈ブラン・マク・モーン〉シリーズの「大地の妖蛆」という作品で、ルルイエやダゴン、クトゥルー(初期版のみ)の名前を出している。これを受け、カーターはコナン全集に含めた自らの補作『コナンと毒蛇の王冠』においてツァトーグァの神像を登場させるなど、クトゥルー神話へのダイレクトな接続を試みている。無論、カーター自身のヒロイック・ファンタジー・シリーズである「レムリアン・サーガ」についても同じことが言えるわけだ。

その後、カーターはバランタイン・アダルト・ファンタジー叢書の編集に携わるのだが、この仕事がクトゥルー神話に本格的に取り組むきっかけとなった。自分の意のままに作品を取捨選択できるペーパーバック・シリーズという最高の「遊び場」を手に入れたカーターは、意気揚々と自分が愛してやまぬマイナー作家、マイナー作品の顕彰に乗り出した。その筆頭が、H・P・ラヴクラフトとクトゥ

『クトゥルー神話全書』(東京創元社)と併せて、アメリカ合衆国にクトゥルー神話を広めたリン・カーター編集の作品集 The Spawn Of Cthulhu。

ルー神話作品群だったのだ。そして、同シリーズのアンソロジーSpawn of Cthulhu（1971年）と、HPLによる神話創造の過程を追跡した評伝『クトゥルー神話全書』（1972年）こそは、コアなパルプ小説ファンの間で主に知られていたクトゥルー神話の知名度を、全米規模に押し上げる起爆剤となった。

　事実、この1971年を境に、英語圏で刊行された「クトゥルー」の名を冠する書籍が爆発的に増大したのである。

　神話作家としてのカーターの作品は、スミスの展開したヒュペルボレイオス大陸物（死後、遺著管理人となったロバート・M・プライスによって『エイボンの書』という作品集にまとめられた）や、ゾス伝説群と総称されるムー大陸物、そして『ネクロノミコン』の再現など多岐にわたったが、その背後にはクトゥルー神話大系の補完という一貫した目的があったようだ。彼は既存の作品のみならず、HPLの書簡や断章から設定を抽出しては自身の解釈や新設定とすり合わせ、神話をより巨大で緻密なものにすることに情熱を燃やした。このためカーターは神話の「大統合者」と呼ばれることもある。

そのカーターも1988年に世を去ったが、彼の設定群はケイオシアム社のテーブルトークRPG『クトゥルフの呼び声』に取り入れられ、体系化がさらに進められた。たとえば「外なる神」「奉仕種族」などの邪神の区分はケイオシアム社のTRPG『クトゥルフ神話TRPG（旧・クトゥルフの呼び声）』のオリジナル設定で、その他にもR・W・チェンバーズの小説に由来する黄衣の王がハスターとされるなど、数多くの設定が付け加えられ、非プレイヤー層にも広く浸透している。

　北米における今日的なクトゥルー神話大系の設定の集大成が、クトゥルー神話研究家ダニエル・ハームズのThe Cthulhu Mythos Encyclopediaで、2008年にエルダーサインズ・プレスから出版された。

　同書はハームズの事典としては第3版にあたり、新紀元社から邦訳が出ている『エンサイクロペディア・クトゥルフ』は、ケイオシアム刊行の第2版が底本である。なお、ハームズ氏によれば、この日本語版はケイオシアムが無断で許諾したということなのだが。

　米国のクトゥルー神話研究家でハームズの好敵手といえるのは、『ネクロノミコン』研究の大家ダン・クロアだろう。クロアの作品はThe Unspeakable and Othersにまとめられて2001年にワイルドサイド・プレスから刊行され、さらに新版が2009年にH・ハークセン・プロダクションズから出た。またクロアは2009年にヒポカンパス・プレスからWeird Words: A Lovecraftian Lexiconを出しているが、これは「ラヴクラフト用語辞典」という副題からわかるように、ラヴクラフトらの作品に頻出する単語を豊富な用例つきで詳細に解説した本である。

　なお、ケイオシアム社の『クトゥルフ神話TRPG』のクリーチャー設定は、エンターブレインから邦訳が刊行されている『クトゥルフ神話TRPG マレウス・モンストロルム』にまとまっているが、あくまでもケイオ

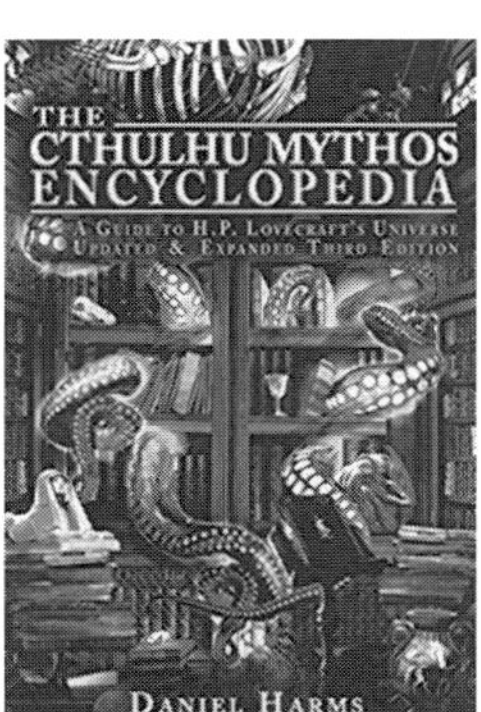


ダニエル・ハームズのTHE CTHULHU MYTHOS ENCYCLOPEDIA 第3版は、クトゥルー神話ファン必携の一冊だ。（日本語訳されているのは第2版）

シアム社の製品における設定で、必ずしも初出となる小説作品の設定に合致しているわけではない（時には、ライターの創作や勘違いと思しい記述も見受けられる）。創作に参考にする場合は注意が必要である。

日本においてクトゥルー神話の「素材化」が進み、神話作品でも何でもない自分自身の作品中に、邪神や魔術書といったワードを盛り込むことでクトゥルー神話、さもなくばHPLへの愛を示すクリエイターが増えているように——否、日本よりも遥かに早くから、欧米の作家の間でも同様のことが行われてきた。「モダンホラー」の帝王と称されるスティーヴン・E・キングがHPLの熱狂的なファンであり、自身もクトゥルー神話作品を手がけていることは有名だが、映画化もされた『インタビュー・ウィズ・ヴァンパイア』（邦訳はハヤカワ文庫NVの『夜明けのヴァンパイア』）に始まる「ヴァンパイア・クロニクル」シリーズをはじめ、繊細かつ耽美な描写で欧米ではキングに比する人気を集めている「ゴシックホラーの女王」アン・ライスは、前述のシリーズの第5作『肉体泥棒の罠』（扶桑社ミステリー）において、主人公であるヴァンパイア・レスタトを罠に絡め取るアイテムとしてHPLの作品を利用し、TRPG『ヴァンパイア：ザ・マスカレード』とのクロスオーバー作品になっているナンシー・A・コリンズの「ミッドナイト・ブルー」シリーズには（邦訳はハヤカワ文庫NV）、〈HPLの「魔女の家の夢」のモデルとなった〉という触れ込みの屋敷が登場する。キング同様、自身もクトゥルー神話作品を書いてもいる人気モダンホラー作家F・ポール・ウィルスンは『ザ・キープ』（扶桑社ミステリー）の舞台となる城塞の奥に『ネクロノミコン』をはじめとする魔術書を隠し、カール・エドワード・ワグナーは『ケイン・サーガ』（創元推理文庫）の冒頭に「チャールズ・ウォードの奇怪な事件」からの引用文を掲げ、『天空のエスカフローネ』をはじめ日本のアニメ作品の大ファンであることを公言している英国の若手作家クリス・ウッディングは、『魔物を狩る少年』（創元推理文庫）の中で、あたかも狼男や吸血鬼のようなモンスターと同じ感覚で「深きものども」の名前を用いている。

## 新しい表現媒体へ

HPLとクトゥルー神話は、アメコミの世界にも多大なる影響を与えている。しかし、文芸畑の人間が多くを占めていた初期のクトゥルー神話紹介者は、実写ホラー映画はともかくコミックについては無関心で、逆にアメコミ紹介者側にはクトゥルー神話に詳しい人間が少なかった。そのため、今世紀に入るまでの間、日本語訳はもちろん、紹介されたアメコミ作品もごくわずかにとどまっていた。

初期のアメコミは、〈ウィアード・テールズ〉に代表されるパルプ雑誌の直接的な影響下で、冒険、西部劇、犯罪・探偵物、ホラー、SFと様々な題材を扱っていた。

HPLの死の翌年、1938年に創刊されたナショナル・アライド社（DCコミックス社の前身）のAction Comics第1号にスーパーマンが登場して以来、スーパーヒーローが席巻した30年代末期から40年代にかけては、アメコミの黄金時代、ゴールデンエイジと呼ばれている。第二次世界大戦が勃発すると、戦意高揚並びに前線の兵士たちの娯楽供給の需要もあり、戦争・愛国もののヒーローコミックが大流行した。

筆者の確認した限りで最も古い神話要素の

あるコミックは、早くもこの時期に出現している。ナショナル・コミックス社（ナショナル・アライド社の後継会社）刊行のMORE FUN COMICS第65号（1941年3月）に掲載されている、The Fish-Men of Nyarl-Amen（ナイアル＝アメンの半魚人）と題するドクター・フェイト（DCコミックス社の魔術ヒーロー）のエピソードで、Golden Age Doctor Fate: Archives Vol.1に収録されている。作中で言及されるナイアル＝アメンは明らかにナイアルラトホテプのもじりで、半魚人も〈深きものども〉を意識していた。

その後、戦争が終結するとヒーローものは退潮し、変わって勢いを増したのが残酷でドぎつい内容のホラーコミックだった。

1950年代、アメリカの青少年の間では、血生臭い事件でいっぱいのクライムコミックや、当時の基準で言えば残虐なゴア描写に溢れたホラーコミックが大歓迎された。熱狂的な読者の中には、少年時代のスティーヴン・キングも含まれる。特に人気を博したのは、ECコミックス社からいくつも刊行されていたホラーコミック雑誌だった。そして、同社のWeird Fantasy誌の14号（1950年7月）に掲載されているThe Black Artsと題する作品がHPLの「魔犬」の翻案と思しい作品で、『ネクロノミコン』が登場している。筆者が知る限りで、これが最も古いHPL作品のコミカライズである。

その後、同社のTHE VAULT OF HORROR誌の16号（1950年12月）にはHPLの「死体安置所にて」の翻案FITTING PUNISHMENTが、17号（1951年）に「冷気」の翻案BABY...IT'S COLD INSIDE!!が、28号（1952年）にはC・A・スミスの「妖術師の帰還」の翻案であるらしいWE AIN'T GOT NO BODYが掲載されている。ECコミックス社だけでなく、コミックメディア社のHORRIFIC8号（1953年）に掲載された「ピックマンのモデル」の翻案Portrait of Deathをはじめ、いくつかのホラー・コミックス誌にHPLその友人たちの作品が掲載されることもあった。

ただし、これらは全て無許諾だった。当時のホラーコミック作家たちは、ひと昔前のパルプ雑誌の怪奇小説から臆面なくパクりまくったのだ。著作権についての考えが現在よりも緩かった、ある意味でやりたい放題の時代ならではのコミカライズだったが、そうした状況は長続きしなかった。戦後の治安悪化や政情不安、経済状態の悪化などの問題が起き始めると、ホラー・コミックは青少年に悪影響を与える有害コミックと見なされ、悪書追放運動が巻き起こったのである。ECコミックス社をはじめとする各社がホラー・コミックから撤退し、1954年にはコミックス倫理規定委員会が発足し。暴力描写や性愛描写、残酷描写、オカルト描写などを忌避する自主規制基準「コミックコード」が制定された。

コミックコード制定によってホラー、ファンタジー・ジャンルのコミックが壊滅すると、ヒーローものが復権した。明朗快活、勧善懲悪のヒーロー以外を描きにくい状況において、各社のライターたちは工夫を凝らした。

ドクター・フェイトのクトゥルー神話ネタのエピソードThe Fish-Men of Nyarl-Amenが掲載された〈モア・ファン・コミックス〉誌。

その過程で生まれたのが、作品の壁を飛び越えた「ヒーローチーム」であり、等身大の悩める青少年ヒーローだった。アメコミ史におけるシルバーエイジの到来である。

DCコミックス社のヒーローチーム、ジャスティス・リーグの専門誌であるJUSTICE LEAGUE of AMERICA10号（1962年）に、『ネクロノミコン』を用いる魔術師フエリックス・ファウストが登場したりはしていたが、ホラーやオカルトを扱いにくい状況下では、それが精一杯だったようだ。

とはいえ、ホラーコミックを求める読者が消え失せてしまったわけではない。小規模な出版社や自費出版を中心に刊行された、ドラッグやセックス、暴力などを扱う小部数のアングラ・コミックス Underground comixと呼ばれる媒体において、ECコミックス社の刊行物へのオマージュでありつつ、グロテスクさにかけては引けを取らないホラーコミックスがあれこれ刊行され、ラヴクラフト作品の翻案が掲載されることもあった。

しかし、厳格なコミックコード制定から10年も経つ頃には徐々に緩みが生じてきたらしく、1960年代後期にはウォーレン社のCREEPY誌をはじめ、ホラー・コミックスが徐々に商業媒体上で復活し始めた。同誌の21号（1968年）にはHPLの「壁のなかの鼠」のコミカライズが、そのままのタイトルで掲載されている（原作通りの結末は流石にまずかったようで、ナイフで滅多刺しという形にアレンジされていたが）。H・P・ラヴクラフトの作者名もはっきり書かれた、最初の正式なコミカライズ作品である。

より大きな変化が、1971年に訪れた。この年、マーベル・コミックス社は、政府の依頼でスパイダーマンを主人公とする子供向けの薬物問題啓蒙コミックを刊行しようとしたのだが、コミックコードに従うと、そもそも薬物を描くことができないというジレンマにぶつかった。それで、コミックコードが見直された結果、規制対象となっていた吸血鬼や人狼などが登場するホラー、ファンタジー作品を扱えるようになったのだ。売り上げの減少という現実的脅威もあり、各社は新規軸の開拓に狂奔した。中でも有力株と目されたのがファンタジーで、マーベルがコナン物などのヒロイックファンタジーのコミカライズを始め、DCもフリッツ・ライバーの「ファファード&グレイマウザー」シリーズをはじめ、数多くのコミックを出していく。

マーベル社がゴールドキー社からエドガー・ライス・バローズ作品のコミック化権を購入したのがこの頃で、ターザンや火星、金星、ペルシダーシリーズなどの有名シリーズが次々とコミカライズされていった。こうした動きの中心にいたのが、同社の編集者兼ライターのロイ・トーマスだ。ゴールデンエイジ作品のファンジンAlter Egoの創刊メンバーであった彼は教養豊かな読書狂、そして設定マニアであり、DCコミックス社のアシスタントを経て、1965年からはマーベル・コミックス社で働いていた。

パルプ小説の熱心なファンだった彼は〈英雄コナン〉シリーズのコミカライズを担当するにあたり、ハワードの別シリーズの作品や、彼の友人たち（HPLも含まれる）の作品をコナンのエピソードとしてリサイクルした。

また、CHAMBER OF DARKNESS、JOURNEY INTO MYSTERYなど、マーベル社がこの時期に刊行したホラーコミックス誌上で、作者や版元から正式に許諾をとった上でクトゥルー神話作品のコミカライズをせっせと行った。

のみならず、トーマスは自分がメイン・ライターを務めるドクター・ストレンジのシリーズでも、クトゥルー神話の影響が色濃いエピソードを展開した。ドクター・ストレンジは、1963年刊行のStrange Tales110号でデビューした魔術ヒーローだ。エピソードこそ少ないが、屈指の強敵として彼の前に立ちはだかったのが、カオス・ディメンジョンの異形の神シュマ＝ゴラスである。CAPCOMの格闘ゲーム『マーヴル・スーパーヒーローズ』に登場したことで有名になった、巨大な一つ眼そのものの球形の胴体に、複数の触手を生やした姿で描かれるシュマ＝ゴラスは、相対する人間の恐怖する姿をとる、本質的には無形の神である。最初の言及は72年のMarvel Premiere10号に始まるシリーズで、以後、100万年前にこの世界に到来したなどの設定が徐々に開示される。名称といい外見といい、明らかにクトゥルー神話を意識して創造されたこの神は、ハワードの〈キング・カル〉シリーズの一編、The Curse of the Golden Scullに登場する『シュマ＝ゴラスの書』が名称の由来となっている。

なお、『マーヴル・スーパーヒーローズ』発売以前に、この神は〈英雄コナン〉のコミックに登場していた。1991年のCONAN THE BARBARIAN252号から始まる連作エピソードTHE SECOND COMING OF SHUMA-GORATH（前述のThe Curse of Golden Skullが下敷き）で、シュマ＝ゴラスが海没する前のアトランティスで崇拝されたと明かされたのだ。

マーベル社の作品における、よりダイナミックなクトゥルー神話とのクロスオーバーは、密林の王者ターザンのコミック・シリーズで実現した。1978年のTarzan15号から実に9冊に及ぶエピソードにおいて、密林の王者ターザンの前にヴィランとして立ちはだかるのが、「狂えるアラブ人」アブドゥル・アルハズレッドなのだ。バローズの原作でも、奴隷貿易を営むアラブ人がしばしば敵役として登場することがあった。アメコミにおいても同様だが、緑のターバンの下にある顔は漆黒の影で覆われ、赤いズボンを身に着けた、上半身裸の筋骨隆々たる大男として描かれるアルハズレッドは、少々趣を異にしていた。そして、20世紀の頭（20〜30年代）に出現したこのアルハズレッドは、単に名前を借りた存在ではなく、間違いなく『アル・アジフ』の著者当人だった。驚くべきことに、彼の死後、その魂が地球空洞世界――ペルシダーに迷い込み、マハール族（ペルシダーの支配種族）により水晶に囚われたという設定なのである！　魂だけの存在となったアルハズレッドは、自分と同じ名の奴隷商人の肉体を奪い、ある目的のもとに奴隷を集め、手下を率いてペルシダーを目指す。時空の歪みを通り抜けた時、手下に言い放つアルハズレッドの言葉がまた、実にケレン味たっぷりだ。

「莫迦め！　神秘を前に己を偽る必要なぞどこにある。ここがただの洞窟などであるものか。アブドゥル・アルハズレッドの言葉に耳

マーベル・コミックス社版のコミック〈ターザン・ロード・オブ・ザ・ジャングル〉23号。上半身裸の大男が、アブドゥル・アルハザードである。

を傾けよ。目をあげよ！　空を見て、そして、信じるのだ！　見よ……ペルシダーを！」
――そう。マーベル版Tarzanに登場する「狂えるアラブ人」アブドゥル・アルハズレッドは何と、地底世界ペルシダーにおいてターザン陣営と激しい戦いを繰り広げるのだ。

アルハズレッドのプロフィールについては『ターザン』にも片鱗が語られているが、より詳しい解説は２００７年刊行のOFFICIAL HANDBOOK OF THE MARVEL UNIVERSE MYSTIC ARCANA――マーベル作品の魔法使いキャラクターを紹介する副読本に掲載されている。身長6フィート10インチ（約2メートル）、体重は225ポンド（約100キログラム）。ペルシダーで死んだが、イスの偉大なる種族により地底に転移した彼の魂は、爬虫類種族マハールによって水晶の中に封じ込まれた。ターザンの前に現れたのは、水晶内のアルハズレッドによって傀儡として操られた、同姓同名の奴隷商人だったのである。

ターザンに敗れて肉体を喪ったアルハズレッドだが、彼の魂はその後も健在だったようだ。時が流れ、MARVEL COMICS PRESENTSの62号（１９９０年）に、犯罪結社の首領として再登場を果たす。それもアダマンチウムの骨格を持ち、X－MENにも名前を連ねるマーベル・ヒーロー、ウルヴァリンの敵として！

２号連続で展開されるエピソードSign of Beastにおいて、アルハズレッドは誘拐団の黒幕として名前のみが言及されたが、１５２号（９４年）に始まるPURE SACRIFICEというエピソードで両者の直接対決が実現した。アルハズレッドの腹筋はウルヴァリンの鉄拳をものともせず、腕1本で建物の外に放り投げた。恐るべき猛者である。この時、ウルヴァリンはアルハズレッドのことを「俺がかつて出会った中で、最も血に飢えた殺人者の1人」と評しているので、相当に知られた存在のようだ。のみならず、アルハズレッドは魔物を呼び出して自在に操る魔術師でもある。残念ながら、彼が繰り出す魔物たちはクトゥルー神話と無関係のモンスターばかりだが、映画『エイリアン』の明らかなオマージュと思しき怪物が1体混ざっていた。

ともあれ、MYSTIC ARCANAの記述を見る限りでは、ターザン、ウルヴァリンと戦ったアルハズレッドは同一人物のようだ。

マーベル作品とクトゥルー神話の接点は、他にも数多く存在する。超人ハルク・シリーズの小説The Incredible Hulk: Stalker from the Starsに登場するタコめいた宇宙生物シュンバラー Sh'mballah。そして、AVENGERS誌３５２号（９１年）から3号続けて登場し、アベンジャーズを苦しめる邪神ロイゴロスなど、数え出すとキリがない。

では、マーベル社のライヴァルたるＤＣコミックス社の方はといえば、マーベル社と時を同じくしてファンタジーやホラーに進出し、同じようにクトゥルー神話ネタがちらほら見かけられるようになった。たとえば、Swamp Thing8号（７４年）やChallengers of the Unknown８３号（７８年）には、ムナガラーという邪神が登場している。

また、バットマン・シリーズに登場するアーカム・アサイラムの名称も、ＨＰＬ由来である。バットマンは、原則として悪人を殺害しない。彼が捕えた手に負えないサイコパスの犯罪者は、普通の刑務所ではなく、専門の医療施設に収監される。その施設がアーカム・アサイラムである。この病院の初登場は

1974年刊行のBATMAN誌258号。作中に療養所（アサイラム）の語は見えるものの、正式な施設名はアーカム・ホスピタルで、その位置はニューイングランド地方とされていた。この時点では、我々のよく知るアーカムにあると設定されていたのだろう。その後、アーカム・アサイラムの設定は二転三転し、最終的に創設者であるアマデウス・アーカムの名字に由来するということで落ち着いたが、ともあれ「アーカム」の名称は残った。

DCコミック・ヒーローの筆頭であるスーパーマンもまた、2度にわたりクトゥルー神を想起させる姿の巨大クリーチャーと戦っている。83年刊行のSPECIAL SUPERMAN誌1号は、銀河宇宙を移動中のスーパーマンが、「奇怪な力、あるいは存在」と遭遇し、熾烈な戦いを繰り広げるシーンで幕を開ける。見開きで登場する巨大な怪物は、エネルギーの奔流そのもののように描かれているが、無数の触手を繰り出すその姿は明言こそされていないもののクトゥルーそのものであり、大多数の読者も「これはクトゥルーだ」と考えたようだ。ごく最近も、スーパーマンはクトゥルーに似た怪物と戦っている。SUPERMAN誌の654号から658号（2006年）にかけてのエピソードCAMEROT FALLSにおいて、スーパーマンの前に立ちはだかる「アトランティスのアリオン」が、クライマックスでクトゥルーそっくりの姿に変身するのだ。アリオンは、WARLORD55号（1982年）で初登場し、同年創刊のARION OF ATLANTIS誌の主人公として活躍した、紀元前45000年生まれのアトランティスの王だ。アリオンは、ホモサピエンス以前の地球に存在したホモマギ（Homo Magi）の生き残りで、スーパーマンの戦いの先に待ち受ける地球滅亡の危機を警告し、力づくでもそれを阻むべく、時を越えて彼の前に現れるのだ。

DCコミックス社の関連では、その他にもアニメSuperman: the Animated Series第1話、Justice League第41・42話にクトゥルー神話由来のクリーチャーが登場する。

クトゥルー神話の認知度があがった80年代以後は、関連コミックが大量に刊行されており、逐一紹介するとキリがない。たとえば、映画『リーグ・オブ・レジェンド』の原作となったアラン・ムーアのクロスオーバー・コミックThe League of Extraordinary Gentlemenシリーズには神話要素がちりばめられていて、Neonomiconなどのムーアの他作品も同様である。また、クトゥルー神話の影響を受けた『死霊のはらわた』シリーズ、『死霊のしたたり』シリーズ（原作はHPLの「ハーバート・ウェスト――死体蘇生者」）などのスプラッター・ホラー映画のコミカライズも複数社から刊行され、両者のクロスオーバー作品も複数存在する。複数の作家が設定をシェアするクトゥルー神話は、アメコミにおけるクロスオーバーの文化と相性が良いのだろう。『ミュータント・ニンジャ・タートルズ』『トランスフォーマー』『ローン・レンジャー』など、日本人もよく知る作品とのクロスオーバー作品がこれまでに数多く刊行されてきたのである。

ちなみに、『死霊のはらわた』シリーズと『13日の金曜日』シリーズのコラボ企画が動いていた時期があって、『13日の金曜日ジェイソンの命日』にその名残が見えるが（ジェイソンの生家に『死霊のはらわた』シリーズの重要アイテム『ネクロノミコン・エクス＝モルテス』がある）、最終的には流れてしまった。このコンセプトはコミック企画として復活し、ダイナミック・エンターテインメント社から映画『フレディVSジェイソン』の続編にあたるコミックFreddy vs. Jason vs. Ashシリーズが刊行されている。

　無論、ゲームという比較的新しい娯楽媒体も、クトゥルー神話とは無関係ではいられなかった。その影響は、RPGやAVGなどのジャンルの先祖であるテーブルトークRPG（以下、TRPG）の最初期において、既に現れている。TSRが発売した世界初のTRPG『ダンジョンズ&ドラゴンズ』（以下『D&D』）と同時期、1975年に発売されたTRPG『トンネルズ&トロールズ』に、クトゥルー神話系のモンスター「ショゴス」が登場していたのである。

　クトゥルー神話の神々がTRPGに本格的にお目見えしたのは1980年。TSRが、『AD&D』に世界各地の神々や英雄を登場させるサプリメントDeities&Demigodsの中でクトゥルー神話に章を割くことを発表したのである。

　しかしここで、ややこしい事態が持ち上がった。ケイオシアム社が、既にTRPG『クトゥルフの呼び声（現・クトゥルフ神話TRPG）』を制作する許諾を、アーカム・ハウス社から得ていたのだ。なお、ケイオシアムでは1980年6月に同社のTRPG『ルーンクエスト』の追加モジュールThe Gateway Bestiaryに、クトゥルー神話の神々を登場させていた。協議を経て、Deities&Demigodsはケイオシアムへの謝辞を入れる形で発売されたが、第2版からはクトゥルー神話要素が全て削除されている。

　その後、TRPG『クトゥルフの呼び声』は無事、1983年に発売された。ゲームデザイナーのサンディ・ピーターセンは、The Gateway Bestiaryの著者である。『クトゥルフの呼び声』が今なお不朽の傑作と呼ばれているのは、正気度（Sanity）ロールという独自システムに拠るところが大きい。PCがクトゥルー神話的な事象に接触すると、ダイスを振り、PCの正気度と数値の大小を比較する。ダイスの数値が正気度を下回れば成功。しかし、失敗すると——更なるダイス判定が行われ、正気度が減る。やがて、正気度の尽きたPCは永遠の狂気に囚われるのだ。

『クトゥルフ神話TRPG』に先行してケイオシアム社から発売された『ルーンクエスト』のサプリメント、THE GATEWAY BESTIARY。

　もちろん、クトゥルー神話を題材にしたTRPGはこれが最後ではない。たとえば1995年にはスティーブ・ジャクソン・ゲームズ社の汎用TRPGシステム『ガープス』用のサプリメントCTHULHU PUNKが、2010年にはサンドストーム・プロダクションズ社からCthulhuTechが発売されている。中でも、2008年にペルグレイン・プレス社から発売されたTrail of Cthulhuは、『クトゥルフ神話TRPG』に匹敵する人気を集めている。

　パソコンや家庭用ゲーム機においても、SIR-TECH社のWizardry: The Return of Werdna（1987年）あたりを皮切りに、クトゥルー神話の影響を受けた作品が数多く発売されているが、こちらの紹介についてはまた別の機会に譲りたい。

## クトゥルー・ナウ

　ダーレスとリン・カーターが世を去った後、クトゥルー界を牽引してきた中心人物の一人が、ロバート・M・プライスである。伝説的な同人誌CRYPT OF CTHULHUを長年にわたり刊行してきたプライスは、ドリュー大学で神学の博士号を取得した新約聖書の研究家だが、クトゥルー神話アンソロジーの編集や神話作品の執筆も精力的にこなしている。

　彼が手がけた神話アンソロジーの中でも有名なのが、クトゥルー神話TRPGの版元であるケイオシアム社のシリーズである。このシリーズは特定の神名・地名・書名などを1巻ごとにテーマとしており、リン・カーターのアンソロジーThe Spawn of Cthulhuを改訂したThe Hastur Cycleが1993年に刊行されたのを皮切りとする。プライスはカーター（晩年はCRYPT OF CTHULHUにおいて作品を発表していた）の遺著管理人でもあり、彼のヒュペルボレイオス大陸物やゾス伝説群を中心に『エイボンの書』やThe Xothic Legend Cycle（収録作の半分ほどが『クトゥルーの子供たち』として邦訳された）などの、カーター設定の集大成とも言うべき作品集を刊行した。また、マリエッタ・パブリッシングから2002年に刊行されたLin Carter's Anton Zarnak Supernatural Sleuthは、カーターの創造したオカルト探偵アントン・ザルナックを主人公とするクトゥルー神話アンソロジーである。カーター自身はザルナックのために短編を3つ書いただけだったが、プライスやC・J・ヘンダーソンらが書いたパスティーシュを加えて1冊の本にしたのである。なお、ザルナックの住所や交友関係に関するカーターの設定には、ロバート・E・ハワードやシーベリー・クインの作品からの本歌取りが見られ、パルプ小説に対するカーターの偏愛ぶりが窺える。「僕はクトゥルー神話の豊潤さが好きだ」とカーターは語ったことがあるが、浅薄であるとか俗悪であるとかいった批判を怖れなかった彼が、結果的にはダーレス没後のクトゥルー界に対する最大の貢献者となったのだ。

　21世紀になってからも、プライスは精力的に仕事を続けている。2005年にThe Tsathoggua Cycleが、2008年にThe Klarkash-Ton Cycleが出た。続く2009年に出たのがMysteries of the Wormの第3版で、これはロバート・ブロックのクトゥルー神話短編集だが、元々はリン・カーターを編者として1981年にゼブラ・ブックスから刊行されたものだ。収録されている作品は当初の13編から20編に増えたが、ゼブラ版のためにカーターが書いた解説も残されている。この解説でカーターが「星から訪れたもの」に着目し、主人公の文通相手である「西部の丘陵地帯の隠者、北の荒野の碩学、ニューイングランドの不思議な夢見人」がそれぞれクラーク・アシュトン・スミス、オーガスト・W・ダーレス、H・P・ラヴクラフトを指しているのだろうと述べているのが興味深い。確かに、この3人こそはクトゥルー神話の3聖とも呼ぶべき存在である。

　また、ミスカトニック大学のモデルとなったロードアイランド州プロヴィデンスのブラウン大学出身のH・P・ラヴクラフト研究家S・T・ヨシは、HPLの原稿に直接あたって全原稿を校訂したことを皮切りに（現在、彼の校訂した原稿がアーカム・ハウスやペンギン・クラシックスをはじめ各社の単行本の底本となっている）、事典や伝記、作家たちとの書簡集を次々と刊行し続けている。ヨシ自身はあくまでもラヴクラフト研究家であって、他の作家たちが関与したクトゥルー神話については価値を認めていないようだが、重要な一次文献を数多く発掘・編纂してきたことで、結果的に重要な寄与をしている。

彼を中心とする研究者たちの努力によって近年、発見されたものの中には、ラヴクラフト自身の手になるクトゥルーの彫像（「クトゥルーの呼び声」に登場したもの）のスケッチが挙げられる。このスケッチは、ここ数年間に描かれた新しいクトゥルーのイラストに大きな影響を与えている。

このヨシの本を数多く刊行してきたのがヒポカンパス・プレスで、ティンダロスの猟犬やチャウグナール＝フォーンなどフランク・ベルナップ・ロングの被造物を扱ったプライスのアンソロジー、The Tindalos Cycleはケイオシアムではなくここから刊行された。

同社が２００２年に刊行したEyes of the Godは、晩年のラヴクラフトの親友ロバート・H・バーロウの作品集だ。Eyes of the Godにはラヴクラフトとバーロウの合作が６編すべて収録された。また「クラーク・アシュトン・スミスの最高傑作にも比肩しうる」というラヴクラフトの激賞を勝ち得た代表作A Dim-Remembered Storyも入っている。

ロバート・M・プライスは、ケイオシアムからヒポカンパス・プレスなどから、個別の邪神や怪物、書物がテーマの作品集を数多く刊行している。

こうした、埋もれていた名作を発掘する試みも近年の重要な動きだ。クトゥルー神話からは離れるが、２００４年にナイトシェイド・ブックスから出たRed World of Polarisも同様の例である。これは鋼鉄の精神をもって宇宙探検隊を率いるヴォルマー船長を主人公とするクラーク・アシュトン・スミスの小説で、発表されないまま長らく原稿が行方不明になっていたという幻の名作である。

クトゥルー神話の源泉はパルプ小説にあると見なしたカーターやプライスが神話大系の間口を大きく広げたのに対して、「未知なるものの恐怖」というラヴクラフトの原点に立ち返ることを提唱した人たちもいる。クトゥルー神話が濫用されて陳腐化したことへの反省から、神話特有の用語を安直に使用することは避けようというのが彼らの主張だった。クトゥルー神話ＴＲＰＧの作者として有名なキース・ハーバーとケヴィン・ロスはこの考えに基づき、Dead But Dreamingというアンソロジーを２００２年にダークテールズ・パブリケーションズから出した。この本にはラムジー・キャンベルやダレル・シュワイツァーが参加し、わずか７５部しか印刷されなかったにもかかわらず高い評価を得た。その後、ハーバーが立ち上げた出版社ミスカトニックリバー・プレスから２００８年に復刊されたことにより、Dead But Dreamingはようやく世間に広く出回るようになった。さらにDead But Dreaming IIが企画されていたのだが、ハーバーが２００９年に亡くなったことで頓挫してしまった。

Dead But Dreamingに収録されている作品にスティーヴン・M・レイニーのEpiphany: A Flying Tiger's Storyがある。これは第２次世界大戦下のインドシナ半島を舞台に、アメリカ義勇航空隊のパイロットが遭遇した怪異を描いた短編で、アンソロジーの骨子である「未知なるものの恐怖」をよく体現した作品となっている。レイニーは「許されし者」が邦訳されているだけなので、日本での知名度はまだ低いが、米国のクトゥルー神話アンソロジーでは常連だ。我々が怪物に初めて遭遇した時の記憶というフィルターを通して怪物は我々を怖がらせ続けるのであり、レイニーの作品はその事実から出発しているとプライスは指摘している。

ウォルター・C・デビル・ジュニアはプログラマーが本職だが、クトゥルー神話に影響を受けたムランドス神話を独自に創造したことで有名になった。ムランドス神話の女神イドーラはクトゥルー神話に逆輸入され、イドーラがゴジラ（正確には「ガジラ」）の誕生に関与したという設定が『クトゥルフTRPG』で日本を扱うためのソースブックSecret of Japanに取り込まれた。

かつてのリン・カーター同様、C・A・スミスに傾倒し、その設定を活かす作品をいくつも書いているのが、ジェイムズ・アンビュールだ。アンビュールはスミスの創造した大盗サタムプラ・ゼイロスが活躍する作品を書いているが、そのうちの1編Shadow of the Sleeping God はケイオシアム の The Tsathoggua Cycleに収録されている。

また、英国ホラー界の重鎮スティーヴン・ジョーンズがアンソロジー『インスマス年代記』の続編として2005年にフェドガン&ブレマーから出したのがWeird Shadows Over Innsmouthである。いわば『続インスマス年代記』であり、前作に引き続いてラムジー・キャンベルやキム・ニューマンらが参加している。11の作品に加え、ラヴクラフトの「インスマスを覆う影」の初稿が収録されているが、ダーレス門下の面々の中で双璧をなすラムジー・キャンベルとブライアン・ラムレイ、そしてプライスが「新ラヴクラフト・サークルの忘れ去られたメンバー」と呼んだジョン・グラスビーの作品にここでは言及しておく。キャンベルのRaised by the Moonはオンライン誌で発表されたものの再録だが、読者の「恐怖」よりも「不安」を刺激する彼らしい内容となっている。ラムレイの「けがれ」はイングランドの海浜の寒村を舞台に、深きものにも人間にもなりきれなかった少年の哀しみを重厚な筆致で描き、最後に衝撃的などんでん返しがある良作だ。ラムレイといえば我が国ではタイタス・クロウが有名だが、彼はクロウ・サーガ以外の神話作品もたくさん書いており、そちらも邦訳が待たれている。

Weird Shadows Over Innsmouthに収録された作品のひとつがジョン・グラスビーのThe Quest for Y'ha-nthleiである。グラスビーは英国の人で、インペリアル・ケミカル・インダストリーズに勤務する傍ら筆名で小説を発表していた。それがダーレスの眼にとまり、アーカム・ハウスからグラスビーの作品集が刊行されることになったのだが、ダーレスが急死したために計画が頓挫してしまった。グラスビーは長らく無名のままだったが、マイク・アシュリーから彼の名を知らされたプライスがアンソロジーにグラスビーの作品を収録するようになり、英米の神話ファンの間ではよく知られた存在となった。80を超える高齢だが、2005年には長編The Dark Destroyerを発表している。

クトゥルー神話関連の書籍を扱っている小規模な出版社としてはミソス・ブックスやエルダーサインズ・プレスがある。

ミソス・ブックスからは2008年にW・H・パグマイアの作品集Sesqua Valley & Other Hauntsが刊行された。邦訳されているこの人物の作品はジェシカ・アマンダ・サーモンソンとの合作「蒼ざめた震える若者」のみだが、本国ではラヴクラフトの影響を受けた作品を数多く発表している。自分のクトゥルー神話作品の舞台として、パグマイアは米国西海岸のセスカ峡谷を創造した。

エルダーサインズ・プレスから刊行された本としては、2006年のHardboiled Cthulhuがある。これはジェイムズ・アンビュールが編集したアンソロジーで、題名通りハードボイルド小説とクトゥルー神話の融合を標榜している。この本に収録されたリチャード・A・ルポフのDreemz.bizは「見たい夢を見せる」という奇妙なウェブサイトにまつわる物語で、なかなか味わい深い。およそハードボイルドでないことを別にすれば、1読の価値があるといえるだろう。

ルポフは1935年生まれのベテラン作家で、HPLの「闇に囁くもの」の後日談として書かれたDocuments in the Case of Elizabeth Akeley（エリザベス・エイクリー事件の記録）や、遙か未来のスペースコロニーにおいてHPLの「ダンウィッチの怪」を映画化しようと奮闘するスタッフを見舞う珍騒動を描いた「ライト！　カメラ！　シュブ＝ニグラス！」など、荘厳さとギャグが渾然1体となった中にHPLと神話への過剰なまでの愛がみなぎった作品が多く、一種独特な魅力で読者を引きつける。

彼のDiscovery of the Ghooric Zoneは Tales of the Cthulhu Mythosの新版に収録された際に「ラヴクラフトの作品が初めて発表された時に伴っていた偶像破壊的な大胆さという意味合いを伝えてくれる神話作品は、ラヴクラフトその人によるものを除けば、これだけだ」とジェイムズ・ターナーから称讃された。ルポフは21世紀以降もクトゥルー神話アンソロジーでしばしば新作を発表しており、マイケル・リーヴズとジョン・ペランが2003年にデルレイから出したShadows Over Baker Streetにも彼のThe Adventure of the Voorish Signが収録されている。前述したWeird Shadows Over Innsmouthにもルポフの Brackish Watersが入っているが、いずれも奇妙な趣がある。

同じ2006年にエルダーサインズ・プレスから刊行されたアンソロジーに、『黄衣の王』をモチーフとするRehearsals for Oblivionがある。周知の通り『黄衣の王』はロバート・W・チェンバースが19世紀末に発表した短編集であり、そこにおいて重要な役割を演じる架空の戯曲の題名でもある。『黄衣の王』にまつわる物語はクトゥルー神話に取り込まれた後も神話大系中で特異な地位を占め、カルコサ神話もしくはハスター神話と名付けられた。カルコサ神話はジェイムズ・ブリッシュやカール・エドワード・ワグナーによって連綿と書き継がれてきたが、それが1冊のアンソロジーになったことは注目度の高まりの表れであるように思われる。

Rehearsals for Oblivionにはティアニーやプライスの他にジョン・タインズが参加している。タインズはゲームデザイナーとして有名な人物だが、ハスターと黄衣の王に対する愛着は相当なもので、Delta Green: Countdownではハスターのためにわざわざ1章を割いているほどだ。タインズはハスターの本質を「秩序を破壊する宇宙的な原理」と見なしているが、これはアザトースやヨグ＝ソトースと同等のところまでハスターの地位を引き上げようとしたものといえる。

『黄衣の王』関連の作品としては、２００１年にアーロン・ヴァネック監督、ジョン・タインズ脚本、ショーナ・ウォルドロン主演で映画The Yellow Signが制作された。ロバート・W・チェンバースの短編小説「黄の印」を踏まえた映画で、画廊を経営するテスが画家スコットとの出会いを通して奇怪な体験をするという物語だ。チェンバースの原作を忠実になぞったものではないが、現実と幻想、正気と狂気、生と死の境界を破壊する黄衣の王の世界をうまく描き出している。ラーカーフィルムズからＤＶＤが発売されており、これは日本語の字幕にも対応している。余談だが、この映画の中で黄の印として使われているのはケヴィン・ロスがデザインしたものである。３本の湾曲した腕をもつ印であり、ケイオシアムのゲームによく出てくるので、御存じの方も多いだろう。ただしケイオシアムが広めた黄の印はロスのオリジナルとは天地が逆で、しかも裏焼きになっているという裏話をダニエル・ハームズがThe Cthulhu Mythos Encyclopediaで披露している。

ダーレスが創設した出版社アーカム・ハウスも今なお存続しており、２００５年に米ウィスコンシン州のマディソンで開催された世界ファンタジー大会では、その長年の功績に対して特別顕彰がなされた。ただしダーレスの跡を継いでアーカム・ハウスを率いたジェイムズ・ターナーは１９９６年に勇退し、それ以後の同社は史料の出版に偏りがちとなっている。近年の例を挙げるならば、２００１年にＥ・ホフマン・プライスの回想録、２００３年にクラーク・アシュトン・スミスの書簡集、２００４年にヒュー・Ｂ・ケイヴの伝記といった具合である。無論これらも貴重な仕事であり、ラヴクラフトと彼の友人たちが生きていた時代のことを伝えてくれるものだが、創作の領域でクトゥルー神話を盛り立てているのは他の出版社だ。

　ダーレスその人に関する最近の話題もついでに紹介させていただこう。レイ・ブラッドベリは２００４年10月31日にＮＰＲの番組に出演して「無能なオタクだった自分に希望をくれたのがダーレスだった。ダーレスは僕の人生を変えてくれた」と語り、彼に対する感謝を表明した。ダーレスの故郷である米ウィスコンシン州では２００９年に彼の生誕１００周年を記念し、誕生日の２月24日を「ダーレスの日」とすることが州知事によって宣言された。もっとも、これは純文学作家としての功績を評価したものである。

　ＤＡＷブックスからは２０１０年４月にCthulhu's Reignが刊行された。これは旧支配者復活後の地球をモチーフとするアンソロジーである。編者はダレル・シュワイツァーで、日本からは朝松健が参加している。マイク・アシュリーはダーレスを讃え、大西洋両岸の怪奇文学界の架け橋となった彼のことを「大洋を越える手」の持主と呼んだ。

　日本でクトゥルー神話がブームになっていること自体は昨今、Facebookなどの交流を通して海外の作家やファンの間でも知られているが、外国語に翻訳された神話作品はまだまだ多いとは言えないのが現状だ。

　クトゥルー神話は、時代と国境を超えた、ワールドワイドなジャンルである。「分断の時代」と呼ばれる今こそ、会ったこともない人間同士が作品を介して強く結びついていたＨＰＬの時代に立ち返り、世界の国々を結びつけてくれることに期待したい。

# CTHULHU CHRONICLES
## ［Real：日本編］

**H・P・ラヴクラフト、そしてクトゥルー神話は、江戸川乱歩や荒俣宏といった、怪奇・幻想小説界の巨人たちによって日本に紹介された。以後、60年にわたる日本における展開を概観してみよう。**

筆者：森瀬 繚

### 大いなるクトゥルー、日本に現る

日本国内でＨ・Ｐ・ラヴクラフト（以下、ＨＰＬ）及びクトゥルー神話の作品群が紹介されるようになったのは、太平洋戦争後のことである。大正年間に創刊され、日本の探偵小説の萌芽を促した読物雑誌『新青年』の１９２９年７月号に、英国で編纂されたアンソロジーNot At Nightに転載されたＡ・Ｗ・ダーレスの「蝙蝠鐘楼」（翻訳は妹尾アキ夫）が紹介されていることからも、英米の怪奇小説が日本でも注目されていたことを窺えるが、実際に有象無象の作家達の中からＨ・Ｐ・ラヴクラフトを引っ張りあげたのは、この『新青年』誌からデビューし、やがて日本探偵小説界の立役者となった江戸川乱歩である。

戦争終結後、岩谷書店から刊行されていた探偵小説雑誌『宝石』誌に「幻影城通信」という海外小説の紹介記事を連載していた乱歩は、１９４９年３月号、４月号と続けてＨＰＬを取り上げ、「エーリッヒ・ツァンの音楽」「ダンウィッチ怪談」「異次元の色彩」などの作品に高い評価を与えている。この記事中、ＨＰＬなどを扱った怪談編については後に「怪談入門」というタイトルでまとめられ、ちくま文庫の『乱歩の選んだベスト・ホラー』（森英俊／野村宏平・編）などで読むことができる。この文章から、乱歩のＨＰＬ評を抜粋してみよう。

「彼の作には次元を異にする別世界への憂鬱な狂熱がこもっていて、読者の胸奥を突くものがある。その風味はアメリカ的ではなく、イギリスのマッケン、ブラックウッドと共通するものがあり、或る意味では彼等よりも更に内向的であり、狂熱的である。彼は天文学上の宇宙とは全く違った世界、即ち異次元の世界から、この世に姿を現す妖怪を好んで描くが、それには「音」「匂」「色」の怪談が含まれている」

その後、河出書房の『文藝』誌の１９５５

岩谷書店の探偵小説雑誌、『宝石』1955年11月号。多村雄二によるHPL「エーリヒ・ツァンの音楽」の日本語訳が掲載された。

年7月号に、加島祥造訳の「壁の中の鼠群」が掲載された。これがH・P・ラヴクラフトが本格的に日本へと上陸した瞬間で、『宝石』誌でも1955年11月号に掲載された多村雄二訳の「エーリッヒ・ツァンの音楽」を皮切りに、乱歩の紹介したものを中心にHPL作品を翻訳掲載している。

なお、乱歩の紹介に先立つ1947年、探偵小説雑誌『真珠』の11・12月合併号に、「墓場」と題する西尾正の小説が掲載されたが、その内容は明らかに「ランドルフ・カーターの陳述」の翻案だった。HPLの名前はないものの、厳密に言えば本邦最初の翻訳作品はこちらとすべきかもしれない。

ともあれ、江戸川乱歩という巨人のお墨付きを得たラヴクラフトの名は「人間の感情の中で何よりも古く、何よりも強烈なものは恐怖である。その中でも、最も古く、最も強烈なものが未知のものに対する恐怖である」という言葉と共に、英米の怪奇・幻想小説の象徴的な存在として、瞬く間に広まった。

1956年には早くもハヤカワ・ポケット・ミステリの『幻想と怪奇2』に「ダンウイッチの怪」が収録され、翌57年には東京創元社の『怪奇小説傑作集1』に、平井呈一訳の「アウトサイダー」が収録されている。

同社ではまた、1958年刊行の『世界恐怖小説全集』の第5集をビアスとHPLの連名で組み、「壁の中の鼠」「インスマスの影」「ダンウィッチの怪」を収録した。これが、複数のHPL作品が収録された最初の作品集になる。なお、『吸血鬼ドラキュラ』をはじめ、数多くの怪奇幻想小説を日本に紹介した平井呈一のHPL評は、創元推理文庫の『真夜中の檻』に収められている。

なお、1956年には、探偵小説家の高木彬光による神津恭介シリーズの短編集『邪教の神』が東方社から刊行されている。表題作「邪教の神」は、南洋に沈んだ超古代大陸に由来する神、チュールーの呪いにまつわる物語で、日本人オリジナルの最初のクトゥルー神話小説ではないかと目される作品だ。

ただし、高木自身による証言はなく、彼は平素、海外の面白い作品を見つけるとどこかしらで紹介することが多かったとの話と合わせて、偶然の一致とする意見もある。

妖怪漫画のパイオニアである水木しげるは、1963年に「ダンウィッチの怪」を「地底の足音」のタイトルで翻案した。水木は、貸本で仕事をしていた時代、英米の怪奇小説をネタ元に恐怖漫画を描いていたことを『ゲゲゲの家計簿』でも告白している。他にも、ラヴクラフトの影響が色濃い作品が幾つも存在しているが、明確にクトゥルー神話を題材にした作品として、朝松健らの協力で光文社の『コミックBE!』誌に連載された80年代後期の『悪魔くん世紀末大戦』が存在する。

ちなみに、1962年発行の貸本雑誌『別冊HIGH SPEED』の恐怖漫画特集号には、水木が構成した「恐怖博物館」という記事が掲載され、HPLへの言及があった。

1960年代に入ると、フランス文学者の澁澤龍彥らによる戦時中に抑圧された怪奇・幻想文学の復権を促す「異端の復権」のムー

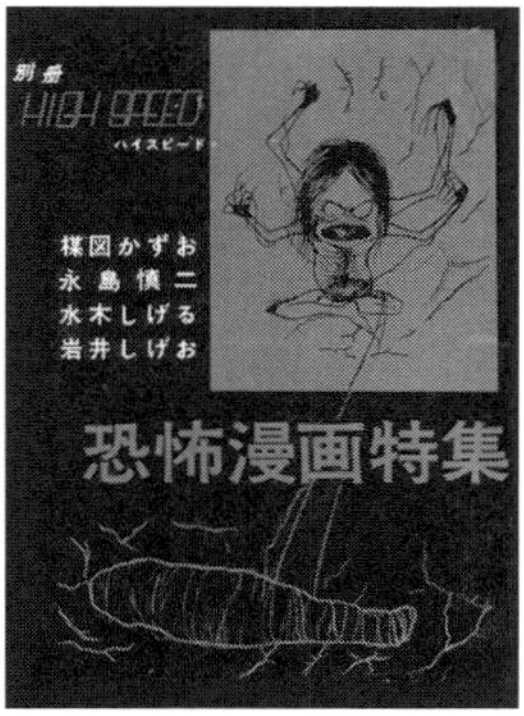


貸本雑誌『別冊 HIGH SPEED』の、恐怖漫画特集号。「地底の足音」などを描いた当時の水木しげるが、HPLのことを強く意識していた物証である。

ブメントに後押しされる形で、ＨＰＬ紹介熱はいよいよ加速することになった。この時期に、東京創元社や早川書房、新人物往来社や月刊ペン社などから刊行された怪奇小説のアンソロジーには、必ずといって良いほどＨＰＬ作品が収録されていた。これらの翻訳作品の一部は、１９７４年に発行された創元推理文庫の『ラヴクラフト傑作集』（後に『ラヴクラフト全集』にシリーズ名変更）１、２巻にまとめられている。

ＨＰＬの同時代に〈ウィアード・テールズ〉で活躍した作家達によるクトゥルー神話群が見出されたのもこの頃で、平井呈一の薫陶を受けた紀田順一郎が１９６３年に刊行を始めた同人誌『ザ・ホラー』において、平井訳に従った「ズールー神話」として紹介されている。これに続いて「クトゥルー神話」の語を広めたのが、紀田の後を追って慶應義塾大学に進学したという平井呈一門下の荒俣宏の同人誌『リトル・ウィアード』である。

『リトル・ウィアード』は、その名の示す通り１９２０年代のアメリカで発行されていたパルプ雑誌『ウィアードテイルズ』に掲載されている作品を中心に研究・紹介を行う同人誌だった。この本の功績として、Ｒ・Ｅ・ハワードの「英雄コナン」物の翻訳を掲載し、「ヒロイックファンタジー」という日本では未知だったジャンルの物語を開拓したことが挙げられるが、同時にまたＨＰＬ及び彼の周辺の作家達によって展開された「クトゥルー神話」を国内のファンダムに持ち込むという、重要な役割を担っていた。

荒俣自身は、ダーレスと共にアーカム・ハウスを創設したドナルド・ウォンドレイの証言に基づく「ク・リトル・リトル」の表記にこだわっていたが、『リトル・ウィアード』の同人には、後に東京創元社と青心社においてＨＰＬとクトゥルー神話作品の紹介者となる大瀧啓裕や、グループＳＮＥの中心人物となり、ゲームジャンルとクトゥルー神話との橋渡しをした安田均といった、次の時代を担う人々が名を連ね、ＳＦや幻想文学のファンダムを中心にクトゥルー神話の存在が広まることになった。怪獣博士として名高い大伴昌司が、『少年マガジン』の巻頭グラビアで何故か南極にいる「イスの偉大なる種族」を描いたのもこの時代のことである。

１９５６年の『アウトサイダー』で注目を集めたコリン・ウィルソンの存在も大きく、１９６０年代末から１９７０年代頭にかけて相次いで翻訳されたウィルソンのＳＦ作品、『精神寄生体』と『賢者の石』がクトゥルー神話を下敷きにしていることが知れたことで、それまで怪奇・幻想小説に注意を払わなかったような人々の関心がＨＰＬに向けられるという余禄もあった。コリン・ウィルソンは、１９７１年の『オカルト』で１９７０年代の出版界を席巻したオカルト・ブームの火付け役になった人物でもある。オカルト・ブームは海を越えて日本にも伝わり、大陸書房や角川書店をはじめ、各社から競うようにオカルト関係の書籍が刊行され、中でも１９７３年に祥伝社から刊行された五島勉の『ノストラダムスの大予言』は、発売後３ヶ月で公称１００万部のベストセラーとなった。

１９７０年代から８０年代にかけてのＨＰＬ、そしてクトゥルー神話の紹介は、このオカルトブームの波に便乗していた。その音頭を取ったのが荒俣宏で、当時、団精二の筆名で盛んに海外幻想文学の翻訳・紹介を行っていた彼は、早川書房の『Ｓ－Ｆマガジン』１９７２年９月臨時増刊号において大々的にクトゥルー神話大系の特集を組み、商業刊行物中ではおそらく初めて「クトゥルー神話」についての体系的な解説を試みた。

続いて荒俣は紀田順一郎と共に怪奇幻想文学の専門誌『幻想と怪奇』を創刊し、歳月社から刊行された第4号（1973年11月発行）で「ラヴクラフト＝CTHULHU神話」特集を組み、『Ｓ－Ｆマガジン』での試みを雑誌丸々1冊を使って更に拡大した。

この号には、リン・カーターがアマチュア時代に作成した神話設定集「クトゥルー神話の神神」が掲載されているのだが、これが大瀧啓裕の最初の翻訳仕事だった。この設定集は後に、風見潤の『クトゥルー・オペラ』のベースとなっている。また、『幻想と怪奇』誌には安田均も訳者として加わっていた。

歳月社の文芸雑誌『幻想と怪奇』第4号。「CTHULHU神話」特集が組まれた号で、リン・カーターの「クトゥルー神話の神々」が冒頭に掲載された。

荒俣はまた、1976年に創刊されたみのり書房のオカルト雑誌『オカルト時代』にも関わっている。この『オカルト時代』は、今なおカルト的な人気を集め、読者コーナーで結ばれたコミュニティが維持されている同社のアニメ雑誌『ＯＵＴ』の前身として知られる雑誌で、荒俣と後述の松井克弘の紹介で、京都のＳＦファンダムにおいて同人誌『不死者画報』の発行をはじめ八面六臂の活躍をしていた聖咲奇がライター参加しているのだが、彼は同誌の1977年2月号においてブルー・オイスター・カルトやブラック・サバスなどのロックバンドと、クトゥルー神話、そしてジョン・Ａ・キールの『四次元から来た怪獣』（大陸書房）を下敷きに「ビザメア神話」という架空神話体系と『クリサマンシア』という禁断の書物を創造している。なお、この時挿絵を担当したのが、後にクトゥルー神話に材を採った作品を幾つか描いている漫画家の板橋しゅうほうである。

この時代に活躍したもう一人の紹介者が、英米文学の翻訳家として活躍していた仁賀克雄だ。ワセダミステリクラブの創設者である彼は、『宝石』誌における江戸川乱歩の紹介でＨＰＬの虜になった一人であり、日本最初のＨＰＬ作品集『暗黒の秘儀』を1972年に創土社から刊行している。なお、この単行本の帯には「恐怖の詩」と題した澁澤龍彦の推薦文が載っており、澁澤がＨＰＬについて言及したかなり珍しい文章になっている。仁賀は続いて、早川書房の『ミステリマガジン』1973年7月号から12月号にかけて「アーカム・ハウスの住人」を連載し、当時「アーカム派」などと呼ばれていたオーガスト・ダーレスやクラーク・アシュトン・スミス、ロバート・ブロックなどの、クトゥルー神話とＨＰＬで結ばれた作家達と、短編作品1篇を訳出して紹介している。怪奇幻想文学がジャンルとして独立する以前、これらの小説作品はミステリ小説の一形態と捉えられていた時期があり（江戸川乱歩の造語による「変格ミステリ」などという呼び名も作られた）、その頃の名残として、『ミステリマガジン』誌では現在に至るも年に1回、概ね8月号か9月号に「幻想と怪奇特集」が組まれている。なお、クトゥルー神話の根本教義ともいうべきＨＰＬの「クトゥルーの呼び声」は、『ミステリマガジン』1971年12月号から3回に分けて掲載された矢野浩三郎訳の「クトゥルーの喚び声」をもって本邦初訳となった。なお、この「クトゥールーの喚び声」第3回が掲載された『ミステリマガジン』1972年2月号には『ネクロノミコン』の解説記事も掲載され、前述のSFマガジンと「アーカム・ハウスの住人」に並ぶ重要な資料となった。『暗黒の秘儀』を刊行した創土社（現在の創土社とは経営母体が変わっており、実質的には別会社とのことだ）は、アンブローズ・ビアスやロード・ダンセイニといった幻想文学の古典のみならず、クラーク・アシュトン・スミスの作品を集めた『魔術師の帝国』（編集は安田均）などを手がけたことで一頃は「日本のアーカム・ハウス」などと呼ばれ、1975年には荒俣宏を編者とする『HPL小説全集』の刊行を開始するが、当時、プログラマーとして勤務していた日魯漁業株式会社（現・株式会社ニチロ）との兼業での編集・翻訳作業は困難を極め、残念ながらこちらの全集は1巻から3年を空けて4巻が刊行されたまま立ち消えになってしまった。しかしながら、1976年に国書刊行会からドラキュラ叢書の5冊目として刊行された荒俣宏編集の『ク・リトル・リトル神話集』は、最初のクトゥルー神話作品集として多くの読者にとっての出発点となっており、現在もなお増刷が続いている。

　1970年代は、『ラヴクラフト傑作集』『ク・リトル・リトル神話集』をはじめ重要な作品集が幾つも刊行されたのみならず、雑誌媒体上で系統的な紹介が行われ、それまでごく一部の好事家のものであった人物と作品とが、「ファン」のところに届くようになった重要な時期であった。この時期にファンダム活動を行っていた松井克弘や青木治道、安田均といった錚々たる人々が、1980年代以降のクトゥルー神話の紹介と普及とを担っていくことになるのである。

矢野浩三郎訳の「クトゥールーの喚び声」が掲載された『ミステリマガジン』1971年12月号。目次には「クトゥルーの喚び声」とあった。

## 「CTHULHU」の日本語表記

「CTHULHU」をどう読むかという問題については、本国においても、「クトゥルーの呼び声」の発表当時から議論されてきた。

　A・W・ダーレスと共にアーカム・ハウスを立ち上げたドナルド・ウォンドレイは、ラヴクラフトから直接聞いた話として、「K-Lütl-Lütl」が正確な発音とした。これが、日本の国書刊行会から刊行された作品集で荒俣宏が採用した、「ク・リトル・リトル」という独特の表記の元となっている。

　しかし、ラヴクラフトはドウェイン・ライメル宛ての一九三四年七月二三日付の書簡でウォンドレイのこの発言を否定し、以下のように説明している。

「CTHULHUという文字は、エンジェル教授が若き芸術家ウィルコックスから聞いた夢の中の名前を表すために（無論、大雑把で不完全ですが）取り急ぎ工夫したものに過ぎません。実際の発音は――人間の器官で発声しうる限りでは、Khlül'-hlooのような具合になるでしょう。u の発音は、full の u の発音とそっくりで、大一音節の h は不明瞭な喉音を表しているのですから、第一位音節の発音は klul とさして変わりません。第二音節はうまく表現できませんね——このｌの音を例示できないのです」

ウィリス・コノヴァー宛の一九三六年八月二九日付書簡では、「Cluh-luh」とも書いている。東京創元社版『ラヴクラフト全集』が、いくつかの作品を除いて「クルウルウ」表記にしているのは、これらの書簡が根拠だろう。

しかし、彼が書簡中で説明しているのはあくまでも「本来の神名」であって、エンジェル教授が便宜上使用した「CTHULHU」という当て字の読みではないということは、どうにも見落とされがちである。

この二つ——すなわち、「本来の神名の発音」と「CTHULHUと綴られた言葉の読み方」は厳密には区別して扱うべきで、「CTHULHUは元々人間には発音できない言葉なのだから、正確な日本語への置き換えはできない」という意見はナンセンスなのだ。

そして今日、英語圏における標準的な「CTHULHU」の読みは、「クトゥルー」と「クゥルー」の中間あたりの発音である。

「CTHULU」の誤字が商業刊行物上で頻出するのみならず、スペイン語圏ではもっぱらこの表記（CTHULU）が使われていることからも、国際的な流れとして、LHU のＨが省略される傾向にあることは明白だ。

日本での「クトゥルフ」表記は東京創元社版『ラヴクラフト傑作集（全集）』の「クトゥルフの呼び声」が初出だが、ＴＲＰＧ"Call of Cthulhu"の日本語版発売の際、ゲームデザイナーのサンディ・ピーターセンが吹き込んだテープの発音「kuh-THOOL-hoo」に基づき「クトゥルフ」表記を採用したことで広まったものだ。ただし、現在のケイオシアム社の推奨発音は「kuh-THOO-loo」で、他ならぬピーターセン自身が二〇一四年時点で「クトゥルー」と発音していることが、イベントで確認されている。

クトゥルー神話は、国籍と無関係に共有・接続できるワールドワイドな作品群であり、日本の作品も海外に発信するべき——そうした考えから、筆者は「クトゥルー」表記を推奨している。実際、海外の読者に「クトゥルフ」と言っても通じない事が多いのだから。

## ２０世紀を振り返る①

日本のＨＰＬ、及びクトゥルー神話ファンにとって、１９８０年代はまさしく疾風怒濤の時代だった。１９８０年に青心社から刊行されたハードカバー版作品集『クトゥルー』を皮切りに、国書刊行会からは１９８２年の『真ク・リトル・リトル神話大系』と１９８４年の『定本ラヴクラフト全集』が、シリーズ単位の関連書籍が各社から相次いで刊行されている。これらの企画は同時多発的に各社で立ち上がったものであり、いわゆる後追い企画ではなかったようだ。

これらの動きに呼応し、１９８４年には朝日ソノラマが仁賀克雄の監修でソノラマ文庫海外シリーズのレーベルを立ち上げ、ロバート・ブロックの『暗黒界の悪霊』をはじめ、創土社から発売された同名の作品集を改訳した『暗黒の秘儀』、クラーク・アシュトン・スミスの『魔界王国』が発売されているが、残念ながら早々に絶版となり、現在、相当なプレミアがついている。

この時代の出版界におけるキーマンとして、真っ先に名前を挙げなければならないのが、大瀧啓裕と松井克弘だ。

学生時代からの親しい友人であり、関西の

ＳＦファンダムの実力者である青木治道が設立した青心社から１９８０年に刊行した『悪魔の夢 天使の溜息 ウィアードテイルズ傑作選』に続き、クトゥルー神話作品のアンソロジー『クトゥルー』全6巻（ハードカバー版）を手がけた大瀧啓裕は、それまでは再録中心で構成されていた東京創元社の『ラヴクラフト傑作集』の3冊目から翻訳者並びに編者として参加しているが、彼の参戦によってこのシリーズは『ラヴクラフト全集』に生まれ変わることになった。

いま一人の松井克弘は、高校在学中の１９７２年に怪奇幻想小説の同人「黒魔団」を結成し、荒俣宏などの紹介で１０代の頃より怪奇小説の翻訳やオカルトライターに従事していた人物である。大学卒業後に国書刊行会に入社した彼は、編集者として『アーカムハウス叢書』『定本ラヴクラフト全集』『真ク・リトル・リトル神話大系』といった、重要な企画の数々を立ち上げ、１９８０年代の神話ブームの牽引役となった。彼自身も後に作家となり、「朝松健」の筆名で、『崑央の女王』や『肝盗村鬼譚』など、クトゥルー神話色の濃い作品を幾つも手がけている。菊地秀行と夢枕獏の登場による超伝奇バイオレンス小説の流行下で、ホラー小説ジャンルの開拓を画策した角川書店の総帥、角川春樹の肝煎りで１９８１年に刊行の始まった栗本薫の『魔界水滸伝』による後押しもあり、当初は2冊の予定だった『真ク・リトル・リトル神話大系』は、売れ行き好調により全１１冊へと延長されることになったが、まだこの企画が社内で海のものとも山のものともつかない微妙な立ち位置にあった頃、オカルトブームに着目した松井は極めてユニークな広報を行った。学習研究社のオカルト雑誌『ムー』の１９８２年１2月号、１９８３年8月号の2度に渡りクトゥルー神話特集を組んだのだ。オカルトライターでもあった彼ならではのアイディアだが、クトゥルー神話の神々が現実に存在し、作品中で描かれる事件が実際に起こったのだと信じ込んでしまう、これまでに存在していなかったタイプの読者を数多く生み出すという思わぬ副産物があった。なお、『定本ラヴクラフト全集』が刊行された１９８４年には、松井は青土社に働きかけ、『ユリイカ』誌の１９８４年１０月号にてＨＰＬ特集を組ませている。出版の世界におけるＨＰＬとクトゥルー神話については、概ねこの2人が牽引していたが、これらの伝統的なシニア層のフォローに加え、９０年代以降にクトゥルー神話に本格的に触れることになるジュニア層への紹介が始まったのもこの頃だ。未だ「おたく」という言葉が存在せず、雑学に通じた「物知り」であることが尊ばれた時代、ウルトラマンや仮面ライダーなどの特撮ヒーロー物の熱心なファンから、１９７９年にテレビ朝日で再アニメ化される頃には国民的な作品と呼べるほど人気作に成長していた『ドラえもん』を代表作とする藤子不二雄ファンに至るまで、今は亡き勁文社の大百科シリーズと小学館のコロタン文庫は、知識に貪欲な子供たちのバイブルだった。中でも、かつて秋田書店などから発売されていた大伴昌司の怪獣図鑑の末裔に他ならぬ怪獣テーマの大百科は人気ジャンルの一つであり、前述の聖咲奇が監修したコロタン文庫の『世界の妖怪全百科』と、関西のファンダムにおいて「コロサス・コーポレーション」を主宰していた竹内義和が企画し、ゼネラルプロダクツ（ガイナックスの前身）も協力している勁文社の『世界の怪獣大百科』には、「ク

ライターの竹内義和が構成を担当した勁文社の『世界の怪獣大百科』。若干怪しい説明と共に、クトゥルフ、ダゴン、ツァトゥグァなどが紹介された。

トゥルフ」や「ナイアルラトホテップ」「ダゴン（記事内容は〈深きものども〉だったが）」などクトゥルー神話の神々の名前が登場し、奇怪な怪獣・妖怪のひとつとして、それとは気付かぬ内にこれらのワードを刷り込まれた子供達が大量に生み出された。

少し上の世代に向けては、現在「ライトノベル」と呼ばれている小説ジャンルの前身となったジュヴナイル、もしくはヤングアダルトの枠組みで、ホラー映画ライターから作家へと転身した菊地秀行の『妖神グルメ』と、翻訳者でもあった風見潤の「クトゥルー・オペラ」シリーズが共に朝日ソノラマ文庫に登場した。ちなみに、『妖神グルメ』で描かれる原子力空母カールビンソンと邪神ダゴンのガチンコバトルは、後にニトロプラスの『デモンベイン』に大きな影響を与えている。

80年代後半に学習研究社の『コミックNORA』誌で連載されていた、矢野健太郎の「邪神伝説」シリーズのようなコミック媒体でのクトゥルー神話作品の存在も重要だが、それ以上にゲームという新しいメディアとクトゥルー神話が結び付けられたのもこの時代の特徴で、後にグループSNEを設立する翻訳家の安田均がその中心人物となった。

## もうひとりのキーマン、安田均

安田均は、1950年7月25日に神戸に生まれた。語学に優れ、海外から取り寄せた原書のSF・ファンタジー小説に耽溺していた彼は京都大学法学部に進学し、70年にSF同好会を創設。当時、関西のSFファンダムには、後に青心社を設立する関西大学SF研究会の青木治道などがいて、安田は彼らと共に日本SF史の一時代を築いた。

なお、京都大学では66年にもSF同好会が創設されるが、70年には既に解散していたため、彼が設立したSF研究会は「第二期京都大学SF同好会」と呼ばれている。

彼はまたこの頃、ロード・ダンセイニにちなんだ「団精二」の筆名で海外SF・ファンタジー小説の翻訳を活発に行っていた荒俣宏の『リトル・ウィアード』に啓発されて、関西で「幻想文学同好会」を発足させる。この会の同人には、2歳年少の大瀧啓裕もいた。

安田はクトゥルー神話作品をはじめとする〈ウィアード・テイルズ〉掲載の怪奇小説に強い関心を持っていて、1974年に創土社から発行されたクラーク・アシュトン・スミスの作品集『魔術師の帝国』を実質的に編集しているほか、75年に荒俣の監修で刊行が始まった同社の『ラヴクラフト全集』第Ⅰ巻（全集そのものはⅠ巻、Ⅳ巻のみ刊行）収録の「銀の鍵」の翻訳を担当している。

また、1959年創刊の『S-Fマガジン』（早川書房）に続いて創刊されたSF雑誌『奇想天外』（この頃は奇想天外社）の77年7月号から、海外SF作品の紹介コラム「クレージー・プラネット」の連載を開始するが、これが海外SF小説・ゲームの伝道者としての安田均の記念すべき出発点となった。

その後、初代編集長の福島正実と共に『S-Fマガジン』を支えてきた伊藤典夫が、同誌の海外SF紹介コーナー「SFスキャナー」

の担当を降りた後、安田は荒俣や鏡明、風見潤などと共に、このコーナーの担当ライターに加わっている（75年11月号から）。

のみならず、1978年8月に創刊されたSFアート雑誌『スターログ日本版』の第4号から、ユニークな視点で欧米のSFシーンを切り取って紹介する「リアルタイムSFワールド」という連載を開始。なお、この連載記事の第10回にて、安田はロバート・ブロックによるクトゥルー神話パロディ小説Strange Eons――後に東京創元社から『アーカム計画』として翻訳発売された――を大きく取り上げている。

ところで、SF雑誌上で活躍していた他のライター達と安田との間には、大きく異なっている部分が一つあった。それは、ゲームへの関心だ。後に、TRPGやドイツのボードゲームを日本へと普及する原動力となっていく安田だが、日本ではまだSLGやRPGなどのジャンルすら分化していなかった時代から、彼はこの新しい娯楽に注目していた。

81年9月、アメリカはコロラド州のデンバーで開催されたワールドコン（世界SF大会）に参加し、こうしたゲーム作品がSFファンダムで注目を集めているのを目の当たりにした安田は、この大会の会場でとあるゲームとの出会いを果たしている。

グローランサという架空世界を舞台に冒険するTRPG『ルーンクエスト』で、既にアメリカ国内では『D&D』に匹敵する人気を集めていたケイオシアムのカタログ中の近刊情報に、Call of Cthulhu――TRPG『クトゥルフの呼び声』を見つけたのだった。

ハヤカワ文庫やサンリオ文庫を中心に翻訳家の仕事を精力的にこなしていた彼は、『SFマガジン』において81年12月号から新設されたSFを取り巻く動向そのものを紹介するコーナー、「安田均のアメリカSF事情」を担当するようになった。彼はワールドコンの報告をはじめ、海外SF事情を熱心に紹介していくが、連載第4回のSF・ファンタジーゲーム特集のあたりからゲーム情報にウェイトを置く回が増えていった（この時、ケイオシアムの『クトゥルフの呼び声』が初めて言及されている）。そのため、『SFマガジン』83年8月号から「安田均のアメリカSF事情」は「SFゲームへの招待」という、ゲーム紹介コーナーへと生まれ変わる。安田は、最初の内はSF映画『E・T』の中で主人公達が『ダンジョンズ&ドラゴンズ』をプレイするシーンを引き合いに出しながら、水を得た魚のように嬉々として様々なゲームの紹介に熱中していくが、小説を原作とするゲーム作品にテーマを絞ったこの連載の第7回「エルリック、クトゥルー、指輪物語」（84年3月号）において、ケイオシアムの『クトゥルフの呼び声』について解説している。これが、TRPG『クトゥルフの呼び声』と、そのシステムを本格的に日本へと紹介した最初の文章だろう。

単にこうした記事上での紹介のみならず、安田はGDWから1977年に発売されたSFRPG『トラベラー』の翻訳を行い、この日本語版『トラベラー』は1984年にホビージャパンから発売されている。1983年に創刊されたホビージャパンの『TACTICS』は、当初はボードシミュレーションゲームを中心的に扱う雑誌だったが、次第に数を増してきたRPG関連の記事も徐々に扱うようになり、『トラベラー』発売前後の17号（1984年9月発行）から、安田による「ロールプレイング入門」の連載が始まっている。

まさに、八面六臂の活躍だ。なお、当時のSF・ファンタジーゲームへと向けられた安田の情熱は、86年5月に青心社から刊行された『SFファンタジィゲームの世界』に結実している。

安田がコンピュータゲームに注目したのも同じ頃だ。AppleIIを入手し、UltimaやWizardryなど、『ダンジョンズ&ドラゴンズ』に発するコンピュータRPGに驚嘆した彼は、アスキー（当時）のゲーム雑誌『LOGiN』の1983年11月号のRPG特集で、当時はまだ日本では殆ど知られていなかった「ロールプレイングゲーム」という新ジャンルについて、アナログとデジタルの両面から解説を行っている。当時まだ、同誌に掲載されているソフトランキングに「RPG」というジャンルは存在していなかった！

この特集がきっかけとなって、安田は翌84年3月号から海外の最新コンピュータゲームを紹介する「安田均のアメリカ・ゲーム事情」の連載を開始し、こちらでも『トラベラー』や『クトゥルフの呼び声』の紹介を行っている。なお、後に単行本『幻夢年代記』（ビジネスアスキー）にまとめられたこの連載の担当編集者は、後にアスキーの『ログアウト』や『MSXマガジン』、メディアワークスの『電撃hp』の編集長を務め、現在はエンターブレインと新紀元社と組んでTRPG雑誌『Role & Roll』（発行は新紀元社）を刊行するなどTRPG事業を展開し、昨年にはやRPGショップ「Role & Roll Station」を秋葉原に開店したアークライトに在籍している宮野洋美である。

実際、様々な媒体上で連載を持っていた安田の紹介記事によってクトゥルー神話（特にケイオシアムのTRPG『クトゥルフの呼び声』）の存在を知った読者は多い。

なお、クトゥルー神話に関わる小説の翻訳者としても、注目すべき仕事があった。

1980年に編者の一人として携わった講談社のSFアンソロジー『世界SFパロディ傑作選』中に、スティーブン・アトリーとハワード・ウォードロップの怪作「昏い世界を極から極へ」を翻訳・紹介したのである。

「昏い世界を極から極へ」の物語をざっと紹介すると――メアリ・シェリーの『フランケンシュタイン』のラストで北極の海へと消えていったフランケンシュタイン博士のモンスターが、北極の開口部から地球内部世界へと到達し（地球の内部が空洞になっていて、地上の裏側にも陸地が存在するという「地球空洞説」は、エドガー・アラン・ポオやエドガー・ライス・バローズなどがこれをネタにして小説を書くなど、SFの世界ではメジャーな題材）、その人間離れした怪力でのしあがって大帝国の王座に就くなど、蛮人コナンばりのヒロイックファンタジーを展開しながら地球（の裏側）を縦断し、南極側の開口部から地上に帰還するという豪快な物語だ。

E・R・バローズの「ペルシダー」シリーズなどの地球空洞説物から、ハーマン・メルヴィルの『白鯨』に至る様々な先行作品を取り込んだクロスオーバーもので、南極の地下にはHPLの「狂気の山脈にて」から材を採った古代遺跡が存在し、「テケリ・リ！」という鳴き声をあげるお馴染みの怪生物が登場する。これだけ密度の濃い物語が65ページの中篇に押し込まれているのだ。

## グループSNEの設立

安田が『SFファンタジィゲームの世界』を上梓した1986年という年は、角川書店が「角川ファンタジーフェア」を開催し、田中芳樹の『アルスラーン戦記』や藤川桂介の『宇宙皇子』などの人気シリーズが相次いで刊行されたこともあり、日本のファンタジー元年などと呼ばれているが、安田と周囲の人間にとっても大きな転機を迎える年となった。この年の9月、角川書店のゲーム雑誌『コンプティーク』において、日本語版が発売されて1年が経過した『ダンジョンズ&ドラゴンズ』によるリプレイ記事『ロードス島戦記』（当時は「誌上ライブ」と表現）の連載が始まったのである。ゲームマスターを務めた水野良の名前は伏せられていて、作者名は「安田均とグループＳＮＥ」になっていた。まだグループＳＮＥが法人化される以前で、「ＳＮＥ」の名称は水野良や北川直などが所属しており、安田もよく遊びに行っていたゲームサークル「Ｓｙｎｔａｘ Ｅｒｒｏｒ」に因んだもの。このサークルのメンバーを含む、ファンダム系の友人知人と一緒に仕事をするようになった過程で、便宜上のグループ名が必要になった際に「グループＳＮＥ」という名前を掲げたもので、巷間言われているようにサークルＳｙｎｔａｘ Ｅｒｒｏｒが法人化したというわけではなかった。同サークルは、グループＳＮＥの発足後もゲームサークルと活動を続け、『ＴＡＣＴＩＣＳ』の読者コーナーにはコンベンション案内などが時折掲載されている。なお、当時は「グループＴＴＧ」という名称も用いていたが、法人化の際にグループＳＮＥで固定化したということだ。

　ここで、80年代以降のサブカルチャーに多大なる影響を与えた『コンプティーク』という雑誌について簡単に解説しておこう。

「パソコンと遊ぶ本」と銘打たれたパソコン・ゲーム雑誌『コンプティーク』は、『ザ・テレビジョン』の別冊として1983年末に創刊された、隔月刊のコンピュータゲーム雑誌である。当時はまだプラットフォーム毎の雑誌住み分けがされていなかったため、家庭用ゲーム機用ゲームの記事も数多く掲載しており、『ゼビウス』の無敵コマンドや『スーパーマリオブラザーズ』のワールド9などファミコンの裏技情報などを扱っていたため低年齢層の読者も多く、85年7／8月号にて後の福袋の前身となる「ちょっとＨなソフト大特集」が掲載された際にはＰＴＡのおばさん達からの抗議が殺到したようだ。

同誌は1986年1月号から月刊化。「闘うパソコンゲームマガジン」という有名なキャッチコピーが掲げられ、同誌の象徴とも言える袋綴じの美少女ゲームコーナー「福袋」が登場したのもこの号からだ。

　表紙写真や記事中に芸能界やアニメなど他メディア絡みの話題が多いのも特徴で、角川グループのお家芸となったメディアミックス路線が推進され、『ＬＯＧ·ｉＮ』に漂っていたマニアックな空気から、よりライトな消費型オタク（オタッカーという単語が記事中では使用されていた）へと読者を誘導する原動力となった。麻宮騎亜の『神皇記ヴァグランツ』などのコミック連載からコミック雑誌『コミックコンプティーク』（後に『コミックコンプ』）が、松枝蔵人の『聖エルザクルセイダーズ』などの小説連載から角川スニーカー文庫が、それぞれ生まれている。

　『ロードス島戦記』以前から、レックカンパニーの黒田幸弘による「クロちゃんのＲＰＧ講座」（後に「クロちゃんのＲＰＧ千夜一夜」）などのＲＰＧ関連記事の連載が始まっているが、同時期に創刊された日本ソフトバンク（当時）のゲーム雑誌『Ｂｅｅｐ』においても早川浩による「RPG幻想事典」が連載されているのは興味深い。

このような雑誌で連載の始まった『ロードス島戦記』は、「実際のプレイ風景」をわかりやすい会話形式の文章に置き換えることで、『ダンジョンズ&ドラゴンズ』のようなTRPGの存在は知っていても、どのように遊べばいいものか今ひとつわからなかった読者達に、強烈なインプレッションを与えることに成功した。日本国内のTRPG人口は瞬く間に増大し、それまでボードSLG出身のコアプレイヤーに占有されていた観のあるTRPGは、ここにきて初めてコンシューマ層のゲームユーザを得ることになったのである。

安田の監修で、日本最初のファンタジーゲーム専門誌『ウォーロック日本版』が、社会思想社から創刊されたのも同じ年の12月である。「日本版」とあるように、この雑誌は「ファイティング・ファンタジー」シリーズで有名なゲームデザイナーのスティーブ・ジャクソンとイアン・リビングストンがイギリスで刊行していた同名の雑誌の日本語版で、1984年発売の「ファイティング・ファンタジー」第1作『火吹き山の魔法使い』(社会思想社)に文字通り火を付けられたゲームブックのブームを背景に、ゲームブックのみならずTRPGや小説や映画の分野におけるファンタジー作品を多数紹介した。同誌では、清松みゆきや水野良、山本弘など、グループSNEの主力メンバーがライターとして活躍していたが、創刊号にはホビージャパンから発売されたばかりの日本版『クトゥルフの呼び声』の翻訳スタッフの一人であり、後に遊演体の創設メンバーに名を連ねる有坂純による同ゲームの紹介記事が掲載されている。

こうした商業媒体上での活動の活発化に鑑み、1987年10月に株式会社グループエス・エヌ・イーが設立される運びとなる。

出渕裕による魅力的なキャラクターデザインと、静物画の空気が漂う独特のイラストが人気を集め、『ロードス島戦記』は瞬く間に『コンプティーク』の看板連載作品となった。

そして、『トラベラー』の方も落ち着きを見せた1987年、安田は新たな仕事にチャレンジする。大阪のソフトハウス、ハミングバードソフトと手を組んでの国産初のパソコンホラーRPG、「ゴーストハンター」シリーズ第1弾『ラプラスの魔』の制作である。(企画そのものは86年開始)

ハミングバードソフトは、当時、梅田駅から歩いて10分ほどのところに社屋を構えていた不動産会社、株式会社エム・エー・シーのコンピュータ事業部として82年10月に設立されたパソコンゲームブランドだ。ハミングバードソフト代表の今西守は、当時のエム・エー・シー社長の長男で、安田とはほぼ同年代の1951年10月29日生まれ。高校卒業後、フランスのブザンソン大学に留学して生化学を専攻した今西は、その後、アルジェリアでフランス語通訳の仕事をしていた時にAppleIIを購入。シェラ・オンラインのAVG『ウィザード&プリンセス』を皮切りに、首のあたりまでどっぷりとパソコンゲームにハマってしまい、ついには趣味が高じてソフトハウスを立ち上げてしまったというユニークな経歴の持ち主である。やはりヨーロッパに遊学していた弟の今西寛をシナリオ担当として起用、当時発売されていた8ビットパソコンの中では段違いに描画速度の速かった富士通FMシリーズ向けにAVG『The Palms』を83年2月に発売。同時に、この自社のソフトを売るという目的を兼ねたパソコンショップ「ハミングバード」を開店するのだが、この頃、すっかりAppleⅡのヘヴィユーザと化していた安田が常連客として出入りするようになったことが縁となり、どちらからともなく「一緒にゲームを作ろう」という話が持ち上がったものらしい。ファンタジーブームの渦中で敢えてホラーという題材をとった理由は、ファンタジー以外のものを作りたいという安田の強い希望によるもの。この宇宙を構成する全ての原子の位置と運動量を把握できるなら、確実に訪れる「未来」をも計算によって求めることが可能であるというピエール＝シモン・ラプラスの数学的仮定に因んだ『ラプラスの魔』というタイトルには、当時のコンピュータRPGの多くが「あまりにも決められた道筋でつくられているものが多い」（『コンプティーク』86年11月号のインタビューより）ことへの警句と、そこからの脱却を目指すというメッセージが込められていた。

彼がホラーRPGを作るとなると、どうしてもラヴクラフトとクトゥルー神話を強く意識せずにはいられない。ゲームの方は、後に山本弘の手でノベライズされた小説版ほどにダイレクトな神話作品ではなかったが、1920年代のマサチューセッツ州にあった架空の街「ニューカム」を舞台としており、ラプラス城地下の悪魔像を調べると登場するグレーターデーモンが「大いなるクトゥルー」を髣髴とさせるフォルムをしていたり、更にその奥でプレイヤー達を待ち受けるラスボス（PC版）がクトゥルー神話に登場する邪神ハスターであるなど、クトゥルー神話と共通する要素が幾つか存在する。また、霊能力の源でもあるプレイヤーキャラクターのメンタルパワーがゼロになると発狂してしまうなど、TRPG『クトゥルフの呼び声』のサニティ（このゲームの最大の特徴である、SAN値の減少による精神的ダメージ判定）を連想させるシステムも採用してはいるが、『ラプラスの魔』はあくまでもオリジナルのホラーRPGであってクトゥルー神話をそのままゲーム化したものではなく、ニューカムはあくまでも「ニューカム」であってラヴクラフトの描くアーカムとは別の街である。とはいえ、やはり意識している部分はあったようで、安田は日本ソフトバンク（当時）の総合ゲーム雑誌『Ｂｅｅｐ』においてホラーゲーム特集が組まれた87年8月号掲載の対談において「ボクはクトゥルフが好きなんですよ」との意思表示をしたかったと発言している。なお、この号には対談相手である堀蔵人による『クトゥルフの呼び声』のリプレイ記事も掲載され、これらの記事によってクトゥルー神話に興味を持ったという『Ｂｅｅｐ』読者も少なからず現れたようだ。

安田は『ラプラスの魔』のシナリオのみならずゲームデザイン全体にも深く関わっているが、翌88年にハミングバードソフトから発売されるユニークなAVG『アグニの石』のゲームデザインを担当する下村家恵子も、テストプレイなどを担当した。

『ラプラスの魔』は、山本弘によって88年3月に小説化され、角川文庫のファンタジー

ホラーゲーム特集が組まれた『Beep』1987年8月号。TRPG『クトゥルフの呼び声』のリプレイ記事や、安田均らが参加しいた対談などが掲載。

レーベルとして創設された角川スニーカー文庫の最初期の1冊となった。アスキーの『LOGOUT』94年2月号に掲載された安田、山本、そして漫画家でありラヴクラフトファンとして知られる板橋しゅうほうの対談によれば、山本によるノベライズ作業はゲーム制作と並行で進められていたため、安田の作成した1枚の設定書と、膨大な量のマップを渡され、これを元に何とか長篇小説をまとめたのだとか。この対談では、最初に渡された資料だけでは今ひとつよくわからないということで、山本自らマップを書いてゲーム進行をトレースしたという苦労話が紹介されている。テーブルトーク畑の小説家ならではの作業風景だ。水野良と同人誌仲間の先輩で豪腕のストーリーテラーである山本は、『ラプラスの魔』の物語を本格的なクトゥルー神話譚に仕上げ、クライマックスにおいては、ハスターの復活を食い止めるために大いなるクトゥルーを召喚するという、オーガスト・W・ダーレスの「永劫の探求」のちょうど逆の構図での怪獣大決戦が描かれる。なお、小説のすぐ後には、ビジネスアスキーからゲームブック『ラプラスの魔BOOKバージョン』が発売され、『ネクロノミコン』やハスターの別名である「名状しがたきもの」が登場する。

グループSNEのメンバー（現在は独立して社友）である山本弘は、78年の第1回奇想天外SF新人賞にて佳作を受賞した『スタンピード！』でデビューしたれっきとしたSF作家だが、『TACTICS』誌で『トラベラー』の記事を、『ウォーロック』誌で『トンネル&トロールズ』やRPGのモンスターについての関連記事をそれぞれ執筆していたベテランのTRPGライターでもあった。

同氏とクトゥルー神話の接点もまたやはりTRPGで、『TACTICS』88年3月号に『クトゥルフの呼び声』のおそらくは最初の本格リプレイを、5月号にはそれまでに発売されていた『クトゥルフの呼び声』のサプリメントのレビュー記事を発表している。TRPG『クトゥルフの呼び声』のベテランキーパーであったという山本弘の集大成ともいうべき書籍が、88年10月発売のTRPG『クトゥルフの呼び声』のガイドブック、『クトゥルフ・ハンドブック』（ホビージャパン）である。コンシューマ層のユーザに向けた、ファンタジー素材としてのクトゥルー神話の最初の本格的な紹介書であり、1920年代のアメリカについての解説記事は、今でも高い評価を受けている。なお、同書にイラストレーターとして参加している弘司は、後に『パラケルススの魔剣』（ゲーム・小説双方）と『ゴーストハンターRPG』の原画・イラストを担当しているが、この縁は『TACTICS』掲載のリプレイ記事に始まっている。

山本が『TACTICS』誌上で『クトゥルフの呼び声』関連の記事を執筆したのは、『クトゥルフ・ハンドブック』発売前後の短い期間のことだったが、90年4月発行の『TACTICS別冊 クトゥルフ・ワールド・ツアー』にて「スキュラの恐怖」という短編小説を寄せている（この作品は91年にホビージャパンから刊行されたゲーム小説作品集『ヘンダーズ・ルインの領主』に収録された）。このほか、グループSNEでは過去に『TACTICS』誌上で『クトゥルフの呼び声』と同じBRP（ベーシックロールプレイングシステム）を用いた『ストームブリンガー』の紹介記事を書いている北川直が、「クトゥルフ・ハイパーボレア」というヴァリアント・ルールとこれに基づくリプレイを執筆している。「クトゥルフ・ハイパーボレア」は、クラーク・アシュトン・スミスの描くハイパーボレアを舞台に、ヒロイックファンタジー的なシナリオで『クトゥルフの呼び声』をプレイするためのミニサプリメントである。ちなみに、『コンプティーク』連載のリプレイ『ロードス島戦記』において、無理・無茶・無謀の熱血戦士パーンの中の人がこの北川で、エルフのディードリットを山本弘、ドワーフのギムを安田がそれぞれロールプレイしていたことは有名だ。

この『クトゥルフ・ワールド・ツアー』を最後に、グループSNEの関係者がTRPG『クトゥルフの呼び声』関係の企画や記事に関わった形跡は見つからないが、この数年後、グループSNEにおけるホラーRPG路線は、先ほど名前の出たアスキーの『LOGOUT』誌において、ゴーストハンターシリーズと共に復活することになる。

『LOGOUT』という雑誌は、92年6月に創刊されたアスキーのメディアミックスマガジンで（後にアスキーから分社したアスペクトに移る）、どちらかといえばTRPGに比重が傾いたゲームの話題に、ライトノベルやコミックの連載と、明らかの富士見書房の『ドラゴンマガジン』のライヴァル誌を狙った作りの紙面構成になっていた。創刊号にはハミングバードソフトから発売予定のゴーストハンターシリーズの第2弾『パラケルススの魔剣』の開発決定を伝える記事が大々的に掲載され、以後、PCゲームの制作に並行してデザインが進められたTRPGシステム『ゴーストハンターRPG』の関連記事が、休刊号となる95年12月まで続いていくことになる。小説の方も前作に引き続き山本が担当し、『LOGOUT』誌上で連載された後にログアウト冒険文庫から上下巻で分冊刊行されているが（現在は角川スニーカー文庫）、『ラプラスの魔』に比較すると『パラケルススの魔剣』のシナリオは物語性が高かったこともあり、大胆なアレンジが加えられた前作に比べると、概ねゲームの忠実なノベライズになっている。但し、安田のシナリオでは、1930年が舞台のはずなのに冒頭のシーンでアーサー・コナン・ドイルが登場したり、何故かナチスの強制収容所が存在しているなど、面白さを優先したが故にいささか史実に反する設定が盛り込まれており、山本は小説執筆時にこれらの設定の辻褄を合わせるのに相当に苦労したということだ。この辺りの話は、かつて筆者が安田に御挨拶する機会を得た際に直接聞いたことなのだが、その後、全く別の席で同じ話を耳にしたことから考えると、安田のお気に入りのエピソードであるようだ。ゲームが発売されたのは94年12月だが、『ゴーストハンターRPG』のルールブックはそれに半年ばかり先立つ7月に発売されている。デザインは安田と白川剛で、『LOGOUT』の93年8月号からは先行リプレイ『黒き死の仮面』が始まっている。この『黒き死の仮面』を元にしたゴーストハンターシリーズの外伝的なRPGが、松下電器から94年3月に発売される家庭用ゲーム機3DO REALの初期ラインナップの1本として94年5月にハミングバードソフトから発売された。やはり1930年代のロンドンが舞台の、実写映像からの取り込み画像をふんだんに利用した異色作のだが（グループSNEの友野詳がゾンビ役で出演している）、3DOというプラットフォームのマイナーさ故に、プレイ経験者が極端に少ないゲームになってしまった。

家庭用ゲーム機といえば、『ラプラスの魔』はPCEngineとスーパーファミコンに移植されている。HuMANが開発・発売したPCE版（93年）は、PC版の比較的忠実な移植作品になっているが、ビック東海の手がけたスーパーファミコン版（95年）は、山本弘によるノベライズ版を下敷きにしつつ、微妙にアレンジを加えた独自の展開で、前年に発売された『パラケルススの魔剣』との矛盾点を解消する作品になっている。

『LOGOUT』の休刊とアスキーの分裂、これによりアスペクトがアスキー系列からCSK系列に移るなどの出版元の変転により、『ゴーストハンターRPG』は長らく絶版状態が続いていたが、近年のTRPGブーム再燃により、ホビースペースイエローサブマリンから2003年に『ゴーストハンターRPG02』として復活し、2013年にはタイル式のボードゲーム『ゴーストハンター13』として更なるリニューアルを果たした。

過去にログアウト冒険文庫から刊行されていた『黒き死の仮面』をはじめとするリプレイ単行本も、現在はその多くか富士見ドラゴン文庫に引き継がれ、ノベライズについても近年、富士見書房から改めて刊行された。

90年代以降も、ルールブックの改訂に伴って93年に『クトゥルフ・ハンドブック』の改訂新版が発売されたり、TRPG『ガープス』の日本国内展開に連動していた『妖魔夜行』や、トレーディング・カード・ゲーム『モンスター・コレクション』などにクトゥルー神話要素を取り込んだりしている。

その後、朝松健の編集で2002年に東京創元社から2分冊で刊行された神話アンソロジー『秘神界』に、安田の「ゲームにおけるクトゥルフ」という文章が掲載された。また、このアンソロジーには、グループSNE屈指のホラー好きとして知られる友野詳が、初のクトゥルー神話作品となる小説「暗闇の中を一直線」を寄稿している。

## 20世紀を振り返る②

TRPG『クトゥルフの呼び声』の日本語版がホビージャパンから発売されることが決まると、同社のゲーム雑誌『TACTICS』1986年2月号から、フォロー記事「ルルイエ・アドバタイザー」の連載が開始した。書き手となったのは、『クトゥルフの呼び声』と同じベーシックロールプレイングシステムを用いている『ルーンクエスト』関連のサークルであるルーンメイカーの会の九頭竜蓮太と弓下弦。そして、後に遊演体に参画し、ネットゲーム88のグランドマスターとなる慶応HQ（『ウォーロック』誌の編集長、ニフティのSFフォーラムのシスオペを務め、ゲームデザイナーとしても活躍した多摩豊が所属した慶應義塾大学のゲームサークル）の有坂純、海外ゲームを中心に現在も翻訳活動を続けている中山てい子など、TRPG『クトゥルフの呼び声』の翻訳に携わったライター達である。『ダンジョンズ&ドラゴンズ』を筆頭とする「剣と魔法の世界」に飽き足らなくなったプレイヤー達がこぞって飛びついた『クトゥルフの呼び声』の基本ボックスセットの販

『黒き死の仮面』のリプレイ。3DO版のみが発売された特殊な作品だからか、ゲームの復刻もノベライズもされていないのが残念なところ。

売数は10万に届いたという話もあり、このゲームからHPLとクトゥルー神話に興味を持ったファンは、タイミング良く1988年に文庫化した青心社の『クトゥルー』と、創元推理文庫の『ラヴクラフト全集』を通して、1990年代以降の担い手の大きな部分を占めるようになっている。大瀧啓裕もまたゲーム分野に注目をしていた一人で、1994年にアトリエOCTAより刊行された『幻想文学』誌の別冊『ラヴクラフト・シンドローム』掲載のインタビュー中で「テレビ・ゲームの影響」について語っている。なお、スティーブ・ジャクソンとイアン・リビングストンの『火吹山の魔法使い』が社会思想社より翻訳発売された1984年に始まるゲームブックブームの際には、大瀧自身、「スーパーアドベンチャーゲーム」と銘打たれた創元推理文庫のゲームブックレーベルにおいて、『暗黒教団の陰謀』というクトゥルー神話テーマのゲームブックを1987年に手がけている。ラバン・シュリュズベリイ博士がプレイヤーの導き手として登場するなど、ダーレスの「永劫の探求」の1980年代版ともいうべき本作は、当初3部作を予定しており、オーストラリア、南極大陸へと舞台を移す壮大な冒険に発展する――はずだったのだが、ゲームバランスの悪さと難易度の高さによってゲームブックファンは元よりクトゥルー神話ファンからも受け入れられず、未完結に終わっている。なお、クトゥルー神話関連のゲームブックとしては、他に中野康太郎の『魔界水滸伝』(角川書店)、ハミングバードソフト(安田均監修)の『ラプラスの魔BOOKバージョン』(ビジネスアスキー)、そして神話的存在が登場するわけではないが、栗本薫の『魔境遊撃隊』の続編にあたる永橋隆の『魔境遊撃隊ナイルの呼び声』(富士見書房)が発売されている。

このように、80年代に様々な形でまかれた種は、90年代からゼロ年代にかけて現れた新たな読者層の上に結実し、日本におけるクトゥルー神話の担い手は、従来の幻想文学やSFファンダムの文脈から、ゲームやライトノベルから入ってきた新世代へと移行していくことになる。

1990年にガイナックスから発売されたパソコンAVG『サイレントメビウス』は、ゲームやコミック、小説など複数メディアの結節点となり、「メディアミックス」という言葉を生んだ角川書店の『コンプティーク』系列のコミック雑誌『コミックコンプ』の人気連載をゲーム化した作品であったが、ゲームオリジナルの追加要素としてクトゥルー神話を取り入れている。やはり『コミックコンプ』に連載されていた伊東岳彦の『宇宙英雄物語』や広江礼威の『翡翠峡綺譚』のみならず、藤原芳秀の『JESUS』や皆川亮二の『ARMS』(共に七月鏡一原作)といった、『週刊少年サンデー』のようなメジャー誌の人気連載作品中にも神話関係のワードが飛び交うなど、90年代を生きるユーザにとって、クトゥルー神話はもはやギリシア神話や北欧神話と同様、ライトファンタジーの共通素材として定着したかに見える。

1994年に学習研究社が創刊した学研ホラーノベルズの初期の配本は、タイミング良くパイオニアLDCの配給で日本公開された映画『ネクロノミカン』のノベライズを中心にクトゥルー神話関連書籍で構成されていたが、読者の多くはこうしたゲームやコミックから新規参入したライトユーザ達だった。

こうした流れがピークに達したのは、いわ

ゆる「次世代機」の登場により家庭用ゲーム機の市場が最盛期を迎えた1997年頃のことで、この年に発売されたアボガドパワーズのAVG『黒の断章』のセガサターン版は販売本数が10万本に達しており、これは後の『斬魔大聖デモンベイン』と『機神咆哮デモンベイン』に匹敵する数である。

　その後、TRPG『クトゥルフの呼び声』のサポートは、『TACTICS』から後継雑誌の『RPGマガジン』へと移り、牧山昌弘の連載記事「クトゥルフ通信」のほか、学校を舞台とするセッションのための特殊ルール「クトゥルフ・イン・スクール」(後に発売されたTRPG『放課後怪奇くらぶ』の原型)などが掲載されている。

　1990年代の締めくくりは、1999年6月にアトラスから発売されたプレイステーション用RPG『ペルソナ2罪』だろう。翌年発売の『ペルソナ2罰』をもって完結するこのゲームの仇役は「千の異名を持ち、あらゆる時空に存在する普遍的な存在」(エンターブレイン『金子一馬グラフィックス万魔殿キャラクター編』より)であるニャルラトホテプに他ならず、6つの異なる姿を取ってプレイヤーの前に立ちはだかるのである。

## 新世紀、ブーム到来

クトゥルー神話のブームが来ている——そんな話題を、最近よく耳にするようになった。

　インターネット媒体のニュースサイト上で、幾度かこの話題が取り上げられ、筆者がコメントを寄せたこともある。

　多くの場合、2012年4月から地上波で放映されたTVアニメ『這いよれ!ニャル子さん』がその引き金されている。

　原作小説『這いよれ!ニャル子さん』は、ソフトバンククリエイティブのライトノベルレーベル、GA文庫から2009年より刊行の始まった作品で、全12巻で完結済みだ。

　多くの作品と同様、「神話から名前を借りているだけ」などと揶揄されることもあったが、作中からクトゥルー神話に関連する部分をスポイルすると物語が成り立たなくなるほど、クトゥルー神話の世界観に依拠した作品であることは間違いない。同時にまた、ライトノベルにおける関連作品中では、「クトゥルー神話の世界観」をダイレクトに扱った数少ない作品のひとつでもある。

21世紀初頭の日本におけるクトゥルー神話受容の形を象徴する『這いよれ!ニャル子さん』。この作品の存在も知らない若いファンも増えている。

その意味で非常に目立つ作品であり、新人賞応募時の『夢みるままに眠りたり』というタイトルを現在のものに変更した版元の判断は、見事という他はない。

　ただし、クトゥルー神話関連の商業市場が実際にダイナミックに動き始めたのは、アニメ版『ニャル子さん』の放映開始より少し前、2011年の秋頃だった。具体的には、現在はエンターブレインから刊行されているTRPG、『クトゥルフ神話TRPG』の関連製品が目に見えて明らかな売り上げの増加を見せ始めたのである。

　実のところ、2010年代のクトゥルー神話ブームは今世紀に入ってから二度目のものだった。最初のブームは、2003年にウィンドウズ用アダルトAVGとして発売され、後に家庭用ゲーム版、アニメ版が制作された『斬魔大聖デモンベイン』に誘発された。

「クトゥルー神話＋スーパーロボット」というコンセプトの作品で、等身大の人間を主人公とするホラー作品が主流だった従来の「クトゥルー神話もの」の枠組みを打ちこわすものだった。単に「クトゥルー神話＋ロボット」がテーマの作品ということであれば、電撃文庫から刊行された朝松健の『秘神黙示ネクロノーム』が若干先行していた。両者の制作はほぼ同時期で、『デモンベイン』のシナリオライターである鋼屋ジンは、開発中に『ネクロノーム』の存在を知ったものの、実際に読んだのは発売後だと証言している。

とはいえ、『勇者王ガオガイガー』『ジャイアントロボ』をはじめ、80～90年代に人気を集めたスーパーロボット物のエッセンスがこれでもかと盛り込まれていたという点において、『デモンベイン』の方がよりこのジャンルのファンからの支持を集めやすい作品だったことは確かである。

別の要素もあった。TRPG『クトゥルフの呼び声』の存在もあり、「クトゥルー神話」を好み、大なり小なりの影響を受けたクリエイターが数多く存在していたのだ。鋼屋もまた熱心なTRPGプレイヤーだった。

しかしながら、これは筆者が実際に各所で耳にした話だが――『デモンベイン』以前の時代、クトゥルー神話には、うるさがたの古参ファンがついている、扱いの難しいジャンルという先入観がつきまとっていたようだ。

ホビージャパンからTRPG『クトゥルフの呼び声』のガイドブックとして刊行された山本弘『クトゥルフ・ハンドブック』の後書を巡り、『幻想文学』誌の編集者やライターとの間で激しいやり取りが交わされたことを記憶している読者もいることだろう。

その上で、『斬魔大聖デモンベイン』という作品がヒットしたことは、受け手の側よりもむしろ、「ここまでやってしまっても大丈夫なのか」という安心感を作り手の側に与えることに繋がったようだ。

アダルトAVGのジャンルに限って言うならば、『ネクロノミコン』『朝の来ない夜に抱かれて』などの作品を手がけていたF&Cのように、90年代からクトゥルー神話にまつわる作品を時折手がけていたメーカーも存在してはいたものの、『デモンベイン』発売の年を境に、一年あたりに発売されるクトゥルー神話関連作品の数は明らかに増加した。

いわゆるゼロ年代のエンタメジャンルを牽引していたのが、アダルトAVG、あるいは美少女ゲームと呼ばれる媒体だったことについては、様々な論者が様々な媒体で語っていることなので、本稿において詳しく触れることは避ける。「アダルト」という特質上、全体の本数について言えばもちろん、いわゆる「抜きゲー」――プレイヤーの性的欲求を満足させることを目的とする作品が過半数を占めていたことは確かだが、幾度も映像化された『Ｋａｎｏｎ』『ＡＩＲ』などの作品を手がけたＫｅｙ、そして前述の『斬魔大聖デモンベイン』を手がけたニトロプラスをはじめ、「物語」に力を入れるメーカーが幾つも出現した。コミックマーケットで頒布された同人AVG『月姫』が注目され、後に法人化したTYPE-MOONの『Ｆａｔｅ』シリーズの派生作品は、決して無視できない規模の巨大な市場を今日も築いている。

「物語を創ること」を指向する20代～30代の若い人材にとって、ゼロ年代前期のアダルトAVG業界は、縦横に才能を開花することができる「クール」な表現の場だったのだ。

そして、『Fate/Zero』『魔法少女まどか☆マギカ』でメジャー・シーンに躍り出したニトロプラスの虚淵玄をはじめ、この時期に台頭したアンテナ感度の高いライターたちは、多かれ少なかれ80～90年代にH・P・ラヴクラフト、そしてクトゥルー神話の影響を受けていた。その彼らが、アダルトAVG分野で次々と作品を発表し始めたのである。

かくして、90年代からゼロ年代にかけて数多く発表された関連作品を通して、クトゥルー神話はオタク・カルチャーにおける定番の「ネタ」、いわば「オタクの一般教養」として定着していったのである。

それこそ、ラヴクラフトの小説はもとより、『デモンベイン』などの関連作品に接したことがなくとも、クトゥルー、『ネクロノミコン』などのワードについては知っているというカジュアルなレイヤーで。

また、長らく日本展開がストップしていた『クトゥルフの呼び声』が、2004年に『クトゥルフ神話TRPG』と名を変え、装いも新たに再開したことも大きかった。

その後、ダニエル・ハームズ『エンサイクロペディア・クトゥルフ』（新紀元社）を筆頭に事典的書籍が何冊も刊行され、ウィキペディアにおいても大多数は不正確ながら豊富な関連情報が登録され始めたこともあり、翻訳小説を読みなれていないライトな読者でも、クトゥルー神話の概要について簡単にアクセスできるようになっている。

このブーム下の2012年に、トライデント・ハウスから創刊された怪奇・幻想小説雑誌『ナイトランド』には、クトゥルー神話ものの未訳小説がいくつも掲載された。同誌は、2014年から発行元をアトリエ・サードに移して季刊誌『ナイトランド・クォータリー』に生まれ変わり、ナイトランド叢書のレーベルでC・A・スミスをはじめ、HPLと同時代の作品を次々と刊行している。

間違いなく世界のクトゥルー神話文化の中心にある製品だが、日本ではこのTRPGのファンと「クトゥルー神話ファン」は必ずしも一致しない。

創土社もまた、クトゥルー神話をテーマとする「クトゥルー・ミュトス・ファイルズ」のレーベルを2012年から展開。菊地秀行、牧野修、山田正紀といったベテランの執筆陣を取り揃え、2017年11月までに50冊前後の単行本を刊行した。

その上で、クトゥルー神話を現在の「ブーム」へと押し上げた最大の功労者が何かと言えば、それは「ニコニコ動画」なのである。

## 「卓ゲM@Ster」が裏付けたもの

「ニコニコ動画」は、2006年12月に試験公開された、匿名でのコメント投稿が可能な動画共有サービスだ。当初は、YouTubeをはじめとする他のサービスにアップロードされた動画を表示させて、そこにコメントをつけていくというものだったが、YouTubeからのアクセス遮断などを経て自前でサーバを設置する現在の形に移行した。

2007年10月頃、このニコニコ動画において「ニコマス」と呼ばれるカテゴリのムービーが盛んに投稿され、人気を博し始めた。ナムコ（現バンダイナムコゲームス）の人気ゲーム『THE IDOLM@STER』のキャラクターを使用したファン創作ムービー（MADムービーとも呼ばれる）であるが、2008年に入ったあたりで「卓ゲM@Ster」というサブジャンルがそこから更に派生した。すなわち、『THE IDOLM@STER』のキャラクターが登場するTRPGのリプレイ動画である。

「もうけっこうP」が投稿した「アイマスD&D：赤リボンは転びのしるし」（『ダンジョンズ&ドラゴンズ第3版』のシステムを使用）によって「発明」されたというこのスタイルの動画にはたちまち追従者が数多く現れ、やがて『クトゥルフ神話TRPG』のシステムを用いた作品も出現した。

嚆矢となったのは、「ハワード・P」による「アイドルたちとクトゥルフ神話世界を楽しもう！」である。2008年9月に第00話が公開され、約一年をかけて全25話（第00話を1話分と数える）が「ニコニコ動画」に投稿された。この作品を筆頭に、『クトゥルフ神話TRPG』を題材とする「卓ゲM@Ster」の作品は20シリーズ近くに及ぶ。

「ニコニコ動画」に投稿されているTRPG関連作品の全体数から見れば決して多いとは言えないが、いずれも数多くの閲覧者を集めた人気作品となっている。

何故、『クトゥルフ神話TRPG』を題材とする動画が、『D&D』や『ソード・ワールド』といった「剣と魔法のファンタジー」を題材とする定番のファンタジー・システムに匹敵するか、あるいは上回るほどの人気を集めたのだろうか。その要因として様々な理由が考えられるが、ゼロ年代のエンタメ分野において、ライトノベルやコミックなどでかつて隆盛を誇った「剣と魔法のファンタジー」が衰退し、それと入れ替わるようにして人気を集めているのが「現代学園異能もの」と総称されるサブジャンルであったことと無関係ではないように思われる。

「現代学園異能もの」とは、日常の象徴である学園を舞台に、異能（それは超能力や魔術といったオカルティックなものであったり、機械装置を併用したSF系のものであったりと様々だ）を持つ生徒たちがバトルを繰り広げるという作品の総称だ。

別段昨日今日始まったものでもなく、家庭用ゲーム機で長い命脈を保っている『女神転生』シリーズや、つい先頃、TVアニメ化された『ジョジョの奇妙な冒険』の第3部「スターダストクルセイダース」以降を思い浮かべると良いだろう。『THE IDOLM@STER』のキャラクター——すなわち、現代日本のアイドルたちがTRPGをプレイしてみせる（＝演技をする）という「卓ゲM@Ster」の性質上、『クトゥルフ神話TRPG』のような現実世界を舞台とした作品とは非常に親和性が高く、閲覧者にとってもイメージし易い題材だったのではないだろうか。

ただし、『ニャル子さん』のアニメおよび「卓ゲM@Ster」の盛り上がり以前に、『クトゥルフ神話TRPG』の売れ行きが芳しくなかったという言説は、全くの誤解である。『クトゥルフ神話TRPG』の基本ルールブックは、2011年時点で第6刷まで増刷を重ねていた。同ジャンルでは屈指の販売ペースを保つシリーズだったのである。

ここで、興味深い裏付けデータを提示する。

2011年秋頃に『クトゥルフ神話TRPG』の関連製品が売り上げを伸ばしたことについては既に述べた。この時、最も売れたのはこのゲームを遊ぶ上で最低限必要となる『クトゥルフ神話TRPG』のルールブックだが、次いで売れたのが何だったかというと、2010年の日本を舞台にゲームを遊ぶためのソースブック『クトゥルフ神話TRPG クトゥルフ2010』、そして同じく現代日本を舞台とする『るるいえあんてぃーく』に始まるリプレイシリーズだったのである。なお、前述の動画「アイドルたちとクトゥルフ神話世界を楽しもう！」でも、携帯電話が一般化していなかった1990年代の高校を舞台とする物語が展開された。

『クトゥルフの呼び声』をホビージャパンが展開していた80年代後期から90年代前期にかけて、プレイヤーたちの多くはH・P・ラヴクラフト作品の同時代である1920年代のアメリカ、あるいは名探偵シャーロック・ホームズが活躍していた19世紀イギリスといった「過去」を舞台に遊んでいた。

前述の『クトゥルフ・ハンドブック』が、1920年代アメリカのガイドブックも兼ねていたことは象徴的である。

筆者が『クトゥルフ神話TRPG』の若いプレイヤーたちから話を聞いたところでは、最近の中高生はテレビで流れているクラシック映画に縁がなく、「禁酒法時代のアメリカ」と言われてもピンとこない――同時にまた、クトゥルー神話の根幹に流れる先住民族や貧困白人層への偏見めいた感情（これは同時に、ホラー映画の定番でもある）に反発というよりもむしろ困惑を覚えることが、少なからずあるようだ。（むろん、1920年代アメリカを愛好するプレイヤーも存在する）

これを踏まえた上で、2010年代に刊行された神話関連作品を眺めると、『這いよれ！ニャル子さん』をはじめとするライトノベル／コミック作品の多くが現代日本を舞台にした作品ばかりであることに気づかされる。

振り返ると、創土社から再刊された『妖神グルメ』をはじめとする菊池秀行作品、そして栗本薫の『魔界水滸伝』をはじめ、日本国内で人気を博したクトゥルー神話作品の多くは、刊行当時の「現代日本」を舞台としたものだった。そこで思い出されるのが、クトゥルー神話の創造者であるH・P・ラヴクラフトの創作スタイルだ。「生涯、生まれ故郷プロヴィデンスから一歩も出なかったひきこもり」と誤解されがちなラヴクラフトだが、実際には非常な旅行好きで、毎年春と秋には時として1週間以上におよぶ長期の旅行に出かけたことが知られている。

少なからぬラヴクラフトの作品は、こうした旅行の直後に書かれたものだった。

彼は、友人に宛てた手紙の中でこうした土地への旅行の様子を詳細に報告したり、時には旅行記を執筆することもあった。ラヴクラフト作品には、旅先についての彼の文章が、ダンウィッチやキングスポートといった土地の情景としてそっくりそのまま引用されていることも珍しくなかった。1930年代アメリカというイメージが先行し、クトゥルー神話というと、ある種の「西洋時代劇」として受け取られることがある。しかしながら、その内実はご当地文学にして、作者が生きている「今」を切り取った「現代文学」だった。

ゼロ年代において、過去の時代を舞台にしたものではなく「現代学園異能もの」としてのクトゥルー神話物語が多いのは、ごく自然な流れと言えるのかも知れない。

これを踏まえた上で「クトゥルー神話のトレンド」を言葉にするのであれば、今も昔も変わらず、「今、そこで起きている宇宙的恐怖」ということになるのだろう。

なお、他に並び立つ作品がないという意味

で、2010年代前期を代表するクトゥルー神話である『這いよれ！ニャル子さん』については、他のライトノベル作品との相互引用という、クトゥルー神話の形成期に見られた現象が起きていて、非常に興味深い。『ニャル子さん』に拙著『うちのメイドは不定形』のヒロイン、テケリさん（人間のメイドの姿をしたショゴス）がカメオ出演を果したり、葵せきな『碧陽学園生徒会黙示録』シリーズ（富士見ファンタジア文庫）にニャル子さんネタが挿入されたりといった具合である。

　クトゥルー神話が、ラヴクラフトの作品を核としているのは事実だが、それは決して彼一人のものではなかった。スミスやフランク・ベルナップ・ロングといった作家たちがラヴクラフト作品に登場するワードを自作品中に「引用」するにあたり、ラヴクラフトとあらかじめ示し合わせることもあれば、そうでないこともあった。作家たちはラヴクラフトへの親愛の情を示すため、彼の作品からワードや設定を拝借し、ラヴクラフトもまた同じように他の作家から逆に引用した。彼らにとって、クトゥルー神話はコミュニケーション・ツールでもあったのだ。

『ニャル子さん』がパロディ色の強い作品であることも大きいが、意図してのものではないにせよ、現に今、ラヴクラフトとその周辺作家たちの作品において行われていた「設定／キャラクターのシェア」が生じていることは特筆に価する。こうした傾向は、従来の日本国内作品においては見られなかった。

　また、ゼロ年代後期以降のゲーム／コミック／ライトノベルなどのエンタメ作品で顕著に見られる傾向として、登場人物やクリーチャーなど、ストーリーと関わらないちょっとした小ネタ、さもなくば形容詞のような扱いで、クトゥルー神話由来のワードに言及した作品の増加が挙げられる。例えば、「執拗にターゲットを追跡（ストーキング）するキャラクター」の形容として「ティンダロスの猟犬」が、トリックスター的なキャラクター、あるいは身体動作の形容として「這いよる混沌」という語が前触れなく用いられるのを時折目にするようになった。

　これは日本に限った話ではなく、2009年のハリウッド映画『トランスフォーマー／リベンジ』の登場人物のセリフに「ディープ・ワン」という語があったり、アメリカン・コミックスにおいても明らかにクトゥルーのような外見をしたクリーチャーが、『スーパーマン』のとあるエピソードで登場していたりする。洋の東西を問わず、クトゥルー神話が、それだけカジュアルな「基礎教養」として定着したということなのだろう。

## 原典回帰の動き

　日本で現在、愛好されている「クトゥルー神話物語」のトレンドは、確かに「今、そこ」を舞台とした物語なのだろう。

　とはいえ、こうした物語に親しんでいく内に、「では、オリジナルはどのようなものだったのだろうか？」という原典回帰の動きもまた、当然生じてくる。

　具体例を挙げれば――TVアニメ『這いよれ！ニャル子さん』の放映開始直後、東京創元社の『ラヴクラフト全集』第1巻、そして青心社『クトゥルー』第1巻が爆発的に売れたという事実がある。

　このような興味を抱いた層が、すぐさまH・P・ラヴクラフトをはじめとする原典小説に飛びつくかというと必ずしもそうではない。多くの場合、彼らが最初に手にするのは新紀元社や笠倉出版社から刊行されている解説書であったり、ＰＨＰ研究所やエンターブレインから刊行されているラヴクラフト作品のコミカライズであったりする。

読み慣れない翻訳小説にいきなり手を出すのは敷居が高いということもあるだろうが、あまりにも多くの関連書が刊行されているので「どこから読めば良いのかわからない」という、現状、如何ともし難い問題が存在するのだ。先に挙げた『ラヴクラフト全集』『クトゥルー』の場合、翻訳が古いのもさることながら、「クトゥルー神話」に新たに入門する読者のことを考えた構成になっているとは言い難く、『ニャル子さん』効果の恩恵を受けたのは第2巻までだった。

では、解説書の方に手を出して、クトゥルー神話にまつわるワード群を一通り知った読者の前には、「出典に興味があるのだけれど、何を読めばいいのかわからない／まだ翻訳されていない」という次なる壁が待ち受けているのである。

江戸川乱歩が『宝石』誌でラヴクラフトを紹介してから60年以上の歳月が過ぎた。

しかし、ブライアン・ラムレイやラムジー・キャンベルら、その設定が『クトゥルフ神話TRPG』をはじめ後続作品に数多く取り込まれた第二世代クトゥルー神話作家の作品は、まだ大半が翻訳されていない。ラヴクラフトやスミス、ブロックら第一世代の作家たちでですら、未訳作品が残っているのだ。

昨今、ラムジー・キャンベルやコリン・ウィルソンといった第二世代クトゥルー神話作家の未訳作品を収録する単行本が刊行され始めるという大変喜ばしい状況であるにも関わらず、「これこれ作品にこれこれの邪神／クリーチャーが登場する」という情報がすそ野の読者には届きにくいのである。そして、手当たりしだいに読むには、クトゥルー神話にまつわる本は、あまりにも多く存在する——。

今現在、ダニエル・ハームズ『エンサイクロペディア・クトゥルフ』（新紀元社）と東雅夫『クトゥルー神話事典』（学習研究社）という二種類の事典が存在しているものの、前者は海外作品（殆どが未訳）が中心で、日本国内のインデックス用途には向いていない。

後者は日本人作家（それも非エンタメ系）の作品が中心で、同じくインデックスとしての利用には情報があまりにも不足している。

小説作品についてすらそうなのだから、アメリカでは恒常的に行われてきた研究については、更に大きな空白が存在している。

1972年に原書が刊行され、日本国内の翻訳者の間で長らく「ネタ本」として重宝されてきたリン・カーターの『クトゥルー神話全書』は、2010年にようやく東京創元社から翻訳・刊行されはしたものの、正直、遅すぎた観がある。

現在、『全書』の翻訳を手がけた竹岡啓や筆者をはじめとする在野の研究者が、ラヴクラフトならびにクトゥルー神話にまつわる最新の情報を様々な媒体で折に触れ紹介しているものの、万遍なく行き渡っているとは言い難く、80年代で時間が止まったような古臭い解説が今なお量産され続けている。

いついかなる時代においても、若い読者が死滅したジャンルがその後10年、20年と生き延びていくことは難しい。

新来の読者の興味を導いていく道標を如何に設置していくのか——クトゥルー神話のような尖ったジャンルにおいてすら、そういうことを意識して本を出していかねばならない時代が来ているのではないだろうか。

# TRPGリプレイ動画とCoC

**近年、クトゥルー神話に興味を抱く人間を大量に生み出すこととなった、ニコニコ動画におけるTRPGリプレイ動画について、自身も動画投稿者として活動しているライター、犬憑ケンヂ氏に解説していただいた。**

筆者：犬憑ケンヂ

ユーザーが自主的に制作した動画が数多く投稿されるようになり始めた発展期において、特に目立ったのが東方、アイドルマスター、ボーカロイドの御三家である。これらが題材の、いわゆるＭＡＤ動画（個人編集のファンムービー）のサブジャンルのひとつとして生まれたのが、２００８年以降に登場した「卓ゲＭ@Ｓｔｅｒ」（以下卓Ｍ@Ｓ）。バンダイナムコの人気ゲーム『アイドルマスター』（以下アイマス）のキャラクターが登場する、卓上ゲームの紹介動画やプレイ及びリプレイ動画の総称である。ゲームのキャラクターたちが実際にゲームを遊んでいる体裁の動画は、人気作品であるアイマスの関連作だったこともあり、ＴＲＰＧ未経験のユーザからも注目を集めた。

以後、東方キャラを使った「東方卓遊戯」など、数多くの二次創作的なリプレイ動画が続々と投稿され始めた。

同時期に出現した「Ｓｏｆｔａｌｋ」というフリーソフトも、リプレイ動画及びゲーム実況に革新をもたらした。合成音声によるテキスト読み上げソフトであるＳｏｆｔａｌｋは、リプレイ動画のキャラクターに音声をつけることで、従来のリプレイ動画の弱点であった「文字を読むために画面を見続けなければならない」といった点を克服したのである。折しもその頃、ゲームを普通に遊ぶ様子の生配信が中心だったゲーム実況動画が、実況を前提として録画・編集した「作品」へと移行しつつあった。この動きを後押ししたのが、実況音声を手軽に後付できるＳｏｆｔａｌｋの存在である。

## TRPGリプレイ動画の人気

ニコ動におけるリプレイ動画は、大別して以下の3つに分けられる。

①実プレイ動画：実際に行ったセッションの内容をそのまま動画にしたもの。

②リプレイ動画：実際に行われたセッションに多少の脚色を加えたもの。

③リプレイ風動画：セッション形式で物語（リプレイ）が展開する創作動画

当初は知る人ぞ知るという感じだったリプレイ動画だが、２０１１年3月投稿の「ゆっくり達のクトゥルフの呼び声ＴＲＰＧ」を皮切りに一気に知名度が上昇した（ゆっくりとは、Ｓｏｆｔａｌｋの音声を使用したニコ動発祥キャラ「ゆっくりしていってね！！！」の通称）。

　この作品をきっかけに『クトゥルフ神話TRPG』（以下CoC）のリプレイ動画が数多くニコ動に投稿され始めた。

　この時期の代表作としては、「ゆっくり妖夢と本当はこわいクトゥルフ神話』『ふたりでクトゥルフ！』『本当にあったSAN値が下がるクトゥルフTRPG』『鬼畜魔理沙のクトゥルフ神話探索紀行』『間違いだらけのクトゥルフ神話TRPG』などがある。

　これらの動画にはSoftalkの音声が使われ、主に視聴者が親しみやすい東方をはじめとするアニメ・漫画のキャラの画像が立ち絵に使われいた。

　これらの作品の多くは、ホラーTRPGを題材としながらもコメディ色の強いものが多く、時には迷惑行為に近いプレイ描写も含む、いわゆる笑える動画だった。このことに難色を示す層も一定数いたが、動画の流行によりそれまで下火だったTRPG界隈（特にCoC）に新規プレイヤーが大量流入したことは事実である。その後、CoCリプレイ動画は着実に増加していく。いくつかの作品には「○○卓」（その動画を象徴するキーワード）という呼称が定着し始め、それぞれのリプレイ動画に固定のファンが定着するようになっていった。

　東方のキャラクターを例に挙げると、「博麗霊夢」というキャラは様々な動画に登場するが、動画によってはKPを務める苦労人であったり、トリガーハッピーであったり、善人であったりと卓ごとに異なるキャラ付けがされた。

　これは版権キャラにも多く当てはまる事象であり、元作品のAというキャラよりも「元作品のAというキャラを元にした○○卓のBというキャラ」（A≠B）に人気が出始めた。そのため特定卓の三次創作も活発に行われ、CoCリプレイ動画自体がコンテンツとして消費されるようになっていった。

　主な活動層は若年層（10代後半～20代前半）のファンが中心だったが、とりわけ活動的だったのが女性たちだ。

　『ヘタリア』など女性に人気の作品を使った動画も登場し、多くの女性たちが思い思いにコンテンツを消費する様になった。ジャンル的に男性の比率が多いと言われていたTRPGだが、この頃から男性：女性の比が均衡を保つようになる。

　また、実際にCoCをプレイする機会が増えたことも、活動を大いに盛り上げる原動力となった。音声通話ソフト「Skype」やオンラインセッションツール「どどんとふ」を活用してのオンラインセッションが意欲的に行われるようになったのだ。CoCに興味はあるが周囲に興味のある友人がいない人同士が、SNSや「Twitter」で交流し、セッションをすることができるようになった。こうした背景のもと、リプレイ動画の需要はいよいよ高まった。

## CoCブームの到来

　ニコ動にCoCブームが巻き起こったのと同時期に、アニメ『這いよれ！ニャル子さん』がTV放映されたこともあり、クトゥルフ神話ユーザーにとっては馴染み深い「窓に！窓に！」や「SAN値』『名状しがたい」などのワードが、クトゥルフ神話とは関係のない動画にもコメントされるようになるなどニコ動全体を巻き込んでのメインストリームにまで上り詰めるようになった。２０１２年後半からは「ゆっくり達のジャズエイジクトゥルフ」、「闇をゆく者達の宴」などの人気作品も投稿された他、２０１３年からは「慧音「フリーダムってレベルじゃねぇぞ!」ゆっくりクトゥルフＴＲＰＧ」シリーズも始まった。また、「特定の漫画やアニメのキャラだけを登場させ、あたかもその漫画・アニメのキャラがＴＲＰＧをプレイしているかのように見せる動画」の数も増加の一途をたどる。

少なからぬリプレイ動画で、ＴＲＰＧ各製品の具体的なシステムの解説（時にはコピペに近いものも）が行われていることについて、非常にナーバスな意見が取り交わされることもあるが、ともあれジャンルとしての成長は著しく、ニコ動を飛び出した活動も盛んになっていった。

## 様々な展開

リプレイ動画の流行に合わせて、同人即売会においてもＴＲＰＧジャンルが活発化した。人気動画投稿者たちが自身のオリジナルシナリオを頒布するようになったのもさることながら、ＴＲＰＧを遊び始めた新ユーザーたちの自分たちが作ったものを共有したいという意識が強く働きかけたようだ。商業ＴＲＰＧの増加が母数を底上げしたのはもちろんだが、その中でもＣｏＣは群を抜いていた。

ニコ動の提供するサービス「ニコニコ生放送」（以下ニコ生）では、セッションの様子を生配信するコミュニティも増えていった。そうした中、２０１５年に投稿されたのが、「実はめっちゃ面白いクトゥルフ神話ＴＲＰＧ」「ちょっと噛み合わない初心者たちのクトゥルフ　第一話」である。いずれも従来のリプレイ動画とは違い、登場人物全員が肉声で喋る「生声セッション」だったことや、動画内で使用されるキャラクターの立ち絵などが手書きであることが特徴だった。

このライブ感溢れる二つの動画は、それまでのリプレイ動画視聴層に加えて新規の若年層（２０１５年当時の１０代前半〜２０代前半）の獲得に繋がった。また、ＴＲＰＧのリプレイ動画がニコニコ動画のランキングに常駐するようになった。その結果、より多くの人々の目に留まることになるなど、ある意味ではニコ動内においてのリプレイ動画の完成形の一つといえるものになったのである。

形を変え姿を変えながら脈々と続く中、リプレイ動画という文化は、個人の動画編集技術の向上にとどまらない成長を遂げてきた。エンターテインメントとしての面白さにこだわる動画、ストーリーとしての面白さにこだわる動画、演出やアニメーションとしての面白さにこだわる動画など、数え切れないほどの作品が生み出されてきた。今や再生数だけでいえば公式のアニメ本編の再生数を超えるものも存在する。このことだけを考えても、リプレイ動画ないしＴＲＰＧが、ニコ動においてメインカルチャーに匹敵するだけの求心力を得たと言って良いだろう。

最後になるが、今日のＴＲＰＧの隆盛に一役買ってくれた数々の動画作品と動画作成者に感謝の気持ちを表するとともに、今後も我々を楽しませてくれるリプレイ動画の投稿を待ち望む声を残して、いったん筆をおく。

——ＴＲＰＧのこれからの未来に

## クトゥルー神話作品総カタログ

# 「クはクトゥルーのク」

**「繰り返されるごとに、発見の衝撃が減じてくるのがわかりました。心が麻痺し、これ以上は耐えることができません。本棚にはまだ他にも書物があるようでしたが、私たちはそれらを見ませんでした」**

**――リン・カーター「ウィンフィールドの遺産」より**

Ｈ・Ｐ・ラヴクラフト（以下、ＨＰＬ）の作品が日本上陸を果たしてから、およそ６０年あまりが経過した。ラヴクラフトと彼の友人達、そしてその後継作家達が展開したクトゥルー神話と、この架空神話にまつわる数々の物語は様々な国の様々な言語に翻訳され、それこそ万巻の書籍にまとめられている。

これは、２０１６年末時点で筆者が把握している、文字通りの意味で「クトゥルー」の「ク」の字に少しでも掠っている商業作品を、カテゴリ別にまとめたカタログである。

今回は単行本やパッケージソフトなど、単体販売された日本語の「作品」に限定、雑誌掲載作や解説書などの副読本は除外した。

以下、各カテゴリの内容を解説する。

◆**原典**：ＨＰＬおよび彼から直接影響を受けた「第1世代」の作家、アーカムハウスの刊行物によってクトゥルー神話に参入した「第2世代」の作家たちの小説作品。ＨＰＬらが作品に取り込むことで、時を遡って神話に組み込まれた先行作家たちの作品も含む。

◆**海外小説**：原典以外の海外作家作品。

◆**国内小説**：日本人作家の小説作品。

◆**ライトノベル**：ライトノベルレーベルから刊行された日本人作家の作品。いわゆるライトノベルスとして刊行された作品も含む。

◆**コミック**：日本国内で刊行されたコミック全般。成人指定の作品を末尾にまとめた。

◆**児童書**：児童向け書籍。

◆**ゲーム（一般向）**：パソコン、家庭用ゲーム機向けのゲームソフト。フィーチャーフォン、スマートフォン向けタイトルも扱う。

◆**ゲーム（美少女）**：成人指定ゲームソフト。

◆**ゲーム（紙媒体）**：ＴＲＰＧ、ゲームブック、ボードゲームなど、紙媒体のゲーム。

◆**映像**：映像作品のセルソフトは繰り返し販売されているので、最初に放映／放送／発売された時点の情報を記載した。また、原作物については、映像オリジナル要素としてクトゥルー神話要素があるものに限定している。

筆者が把握している製品の全てを紹介できたわけではないが、未記載の作品について情報をお持ちの方は、左サイトのメールフォームからご連絡いただければ幸いである。

**http://chronocraft.jp/**

**荒俣宏・編／ク・リトル・リトル・神話集**

国書刊行会／1997年5月

国書刊行会から刊行されたドラキュラ叢書の一冊。「アルハザードのランプ」「地の底深く」「黄の印」「博物館の恐怖」など、収録作品の多くは後に青心社の『クトゥルー』に収録されているが、巻末に収録された松井克弘（朝松健）作成の年表と併せて、刊行当時はスタンダードなクトゥルー神話入門の本だった。なお、どういうわけかA・W・ダーレスの連作「永劫の探求」から第二部にあたる「インスマスの追跡」のみが収録されている。刊行当初に折り込まれていた月報『トランシルヴァニア通信』3号では、荒俣が「ク・リトル・リトル」表記を採用した経緯が解説されていた。

**H・P・ラヴクラフト他／真ク・リトル・リトル神話大系　全11冊**

国書刊行会／1982年7月〜

国書刊行会にいた朝松健が企画・編集した作品集。全2冊の予定だったが、売行良好により全11冊に膨れ上がった。アーカムハウスのアンソロジーがベースの巻や、海外で出版されたラヴクラフト評論集をベースにした巻など、読み応えのある構成だった。スティーヴン・キングの「クラウチ・エンドの怪」を収録した6上巻は、ブームが到来により長らく品薄になったという。ラヴクラフトとダーレスの神話観が異なることを解説などで強調したことが、日本のクトゥルー・ファンの間に漂うアンチ・ダーレスのムードを醸成するきっかけになってしまったと、朝松自身が後に述懐している。

**H・P・ラヴクラフト他／新編　真ク・リトル・リトル神話大系　全7冊**

国書刊行会／2007年9月〜

2007年に刊行が始まった『真ク・リトル・リトル神話大系』の再編集版。国書刊行会が、『真ク・リトル・リトル神話大系』の翻訳権を取得する際、買い切りにしていたことで実現した新編作品集だが、ジョージ・ヘイ編の『魔道書ネクロノミコン』関連の文章をはじめ、こちらには掲載されなかった作品もある。また、リン・カーターの「墳墓の主」やゲイリー・メイヤーズの「妖蛆の館」など、本国では既に大きく改訂されている作品も、旧版のまま再録されている。那智史郎が新たに書き起こした、とはいえ、最新の研究・情報に基づく作品解題には一読の価値がある。

**H・P・ラヴクラフト／定本ラヴクラフト全集　全11冊**

国書刊行会／1984年10月〜

ラヴクラフト研究の世界的権威S・T・ヨシの校訂版を底本とするHPL作品集。小説のみならず詩や評論、書簡集にも巻を割き、妻として共に暮らしたソニア・H・グリーンなど、直接交流のあった人々の回想記を各巻に付録として収録している。アーカムハウスの書簡集Selected Lettersから更に選り抜いた書簡が訳出された9巻、10巻は、HPLの人物を知ることが出来るのみならず、設定の宝庫でもあるので是非とも読んで欲しい。ただし、小説については、読みやすさを優先するためか意訳に近い文章が時折あるので、クトゥルー神話の設定ソースとして読みたい向きには不安がある。

**H・P・ラヴクラフト／悪魔の夢 天使の溜息 ウィアードテイルズ傑作選**

青心社／1980年4月

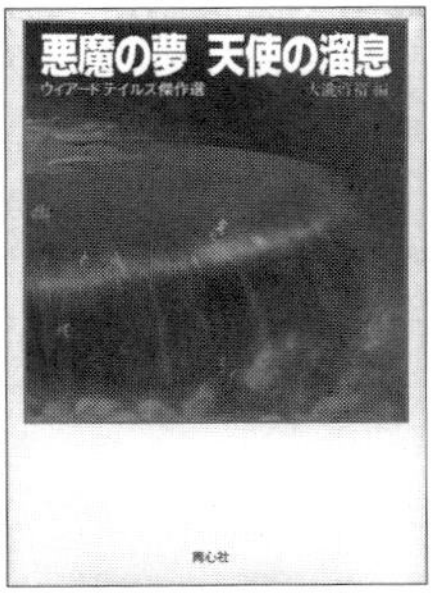


青心社は、1971年に関西大学SF研究会を創設した関西SFファンダムの中心人物の1人、青木治道が設立した、SF・ファンタジー中心の出版社だ。翻訳家の大瀧啓裕と青木は学生時代からの友人で、本書はその縁で刊行された。HPLはじめ、第一世代の神話作家たちが活躍したパルプ雑誌〈ウィアード・テールズ〉の作品集で、関連作品としてはHPL「サルナスをみまった災厄」、ロバート・E・ハワード「大地の妖蛆」の他、ブライアン・ラムレイらによって神話にとりこまれたエジプトの伝説的な女王ニトクリスが題材のテネシー・ウィリアムズ「ニトクリスの復讐」が収録されている。

**H・P・ラヴクラフト他／ウィアード 全4巻**

青心社／1990年6月〜

文庫版『クトゥルー』と並行して刊行された、大瀧啓裕による〈ウィアード・テールズ〉の作品集。『悪魔の夢 天使の溜息』の収録作品も含まれるが、大部分は新たに翻訳されたものである。クトゥルー神話関連作品としてはHPL「サルナスをみまった災厄」(1巻)やR・E・ハワード「夜の末裔」、M・W・ウェルマン「謎の羊皮紙」(3巻)、があるが、他にもテネシー・ウィリアムズ「ニトクリスの復讐」(2巻)、ヘンリイ・カットナー「墓地の鼠」(1巻)、ウィリアム・F・テンプル「恐怖の三角形」(4巻)など、クトゥルー神話の世界観に非常に近しい作品も散見される。

**H・P・ラヴクラフト他／クトゥルー(ハードカバー) 全6冊**

青心社／1980年10月〜

『悪魔の夢 天使の溜息』に続き、翻訳家の大瀧啓裕が企画・構成し、大半の作品を自ら翻訳したクトゥルー神話作品集。HPLやダーレス、スミス、ブロックなどの主だった第一世代作家の主要作品が収録されている他、フランシス・T・レイニーの「クトゥルー神話用語集」、リン・カーターの「クトゥルー神話の神神」などの小事典も収録し、後に刊行された文庫版ともどもクトゥルー神話入門書としての役割を果たした。なお、大瀧は本書では「クトゥルー」表記を採用しているが、東京創元社の『ラヴクラフト全集』ではHPLの書簡を参考に「クルウルウ」を用いている(一部例外あり)。

**H・P・ラヴクラフト他／クトゥルー 全13冊**

青心社／1988年12月〜

ハードカバー版全6巻が底本の文庫シリーズで、7巻以降は新たに翻訳した作品で構成されている。2005年に全13巻をもって完結した際には、これを記念して青心社では限定500セットの化粧箱入り全巻揃が発売された。今現在日本国内で刊行されているものとしては最もスタンダードなクトゥルー神話作品集で、2巻は丸々一冊がダーレスの連作「永劫の探求」であり、「クトゥルーの呼び声」が冒頭を飾る1巻共々、クトゥルー神話入門の書に相応しい。ただし、巻末解説が80年代当時の認識に基づいており、今となっては誤りの多い内容となっているので、アップデートが期待される。

**H・P・ラヴクラフト／暗黒の秘儀**
**ラヴクラフト傑作集**
創土社／1972年5月

創土社より1972年に刊行された日本初のH・P・ラヴクラフトの作品集。なお、当時の創土社と現在の創土社は経営陣が変わっており、安田均などによれば実質的に別会社とのことである。怪奇・幻想文学の単行本を数多く刊行し、「日本のアーカムハウス」と呼ばれた創土社定番の、箱入りでパラフィンのかかった上製本。ギュスターヴ・ドレによる『神曲』の版画を箱絵に使った、重厚な装丁の本に仕上がっており、帯には澁澤龍彦の推薦文を掲げていた。翻訳者の仁賀克雄による評伝からは、「H．P．ラヴクラフトの生涯」からは、1970年代当時の一般的なHPL観を窺える。

**H・P・ラヴクラフト／暗黒の秘儀**
**コズミック・ホラーの全貌**
朝日ソノラマ／1985年11月

創土社刊行の、同名の作品集の文庫復刻版。翻訳者である仁賀克雄が監修したソノラマ文庫海外シリーズの一冊として刊行された。タイトルや表記が若干変わっているのを除き、創土社版収録の13作品がそのまま掲載されている。ただし、HPLの評論「恐怖小説の系譜」（＝「文学における超自然の恐怖」）および仁賀による評伝「H．P．ラヴクラフトの生涯」は掲載されておらず、解説が新規に書き起こされている。なお、映画『ゴジラ』シリーズのポスター絵で知られる生頼範義が手がけた、うずくまるクトゥルー（作中ではクートゥリュウ）を描いた表紙絵は一見の価値がある。

**H・P・ラヴクラフト／ラヴクラフト全集　I、Ⅳ**
創土社／1975年8月～

荒俣宏が企画した日本最初のHPL全集。安田均、大瀧啓裕などが訳者として参加し、小説全4冊、評論・書簡を収録した別巻が刊行される予定だったが、編集担当の荒俣宏の本業が忙しくなり、I巻、Ⅳ巻（刊行順）の2冊で中断した。美しいシルバーの箱入りで、パラフィン付の上製本。I巻は短編を主体としてラヴクラフトの初期から晩年までの作品を幅広く収録。Ⅳ巻は晩年のSF的要素の強い中長編を中心に構成されている。HPLの友人フリッツ・ライバーの評論「ブラウン・ジェンキンとともに時空を巡る―思弁小説におけるラヴクラフトの功績」には、一読の価値がある。

**H・P・ラヴクラフト他／ラヴクラフト　恐怖の宇宙史**
角川書店／1993年7月

海外翻訳作品も扱っていた頃の、角川ホラー文庫から刊行された作品集。編者は荒俣宏で、「ナイアルラトホテップ」「錬金術師」「妖犬」「異次元の色彩」「忌まれた家」「闇に這う者」「狂気の山にて」「魔女の家でみた夢」「ランドルフ・カーターの弁明」「銀の鍵の門を超えて」や、HPLの自伝「わが幼年期を語る」、荒俣による評伝「文化現象としてのラヴクラフト」など、創土社版『ラヴクラフト全集』の収録作品や、平井呈一訳の「アウトサイダー」など新人物往来社の『怪奇幻想の文学』の収録作品が中心。他に、コリン・ウィルソンの『ロイガーの復活』も収録されている。

**H・P・ラヴクラフト／ラヴクラフト全集　全9冊**
東京創元社／1974年12月～

2巻までは、アンソロジーなどに収録されていた既訳を集めた『ラヴクラフト傑作選』として刊行されたが、3巻刊行時に『全集』へ改題。翻訳家の大瀧啓裕が編者・翻訳者となり、HPL単独作品からなる全7巻に、添削・代作作品からなる別巻を加えた全9冊が刊行された。『クトゥルー12』収録の「墳丘の怪」と、商業未訳の「可愛いアーメンガード」「バグズ爺さん」を除く、HPLの全小説を読むことができる。6巻あたりまでの巻末解説が古く、今となっては誤りが多いので、これから読む場合はご注意を。1、2巻の掲載作品を大瀧訳に差し替えた新版の刊行が予定されているらしい。

---

**H・P・ラヴクラフト／クトゥルーの呼び声**
星海社／2017年11月

「ダゴン」の執筆を起点としたクトゥルー神話誕生100周年を記念して、星海社から刊行された新訳作品集。初めて読む読者のためのエントリー・ノベルブックを想定し、海洋とクトゥルーの恐怖をテーマに選り抜いた、代作を含む「ダゴン」以下の小説8本を平易な現代文で翻訳したものを執筆順に収録。また、HPLがプロットを提供したH・S・ホワイトヘッドの「挫傷」を併せて収録している。他に訳注や地図、年表、索引など、クトゥルー神話設定のソースとしての用途も。内容的に、リン・カーター&R・M・プライスの『クトゥルーの子供たち』のプレリュードにもなっている。

---

**H・P・ラヴクラフト／夢魔の書**
学習研究社／1995年12月

眠りの最中、いつも鮮明な夢を見ていたというHPLは、友人に宛てた書簡でこうした夢を詳しく描写し、時に夢を元にした小説を執筆した。友人サミュエル・ラヴマンとの深夜の墓地における冒険の夢は「ランドルフ・カーターの陳述」に、偽預言者との遭遇は「ナイアルラトホテプ」に結実し、邪神の脅威に立ち向かうローマ兵の夢は、F・B・ロングの「恐怖の山」の原型となった。本書は、HPLの遺した膨大な書簡の中から夢に関するものを選び出すと共に、夢の影響で書かれたとされる彼の作品を併せて収録した、HPL創作の秘密の一端に触れることができる特異な作品集なのである。

---

**H・P・ラヴクラフト／文学における超自然の恐怖**
学習研究社／2009年9月

近現代怪奇小説評論の古典的な名著として知られるHPLの表題作「文学における超自然の恐怖」をはじめ、「ダンセイニ卿とその著作」「惑星間旅行小説の執筆に関する覚書」などの評論、十四行詩連作「ユゴスの黴」、「インスマスを覆う影」のプロトタイプにあたる「未定稿・インスマスを覆う影」などを収録したHPLの作品集。編者・翻訳者は大瀧啓裕で、東京創元社の『ラヴクラフト全集』を補完する内容となっている。「人類の最も古く最も強烈な感情は恐怖であり、恐怖のなかで最も古く最も強烈なものは未知なるものの恐怖である」という有名なHPLの言葉は、表題作冒頭のもの。

**H・P・ラヴクラフト／新訳 狂気の山脈**

PHP研究所／2011年4月

HPL作品のコミカライズを次々と刊行していたPHP研究所が、ギレルモ・デル・トロ監督による映画『狂気の山脈にて』の公開を当て込んで刊行した新訳本。解説は文芸評論家の東雅夫が担当した。既訳に比べると若干平易な文章にはなっていたが、翻訳を担当した東本貢司は幻想・怪奇文学専門ではなく（スポーツ関係が中心で、PHP研究所での仕事もあった）、結果的に珍訳に近いフレーズがいくつも見られた。同社のコミック版『狂気の山脈』共々、映画公開を前提とした帯文は、ある意味ではコレクターズ・アイテム的な価値があるかもしれない。デル・トロ監督の奮起に期待したい。

**カート・シンガー編／眠られぬ夜のために**

朝日ソノラマ／1986年2月

初期のHPL紹介者だった仁賀克雄の監修による、ソノラマ文庫海外シリーズから刊行された〈ウィアード・テールズ〉の傑作選で、原題はI Can't Sleep At Night：13 Weird Tales。オーガスト・W・ダーレスによる、呪われた書物をめぐる怪奇譚「空白の夢魔」や、女性の人狼にまつわるロバート・ブロックの「美しき人狼」など、13作が収録されている。これらの作品は皆、クトゥルー神話に連なる物語だというわけではないが、これらの作品を通して、クトゥルー神話が生まれる土壌となった〈ウィアード・テールズ〉という雑誌全体の雰囲気を知ることができることだろう。

**那智史郎、宮壁定雄・編／ウィアードテールズ 全6冊**

国書刊行会／1984年7月～

〈ウィアード・テールズ〉掲載作の中から、年代別に作品を選り抜いた全5冊のアンソロジーと、同誌の歴史をまとめた別巻から成る。このアンソロジーにしか収録されていないクトゥルー神話作品としては、第2巻（1927～29年）には、R・E・ハワードの「キング・カル」シリーズの一篇であり、ヴァルーシアの蛇人間にまつわる「影の王国」が。第4巻（1935年～39）には、HPLの死の2ヶ月後、1937年9月号に掲載された、ブルース・ブライアン（HPLとの交流は特になかった模様）による蛇神イグの関連作品「ホーホーカムの怪」が、それぞれ収録されている。

**エドガー・アラン・ポオ／ポオ小説全集 全4冊、ポオ 詩と試論**

東京創元社／1974年6月～

東京創元社から刊行されている、ポオの作品集。HPLは8歳の頃から彼の作品に耽溺し、決定的な影響を受けている。HPLの「アウトサイダー」は「ベレニス」と「赤死病の仮面」、「神殿」は詩「海底の都市」、「壁の中の鼠」は「アッシャー家の崩壊」といった具合に個別の作品からの影響を逐一挙げていくとキリがない。中でも重要なのはポオ唯一の長編小説である「ナンタケット島出身のアーサー・ゴードン・ピムの物語」で、HPLの「狂気の山脈にて」における「テケリ＝リ！」という南極の樽型異星人やショゴスの叫び声は、「ナンタケット島～」から借用したものだった。

**アンブローズ・ビアス／完訳 ビアス怪異譚**
創土社／1974年

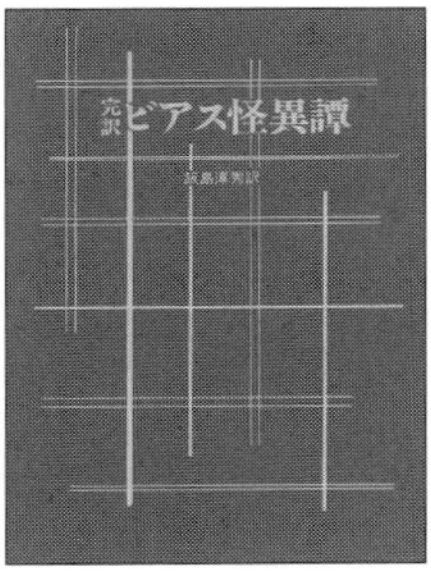


HPLよりも半世紀前に活躍した、アメリカのジャーナリスト、作家。辛辣な毒舌家で、日本では『悪魔の辞典』の著者としても知られる。収録作の「羊飼いのハイータ」からはハスターが、「カーコサのある住人」（青心社『クトゥルー』では「カルコサの住民」）からはカルコサがそれぞれR・W・チェンバースの作品を介してHPL作品に取り込まれ、A・W・ダーレスによって前者はクトゥルーの半兄弟である風の神、後者はハスターと関わりの深い異星の都市とされた。このように、クトゥルー神話の神名は必ずしも「人間に発音できない」と設定されているわけではないのである。

---

**ロバート・W・チェイムバーズ／黄衣の王**
東京創元社／2010年7月

HPLが高く評価し、黄の印、ハスター、ハリ湖などのワードを自作品に借用したR・W・チェイムバーズ（チェンバース）の作品集。謎めいた戯曲『黄衣の王』にまつわる4篇の短編を含んでいる。クトゥルー神話の文脈ではもっぱら「こういのおう」と読まれるが、本書のタイトルの読みは「おういのおう」。なお、〈黄衣の王〉と呼ばれる黄色の襤褸を纏った怪物をハスターの化身とするのは、三つ巴を歪めたような〈黄の印〉のデザイン共々、『クトゥルフ神話TRPG』の独自設定だ。本来の〈黄の印〉は、1895年に刊行されたThe King in Yellowの裏表紙にある謎めいた記号と思しい。

---

**ウィリアム・ホープ・ホジスン／幽霊狩人カーナッキの事件簿**
東京創元社／2008年3月

幽霊狩人トーマス・カーナッキは、W・H・ホジスンが創造したオカルト探偵だ。カーナッキものは東京創元社のホジスン作品集『夜の声』や、角川書店の『幽霊狩人カーナッキ』にも収録されている。このシリーズには『シグザンド写本』や『サアアマアア典儀』といった謎めいた文献が登場するのだが、これがHPLの『ネクロノミコン』『ナコト写本』といった禁断の書物のイメージの源泉となったという説がある。なお、『ミステリマガジン』1977年11月号掲載のA・W・ダーレスのソーラー・ポンズもの短編「呪われた書斎」では、依頼人の口からカーナッキの名前が言及されている。

---

**ウィリアム・ホープ・ホジスン／異次元を覗く家**
アトリエサード／2015年10月

早川書房が1972年に刊行した、荒俣宏が団精二名義で翻訳したW・H・ホジスンの長編小説を再録した、アトリエサードのナイトランド叢書の一冊。アイルランドの廃墟で発見された手記という体裁の物語で、豚に似た貌を持つ異形の怪物が語り手の生活領域に侵入してくる異常な事件が続く中、夢とも現実ともつかない幻想的な出来事の果てに、ついには最後の瞬間が訪れる――破滅に直面してなお綴られ続ける手記のスタイルを、HPLは「ダゴン」の結末で模倣したようだ。また、地下室の上げ戸が開かれるイメージも、HPLの他作品に影響を与えた可能性が高い。

**アルジャーノン・ブラックウッド／ケンタウロス**
月刊ペン社／1976年

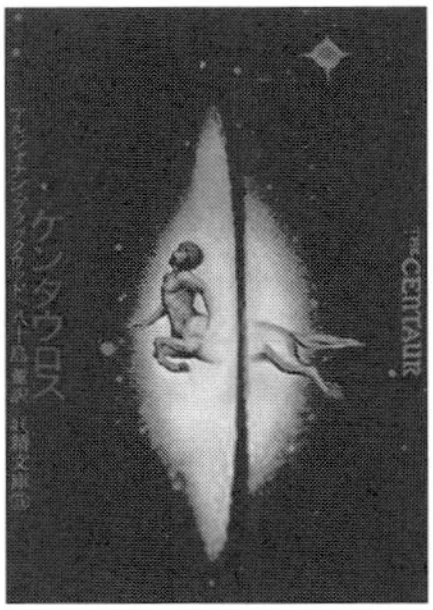


月刊ペン社の妖精文庫から刊行された、ブラックウッドの自叙伝的な長編作品。主人公であるアイルランド人青年が、人間の肉体という牢獄から離れ、原初の生命体であるケンタウロスとなって大宇宙と溶け合うという壮大なビジョンを描く難解な物語で、HPLが「クトゥルーの呼び声」の冒頭に引用した奇妙な文章はこの作品が出典だ。「野生の呼び声 Call of Wild」など、「Call of ～」が作中で繰り返し使用される。また、二二章には「地球の永久《とこしえ》に若々しい生命の、太古からの呼び声 ancient call of the Earth's eternally younglife」というフレーズもある。

---

**アルジャーノン・ブラックウッド／ブラックウッド傑作選**
東京創元社／1978年2月

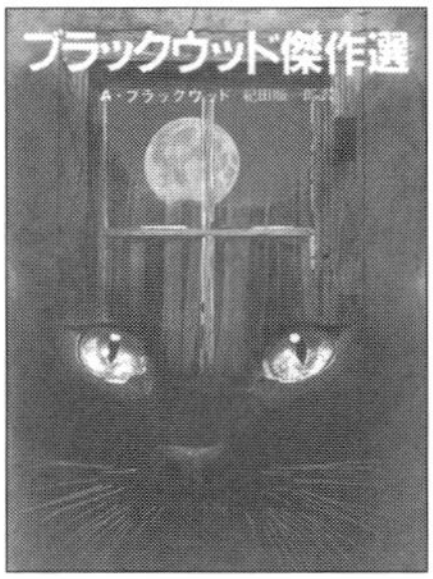


アルジャーノン・ブラックウッドは、HPLよりも21歳年長の、英国生まれの怪奇・幻想小説家で、ロード・ダンセイニやアーサー・マッケンに並んでHPLに強い影響を与えた先行作家である。本書に収録されている「ウェンディゴ」は、オジブワ（オジブウェー）族などアメリカ北部の先住民族の間で恐れられている人食いの精霊、ウェンディゴの跳梁を描く彼の代表作で、スタンダードなクトゥルー神話物語そのものの構成になっている。HPLは評論「文学における超自然の恐怖」でこの「ウェンディゴ」を絶賛し、後にその影響のもとで「ダンウィッチの怪」を著している。

---

**アルジャーノン・ブラックウッド／ブラックウッド怪談集**
講談社／1978年8月

講談社から発売された、アルジャーノン・ブラックウッド怪奇小説作品集。収録作品のひとつである「いにしえの魔術」は、数百年前まで悪魔崇拝が行われていた町の住民たちが、古代の記憶のリフレインによって人間とも猫ともつかない姿となり、狂宴に身を投じていくという物語。主人公もまた偶然この町を訪れたのではなく、どうやら彼の先祖がその町の住民で、前世の記憶に導かれたらしいことが示唆されるあたりは、「インスマスを覆う影」に影響を与えたと考えられている。HPLは評論「文学における超自然的恐怖」において、「ウェンディゴ」と共にこの作品を絶賛した。

---

**アルジャーノン・ブラックウッド／ウェンディゴ**
アトリエサード／2016年10月

HPLはじめクトゥルー神話作家に大きな影響を与えた表題作「ウェンディゴ」の新訳と、日本では未訳だった「砂」「アーニィ卿の再生」を収録した、アルジャーノン・ブラックウッドの最新の作品集。アトリエサードから刊行されている、ナイトランド叢書の一冊である。ウェンディゴは、A・W・ダーレスによって風の神イタカ（『クトゥルフ神話TRPG』ではイタクァ）としてクトゥルー神話に取り込まれている。ちなみに、本書の翻訳者である夏来健次の手がけたタイタス・クロウ・サーガの『風神の邪教』『ボレアの妖月』は、イタカにまつわる物語である。

## アーサー・マッケン／怪奇クラブ

東京創元社／1970年6月

HPLが大きな影響を受けたマッケンの作品集で、「怪奇クラブ」（原題は「三人の詐欺師 Three Impostors」）と「大いなる来復」という連作から構成される。

「怪奇クラブ」に含まれている、ウェールズの奇怪な矮人族の秘密を追う「黒い石印」と、謎の粉薬を飲んで肉体が溶けてしまう青年の運命を描く「白い粉薬の話」は、それぞれHPLの「クトゥルーの呼び声」「冷気」に直接的な影響を与えている。ちなみに、「黒い石印」において作中の謎の鍵とされている、読み方のわからない「IXAXAR」という言葉は、人間に発音できない名前を欧文で再現した「CTHULHU」の原型といえる。

## アーサー・マッケン／夢の丘

東京創元社／1984年9月

イギリスの片田舎に生まれ、丘や平原に残るローマ帝国属州時代の砦や土塁の跡を眺めて暮らしていたルシアン・テイラーは、作家になる夢を絶ち難く、故郷の山々から離れて魔都ロンドンに向かう。しかし、創作活動は思うように捗らず、やがてルシアンの精神は故郷にいた頃足繁く足を運んだ、あのこの世のものとは思えぬ幻想的な丘へと引き戻されていくのだった――。マッケンの自伝的小説。HPLはこの作品の影響下で「セレファイス」を著した。作中に描かれるローマ時代の石造りの遺構が残る英国の片田舎もHPLを魅了し、「ダンウィッチの怪」などの作品に反映されている。

## アーサー・マッケン／白魔《びゃくま》

光文社／2009年2月

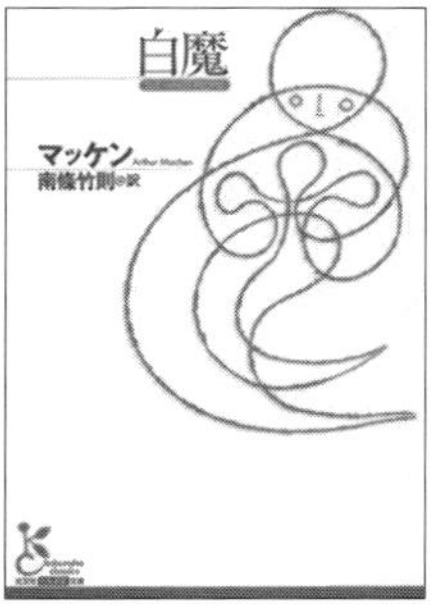


アーサー・マッケンの怪奇短編集。表題作「白魔」は、森の中に棲む〈白い人〉に魅せられた少女が、退色して緑色になった手帳に書き残した魔術的な出来事にまつわる幻想的な短編で、HPLはこの作品をあらゆる文学作品の中で2番目に偉大と評していた。緑色の手帳に綴られた記録は、「ダンウィッチの怪」における『ネクロノミコン』からの引用の原型であり、それを裏付けるように、「ダンウィッチの怪」と「闇をさまようもの」では、本作で言及されるアクロという言葉が使われている。また、HPLが作中に挿入しているドールという語についても、この「白魔」が出典である。

## アーサー・マッケン／恐怖―アーサー・マッケン作品集成3

光文社／2014年10月

マッケンの「恐怖」が収録されている、光文社刊行の作品集の第3巻。第一次世界大戦の最中。ウェールズの西に位置する寂れた村メリオン（仮称）で、一人の少女が失踪した。その事件を皮切りに、その土地では次々と不可解な殺人が起きるようになる。ドイツ軍のスパイだと主張する者もいたが確たる証拠は何もなく、実際に目撃されたのはそこにあるはずのない大木の影と、その枝の間に満たされたギラギラと輝く謎めいた光。いったい、この村で何が起きているというのか――。ウェールズ地方の町として「ダンウイッチ」が言及され、HPLはこの作品から地名を拝借したと考えられる。

**クラーク・アシュトン・スミス／魔術師の帝国**
創土社／1974年

安田均が編集したスミスの作品集。ツァトーグァの眷属が登場する「アブースル・ウトカンの悲惨な運命」など、他の作品集には収録されていない作品も。異世界の惑星ジッカーフが舞台の作品群はクトゥルー神話ものではなかったが、ジッカーフを治める大魔術師マール・ドウェブを、ヒュペルボレイオス大陸の魔術師エイボンの友人と設定したリン・カーターにより、クトゥルー神話と接続された。また、『クトゥルフ神話TRPG』における赤足のワンプ（HPL「未知なるカダスを夢に求めて」に言及）の外見は、本書収録の「ヨンドの魔物たち」に登場する怪物のものを採用している。

**クラーク・アシュトン・スミス／魔術師の帝国　既刊2冊**
アトリエサード／2017年～

1974年に刊行された同名の作品集の再編集版。クトゥルー・ミュトス・ファイルズを展開している創土社が、Twitter上で2013年に復刊を発表したことがあるが、最終的にアトリエサードのナイトランド叢書から刊行された。《1 ゾシーク篇》《2 ハイパーボリア篇》が刊行されていて、これまで単行本に収録されたことのなかった「マアル・ドゥエブの迷宮」（「魔術師の迷路」のタイトルで『ミステリマガジン』1972年5月号に掲載）が、安田均の翻訳で新たに追加された。グループSNEのWEBサイトで、再編集版の刊行にまつわる安田のインタビューが公開されている。

**クラーク・アシュトン・スミス／魔界王国**
朝日ソノラマ／1986年8月

後に「ヴァンパイア・クロニクル」シリーズをはじめアン・ライスの作品を数多く訳したことで知られる、柿沼瑛子の翻訳によるクラーク・アシュトン・スミスの作品集。ゾシーク、ハイパーボリアの地図も掲載されている。収録作品の大半は、東京創元社の作品集で改めて新訳されているので、クトゥルー神話のソースとしてはそちらをあたった方が良い。アフリカの秘境アゾムベイイ Azombeiiにまつわる「秘境のヴィーナス」の日本語訳は、この作品集でしか読むことができないが、クトゥルー神話要素は見当たらない。逆に言えば、まだ誰も手をつけていない格好の題材だとも言える。

**クラーク・アシュトン・スミス／呪われし地《ロキ》**
国書刊行会／1986年4月

アーカムハウスから刊行されたハードカバー単行本の装丁をそっくりそのまま再現した、国書刊行会のアーカムハウス叢書の一冊。1960年に刊行された原書と同じ装丁になっている。なお、原題はGenius Loci and Other Talesで、「ゲニウス・ロキ」というのはラテン語で土地霊のこと。収録作品では「地霊」（『イルーニュの巨人』では「土地神」）の原題がこれである。この単行本でしか読むことのできない「ヴルトゥーム」に登場する火星の神ヴルトゥームは、後にリン・カーターによってヨグ＝ソトースの子、クトゥルーとハスターの弟とされ、クトゥルー神話大系に加えられた。

**クラーク・アシュトン・スミス／イルーニュの巨人**
東京創元社／1986年7月

HPLの盟友、C・A・スミスの作品集。表題作の主役ガスパール・デュ・ノールは『エイボンの書』をフランス語に翻訳したとされる人物。「アヴェロワーニュの獣」にはハイパーボリアの大魔道士エイボンにまつわる言及があり、『クトゥルフ神話TRPGキーパーコンパニオン』（エンターブレイン）にも載っているエイボンの指輪が登場する。なお、この作品の結末でエイボンの指輪は粉々に破壊されているが、これはスミスの初期稿にはない展開であり、編集者の要請により作品に手を入れた際に変更されたのである。他に、中世フランスのアヴェロワーニュ地方が舞台の作品も。

**クラーク・アシュトン・スミス／ゾティーク幻妖怪異譚**
東京創元社／2009年8月

ゾティーク大陸もの17篇を収録した作品集。翻訳者である大瀧啓裕の原音忠実表記へのこだわりにより、固有名詞の表記に癖がある。ゾティーク大陸は地球最後の大陸で、厳密にはクトゥルー神話ものではない。ただし、ゾティークが他作家の神話作品で言及されたり、本書の「クセートゥラ」の冒頭に引用される『カルナマゴスの遺言』が、スミスの別作品を介して『クトゥルー神話TRPG』に取り込まれている。ソノラマ文庫の『魔界王国』ではゾシーク表記だが、リン・カーターによるムー大陸ものの作品群〈ゾシーク伝説群〉と混同されるので、ゾティーク表記が一般的である。

**クラーク・アシュトン・スミス／ヒュペルボレオス極北神怪譚**
東京創元社／2011年5月

スミスのヒュペルボレオス大陸ものの集大成的作品集。アトランティス文明の最後の島、ポセイドニスが舞台の作品群を含む23篇が収録されている。ヒュペルボレオスものの主要作品は青心社の『クトゥルー』シリーズにも収録されているが、「サタムプラ・ゼイロスの物語」（本書では「サタムプラ・ゼイロスの話」）の姉妹編にあたる「三十九の飾帯盗み」など、『クトゥルー』未収録の作品も多いので要チェックだ。なお、本書収録の「最後の呪文」の主人公であるポセイドニスの大魔術師マリュグリスは、リン・カーター「奈落の底のもの」（『クトゥルーの子供たち』収録）で言及される。

**クラーク・アシュトン・スミス／アヴェロワーニュ妖魅浪漫譚**
東京創元社／2011年12月

フランス中南部にあるオーヴェルニュ地域圏をモチーフとする、フランスの架空地方アヴェロワーニュを舞台とする18篇の作品集。アヴェロワーニュは、同時に西方の伝説的な島、アヴェロン（＝アヴァロン）のことも指している。なお、スミスはアヴェロワーニュにおけるツァトーグァの呼称をソダグイ Sodaguiとしたが、この綴りは「oi」が「オワ」と読まれるフランス語特有の発音を勘違いしたことによるもので、実際に想定した発音は「ソダグワ」だった可能性がある。HPLは1934年2月11日付の手紙で、アヴェロニア地方のサドクア神殿を守護する猫について言及している。

## ロバート・ブロック／暗黒界の悪霊

朝日ソノラマ／1985年5月

翻訳家の仁賀克雄の監修のもと創刊された、ソノラマ文庫海外シリーズにおける、クトゥルー神話作品が中心のロバート・ブロック作品集。HPLに魅せられて作家の道を歩んだブロックだが、彼が惹かれたのは「クトゥルーの呼び声」のような宇宙的恐怖を感じさせる作品ではなく、「ピックマンのモデル」のようなショッキングな作品だった。その為か、ブロックの初期作品には、ラヴクラフトの小説をよりグロテスクにしたようなものが多い。彼の作風の一端は、この作品集に収められている「自滅の魔術」「ドルイド教の祭壇」「納骨所の秘密」などの作品からも感じられることだろう。

## ロバート・ブロック／アーカム計画

東京創元社／1988年11月

アマチュア雑誌に発表した短編に大幅に加筆した、愛溢れるオマージュ作品。HPL作品そのままの事件が実際に起きるという、一歩間違えると白けそうなプロットを本格長編に昇華してみせるのは、ショッカー（読者や視聴者を驚かせるタイプの作劇）の名手、ブロックの面目躍如である。クトゥルー神話の怪物に水棲生物が多いのは、HPLの海産物嫌いが理由という巷説の発信源のひとつでもある（実際にはそれほど多くなく、触手も半魚人も先行作品の影響）。作中に登場する〈星の智慧派〉のナイ神父は、ナイアルラトホテプの人間体のステレオタイプとして、数多くの作品に影響を与えた。

## ロバート・ブロック／夢魔

青弓社／1993年4月

ブロックの作品集。クトゥルー神話要素のある作品としては表題作の「夢魔」と、「蛇母神」がある。前者は「暗黒の魔神」のタイトルで青心社文庫の「クトゥルー」シリーズに収録されているが、後者はこの作品集にのみ収録されている。「蛇母神」はブードゥー教やゾンビ（その名称はハイチの蛇神に由来する）で知られる中央アメリカのハイチにまつわる作品だ。ハイチの半伝説的な独裁者アンリ・クリストフがモチーフと思しき大統領の生涯を、蛇神の女司祭である彼の母の呪いに絡めて物語る。世界各国の蛇神崇拝について解説するくだりで、父なるイグの名前が挙がっている。

## ロバート・ブロック／ポオ収集家

新樹社／2000年3月

ロバート・ブロックの作品集。神話作品は、表題作である「ポオ収集家」の他、単行本では本書にのみ収録される「冥府の守護神」。「冥府の守護神」は、エジプトに魅せられた考古学者のバートン父子が、カイロの図書館で読んだらしい『妖蛆の秘密』（作中では書名が挙がっていないが、プリンの名と「サラセン人の祭儀の章」という言葉からそれと知れる）の記述をもとに、冥府の守護神アヌビスの神殿を発見したという、ブロックお得意のエジプトもので、「無貌の神」の登場人物カーノンティについても言及される。禁断の秘密にとり憑かれた探索者の末路を描く、スタンダードな神話譚だ。

**ロバート・ブロック／切り裂きジャックはあなたの友 ロバート・ブロック短篇集**
早川書房／1979年9月

切り裂きジャックが題材の表題作を中心に編まれたブロックの作品集。1934年にアマチュア雑誌〈アニュージュアル・ストーリーズ〉に掲載された「黒い蓮」を収録している。「黒い蓮」は、広大な王国を舞台に、禁断の魔術書に記された黒い蓮がもたらす魔睡に、至上の快楽を得るべく身を委ねたアルハズレッド・ゲナイア王の破滅を描く作品。その雰囲気は、彼が師と仰ぐラヴクラフトの、ダンセイニ期と呼ばれる時代の作品を彷彿とさせる。直接の神話作品ではないが、主人公の名前や「宇宙の只中でただひとり取り残され嘲笑を浴びていた」というくだりに、その影響を見出せる。

**仁賀克雄・編／幻想と怪奇―ポオ蒐集家 新装版**
早川書房／2005年2月

仁賀克雄の編纂になる怪奇小説アンソロジー『幻想と怪奇1』の新装版。表題作の「ポオ蒐集家」はロバート・ブロック作品で、親子三代に渡るポオの蒐集家が、ついに手に入れたポオその人の死体を『蛆虫の神秘（＝妖蛆の秘密）』『エイボンの書』などを用いて生き返らせ、「アーサー・ゴードン・ピムの新冒険」などの新作を書かせるという、HPL「チャールズ・デクスター・ウォード事件」を思わせる奇怪な逸品。また、『深海祭祀書』などの禁断の書物について言及のあるカール・ジャコビの「水槽」は、ブライアン・ラムレイの「深海の罠」の前日譚ともいうべき物語である。

**ロバート・ブロック／血は冷たく流れる**
早川書房／2006年3月

早川書房の移植作家短篇集の8巻（1976年刊行の旧版は7巻）として刊行された作品集。収録作のひとつ、「うららかな昼下がりの出来事」はルイス・キャロルの『不思議の国のアリス』にまつわる作品で、「ラヴクラフトの作品はちょっとどなたにもおすすめできませんね――あまりにも陰惨ですから」というセリフがある。ブロックがHPL作品のどのような部分に惹かれ、影響を受けたのがよくわかるセリフであり、実際、彼の神話小説は、HPLの怪奇小説のグロテスクさを誇張したような作品だと評されている。ブロックがモダンホラー作家の走りと見なされる所以でもあるだろう。

**フリッツ・ライバー／闇の聖母**
早川書房／1979年9月

小説「アーカムそして星の世界へ」や、論考「ブラウン・ジェンキンとともに時空を巡る　思弁小説におけるラヴクラフトの功績」においてHPL作品への強い愛を示した、ライバーの幻想的な長編作品。トマス・ド・クインシーの『深き淵よりの嘆息』を背景、摩天楼の聳えるサンフランシスコを舞台に、HPLの小説添削の顧客の一人がモデルのティボー・ド・カストリーズなる謎めいた人物と、彼の著した都市魔術の書物『メガポリソマンシー』にまつわる恐ろしい出来事を描く。直接的な神話ものではないが、HPLの親友だったクラーク・アシュトン・スミスが重要な役割を果たしている。

**ロバート・E・ハワード／スカル・フェイス**

国書刊行会／1977年5月

国書刊行会から刊行されたドラキュラ叢書の一冊。表題作の「スカル・フェイス」は、エジプトのカトゥロス（本書ではカスロス）と呼ばれる怪人物にまつわる物語なのだが、奇しくもこの作品こそが、同じ〈ウィアード・テールズ〉で作品を発表していたものの、接点のなかったハワードとHPLを結びつけた。同作を読んだN・J・オニールなる読者から、このカトゥロスというのはラヴクラフトのクトゥルーと何か関係があるのかという問い合わせがあり、それがきっかけで両者は親しくなったのだ。HPLは後に「闇に囁くもの」において、ルムル＝カトゥロスなる人物に言及している。

**ロバート・E・ハワード／黒の碑**

東京創元社／1991年12月

R・E・ハワードによるクトゥルー神話作品集。青心社文庫の『クトゥルー』に収録されている作品も多いが、こうしてまとまった形で読むことができるのはありがたい。翻訳者は、タイタス・クロウ・サーガの翻訳を手掛けた夏来健二。『無名祭祀書』の記述を手がかりに赴いたハンガリーのシュトレゴイカバールで、かつて恐るべき祭儀が行われていた〈黒の碑〉が主人公を待ち受ける表題作をはじめ、宝物に目が眩んで『無名祭祀書』に記された蟇蛙の神殿を目指した探検家の末路を描く「屋上の怪物」など、ハワードの創造した禁断の書物『無名祭祀書』にまつわる作品が中心だ。

**R・E・ハワード、L・スプレイグ・ディ・キャンプ、リン・カーター／コナンと毒蛇の王冠**

東京創元社／1973年6月

1970年代において、R・E・ハワードのコナン・シリーズは東京創元社と早川書房の二社で展開されていた。前者はライアン・スプレイグ・ディ・キャンプが編纂したランサー・ブックス社刊行の全集が底本で、作品間の繋がりが必ずしも明確ではなかったコナンの物語を一続きの年代記に再編したもの。第6巻にあたる『コナンと毒蛇の王冠』はディ・キャンプとリン・カーターによる補作が中心の巻で、ツァトゥーグァの石像やヴァルーシアの蛇人間（ハワードの「キング・カル」シリーズに登場する種族で、C・A・スミス作品に登場する蛇人間と後に同一視される）の王冠が登場している。

**R・E・ハワード／新訂版コナン全集 全6冊**

東京創元社／2006年10月～

R・E・ハワードによる、ヒロイック・ファンタジー・ジャンルの草分けとなったシリーズで、クトゥルー神話が生まれた〈ウィアード・テールズ〉誌に掲載された。翻訳家の中村融による、ハワードの純正作品及び未完成の断章のみを集めた新しいコナン全集で、かつて東京創元社と早川書房から刊行されたコナン・シリーズはどちらも未完結だったため、今回が初の完訳となる。ハワードの未訳作品 Black Eonsによれば、この物語の背景であるハイボリア時代という時代区分は、『無名祭祀書』を著したフォン・ユンツトの創案とされるなど、クトゥルー神話ともゆるやかに繋がっている。

**オーガスト・ダーレス／ソーラー・ポンズの事件簿**
東京創元社／1979年8月

熱狂的なシャーロッキアンでもあったダーレスによる、数ある贋作ホームズの中でも特に再現性が高いと評判のシリーズ。ロンドンのプレイド街7番地Bに事務所を構える私立探偵ソーラー・ポンズの事件を描く。収録作の「消えた住人」は、オリントン街の幽霊屋敷にまつわる事件で、被害者に「ダンウィッチ公爵の息子」やオカルト作家が含まれる。なお、『ミステリマガジン』2003年8月号掲載の「ノストラダムスの水晶球」（マック・レナルズによる）にはオーゼイユ街、未訳のThe Six Silver Spidersには『ネクロノミコン』やポール＝アンリ・ダレット伯爵についての言及がある。

**オーガスト・ダーレス編／漆黒の霊魂**
論創社／2007年3月

1962年にアーカムハウスから刊行された、オーガスト・ダーレスの編んだアンソロジー、Dark Mind, Dark Heartの日本語訳。収録作品のうち3作がクトゥルー神話もので、ラムジー・キャンベルの「ハイストリートの教会」、HPLの遺稿にダーレスが手を入れた死後合作「魔女の谷」は既に邦訳があるが、ジョージ・ウェッツェルの「カー・シー」はこのアンソロジーでしか読めない。スコットランドのバンフ湾にあるショール灯台で起きた事件を描いた作品で、神話用語の直接的な言及はないが、翻訳者の三浦玲子は「クトゥルー神話の一部かもしれない」とコメントしている。

**エイブラハム・メリット／ムーン・プール**
早川書房／1970年

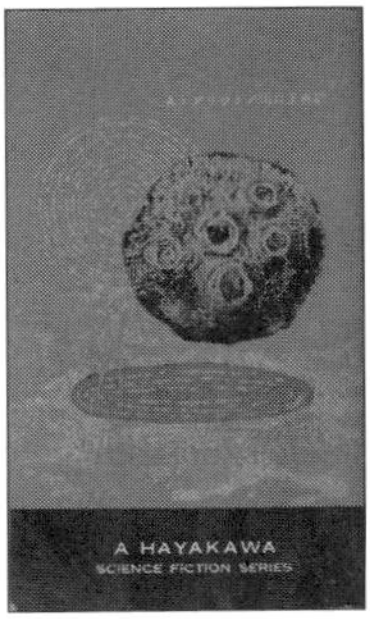


メリットはHPLよりも6歳年長のベテラン作家。本作はHPLも愛読した〈オール＝ストーリー・ウィークリー〉の1918年6月22日号、1919年3月22日号と2回に掲載された2本の短編に加筆したもの。南太平洋のポナペ島（現・ポンペイ島）のナン・タウアッチ遺跡にまつわる物語で、HPLの南太平洋サイクルに影響を与えた。なお、HPL自身は雑誌掲載版が気に入っていたようで、長編については苦言を呈している。なお、メリットは後にHPLと親交を結び、〈ファンタジー・マガジン〉1935年9月号に掲載されたリレー小説「彼方からの挑戦」で共作している。

**エイブラハム・メリット／蜃気楼の戦士**
早川書房／1975年

〈アーゴシイ〉1932年1月23日号から6回にわたり連載された長編作品。日本語訳されたのは、メリットが本来想定していた悲劇的な結末に書き直された単行本である。採鉱技師のリーフ・ラングドンが、物語の三年前にモンゴルへと赴いた際、ウイグル人の土地において古代の海魔、黒いタコの姿をしたカルク・ルKhalk'ruの脅威に直面したことに始まる物語で、「クトゥルーの呼び声」のオマージュだった可能性がS・T・ヨシによって指摘されている。カルク・ルが「彼の者は死ではない――死は彼の一部でしかない」と形容されるくだりは、たしかにクトゥルーを彷彿とさせる。

### シーベリイ・クイン／悪魔の花嫁
東京創元社／2010年1月

HPLの存命中、〈ウィアード・テールズ〉の看板作家といえば彼のことではなく、オカルト探偵ジュール・ド・グランダンの活躍するシリーズを手がけたシーベリイ・クインのことだった。「悪魔の花嫁」はシリーズ唯一の長編で、当時の欧米世界では邪神崇拝と考えられ、HPL作品でもそのような扱いを受けているクルド人の宗派ヤズィーディーが題材。HPLはクインの作品を好まず、書簡中で揶揄することもあったが、リン・カーターの「夢でたまたま」において作中世界の実在人物として言及されたことにより、彼もまたクトゥルー神話世界と接続されることとなった。

### リン・カーター／レムリアン・サーガ　全6冊
早川書房／1973年1月～

「レムリアン・サーガは」、かつて蛇人間が地球上を支配したと伝えられる超古代のレムリア大陸（＝ムー大陸）を舞台に、戦士ゾンガーの活躍を描く剣と魔法のヒロイック・ファンタジーである。R・E・ハワードの「英雄コナン」シリーズのフォロー作品だが、栗本薫の「グイン・サーガ」をはじめ、日本の作品にも大きな影響を与えた。なお、このシリーズの設定は、後年にカーターが著したムー大陸を舞台とするクトゥルー神話作品（ゾス神話群）に取り込まれており、本作においてゾンガーと敵対する竜王ススハーは、蛇神イグに仕える蛇人間の王ススアーアと同一の存在である。

### リン・カーター、R・M・プライス他／クトゥルフ神話カルトブック エイボンの書
新紀元社／2008年7月

元来、ルリム＝シャイコースが登場するC・A・スミスの「白蛆の襲来」は、ツァトーグァの神官である魔術師エイボンによって書き記された『エイボンの書』の一部という体裁の物語だった。リン・カーターはこれを受けて、スミスの断章などを参考に『エイボンの書』の一部として「極地からの光」「窖に通じる階段」などの小説を著した。その後、カーターの遺著管理人であるロバート・M・プライスが、自身や他の作家たち作品をまとめ、『エイボンの書』の再現を試みたのが本書である。聖書学者であるプライスの仕事だけに、いかにもそれらしい「異教の聖典」となっている。

### リン・カーター、R・M・プライス／クトゥルーの子供たち
エンターブレイン／2014年8月

HPLの「永劫より出でて」（ヘイゼル・ヒールドのための代作）にインスパイアされた、ムー大陸（＝レムリア大陸）において崇拝されたクトゥルーの三柱の子供たち、ガタノソア、イソグサ、ゾス＝オムモグを主軸とする連作小説に、それらの物語と関連するR・M・プライスの作品をまとめた作品集。『魔道書ネクロノミコン』収録のカーター版『ネクロノミコン』、『クトゥルフ神話カルトブック エイボンの書』と共に、リン・カーターが体系化したクトゥルー神話世界設定の精髄とも呼ぶべき作品であり、他の作家たちの作品との接続箇所が多いため、詳細の訳注や索引が用意されている。

## ブライアン・ラムレイ／黒の召喚者

国書刊行会／１９８６年７月

アーカムハウスから刊行された、独特の装本のハードカバー単行本をそのまま再現した、国書刊行会のアーカムハウス叢書の一冊目。翻訳は朝松健。原書は１９７１年に出版された、ブライアン・ラムレイの第1作品集である。一部の作品は『真ク・リトル・リトル神話大系』シリーズや『タイタス・クロウの事件簿』も入っているが、〈古のもの〉や『グハーン断章』（作者自身の発音は、本書収録のインタビューを参照）にまつわる重要作品であると同時に、HPLの「狂気の山脈にて」の後日談とも言うべき「狂気の地底回廊」など、この本にしか収録されていない作品も存在している。

## ブライアン・ラムレイ／タイタス・クロウの事件簿

東京創元社／２００１年３月

オカルト探偵タイタス・クロウ。古今東西の魔道書を収集・研究する神秘家にして、その悪しき智慧を駆使して正義のために邪悪と戦う漢。『タイタス・クロウの事件簿』は、ブライアン・ラムレイの創造したクトゥルー神話ヒーロー、タイタス・クロウの誕生から、彼がいったん姿を消すまでの軌跡を辿る短編作品集であり、先頃完結したタイタス・クロウ・サーガのプレリュードでもある。ラムレイの短編は、国書刊行会『黒の召喚者』『真ク・リトル・リトル神話大系』や扶桑社の『古きものたちの墓　クトゥルフ神話への招待』など、翻訳されたものもあるが、まだまだ未訳のものが多い。

## ブライアン・ラムレイ／地を穿つ魔

東京創元社／２００６年１月

長らく邦訳が待たれた、オカルト探偵タイタス・クロウとその盟友たるアンリ＝ローラン・ド・マリニーの、クトゥルー眷属邪神群（ＣＣＤ）との凄絶な闘いを描く「タイタス・クロウ・サーガ」の第１弾。欧州各地で起きている群発地震の影に、邪神達の影を察知したクロウたち。地底種族クトーニアンの盟主シャッド＝メルの罠をかいくぐった2人の前に、ミスカトニック大学の学者たちが結成した対邪神組織〈ウィルマース・ファウンデーション〉が現れる。人知れず邪神との闘争を続けてきたこの組織の一員となったクロウ達は、北米大陸へ侵入したクトーニアンを一度は退けるのだが——。

## ブライアン・ラムレイ／タイタス・クロウの帰還

東京創元社／２００８年１１月

「黒の召喚者」（『タイタス・クロウの事件簿』収録）において、クロウと共に行方不明となっていたド・マリニーが発見された。大西洋の廃都イハ＝ンスレイに対する〈ウィルマース・ファウンデーション〉の侵攻作戦が進む中、タイタス・クロウもまた地球へと帰還を果たす。しかし、齢６０を越えていたはずのクロウの姿は四半世紀分は若返り、かつての負ったはずの傷も体から消えていた。いったい、彼の身に何が起きたのか——。リン・カーターが創造した〈ゾス三神〉の妹として、クトゥルーの姫、クティーラの存在が明かされた「タイタス・クロウ・サーガ」の第2作。

## ブライアン・ラムレイ／幻夢の時計

東京創元社／2011年11月

タイタス・クロウからの誘いで、時空往還機の機能を持つ〈時計〉に乗り込んで旧神の国、エリシアに向かうド・マリニーだったが、旧神の王たるクタニドよりクロウが〈夢の国〉で囚われの身になったことを、その途上で告げられる。勇躍、友の救出に向かうド・マリニーだったが、〈夢の国〉で待ち受けていたのは、神々の仮面であるナイアルラトホテップの張り巡らす陰謀の罠のただ中だった——。中編「グラント・エンダビーの述懐」を取り込む形で構成された、「タイタス・クロウ・サーガ」の第3弾。巻末に、舞台となる〈夢の国〉についての簡単な用語集が用意されている。

## ブライアン・ラムレイ／風神の邪教

東京創元社／2014年5月

「タイタス・クロウ・サーガ」の第4弾。クロウ、ド・マリニーたちコンビから打って変わって、元〈ウィルマース・ファウンデーション〉の超能力者、ハンク・シルバーハットが主人公となっている。調査隊の仲間たちと共に、風の神イタカの支配する異世界の惑星、ボレアへと連れ去られたシルバーハットたち。そこでは、イタカを崇拝する風神教団と、イタカが人間に生ませた〈風の巫女〉アルマンドラ率いる台地民軍が烈しい戦いを繰り広げていた。イタカと、その息子の相克をテーマとする、ラムレイの未訳作品「風より生まれて Born of the Winds」を発展させた作品となっている。

## ブライアン・ラムレイ／ボレアの妖月

東京創元社／2016年6月

前作に引き続き、精神感応力者シルバーハットのボレアでの冒険行を描く、「タイタス・クロウ・サーガ」第5弾。ボレア探索中の彼の前に現れたのは、エリシアへの旅を続けていたかつての友人、アンリ＝ローラン・ド・マリニーだった。奪われてしまった時空往還機を求め、ボレア、そしてボレアの月であるヌミノスへと探索を続ける二人に、風の邪神イタカが迫るのだった——。かつてヌミノスへと拉致された北欧の海族たちの末裔が登場し、R・E・ハワードの英雄コナン・シリーズ共々、クトゥルー神話世界と北欧の神話・伝説群の接続を図る上での重要な作品となっている。

## ブライアン・ラムレイ／旧神郷エリシア　邪神王クトゥルー煌臨！

東京創元社／2017年3月

ヌミノスでの戦いを経て、運命の伴侶となったモリーンを連れてボレアへと帰還したド・マリニーを待ち受けていたのは、タイタス・クロウからの急報だった。クトゥルー眷属邪神群（ＣＣＤ）の決起の時が迫る中、ド・マリニーはどこにあるのかもわからない善なる旧神たちの版図、〈エリシア〉へと急ぐのだった。〈夢の国〉を舞台とするラムレイの別シリーズ（現在、森瀬繚が翻訳作業中）の登場人物であるデイヴィッド・ヒーロー、エルディンのコンビも合流しての、「タイタス・クロウ・サーガ」の完結作。ラスト近くで、ラムレイ独自の宇宙年代記の全容が語られている。

## コリン・ウィルソン／精神寄生体

学習研究社／2001年7月

『アウトサイダー』(集英社文庫)で各国で注目を集めた新進の評論家コリン・ウィルソンが、アーカムハウスから出版した神話作品。ノースウェスタン大学のオースティン教授らが調査したヒッタイトの石碑には、アブホースやニョグタといった暗黒の神の名前が刻まれていた。彼らは、これら「旧支配者」の名が、H・P・ラヴクラフトの作品で既に言及されていたことを知り、驚愕する。発見された地下遺跡の記録と奇妙な符合を見せるラヴクラフトの小説を足がかりに調査を進める教授達は、遥かな太古より人間の精神に巣食う怪物、マインド・パラサイトの脅威に直面する。

## コリン・ウィルソン／ロイガーの復活

早川書房／1977年5月

ハヤカワ文庫NVのモダンホラーレーベルで発売された。１３世紀のロジャー・ベーコンの手になる秘密文書『ヴォイニッチ写本』の暗号解読を進めるラング教授は、この写本が『ネクロノミコン』の断片であることをつきとめる。『ヴォイニッチ写本』の謎と幻想作家アーサー・マッケンの足跡を追う過程で、ムー大陸文明を探求するアーカート大佐と出会った教授は、かつて人類を支配した旧支配者ガタノトア復活の予兆を感知するのだが――。巻末にウィルソンの論文「X機能と非合理的知識について」と、作中で言及されるリン・カーターの小論「ネクロノミコンの歴史」が収録されている。

## コリン・ウィルソン／賢者の石

東京創元社／1971年6月

脳手術によって人類の意識を覚醒させる研究を行うハワード・レスターとヘンリー・リトルウェイ。彼らは自らの脳を手術し、過去を透視する能力を得る。しかし、レスターたちの研究が人類誕生の秘密に近づいたとき、遥かな太古から地球を支配していた〈古きものども〉の存在に気づいてしまう。〈古きものども〉の復活が避けられないことを悟った彼らは、人類を進化・覚醒させようと決意するのだった。クトゥルー神話に人類の進化・覚醒を絡めた長編作品で、『精神寄生体』以来の神話小説でウィルソンが連綿と紡いできた世界観の集大成である。『ロイガーの復活』の後日談も語られる。

## コリン・ウィルソン／宇宙ヴァンパイアー

新潮社／1977年10月

２０７６、宇宙探検隊が遭遇した巨大な宇宙船から、人間そっくりの生命体が発見される。仮死状態になっていた生命体は地球へと持ち込まれるのだが、蘇生した彼らは地球人の生命力を奪って逃亡する。生命体は、宇宙からのヴァンパイア(吸血鬼)だったのだ。人体を乗り換えながら逃亡を続ける宇宙ヴァンパイアー。事件を追う者たちはやがて、ニオス＝コルガイ族とウボ＝サスラ人の相克の歴史を知ることになる――。クトゥルー神話に登場する固有名詞を借りたものではあるが、彼らがかつて地球人の進化に関与したという設定があるあたり、神話を意識したものではあるらしい。

**ジョージ・ヘイ編／魔道書ネクロノミコン**
学習研究社／1994年8月

『ネクロノミコン』にまつわる論文集の体裁をなしつつ、ジョン・ディーが翻訳したとする『ネクロノミコン断章』自体をも収録した奇書。仕掛け人は序文を寄せたコリン・ウィルソンで、怪奇・幻想小説雑誌『ナイトランド』創刊号掲載の「『魔道書ネクロノミコン』――捏造の起源」において経緯が詳しく解説されている。『真ク・リトル・リトル神話大系』2巻に一部が収録されたが、当時はウィルソンの翻訳料が高価だったため、全ては訳出されなかった。寄稿者の殆どが神秘学と近代魔術に通暁した人間で、HPLの父がエジプト・フリーメーソンの一員だったという設定の出所でもある。

**ジョージ・ヘイ編／魔道書ネクロノミコン　完全版**
学習研究社／2007年5月

『魔道書ネクロノミコン』と、その続編である『ルルイエ異本』の合本として、新たに刊行されたハードカバー。ただし、『ルルイエ異本』の内容は『魔道書～』に収録された『ネクロノミコン断章』の未公開部分（という設定）であり、オーガスト・W・ダーレスの「ハスターの帰還」が初出となる禁断の書物、『ルルイエ異本』とは別物と考えて良いだろう。また、1973年にアウルズウィック・プレスから刊行された、HPLの伝記作家でもあるSF小説家ライアン・スプレイグ・ディ＝キャンプが、イラクで入手したというドゥリア語訳の『アル・アジフ』も、部分的に収録されている。

**ジョージ・ヘイ編／魔道書ネクロノミコン外伝**
学習研究社／2011年12月

リン・カーターがR・M・プライスの同人誌Crypt of Cthulhu誌上で発表した『ネクロノミコン』、HPLのフレッド・L・ペルトゥンがアーカムハウスに投稿したラテン語版『ネクロノミコン』の部分的翻訳と称する奇書『サセックス稿本』、D・T・セイント・オールバンズによるアブドゥル・アルハザードの伝記『師の生涯』など、『ネクロノミコン』にまつわる作品が収録されている。中でもカーター版『ネクロノミコン』は、生涯にわたってクトゥルー神話の世界観を補完し、体系化を進めたカーターの集大成とも言うべき作品であり、『クトゥルーの子供たち』との併読を勧める。

**マーク・矢崎／ユダヤの禁書　ネクロノミコン秘呪法**
二見書房／1988年11月

ノストラダムスの大予言ブームの副産物とも言えるお呪い本。言及される精霊がクトゥルー神話作品に登場しないもので、加えてマルドゥクやティアマトといったバビロニア神話の神々の名前も出てくることで困惑する読者が殆どだったが、実は英国の魔術師アレイスター・クロウリーの生誕100年を記念して刊行された、シモン版『ネクロノミコン』と称する魔術書が底本だ。『真ク・リトル・リトル神話大系』掲載の『魔道書ネクロノミコン』の文章が中途半端に参照され、「フリーメーソン＝ユダヤ人の陰謀結社」という当時広まっていた誤謬が、そのままタイトルに反映されている。

**尾之上浩司・編／クトゥルフ神話への招待　全2冊**
東京創元社／2012年8月～

怪奇小説の翻訳者、研究家として知られる尾之上浩司の企画したクトゥルー神話アンソロジー。2冊めのメインタイトルは「古きものたちの墓」。英国のグロスターシャーが舞台の作品を数多く著した、第二世代のクトゥルー神話作家ラムジー・キャンベルの、ダオロス、グラーキといった神々の初出となる未訳作品が数多く収録されているので、非常に重要性の高い作品集となっている。また、2冊めの表題作はコリン・ウィルソンによるHPL「狂気の山脈にて」の後日談的な作品であり、神話研究家の森瀬繚による「「クトゥルフ神話」のトレンド」と題する論考も併せて収録されている。

**A・ブラックウッド、M・R・ジェイムズ、他／怪奇小説傑作集　全4冊**
東京創元社／1969年2月

早川書房の「幻想と怪奇」共々、怪奇小説ジャンルの伝統的な入門書。これでHPLに接した読者も多い。第1巻に収録のマッケン「パンの大神」は超越存在と人間の混交がテーマで、「ダンウィッチの怪」の原型となった。作中で言及されるノーデンス神はマッケンの創作ではなく、ローマ属州時代の英国で崇拝された海神である。なお、1巻の巻末で、出来事を明確に描かない「朦朧法」なる手法が紹介されているvが、これはThe Ghostly Tales of Henry Jamesが出典と思しい、英米では特に知られていない手法で、例示されるH・ジェイムズらの作品からして、HPLの作風とはかけ離れている。

**M・R・ジェイムズ／M・R・ジェイムズ怪談全集1**
東京創元社／2001年10月

モンタギュー・ローズ・ジェイムズは、HPLがその作品をこよなく愛した英国の怪奇小説家だ。聖書学者としても著名で、新約聖書の偽典（アポクリファ）の注釈付英語版などの仕事がある。本書収録の「マグナス伯爵」は、吸血鬼ものの古典として知られる作品で、スウェーデンのとある屋敷を舞台に潜む恐怖を描いた作品だ。同時に、触手モンスターものでもあり、「クトゥルーの呼び声」の怪物の造形に影響を与えた可能性が大きい。HPLが大部分を改作したウィリアム・ラムレイの「アロンゾ・タイパーの日記」は、「マグナス伯爵」のオマージュというよりもスピンオフ要素が強い。

**スチュアート・D・シフ編／マッド・サイエンティスト**
東京創元社／1982年4月

タイトル通り、マッド・サイエンティストものの作品ばかりを集めたアンソロジーで、翻訳は荒俣宏。編者のスチュアート・デイヴィッド・シフは、HPLの「名状しがたいもの」で言及される架空の雑誌にちなんだ怪奇・幻想雑誌〈ウィスパーズ〉の編集者である。収録作品はHPLの「ハーバート・ウェスト―死体蘇生者」――かと思いきや、冷房装置によって生命を保つムニョス博士が登場する「冷気」である。この作品はアメリカではかなり人気があるらしく、幾度もコミカライズされている。他に、時間遡行の危険な実験が描かれるF・B・ロングの「ティンダロスの猟犬」も収録された。

**風間賢二・編／フランケンシュタインの子供**
角川書店／1995年1月

怪奇・幻想文学の翻訳家、アンソロジストとして活躍する風間賢二による、メアリ・シェリーの「フランケンシュタイン」をモチーフとする作品のアンソロジー。このテーマの定番的な作品であるHPLの「死体蘇生者ハーバート・ウェスト」のほか、クトゥルー神話作品ではないがロバート・ブロックの興味深い作品、「プロットが肝心」が収録されている。「プロットが肝心」は、恐怖映画に耽溺するあまり社会生活を送れなくなり、精神病院と思しき病院に収監されて、半ば強制的にロボトミー手術を受けさせられた女性が、虚構と現実が入れ替わってしまった世界に放り出される物語だ。

**アイザック・アシモフ編／クリスマス13の戦慄**
新潮社／1988年11月

クラークやハインラインのように自らクトゥルー神話作品を書いたり、神話ネタを自作品に盛り込んだりはしなかったが、HPLには強い関心を抱いていて、『黒後家蜘蛛の会』のとあるエピソードでも触れている。本書はクリスマスを題材とする短篇アンソロジーだ。キリスト教よりも古い古い時代に遡る冬至の祭祀、ユールタイドに参列するべく、マサチューセッツ州の架空の港町、キングスポートに集まってきた奇怪な集団を描く、HPLの「魔宴The Festival」を「祭祀」というタイトルで収録している。なお、クトゥルー神話要素はないが、ラムジー・キャンベルの「煙突」も必読だろう。

**森英俊、野村宏平・編／乱歩の選んだベスト・ホラー**
筑摩書房／2000年3月

雑誌『宝石』に連載された、江戸川乱歩の怪奇小説ガイド「怪談入門」と、その中で紹介された（HPLのいくつかの作品も含まれているが、本書には入っていない）短編作品のアンソロジー。オーガスト・W・ダーレスが、「湖底の恐怖」執筆時に参考にしたと思しい、E・F・ベンスンの「歩く疫病」と題する作品が収録されている。西コーンウォールの寂れた村、ポーラーンに出没する悍ましい怪物が題材の作品で、作中、牧師が怪物に対して叫ぶラテン語の言葉（実は聖書からの引用文）を、ダーレスは「湖底の恐怖」において旧神の力を呼び覚ます呪文として流用している。

**藤原宰太郎／悪魔と名探偵**
KKベストセラー／1988年5月

その昔、サラリーマンの時間潰しや雑学・教養を手っ取り早く身につけるべく刊行されていた文庫本の一冊。オカルト・ミステリーのミニ百科事典と銘打たれ、悪魔の章、魔女の章、世界の妖怪の章、日本の妖怪の章、幽霊の章と、全部で5つのカテゴライズのもと、洋の東西の様々な怪奇作品をお題別にダイジェストで紹介している。世界の妖怪の章、「食屍鬼」のテーマの題材がHPL作品である。食屍鬼というからには「ピックマンのモデル」が来るかと思いきや、カーターとウォーリンの二人組が墓地を暴くストーリー――「ランドルフ・カーターの証言」のダイジェストなのだった。

**風見潤、安田均・編／世界パロディSF傑作選**
講談社／1980年6月

風見潤、安田均の二人が編んだパロディSFのアンソロジー。スティーブン・アトリーとハワード・ウォードロップの怪作「昏い世界を極から極へ」が収録されている。この作品は、メアリ・シェリーの『フランケンシュタイン』のラストで北極の海へと消えていったフランケンシュタイン博士のモンスターが、北極の開口部から地球内部世界へと到達し、人間離れした怪力でのしあがって大帝国の王座に就くなど、英雄コナンばりの冒険行を繰り広げながら地球（の裏側）を縦断するというもの。最終的に南極側の開口部から地上へと帰還した怪物が、異形の種族の棲む都市の遺跡に辿り着き――。

**シーナ・クレイトン／謎に包まれた孤島の愛**
日本メールオーダー／1984年12月

ハーレクイン・ロマンス的な体裁の恋愛ペーパーバック、サスペンス・ロマンスの一冊。作者のシーナ・クレイトンは、アンソロジー『ラヴクラフトの遺産』に食屍鬼と人間の恋愛を描く一風変わった作品「食屍姫メリフィリア」を寄稿したブライアン・マクノートンの変名で、「クレイトン」はエドガー・ライス・バローズのターザン（本名はグレイストーク卿ジョン・クレイトン）のオマージュとのこと。意外にもその内容は「インスマスを覆う影」風の正調なクトゥルー譚で、もうひとつのインスマスとも言うべきメイン州のスクアンポティス島を舞台に、グロテスクな恋愛模様が展開する。

**スコット・デイヴィッド アニオロフスキ編／ラヴクラフトの世界**
日本ヘラルド映画出版局／2006年10月

『クトゥルフ神話TRPG』のライターとしても活躍するアニオロフスキの編纂になる、HPLの作品の舞台としてお馴染みのアーカムやダンウィッチ、キングスポートに加え、設定のみ拵えたものの未使用に終わったフォックスフィールドなど、ニューイングランド地方の街が舞台の作品のアンソロジー。リュポフの「ダニッチの破滅」は「ダンウィッチの怪」、スミスの「腔腸動物フランク」は「戸口にあらわれたもの」、バーリスンの「魔宴の維持」は「魔宴」、カーターの「ヴァーモントの森で見いだされた謎の文書」は「闇に囁くもの」といったように、HPL作品の後日談も含まれる。

**ジェイ・R・ボナジンガ／シック**
学習研究社／1996年12月

シカゴのストリッパー、セーラの脳内の腫瘍は、不可解にも治療前に消え失せた。同時に、彼女の身辺に変死が相次ぎ、さらに身体にも異変が。彼女に救いの手を差し伸べた旧知のセラピスト、ヘンリーが眼にした、彼女の驚くべき姿とは？　セーラの故郷がアーカムだという点を除き、クトゥルー神話との接点は乏しい。しかし、後半で重要な役割を果たすハリー・フーディーニは、ラヴクラフトと親交があった実在人物。また、終盤の舞台となるアカマツの繁る荒地には、F・P・ウィルスンの神話中篇「荒地」の、ニュージャージーの荒涼たる針葉樹地帯を連想させるものがある。

**スティーヴン・ジョーンズ編／インスマス年代記　上・下**
学習研究社／2001年11月〜

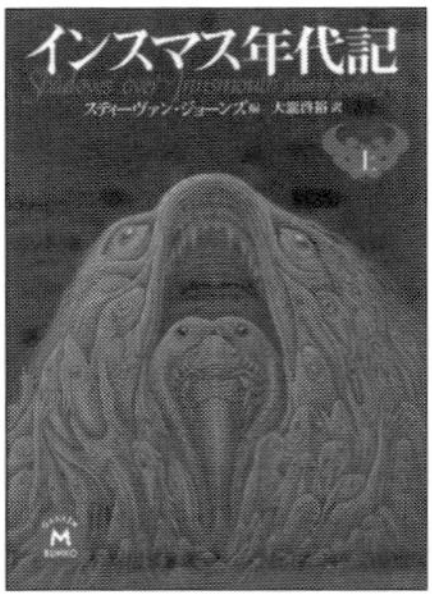


HPLが「インスマスを覆う影」で描いたクトゥルー崇拝者達の潜む呪われた漁村、インスマスをモチーフとしたアンソロジー。編者のジョーンズは、編纂の動機を「もっとも才能と洞察力があって勤勉な編集者の1人を真似したかった。その人はオーガスト・ダーレスである」と語っている。ジャック・ヨーヴィルの「大物」は、キム・ニューマン名義の『ドラキュラ紀元』シリーズの主人公達が登場する外伝的な作品でもある。また、ピーター・トレメインの「ダオイネ・ドムハイン」は、作品集『アイルランド幻想』にも収録されている。2005年には続編も刊行され、翻訳が待たれる。

**ドナルド・タイスン／ネクロノミコン　アルハザードの放浪**
学習研究社／2013年4月

2006年1月に発売されたハードカバーの文庫版。古来、秘儀参入を果たしたばかりの新米魔術師は、先人の手になる魔導書の書写を行い、その知識と書物とを自らのものとするところから修行を始めたという。本書はいわば、魔術師タイスンによる『ネクロノミコン』の新たな写本だと言える。『ネクロノミコン』については、創造者たるHPLを筆頭に、数多のクトゥルー神話作家達が自分の作品中で部分的な引用を行ってきた。本書は、様々な作品中で言及される断片から『ネクロノミコン』全体の復元を試みた野心作だが、時折全く独自の設定が混ざり込んで、読者を飽きさせない。

**ドナルド・タイスン／アルハザード　上・下**
学習研究社／2007年12月〜

「ネクロノミコンを書いた男」というサブタイトルの示す如く、狂詩人アブドゥル・アルハードその人の伝記物語。HPLの「『ネクロノミコン』の歴史」において、ロバ・エル・カリイエ（ルブアルハリ）の砂漠を彷徨ったとだけ書かれた放浪時代を掘り下げ、ゴシック・ロマンス風の物語に仕立てあげている。タイスンの『ネクロノミコン　アルハザードの放浪』を補う内容になっているが、同じ版元から刊行されている『魔道書ネクロノミコン外伝』に収録されるリン・カーター版『ネクロノミコン』など、他作品におけるアルハザードの生涯とは、当然ながら異なった内容となっている。

**アイザック・アシモフ／黒後家蜘蛛の会　既刊5冊**
東京創元社／1985年11月〜

SF作家やミステリ作家、画家といった気のおけぬ仲間たちが月に1度集まる〈黒後家蜘蛛の会〉の食事会。毎回、会の席上で、ゲストが持ち込んだ悩みごとや謎について謎解きが行われるのだが、回答を見つけるのはいつも給仕のヘンリーなのだった――。4巻収録の「獣でなく人でなく」では、ゲストの姉がアラン・ポーやHPLの読み過ぎで、宇宙知神（テオグノスティック）教団というカルトにのめりこんでいて困っているというエピソード。また、2巻収録の「終局的犯罪」におけるとある人物の犯罪は、『クトゥルフ神話図説』において、クトゥルー神話世界に取り込まれている。

**ロジャー・ゼラズニイ／ディルヴィッシュ・サーガ**
東京創元社／1988年9月～

魔術師ジェレラクに地獄に封じられた後、永劫の時を経て帰還を果たした剣士ディルヴィシュが主人公のシリーズ。『地獄に落ちた者ディルヴィシュ』では、口をきく鋼の馬ブラックと共に怨敵を追う彼の冒険譚が描かれる。『変幻の地のディルヴィシュ』はクトゥルー神話とW・H・ホジスンの『異次元を覗く家』のオマージュ。時間と空間超越する「超時間城」の地下にはジェレラクに敵対する魔術師たちが監禁され、さらにその奈落には触手をもつ〈旧き者〉トゥアルアが潜む。また、仇敵ジェレラクを求めて城に踏み込むディルヴィシュに襲いかかる怪物の名が、〈サンドロスの犬〉である。

**ロジャー・ゼラズニイ／虚ろなる十月の夜に**
竹書房／2017年10月

ロジャー・ゼラズニイの単著としては最後の長編作品にして、日本では27年ぶりとなる単行本。ある条件が満たされる年の10月、そのゲームは開催される。魔道具を手にした者たちが二つの勢力に分かれて相争い、世界の命運を決するゲームが。プレイヤーたちは各々が使い魔を従えている。主人公スナッフもその一匹。鋭いナイフを外套の下に隠し、夜の街を暗躍するジャックの見張り犬である——。ドラキュラ伯爵やシャーロック・ホームズが登場するクロスオーバーもので、ゼラズニイが引用やオマージュではなく、本格的にクトゥルー神話にコミットした唯一の作品でもある。

**小川隆、山岸真・編／80年代SF傑作選 上**
早川書房／1992年10月

80年代のSF作品を集めたアンソロジー。収録作品のひとつ、ロジャー・ゼラズニイの「北斎の富嶽二十四景」にクトゥルー神話ネタがある。神話とSFを融合させる技に定評があるゼラズニイが本作で選んだのは、「日本」という神話だった。ハイテク社会でありながら、東洋的な哲学が同居する奇妙な国、ニッポンを舞台に、北斎の浮世絵を道連れに巡礼するマリとネットに宿る仏陀の物語である。野宿の途中、マリが語る寝物語には、葛飾北斎が浮世絵に描いた、海に眠る神を信じたが故に海の底に沈められた神社が登場する。翌朝出会った野良猫を、マリはルルイエと名付けるのだった。

**カール・エドワード・ワグナー／闇がつむぐあまたの影**
東京創元社／1991年10月

食屍鬼が蠢く墳墓の暗闇を棲家とし、行く先々に死と破壊をもたらす不老不死の凶剣士ケインを描く「ケイン・サーガ」シリーズは、ワグナーの代表作である。残念ながら、日本語訳は1巻で中断した。英雄コナン・シリーズやレムリアン・サーガのようにクトゥルー神話を直接取り込んでいるわけではないが、冒頭にHPL「チャールズ・デクスター・ウォード事件」からの引用文を掲げていることから、HPL作品に漂う怪奇趣味を強く意識していることがわかる。なお、ワグナーは『ミステリマガジン』2008年8月号に掲載されている「棒」をはじめ、クトゥルー神話作品も手がけている。

### ジョージ・R・R・マーティン／「ワイルド・カード」シリーズ

東京創元社／1992年9月～

「ワイルド・カード」は、異星人の蔓延させたウィルスにより超人と肉体変異者が出現、変容する現代社会を描くシェアード・ワールドで、スーパーヒーローもののTRPG、SUPERWORLDのキャンペーンがベースである。ドラマ『ゲーム・オブ・スローンズ』の原作者であるジョージ・R・R・マーティンが音頭を取り、モザイク・ノベルと銘打ってR・ゼラズニイなど複数の作家たちが参加したが、邦訳は第3部でストップした。『大いなる序章』下巻収録のルイス・シャイナー「フォーチュネイトの暗く長い夜」に、女神ティアマットの別名として、クトゥルーが挙げられている。

### マイケル・スレイド／グール　上・下

東京創元社／1993年4月

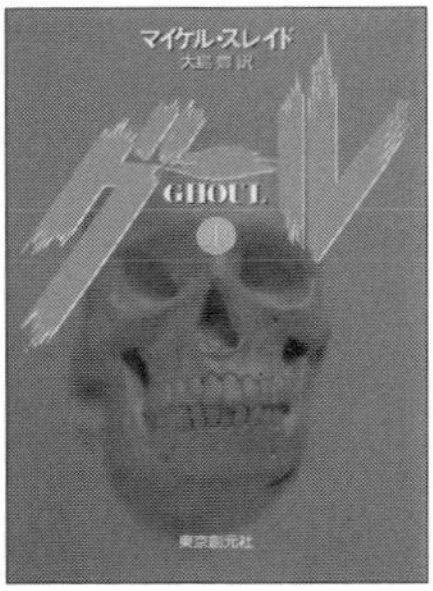


マイケル・スレイドは、異常犯罪専門家グループの共同ペンネームである。〈下水道殺人鬼〉〈吸血殺人鬼〉に〈爆殺魔ジャック〉。通り名で呼ばれる複数名の連続殺人鬼たちが跳梁跋扈し、犯行を伝える恐ろしい記事が連日新聞を賑わせるロンドン。殺人鬼達を背後から操る謎の女、TRPGを思わせるごっこ遊びの果てに自らをクトゥルー神話の邪神と妄想する悍ましい殺人鬼〈グール〉もまた、暗躍を開始する。ロンドンに始まり、アメリカ、カナダへと続く殺人の連鎖。ついに明かされた想像を絶する真相は、「サイコ・スリラーに止めを刺す」という謳い文句に恥じない驚愕を読者に与えた。

### マイケル・スレイド／髑髏島の惨劇

文藝春秋社／2002年10月

『グール』など初期3長編が訳出されてから、しばし刊行の止まっていたスレイドの日本再上陸作。悪魔崇拝絡みの殺戮を繰り返す、二人組の殺人鬼〈スカル〉と〈クロスボーンズ〉は、ミステリのイベントにかこつけて、ミステリ作家達を伝説の〈髑髏島〉へと誘う。館島で犠牲者を待ち受けたのは、館に仕掛けられた狡智と残虐さに満ちた殺人機械の数々だった。本格推理の王道である「嵐の孤島」を残虐趣味で彩り、読者の度肝を抜いた作品だ。主人公ディクラーク警視正が古い怪奇小説の愛好家であり、一番好きな短編ホラーはH・P・ラヴクラフト「壁の中の鼠」だと語っているシーンがある。

### キム・ニューマン／「ドラキュラ紀元」シリーズ

東京創元社／1995年6月～

古今の吸血鬼作品を一堂に集め、ヴァン・ヘルシング教授が敗北し、英国を支配下に置いた護国卿ドラキュラのもと、吸血鬼が大手を振って闊歩するようになった暗黒の時代を描くクロスオーバー作品。2冊目の『ドラキュラ戦記』にはハーバート・ウェストがモロー博士の助手として登場する。なお、シリーズの主要登場人物である長生者ジュヌヴィエーヴ・デュドネと特務機関のエドウィン・ウィンスロップは『インスマス年代記』収録の「大物」（ジャック・ヨーヴィル名義）にも登場し、カリフォルニアの「ダゴン秘密教団」と事を構えている。最近、アトリエサードからの復刊が発表された。

## R・E・ワインバーグ&M・H・グリーンバーグ編／ラヴクラフトの遺産
東京創元社／2000年8月

HPLの生誕100年にあたる1990年に編まれたアンソロジー。日本語版は、生誕110年記念企画として刊行された。ロバート・ブロックによるラヴクラフト宛ての50年ぶりの手紙を冒頭に掲げ、「タイタス・クロウ・サーガ」のブライアン・ラムレイ、独自の神話世界〈ナイトワールド・サイクル〉を展開したF・ポール・ウィルソン、日本ではSF作家として名高いジーン・ウルフ、映画『マニトウ』にクトゥルー神話を取り込んだグレアム・マスタートン、HPLやブロックと同時代にパルプ雑誌で活躍したヒュー・B・ケイヴなど、HPLの遺産後継者たちの想いが込められた一冊だ。

## フレッド・チャペル／暗黒神ダゴン
東京創元社／2000年8月

祖父母から相続した屋敷に引っ越した牧師のリーランドは、そこで「クトゥルー」「ヨグ・ソトト」と書かれた謎の書付を発見する。屋敷に来て以来、悪夢に悩まされるリーランドはやがて、魚を思わせる異相の娘に心惹かれていく。それが、悪夢の更に向こう側への誘いだと気づかぬままに——。チャペルは小説家というよりも詩人として知られる人物。『暗黒神ダゴン』は、発表当時にダーレスらが高く評価した作品だが、本国よりもフランスなどで支持された。日本でも早くからファンに知られていて、東京創元社の「ラヴクラフト生誕110年」フェアの折に、ようやく日本語版が刊行された。

## ピーター・ストラウブ／ミスターX 上・下
東京創元社／2002年5月

幼い頃からネッドを悩ませる悪夢の中で、見ず知らずの人々を虐殺する謎の男。そしてネッドを常に先回りする「もう1人の自分」。その一方で、HPLの「ダンウィッチの怪」をバイブルとして崇拝する謎の男、ミスターXも不気味な動きを見せていた。やがて自らに課せられた真の使命をネッドが自覚した時、隠された能力が発現し、ミスターXと対決の時を迎えるのだった。スティーブン・キングの盟友ピーター・ストラウブが、HPLの世界に挑んだ力作。多くの先人たちと同様に定番の展開をなぞるのではなく、自分の作品世界と融合させることに成功しているのは流石というべきだろう。

## T・E・D・クライン／復活の儀式 上・下
東京創元社／2004年5月〜

大学講師のフライアーズは、夏期休暇を期にニュージャージーの田舎町に下宿し、次のカリキュラムのためにゴシック・ロマンス小説のまとめ読みをすることにした。資料探しに向かった図書館で魅力的な女性と知り合った彼は、この夏期休暇がバラ色の日々に占められることを期待する。しかし、彼は知らなかった。自分と彼女が邪悪な「老いた者」の「儀式」の駒に選ばれていたことを。快適な筈の農場での暮らしはゆっくりと、しかし確実に変容し、ドール復活の儀式が始まろうとしていた——。HPLの影響を強く受けた作家で、作中の随所にクトゥルー神話を想起させる空気が漂っている。

### カービー・マッコーリー編／闇の展覧会―罠

早川書房／2005年9月

ミスカトニック大学のモデルとして知られるプロヴィデンスのブラウン大学に学び、HPLに深く傾倒したT・E・D・クラインの中篇「王国の子ら」が収録されているホラー・アンソロジー。聖トマスの伝説とアメリカ先住民族の民話を研究し、風変わりな説を唱えるピスタチオ神父。彼の主張は、ノアの洪水以前の太古の昔、中央アメリカの温暖な火山台地に、聡明な女王を戴く王国が栄えていたというものだった。異形の種族の侵略を受け、この地を後にした人類は、世界中に広がって行ったのだ。チブチャ族の伝説によれば、神はこの種族を滅ぼそうと三度、呪いをかけたというのだが――。

### クリス・ウッディング／魔物を狩る少年

東京創元社／2005年8月

プロイセン帝国の殲滅戦を境に、ロンドンは魔の眷属が跳梁跋扈する魔都と化した。サニエル・フォックスは、魔物を狩るウィッチハンター。彼が保護した少女アライザベル・クレイ――彼女の体には、タコを思わせる異形の怪物を象った刺青〝チャクフ・モルグ〟が彫りこまれていた。深きものたちの一柱、飢え狂う神グラウ・メスカを奉ずる秘密結社により、生贄に選ばれた少女と、彼女を守ろうと決意した少年ハンターの、戦いと恋の物語が幕を開ける。ウッディングは1977年生まれで、トールキーンやホラー小説、そして日本のアニメをこよなく愛するイギリスのオタク世代作家である。

### ムア・ラファティ／魔物のためのニューヨーク案内

東京創元社／2017年1月

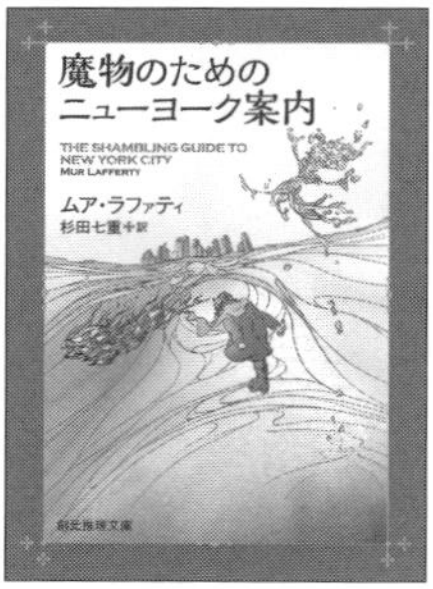


ノースカロライナ州の地方都市で雑誌編集者の仕事に就くも、上司との不倫の果てに、心身ボロボロになってニューヨークに帰ってきたゾーイは、旅行ガイドのライターを募集するプラチナ社の広告に飛びついた。早速、売り込みをかけるゾーイだったが、何故か皆が首を横に振る。それもそのはず、そのガイドブックは〈稀少種〉と呼ばれる、人ならぬ生物向けのガイドブックなのだった――。モンスターについて調べるべくブルックリン公共図書館に足を向けたゾーイが、ヴァンパイア関連とHPLの作品の在り処を司書に尋ね、ニワカと見くびった司書から皮肉を言われるシーンがある。

### L・ニーヴン&S・バーンズ／ドリーム・パーク

東京創元社／1983年3月

時は近未来。巨大テーマパーク、ドリーム・パークの最大の呼び物は、〈ゲーム〉と呼ばれる巨大RPGだった。敷地に巨大なセットを組み、役者やロボット、無数のホログラムが幻想世界を具現化させる。ゲームマスターの邪悪な罠にプロの競技者たちが挑戦し、その映像化権利を巡っては巨万の富が動くのだ。しかし、カーゴ・カルト神話が下敷きの「南海宝探しゲーム」の最中に警備員が殺害された。保安部のアレックスは自らゲームに潜入し、犯人を捜索する。人気アトラクションとして、クトゥルーの化物に食われたりする恐怖を存分に楽しめる〈オールド・アーカムめぐり〉が存在する。

**ニーヴン&パーネル&バーンズ／アヴァロンの闇　上・下、アヴァロンの戦塵　上・下**

東京創元社／1989年9月～

ラリー・ニーヴンとジェリー・パーネルのコンビに、『ドリーム・パーク』でニーヴンと組んだスティーヴン・バーンズを加えた3人によるSFシリーズ。太陽系から10光年以上離れたくじら座タウ星近辺の惑星、アヴァロンに移民してコロニー構築を進めている地球人たちと、グレンデルと名付けられた肉食爬虫類じみた生物の、生存を賭けた戦いを描く。惑星アヴァロンには「ミスカトニック川」と命名された川があるのだが、これが登場人物たちの属する世界の地球に実在するのか、それとも移民者の誰かが愛読する小説から採られた地名なのかについては、作中では判然としない。

**ラリイ・ニーヴン／太陽系辺境空域**

早川書房／1979年6月

『リングワールド』連作と同じく、ノウンスペース・シリーズの短編集。「無政府公園にて」と題する収録作は、他人に暴力を振るってはいけないというルールを除いて一切の法律が存在しないフリー・パークが舞台の物語だ。水飲み場を占領しているグループが「立ち帰れ。ここを通れるのは、不滅のクトゥルーのみ――」などと声を張り上げているくだりがある。ちなみに、ニーヴンはHPLの愛読者で、1973年に刊行されたペーパーバック版『ネクロノミコン』が学生運動の原動力になるというLast Necronomiconというパロディ短編を、1971年にファンジンAPA-Lへ寄せている。

**ラリイ・ニーヴン&ジェリイ・パーネル／忠誠の誓い**

早川書房／1984年3月

近未来のロサンゼルスに建設された、最新テクノロジーの集合体とも言うべきインテリジェンス・ビルディング〈トドス・サントス〉の内部には、コンピューターに管理された完全環境都市が構築され、25万人のエリート階級がその中で平和に暮らしていた。しかし、犯罪の多発する外部世界のテロリストたちが〈トドス・サントス〉に潜入し――という物語。ところどころダンジョン探索RPGを思わせる物語で、「以前の生活に戻れ。ここは不死なるクトゥルー以外は何人も通れはしない」というアナウンスが流れたりするくだりは『ウィザードリィ』シリーズを彷彿とさせる。

**ラリイ・ニーヴン／リングワールドふたたび、リングワールドの玉座**

早川書房／1988年4月

地球の周囲60光年ほどの宇宙を舞台とするノウンスペース・シリーズの中でも、恒星を取り巻くリング状の巨大構造物の内部世界を描く『リングワールド』連作は、SF小説の古典的傑作として知られている。HPLの愛読者だったニーヴンは、しばしば作品にクトゥルー神話の小ネタを挿入した。たとえば、2作目の『リングワールドふたたび』において、動揺した主人公が「クトゥルーよ！ アラーよ！」と口走るシーンが唐突に現れる。また、3作目の『リングワールドの玉座』では、ある人物たちの仮名として「ラヴクラフト」をはじめパルプ作家たちの名前を割り振るシーンがある。

**レイ・ブラッドベリ／火星年代記［新版］**
早川書房／2010年7月

作中で1999年1月に行われた、アメリカによる火星ロケットの打ち上げから、2026年10月へと至る26の独立した短編から構成される、火星を巡る物語。「2005年4月　第二のアッシャー邸」と題する17番目の物語において、かつて地球では「あらゆる恐怖と幻想の物語」にまつわる本が焚書され、その中にはナサニエル・ホーソーンやアンブローズ・ビアースと共に、HPLの本が含まれていたと書かれている。ちなみに、ブラッドベリはC・A・スミスの熱狂的なファンであり、A・W・ダーレスに見出され、アーカム・ハウスの刊行物で作家デビューを果たしている。

**C・L・ムーア／暗黒神のくちづけ**
早川書房／1974年3月

中世フランスの小王国ジョイリーを支配する、猛々しくも、麗しい処女戦士ジレル。彼女は荒武者や魔物に翻弄されながら、己を辱めた愚か者を滅ぼす手段を見つけるため、闇の世界や呪われた城を彷徨う。HPLも絶賛した「シャンブロウ」でウィアード・テールズにデビューしたC・L・ムーアのダーク・ファンタジー連作。『暗黒界の妖精』（早川書房）にも関連作が収録されている。本作単独では神話との関連はないが、ラムジー・キャンベルが「暗黒星の陥穽」に「ジョイリー期」という時代を登場させたことによって、クトゥルー神話の世界観に取りこまれることとなった。

**ロバート・A・ハインライン／獣の数字　全3冊**
早川書房／2010年7月

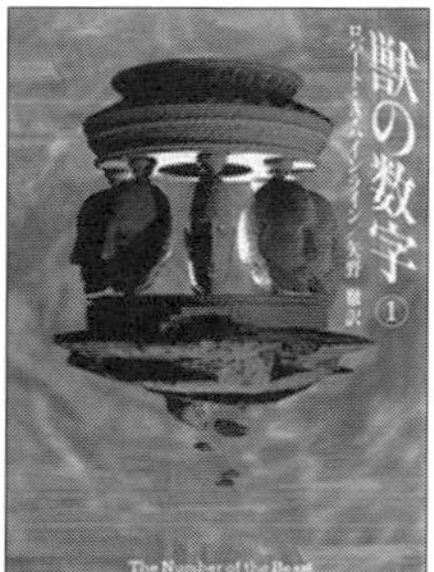


自己パロディ的作品と評されることもある、ハインライン晩年の長編。ジェイク・バロウズ博士が六次元幾何学理論を用いて開発したタイムマシン――実は、パラレルワールドに移動可能な次元間移動装置――を用いて、登場人物たちがかつて愛読した作品世界を渡り歩く物語。第2巻に、地下世界が題材の作品を書いた「ファンタジイの大作家」の一人としてHPLの名前が挙がり、「クトゥルーに感謝を！」「ネクロノミコンの世界につかまるよりは黄色の王とともに罠にかかるほうがいいよ」などの登場人物のセリフもある。このあたりは、ハインライン自身のHPL評を反映しているのだろう。

**アーサー・C・クラーク／楽園の泉**
早川書房／1987年8月

宇宙空間と地上を結ぶ、全長4万キロメートルの〈宇宙エレベーター〉にまつわる、SF界の巨人A・C・クラークのヒューゴー賞、ネビュラ賞受賞作品。地球上の宗教を激しく揺さぶったアルファ・ケンタウリ方向からの飛行体〈スターグライダー〉にまつわる書籍として作中に引用されるR・ゲイバー『宗教の薬理学的基礎』の刊行元が、ミスカトニック大学出版局となっている。クラークは〈アメージング・ストーリーズ〉掲載の「狂気の山脈にて」「時間からの影」でHPLファンとなり、自らもパロディ「陰気の山脈にて」（コミック『狂気の山脈』（PHP研究所）に収録）を書いている。

## アーサー・C・クラーク／都市と星 新訳版

早川書房光／２００９年９月

銀河帝国の崩壊後、誕生から死にいたる人間生活の全てを管理する都市、ダイアスパーの中で暮らすようになった遠い未来の地球を描く、アーサー・C・クラークの代表作のひとつ。物語の中盤、正三角形の配置の眼や、羽毛を思わせる繊細な口肢、ずんぐりとした多数の脚を有するが、本質的には不定形のポリプ状生物の群体である奇妙な知的生物が登場。〈大いなるものたち Great Ones〉の到来を待ち続けているという。クラークはＨＰＬのファンであり、とりわけ気に入っているのが「狂気の山脈にて」「異時間の影」ということなので、クトゥルー神話を意識した設定と考えて良いだろう。

## ディーン・R・クーンツ／ファントム 上・下

早川書房／１９８８年８月〜

コロラド州の美しいリトルタウン、スノーフィールド。長年、離れて暮らしていた妹を連れて街に帰ってきた女医ジェニファーは、５００人の住民たちが、何か恐ろしい方法で殺害されてしまったことを知る。伝染病？ それとも放射能の影響？ 警官隊が到着し、周囲の道路を封鎖された状況下で、スノーフィールドではなおも犠牲者が続出する。手がかりは、宿の部屋に書き残されていた「ティモシー フライト 太古からの敵」という走り書きのみ——。物語の中盤で「アーカム」という姓の人間が登場するのは、これがクトゥルー神話を意識した作品だと示すクーンツのサインなのだろう。

## マイクル・シェイ&S・バーンズ／異時間の色彩

東京創元社／１９９０年２月

侵略テーマの怪奇小説。ニューイングランドの湖で、２人の老学者が奇怪な色彩を目撃する。湖の周囲の森では異様に成長した木々や虫が目を引き、そこでもこの世ならざる色彩が燻り続けていた。湖の水がもたらす異変について注意を喚起する学者たちの努力の甲斐もなく、ついに最初の犠牲者が出てしまう。色彩の正体を知るという老婦人を訪問した彼らは、ダム建設により湖の底に沈んだ農場にかつて落下した隕石のこと、そして農場に住まっていたサイムズ家を襲った悲劇を知る。そして、老婦人はＨＰＬがこの悲劇を元に書いたという短編小説「異次元の色彩」を示すのだった——。

## マイクル・クライトン／北人伝説

早川書房／１９９３年４月

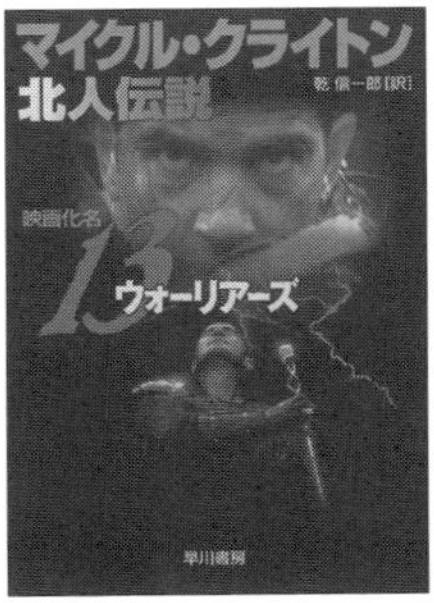


『ジュラシック・パーク』のクライトンが、バイキングに関する最初期の文献の翻訳と註釈というスタイルで著した、古英語叙事詩『ベーオウルフ』の裏面史とも言うべき伝奇ロマン。物語の前半は、バグダッドから東欧に派遣されたアフマド・イブン・ファドラーン（実在）による報告書の体裁を取るが、同行するアブダラ・イブン・バスツ・アル・ハザリという男がどうやらアブドゥル・アルハザードであるらしく、巻末の参考文献中にＨ・Ｐ・ラヴクラフト編集の『ネクロノミコン』（１９３４年刊行）が含まれている。『13ウォーリアーズ』のタイトルで１９９９年に映画化された。

**ジョン・ダニング／死の蔵書**
早川書房／1996年2月

ボビーは、雑貨屋やガレージセールで叩き売られている本の山からお宝本を探し出す古本掘り出し屋だった。そのボビーが殺害され、事件を担当した古書マニアのクリフォード刑事は、ボビーの蔵書に莫大な価値があった事を知る。明日の食費にも困る男が、どうやってこれだけの本を集めたのか。捜査に着手するも、警察を辞める事になり、古本屋を開業したクリフォード。しかし、事件は終わっておらず、彼は再びホビーの蔵書の謎に挑む事となる。古書をテーマとしたミステリとして話題になった作品で、お宝本の山の中にH・P・ラヴクラフトが2冊あったという台詞がある。

---

**ナンシー・A・コリンズ／ゴースト・トラップ**
早川書房／1997年5月

人外の怪物たちが〈偽装者〉として人間社会に潜む世界を舞台に、女吸血鬼ソーニャ・ブルーの活躍を描くシリーズ2作目。宿敵モーガンが幽霊罠館——ゴースト・トラップと呼ばれる屋敷に潜むことを知ったソーニャ。『建築家が案内する、幽霊屋敷ガイド』によれば、屋敷は建築家クライトン・スアードの後期作品なのだ。地中海の小島で、家族全員を死に至らしめた恐怖に見舞われたスアードは、帰国後、「非ユークリッド幾何学と量子力学を用いて、時空連続体を突き抜ける線と角度を創設する方法」を用いた建築物を手がけ、HPLに「魔女の家の夢」のヒントを与えたと設定されている。

---

**チャールズ・ストロス／残虐行為記録保管所**
早川書房／2007年12月

ストロスの「ランドリー」シリーズの1作目。アラン・チューリングの発見した定理が、時空をハッキングする数学的魔術の道を切り拓いてしまった世界。かつて、何の気なしにナイアルラトホテップを召喚しかけた前科を持つハッカー、ボブ・ハワード（ロバート・E・ハワードが元ネタと思われる）は、大英帝国の秘密組織〈キャピタル・ランドリー・サービス〉——通称〈ランドリー〉のエージェントとして、数学魔術がもたらす災禍と、お役所につきものの煩わしい手続き戦い続けるのだった。クトゥルー神話をベースとしつつ、数学魔術というひねりを加えたスパイスリラーである。

---

**ローレン・ビュークス／ZOO CITY**
早川書房／2013年6月

あらゆる凶悪犯罪者が一体の動物と共生関係を結ばされ、その代償として超能力をひとつ使えるようになるという奇現象が、世界中で発生した時代。南アフリカ共和国の首都、ヨハネスブルグの一角に、「動物連れの街」——ズー・シティと呼ばれる物騒なヒルブロウ地区があった。ナマケモノと共生する元ジャーナリストのジンジ・ディッセンバーは、紛失物発見の能力の持ち主。失踪した少女の捜索を依頼された彼女が直面したのは、大都市ヨハネスブルグの闇の奥だった。作中に、クトゥルー神話の怪物たちを殺害するという内容の、二人プレイ可能なアクションゲームを遊ぶシーンがある。

**チャイナ・ミエヴィル／クラーケン 上・下**
早川書房／2013年7月～

ロンドン自然史博物館から、全長8メートルに及ぶ巨大なダイオウイカの標本が、水槽ごと忽然と消失した。誰が？ 何のために？ 困惑する学芸員のビリーに接触してきたのは、魔術担当の刑事たち。この盗難事件の背後には、ロンドンの裏側に存在する魔術的な世界が関わっているのだという。世界の終末と密接に関わる海獣クラーケンの顕現として、様々な勢力から重要視されているというクラーケンにまつわるオカルトSF譚。ビリーはラヴクラフトの小説を読んでいて、これらの勢力について疑い混じりにクトゥルー・カルトのようなものと理解したが、的外れというわけではないらしい。

---

**ラヴィ・ティドハー／「ブックマン秘史」シリーズ 全3冊**
早川書房／2013年8月～

ホモ・サピエンスならぬ、蜥蜴族《レ・レザール》と呼ばれる爬虫類種族のヴィクトリア女王をいただき、モリアティ教授が首相の座に就いている異形の19世紀英国。詩人を志すオーファンは、正体不明のテロリスト〝ブックマン〟の起こした爆弾テロにより、恋人ルーシーを喪ってしまう。失意の彼の前に現れた政府の要人らしき男、マイクロフトは、〝ブックマン〟の探索を彼に強要するのだが――。
オーファンの友人ジャックの家の本棚に、ルートヴィヒ・プリンの『妖蛆の秘密』やティボー・ド・カストリーズの『メガポリソマンシー』といった書物が並んでいるといった描写がある。

---

**ハーラン・エリスン／ヒトラーの描いた薔薇**
早川書房／2017年7月

ラヴクラフトの精神を新世紀に伝えるという趣旨のアンソロジー、CTHULHU 2000に収録された、「大理石の上に」が収録されている。ロードアイランド州のチパチットで発見された、単眼巨人の死体を巡る騒動を描く作品で、雑誌『日本版オムニ』の1982年1月号に掲載された伊藤典夫訳の再録である。HPLの影響で、同州のプロヴィデンスがしばしば「キュクローピアン（巨石造りの）」と形容されることから、着想を得たのかもしれない。なお、CTHULHU 2000には他に、人間の姿に擬態するショゴスロードの初出作品である、マイクル・シェイのFat Faceが収録されている。

---

**マイク・レズニック／暗殺者の惑星**
新潮社／1985年4月

人類が宇宙に広がった遠い未来。数千万人を虐殺した殺戮の王コンラッド・ブランドが、あらゆる悪魔を崇拝する魔星ヴァルプルギスⅢに陣取っていた。そのブランドを追う、銀河最高の暗殺者ジェリコ。神として君臨し、欲望の赴くままに芸術として殺すブランドと、任務のためにあらゆる障害を躊躇なく殺すジェリコの狭間で、自らの信念と職務に悩む刑事セイブル。果たして生き残るのは誰か――。舞台となる惑星ヴァルプルギスⅢは、はるか昔に地球から悪魔崇拝者達が入植した結果、様々な邪教が日常的に信仰されている。その中には、クトゥルーを信じる宗派も存在しているらしい。

**スティーヴン・キング／ファイアスターター**

新潮社／1982年9月

『炎の少女チャーリー』のタイトルで映画化もされた、キング初期の代表作のひとつ。苦学生のアンディーとヴィッキーは金のために薬物の投与実験を受けた。その実験は無害なものの筈であった。しかし、結婚した二人の間に生まれた娘のチャーリーは人や物を燃やす念力放火の超能力を持っていた。二人の受けた実験は、情報機関が超能力の開発を目的として行ったものだったのだ。組織はチャーリーを手に入れようと暗躍する。アンディーが闇の深い夜に停電に見舞われるシーンで、その暗さが「どこか光のないラヴクラフトふうの宇宙の深淵」と描写され、キングのＨＰＬ観を窺える。

**スティーヴン・キング／キャリー**

新潮社／1985年1月

メイン州のチェンバレンという町が、念動力者の少女の怒りで崩壊するまでの過程をドキュメンタリータッチで描く、キングのデビュー作。ニューイングランドを象徴する言葉として「アーカムのラヴクラフト」という語が用いられ、処女作の時点で自らをＨＰＬの伝統に連なるニューイングランドの作家であることをキングが強く認識していたことを匂わせる。また、キャリーの異常生誕や、魔女の血統、死の間際の母を呼ぶ叫び、そして彼女の魂を迎えにきたかに思われる夜鷹の鳴き声など、キングが好きな作品として挙げている「ダンウィッチの怪」を思わせる要素が作品全体にちらばっている。

**スティーヴン・キング／ミルクマン**

扶桑社／1988年5月

収録作の「おばあちゃん」は、寝たきりのおばあちゃんと二人で留守番をすることになった6歳の少年ジョージの体験する恐怖の一夜を描いたもの。容態が急変し、発作を起こす老人と取り残される心細さと恐怖。それに加えて、ジョージは、おばあちゃんの奇妙な噂を思い出す。それは若い頃のおばあちゃんが奇妙な「本」を使い、それが元でスキャンダルに発展したという噂だった――。結末に登場する「原始ドゥルイド教の呪文」を見るに、作中の魔力は魔女術的な異教の力と考えられるが、おばあちゃんが発作の際に口走る言葉には、ハスターやヨグ・ソトースなどの神格がまぎれている。

**スティーヴン・キング／骸骨乗組員**

扶桑社／1988年5月

収録作の内「霧」は、霧と共に現れた異界の侵食を描いたホラー中編。突如現れた濃密な霧に、スーパーマーケットに閉じ込められる住民。やがて霧の奥に未知の怪物が見え隠れしはじめる――。本作の眼目は閉鎖空間で追いつめられる人々の迫真の心理描写であり、怪物については「ラヴクラフトの小説に出てくる不死の生命を有する怪物」ではないと語られている。恐ろしいのは心を追い詰める霧であり、霧を創りだした人間（軍の実験の失敗であることが暗示されている）なのだ。２００７年にフランク・ダラボンによって映画化され、小説よりも更にショッキングな結末となっている。

### スティーヴン・キング／深夜勤務
扶桑社／1988年5月

HPLが生まれ育ったニューイングランド地方を作品の舞台に選び、オーガスト・W・ダーレスがウィスコンシン州を舞台にクトゥルー神話の物語を紡いだように、キングもまたメイン州（ニューイングランド地方最北の州でもある）を舞台とする物語を書いている。「呪われた村〈ジェルサレムズ・ロット〉」は、州の架空の町ジェルサレムズ・ロットを舞台に、忌まわしい一族の末裔と魔導書『妖蛆の秘密』にまつわる呪いを描く物語だ。なお、キングの吸血鬼物語『呪われた町』の舞台であるセイラムズ・ロットもまたメイン州のリトルタウンであり、両者は同じ町なのだとも考えられる。

### スティーヴン・キング／トウモロコシ畑の子供たち
扶桑社／1988年7月

収録作の「キャンパスの悪夢」は、理想の恋人とその恐怖を描いた短編である。大学生エリザベスの前に現れた青年は、いつもエリザベスの求めるものを知っていた。疲れてる時にイチゴ・アイスクリーム。絶対落とせない単位の過去問からベスという愛称で呼ばれたいことまで。趣味もぴったりとあい、決して無理強いしない。一度は断ったエリザベスだが、事故でボーイフレンドを失ってから、その心は揺れる。唯一の不安は彼が知りすぎていること。伝えていない情報を知り、あまりにも良いタイミングで現れる――。エリザベスが彼の部屋で見つけた本に『金枝篇』や『ネクロノミコン』が。

### スティーヴン・キング／IT 全4冊
文藝春秋社／1994年12月

美しい町並みの影に、どぶ川の腐臭を隠すメイン州のデリーでは、27年ごとに殺戮の嵐が吹き荒れる。あの日、僕たちは固い約束を交わした。It（あいつ）が帰ってきたら、この町にまた集まろうと――。深淵を覗き込んでしまった少年少女の、時を隔てた2つの戦いを描く物語。登場人物のビルがHPLに傾倒する怪奇小説家として描かれ、自動車で故郷へと向かうエディが、ボストンに差し掛かるあたりで「凶運の都、古代の悪、発音もわからないような名前をもつモンスターたちといったラヴクラフト的な世界へさまよいこんだ」という印象を抱く。おそらく、作者自身の投影なのだろう。

### スティーヴン・キング／ニードフル・シングス 上・下
文藝春秋社／1998年7月

キャッスルロックに、新しいお店〈ニードフル・シングス〉が開店した。その店には、誰もが心の底から欲しいと望んでいる品物が揃っていて、ちょっとした条件と引き換えに、格安で売ってもらうことができる。その条件とは、店長であるリーランド・ゴーントの指示通りに、町の住人にいたずらを仕掛けること――。幾つかのキング作品の舞台となったキャッスルロックの崩壊を描くパニック・ホラー作品。ゴーントが助手に与えるコカインがレン高原産のものと説明され、ボストンにある謎めいたゴーントのガレージの裏手に「ヨグ＝ソトスはサイコー（Yog-Sothos Rules）」の落書きがある。

## スティーヴン・キング／図書館警察

文藝春秋社／１９９９年８月

収録作「サン・ドッグ」は、１５歳の誕生祝いにポラロイド・カメラをプレゼントされたケヴィン少年が大喜びで家族写真を撮影したところ、カメラが吐き出した写真には一匹の黒犬が写っていて――という物語。ケヴィンが相談しに行く古道具屋〈エンポーリアム・ガローリアム〉のポップ・メリルは、曰くつきの品物をオカルト狂の顧客に高値で売りつける商売をしている。過去、彼が霊界トランペットを売りつけたマサチューセッツ州ダンウィッチの男が、墓地で恐ろしい体験をして精神を病み、アーカムの病院に収容されたことが語られる。キングのＨＰＬ愛が遺憾なく発揮された作品だ。

## スティーヴン・キング／ザ・スタンド 全5巻

文藝春秋社／２０００年11月～

流出したインフルエンザ・ウィルスによって、世界は終末を迎えていた。生存者たちが夢に現れる老女のもとを目指す一方、ラスヴェガスでは《闇の男》ランドル・フラッグが、悪の一大勢力を築き上げていた――。『指輪物語』『ウォーターシップダウンのうさぎたち』をモチーフに、光と闇の相克を描くファンタジー。ランドル・フラッグは『ダーク・タワー』などにも登場する悪の権化のキャラクターで、異名のひとつが「ナイアラホテプ」。登場人物が「視野狭窄、選択的知覚というものがなければ、人はラヴクラフトの小説世界にいるようなものだ」（大意）と述懐するシーンもある。

## スティーヴン・キング／メイプル・ストリートの家

文藝春秋社／２００６年10月

収録作の「クラウチ・エンド」は、アーカムハウスのNew Tales of the Cthulhu Mythosのために書き下ろされた作品で、長らく『真ク・リトル・リトル神話大系』でしか読めなかった。クラウチ・エンドはロンドンの郊外に実在する町で、旅行の際のキングの体験がベースになっている。クラウチ・エンドの警察署に錯乱した女性が現れ、もう一つの世界へ迷い込み、夫を失ったと訴える。若い警察官は妄想と片付けるが、年配の警察官は首を振る。この町には常識では片付けられない無数の未解決事件があるのだ――。警察官がＨＰＬを引用し、女性が迷い込んだ異界の看板にも邪神の名前が見える。

## スティーヴン・キング／夜がはじまるとき

文藝春秋社／２０１０年１月

冒頭作の「Ｎ」は、とある精神分析医を訪れた強迫性障害の患者の話から始まる正統派神話作品。強迫観念にかられ、常に物を数えて触らずにはいられないＮは、当初、よくあるストレス症状に思えた。だが、数の変わるストーンヘンジとそこから出ようとする者に関するＮの告白は奇妙な説得力を持ち、やがてＮが自殺したあともその妄想は伝染する。作者の解説によればマッケンの「パンの大神」の影響下にあるというが、同作自体がＨＰＬに強く影響を与えているのに加え、「Ｎ」に登場する「くとぅん」という声にクトゥルー神話の影響を見て取れる。『今日の早川さん』特別出張版も併録。

**リチャード・バックマン／痩せゆく男**
文藝春秋社／1988年1月

リチャード・バックマンはキングの別名義。ジプシーの老婆をひき殺したものの、裁判で無罪となったハリック弁護士。その彼と、事件を担当した判事と警察署長に、老ジプシーの呪いが降りかかる。「痩せていく」というジプシーの言葉通りに、いくら食べても体重が減っていくハリック。同様にケアリ・ロシントン判事の体には鱗が生え、ダンカン・ホプリ署長の顔面は崩れ果てていく。彼らの運命や如何に――。ハリックらが贔屓にしていたバーの名前が〈ハスター・ラウンジ〉で、跡地に〈ザ・キング・イン・イエロー〉という若者向けのヘッド・ショップが出来たという小ネタがある。

**ジョー・ヒル／20世紀の幽霊たち**
小学館／2008年9月

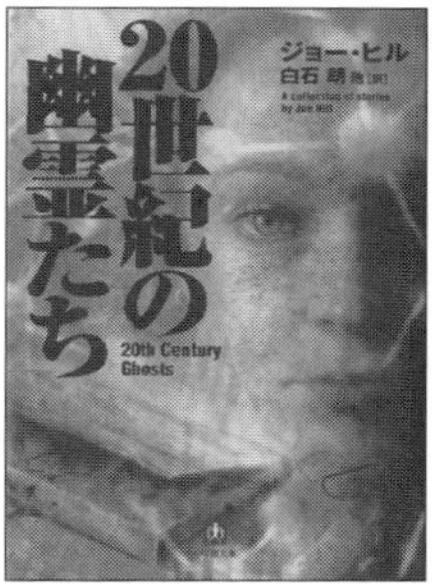


スティーブン・キングの次男ジョージ・ヒルの短編集。なお、デビュー当初は親の七光りと言われるのを避けるべく、父のことを隠していたという。神話要素のある収録作品は、「自発的入院」。語り手の弟モリスは少年時代、自宅の地下室にダンボール箱を組み合わせて巨大な要塞を作ることに情熱を捧げた。だが、ある日語り手の友人エディはその要塞に入ったまま姿を消してしまった。やがて、わたしたちは大人になり、モリスは自発的に入院するが、入院してから新たに作った要塞を残して消えてしまう。エディが消えた時に要塞から流れる奇妙な歌の詞に、「レン高原」の語が含まれる。

**ディーン・R・クーンツ／ミッドナイト**
文藝春秋社／1991年1月

カリフォルニア州北部にある人口3000人ほどの海辺の町、ムーンライト・コーヴ。その町の周囲では最近、死者の数が奇妙に増え続けているのだが、どういうわけかそれらの死者はいずれも現地で火葬され、隠蔽の疑いがあった。FBI捜査官のサム、姉の死の真相を探る映像作家のテッサらが町にやってきた頃、この町の住人であるクリシーという少女が、何か別のものに変わってしまった両親たちから逃げ出していて――。ムーンライト・コーヴの警察署長であるローマンが熱心なペーパーバック読みで、町が見舞われている奇怪な状況をHPL作品の絶望と恐怖に例えるシーンがある。

**ウンベルト・エーコ／フーコーの振り子**
文藝春秋社／1999年6月

イタリアの出版社に持ち込まれたテンプル騎士団に関する妄想を連ねた原稿。それを読んだ編集者たちは、面白半分に秘密結社の歴史を捏造する。ほんの遊びの筈だったが、仲間の一人が失踪してしまう。彼らの考えた偽史は、実は真実だったのか？ やがて彼らは、薔薇十字団、フリーメーソンといった、陰謀論とオカルトが交差する迷宮めいた世界に迷い込んでいくのだった。記号論の権威であり、『薔薇の名前』以降は小説家としても活躍していたウンベルト・エーコが、様々なオカルトや陰謀論妄想を再構築して幻想の世界史をくみ上げた作品。終盤に「ヤー、クトゥルフー！」という叫びが。

**Ｆ・ポール・ウィルソン／ザ・キープ　上・下**
扶桑社／１９９４年１月

１９４１年、ルーマニア。プロエシュティ北方のアルプス山中の〝城塞〟にて、駐屯するドイツ兵たちが毎晩のように殺害される事件が起きた。調査のため派遣された親衛隊髑髏部隊の将校が城の解体を進める中、『エイボンの書』の北欧版、ルートウィッヒ・プリンの『悪の神秘』、デルレット伯爵の『食人鬼の祭典』、『ナコティック文書』の巻子本、フォン・ユンツの『禁断の儀式』、『サンの謎の七書』、そして『アル・アジフ』など、この世にはもう存在しないとされる禁断の書物が次々と発見される。誰が、何の目的でこれらの本を城塞に集めたのか。城塞に隠された真の秘密とは——。

**アン・ライス／肉体泥棒の罠　上・下**
扶桑社／１９９６年９月〜

１９９４年に映画化された『夜明けのヴァンパイア』に始まる「ヴァンパイア・クロニクル」シリーズの第４弾。シリーズを通してのヒーローである吸血鬼レスタト・ド・リオンクールと、彼を誘惑し、人間の魂を入れ替える魔術を用いてレスタトの強壮な肉体を手に入れたラグラン・ジェームズとの追跡劇。ジェームズは、自分が肉体交換の秘術に通じていることを誇示してレスタトの注意を引く際、ラヴクラフトの「戸口にあらわれたもの」の切り抜きを彼に渡した。ホチキス止めのパルプ紙の束とあるので、初出となる〈ウィアードテールズ〉１９３７年１月号の該当ページであったかも知れない。

**ダグラス・プレストン、リンカーン・チャイルド／レリック　上・下**
扶桑社／１９９７年５月

アマゾン奥地の謎の種族コソガに伝わる悪魔ンブーンを模した立像が注目を集める、迷信展覧会の開会を目前に控えたニューヨーク自然史博物館において、陰惨な殺人事件が発生する。ＤＮＡ分析の結果、判明した殺人犯の正体は——。１９９７年公開の同名映画の原作小説。筋立てがＨＰＬ「クトゥルーの呼び声」やフランク・ベルナップ・ロング「恐怖の山」を彷彿とさせるのみならず、博物館の展示物に含まれる「エスキモーの悪魔トーナーサク」は、「クトゥルー」においてクトゥルーの別名であることが示唆されるトルナスク（この名称は誤りで、実際にはトルンガースク）のことだろう。

**Ｓ・スターノウ＆Ｍ・Ｈ・グリーンバーグ編／ノストラダムス秘録**
扶桑社／１９９９年３月

１６世紀フランスの占星術師ミシェル・ド・ノストルダム——ノストラダムスの大予言がテーマの、終末アンソロジー。ロランス・グリーンバーグの「暗黒の炎」がクトゥルー神話ものである。ヒトラーの超人思想を背景に、「祖先の遺産回収部」のＨ博士がアルプスの小さな村から発掘した遺物と、これに接触した人間たちの肉体を見舞う変異現象が描かれる。史実ではニュルンベルク裁判で有罪となり、絞首刑に処されたはずのナチス高官アルフレート・ローゼンベルクが、ナチスの思想言論統制に反対して１９３６年に処刑されたことになっているなど、架空歴史小説の要素もある。

**トマス・ウィーラー／神秘結社アルカーヌム**

扶桑社／2008年9月

アーサー・コナン・ドイルやハリー・フーディーニら、一癖も二癖もある者たちが集う神秘結社アルカーヌムの創設者が、不可解な死を遂げた。第一次大戦の引き金となった『エノク書』を巡る怪事件が、再び幕を開けたのだ――。アルカーヌムの若き悪魔学者としてHPLが登場。ドイルも舌を巻く博識と記憶力の持ち主として描かれる。また、「アルハザードが無名都市で発見したデーモン探知機」が登場したり、かつて組織が関わった事件として「アーカムの殺人事件」「ニャルラトテップの巻物」などが挙がり、HPLが実体験をもとに小説を執筆したことが示唆されている。

**ジャック・ケッチャム、他／狙われた女**

扶桑社／2014年7月

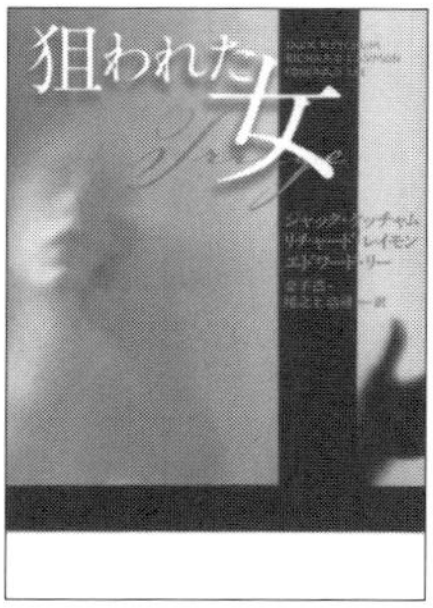

「気だるい平日の午後、職場で過ごしているシャロン（カーラ）という名の女性が、銃を手にした暴漢に襲撃される」という共通のシチュエーションを、ジャック・ケッチャム（ジャージー・リヴィングストン名義）、リチャード・レイモン、エドワード・リーというスプラッタ・ホラーの世界で活躍する3人の作家たちが、それぞれに描き上げた異色の作品集。収録作のひとつにクトゥルー神話要素があるのだが、刊行当時、あとがきに某クトゥルー神話研究者への謝辞があったことで、「ネタバレされた」との感想があがった――ネタバレの覚悟なしに、小説を解説から読むのはやめましょう。

**ルイス・フェルナンド・ヴェリッシモ／ボルヘスと不死のオランウータン**

扶桑社／2008年6月

1985年、エドガー・アラン・ポーの研究者が集うイズラフェル協会の年次総会がブエノスアイレスで開催された。焦点は、オリヴァー・ジョンソンの研究テーマ「ラヴクラフトとポー、秘められた遺産」を巡る、ヨアヒム・ロートコプフとの対立だ。『ネクロノミコン』は実在し、ポーもまたその秘法に通じていたと主張するジョンソン。それを覆すと宣言するロートコプフだが、彼はその夜、ホテルの部屋で殺害された。語り手のフォーゲルシュタインは、盲目の作家ホルヘ・ルイス・ボルヘスと共に事件の真相を推理する。衒学的推理の果てに、彼らは錯綜する因縁を解明できるのか――。

**ホルヘ・ルイス・ボルヘス／砂の本**

集英社／1995年11月

1975年の『砂の本』、1935年の『汚辱の世界史』を収録した、アルゼンチンの盲目の幻想作家ボルヘスの短編集。収録作のひとつ「人智の思い及ばぬこと」は、ボルヘスが亡きHPLを偲んで執筆した作品である。語り手を通して、ブエノスアイレスのはずれ、ロマス近くの高台にあるカーサ・コロラーダの謎めいた住人の人類とかけ離れた姿が仄めかされるこの物語は、神話用語こそ登場しないが、全体を覆う雰囲気がHPL作品を彷彿とさせる。ボルヘスはHPLを高く評価はしないまでも、強く惹かれたようで、『ボルヘスの北アメリカ文学講義』（国書刊行会）でも彼に触れている。

## ロバート・シェイ&ロバート・A・ウィルスン／イルミナティ　全4冊

集英社／2007年5月

ヒッピー文化、ドラッグ文化全盛の1970年代に出版され、世界的ベストセラーとなった伝奇長編小説。世界史の様々な事件の背後に潜む秘密結社イルミナティと、彼らの世界征服の野望を防ぐべく、黄金の潜水艦を駆る男ハグバード。両者の死闘は警官やギャング、ジャーナリストたちを巻き込みながら、エスカレートを続けていく。膨大な記述の合間に、『ネクロノミコン』やヨグ＝ソトースなどについての記述が挿入されている。また、イルミナティの組織図に「クトゥルー協会」という下部組織があり、本作を元にしたカードゲームにも「クトゥルーの手先」という陰謀団が登場している。

## グレッグ・ベック／クウォトアンの生贄　上・下

竹書房／2017年3月

過去の負傷によって超常的な能力に目覚めた軍人が主人公の、「覚醒兵士アレックス・ハンター」シリーズの一冊。南極大陸の大氷原で、墜落した飛行機のために派遣された救助隊が、膨大な原油貯留層が予測される地下洞窟で消息を断った。事態を重く見た政府は、ハンター以下の部隊と4名の科学者から成る救出調査チームを送り込むが、目的地で待ち受けていたのは、かつて北米や南米の先住民から怖れられていた、人知を凌駕する怪物――クウォトアンだった。作者はクトゥルー神話作家としても知られる人物で、本作も直接ではないが、神話を強く意識した作品になっている。

## ジョン・ウィンダム／呪われた村

早川書房光／2009年9月

終末テーマが得意な英国のSF作家、ジョン・ウィンダムの代表作で、1960年の『未知空間の恐怖／光る眼』を皮切りに、幾度か映像化された。英国のミドウィッチという村の女性たちが、ある時、一斉に異星人の子供を身ごもるという恐ろしい事件の顛末を描く侵略テーマの作品で、内容と原題The Midwich Cuckoos（ミドウィッチのカッコウ）の類似から、HPL「ダンウィッチの怪」のオマージュ作である可能性がある。なお、ウィンダムは本格的に作家として活動し始める前、本名であるジョン・ベイノン・ハリス名義でアーカム・ハウスの刊行物に幾つかの作品を寄稿していた。

## ジョン・ウィンダム／海竜めざめる

福音館書店／2009年2月

いくつかの作品において、HPL作品との類似・影響が指摘されているジョン・ウィンダムの長編作品。宇宙から飛来し、世界各地の深海に巣食った異形の生物たち（作中では深海のクラーケン、魔竜などと呼ばれている）による、海岸線からの地上侵略を描く。宇宙からの侵略の過程を、マスコミ関係者が追跡するという初期のSF映画に見られた物語構造を確立したと言われる作品だが、筋立てや怪物の描写などにおいて、HPLの「クトゥルーの呼び声」からの影響が古くから指摘されてきた。ただし、現時点では残念ながらまだ、ウィンダム自身の証言は確認されていない。

**ウィリアム・バロウズ／デッド・ロード**
思潮社／1990年4月

『シティーズ・オブ・ザ・レッド・ナイト』と『ウエスタン・ランド』の間に位置する、バロウズの80代三部作の第二作。無頼の徒にしてパルプ作家でもある同性愛者、キム・カーソンズの遍歴と夢想が描かれるが、夢想部分においてHPL的なイメージを垣間見せる。「その顔が臓器の塊、囁く南の風に乗るフムワワ」なる邪神が繰り返し現れるほか、アレイスター・クロウリーや半人半蜘蛛の怪物、「自然の法則が適用されないブラック・ホールの神」などが言及される。終盤には「ティンダロスの猟犬」や「ドールズ」の名も。クトゥルー神話のサブカルチャーへの浸透を実感できる一作だ。

**コリン・ウィルソン／スパイダー・ワールド　全2冊**
講談社／2001年3月〜

人の心を操れる〈死蜘蛛〉に支配される未来の地球。人類の大半が〈死蜘蛛〉の奴隷とされる中、少年ナイアルの一家は〈死蜘蛛〉から隠れ、砂漠で自由を謳歌していた。しかし、〈死蜘蛛〉を殺してしまったことから、一家は蜘蛛の襲撃を受け、少年の父は殺害、一家は奴隷とされた。〈死蜘蛛〉への復讐の手立てを探るナイアルだったが、その過程で人類と蜘蛛の進化の秘密を知ったことにより、和解の道を探り始めるのだった。ナイアルラトホテプを思わせる名前の主人公が活躍するというだけなので、原典ではなくこちらで。原書は全4巻の大作なのだが、邦訳されたのは2冊のみである。

**グラハム・マスタートン／マニトウ**
日本ヘラルド映画出版局／1978年5月

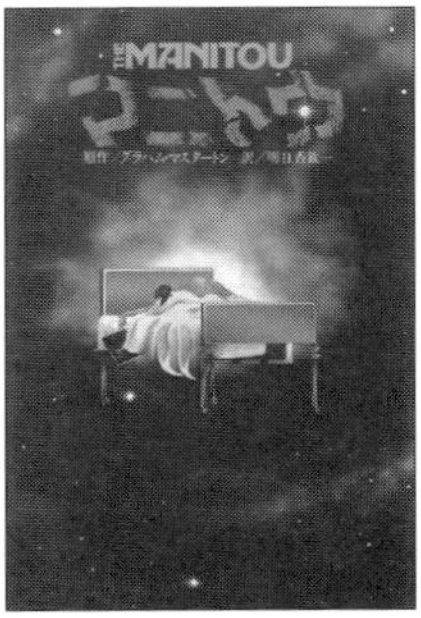


NYに住むカレンの背中に生じた奇怪な腫瘍には、先住民族の邪悪な祈祷師ミスカマカスの霊（マニトウ）が宿っていた。現世に甦ったミスカマカスは悪霊を操り、先住民族の土地を奪った白人社会に対する復讐を開始する――。1978年公開の映画原作。グラハム（グレアム）・マスタートンはHPLの愛読者で、『ラヴクラフトの遺産』にも「シェークスピア奇譚」で参加している。ミスカマカスは、ダーレスがHPLの遺稿に加筆した「暗黒の儀式」に言及される、ワンパーノアグ族の老呪術師の名前から。本国ではシリーズ化されていて、現在までに6作品が刊行されている。

**H・C・アルトマン／サセックスのフランケンシュタイン**
河出書房新社／1972年2月

ある本ではウィーン生まれといい、ザンクト・アーハッツ・イム・ヴァルデ出身だとも称する、実像を掴みがたいドイツ語圏の作家ハンス・カール・アルトマンの、HPLへのオマージュが散見される作品集。収録作の「危険な冒険」は、1907年のアメリカを舞台に、マサチューセッツ州上空を飛行するツェッペリン型飛行船上で、おぞましい狂宴を繰り広げる名士たちのグループ〈モダーン・エキセントリック・クラブ〉に、ジャック・ホウクンズワースが肉薄する危険な冒険譚。また、「コンラッド・トレグランスの冒険」では、ピックマンという名前の画家とHPLへの言及がある。

### オーエン・コルファー／新 銀河ヒッチハイク・ガイド
河出書房新社／2011年5月

ダグラス・アダムズの死後、コルファーが書き継いだ、シリーズ最終作。仮想現実の夢から消滅直前の地球に引き戻されたアーサー、フォード、トリリアン、ランダムは、不死の異星人ワウバッガーとの約束を果たすべく、彼を殺すことのできる神族と話をつけにいく。その「神族」の一人としてクトゥルフが登場。「うろこのある奇怪な体」と「ぬらぬらした顔面」の「ヒト型に近い巨大な怪物」である彼も、科学のせいで今や恐怖されることもない存在となり、惑星ナノでヒルマン・ハンターの神族面接試験を受けるも、ハスターから受けたアドバイスも空しく、不採用に終わってしまうのだった。

### ニール・ゲイマン／壊れやすいもの
角川書店／2009年10月

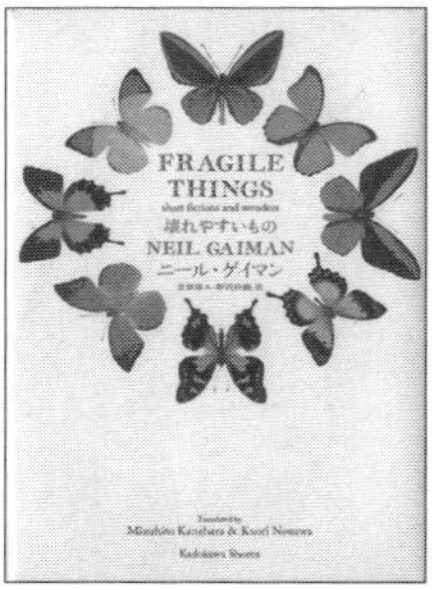

ダークファンタジーの旗手、ニール・ゲイマンの作品集。「翠色の習作」は、2003年に刊行されたクトゥルー神話&シャーロック・ホームズもののアンソロジーShadow Over Baker Streetの収録作品だ。〈旧支配者〉が復活した世界、ロンドンのベーカー街で共同生活を送ることになったアフガニスタン帰りの語り手と、顧問探偵を営むという謎の人物の物語。Shadow～の他の収録作品は、ティム・レボン「無貌の神の恐怖」が『ミステリマガジン』2006年2月号に、F・G・マッキンタイア「イグザム修道院の冒険」が『S-Fマガジン』2010年5月号にそれぞれ掲載されている。

### ブルース・スターリング／グローバルヘッド
ジャストシステム／1997年7月

サイバーパンクの巨匠、スターリングの短篇集。収録作の「考えられないもの」が、邪神を軍事転用した科学者の末路を描いた作品で、「正気を侮辱するかのような外観」「理解不能な次元の創造物」と形容されるアザトース爆弾（この翻訳では「アザゾス」）が登場する。アザトース爆弾のビームは宇宙的な苦痛に泡立ち、この世のものならぬ汚染を起こすのだ。

### テリー・プラチェット／「The Disc world novel」シリーズ
三友社出版／1997年7月～

亀の背に乗った4頭の象が支える円盤状の世界、ディスクワールドが舞台のファンタジー小説。1991年に安田均訳の『ディスクワールド騒動記1』（角川文庫）が発売された後、久賀宣人の新訳が三友社出版、鳥影社などから刊行された。新訳版第2巻『魔道士エスカリナ』の魔導書『ネクロテレコミコン』をはじめ、クトゥルー神話パロディが散見される。

### ジーン・ウルフ／ピース
講談社／2014年1月

1975年に書かれた、ウルフの初期作品。アメリカ中西部のキャシオンズヴィルという架空の町に隠棲するオールデン・デニス（デニー）・ウィアという老人が、自分の半生を回想する物語。第4章「ゴールド」にて、「ダーレット伯爵の『屍鬼典礼』」「英語に翻訳すると『死者を縛る書』を意味する、ギリシャ語のタイトルの書物」などの言及がある。

### オリン・グレイ、シルヴィア・モレーノ＝ガルシア・編／FUNGI 菌類小説選集 第Iコロニー
Pヴァイン／2017年3月

菌類をテーマにした小説アンソロジー。編者であるオリン・グレイとシルヴィア・モレーノ＝ガルシアは東宝の怪奇映画『マタンゴ』のファンで、HPLへの言及も見られる。収録作品のひとつ、アンドルー・ペン・ロマイン「咲き残りのサルビア」が、「スチームパンクと魔法とラヴクラフトをミックスしたウエスタン風の冒険活劇」である。2集も刊行予定。

**菊地秀行、佐野史郎・他／クトゥルー怪異録 極東邪神ホラー傑作集**

学習研究社／1994年8月

1994年に学研ホラーノベルズから刊行された同名作品集の文庫版。日本の作家達によるものとしては、最初のクトゥルー神話作品アンソロジーだが、一部の作品が文庫版では収録されていない。HPLの愛読者として知られる個性派俳優による悪夢のような「曇天の穴」（佐野史郎）、その佐野史郎が主演したTBSドラマの脚本家によるノベライズ「蔭洲升を覆う影」（小中千昭）、本邦初の神話作品との説がある「邪教の神」（高木彬光）、そして正邪逆転のラストで名高い「銀の弾丸」（山田正紀）など、書き下ろしから古典まで幅広いクトゥルー神話作品が収録されている。

**東雅夫・編／リトル・リトル・クトゥルー**

学習研究社／2009年1月

800字以内という制限のもと、2007年に公募された「史上最小のクトゥルー神話賞」の入選・優秀作品を収録した前代未聞のクトゥルー神話掌編集。総勢60人による、90篇にも及ぶ作品が掲載されており、少なからぬ作品について、このプロットをベースにふくらませて長編に仕上げることもできるだろうにと、もったいなさすら感じられる。新熊昇、内山靖二郎、朱鷺田祐介、黒史郎といったプロの書き手の応募作も掲載されているほか、クトゥルー神話関連サイトの運営者やTwitterのクトゥルー神話クラスタで盛んに発言している人間の名前も少なからず見かけられる。

**児嶋都・監修／邪神宮 闇に囁くものたちの肖像**

学習研究社／2011年4月

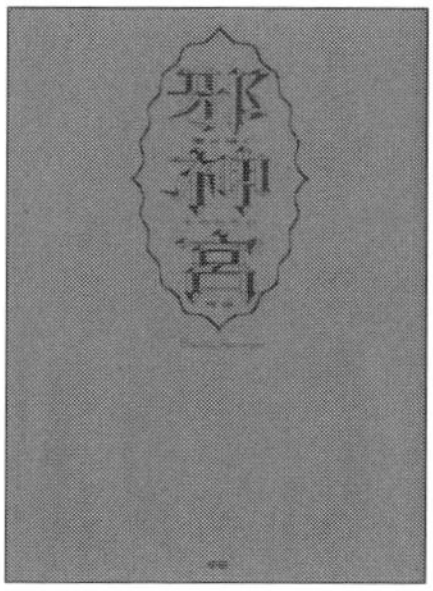


2011年5月、ホラー漫画家の児嶋都の企画・監修、学習研究社の後援で、銀座のスパンアートギャラリー（邪神宮～深～The Deep）、ヴァニラ画廊（邪神宮～邪～The Evil）の2箇所で開催された展示企画「邪神宮」の公式図録。以後、しばしば開かれるクトゥルー神話系アート展示会の走りとなった。クトゥルー神話が題材の、高橋葉介、伊藤潤二ら15名のアーティストや作家たちによるイラストや造型物のほか、8本のショートストーリーが掲載されている。ショート・ストーリーの寄稿者は岩井志麻子、円城塔、真藤順丈、松村新吉、嶽本野ばら、飴村行、黒史郎、平山夢明。

**西尾正／西尾正探偵小説選Ⅱ**

論創社／2007年3月

太平洋戦争前後の頃、『新青年』などの雑誌に怪奇趣味の漂う作品を発表していた西尾正の作品集。この巻に収録の「墓場」は、1947年刊行の雑誌『真珠』第3号に掲載されたもので、ペンダアという英国人の陳述という形で、彼の友人トオマス・スティヴンが荒廃した墓地で遭遇した怪異が語られる。墓地の入り口で待ちかまえるペンダアに、電話を通して聴こえてくる切羽詰まったスティヴンの声。最後に、何者かの声が「バカ！ スティヴンは死んだよ」と告げる——。わかる人にはわかるが、「ランドルフ・カーターの陳述」の翻案。日本語訳された最初のHPL小説だと思しい。

**菊池秀行／妖神グルメ**
朝日ソノラマ／1984年6月

復活の刻を待ちいたる邪神クトゥルーは、永劫の時の中ですっかり腹を減らしていた。餓えた神を満足させるべく、崇拝者たちは世界最狂のゲテモノ料理人・内原富手夫に邪神崇拝者達の白羽の矢を立てる。かくして、世界に数多あるカルトと、邪神復活を阻止せんとする国家権力が、内原を求めて激しい攻防を繰り返す。菊地秀行初の、本格的なクトゥルー神話作品。原子力空母とダゴンの太平洋上の決戦など、菊地作品ならではのド派手なアクションも盛り込まれている。2000年にソノラマ文庫ネクストで改めて発売されたが、レーベルが短命に終わったため、入手困難になっていた。

**菊池秀行／妖戦地帯　全3冊**
講談社／1985年10月〜

大財閥の御曹司・矢切鞭馬の家庭教師を依頼された、しがない学習塾講師・萩生真介。鞭馬が異世界の悪鬼の子である事を知った萩生は、鞭馬と共に、異世界の存在の召喚を目論む一族の死闘――妖戦の渦中に否応なく巻き込まれていく。ついに、異世界の悪鬼の脅威を封じた師弟コンビだったが、その代償はあまりに大きかった――。菊地作品最弱とも言える異能ヒーローが活躍する伝奇アクション。HPLの「ダンウィッチの怪」をモチーフにしながら、異界の血を引く者の孤独と成長という菊地作品お馴染みのテーマを扱っている。ヨグ＝ソトースと思われる魔物が作中に登場している。

**菊地秀行／古えホテル**
角川書店／1991年5月

人々が出会い、愛し合い、時に憎み合い、別れの舞台となる場所。ホテルを舞台に、恋人たちのホラーな関係を描いた連作長編。
菊地秀行はリリカルな作品も得意としていて、本書もそうした中のひとつである。収録作の「ラヴ・レター」は主人公が、ホテルのオーナーたちの依頼で東京から静岡、さらには京都、長崎と手紙を届けて回る話。主人公の行く手に現れる、ワイングラスのような娘さんの目的とは。そして、最後に明かされる手紙に書かれていたものは。主人公がHPLの愛読者で、手紙を運んでいる間、「ダンウィッチの怪」と思われる作品を文庫で読みふけっている。

**菊地秀行／妖魔姫　全3冊**
光文社／1994年6月〜

大女優・吉本小百合を狙う異形の影。彼女のボディガードに念法使いの工藤明彦が雇われる。小百合を狙って動き出す、海からのもの。それに対して、古来から海妖と死闘を展開していた修験の魔僧たちも活動を開始する。明彦は修験の総本山である熊野の大修験に助けを求める。大修験は動くのか？三つどもえの魔戦を制するものは、果たして――。念法で異世界からの妖魔と戦う工藤明彦が主人公の、シリーズ8作目。当初は全2巻の予定だったが、最終的に全3巻にスケールアップした。海妖によって改造された一家の名字が、打吾というダゴンを連想させるものに設定されている。

**菊地秀行／マリオネットの譚詩　全3冊**
朝日ソノラマ／1994年9月～

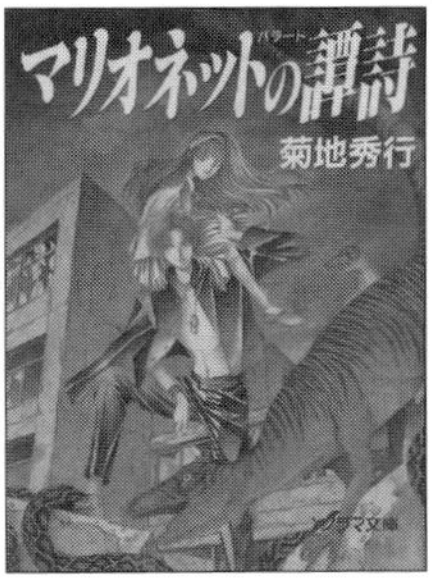


故里やよいの通う都立流高校の周辺では、異様な惨殺事件が続発していた。やよいは謎の転校生、コンピュータオタク、盲目の天才といった奇妙な面々とともに事件に巻き込まれていき、犯人の正体が異形の獣人だったこと、そして事件の背後に太古から続く神々の死闘があることを知った。地球古来の神々に味方して、邪神たちを再び異次元に追い返すことができるのか。学園ジュヴナイル×クトゥルー神話作品。神話的キーワードはほとんど登場しないが、HPLやオーガスト・ダーレスらの書いた小説の背景に、異次元の存在にまつわる恐怖が隠れていたという設定が明示されている。

**菊地秀行／魔界創生記**
双葉社／1995年10月

山形の寒村が村興しのために考えた奇策は、何と村の〈魔界都市〉化だった。その目的のもと、彼らは〈魔界都市〉新宿からプロフェッショナルを雇ったのだが、何とびっくり、その村は元々クトゥルーの棲家だったのだ。かくして、平和な村はヨグ＝ソトースの落とし子を体内に潜ませる妖人ドマと、クトゥルーの妖闘の地となる。菊池秀行のライフワークともいうべき〈魔界都市〉にクトゥルーが降臨してしまう物語。神話存在としては、ヨグ＝ソトースの落し子とクトゥルーがそれぞれ登場。また、〈魔界都市〉にクトゥルー神話の邪神専門の研究機関が存在することも明かされている。

**菊地秀行／美凶神ＹＩＧ　既刊2冊**
光文社／1996年3月～

クトゥルー神話の邪神が復活を果たし、妖物や無法者、邪神崇拝者が跳梁跋扈する魔界へと堕ちた世界。そんな中、三鬼餓の街に「邪神廃滅の秘法」を完成させた神秘主義者が現れる。彼を護衛すべく集まった一騎当千の強者達。その中に「深きものども」やダゴンの脅威をものともせず、たかがクトゥルーごときと神すらも恐れぬ謎の美女イヴの姿があった。女魔人イヴの正体は？　「邪神廃滅の秘法」は死に瀕した人類を、世界を救う事ができるのか？　邪神クトゥルー復活後の世界を真っ向から描いた挑戦的な作品。未完結だが、近年、創土社から完結編となる第3巻が刊行されると発表された。

**菊地秀行／暗黒帝鬼譚**
双葉社／1999年1月

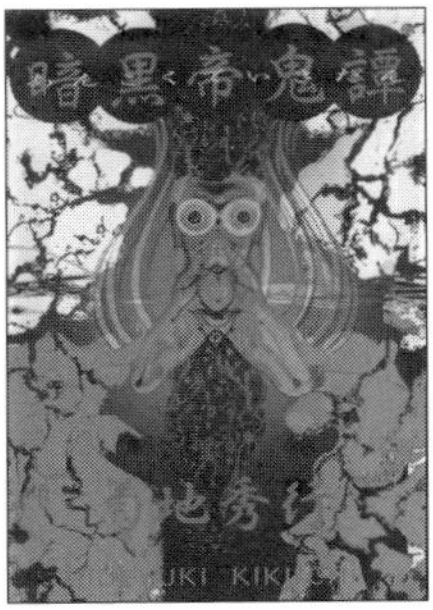


人に取り憑き、幸運を与える代わりにその者の命を奪う妖物が〈区外〉に現れる。〈魔界都市〉への侵入をも目論む妖物たちに対し、体内にクトゥルーとヨグ＝ソトースを飼う妖人ドマが挑むのだが、返り討ちにあってしまう。ドマの雇い主である大平も、妖物の帝王に取り憑かれて敵に回る始末。果たしてドマは妖物を倒して、元の身体に戻ることが出来るのだろうか。『魔界創世記』の続編で、ドマたち〈魔界都市〉の住人ががまたも〈区外〉で活躍する。ドマの中で眠る邪神たちは登場しないが、ドマがＯＬＤ　ＯＮＥＳの創り出した下僕「ショ×ス」をカプセル怪獣のように操るシーンがある。

**菊地秀行／退魔針　邪神戦線**
祥伝社／2000年9月

平安時代に時の朝廷が組織した妖魔撲滅機関「魔狩省」。異能の鍼灸師大摩はその末裔であった。その大摩が依頼されたのは、財閥総帥に憑いた魔の退治だった。魔が異次元の存在と悟った大摩は、呪われた地ダンウィッチへ向う。その地で、大摩ともう1人の退魔鍼灸師は、復活したウェイトリーの双子の片割れを祓う。だが、ダンウィッチの戦いは単なる前哨戦にすぎない。大摩たちの前に、太古ムー大陸を滅亡させた邪神の末裔が立ちふさがり壮絶な魔戦を挑んでくるのだ。菊地秀行が手がけた『退魔針』の漫画原作に加筆した作品。オリジナルの邪神も登場させた、菊地クトゥルーの真骨頂。

**菊地秀行／D—邪神砦**
朝日ソノラマ／2001年12月～

人類文明が滅びた後、姿を現した吸血鬼たちが支配階級として地球に君臨する暗黒の未来を描く、菊池秀行の代表作「吸血鬼ハンターD」シリーズの第13作。この世界の吸血鬼たちは、「神祖」と呼ばれる大吸血鬼を指導者と仰いでいるのだが、「クルル」と呼ばれる邪神を崇拝する、異端の貴族たちも存在した。「神祖」は邪教徒を殲滅せんと貴族の大軍を送りこんだが、邪神の力は凄まじく、無敵の「神祖」にすら深い傷を負わせてしまう。「神祖」と邪神クルルの戦いから数百年後、吸血鬼ハンターDが邪教徒の砦を目指していた。世界に破滅をもたらすという彼らの「神」に会うために——。

**菊地秀行／魔界都市ブルース　闇の恋歌**
祥伝社／2003年12月

魔界都市〈新宿〉に、欧州の小国クリニアマラカの王妃が現れた。彼女を狙う外務省特別攻撃局の闇の精鋭、もう一つの魔界都市〈コダイ〉からの暗殺集団血の五本指。それらに対し、新宿からも秋せつら、魔界医師メフィスト、最強の用心棒水月豹馬、人形娘たちが王妃を護るために立ち上がる。しかし、彼女を巡る魔戦は、世界の破滅の呼び水にすぎなかった——。菊地作品最強のヒーローの一人である秋せつらの恋をテーマとした、異色長編作品。なお、本作において、新宿に匹敵する他の魔界都市としてロンドン、コダイ、そしてアーカムの名が挙げられるのは、特筆に値するだろう。

**菊地秀行／魔指淫戯**
光文社／2005年7月

魔を払うマッサージ術の使い手蘭城と妖を倒せる古代武術の使い手一ノ瀬猫馬は、海からのものに憑かれた染ケ谷家に雇われることになる。蘭城と海からの妖物の戦いに、退魔の鍼使い大摩も参戦する。三つどもえの魔戦を制する者は果たして誰か。蘭城と猫馬のコンビが活躍するシリーズの3作目。退魔針シリーズの大摩もゲスト参加する。対する魔は深きものをモデルにした半魚人たちで、作中に何度もH・P・ラヴクラフトの「インスマウスの影」が言及される。本作の深きものはクトゥルーの尖兵ではなく、海からのものは独自の動機で地上侵攻を行っていた。果たして、その真意は——。

**菊地秀行／「トレジャーハンター八頭大」シリーズ　全10冊**
朝日新聞出版／2007年2月〜

トレジャーハンター八頭大が主人公の「エイリアン」シリーズは、「吸血鬼ハンターD」シリーズに並ぶ菊地秀行の代表作だ。第1作『エイリアン秘法街』に食屍鬼めいた怪物が登場しているほか、第6作『エイリアン邪海伝』は仙台の温泉宿を舞台に、奇怪な半魚人の群れと、彼らを背後から操る謎の存在が待ちかまえる神話色の濃い作品だった。さしもの八頭大も、ラストに片鱗を見せる海底の邪神には歯が立たないが、決して闘志を失わないあたりに菊池ヒーローの伝統が見える。ソノラマ文庫で展開されていたが、書き下ろし作品を加えた合巻版がソノラマノベルスから改めて刊行された。

**菊地秀行／魔界都市ガイド鬼録　邪神迷宮**
実業之日本社／2007年12月

かつてクトゥルー復活を阻止したと言われる〈魔界都市新宿〉のナンバーワンガイド外道棒八の前に、外道の息子と名乗る少年が現れる。だが、外道の頭からは、そのあたりの記憶がさっぱり消えていた。しかし、少年の出現は『死霊秘法』を巡るクトゥルーとヨグ・ソトホートの暗闘の始まりを告げるものだった。外道の前に現れる、ルルイエの料理人・内原富手夫と早稲田大学〈邪神対策室〉トップ土間。クトゥルー神話の邪神たちの力を行使する魔人たちの死闘や如何に——。『妖神グルメ』の内原富手夫と『魔界創世記』の土間という、菊地クトゥルー神話の2大スターの共演作。

**菊地秀行／魔界都市ブルース〈魔法街〉戦譜**
祥伝社／2010年2月

魔人や妖物、凶悪犯が跳梁跋扈する〈魔界都市〝新宿〟〉。その中にあって、高田馬場は魔法使いとその使い魔が集う〈魔法街〉だった。新宿最強の人探し屋・秋せつらと美貌の女魔法使いイカレ帽子屋は〈魔法街〉に潜む古代魔術師ローエングリーンと、1億円のパンティを奪い合う。菊地秀行の〈魔界都市〝新宿〟〉には様々な妖術や魔術、超科学がしのぎを削り合う。クトゥルー神話系の術もその中の一つ。ローエングリーンの配下のチンピラが、「風のイサカ召還の呪文」でイサカを召還。イカレ帽子屋を始末しようとするのだが、イカレ帽子屋が逆にチンピラをイサカの餌食とする。

**菊地秀行／吸血鬼ハンター／アナザー　貴族グレイランサー**
朝日新聞出版／2011年1月

「吸血鬼ハンターD」のスピンオフ・シリーズの1作目。Dの世界から数百年前、貴族たちが最期の繁栄を謳歌した時代を背景とする。マイエルリンク男爵のような後にDと対決する貴族も登場して、貴族全盛の異形の世界を描いている。貴族と呼ばれる吸血鬼の中で最強の戦士とされる男がいた。その名は〈北部辺境区〉管理官グレイランサー。外宇宙生命体との闘いなどで数々の武勲をあげたグレイランサーだが、貴族たちの〈都〉ではグレイランサーたちを陥れる陰謀が進行していた。神話的存在としては、イタカが登場。貴族の復活と共に蘇った、地水火風を司る神々の一柱とされている。

**菊地秀行／魔海船　全3冊**
祥伝社／1995年5月〜

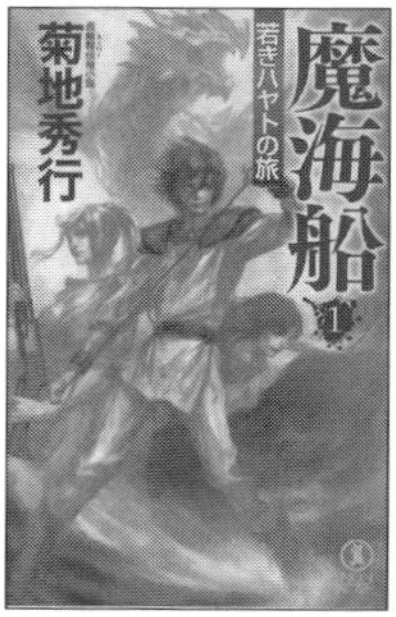


いつの時代、どこの場所とも知れない世界を舞台に、若きハヤトと女戦士ジェリコが繰り広げる冒険譚。この世界の海の底には、〈海のものたち〉と呼ばれる半人半魚の種族が棲んでいて、人間とは敵対関係にある。〈海のものたち《シーグ》〉の描写は、これまでの菊地作品に登場してきた〈深きものども〉そのものだが、具体的な関係性は不明ではある。物語の冒頭、主人公であるハヤトの住んでいる村は、この〈海のものたち〉の襲撃を受けて全滅してしまう。このことをきっかけに、彼は世界の涯を目指す冒険の旅に出たのだった――。旧約聖書のとあるエピソードを大胆に解釈したファンタジー。

---

**朝松健／秘神　闇の祝祭者たち**
アスペクト／1999年3月

朝松健が音頭を取り、ホラー分野で活躍する若手作家達をメインに編んだクトゥルー神話アンソロジー。「日本のアーカム」として設定された、南房総の架空都市「千葉県海底群夜刀浦市」を共通の舞台として用いるという試みも行っている。収録作品は、夜刀浦市を覆う影を暗示する朝松健の「『夜刀浦領』異聞」や、立原透耶「はざかい」、六道慧「ウツボ」、「襲名」など。なお、夜刀浦市の設定については、クトゥルー神話研究家の森瀬繚により、朝松健の監修のもと細部が掘り下げられ、新紀元社のＴＲＰＧ雑誌『Role&Roll』２０号においてミニサプリメント化されている。

---

**朝松健・編／秘神界　歴史編・現代編**
東京創元社／2002年9月

朝松健編集の神話アンソロジー。歴史編では「永劫の探求」の『西遊記』版とも言うべき「苦思楽西遊傳」、フランシスコ・ザビエルの秘密に迫る「邪宗門伝来秘史（序）」、１９２０年代のシカゴが舞台のオカルト活劇「聖ジェームズ病院」、１９３０年代に日本ＳＦの祖が遭遇した怪事件を描く「明治南島伝奇」が目を引く。現代編では、俳優の佐野史郎による ノンフィクション風の「怪奇俳優の手帳」、少年少女の邂逅と怪物相手の死闘が展開する友野詳「暗闇に一直線」、邪神復活に対する防備を描く小林泰三「Ｃ市」などの作品を収録。後に、黒田藩プレスから英語版が分冊刊行された。

---

**朝松健／逆宇宙ハンターズ　全5冊**
朝日ソノラマ／1986年8月〜

平凡な高校生、淡島春夫の日常は奇怪な僧侶の出現とともに崩壊した。徘徊する異形のもの、家族を蝕む狂気。全ては邪教・苦止嘍得宗の復活が原因なのか。春夫を護るべく、比良坂天彦、吉水都英たち逆宇宙ハンターズが立ち上がる。しかし、魔戦に星智教の巨勢玄応や苦止嘍得宗の反逆者白凰坊も介入し――。朝松健のデビュー作。神話的ネーミングは邪教「苦止嘍得宗」とその教典『死霊宝鑰』くらいだが、朝松ワールド定番のバイプレイヤー、比良坂天彦や巨勢玄応、田外竜介といった面々の初登場作でもある。第1巻「魔教の幻影」は、カセットブック版も発売されていたが、入手困難だ。

**朝松健／私闘学園シリーズ　全9冊**
朝日ソノラマ／1988年3月〜

「ラッシャー木村は打たれ強い！」の台詞で有名な（?）青春熱血格闘技小説。格闘好きだが理論と情熱だけの男・西城めぐみや実践格闘技を操る巨漢・浜口倉之介ら五人の高校生が格闘技同好会を設立し、ライバル達とギャグまみれの戦いを繰り広げる。シリーズを通して神話ネタが散見されるが、顕著なのは主要キャラクターの一人・化学教師の喜久香。『逆宇宙ハンターズ』の苦止縷得宗妖術を使う上、自宅の地下実験室にはヨグ＝ソトースの呪文が記されたメモがある。シリーズ後半で彼女はハーバート・ウェスト・ジュニア教授に招かれ、ミスカトニック大学に赴くのだった。

**朝松健／マジカル・ハイスクール**
富士見書房／1990年11月

悪魔喚起を成功させるオカルトマニアの高校生トリオ。ところが、この悪魔を魔術師崩れの教育実習生・北内東が使い魔にしてしまう。三人組は、実は魔術師だったクラス委員長・松尾真紗美の助けを借りて、悪魔を地獄に送り返す準備を始めるのだが――。朝松健の魔術・オカルト知識が光る学園スラップスティック。作品世界は「民遺管」三部作と共通で、〈東方黎明教会〉の起こした一連の事件について語られる。他に「手が！手が！」「るせー。お前は『ダゴン』の語り手か」などの神話ネタも。『ドラゴン・マガジン』1992年11月号に、単行本未収録の短篇が掲載されている。

**朝松健／背徳の召喚歌**
二見書房／1993年9月

嘆美小説シリーズのベルベット・ロマンの一冊として刊行された連作ホラー。美少年たちの官能と恐怖にみちた忌まわしい運命が次々と語られる。「黒い紅玉」は、ヴェトナムと思しい戦場でビル・バニングが遭遇した恐怖を描く。本隊とはぐれたビルと少年兵デイヴが遭遇した虐殺死体は、現地人がＴｃｈｏ－Ｔｃｈｏと呼ぶ忌まわしき存在の仕業らしい。Ｔｃｈｏ－Ｔｃｈｏはやがてビルたちの前にも現れ、デイヴを凌辱して殺害、狂ったビルが独り残された。Ｔｃｈｏ－Ｔｃｈｏはチョー＝チョー族を思わせるが、蝙蝠の翼を持つ少年神として描かれる。また、作中ではレン高原の伝説も語られる。

**朝松健／崑央の女王**
角川書店／1993年12月

分子物理学者の森下杏里は、リヴァイアサンタワーの異名を持つ日本遺伝子工学株式会社の本社ビルへと出向する。そこで彼女を待ちうけていたのは、古代中国王朝のミイラの研究という奇妙な仕事だった。厳重な警備体制のもと行われる不気味な実験の最中、杏里の記憶は、数十年前の中国人少女の記憶と混濁していく。実験の目的は何なのか。そして、黄帝によって地下の崑央に封印されたという祝融族の正体とは――。ＨＰＬの「墳丘」、スミスの「七つの呪い」などの作品をモチーフに、朝松健が描くバイオ・ホラー。黒田藩プレスから英語版が発売され、海外でも好評を博した。

**朝松健／小説ネクロノミコン**
学習研究社／1994年8月

オムニバス映画『ネクロノミカン』をノベライズした連作短編集。邪教の寺院を訪れるラヴクラフトが、そこで自分の空想の産物に過ぎなかったはずの『ネクロノミコン』を発見し、震える手で魔導書のページを繰り始める。これに並行して、3つの奇怪な物語が進行していく。婚約者を喪った失意の男が、死者復活の邪法を見つける「海魔荘の召喚」。連続殺人事件を追う新聞記者が、聞き込み先のアパートで、かつて行われた忌まわしい実験の記憶を留める女たちに出会う「冷鬼の恋」。連続殺人鬼を追跡する2人の警官が、邪神を崇める存在の潜む異世界に迷い込む「幻覚の陥穽」である。

**朝松健／マウス・オブ・マッドネス**
学習研究社／1995年6月

失踪したホラー小説家サター・ケインを追う内に、やがて異常な世界に飲み込まれていく保険調査員トレントの探索行を描く、映画『マウス・オブ・マッドネス』のノベライズ。トレントの前に姿を現したケインは、自分の新作によって全ての妄想と恐怖が現実世界へ侵攻すると告げる。やがて、ケインの言った通りに現実は崩壊し、トレントの正気も崩壊するのだった。原題が「インスマス」のもじりになっている他にも、ケインの小説のタイトルがラヴクラフトを思わせるものであったり、ケインが潜む教会の歴史が星の智慧派の歴史に類似するなど、数多くの小ネタが散見される。

**朝松健／マジカル・シティ・ナイト VOL．2 旧支配者の足音**
小学館／1995年10月～

科学でなく魔法が支配し、人間と悪魔や妖怪・妖精などが共存するマジカル・シティを舞台に、魔術犯罪専門特捜官〈騎士〉ベンの活躍を描くシリーズの2冊目。半魚人たちの棲むギルマン街で奇妙な動きが報告され、市当局はこれを受けて半魚人たちを隔離しようとしていた。そんな折、ギルマン街で魔術師が自身を生け贄に儀式を行い、〈旧宇宙〉の邪神を復活させようとする目論見に王手がかかるのだった――。ベンの前に立ちはだかる2つのNとして、ニャルラトテップと『ネクロノミコン』が登場。また、全体的にHPLの「インスマスの影」のオマージュ作品ともなっている。

**朝松健／肝盗村鬼譚**
角川書店／1996年12月

北海道の南端にある肝盗村。明治35年にミスカトニック大学による本格的な調査が行われた肝盗村遺跡で知られるこの村は、昭和3年に陸軍憲兵隊と海軍海兵隊が合同で村に手入れを行う騒ぎに発展した淫祀邪教の噂のある村として、近隣からは長らく忌避されてきた。萬角寺の住職である父・紫観が危篤との報せを受けて、故郷へと向かう牧上文弥。その時の彼には、上京してから一度も足を向けることのなかったその村が、魔神ヨス＝トラやキモトリ、ウミストニといった妖物の跳梁跋扈する土地と知る由もなかった。クトゥルー神話と真言立川流を融合させた、伝奇ホラー小説。

**朝松健／魔術戦士ＶＯＬ．２　妖蛆召喚**
角川春樹事務所／１９９８年６月～

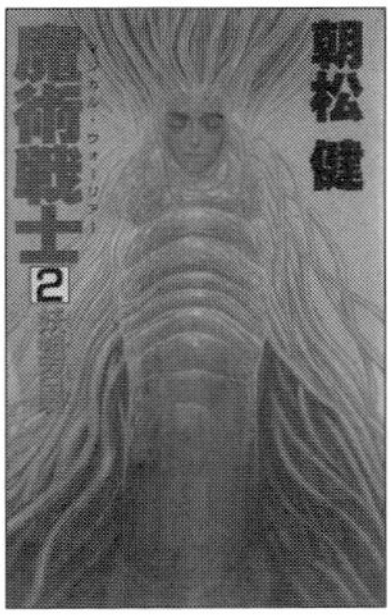

魔術戦士——それは、魔術と近代兵器を駆使して、邪悪な魔術師と戦う正義の戦士だ。本作は、魔術戦士である志門聖司が主人公のオカルトアクション。全世界の黒魔術師や妖術使いを糾合して結成された魔術的テロ組織ＷＯＲＭによる反キリスト誕生計画と、それを阻止せんとする魔術戦士の戦いが展開される中、この「妖蛆召喚」では、ついに反キリストたる神の子が生まれる。神話用語は登場しないが、筋立てがＨＰＬ「ダンウィッチの怪」のオマージュとなっている。当初は大陸書房より刊行されたが、倒産により６冊目で中断。後に小学館スーパークエスト文庫から全７冊が発売された。

**朝松健／秘神黙示ネクロノーム　全３巻**
メディアワークス／１９９８年９月～

客船オイネウス号の突然の事故に乗り合わせ、家族を失いながらも、九死に一生を得た５人の若者たち。彼らは一様に、〈旧神〉ないしは〈旧支配者〉の聖痕を得ていた。それこそは、彼らが〈古の者〉の創った最終兵器ネクロノームの操縦者となった証なのである。彼らは自らの運命に戸惑いながらも、世界の運命のために、破壊の権化たるネクロノームの母機との最終決戦へと向かうのだった。神話的存在が前面に出てくることはなく、ネクロノーム以外では、ニャルラトテップがお約束的に登場するにとどまっている。『斬魔大聖デモンベイン』とほぼ同時期だが、相互の影響は存在しない。

**朝松健／邪神帝国**
早川書房／１９９９年８月

ラヴクラフトと彼の友人達がパルプ雑誌に彼らの神話を綴っていた頃、欧州でも自分達の神話を広めようとした男達がいた。国家社会主義ドイツ労働者党——人々からナチスと呼ばれたドイツの政党である。『邪神帝国』は、ナチスの南極探検隊を待ち受ける「狂気大陸」、潜水艦でドイツを脱出した一行を怪異が襲う「ギガントマキア１９４５」、陥落目前のベルリンが異界の存在に乗っ取られる「怒りの日」など、７本の短編が収められた作品集。朝松健のファンにはお馴染みの「星智教団（星の智慧派）」を筆頭に、ニャルラトテップやショゴス、ミ＝ゴなどの神話存在も数多く登場する。

**朝松健／魔犬召喚**
角川春樹事務所／１９９９年９月

札幌市郊外にある北日本大学を、不幸な出来事が連鎖的に見舞い、やがてそれは陰惨な事件へと発展する。事件の背後に、霊的な黒犬獣と、それを操る魔術師の影。悪魔に魅入られた学園都市を救うべく、作者の分身とも思えるオカルトライター、村松克時らが事件の解明に乗り出すという物語。クトゥルー神話にまつわる直接的な描写は殆どないが、『邪神帝国』において、朝松オリジナルの邪神ヨス＝トラゴンに関わる者として登場する魔術師クリンゲン・メルゲルスハイムについての言及がある。彼が関与した魔術結社Ｏ∴Ｄ∴Ｔ（東方黎明教会）、その著書『アッツォウスの虚言』などの情報源。

**朝松健／比良坂ファイル 幻の女**
角川春樹事務所／1999年10月

『逆宇宙ハンターズ』で活躍し、魔教「苦止縷得宗」との闘争の最中に命を落とすことになる前衛心理学者・比良坂天彦が主人公の短編集。自ら「逆宇宙」と名づけた異世界の邪悪な力を研究対象とする、異端の心理学者である比良坂天彦――家族と恋人の復讐のため、彼は今日も「逆宇宙」の干渉が引き起こす怪事件に挑むのだった。作品全体の敵役として、HPLの「闇をさまようもの」に登場する邪教宗派〈星の智慧派〉の流れを汲んでいるらしい、〈星智教団〉という黒魔術結社が登場。なお、この結社は、『邪神帝国』や『秘神黙示ネクロノーム』など、朝松健の他作品にも登場している。

**朝松健／魔障**
角川春樹事務所／2000年8月

魔術書『空の書』の翻訳刊行企画を進めるオカルト書籍編集者の平井の日常は、やがて悪夢めいたものへと変わっていく――かつて国書刊行会の編集者として、クトゥルー神話作品や魔術書を担当していた著者が、実際に体験したトラブルが下敷きのホラー短編が表題作。作中の魔術師が「ネクロノミコン・ワーク」と称する魔術を行うが、これを実践する魔術師も実在するという。また、ひとたび召喚されると犠牲者を虐殺するまで退散しない魔性の移動拷問具を描いた短編「追ってくる」には、「九大地獄の王子」の異名を持つ朝松健オリジナルの邪神ヨス＝トラゴンへの言及も。

**朝松健／凶獣幻野**
角川春樹事務所／2000年9月

「逆宇宙」シリーズにも登場する共時通信記者・田外竜介が主人公のオカルト・アクションシリーズの第1弾。巨大な黒犬が現れ、建設大臣をはじめ幾人もの人間を噛み殺すという事件が連続し、札幌近郊の瀬田寒原野に建設された学園都市を恐怖に陥れていた――。『魔犬召喚』の後日譚とも言うべき作品で、同じく魔術師クリンゲン・メルゲルスハイムや魔術結社O∴D∴T（東方黎明教会）が密接に関わってくる。このあたりの設定は、実在のオカルト組織や人物をモチーフにしているので、近現代のオカルト史についての知識があれば、よりいっそう楽しむことができるだろう。

**朝松健／屍食回廊**
角川春樹事務所／2000年11月〜

タフでハードで現実主義者な共時通信記者田外竜介。彼は旧軍の高射砲発掘現場の取材中に異形のものと遭遇する。さらに、不審な動きをする自衛官たち。田外はまたしても陸上自衛隊内に潜むオカルト謀略集団〈陸上自衛隊民族遺産管理室〉とその背後の黒魔術師たちの陰謀に巻き込まれていた。田外竜介三部作の最終作。
太古の邪神は人類発生以前の生命体があがめたという設定。だが、残念ながらクトゥルー神話の邪神ではない。それでも、クトゥルーを意識したような描写もされている。また、この邪神に付き従う食屍鬼が「みぃぃぃごぉぉぉおうおう」との鳴き声をしている。

**朝松健／百怪祭　室町伝奇集**
角川春樹事務所／2000年11月

朝松健による室町時代伝奇ホラーの作品集で、クトゥルー神話関連では、異形コレクションの『水妖』にも集録された「水虎論」、『チャイルド』に収録された「かいちご」が入っている。他には、書き下ろしの「魔蟲傳」がある。邪教の秘技によって、第六魔天より魔物を呼び出す油売りの庄五郎。魔物の導きによって庄五郎は美濃の国を乗っ取るのだが、庄五郎が絶頂を極めた時、第六魔天からの魔物が庄五郎の前に意外な姿で現れ、庄五郎は破滅へと導かれるのだった――。庄五郎は後の斎藤道三で、彼が魔物を呼び出す際、朝松独自の魔道書『妙法青蓮華秘密刹鬼経』が使用される。

**朝松健／神蝕地帯**
角川春樹事務所／2000年12月

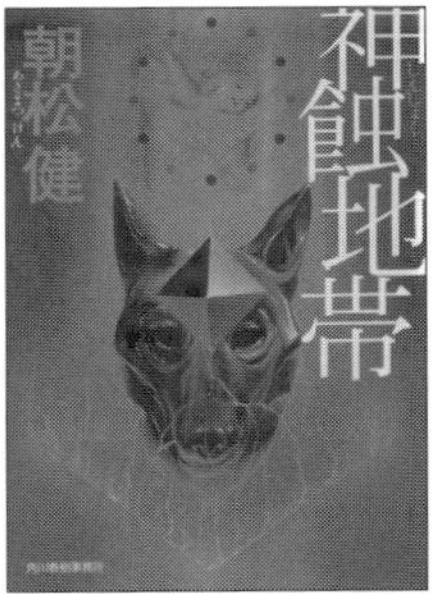


田外竜介シリーズの『凶獣幻野』と魔術ホラー『魔犬召喚』の続編にして、『屍食回廊』のサイドストーリーであり、民遺管連作の真の完結編として黒魔術結社〈東方黎明教会〉に止めが刺される、朝松ファン必読の書。赤い魔女こと稲村虹子は仕事で北海道に向かう。その頃、北海道では魔術研究家の村松克時が、太古の犬神を復活させようと目論む〈東方黎明教会〉に接触されていた――。村松が魔術結社の人間を脅かすべく「神殺しの秘法」という魔術をほのめかし、それが『水神クタアト』に出てくるというセリフがある。ただし、作中におけるこの魔術書は、村松のでっちあげに過ぎない。

**朝松健、井上雅彦・他／十の恐怖**
角川書店／2002年1月

「十」という数字にまつわる怪奇小説アンソロジー。朝松健の「十死街」は、妖術僧・白凰坊ものの一篇で、『逆宇宙レイザース』の後日談でありつつも、神話要素が盛り込まれている。漢方薬買い付けのため、返還を目前にした1996年末の香港を訪れていた語り手の林康明は、中国人の漢方鍼灸医を父に持つ日本人である。死んだはずの老人の頼みで、『ネクロノミコン』に言及されるという「崑央の匡」を棺桶屋に届ける羽目になった康明は――。また、井上雅彦の「十針の赤い糸」は千葉県夜刀浦市が舞台で、『秘神』収録の「碧の血」の近くで起きたことだと、作者が明かしている。

**朝松健／夜の果ての街　上・下**
光文社／2002年6月～

池袋にある無国籍不法地帯、夜果川を支配する謎の男ミスター沈。彼とその組織を捜査する刑事たちが異形の男に惨殺される。が、殺された刑事の一人・柾目仁が異世界の自分の能力を得て、マジックと名乗り蘇る。マジックは沈の正体を暴き、彼の恐るべき陰謀を打ち破ることが出来るのか。

朝松健が変容する現実を背景に、ホラー・ノワールに挑んだ意欲作。舞台の夜果川は、HPL描くレッドフック街を近未来の日本に持ち込んだような雰囲気で、これだけでも神話ファンなら読む価値あり。「デ・ウェルミス・ミステリーズ（妖蛆の秘密）」というカクテルも、ファンをニヤリとさせる。

## 朝松健／STOP!! ダークネス！
幻冬舎コミックス／2008年8月

神奈三四郎は各種武道を修めた博物学の徒である。彼の平穏な生活は間違いで3人の女悪魔の封印を解いたことから崩壊する。気は優しくて力持ちな中近東美女、トリガーハッピーなゴスロリ美少女、京風な美熟女と、麗しい外見と強力な魔力をもつ悪魔3人娘。だが、彼女たちは食い意地がはっており、トラブルの度に三四郎は奢らされてばかり。そんな三四郎の前に学園に潜む魔術結社の影が――。アクションとホラー、スラップスティックといった要素が組み合わさる合間に、ウルタル学園や黒魔術師レッドフック、どこかで聞いたような名前の魔道書といった神話ネタがちりばめられている。

## 朝松健／弧の増殖　夜刀浦鬼譚
エンターブレイン／2011年2月

容疑者の死で幕を閉じた15年前の猟奇的な連続用事殺害事件「斎彌皇事件」が、不気味な電話が携帯電話にかかってくる都市伝説じみた怪奇現象と絡み合う、南房総の夜刀浦市が舞台のホラー小説。過去から現在に連続する事件、不穏な噂、怪物の影、学者やジャーナリストの調査行が、クライマックス・アクションに至る流れは、『クトゥルフ神話TRPG』のシナリオ作りの参考にもなるだろう。タイトルは、フランスのシュルレリアスム画家イヴ・タンギーが1954年に発表した絵画から。この絵の風景が、この物語と密接に結びついているユゴス星に重なったというのが作者の談である。

## 朝松健／Faceless City
アトリエサード／2016年12月

邪神クトゥルーの復活後、異形の存在が出没するようになった世界。朝松健作品にお馴染みの怪人・神野十三郎が、世界で最も危険な都市アーカムを舞台に、〈地獄印〉の謎を追うという筋立ての、クトゥルー・ノワール・ノベル。アトリエサードから刊行されている『ナイトランド・クォータリー』誌の前身、トライデント・ハウスの『ナイトランド』の連載作に加筆し、単行本化したものである。古くからの読者的には、「両切りのキャメルを唇にねじこむ」というフレーズに唇が緩むことだろう。槻城ゆう子による連載時のイラスト集、朝松健の著作リストなドが巻末に掲載されている。

## 朝松健／アシッド・ヴォイド
アトリエサード／2017年6月

海外のクトゥルー神話作家から、「日本のクトゥルー神話作家」として認知されている数少ない存在、朝松健の80年代からごく最近までの作品を網羅したホラー短編集。『小説奇想天外』などに掲載された初期作品に始まり、ダレル・シュワイツァー編纂の神話アンソロジーCTHULHU REIGNのために書き下ろされた「球面三角」の日本語原文、そしてウィリアム・S・バロウズに捧げた描き下ろし「Acid Void in New Fungi City」が掲載されている。『別冊幻想文学』誌から採られた「闇に輝くもの」は、学研の『クトゥルー怪異録』に収録されたが、同書の文庫版には掲載されていない。

**栗本薫／魔界水滸伝 全20冊、外伝4冊**
角川春樹事務所／2000年11月～

新進気鋭の若手作家として注目を集めていた栗本薫が、角川春樹の肝煎りで開始したクトゥルー神話がモチーフの伝奇ロマン。世界的に流行し、人間を半人半魚の異形の姿に変容させてしまうランド症候群は、実は地球外生命体による侵略だった。やがて、本格的な侵攻を開始する邪神とその眷属たち。これに対抗するべく、古い対立関係を引きずりながらも勇躍姿を現した土着の妖怪、怪物から成る先住者たち。二大パワーの狭間で、団結と反発を繰り返しながら、生存の道を模索する人間達を描く。永井豪による挿絵と共に、広く一般の読者にクトゥルー神話を知らしめた記念碑的な作品である。

**栗本薫／魔境遊撃隊 全2巻**
角川春樹事務所／1998年8月～

時に1980年代、謎の美少年・印南薫率いる探検隊が、南太平洋上のセント・ジョゼフ島を目指していた。ちぐはぐ極まる探検隊メンバーの中には、クトゥルー神話が題材の小説（『魔界水滸伝』のこと）を手がける作家、栗本薫の姿もあった。イギリス人宣教師の日記を手がかりに島の地底遺跡にまつわる謎を探る一行。見え隠れする秘密結社の影。交錯する陰謀と裏切りの果てに彼らを待ち受けていたのは、遥かな太古に地球外より到来したヨグ＝ソトースだったのだ――。栗本薫が『グイン・サーガ』を執筆するきっかけとなったのが、実はこの事件だったという趣向もある。

**栗本薫／真夜中の切り裂きジャック**
角川春樹事務所／1997年4月

『魔境遊撃隊』の怪事件を生き残り、固い友誼で結ばれた印南薫と栗本薫が登場する「〈新日本久戸留綺譚〉猫目石」が収録される、怪奇短編アンソロジー。高級住宅街の印南家を訪ねるたびに、栗本薫は少年がかつて経験した現実とも夢ともつかぬ、不可思議な物語を聞かされる――という幕開けは、W・H・ホジスンのカーナッキものを彷彿とさせる。物語は、かつて手に入れた猫目石――タジールという土地の猫神の右眼だという、怪しくも美しい宝石を巡る怪奇譚。「久戸留」というタイトル以外に関連用語はないが、クライマックス描写などにクトゥルー神話譚の影響が垣間見える。

**栗本薫、他／グイン・サーガ 続刊中**
早川書房／1979年9月～

栗本薫が死の間際まで書き続けた、大河ヒロイック・ファンタジー。北海のクラーケンや、物語の鍵となるスターチャイルドの描写に、クトゥルー神話の影響が見える。のみならず、外伝シリーズには直接的な描写も散見される。600年に一度の「会」に集った魔道師たちがグインを奪い合う『七人の魔道師』では、ク・スルーの古き神である蛙神ラン・テゴスの巫女タミヤが登場。また、グインの妻の救出行を描く『夢魔の四つの扉』では〈古きものども〉に連なる花妖イタカを倒したグインの前に、水の星スィークに住む好々爺然とした巨怪ク・スルフが現れ、太古の歴史を語る。

**新庄節美／スカーレット・パラソル２　聖夜は黒いドレス**
東京創元社／２００４年６月～

阿藤愛梨は、花も恥らう高校1年生の女の子。しかしてその正体は、「奪うは悪、悪を制するが善、奪うを懲らすは正義」という家訓のもと、盗まれたり騙し取られたりした品物を取り戻す義賊稼業に勤しむ美少女怪盗スカーレット・パラソルなのだ。今回の仕事は、日本泥棒組合の泥棒競技会。なんでも、世界に何冊もない稀覯書『ネクロノミコン』を盗むのだという。この本が良からぬ輩の手に渡れば、世界の平和が危ないというのだから一大事だ。見習探偵の六平君を相棒に、危険な仕事に挑む愛梨。海千山千の盗賊連中を相手に、彼女は『ネクロノミコン』を盗み出す事ができるのか——。

---

**井上雅彦／妖月の航海**
朝日ソノラマ／１９９９年１０月～

「ネオ・シンドバッド」シリーズの1冊。『千夜一夜物語』に名高い船乗りシンドバッドは、邪神の敵対者だった。そのシンドバッドの魂を受け継いだ壱岐出身の日本人海賊シンバ（真破）、彼に敵対する海賊たち、そして儒艮（ダゴン）の眷属たちの戦いを描く冒険活劇。ヒジュラ暦193年（西暦809年）のバグダードから説き起こされた物語は、平安京を騒がせた藤原薬子の乱との因縁を示し、やがて髑髏の島なる邪神の潜む島へとシンドバッドを導く。異教の秘術に通じた怪老人、破龍鳳膳の手には若い頃に渡来人から入手したという「狂える亜剌比亜人」の著した書物がある。

---

**井上雅彦／１００１秒の恐怖映画**
東京創元社／２００５年１月

古今のホラー映画がテーマのショートショート作品集。ホラー映画雑誌『日本版ファンゴリア』に連載されたもので、クトゥルー神話映画特集が組まれた1995年11月号掲載の第8話「ナコト試写室」が、HPLの小説とそれを原作とする映画へのオマージュとなっている。ホラー映画や怪奇小説をこよなく愛し、墓荒らしにすら手を染めた「おれ」の家の書斎には、HPLの小説が置かれていなかった。そのことの意味に気づいたのは、友人の大蓮が興奮気味に訪ねてきて、『ナコト写本』『ネクロノミコン』などの書物が隠されているという霊廟に連れて行かれた時のことだった——。

---

**井上雅彦／ハイドラの弔鐘**
ＫＫベストセラーズ／１９９６年７月

滝村洋次刑事は、謎の女が凶悪暴走グループを皆殺しにするのを目撃する。その女には、失踪した滝村の妻の面影があった。必死に女の行方を追う滝村だが、女は更なる殺戮を続ける。調査の結果、被害者たち背後には、彼らによって不幸にされた女たちがいた——。海神ダゴンの妻ハイドラ、ヘンリー・カットナーの短編に登場する異次元の支配者など、クトゥルー神話の世界にはハイドラという持つ存在が複数存在する。井上は、その系譜に新たな存在を付け加えたと言えるだろう。なお、タイトルは、作中で撮影されているクトゥルー神話大作映画『ハイドラの弔鐘』からとられている。

**井上雅彦／くらら　怪物船團**
角川書店／1998年12月

曲馬団のイメージを中核にすえ、ホラーという名のおもちゃ箱をひっくり返したかのような、無数のモチーフを縦横に散りばめた中に、短篇の味わいのある作品。地方の港町に押し寄せる開発の波。四つの鳥居を持つ深淵神社の封印が解かれる時、サーカスの音色と共に波間から彼らが帰ってくる。恋人を探す結城の前に現れるのは、殺人鬼バックベアードとそれを追う女刑事。無軌道なティーンエイジャー達に豹の名を持つやくざ。そして奇怪なるサーカス團とフリークス達。果たしてクララとは邪神の御名か、無垢なる少女か。深淵神社の神体や登場する呪文に、神話の影が見え隠れする。

**井上雅彦・編／異形コレクション**
**水妖**
廣済堂出版／1998年7月

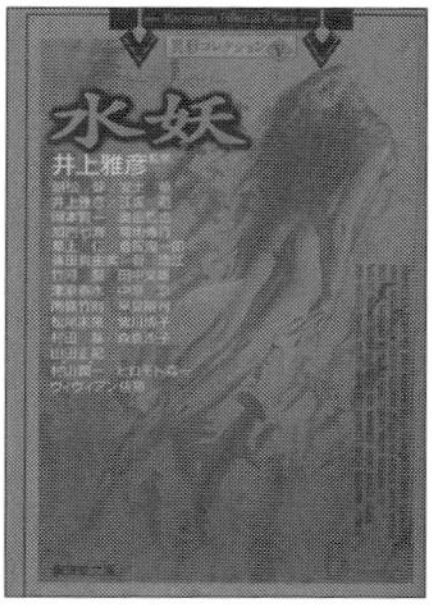

水妖をテーマとしたホラー・アンソロジー。収録作の朝松健「水虎論」は、水虎と呼ばれる妖怪の正体を巡る奇譚。水虎に食い殺されると予言を受けた井那綱門は、予言を打ち破るために、学僧や琵琶法師を集め、その正体を探るように命じる。中国由来の水虎は日本で河童と同一視され、様々な伝承を生み出した。古今の伝承が語られる議論は、やがて文観僧正の邪教真言立川流と絡んでゆく。果たして天台宗の封印された記録にある「目鼻口無く、手足無く、色黒くして一見粘液の」ごとき詛《しょ》蜈《ご》守《す》なる化物こそが水虎の正体なのか。水虎の呪いとはいかなるものか——。

**井上雅彦・編／異形コレクション**
**チャイルド**
廣済堂出版／1998年11月

異形としての子供がテーマのアンソロジー。朝松健「かいちご」は一連の室町時代を舞台にした伝奇作品の一つ。室町時代後期の公家である一条教房は、蓮如との出会いに感じ入り、石山本願寺の建立を用立てる信心深さを持つ一方で、領国に現れた真言立川流を報じる妖しい行者と妻子を斬り捨てる烈しさも持っていた。教房の前に、顔をべったりと白粉で塗り、唇に紅を差した童子が現れる。その二本の腕はうねるように長く、あたかも二枚の貝のように見えた。童子の奇怪な呪いは教房と、さらに四代先の子孫をも侵すのであった。因縁話にとどまらぬ、奇妙な味を残す短篇作品だ。

**井上雅彦・編／異形コレクション**
**GOD**
廣済堂出版／1999年9月

GOD、即ち神がテーマのアンソロジー。題材が題材なので、掲載作には様々な邪神が登場するが、中でも菊地秀行の「サラ金から参りました」は一風変わったクトゥルー神話作品だ。主人公は強面の取り立て屋。今日の取り立て先は「理光学園」なる新興宗教団体。入金が滞った本部に飛び込めば誰もいない。夜逃げかと思ったが、奇妙なことに信者や幹部たちの服だけが残されていた……。時を同じくしてCDW金融に訪れた女性の借金目的は、あり得ないほど長大な水道管の購入だった。果たして、CDW金融とは何か。邪神と闘い、青い灰を使う謎めいた社長の正体は——。

## 井上雅彦・編／異形コレクション 俳優

廣済堂出版／1999年11月

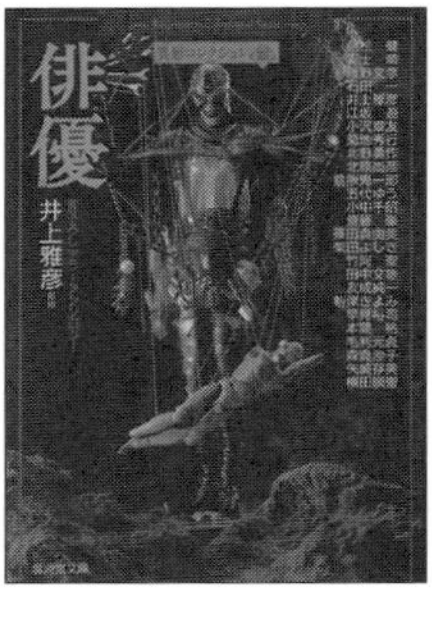


「俳優」がテーマの巻で、倉阪鬼一郎による「白い呪いの館」を収録。主人公の雛凶一は、主演映画と言えば和製ホラーの傑作として今なお熱心なファンがいる『白い呪いの館』のドクター・テラー役のみという、マイナーな俳優だった。上映会に招待された雛の目線から、スクリーン上に映されている『白い呪いの館』のシーン解説と、この映画にまつわる周辺事情が交互に語られる。やがて、雛の現実はスクリーン上のドクター・テラーと溶け合い――。作中で、作者がHPLの自伝と見なしていた「アウトサイダー」のタイトルが引用され、作品の意図を読み解く読者への手がかりとなっている。

## 井上雅彦・編／異形コレクション 憑依

光文社／2010年5月

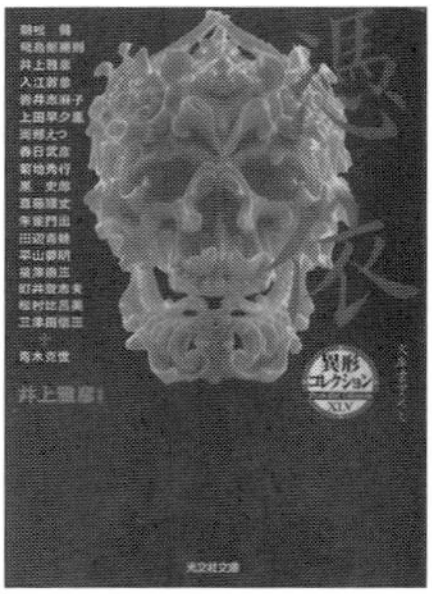


編者ある井上雅彦による「抜粋された学級文集への註解」は、とある学校で行われた降霊術「くっくるさん」に関する記録を皮切りに、実在の事故や未解決事件にまつわる都市伝説や怪異を渡り歩いてゆく奇妙な味わいの短篇。短く断片的な記述から、三島由紀夫割腹事件や洞爺丸事故にGHQの陰謀がつなぎあわされ、その背後にあるさらなる闇が示唆されつつ、物語は唐突に終わりを告げる。降霊術では呪文によって「くっくるさん」の他にも「しゃぶにぐさん」「よぐそそさん」や「あざとほさん」などとも呼べるが、気を付けないと低い次元よりのものが猟犬のように現れ、災をなすという。

## 井上雅彦・編／異形コレクション Fの肖像

光文社／2010年9月

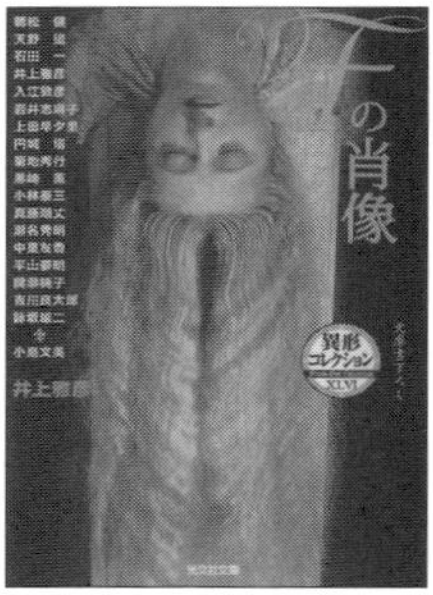


小林泰三の「ショグゴス」を収録。ロボットなど、被造物の叛乱を恐れるフランケンシュタイン・コンプレックスとクトゥルー神話に材を取った短篇である。突如として南極に現れた不定形の生物と、それに寄生する海百合状の生物。意思疎通は失敗したものの、不定形生命体に高度な知性があることを知った人類は、不定形生命を海百合から「解放」すべく、ロボットを増産して戦争を開始する。戦争は泥沼化し、既に高い知性を持っていたロボットは技術改良によって更に高度化してゆく。奉仕種族に依存し退化した古のものと、ロボット文明に溺れてゆく人類を対比させた奇妙な味わいの作品だ。

## 井上雅彦／燦めく闇

光文社／2009年11月

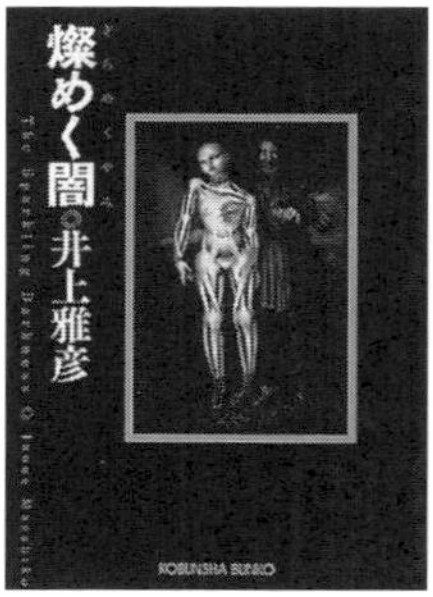


井上雅彦の自選短編集。吸血鬼映画に出演する女優の白石澪が、相手役の奇妙な魅力に惹きつけられていく「海の蝙蝠」は、作中に明記されてはいないが、井上自身の説明によればダゴンもしくは〈深みのものども〉にまつわる作品。また、アマゾン河流域での探検の最中に、最愛の女性を妻に娶った友人を殺害した主人公が、蛇の姿をした怪異に遭遇する「クリープ・ショウ」にも人とも魚ともつかぬ種族が登場し、井上はこの作品もクトゥルー神話譚と位置づけている。このような、一見それとはわからない関連作品を掘り当てることも、クトゥルー神話探索者の醍醐味なのだろう。

### 井上雅彦・編／物語の魔の物語 メタ怪談傑作選
徳間書店／2001年5月

「物語」自体をテーマとする、井上雅彦編纂のアンソロジー。倉阪鬼一郎の「猟奇者ふたたび」は、『幻想文学』誌がモチーフなのだろう季刊『怪奇小説』誌のライター――無論、倉阪自身の投影されたキャラクターだろう――である富沢銀次郎が、「猟奇生」を名乗る奇妙な投稿者の自宅を訪ね、そこで遭遇した怪異を描く恐怖譚である。半世紀前に『猟奇』なる雑誌を創刊したと称する、猟奇生の正体は――。『文字禍の館』を想起させる本編もさることながら、『怪奇小説』の南編集長（！）との会話中に、ちらりとクトゥルー神話ネタが紛れ込んでいるあたり、いかにもな倉阪作品である。

### 井上雅彦／異形博覧会
角川書店／1994年7月

井上雅彦自身の作品のみを収録した異形コレクションとも言うべき怪奇幻想短編集。第1部「宵闇色の種族」では、ニューイングランド地方と思しいポンプキンズ・タウンを舞台に繰り広げられる悍ましい狂宴を描き、現代社会に潜むHPLの食屍鬼たちが描かれる。「潮招く祭り」には、〝うぃんでぃご〟と呼ばれる太古を用いた謎めいた儀式が描かれ、同じ名前の怪物の姿も。第6部の「おどろ湯の事件」「触手の狙うもの」の「海魔の吼える夜」も、特定の神話的存在や固有名詞が出てきているわけではないのだが、クトゥルー神話にまつわる物語だとの作者自身の言葉がある。

### 井上雅彦／恐怖館主人
角川書店／1996年4月

同レーベル（角川ホラー文庫）の『異形博覧会』の第2巻にあたる、井上雅彦の怪奇幻想短編集。全6部構成になっていて、第5部「噛みつく童話」の一番手を飾る「べへモス館」は、HPLの「アウトサイダー」を思わせる物悲しさの漂う短篇。また、第6部「ファンハウスの悲鳴」の冒頭にある「赫い村」は、正式な名前がどういうわけかわからない、古い祭儀が行われている謎めいた村にまつわる物語。これらの作品についても、はっきりしたクトゥルー神話の固有名詞が言及されるわけではないが、作者自身によってクトゥルー神話の流れを汲む物語だと説明されている。

### 井上雅彦・編／異形アンソロジー 塔の物語
角川書店／2000年9月

タロット・カードをモチーフにしたアンソロジーで、古はゲーテから現代作家まで、古今東西の幅広い作品を集めている。掲載されている「蝙蝠鐘楼」は、クトゥルー神話の紹介者でもある作家オーガスト・W・ダーレスのデビュー作。13歳の頃から小説を書き始めたダーレスは、40作以上の没を経て、本作が〈ウィアード・テイルズ〉に採用された。内容は「吸血鬼ドラキュラ」の影響を大きく受けた吸血鬼物の短篇で、『ソスの経典』と呼ばれる書物が重要な役割を果たす点が、クトゥルー神話的と言える。ダーレスが本作でデビューした1926年は、HPLと文通を開始した年でもあった。

**井上雅彦・編／異形アンソロジー タロットボックスII 魔術師**
角川書店／2001年1月

タロットがモチーフのホラー・アンソロジーの第2巻。朝松健の評論「超自然におけるラヴクラフト」は、クトゥルー神話と実在のオカルティズムの関連性についての考察だ。原子物理学者のジャック・ベルジェや、オカルティストのケネス・グラント、アレイスター・クロウリーらの著作からUFOブームまで数々の事象をラヴクラフトの記述に結びつける考察は、読む内に読者の虚実の境を侵犯するホラーとして読むこともできる。初出は1984年で、著者はその2年後に「魔教の幻影」で作家デビューするが、そこから始まる一連の「逆宇宙」理論は本作の驚愕の結論に繋がっている。

**本格ミステリ作家クラブ・編／ミステリ・オールスターズ**
角川書店／2012年9月

辻真先、芦辺拓、北村薫ら23名の短編と、綾辻行人、有栖川有栖ら5名によるリレーミステリが掲載されたミステリ作品集。収録作のうち、井上雅彦の「蒼淵家の触手」がクトゥルー神話譚である。海洋生物学者だった誠二の前妻・桂花の父であった蒼淵豹介は、頭足類の新種を発見し、クトゥルオテウティス・バスカァヴィリスという学名を付けた。しかし、学会の発表を目前にして標本に逃げられてしまい、詐欺師扱いされたまま亡くなった。誠二によれば、あの生物は今も屋敷のどこかで生きているというのだが――。豹介の蔵書の中に、『深みのもの』『深海祭祀書』などの書名もある。

**井上雅彦／四角い魔術師**
出版芸術社／2012年11月

井上雅彦による、ショートショートと短篇を合計26篇収録した作品集。角川書店の『異形博覧会』に収録されていた「潮招く祭り」のほか、光文社の『異形コレクション 怪物團』に収録されていた「碧い花屋敷」を、それぞれ再録している。後者については、刊行日付の新しいこちらの方を紹介することにした。「碧い花屋敷」は、肉体が溶け合った奇怪な死体が発見される事件が発生し、それを捜査する捜査一課の黒崎刑事が、やがて幼い頃の思い出にからめとられていく奇妙な味わいの物語。作者としてはクトゥルー神話ものということなので、作中に登場する奇怪な物質の正体は――。

**荒俣宏／帝都物語 新装版 全6冊**
角川書店／1995年5月〜

陰陽道、奇門遁甲など東洋の秘術を尽くし、帝都東京の破壊を画策する魔人・加藤保憲と、彼に立ち向かう人々の戦いを描く、荒俣宏の出世作にして代表作。1988年に監督を実相寺昭雄、脚本を林海象という陣容で映画化されたのを皮切りに様々な媒体で展開され、高橋葉介によるコミカライズ『帝都大戦』（角川書店）には『夢幻紳士』の夢幻魔実也がゲスト出演した。百鬼夜行編において、三島由紀夫率いる民兵組織〈祖国防衛隊〉の隊員たちが霊能者ドルジェフに殺害されるシーンが、HPL「ランドルフ・カーターの陳述」の有名シーンのパロディである。他にも、HPL作品ネタあり。

### 田中芳樹／創竜伝　全13冊
講談社／1987年8月～

中国神話の四海竜王の後裔であると同時に、生まれ変わりでもある竜堂家の四人兄弟が主人公の伝奇アクション活劇に、作者独自の史観に基づく現代日本批判を乗せた作品。竜堂兄弟を狙う各国の有力者たちの陰謀は、やがて神話時代からの竜種の宿敵である牛種との闘いへと収斂する。次男・続が隣家の夫人を煙に巻く際に「地球の平和を守るレムリアの戦士として、にくむべきクートゥールの邪神と戦いませう」と発言。また、白人の感性に鱗をもつ生物――爬虫類や魚類に対する嫌悪の念が潜み、SF映画にも爬虫類タイプの侵略宇宙人が多いと説明するくだりで、HPL作品が例示される。

### 田中芳樹／夏の魔術
講談社／2003年7月

医師一家の実家と半ば縁を切り、文学部へと進学した平凡な大学生、能戸耕平。初めての夏休みを一人旅に費やしていた彼は、小学6年生の少女、立花来夢と運命の邂逅を果たす。彼らが乗り込んだ汽車は、乗客を中に閉じ込めたまま夜の闇を走りぬけ、やがて奇怪な洋館へと導いていく。そこで待ち受けていたのは、来夢の出生にまつわる秘密だった――。クトゥルー神話物語と似た構造の怪奇ミステリで、日本怪奇幻想文学館の北本行雄が『ラヴクラフト傑作集』を読んでいるシーンがそれを暗示している。「クートゥール信仰というものが世界の各地にある」というセリフもある。

### 田中啓文／異形家の食卓
集英社／2003年2月

生理的嫌悪感をかきたてるグロテスクな描写と駄洒落が奇妙に調和する田中啓文による、グルメ作品集。2000年10月に単行本で出版され、2003年2月に文庫版が刊行された。屍食鬼一家による恋と悪食と駄洒落の連作となる表題作もあるが、一押しはやはり、作者自身が「クトゥルー神話だ」と語ったという「新鮮なニグ・ジュギペ・グァのソテー。キウイソース掛け」だろう。年に一度の特別料理のために用意される特別の食材。その忌まわしくも、魅惑的な味を知ってしまったものを待ち受ける運命とは――。菊地秀行の『妖神グルメ』に続く、クトゥルー神話グルメの誕生である。

### 田中啓文／陰陽師九郎判官
集英社／2003年12月

源九郎義経が、実は陰陽師安倍清明の曾孫だったという伝奇小説。義経は清明の仇敵・蘆屋道満の憑依した源義仲を退けるも、源氏に追い詰められた平知盛は打倒源氏のために平清盛の魂魄を呼び覚ましていた。清盛は、瀬戸内海に沈む異国の神クスリを呼び覚ますように告げる。平氏一門はクスリへの篤い信仰心により繁栄してきたのである。太平洋の底に封じられ、長き年月を経て壇ノ浦に流れ着いたクスリを目覚めさせることができる琵琶法師の壇ノ市が「糞狂い・無狂うなふ・クスリ・鶴家・うがふな狂う・ふたぐん」と呪文を唱えるなど、源平争乱にクトゥルー神話を絡ませた異色作だ。

## 田中啓文／UMAハンター馬子　完全版

早川書房／2005年1月

伝統芸能、おんびき祭文家元である蘇我家馬子と弟子イルカ。二人が追い求めるUMA（未知生物）と、その前に現れる山野財閥の使徒。太古より生きてきたUMAに不老不死の秘密が絡み、滅び行く種たちの悲しい運命が重なる時に、事態は驚天動地の展開を迎えるのだった——と書けば正統派伝奇物語だが、そう一筋縄ではいかないのが田中啓文。主人公の馬子からして、どケチで派手好きな「大阪のおばはん」そのもの。罪咎国神社の地下書庫には『根暗蚤本』が眠り、阿亀町は伊豆鼠村には半魚人が現れる。果ては、高天原《がいうちゅう》から前代未聞の18禁形態ヨグ・ソトースが召喚されるのだ。

## 田中啓文／チュウは忠臣蔵のチュウ　完全版

文藝春秋社／2011年4月

浅野内匠頭が吉良上野介を襲ったのは持病の発作だった！　切腹を申し付けられたのは幕府の陰謀だった！　志士筆頭の大石内蔵助は、これがとんでもない猪突猛進で、思い込んだら後へは引かぬ割に、三歩歩けば違うことを言い出す鳥頭。そして背後に糸をひくは、死んだはずだよ水戸黄門。どなたもこなたも死んだと見えて死なず、死なないからには引っ掻き回し、史実と伝承と講談の入り交じった虚々実々の一作。本作の吉良上野介は、知識収集が生き甲斐の薀蓄一代で、病高じてご禁制の南蛮渡来の本にも手を出しており、『死霊秘宝』を落札しては怪しい呪文を唱えるといった塩梅だ。

## 田中啓文／蝿の王

角川書店／2008年1月

イスラエルの遺跡から発掘された壷には、罪なくして神に殺された者たちの怨嗟が封印されていた。解き放たれた怨念は、虐げられてきた生き物と結びつき、世界への復讐を開始する。その頃、日本では夢の中で何者かと交わった少女が妊娠し——。「ヨハネの黙示録」をモチーフに、次々と現れる人として問題のある登場人物たちと、グロテスクな殺戮描写が読者の嫌悪感を執拗に刺激する、田中啓文渾身の伝奇ホラー。赤ん坊に乗り移った何かが、神父に対して戯れに並べる名前の中に「ヨグ・ソトホート」がある。あくまでも戯れであって、ヨグ・ソトホートそのものというわけではない。

## 田中啓文／蓬莱洞の研究　私立伝奇学園高等学校民俗学研究会

講談社／2008年11月

古武道〈独楽〉の宗家に生まれた諸星比夏留は、私立田中喜八学園高等学校の新入生だ。『蓬莱洞の研究』は、間違えて民俗学研究会に入部してしまった彼女が出くわす事件を描く、「私立伝奇学園高等学校民俗学研究会」の第1作。体育祭を夜間に開催するなど、奇妙な行事やしきたりが目白押しの田中喜八学園、部活動にも個性的な団体が数多く、クラブ勧誘で飛び交うセリフも「果たしてダーレスはラブクラフトの正しい継承者なのか。クトゥルー愛好会に入会すれば千の邪神の名前が覚えられますよっ」「こちらはクトゥルー親睦会です。うちなら二千の邪神の名前と住所が……」といった具合。

**林譲治／暗黒太陽の目覚め　上・下**
角川春樹事務所／２００１年７月～

恒星オデッサに属する小惑星にて見つかった都市宇宙船。それは自分達を創ったという古代文明人の宇宙船だった。宇宙都市オデッサを統治する代官所は古代宇宙船を巡る犯罪組織、超巨大企業、そして本国の思惑の中に巻き込まれていく。さらには恒星オデッサの爆発という大災害までもが襲い掛かろうとしていた。これは錯綜する各勢力の運命を、宇宙都市オデッサを舞台に描いたＳＦ大作である。なお、後書きにおいて、宇宙都市オデッサのモデルになったという京都府にある小さな漁師町「九竜頭町」で、作者が体験した奇妙な話が語られていて、本書のテーマとしてはむしろこちらが――。

**林譲治／侵略者の平和　〈第二部〉観察**
角川春樹事務所／２０００年１１月

大昔に放たれた無人恒星間探査船が発見しエキドナと命名された異星文明と、探査船を送り出した那國人類文明のファーストコンタクトを描く、林譲治によるハードＳＦ。意思の疎通に精度の低い自動翻訳機を用いたために相互の理解を欠き戦争状態に陥った、技術格差の大きな２つの文明圏の対立過程とそれぞれの内部抗争、そして戦闘を描くという、シミュレーション戦記小説でプロデビューした作者の得意分野を組み合わせた内容となっている。〈第二部〉観察において、エキドナ側ラジオ放送の「朝の伝言」コーナーで利用されている人名が、クトゥルー神話関係の固有名詞由来。

**林譲治／焦熱の波濤　全９冊**
学習研究社／１９９８年９月～

軍事シミュレート小説の合間に、趣味的な小ネタを混ぜるのが得意な林譲治が、クトゥルー神話と架空戦記の融合に挑んだ問題作。日本がアフリカ戦線に送り込んだ遠征隊の活躍、日独伊共同運営空母による大規模通商破壊等の結果、イギリスが枢軸側と講和。第二次世界大戦は、枢軸側有利に進んでいた。その影で、ドイツ国防軍はヒトラー暗殺を推進し、総統専用機に暗殺者の戦闘機が襲いかかる事態に。しかし、ヒトラーはオカルト狂のＳＳ（親衛隊）国家長官ヒムラーから託された黄金の蜂蜜酒を飲み干し、呪文を高らかに唱えて――親衛隊の南極探検隊が狂気山脈を発見しという言及もある。

**林譲治／ウロボロスの波動**
早川書房／２００５年９月

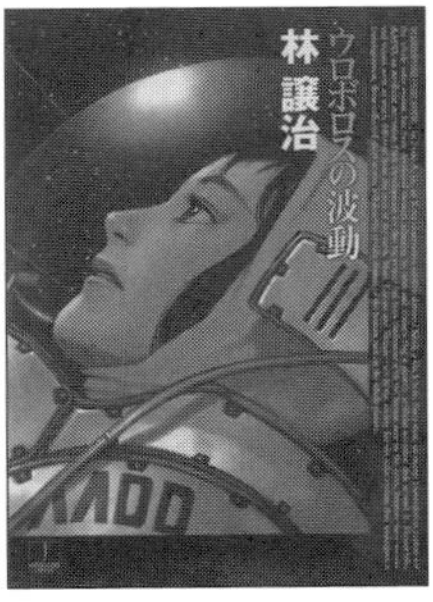

表題作「ウロボロスの波動」を始め、数世代に渡る宇宙開発とそれを巡る星と人々のドラマを描いた連作短編集。西暦２１００年、太陽系外縁でブラックホールが発見された。人類はその周囲に人工の降着円盤を建設し、新たなエネルギー源として太陽系内のエネルギー問題の永久的な解決をはかる。人工降着円盤開発事業団「ＡＡＤＤ」の壮大なるプロジェクトは、その壮大さ故に各惑星系の価値観の相違による軋轢を生んだ――。壮大なドラマの合間合間に、汎用輸送宇宙船「ダゴン三世号」、自走式探査プラットホーム「シャンタク二世号」、深宇宙探査船「ハスタ号」などが混ざり込む。

**林譲治／ストリンガーの沈黙**
早川書房／2005年11月

『ウロボロスの波動』の続編。人工降着円盤開発事業団「AADD」は人工降着円盤の異常振動というシステム全体を崩壊させかねない難問に直面していた。時を同じくして太陽系辺境の観測施設では未知の知性体との交信を模索していた。更には主権をめぐり対立する地球艦隊によるAADDへの武力侵攻が噂され始め、そしてそれは遂には現実のものとなる。

『ウロボロス～』から引き続き登場する自走式探査プラットホーム「シャンタク二世号」、そして宇宙船セイレムとアーカム・ステーションといった具合に、クトゥルー神話由来の固有名詞が隠し味的に用いられている。

**田中文雄／魔海戦記　ダゴンの復讐**
角川書店／1984年9月

海辺のミトラの村で、突如多くの子供がさらわれ惨殺された。戦士サムソンは唯一人生きたままさらわれた、我が子ノバを奪還するべく旅に出た。そのサムソンに襲いかかる大魔王エグザイルの刺客たち。苦難にあるサムソンを救う、古の海神ダゴン。サムソンは己がエグザイルと古の海神ダゴンの死闘の手駒とされていることを知るのであった。著者の説明によれば、海神ダゴンは「旧約聖書に登場する古代の海神」ということだが、描写を見る限り明らかにクトゥルー神話のダゴンをイメージしているようだ。また、ダゴンの末裔の棲むフキの国やダゴンの神官のイメージも、深きものに近い。

**田中文雄／戦艦大和　海魔砲撃篇**
KKベストセラーズ／1996年4月

クトゥルーの眷属を思わせる巨大海棲生物と、帝国海軍の壮絶な戦いを描く異形の戦史。1941年8月、日本を目指すUボートが消息を絶った。海上に残された乗組員の死体が携えていた一通の手紙――ドイツ国防軍の情報機関のカナリス提督が帝国海軍の米内光政に宛てたその密書には、隕石に乗って地球に飛来した地球外生命体が日本を狙っているという、警告が記されていた。連合艦隊司令部は地球外生命体との戦いに備え、超弩級戦艦〈大和〉にある改造を施した。悪化する戦況の中、〈大和〉は極秘に組み込まれた機能を駆使し、深海に潜む生命体に一矢報いることができるのか。

**田中文雄／邪神たちの2・26**
学習研究社／1994年8月

1936年の「2・26事件」の影に、クトゥルー神話の邪神とその眷属の陰謀が蠢いていたという作品。皇軍将校が統制派と皇道派に分かれて暗闘を繰り広げていた時代、父危篤の報を受けて郷里に戻った陸軍の青年将校・海江田清一は、遺言によって父の知られざる体験談を知る。その遺言は、アメリカに滞在していた若き日の父が、青年作家H・P・ラヴクラフトと共にインスマスという田舎町で経験した奇怪な出来事と、邪神と闘った父がやがて彼らに魂を売り渡さねばならなかったことを伝えていた。海江田もまた、幻視者・北一輝の指導のもと邪神との闘いに乗り出すのだが――。

### 小林泰三／玩具修理者
角川書店／1998年11月

彼女が幼い頃、町には「玩具修理者」が住んでいた。年齢、名前はもとより性別すらも不詳のその人は、子供達が持ち込む壊れたおもちゃを「ようぐそうとほうとふ」「くとひゅーるひゅー」という奇妙な呪文を唱えながら無料で直してくれるのだ。ある時、友達が死んだ子猫を玩具修理者の所に持って行くのに遭遇した彼女は、誤って「壊して」しまった弟を修理するために、玩具修理者の元へ向かうのだった――。審査員からの圧倒的な支持を得て、日本ホラー小説大賞短編賞を授賞した短編作品。神話要素は呪文のみだが『斬魔大聖デモンベイン』をはじめ、様々な作品で引用されている。

### 小林泰三／人獣細工
角川書店／1999年12月

『玩具修理者』でデビューした、小林泰三の第2作品集。「吸血狩り」の語り手は、子供の頃に夏になると祖父母の家に預けられていた。語り手が8歳になった夏、語り手は大好きだった従姉の優と一緒に遊ぼうとするが、優は奇妙な男に心を奪われていく。語り手は、男が吸血鬼だと直感して、様々な手段を使い男を追い払おうとするが、通じない。それでも、語り手は吸血鬼を殺す事に成功する。だが、男は本当に吸血鬼だったのだろうか？　吸血鬼のような男は、自分の父親が「えいぜいとうとふ」だと自称し、また優に自分が翻訳した「ししょくきょうてんぎ」を読ませるシーンもある。

### 小林泰三／肉食屋敷
角川書店／1998年9月

独特の生々しい描写で読者の恐怖を煽る小林泰三。『肉食屋敷』では、これまでの作品のように、露骨なクトゥルー神話ワードは引用されていない。だが、『ジュラシックパーク』よろしく化石からＤＮＡを採取・復元し、古生物を再生する研究を行っていた男を訪ねた村役人の「わたし」が研究所で目にした光景の描写は、未知なる恐怖を訥々と語るクトゥルー神話作品特有の語り口そのものである。触れ得ざるものに触れてしまった一般人の狂気と悪夢。本文では名が明らかにされていないが、克明に描写される再生生物の姿はクトゥルー神話における、とある怪物的存在を否応なく連想させる。

### 小林泰三／密室・殺人
角川書店／2001年6月

その事件の被害者は、衆人環視の中で密室にこもり、その後に飛び降り死体として密室外で発見された。密室殺人ならぬ密室&殺人、「密室・殺人」事件がここに幕を開ける。事件に立ち向かうのは、世界で最も奇妙な探偵・四里川陣と、その助手を務める四ッ谷礼子。しかし、二人には密室にも負けず劣らずの謎があって――。
良質のパズラー推理小説に、べったりとクトゥルー的土俗神話を塗り重ねた、どこかアンバランスな作りが本作の魅力だ。久都留布川下流の亜細神社に伝わる、『亜細神社縁起絵巻』に描かれる蛸の姿をした祟り神という具合に、クトゥルー神話要素が仕込まれている。

**小林泰三／AΩ　超空想科学怪奇譚**
角川書店／2004年3月

旅客機事故の犠牲者の一人だった諸星隼人は、死体置き場から奇跡の復活をとげた。だが、その後諸星の周辺で奇怪な出来事が起き始める。それらは、人類破滅の危機の前兆だったのだ。やがて、奇怪な「人間もどき」たちが現れ、世界は崩壊へと向かう。その最中、諸星は自分に取り憑いた異星人ガに接触する。妻を救い出すべく、諸星はガと協力して戦う。しかし、ガは最後の局面で諸星にある選択を突きつけるのだった――。小林泰三が『ウルトラマン』の世界を独自の解釈で語り直した意欲作。『密室・殺人』と同じく、神話要素として「久都流布川」という地名が作中に登場している。

**小林泰三／ネフィリム　超吸血幻想譚**
角川書店／2004年8月

吸血鬼カーミラに妻と娘を殺害され、秘密組織「コンソーシアム」に身を投じて、最強の殺戮者としてその名を知られるまでになった人間の戦士、ランドルフ・カーター。ひょんなことから保護することになった少女ミカの願いで吸血をやめ、殺し屋として生きていくことになった伝説的な吸血鬼、ヨブ。そして、吸血鬼を捕食する怪物であるストーカー（追跡者）のJ。三者三様の思惑が絡み合い、やがて彼らは最終決戦の場で相見える――。小林泰三による吸血鬼アクション・ホラー。タイトルのネフィリムとは旧訳聖書の「創世記」に記された、天使と人間の間に生まれた子供たちのこと。

**小林泰三、他／ゆがんだ闇**
角川書店／1998年4月

カドカワノベルズで刊行されたホラーアンソロジー『絆』を改題、角川ホラー文庫で再刊したもの。神話要素があるのは小林泰三の「兆」。自殺した同級生の幻覚を見る少女と、少女の自殺を取材する自称「フリーライター」の視点が交互に描かれる。狂気と幻が交差し、現実があやふやになる中を跳梁する、謎の存在〝兆〟が選んだ標的は――。少女が自殺する場所が、ミスカトニック東橋という建設中のマンションとなっている。文庫版で追加された三橋暁の解説では、小林泰三について「ルーツを辿って行くならラヴクラフトにまで行き当たるに違いない」と評価している。

**小林泰三／百舌鳥魔先生のアトリエ**
角川書店／2014年1月

小林泰三の7篇から成る作品集。『ゆがんだ闇』収録の「兆」のほか、『Fの肖像　異形コレクション』に収録された「ショグゴス」が採録されている。後者については、刊行年月が新しいこちらの方で紹介する。突如、南極に出現した謎の生物群。調査の結果、この生物は高い知性を持つ宿主と、そうではない寄生生物の二種類いることが判明した。アメリカ大統領はロボットを投入して寄生生物のみを駆逐、もう一方生物の解放を目論むのだが――。短いながら、HPLの「狂気山脈にて」における〈古のもの〉とショゴスの主従関係をうまくアレンジし、読者の価値観を揺さぶる名作である。

**小林泰三／天体の回転について**
早川書房／2010年9月

時間テーマSFとクトゥルー神話を融合させた「時空争奪」を収録。淀川由良は授業中に教授の出した問題の意味が理解できなかった。教授の授業自体が、狂った論理展開としか思えなかったが、由良以外の学生はそうは思っていないようだった。由良はガールフレンドから、過去の芸術作品や文学が異様な変容を遂げだしているということを教えられる。由良たちの宇宙の時空領域がクトゥルー神話の世界から侵略されていたことが徐々に明らかになる。全ての宇宙・時空が互いを侵略しあう可能性があるということが示唆され、クトゥルー神話の世界が特に邪悪なわけではないとされている。

**小林泰三／目を擦る女**
早川書房／2003年9月

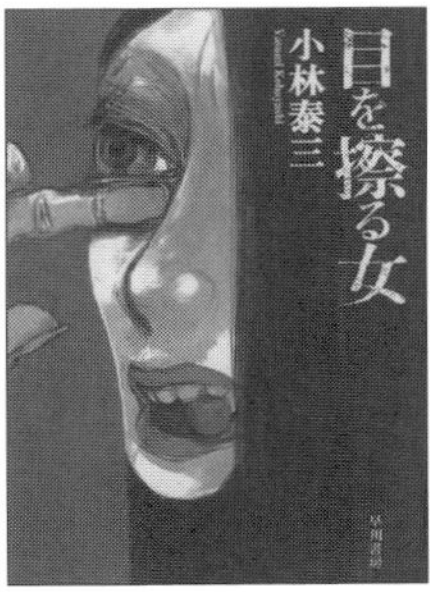


収録作品の「刻印」は、小林泰三のもうひとつの得意分野、バカSFに分類される作品だ。等身大で蚊の特徴を備えたエイリアン「蚊子」と主人公のファーストコンタクト&悲恋ものを装いつつ、最後にその「蚊子」の種族が実は過去の地球で「古ノモノドモ」や「大イナル種族」との抗争に敗れ去った種族であり、主人公と蚊子が交わって生まれた「孑」の血統がそれまで知性のない家畜でしかなかった人類を知性化し、また人類の一部は蚊子が「孑」の遺伝子に刻んだ本能を長く伝えていたという驚愕の事実が明かされる。ついには、人類の起源にまで遡る、壮大なスケールの作品である。

**小林泰三／海を見る人**
早川書房／2002年5月

少年と少女の出会い。二人を隔てる距離と時間の壁。報われない悲恋。昔も今も変わらない物語。二人を引き裂く壁の名はウラシマ効果。超重力環境による時間の変化で、浜の村の一年は山の村の百年にあたるのだ——。本書は、表題作の「海を見る人」をはじめ、物理法則から導かれる特異な環境を舞台に身に染みる寓話的なお話を並べた短篇集。極端に変化した環境と、それでも変わらない人間の営みを対比させるSFの面白さが宿る一冊だ。小林泰三の代名詞とも言える神話ネタが散見され、「時計の中のレンズ」にはイタカ雪原、「天獄と地国」では禁断のカダスの地の言及がある。

**小林泰三／奇憶**
祥伝社／2000年11月

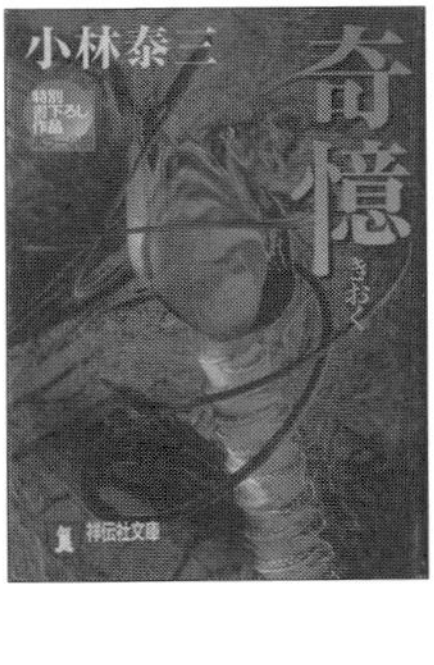


一介の大学生、藤森直人の人生は、些細なことから軋み始めた。単位は取れず、バイトはなく、恋人とは別れ、自室はゴミに沈む。プライドの高さから、過ちを認めることも助けを求めることもできず、蟻地獄のように悪化する毎日の中、直人は奇妙な夢を見るようになる。父親と歩いた幼い頃の帰り道、見上げた空には確かに月が二つあった。夢のあまりのリアルさに、直人はもう一つの世界の存在を確信する。かつて失った世界を直人が取り戻そうとする時、果たして何が起きるのか——。幻想文学の定番である並行世界に観測者問題を絡め、クトゥルー神話の要素を加えて描かれる奇想ホラー。

## 小林泰三／完全・犯罪

祥伝社／2012年7月

世にも奇妙な事件にまつわる全5篇を集めた、小林泰三のミステリ連作集で、収録作のうち2作品に、いつもの如くのクトゥルー神話由来の名前ネタがある。カナダの奥地にある村を舞台に、ユダヤ人として差別されてきたアルフレッド・モスバウムの、ヴォミット・ロイスへの復讐劇を描く「ロイス殺し」では、ある登場人物に取り憑いている悪霊が「くとひゅーるひゅーふたぐん！」と叫ぶシーンがある。また、幼い頃から廻りの人から取り違えられていた双子の姉妹にまつわる惨劇を描く「双生児」では、舞台となる土地の名前が雅宙播津《まさちゅうせっつ》県嗚呼嘸無《ああかむ》市で、御簾過渡肉《みすかとにっく》という駅がある。

## 小林泰三／アリス殺し

東京創元社／2013年9月

ルイス・キャロルの『不思議の国のアリス』シリーズがモチーフの、奇想系本格ミステリ小説。〈不思議の国〉で起きる殺人と現実世界の不審死が、夢を介してリンクするという奇怪な状況で物語が進行する。現実と悪夢を行き来するアリスは、果たして真相を見出すことができるのか――。物語序盤の〈不思議の国〉パートにおいて、白兎が公爵夫人から「ネクロなんとかとか、エイボンなんとかとかいうラテン語らしき奇妙な題名の本」ばかりを借りて、この世界の秘密を色々と調べているという話が、メアリーアン（『不思議の国のアリス』で名前だけ言及される人物）の口から語られる。

## 小中千昭／深淵を歩くもの

徳間書店／2001年4月

表題作「深淵を歩くもの」は、著者が脚本を担当した『ウルトラマンティガ』（邪神ガタノゾーアが登場している）のアナザーストーリー。政府の密命で、深海からタブレットを引き上げた「私」に、奇怪な呪文の声が取り付く。夢とも現実ともつかぬまま深海に迷いでた「私」は、巨大な石の都と全てを滅ぼす力を持つ邪悪な旧支配者の姿を幻視する。「蔭洲升を覆う影」は、TVドラマ『インスマスを覆う影』の脚本を小説化したもので、著者の小説処女作。カメラマンの「私」は漁村・蔭洲升を取材に訪れる。舞台を日本に移したインスマスは、より馴染み深く、それ故に恐ろしい。

## 小中千昭／稀人

角川書店／2004年9月

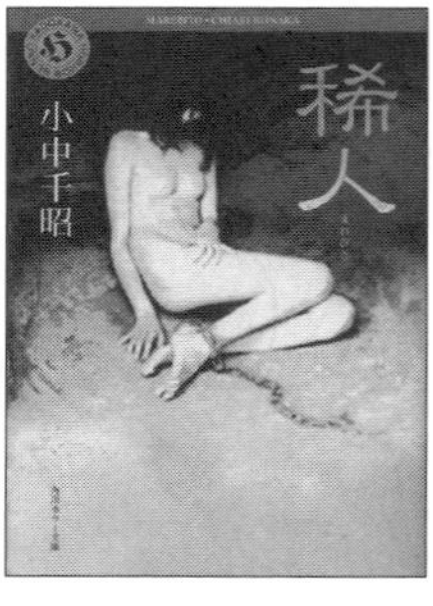


映像カメラマンの増岡拓喜司は、演出の仕事への反動で常にカメラを持ち歩き、特に意図があるわけではない画像を延々と録画しては、ネットに投稿する日常を送る。ある日、偶然に自殺の瞬間を録画した増岡は、恐怖に直面した人間の表情に惹かれてしまう。恐怖を追い求めるうちに奇妙な扉を抜けた増岡は、怪しい空間に迷いこんだ。HPLが「狂気の山脈にて」に描いた巨石の迷宮を想起させるその空間から、増岡は一人の少女を連れて帰還するのだが――。同名のホラー映画『稀人』の、脚本家自身によるノベライズ。崩壊する現実を吸い込みながら、動画はただネットを循環する。

**宮部みゆき／英雄の書　上・下**
光文社／2009年2月～

友理子の兄・大樹が、学校で同級生を刺し、行方不明になった。「行方不明の少年A」はどのニュース番組でもトップニュースとして報道され――その日を境に、学校に友理子の居場所はなくなった。そんなある日、兄の本棚にあった赤い本が友理子に告げる。大樹は〝英雄〟に囚われたのだと。「大叔父さん」の別荘から兄が持ち出した『エルムの書』――〝英雄〟、即ち黄衣の王についての書物が元凶と知った友理子は、別荘の書庫にあった本たちの力を借り、〝無名の地〟へと赴くのだった。〈毎日新聞〉夕刊連載の、宮部みゆきのファンタジー小説。巻末にクトゥルー神話への言及がある。

---

**芦辺拓／迷宮パノラマ館**
実業之日本社／2007年6月

芦辺拓がその懐の広さを見せつけるように、様々なジャンルの作品を詰め込んだ「ひとり雑誌」作品集。『幻想文学増刊　クトゥルー倶楽部』に掲載された「太平天国殺人事件」が、「太平天国の邪神」と改題されて収録されている。清朝末期に、太平天国が反乱を起こしたが、清と欧州列強により鎮圧された。しかし、理想と宗教的情熱に燃える太平天国を支持するヨーロッパ人も多く、語り手もその一人だったが、太平天国の影に潜む窟躅戮《クトゥルー》の影に気づいてしまう。窟躅戮は『屍条書《ネクロノミコン》』を用いて何をしようというのか――全てが終わった後、語り手の意外な正体が明かされる。

---

**芦辺拓／からくり灯籠　五瓶劇場**
原書房／2007年3月

江戸時代の歌舞伎作家・並木五瓶を主人公にした伝奇時代推理連作。『秘神界』に収録された「戯場国《かぶきのくに》邪神封陣《クトゥルーたいじ》」が収録されている。芝居小屋に化生の者が現れ、役者や観客たちを飲み込むという怪異が発生する。奉行所の同心たちが駆けつけるが、水戸藩の藩士が介入して事件をもみ消してしまう。報せを受けた五瓶たちの前に、旧知の十返舎一九が現れる。一九によると読本の版元たちも化け物に襲われるという。五瓶たちは水戸藩の狂信的な尊王論者たちが『涅久録之密経《ネクロノミコン》』を使い、クトゥルーを呼び出していたことを突き止める。これに対抗し、南北両町奉行は物語の執筆者を集めると――。

---

**芦辺拓／名探偵Z　不可能推理**
角川春樹事務所／2002年3月

平穏な地方都市、Q市。しかし、史上最狂（?）の名探偵Zこと乙名探偵の迷推理の炸裂する所、珍発明はビームを発射、怪獣は街を破壊、最終戦争が勃発、少女怪盗は空を飛ぶ！という大騒動が巻き起こる。Q市の平穏な日々は遠い。芦辺拓が、異色のホームズ・パロディとして知られるルーフォック・オルメスに挑んだ超絶怪作推理（?）短編集。「カムバック女優失踪」には「アブドゥル・アルハザードの著作にも匹敵する」という台詞が、「史上最凶の暗号」では探検隊の残した手記に「クトゥルー神話の世界からはみ出してきたような醜悪きわまりないあの怪物」との記述がある。

## 芦辺拓／殺人喜劇の１３人

東京創元社／２０１５年１月

芦辺拓のデビュー長編。本格推理の要素にこだわりながら他ジャンルのネタを巧みに取り入れた作風で知られるが、小畠逸介名義で『幻想文学』誌の新人賞に佳作入選したこともあり、怪奇小説にも造詣が深い。泥濘荘で共同生活を送る、大学のミニコミ誌仲間が次々と不審死を遂げていく。推理作家志望の十沼京一が事件の経緯を『殺人喜劇の１３人』のタイトルで記録し、若き日の名探偵・森江春策がその記録を元に事件に挑むという筋立て。大学の創設者がミスカトニック大学の卒業生で、ゆかりの建物があるという設定。また、十沼の書いている小説の中にクトゥルー神話ものがある。

## 倉阪鬼一郎／地底の鰐、天上の蛇

幻想文学界出版局／１９８７年８月

『幻想文学』誌などの発表作が中心の、倉阪鬼一郎の第一作品集。「七色魔術戦争」は、破滅する地球からの脱出を謀る魔術師たちの興亡を扱う短編だが、クトゥルー神話の邪神を思わせる存在を崇拝する黒魔術師たちが登場する。「インサイダー」は、ＨＰＬ「アウトサイダー」の続編。自らの正体を知った、語り手のたどる神話的な運命を語る。「未知なる赤光を求めて」は、アーサー・マッケンの自伝的長編『夢の丘』の続編を意図した作品だが、ＨＰＬの分身とも言うべきランドルフ・カーターが登場する。物語の筋自体もＨＰＬの「銀の鍵の門を超えて」を想起させるものとなっている。

## 倉阪鬼一郎／緑の幻影

出版芸術社／１９９９年９月

ホラー雑誌『ウィアード』編集長の白坂は次号のクトゥルー神話特集の目玉として、幻の日本初のクトゥルー短編「死苦奈の復活」の再録を企画していた。だが、この短編はクトゥルー神話ではなく、地方の伝承が元になっているという疑惑が生じる。やがて白阪は、その伝承が伝わる地域が『ウィアード』の短編コンテストの常連投稿者の住むあたりだと気づくのだった。偶然が重なり、件の投稿者の住所に行くことになる白坂。その住所にあったのは、重度患者を専門に扱う精神病院だった。白坂は委員長から奇妙な「治療」をされそうになるのだが――。倉阪鬼一郎による本格クトゥルー長編。

## 倉阪鬼一郎／妖かし語り

出版芸術社／１９９８年７月

いわゆる百物語形式のゴシック・ホラー作品集。第Ⅲ話「魚影」がまごうことなきクトゥルーもの、それも「インスマスの影」の舞台を三重県の志摩半島にあるＩ村に移した翻案作品になっている。提金教、死んだ魚の目を連想させる奇怪な像、海から神像を引き上げ、大型船を用いて大きな漁果を得るようになった網元、「愛の技巧」の愛称で呼ばれる米国在住の作家、そしてＩ村へ向かう本数の少ないバスという具合に、「インスマスを覆う影」を否応なく思い出させるサービス精神たっぷり、パロディ満載の、倉阪鬼一郎のＨＰＬへの愛に溢れたオマージュ作品なのである。

**倉阪鬼一郎／百物語異聞**
出版芸術社／2001年9月

初期短編集2冊から選り抜いた短編選集。デビュー前の倉阪鬼一郎が描いた様々な怪異譚の中に「インサイダー」「異界への就職」と2篇のクトゥルフ神話ものが含まれる。前者は、レイファー・アンドリュースなる人物の末裔で、異形に身を変じたものの、ネフレンカの陵墓にもルルイエにも居場所を見いだせなかったアウトサイダーの物語。後者は再就職に失敗し続けるキサクなる男が「暗い人求む」の求人広告を見つけ、ＣＹＡ（Cthulhu Yog-sothoth Army）なる邪神たちの組織の尖兵として「営業」に奔走、ヨグ＝ソトースの召還を試みる物語だ。いずれも皮肉の効いたオチが待っている。

**倉阪鬼一郎／百鬼譚の夜**
出版芸術社／1997年7月

怪奇譚が主なフィールドのフリーライターである私と、怪奇小説の翻訳などをしている友人の黒川は、その執筆活動のためか奇妙な出来事に遭遇することが多い。そして、知人達と行った百物語の夜の際に、私はついに怪異の世界に取り込まれてしまうのだった。倉阪がホラー小説大賞に送った短編2作をベースに、長編化した作品。倉阪の分身である黒川や主人公の口から、作者自身の怪奇小説観などが語られている。物語の第2章にあたる、黒川が古本屋で入手した呪われた書物にまつわる奇憚「底なし沼」で、私が「よぐだごないあらくと…」という呪文が唱えられる幻を垣間見る。

**倉阪鬼一郎／白い館の惨劇**
幻冬舎／2000年1月

神原市にある、白い館と呼ばれる邸宅を舞台とする惨劇が、幾度も繰り返し描かれる。これらの事件は本当に起こったことなのか。それとも、小説の中の出来事でしかないのか。二重三重と重ねられていく目眩く物語の謎が読者を幻惑する本格ミステリ・ホラー。日夏耿之介のライヴァルであったという悪魔派の詩人、日沼歴の著した『つれづれの記』と第するエッセイに、〈名づけ得ぬ名城し難きもの〉にまつわる地元の伝承が記されている他、作中で登場人物が訪ねるレストランのある町が「伊具町」という名前になっているなど、ＨＰＬへの作者の偏愛を示す小ネタが仕込まれている。

**倉阪鬼一郎／大鬼神　平成陰陽師国防指令**
祥伝社／2004年5月

日本の霊的国防を司る、現代の陰陽師・中橋空斎は空前の凶事の襲来を察知する。その頃、中橋の親友である怪奇作家の神山慎之輔は、クトゥルーものの新作執筆の傍ら、丹後から出土した奇妙な亀の甲羅、新たに観測されたニュートリノ、新横綱の付き人の自殺といったニュースに興味を惹かれていた。一件無関係の出来事だが、全て中橋の危惧する凶事に深く関わっていた。やがて、邪悪な存在が解き放たれ、中橋は自衛隊の助力を得てこれに挑むのだった。作中で神山がクトゥルー神話について語るほか、中橋が挑む凶事が「盲目にして白痴」、「這い寄る混沌」と表現されている。

## 倉阪鬼一郎／首のない鳥
祥伝社／2000年12月

百年の歴史を誇る老舗の印刷会社、光鳥印刷。この会社に務める校正者の辻堂怜子が、ある仕事を担当して以来、身の回りで奇妙な出来事が次々と起こり始めた。意図のわからない会社の指示。意味ありげな言葉を残して失踪する同僚。何者かに監視されているという確信を深めた怜子は、同じ校正者の城野に助けを求めるのだが——。謎めいた『邪神百物語』の存在や、この文献に記されている旧き神の記述などに、濃厚なクトゥルー神話物語の空気が感じられる。また、玲子の置かれた状況についての話し合いの中、城野が「そんなクトゥルー神話まがいのこと」という述懐を漏らしている。

## 倉阪鬼一郎／文字禍の館
祥伝社／2000年11月

オカルト雑誌『月刊グノーシス』の編集者である髀塚は、変人資産家が建てたという非公開のテーマパーク「文字禍の館」から招待された。その所在も明らかではなく、おどろおどろしい噂に取り巻かれた館は、同行者の条件として「名字は二文字で総画数二十五画以上、もしくは一文字で十五画以上」という奇妙な条件をつけてくる。招待主の思惑や如何に——文字そのものの恐怖を描く異色作。冒頭、迎えの車を持つ髀塚らが、大石凝真寿美の言霊学では『古事記』にある独神を霊を意味する「ス」と読むという会話をしていて、「クトゥルー神話のヨグ＝ソトースみたいなやつ」というセリフがある。

## 倉阪鬼一郎／死の影
廣済堂出版／1999年7月

処女作『ブラッド』がベストセラーになり、幸先の良い作家デビューを飾った唐崎六一は、思うように続編を書き進められないことに業を煮やし、心機一転しようとフェノワール東都に引っ越した。しかし、慈善宗教団体「愛と平和の園」が経営母体のそのマンションには奇妙なところがあって——。主人公・唐崎が一番怖いものについて考えるシーンで、架空の「名状しがたいもの」（作者のこれまでの作品に照らして、HPL作品に登場する神々や怪物のことと思われる）を挙げている。また、登場人物の一人の学歴に「ミスカトニック女子大」とあるが、作中で実在する学校かどうかは不明。

## 倉阪鬼一郎／ブランク　空白に棲むもの
理論社／2007年12月

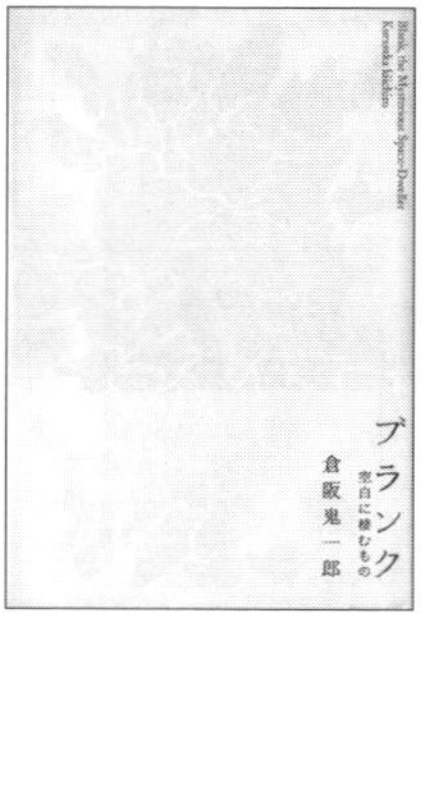


怪奇小説やホラーを守備範囲とし、恐怖を描く手腕に定評のある倉阪鬼一郎が、新しいクトゥルー神話物語の地平を切り拓く。犯罪や事故を予見する能力を持った主人公を探偵役に、プロ棋士を目指す少年を助手役に据え、秋葉原で起きた怪事件をきっかけに開幕するミステリ作品に、クトゥルー神話が盛り込まれるという意外作。Ψ＝Ψx＾13なる簡潔な計算式を足がかりとして、「地球の大いなる先住者」たる邪神召還を企む男が起こした事件の顛末に、当初は関わりがなさそうに見えた棋士を目指す少年が、最後の最後で思いも寄らぬどんでん返しを成し遂げ邪神を追い返すことになる。

## 倉阪鬼一郎／うしろ

角川書店／2007年3月

かつて城下町として栄えた花陰市、大きな楡の木がある坂の途中に、瀟洒なマンション「シャインヒルズ花陰」があった。女性専用で、セキュリティ万全を謳うこのマンションに住む女性たちは皆一様に「うしろ」に誰かがいるという奇妙な感覚に囚われていた。悪意ある人間の眼差しなのか、それとも——。マンションの住人、花陰音楽大学の英語講師である中条よしみは英米の怪奇小説マニアで、マンションにまつわる不穏な噂を知りながら、幽霊見たさで引っ越してきたという設定。現実に怪異が自らに迫った時、彼女は好奇心を持ちすぎた者が破滅するHPL作品のことを思い出す。

## 倉阪鬼一郎／屍船

徳間書店／2000年8月

神がテーマのアンソロジー『異形コレクション　GOD』に掲載されていた、倉阪鬼一郎の「茜村より」が収録されている。担当編集者・律子の実家がある茜村へと招待された少女小説家の美夜子が遭遇する恐怖。人生の大半を座敷牢で過ごしたという茜村出身の画家・交野東亜が、その半生を費やして描いたという大作の秘密とは——。「かたのとうあ」という名前は、ズィーリア・ビショップのために代作したHPLが代作した「永劫より出でて」に由来するムー大陸の神名だが、本作と直接関係があるわけではない。むしろ、ロバート・ブロックの「暗黒のファラオの神殿」を思わせる作品だ。

## 柴田よしき／炎都、宙都　全4冊、禍都

徳間書店／1997年2月～

クトゥルー神話をアレンジした、黒き神々との戦いが描かれる長編シリーズ。京都を襲う震災と妖怪の猛威は、火妖族・花紅姫の陰謀であった。一条帝の転生である真行寺と心を通わせた木梨香流は、ヤモリの姿を持つゲッコー族の珠星ら仲間の協力もあって姫の陰謀を止めることができた。だが、それは黒き神々との長き戦いの幕開けでもあった。政府の裏で暗躍する黒き神々の手下たちは、被災から復興中の京都の人々に闇の虫を向かわせた。香流たちは、かつて戦った妖怪たちを使い、闇の虫を撃退する。だが、黒き神々は新たな手段で香流たち京都の人々を襲い始めるのだった——。

## 山尾悠子／夢の遠近法　山尾悠子初期作品選

国書刊行会／2010年10月

1970年代から80年代にかけての短期間に幻想的な作品を発表、1999年に新作を発表するまでの間、長きにわたる沈黙を続けていた伝説的な作家、山尾悠子の初期作品11篇を収録した作品集。付録の小冊子「山尾悠子エッセー抄」に、『ユリイカ』1987年8月号に掲載された「ラヴクラフトとその偽作家集団」（連載「偽書渉猟」より）と、「アウトサイダー」の無名の主人公を女性に置き換えたパロディ「She」が掲載されている。「アウトサイダー」や夢が題材の作品は好きだが、クトゥルー神話ものはちょっと——という山尾悠子による、夢がテーマの掌編である。

## 牧野修／クロックタワー2　ジェニファー編、ヘレン編
アスペクト／1997年5月

巨大な鋏を操って犠牲者を切り刻む奇形の怪物シザーマンの恐怖を描くPS版ホラーAVG『クロックタワー2』（1996年、ヒューマン）のノベライズ。選択肢によって展開が変わる「アドベンチャーノベル」として、前作唯一の生き残りジェニファー・シンプソンと、その保護者である犯罪心理分析学者ヘレン・マクスウェルの視点で事件を描く2冊が刊行された。15世紀半ばの英国の辺境領主セオドール・バローズについて記された書物『名のない異教徒』が登場するが、これは『無名祭祀書』のアレンジだろう。著者に直接確認したが、設定の経緯は覚えていないとのこと。

## 牧野修／呪禁捜査官　訓練生ギア
祥伝社／2004年1月

2001年に祥伝社のノン・ノベルから刊行された『呪禁官』を改題の上、文庫化したもの。魔法と科学が共存する、異なる歴史を歩んだ近未来、葉車創作は、殉職した父・俊彦の遺志と、「ギア」というあだ名を共に継いで、呪禁局特別捜査官——呪禁官となるべく、県立第3呪禁官養成学校において、訓練に勤しんでいた。やがて彼とその仲間たちは、現代呪術を否定するカルト科学者集団のテロに巻き込まれるのだが、その背後には父を殺害した者による計画が蠢いていたのだった——。続編『呪禁局特別捜査官 ルーキー』共々、創土社のクトゥルー・ミュトス・ファイルズに移っている。

## 牧野修／楽園の知恵　あるいはヒステリーの歴史
早川書房／2007年7月

『SFバカ本 ペンギン篇』収録の「演歌の黙示録」が掲載される奇想作品集。「業界内では衆知の事実であったが、演歌と神秘主義のかかわりは深かった」——薔薇十字団を日本薔薇十字興業、黄金の夜明け団を黄金の暁プロダクションといった具合に、オカルティズムの歴史が演歌業界に置きかわったパラレルワールドを舞台に、「天使のコブシ」大安宝珠が歌いあげる『涙のラゴン波止場』が日本全土を覆う洪水を呼び起こし、忌まわしい海底都市から、凶つ星々から、おぞましい異次元から、邪神どもが蘇る。大安宝珠は千葉の漁村の出身とされるのは、「千葉県夜刀浦市」なのかもしれない。

## 梅原克文／二重螺旋の悪魔　上・下
角川書店／1998年12月～

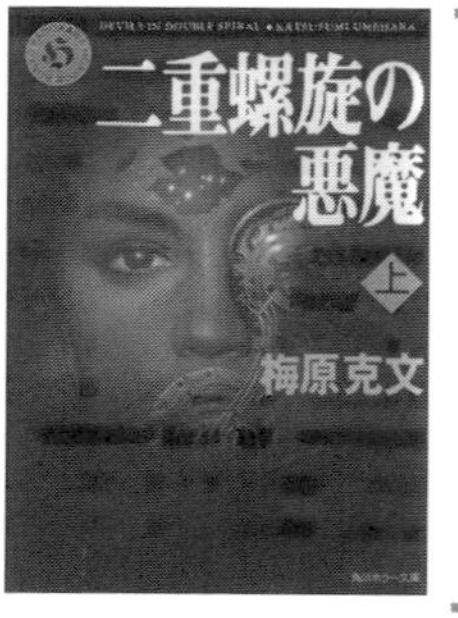


遺伝子操作監視委員会の調査官・深尾直樹が、事故調査で赴いたライフテック社で見たもの、それは人類の遺伝子に封印されていた邪悪な生命体が復活する姿だった。人々はその生命体をクトゥルー神話にちなんでGOO（旧支配者）と名付けた。深尾らは必死の努力でGOOに立ち向かうが、GOOの大攻勢が始まり全世界は壮絶な死闘が繰り広げられる戦場となる。しかし、その死闘すらもやがて起きる「神」の復活へのプロローグに過ぎなかった——。作中人物達が、敵の名前をクトゥルー神話から取ったという趣向。ストレートなクトゥルー神話作品ではないが、斬新な設定が注目を集めた。

**樋口明雄／幽霊屋敷の魔火**
朝日ソノラマ／1997年1月

町を襲った怪異に立ち向かう少年少女を描いたジュヴナイル小説。舞台となるのは信州の地方都市・霧生市。主人公・有村翔平の通う高校に、長らく廃墟となっていた映画館「オリオン座」の再建をしにきたとい人物の息子、黒須紀夫が転校してきた。その頃から、翔平達の周りに奇妙な事件が起き始める。翔平は幼馴染の小田直樹やクラスメイトの穂浦友美らと共に、復讐のため町の破壊を目論む悪魔主義者に立ち向かう事となる。物語の冒頭に描かれるカルトの事件が起きたのがアーカムで、悪魔主義者が〈古きものども〉を召喚しようとするなど、クトゥルー神話が強く意識されている。

**樋口明雄／「超」怖い話0**
竹書房／

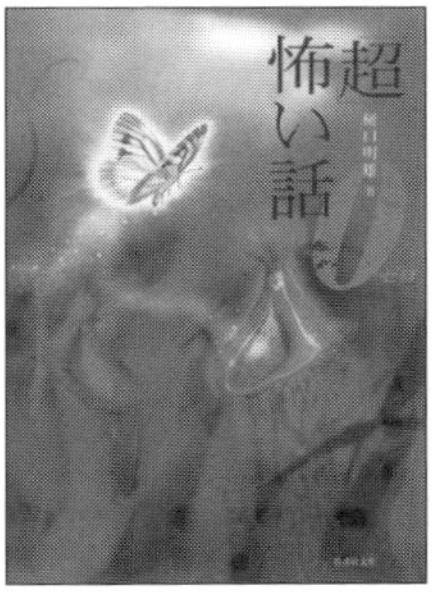

樋口明雄が手がけていた勁文社の実話怪談集、『「超」怖い話』シリーズの傑作選。収録作の「クトゥルーの使者」は、とある編集者がクトゥルーの実在を証明するという洋書『ラッキー・ブードゥ』の翻訳企画を持ち込まれた日から、金縛りや異臭、耳元で聞こえる声などの怪現象に悩まされるエピソード。グールやダゴンなどのクトゥルー神話の怪物を実際に召喚する方法が書かれていたというもので、最終的に企画を中断、本を心霊現象の研究団体に預けた結果、怪異はぴたりと収まったという。元々は『新「超」コワイ話5』に収録されたもので、怪奇作家・朝松健の実体験がベースである。

**友成純一／幽霊屋敷**
角川書店／1995年4月

九州の山奥にある国見村。離れ屋敷と言われる廃屋は「河童が棲みついている」などと噂され、忌避されていた。その離れ屋敷に奇妙な一家が引っ越してきた。その前後から村の周辺では不可解な失踪事件が相次ぐ。実は、一家の正体は『妖蛆の秘密』の忌まわしい人体実験を行うマッドサイエンティストだった。警察の介入で事件は隠蔽されたのだが、実験台とされた若者たちの身体には異次元に通じる妖虫たちが巣食い——。マッドサイエンティストたちがハーバート・ウェストやチャールズ・ウォードの後継者と呼ばれ、書斎には『妖蛆の秘密』『ネクロノミコン』などの魔道書がある。

**友成純一／覚醒者**
光文社／2005年4月

福岡在住のイラストレーター三神英輔は密林を彷徨う奇妙な夢を見るようになった。この夢は、生まれたばかりの父を残して南洋の島へ消えたという祖父に関わりがあるのか？　三神は祖父が消えたらしき島を訪れ、祖父と会うこととなる。祖父は、人類の文明を捨て、人としての身体も捨てて、古の神に仕える道を選んだという。祖父との出会いは、三神の精神と肉体にも変容をもたらして——。ホラー界の異才・友成純一によるクトゥルー神話を下敷きにした長編作品。HPL「クトゥルーの呼び声」でお馴染みのクトゥルー神への祈りの文句が、作中で繰り返し唱えられている。

**友成純一／蔵の中の鬼女**
アトリエサード／2017年9月

桃園書房の『小説CLUB』誌の別冊・増刊の収録作を集めた作品集。冒頭の「邪神の呼び声」「地の底の哄笑」（アンソロジー『クトゥルー怪異録』にも収録）は、作者が少年時代を過ごした筑豊の炭鉱地帯が舞台の物語で、作者が手がけたクトゥルー神話譚にしては韜晦や茶化しがほぼ見られない、HPLやC・A・スミスの作品に漂うの乾いた屍臭と、日本の土俗的な臭気がうまく混じり合った良作だ。なお、本ガイドブックでは取り上げなかったが、友成には自らもクトゥルー神話の如き神話体系を作り上げてみたいとのコンセプトで執筆された、『暗黒細胞 猟奇一族』と題する作品がある。

**菊地秀行／邪神金融道**
創土社／2012年10月

創土社のクトゥルー神話レーベル、クトゥルー・ミュトス・ファイルズの第一弾として刊行された。CDW金融の営業成績ナンバー1の「おれ」は、社員の誰ひとりとして顔を知らない謎の社長から、ラリエー浮上協会に融資した5000億円の回収を命じられるのだが、それをきっかけに邪神崇拝者たちの争いに巻き込まれていくのだった――。1999年に刊行された『異形コレクション GOD』収録の「サラ金より参りました」（新潮社刊行の『幽幻街』にも再録）に登場する、CDW金融にまつわる物語。CDWというのは、HPL作品に登場するある人物の名前の頭文字である。

**菊地秀行／妖神グルメ 新装版**
創土社／2012年12月

若き天才イカモノ料理人・内原富手夫が、海底都市ルルイエにおいて、悠久の歳月を幽閉されたことによって腹をすかせたクトゥルーを満足させるという、困難な料理に挑む――。菊地秀行初のクトゥルー神話作品にして、今なお「和製クトゥルー神話の金字塔」との評価を受ける作品。短命のレーベルだったソノラマ文庫NEXTに移ったこともあり、長らく入手難易度があがっていたが、クトゥルー・ミュトス・ファイルズからノベルス・サイズでこのほど復活を果たした。「若干の加筆修正」が加えられているほか、巻末には世界地図や年表、メニューなどの資料が付録として掲載されている。

**朝松健／邪神帝国 新装版**
創土社／2013年2月

『S-Fマガジン』掲載作を中心に、1999年に早川書房から刊行されたオカルト小説と親和性の高いナチスドイツが題材のクトゥルー神話作品集『邪神帝国』。絶版になって久しい同作だが、創土社のクトゥルー・ミュトス・ファイルズから、槻城ゆう子による美麗な表紙イラストを掲げ、装いも新たに復活した。西洋魔術の造詣が深い著者による「魔術的注釈」がそれぞれの作品に付けられているのが、本作の特徴のひとつ。なお、本作に言及される魔術師クリンゲン・メルゲルスハイム朝松作品にしばしば登場する人物で、チョコスロヴァキアの魔術師フランツ・バードンがモデルとのこと。

**朝松健／崑央の女王　新装版**
創土社／2013年3月

1993年に角川ホラー文庫から刊行されていた、朝松健による同名作品の新装版。『邪神帝国』と同様、漫画家・イラストレーターの槻城ゆう来が表紙イラストを担当している。朝松作品の多くは、何かしらの関係性で繋がっているクトゥルー神話的な趣向を凝らされているのが特徴だが、この『崑央の女王』についても『肝盗村鬼譚』（角川ホラー文庫）を既に読んでいると、何かしらの気付きがあることだろう。なお、本作における崑央《クンヤン》はHPL（ズィーリア・ビショップのための代作）の「墳丘の怪」で言及されるクン＝ヤン（クナ＝ヤンと訳される場合も）と同一視されている。

---

**菊地秀行、牧野修、くしまちみなと／ダンウィッチの末裔**
創土社／2013年4月

HPLの「ダンウィッチの怪」をテーマとした、三人の作家によるアンソロジー。菊地秀行「軍針」は、ダンウィッチの村において今しも目覚めようとしている邪神復活を阻止すべく、鍼で立ち向かう軍人の物語で、『退魔針』の十月真紀も登場する。牧野修「灰頭年代記」は、茨城県灰頭村において1960年代に発生した連続児童失踪事件の真相に迫る、スティーヴン・キングの『IT』を彷彿とさせる時を超えた物語。『かんづかさ』などのライトノベル作品を手掛けたくしまちみなとは、ダンウィッチからの脱出が題材のゲームブック「ウィップアーウィルの啼き声」で参加。

---

**朝松健、立原透耶、くしまちみなと／チャールズ・ウォードの系譜**
創土社／2013年6月

HPLの半自伝的作品「チャールズ・デクスター・ウォード事件」が題材の、三人の作家によるアンソロジー。「ダッチ・シュルツの奇怪な事件」は、朝松健得意の禁酒法時代前後のアメリカが舞台。ニューヨークにおけるギャングの抗争の背後に暗躍する、魔術師の脅威を描く。立原透耶の「青の血脈～肖像画奇譚」は、大学講師を務める語り手が遭遇する怪異を描く。オスカー・ワイルドの『ドリアン・グレイの肖像』のオマージュであり、ヘンリー・カットナーの創造したオカルト探偵マイケル・リーの客演も。この他、くしまちみなとのゲームブック「妖術の螺旋」も収録。

---

**田中文雄／邪神たちの2・26　新装版**
創土社／2013年7月

東宝撮影所の映画プロデューサーとして『惑星大戦争』『血を吸う薔薇』『さよならジュピター』『ゴジラ』（1984年版）などの大作に関わったこともある異色の小説家であり、草薙圭一郎の名義で架空戦記を数多く手がけたことでも知られる田中文雄によるクトゥルー神話譚。タイトルの通り、1936年の二・二六事件を題材とする伝奇ホラー作品で、学研ホラー・ノベルズのレーベルから1994年に刊行されたものの、その後、文庫化されることもなく長らく入手困難な状態になっていた。架空戦記作家であり、クトゥルー神話への造詣が深い作家の林譲治が解説を寄せている。

### 山田正紀、北原尚彦、フーゴ・ハル／ホームズ鬼譚～異次元の色彩

創土社／2013年9月

SFジャンルの古典的名作としても知られるHPLの「異世界の色彩」に、英国の名探偵シャーロック・ホームズを絡めるという、この書き手ならではの掟破りの作品集。ホームズが登場するメタフィクション『エイダ』（早川書房）を手掛けた山田正紀は、ライヘンバッハの滝でホームズを殺害した容疑でコナン・ドイルが法廷に立つという変換球な作品「宇宙からの色の研究」を。国内有数のシャーロッキアンとして知られる北原尚彦は、ストレートなパスティーシュ「バスカビル家の怪魔」を寄稿。他に、フーゴ・ハルのゲームブック「バーナム2世事件」が収録されている。

### 菊地秀行／邪神艦隊

創土社／2013年10月

かつて『妖神グルメ』において、アメリカ海軍のニミッツ級航空母艦カールビンソンと、邪神ダゴンをバトルさせてのけた菊地秀行が新たに挑む、本格派の仮想戦記×クトゥルー神話作品。太平洋戦争の只中、太平洋の〈平和海域〉に突如、出現して商船を攻撃する奇怪なる船舶軍。急行した各国の艦隊が目撃したのは、悍ましくも各国の有名艦の特徴を備えた奇怪なる有機体艦隊だった――。帝都東京でも、クートウリュウをこの世に顕現させせんと目論む〈陀勤《だごん》秘密教団〉が暗躍し、艮《うしとら》の金神《こんじん》のお筆先によってそれを察知した出口王仁三郎が苦闘する中、ルルイエ決戦の日が刻一刻と迫る。

### 小林泰三、林譲治、山本弘／超時間の闇

創土社／2013年11月

HPL「超時間の影」がテーマの、三人の作家による作品集。数多くの作品にクトゥルー神話ネタを仕込んできた小林泰三の「大いなる種族」は、「人間の脳に短時間で大量の情報を注入する」という研究に取り組むマッドサイエンティスト、松田竹男が「超時間の影」の主人公がその一端を垣間見た異形の世界の光景を目撃する作品。林譲治「魔地読み」では、極秘任務を帯びた県職員の主人公が、偶然隣り合わせた女性の手引で市兵の巡検を逃れた先で目の当たりにする怪異が描かれる。この他、ゲームブックのデザイン経験のある山本弘による、22年ぶりの新作「超時間の檻」が収録。

### 夢枕獏×寺田克也、樋口明雄、黒史郎／インスマスの血脈

創土社／2013年12月

HPLの手になるクトゥルー神話物語中でも、世界各国で屈指の人気を集め、映像化もされてきた「インスマスを覆う影」がテーマのアンソロジー。夢枕獏と寺田克也の競作による絵物語「海底神宮」は、現時点で唯一の夢枕獏によるクトゥルー神話作品と思しい。樋口明雄「海からの視線」は、取材目的で北陸の町、狗須間を訪れた作家の田村敬介が遭遇する怪異が描かれる。若手ホラー作家として活躍する黒史郎「変貌願望」では、コミュニティサイト「ネクロフィーリング」の主催する「青木ヶ原樹海探検ツアー」に参加し、美しい死体に魅せられてしまった二人の少女の昏い願望が描かれる。

**松村進吉、間瀬純子、山田剛毅／ユゴスの囁き**
創土社／2014年1月

HPLの「闇に囁くもの」が題材のアンソロジー。松村進吉「メアリーアンはどこへ行った」は、FBIの捜査官が、未成年を乱暴した犯人と連れ去られた少女を追って、かつて炭鉱で栄えたという寂れた田舎町ジューディスを訪れる物語。惨殺死体が発見により事件が急展開する、モダンホラー風味の作品だ。間瀬純子「羊歯の蟻」は、元教師の父が、深夜のテレビで死んだはずの教え子の声を聞いてしまったことに始まる都市伝説風の怪異を描く。山田剛毅「蓮多村なずき鬼異聞」は、作者が同人誌として刊行していた『クトゥルー浮世草子』を主軸に、和綴じ本を手にした記者の運命を描く。

**田中啓文、倉阪鬼一郎、鷹木骰子／クトゥルーを喚ぶ声**
創土社／2014年2月

クトゥルー神話の中心的な作品、HPLの「クトゥルーを覆う影」が題材のアンソロジー。田中啓文「夢の帝国にて」は、近未来の地球で、危険なウィルスによって絶滅の危機に瀕する人間たちが、救いを求めてクトゥルー召喚の儀式を行うというもの。倉阪鬼一郎「回転する阿蝸白の呼び声」は、回転寿司チェーン「クラフト」で供される人気メニューの白身魚「阿蝸白」の背後に潜む恐怖を描く、禁断のグルメ小説。鷹木骰子「Herald」は、受験失敗の心の痛手を癒やすべく、海辺の別荘に滞在していた主人公が、あるきっかけで繰り返し見るようになった「不思議な夢」にまつわる物語だ。

**牧野修／呪禁官 百怪ト夜行ス**
創土社／2014年4月

祥伝社から刊行されていた『呪禁官』シリーズの外伝にあたる作品。第1作の冒頭で殉職してしまう、シリーズの主人公・葉車創作の父親が、本作の主人公である。魔法と科学が共存し、呪術的な犯罪を日々、呪禁官が取り締まるもう一つの世界。数多の犠牲を出しつつ、ついに逮捕された魔女集団『アラディアの鉄槌』のリーダー・相沢螺旋香を、グレイプニルという特殊な監獄に送り届けるという困難な任務に従事する、若き女性捜査官・龍頭とその相棒・葉車俊彦の苦闘が描かれる。果たして、二人とその仲間たちは、邪神シュブ＝ニグラスの千の眷属たちを退けることができるのか——。

**菊地秀行／ヨグ＝ソトース戦車隊**
創土社／2014年5月

『邪神艦隊』に続く菊地秀行の仮想戦記×クトゥルー神話譚は、独伊枢軸軍と米英連合軍が火花を散らす194×年の北アフリカ戦線において、サハラ砂漠のど真ん中にある古い神殿へと、異次元の魔王ヨグ＝ソトースの子である赤ん坊を送り届けるなどという貧乏くじをひく羽目になった、戦車兵たちの物語だ。「たとえ化け物でも、すがってくる赤ん坊は殺させねえ」——この選択により、彼らは連合・枢軸両軍はもとより、海底の邪神クトゥルーまで敵に回してしまうことになる。敵味方関係なし、各国から集まった乗員たちが駆るヤークトティーガーが疾走する、痛快無比の熱血軍事冒険譚。

**田中文雄、菊地秀行／戦艦大和　海魔砲撃**
創土社／２０１４年６月

１９９６年にＫＫベストセラーズから刊行された、田中文雄の『戦艦大和　海魔砲撃篇』。クトゥルー神話の邪神を思わせる、異星から襲来した異形の敵と戦艦〈大和〉の戦いを描くが、クトゥルー神話ものとは明言されていなかったこの作品が、菊地秀行の加筆によって、改めて海洋クトゥルー神話譚として生まれ変わった！　クトゥルー神話というフィールドで、様々なチャレンジを繰り返してきた創土社のクトゥルー・ミュトス・ファイルズの中でも、ＨＰＬの遺稿に加筆した死後合作小説を次々と発表したＡ・Ｗ・ダーレスの前例に倣ったかのような、注目に値する作品である。

**岩井志麻子、図子慧、宮澤伊織／無名都市への扉**
創土社／２０１４年７月

ＨＰＬ「無名都市」がテーマのアンソロジー。岩井志麻子「無名と死に捧ぐ」は、自分の魂が砂漠の保管庫にしまわれ、身体は天井の低い、陰鬱な石造りの宮殿に寝ているのだと信じるようになった「彼女」の物語。図子慧「電撃の塔」は、謎の死を遂げた著名なカメラマン兼アートディレクターの父を持つ語り手が、怪事件に巻き込まれていく物語。その他に、冒険企画局の宮澤伊織によるＴＲＰＧ『インセイン』を使用したリプレイが掲載。岩井志麻子、図子慧に、鷹木骰子を加えた女性陣が、編集者「虻弗《あぶどる》」のの依頼で鳥取砂丘に取材旅行にやってきたというシナリオが展開する。

**倉阪鬼一郎、積木鏡介、友野詳／闇のトラペゾヘドロン**
創土社／２０１４年８月

ナイアルラトホテプを召喚するアーテクファクト、〈輝くトラペゾヘドロン〉が登場するＨＰＬの「闇をさまようもの」がテーマのアンソロジー。倉阪鬼一郎「闇の美術館」は、東北地方を視察中に、ふと立ち寄った「闇の美術館」で目にした異形の作品の数々を描く。積木鏡介「マ★ジャ」は、モモという少女に誘われ、夢の世界を渡り歩く物語。静岡県蒼野の、冥闇様を祀る祠を巡る現実世界との出来事が交錯していく。友野詳「闇に彷徨い続けるもの」は、精神を〈輝くトラペゾヘドロン〉に封じ込まれたまま、時の彼方へ飛ばされてしまった主人公の運命を辿るゲームブックである。

**山田正紀／クトゥルフ少女戦隊　第一部、第二部**
創土社／２０１４年１０月～

超遺伝子「メタ・ゲノム」が遺伝子配列そのものに進化圧を加える、壊滅的なメタ進化が５億４０００万年ぶりに起きようとしている。怪物遺伝子（ジーン・クトゥルフ）が「クトゥルフ爆発」を起こし、現行の生命を脅かすという危機を前に、招集されたのは遺伝子改変されたゴキブリ群、進化の実験に使われた実験マウス（マウス・クリスト）、そして人間未満人間以上の四人のクトゥルフ少女たちだった。『神狩り』において超言語を扱ったＳＦ作家・山田正紀が遺伝子の謎に挑む、まさかのクトゥルー神話×魔法少女もの。作者の作詞によるテーマソングが動画サイトで公開された。

**菊地秀行／魔空零戦隊**
創土社／2014年10月

『邪神艦隊』『ヨグ＝ソトース戦車隊』に続く、菊地秀行の架空戦記×クトゥルー神話の第三弾。ルルイエ浮上後もなお、奇妙なことに人間同士の世界大戦は依然として続いていた。激化する戦局に伴い、ルルイエから送り出される兵器もまた進歩を遂げていき、各地で戦闘が繰り広げられる。こうした状況下で、かつて〝魔人〟と恐れられ伝説の名パイロットが南海の孤島に潜み、小隊規模の同志たちと共に厳しい訓練を繰り返していた。目的はひとつ。クトゥルーが出現するその日、ルルイエ空爆を敢行するために――。生物兵器群と超零戦隊が死闘を展開する、異形の空戦記が幕を開ける。

**北野勇作、黒木あるじ、フーゴ・ハル／狂気山脈の彼方へ**
創土社／2014年12月

HPL入魂の秘境冒険譚「狂気の山脈にて」がテーマのアンソロジー。北野勇作「頭山脈」は、ある男が現実とも幻想ともつかない奇怪な遍歴の果てに、「頭山脈」に辿り着くという不条理譚。黒木あるじ「恐怖学者・羅文蔵人の憂鬱なる二日間」は、羅文蔵人（ラヴクラフトのもじりだろう）准教授と語り手が取材目的で青森県の南曲村を訪れ、奇怪な事件に巻き込まれるというもの。シリーズ化が発表されているものの、今のところ続報はない。マンハッタンのレーリッヒ美術館で1932年に起きた大量殺人事件に幕を開ける、フーゴ・ハルのゲームブック「レーリッヒ断章の考察」も収録。

**菊地秀行／邪神決闘伝**
創土社／2015年1月

クトゥルー・ミュトス・ファイルズというフィールドを得て、水を得た魚のように多彩なクトゥルー神話譚を送り出す菊地秀行が、今度は無法と暴力が罷り通る大西部に邪神を現出してみせる。奇妙な力を行使して、西部を牛耳る四人の無法者の正体は、実は海底に眠る邪神、クトゥルーの夢が実体化したものだった。賞金稼ぎの語り手は、シノビを名乗る妙な日本人、謎の女ポーラを道連れに、凶悪無慈悲な〝夢法者〟たちを追跡するのだった――。力が支配する大西部、そして無法の街ダッジ・シティを魔術と銃弾、そして〈忍法〉が席巻する、前代未聞の「クトゥルー・ウェスタン」だ。

**風見潤／クトゥルー・オペラ　邪神降臨**
創土社／2015年3月

1980年にソノラマ文庫で刊行の始まった、日本最初のオリジナル・クトゥルー神話長編『クトゥルー・オペラ』全4巻が一冊にまとまって復活した。時に1997年、かつて地球を支配していた異形のものたちが蠢動を始める中、これを迎え撃とうと選ばれし7組の双子たちが立ち上がった――。作者の風見潤は2006年頃から消息不明になっており、古くからの友人知人たちがSNSで情報提供を呼びかけていた。その後、既に亡くなっていたことが判明。現在の権利者から許諾を得て、復刊されたのが本書である。このエピソードそのものから、クトゥルー神話物語の色合いが感じられる。

**梅原克文／二重螺旋の悪魔　完全版**
創土社／２０１５年３月

１９９３年に朝日ソノラマから刊行された後、角川ホラー文庫から上下巻で再刊された同タイトルの作品を、２１世紀版として加筆修正したものを１冊にまとめた完全版。西暦２０ＸＸ年の近未来、人間のＤＮＡ情報イントロンに隠れていたＧＯＯ（グレート・オールド・ワン）と、「神経超電導化」によって超人化した人類の、地球の派遣と生命体としての存亡を賭けた壮絶な戦いを描く、近未来スーパーアクション・バイオ・ホラーである。なお、本作はプロデビュー前の梅原が１９９０年、ＳＦ同人誌『宇宙塵』に『二重ラセンの悪魔』のタイトルで発表した小説がベースになっている。

---

**倉阪鬼一郎／大いなる闇の喚び声**
創土社／２０１５年６月

倉阪鬼一郎の書き下ろし長編作品で、サブタイトルは「美術調律者、最後の戦い」。角川ホラー文庫から刊行されている「美術調律者・影」シリーズに連なる作品である。一にして全なる教え「一全教」を開き、非業の死を遂げた形上太郎。芸術家となった彼の弟・四郎の作品を目にした者たちは、心酔するか、さもなくば非業の死を遂げるかという。主人公・形上影もまた、呪われた血脈に連なる者。形上四郎の息子であり、美術調律者の道を歩んでいる。その彼の前に不吉な姿を現す、異形の姿と成り果てた父・四郎の姿。警察庁の霊的国防セクションの面々と共に、影は父・四郎に挑むのだった。

---

**荒山徹、小中千昭、他／遥かなる海底神殿**
創土社／２０１５年７月

ＨＰＬ「神殿」がテーマのアンソロジー。「海底軍艦『檀君』」は、異端の歴史小説家として活躍する荒山徹の作品。韓国初の原子力潜水艦〈檀君〉が、独島海底で海底遺跡を発見するが――。関わる作品にクトゥルー神話ネタを仕込むことで知られる小中千昭「キングダム・カム」は、作品集『深淵を歩くもの』の表題作の続編である。最後は、クラウドゲート株式会社の協力による読者参加企画《海底カーニバル》。読者達の分身が内原富手夫（『妖神グルメ』）、限界少女ニラカ（『クトゥルフ少女戦隊』）、神門帯刀（『邪神帝国』）、龍頭麗華（『呪禁官シリーズ』）らと共演する。

---

**黒史郎／童提灯**
創土社／２０１５年８月

異形とグロテスクをこよなく愛するホラー作家、黒史郎による書き下ろし作品。明治維新を迎える以前――どうやら江戸時代頃と思しい日本を舞台に、山奥に棲む老人のもとで、子供の身体全てを材料とする「童提灯」を作り続ける、全身継ぎ接ぎだらけの童形の少年、アザコの物語。童提灯には、鬼の姿を隠す力が宿っているのだ。満月の夜、月を十字に割るようにして出現し、あらゆる生物を呑み込むという黒史郎オリジナルの邪神、ラゴゼ＝ヒイヨ（初出は２００９年に「史上最小のクトゥルー神話賞」の最優秀賞を受賞した短篇「ラゴゼ＝ヒイヨ」である）にまつわる物語でもある。

### 田中啓文／大魔神伝奇

創土社／2015年9月

1549年、海路日本を目指すイエズス会のフランシスコ・ザビエルは、海より現れた忌まわしいものに遭遇。日本に到着した彼が宣教を始めたのは、ローマ・カトリックとは全く異なる教えだった。時代変わって3代将軍・徳川家光の治世。キリスト教徒への弾圧と厳しい年貢の取り立てに苦しむ島原半島、天草の農民たちは、神の子・天草四郎のもとに結集し、大穴山に眠る巨大な魔神像が――。『秘神界　歴史編』収録の「邪宗門伝来秘史（序）」をプロローグに配し、島原の乱を背景に練り上げた意欲作。特撮時代映画『大魔神』の権利元である角川書店から、正式に許諾を受けた作品だ。

### 朝松健／魔道コンフィデンシャル

創土社／2015年10月

『秘神界　歴史編』収録の「聖ジェームズ病院」、『チャールズ・ウォードの系譜』収録の「ダッチ・シュルツの奇怪な事件」に続くクトゥルー・ギャングもの。第二次世界大戦後、1940年代のシカゴで、日本人ながらもマフィアのドンになりおおせた「トウキョウ・ジョー」こと衛藤健は、奇妙な視線に悩まされていた。今一人の主人公である神門帯刀は、『邪神帝国』に収録された「ヨス＝トラゴンの仮面」にも登場した元日本陸軍情報部員で、何かしらの思惑を胸にジョーに雇われる。やがて二人は、YOSとNYAと呼ばれる存在の代理戦争に巻き込まれていくのだった。

### 井上雅彦、樹シロカ、二木　靖×菱井真奈／死体蘇生

創土社／2016年2月

HPLの「ハーバート・ウェスト―死体蘇生者」がテーマのアンソロジー。井上雅彦「女死体蘇生人ハーバル・ウエスト」は、マフィアから買い付けた死体を用いて、死体蘇生の研究をしている黒衣の女性研究者、ハーバル・ウェストを中心に、HPL世界の有名キャラクターが勢揃いする作品。樹シロカ「死神は飛び立った」は、日本の三坂大学病院に舞台を移した、謎の薬品を巡る物語。二木靖×菱井真奈の絵物語「死体の呼び声」では、ある廃墟で発見されたハーバート・ウェストの実験記録と蘇生液の効果を確かめるべく、密かに集められた四人の科学者たちが禁断の研究に手を染める。

### 牧野修／呪禁官　暁を照らす者たち　新装版

創土社／2016年3月

牧野修の呪禁官シリーズ1作目『呪禁官』の改題。2015年に文庫版が刊行されたばかりだが、ともあれこれをもって、シリーズ全冊がCMFで刊行された。オカルトの復活によって科学が衰退し、両者がアンバランスに共存する異形の歴史の近未来を舞台に、亡き父親の遺志を継いで呪禁捜査官となるべく要請校に通う、「ギア」こと葉車創作が主人公。クトゥルー神話ネタが盛り込まれるのは2作目以降になるのだが、ダイエット目的で餓鬼を召喚するつもりが、誤って『屍食経典儀』を使ってしまい、屍食鬼が召喚されてしまう書き下ろし短篇「針山宗明の受難」が掲載されている。

**林譲治／呪走！ 邪神列車砲**
創土社／2016年4月

林譲治の得意分野である、架空戦記ジャンルでのクトゥルー神話譚。第2次世界大戦が激化の一途を辿る1942年（昭和17年）、東条英機の命令により、太古の未知なる力を求めてガダルカナル島の奥地を探索していた蛇魂機関の本宮少佐は、巨大な地下城塞に辿り着く。時同じくして、『アル・アジフ』の部分的翻訳と思しい『未魂写本』を所持する陰俊大佐を首班とするもう一つの秘密機関もまた、ビルマのインパールで極秘作戦を遂行していた——。ミッドウェー海戦やインパール作戦の陰で進行していた、邪神復活を目論む者たちの陰謀と、それを阻む者たちの暗闘を描く軍事オカルト小説。

**牧野修／呪禁官 意志を継ぐ者 新装版**
創土社／2016年6月

祥伝社のノン・ノベルから2003年に刊行されていた、牧野修の呪禁官シリーズ2作目『呪禁局特別捜査官 ルーキー』を改題したもの。創土社のCMFから既に刊行されている『呪禁官、百怪ト夜行ス』の主人公・葉車俊彦は、葉車創作の父親にあたる。「クトゥルー」と呼ばれる界初の霊的発電所周辺において、呪的災害が発生。新米の呪禁局特別捜査官、呪禁官の「ギア」こと葉車創作は、災害の裏で魔法テロ組織サイコムウが暗躍していることを察知する——。ギアたち呪禁官と狂信的な科学武装集団、そして邪悪な生命体との世界の命運を賭けた壮絶な魔戦が始まるのだった。

**小林泰三、羅門祐人、小中千昭／彼方からの幻影**
創土社／2016年7月

HPL「彼方より」が題材のアンソロジー。小林泰三「此方より」は、大学で研究をしている伯父が行方不明になったことにより、蘇る幼い頃の記憶が描かれる物語。羅門祐人「からくりの箱」は、霊が見えてしまう体質が原因でいじめを受けている女子高生の鈴音が、学校帰りに立ち寄った骨董品屋で見つけた「クライムの箱」にまつわる物語。箱はパズルになっていて、全てを動かし終えると良い事が起きるというが——。加えて、小中千昭によるシナリオ「Far From Beyond」が収録されている。「彼方より」に描かれた1920年の出来事に始まる因縁が、現代日本へと繋がっていく。

**樋口明雄／邪神街 ファントムゾーン 上・下**
創土社／2016年8月〜

ハードボイルド風味のホラーアクション。人々の記憶から、信州のある街についての記憶が失われたのみならず、記録上からも消え去るという怪現象が発生した。その街の名は、〝御影町〟。折しも、集団記憶喪失事件の取材を開始したオカルト・ライターの深町彩乃は、藤木ミチルという名の少年に会う。帰るべき家を失い、親戚の記憶からも消えてしまった少年を、〝司祭〟と呼ばれる黒衣の聖職者が狙う。少年を連れて逃亡する彩乃の前に、突如現れたロングコートの大男・頼城茂志は、ミチルの〝守護者〟を名乗る。消失した御影町に潜入した彼らの前に、いかなる真実が明かされるのか——。

**荒山徹／大東亜忍法帖　上、【完全版】**
創土社、アドレナライズ／２０１６年９月～

文明開化の風が吹く明治時代の只中に、千葉周作、男谷精一郎、伊庭軍兵衛、近藤勇、土方歳三、沖田総司といった死んだはずの剣士たちが次々と蘇る。彼らの先頭に立つは、邪神〝くとぅるー〟の力を振るう謎の陰陽師、山田一風斎。果たして彼らの正体、その目的は如何なるものか――。数多のフォロワー作品を生んできた山田風太郎『魔界転生』の時代を明治に移し、クトゥルー神話を絡めた異色の伝奇ロマン。CMFの1冊として上巻が発売された後、版元都合で下巻が発売中止とされた不遇な作品だったが、アドレナライズから上・下巻分をまとめた完全版としてkindle向けに発売された。

**牧野修／呪禁官シリーズ　地獄に堕ちた勇者ども**
創土社／２０１６年10月

クトゥルー・ミュトス・ファイルズで再始動した、牧野修の呪禁官シリーズの4作目。時系列的には、外伝的作品であった『呪禁官　百怪ト夜行ス』の続編にあたり、葉車創作の父・俊彦が主人公の物語である。魔術犯罪捜査を専門とする呪禁官の「ギア」こと葉車俊彦は、職務遂行中に非合法魔術結社《プルートーの息子》の襲撃を受け、人造の生贄を呪禁局第七準世界観測所へと運ぶことになるのだが、そこでは地球へと侵略を開始したユゴス星の甲殻生物ミ＝ゴウが待ち受けていた。最後の神が降臨するまでに生贄を捧げ、通路を塞がなければ、この世は終焉を迎えることに――。

**樋口明雄／邪神狩り　ファントム・ゾーン**
創土社／２０１７年１月

CMFから刊行された『邪神街』の続編。御影町を巡る事件から三年が経過した。オカルト雑誌のライターだった深町彩乃は、今は横浜港のバーの二階で探偵事務所を開き、〈光の発現者〉藤木ミチルも、美貌の大学生に成長していた。アル中のウルフドッグ、ミロドラゴビッチを相棒に、人間社会の影に潜伏して邪神復活を目論む屍鬼を抹殺する、闇のクトゥルー・ハンターとして暗躍する彩乃たち。しかし、開港記念祭が迫る中、ミチルの周囲で奇妙な出来事が起き始める。〈古きものども〉の復活を目論む者たちが、横浜で蠢動を始めたのだった。〝守護者〟深町彩乃の戦いは終わらない――。

**倉阪鬼一郎／クトゥルー短編集　魔界への入り口**
創土社／２０１７年３月

怪奇幻想小説の鬼才、倉阪鬼一郎がデビュー当時から様々な媒体、アンソロジーで発表してきたクトゥルー神話ものの短篇を一挙に収録した作品集。11篇の短篇小説「インサイダー」「異界への就職」「便所男」「七色魔術戦争」「鏡のない鏡」「未知なる赤光を求めて」「白い呪いの館」「常世舟」「茜村より」「底無し沼」「イグザム・ロッジの夜」の他、本書のために書き下ろされた「虚空の夢」「海へ消えるもの」と、短詩型クトゥルー作品選集が収められている。倉阪鬼一郎の著訳書リストが巻末に掲載されているのも、マニアックなファンには嬉しいところだろう。

## 北野勇作／大怪獣記

創土社／2017年4月

ある日、見知らぬ映画監督ミノ氏から「映画の小説化」を依頼されるた作家の私。「大怪獣記」と第するその企画書には、この町とその周辺を舞台とする物語について記載されていた。映画のノベライズではなく、あくまでも「映画の小説化」だと話す監督。解せない思いを抱きながらも、途中まで仕上がっているというシナリオを受け取るべく、私が赴いた先は――。ラジオドラマや映画の原作、脚本、創作落語など多岐にわたるジャンルで活躍する北野勇作による、昔懐かしい商店街へのノスタルジックな思いを喚起する、私小説風の一篇。『人面町四丁目』（角川ホラー文庫）の関連作である。

## 林譲治／戦艦大和　破魔弾！

創土社／2017年5月

ナチスドイツの南極探査に幕を開けるクトゥルー神話譚。1941年、太平洋上で異変が発生する。クトゥルフ復活による連合勢力の壊滅を目論むナチスのオカルト組織・森林組合は、連合艦隊司令長官山本五十六を操って真珠湾攻撃を行う。かつてイタリアで旧支配者の存在を知った井上成実中将もまた、かつて白瀬探検隊が南極から持ち帰ったショゴス細胞を用いて巨大戦闘用ロボット〈機兵〉を開発、太平洋に投入する。様々な思惑のもと、各勢力が暗躍する中、ルルイエがこの宇宙と交差する時間が迫る――。〈旧神の印〉が旧神ではなくハスターに由来するという作者の独自設定も興味深い。

## 菊地秀行／クトゥルー短編集　邪神金融街

創土社／2017年7月

菊地秀行がこれまでに書いてきたクトゥルー神話もの短編を、まとめて収録した作品集。『邪神金融道』の原形となった『異形コレクション　GOD』収録の「サラ金から参りました」を筆頭に、「出づるもの」「切腹」「怪獣都市」などの作品や、書き下ろし短編「賭博場の紳士」を収録。この他にも、今となっては再読が難しい、雑誌『宇宙船』連載の「クトゥルフ神話入門講座　たそがれの街々へ」を改題した「ラヴクラフト故地巡礼」、幻想文学出版局の『怪奇映画の手帖　ホラー・シネマ・パラダイス』に掲載された「ラヴクラフト・オン・スクリーン」などのエッセイも掲載している。

## 山田正紀／クトゥルー短編集　銀の弾丸

創土社／2017年12月

様々な作家による、クトゥルー神話短編を収録するシリーズもこれで3冊目。表題作『銀の弾丸』は『小説現代』1977年4月号に掲載された和製クトゥルー神話譚の古典的名作で、H・P・L協会なる組織が、パルテノン神殿で今しも上演されようとしているバテレン能の阻止を目論む物語。なお、この作品は『リイドコミックス』1984年3月19日号にて、「クトゥルフ伝説」のタイトルでコミカライズされたこともある。この他、「おどり喰い」「松井清衛門、推参つかまつる」「悪魔の辞典」「贖罪の惑星」「石に漱ぎて滅びなば」に加えて、書き下ろしの「戦場の又三郎」が収録。

## 斎藤肇／夏の死
講談社／1991年8月

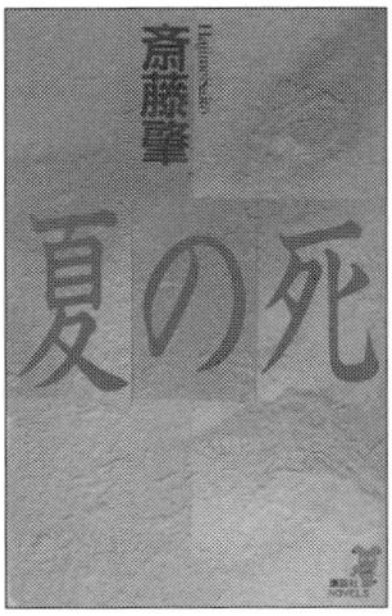


美作浩司の、最初の夏が終わったのは5年前――ビデオ映像研究会の撮影合宿中、主演女優の白石真利恵が転落死した時だった。彼女の命日を前に、あの時撮影していたビデオ映画の監督であり、真利恵の恋人でもあった伊貫章司から電話が入る。それは、昔の仲間で集まって彼女の墓参りを済ませた後、彼の自宅でゲームをしようという奇妙な誘いだった。そのゲームは、クトゥルフ神話を題材としたTRPG。伊貫が用意したシナリオは、美作らと同名のPCたちに、謎めいた幽霊屋敷を探索させるというものだった。果たして、彼の目論見は――リプレイ小説とミステリ小説が融合した異色作。

## 積木鏡介／歪んだ創世記
講談社／1998年2月

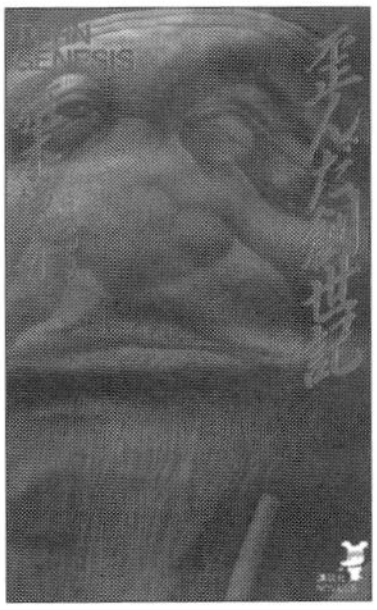


絶海の孤島で、惨殺死体と共に取り残された私と娘。私たちを狙う殺人鬼が、島に潜んでいるらしい。しかし、私も彼女も記憶を失っており、殺人鬼の正体はおろか、自分たちの素性も、この島が何処なのかも解らなかった。私たちは島を探索するうちに、次々と異様な出来事に遭遇する。やがて、全ての背後に潜む〈創造主〉と対決する事になるのだった――。第六回メフィスト賞を受賞した著者のデビュー作。作品のラスト近くで〈創造主〉が、私と彼女を抹殺するべく海から呼び出した太古の怪獣がクトゥルーである。クトゥルーは、火星人の空飛ぶ円盤と共に主人公たちに襲いかかってくるのだ。

## 殊能将之／黒い仏
講談社／2001年1月

「大雄猛なる世尊は、久遠に入滅したまふと雖も、無量無数劫には、滅度もまた滅度せん」――地獄に住まう蟲、朱誅朱誅にまつわる天台宗の禁忌、『妙法蟲聲經』の探索を依頼された石動探偵。そして、身元不明の男の殺人事件を捜査する福岡県警の中村刑事。2人の探索はやがて螺旋のように絡み合い、事件の影に蠢く異形のものどもが嘲笑を浮かべる。2013年に急逝した殊能将之の問題作。物語中で飛び交う数々の隠喩――九頭龍池の伝説、イエロー・サイン、星慧、顔面の削り取られた黒智爾観音菩薩像――を真に読み解けるのは、HPLの洗礼を受けた読者のみなのだ。

## 津原泰水・監修／血の12幻想
講談社／2002年4月

怪奇、幻想、SFなど他分野の作品を発表してきた津原泰水が監修する、血にまつわるホラー作品がテーマの作品集。前世紀末に惜しまれつつ他界したミステリ作家、山村正夫の『怨霊参り』（角川書店）収録の、「吸血蝙蝠」が採録されている（原稿依頼後に山村が亡くなったためとのこと）。急逝した主人公の友人・甲斐の自宅二階の一室にはゴシック・ロマンの怪奇小説がずらりと並んでいて、その中にポーやホフマンやラヴクラフト」などの作品が含まれていたという描写がある。『怨霊参り』は1985年の本なので、比較的最近出たこちらの作品集を紹介することにした。

## 石神茉莉／人魚と提琴　玩具館綺譚

講談社／2008年2月

廃墟のただ中で、奇妙な兄妹が経営する玩具館「三隣亡」。そこでは妖な物、異な物、怪な物、奇な物が扱われ、来る客たちも異様なものを背負っていることがあった。この日、三隣亡にきた女性は幼い頃に「人魚が住む村」に暮らしていたという。だが、その村は火事で全滅。彼女以外の殆どの住民は命を落としたという。彼女が村の祭りで聞いたという音楽は恐ろしい力を秘めていた。そして、彼女はその弾き手に再会するが。インスマスを思わせる山村を舞台に、エーリッヒ・ツァンを思わせる音楽家（ただし、イケメン）の強烈な音楽が谺する怪異譚。舞台となる「三隣亡」も魅力的である。

## 石神茉莉／音迷宮

講談社／2010年7月

1999年に『幻想文学』誌でデビュー、その後書き下ろしアンソロジーなどで活躍する著者の第一短編集。書き下ろしの「夢オチ禁止」では、主人公の少女は玩具館に迷い込む。その玩具館で出会った奇妙な娘は語る。彼女の妹は、娘が夢の中で殺したために生まれてこずに、玩具館の地下で眠っているという。この世界は妹の夢の中の存在で、娘は妹を慰めるためにフルートを奏でているという。この「妹」がアザトースであることが、意外なところで明かされるとともに、語り手の少女の正体も明かされていくのである。他に、表題作の「音迷宮」には『人魚と提琴』の三隣亡が登場している。

## 松本寛大／玻璃の家

講談社／2009年3月

1692年のセイラム魔女裁判が波及し、6人の犠牲者を出したというマサチューセッツ州のコーバン。住民から「ガラス屋敷」「魔女の家」などと呼ばれるリリブリッジ邸の廃墟にて、殺人事件が発生する。そして、犯人を目撃した少年は、他人の顔を認識できない相貌失認という障害の持ち主だった――。アイデンティティの喪失をテーマとする、島田荘司の絶賛を受けた、第1回ばらのまち福山ミステリー文学新人賞受賞作品。作者は『クトゥルフ神話ＴＲＰＧ』のファンで、『クトゥルフワールドツアー　クトゥルフ・ホラーショウ』に参加しており、本作にもＨＰＬの影響が見える。

## 殊能将之／赤の女王の名の下に　THANATOS

講談社／2009年11月

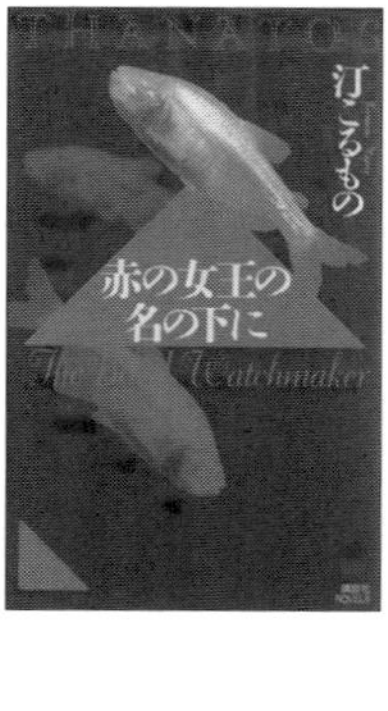


行く先々に死を撒き散らし、「死神」と恐れられる美貌の高校生・立花美樹と、兄絡みの事件に探偵役で関わり、すっかり捻くれた双子の弟・真樹。彼らの関わる事件を描く、ＴＨＡＮＡＴＯＳシリーズの一篇。生物進化の「赤の女王仮説」を通奏低音に、兄弟絡みの事件が原因でエリート街道から転落した読書狂の警察官僚・湊俊介らが、財閥令嬢の殺害事件に遭遇する。この湊警視の回想が幾度も挟まるのだが、旧神の力で邪神ツァトゥグァと戦ったヒューペルボリア（作中では南極）の巫女戦士の転生だと妄想する同級生につきまとわれたエピソードを皮切りに、神話ネタが次々と挿入される。

## 荒山徹／友を選ばば
講談社／2010年11月

時に1635年のフランス。刺激に乏しい日常を送っていた銃士隊副隊長ダルタニャンのもとに、イギリスの陰謀団スカーレット・ルピナス団を追跡する任務が舞い込んだ。彼らの狙いは、キリスト教以前の古代の聖遺物。ブルターニュで取り逃がした一味を追い、イギリスへと渡ったダルタニャンの前に、ウィロウリヴィングと名乗る片目の東洋人剣士が現れる。敵が味方に、味方が敵にめまぐるしく入れ替わる中、太古のヨーロッパで崇拝された黒き女神シュブ＝ニグラスが蠢動を始めるのだった——。異色の歴史作家、荒山徹が『三銃士』とアーサー王伝説、クトゥルー神話の融合に挑む。

## 一田和樹／キリストゲーム
講談社／2012年4月

時に、201X年。インターネットを利用する若者たちの間で「キリストゲーム」と呼ばれる奇妙なゲームが流行し、毎日のように数十人が自らの命を断っていた。この事態を危険視した日本政府は、内閣府直属のCIT（内閣官房サイバーインテリジェンスチーム）を捜査に投入。やがて、人類が長い歴史の中で磨きをかけてきた、文章によって人間を洗脳する技術、「言畏」の存在が浮かび上がってくるのだった——。言畏の研究者である登場人物の自宅には、耐性のない者が読めば精神に深刻な傷を負ってしまう言畏本のコレクションがあり、『ネクロノミコン』『ナコト写本』も含まれる。

## 幡大介／股旅探偵 上州呪い村
講談社／2014年2月

「あっしには関わりのねえことでござんす」という、どこかで聞いたことのあるような言葉が決めゼリフの、三十がらみの渡世人、三次郎が行く先々で出くわした事件において素人探偵ぶりを発揮し、事件を解決していく、「時代＋本格ミステリ」の逸品。第六章、つまり六番目の事件のタイトルが「名状しがたい股旅もののようなもの」という、それ自体が名状しがたいエピソードで、「まるで地球外の幾何学の法則に則って描かれているみてえだべ」といった抱腹必至のセリフがばんばん登場する——ただし、事件自体は至極まっとうな本格物なのだが。時代小説家の手になる異色の神話譚だ。

## 古野まほろ／「天帝」シリーズ既刊7冊
講談社、幻冬舎／2007年1月〜

勁草館高校に通う高校生、古野まほろが探偵役の本格ミステリ。講談社で4冊出た後、新作と旧作の加筆版が幻冬舎で刊行。最近、講談社に復帰した。1冊目『天帝のはしたなき果実』、登場人物の自宅の隠し書庫に『死霊秘宝』が並んでいる。この時は衒学的なくすぐりに見えたが、物語が進むにつれて超常的な存在の介入が明かされ、作中世界に存在する七つの神器のひとつが〈耀《かがや》くトラペゾヘドロン〉だという。4冊目にあたる『天帝のみぎわなる鳳翔』には「獣姦するために顕現した猶格索托斯《ヨグ＝ソトース》」というセリフがあるが、これも深い意味が込められているのかもしれない。

### 古野まほろ／「探偵小説」シリーズ　全5冊
講談社／２００８年４月～

過去の過ちによって帝都から逃げ出すように南国・実予へと転校した水里あかねと、謎めいた陰陽師の少女・小諸るいかのコンビが主人公の、青春学園ミステリ。実は、同じ作者の「セーラー服」シリーズ（角川書店）と同様、「天帝」シリーズと地続きの、密接な関係があるシリーズ。「天帝」シリーズにも登場するある人物が、祭具たる耀くトラペゾヘドロンを探索しているという設定が明かされる幻冬舎で再スタートした「天帝」シリーズとは異なり、こちらのシリーズは入手困難な状態が続いているので、比較的安く手に入るうちにネット古書店などでさっさと確保してしまうのが良いだろう。

### 三津田信三／忌館《いかん》　ホラー作家の棲む家
講談社／２００８年７月

元編集者のホラー作家である、三津田信三のデビュー作『ホラー作家の棲む家』の改題。日本ホラー小説大賞に、自分の名前で『百物語という名の物語』と題する作品が応募作として提出されていることを知った「私」が、やがて怪異に巻き込まれていくという筋立ての、本格ミステリとホラーが組み合わさった作品。作中、登場人物のつぶやきとして「すうますんいーるぅとく」「ちつぅうんだすーほとそぐよ」という意味の分からない言葉が出て来るのだが、これを逆さから読んでみると……。以後の三津田作品にも、軽い神話ネタが入り込むことがあるのだが、今のところ本格的な作品はない。

### 三津田信三／「死相学探偵」シリーズ
角川書店／２００８年６月～

他人に現れた死相が見えるという特殊な能力「死視」の持ち主であり、この力を活かしたある種のコンサルタント業を生業とすべく、探偵事務所を開業した弦矢俊一郎が主人公のシリーズ。1冊目『十三の呪』において、怪奇・幻想小説の愛読者である俊一郎が、最初の依頼人が持ち込んできた事件における自分の果たすべき役割を、様々な作品に登場するオカルト探偵と比較するシーンがある。最終的に彼が選んだのは、ラヴクラフトの作品世界において重要施設であるミスカトニック大学の図書館長を務め、魔導書『ネクロノミコン』の秘密に通暁するヘンリー・アーミティッジ博士だった。

### 香月日輪／妖怪アパートの幽雅な日常　全１０冊
講談社／２００８年１０月～

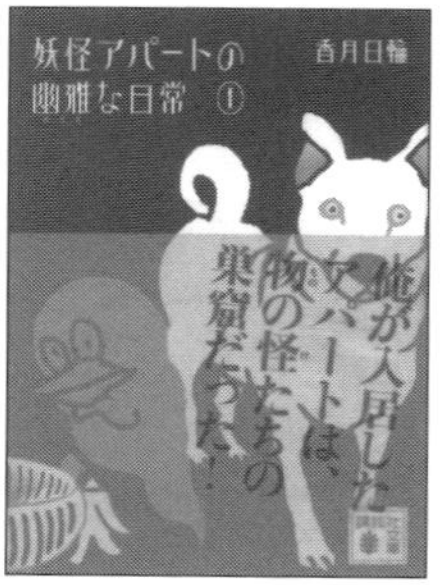


両親を早くに亡くし、伯父の家に引き取られた稲葉夕士は高校入学を機に寮での一人暮らしをはじめることになる。しかし、寮が火事になり再建されるまで住む物件を探し、格安の下宿を紹介される。そこは妖怪や幽霊や人間が暮らす妖怪アパートだった。彼らとの共同生活を経て成長していく主人公を描いた作品。二巻で主人公は魔道書『小ヒエロゾイコン』を入手したことで魔道書使いとなる。さまざまな精霊を召喚できるようになるが、そのなかにイタカという雷の精霊が登場している。講談社の『月刊少年シリウス』でコミック版が連載され、２０１７年７月からはアニメ版も放映された。

**村上春樹／風の歌を聴け**
講談社／2004年9月

「僕は文章についての多くをデレク・ハートフィールドに学んだ」――1938年6月の晴れた日に、右手にヒットラーの肖像画を抱え、左手に傘をさしてエンパイア・ステートビルから飛び降りた小説家の生と死から説き起こされる、村上春樹のデビュー作の文庫版。デレク・ハートフィールドは実在人物ではなく、HPLやR・E・ハワードといった、作者が愛読したパルプ小説を合成した架空のキャラクターだ。なお、彼は国書刊行会の『定本ラヴクラフト全集』の刊行時、推薦文を寄せている。同全集の編集者だった朝松健によれば、村上春樹がHPLに興味を抱いたのは妻の影響だとか。

---

**村上春樹／世界の終りとハードボイルド・ワンダーランド**
新潮社／1985年6月

二つの世界が交互に語られるうち、各々が響きあって一つの物語を作り出していく異色作。「ハードボイルド・ワンダーランド」では、脳内情報をめぐり「組織」と「工場」が暗闘する中、「組織」の調査員である私はある老科学者の依頼を受けるが、その調査は私自身の存在に関わるものだった。また、「世界の終わり」では、平穏な町にたどり着いた僕が自分の影と別れ、図書館で一角獣の骨に込められた「夢」を読む仕事につく。神話要素としては、「ハードボイルド・ワンダーランド」において、地下に潜んで死肉を食らう怪物「やみくろ」が、クトゥルー神話の影響を受けたと言われている。

---

**村上春樹／1Q84　全3冊**
新潮社／2010年4月〜

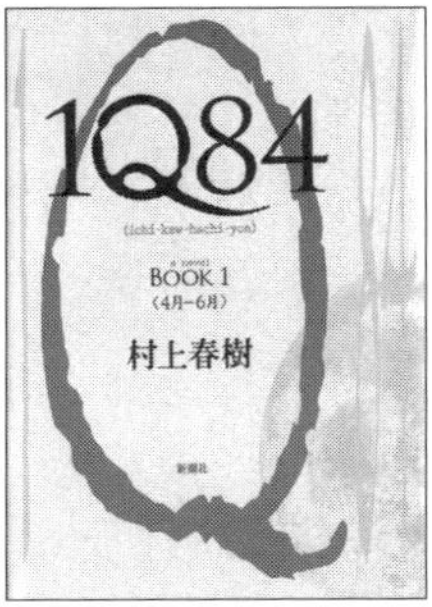


小説家を志す天吾は、十七歳の「ふかえり」が書いた小説『空気さなぎ』をリライトする仕事から、同作と彼女の言葉を通し「リトル・ピープル」の存在を知る。裕福な老婦人から殺人を請け負う青豆は、老婦人が保護した少女つばさが、うわごとのように「リトル・ピープル」と繰り返すのを聞く。それは何を意味するのか？　少女たちや宗教団体「さきがけ」との関連は？　リトル・ピープルは、本作を通して語られる謎の存在だ。ロバート・E・ハワードの遺稿からは、この題名のクトゥルー神話短篇が発見されており、同作ではストーンヘンジに生贄を捧げる太古の矮人の呼称である。

---

**篠田節子／竜と流木**
講談社／2009年2月

〈新潟日報〉紙で2015年元旦の号より連載された小説。太平洋上の島、ミクロ・タタに棲息する愛くるしい両生類ウアブ。一時的にこの生物を他の島に移したのと時を同じくして、真っ黒で俊敏なトカゲのような生物に人間が襲撃される事件が相次ぎ始めるのだった――南洋が舞台の生物パニックミステリー。連載時はウアブの名前がダゴンとされており、『竜と流木』というタイトルも「クトゥルーのアナグラムではないか」という噂が囁かれた。島に伝わる言い伝えの存在など、クトゥルー神話っぽさが漂ってはいるのだが、作者がどこまで意識していたかは今のところ不明である。

**中島かずき／星の忍者**
演劇ぶっく社／2000年10月

1995年に上演された、劇団☆新感線による同名の演劇のシナリオブック。織田信長が本能寺に倒れた後、蘇らせた明智光秀を傀儡に、魔の力をもって世界を支配せんとする愛喰我王（デーモン小暮）と、それに立ち向かう天王寺厄兵衛の戦いを描く伝奇活劇。中島かずきによる脚本では、冒頭で顥我王が「俺九頭竜不陀群、俺沙汰無辺離阿流辺流是仏竜」などの真言を唱えるシーンがある。上演版では、顥我王は愛喰我王となり、真言の文面も若干、アレンジされていたらしい。舞台の本編は、DVD－BOX『劇団☆新感線 20th Century BOX』に収録されているので、こちらで鑑賞可能。

**輪島貴史／群青の神々**
ウィンドプロモーション／2017年

2017年に上演された、ウィンドプロモーションの演劇『群青の神々』の原作小説で、舞台上演時に物販で販売されたもの。クトゥルフ神話があくまでも架空の物語だと認識されている《現実》の世界と、アーカムやミスカトニック大学が実在し、現に邪神とその眷属たちの脅威に晒されている《非現実》の世界が交錯する中、滅びの時を迎えつつある世界と、運命と狂気に翻弄されながらもそれに立ち向かっていく男女を描く。クトゥルフ神話をベースにしながらも、北欧神話の要素が加えられており、現実と夢の境界に存在する異世界『アナザーガイア』などの独自設定もある。

**綾辻行人／深泥丘奇談、深泥丘奇談・続**
メディアファクトリー／2014年6月～

京都の深泥丘に住む推理作家の日常に忍び寄る不気味な影。どうやら、数十年前に発見された如呂塚遺跡に関係があるらしい――。HPLを愛する新本格推理作家による、恐怖連作短編集。水の悪霊と火の悪霊の脅威を描く「悪霊憑き」は、東京創元社のアンソロジー『川に死体のある風景』からの再録。語り手の推理作家が、水の悪霊と聞いて「インスマウスの影」を思い出すシーンや、取り憑かれた女性が働いていた店の名前がDAGONといった小ネタが。HPLの「銀の鍵」を彷彿とさせる「開けるな」は、祖父の家にあった封印された小屋の鍵を偶然手に入れた推理作家の物語である。

**綾辻行人／Another　上・下**
角川書店／2011年11月

雑誌『野生時代』の連載作。単行本、文庫に続いてスニーカー文庫版も発売され、2012年にはアニメ化もされた。療養のため榊原恒一が転入した夜見山北中学校には、皆から無視される〈いないもの〉を設けるという奇妙なしきたりがあった――。HPLの「アウトサイダー」の構造をひっくり返したような、異物が紛れ込んだ世界を蝕む恐怖を描く。作中、恒一が『ラヴクラフト全集』第2巻を読むシーンがあるが（アニメ版では、東京創元社のものではないオリジナルの書籍になっている）、残念ながら「アウトサイダー」が収録されているのは第3巻なので、影響の有無は現状不明である。

**平山夢明／ミサイルマン　平山夢明短編集**
光文社／2007年6月

鬼畜系作家と名高い平山夢明の作品集。『秘神界　現代編』に発表された「或る彼岸の接近」が収録されている。語り手は、工業機器メーカーをリストラされてタクシー会社に再就職した中年男。バブルの頃に買ったマンションを手放し、新たに借りた家は異様に家賃が安かった。その理由は敷地内に由来の知れない墓があるためだった。気にせず暮らしだした語り手一家だったが、妻の言動が徐々におかしくなってゆく。妻の唱える言葉「ん狂い…ー朽ちぅ取るぅ家うが殴るふた軍…ー」は、クトゥルー神話の読者にはお馴染みの呪文だが、何も知らない日本人にはこうも聞こえるかもしれない。

**村上龍／悲しき熱帯**
角川書店／1984年9月

収録作の「鐘が鳴る島」が、神話作品になっている。南の島にサージアン・ラグクラフトと名乗る人物が移り住んだ。彼は海に十万枚以上のレコードの入った箱を投げ込むと、一人でトマトを育てはじめた。そして、1枚だけ残していた、教会の鐘の音のレコードを大音量でかけるのだった。そんなラグクラフトを訪ねてきた新聞記者は、かつて有名なミュージシャンだったという彼にインタビューを試みるのだが——。ラグクラフトが語る身の上話が、『だいじょうぶマイ・フレンド』のゴンジーの身の上話と酷似する。インスマウスでの経験も語られるが、ゴンジーと同一人物ではないらしい。

**村上龍／だいじょうぶマイ・フレンド**
集英社／1983年2月

映画版の脚本と小説が同時進行で執筆されていた村上龍の長編作品。ミミミとハチ、モニカの3人の若者がプールで遊んでいると、空から一人の男が落ちてきた。男はゴンジー・トロイメライと名乗り、宇宙人で空を飛んでいたが、飛翔能力がなくなったという。だが、そのゴンジーを狙い国際シンジケートが魔の手を伸ばしてきた。かくして、ゴンジーと3人の若者たちの冒険が始まった——。ゴンジーが地球人との初接触が、アメリカ東海岸のインスマウスの港町ということになっている。ゴンジーはインスマウスの住人から、「カリブの土人と魚の混血」と見なされていたというのである。

**都筑道夫／怪奇小説という題名の怪奇小説**
集英社／2011年1月

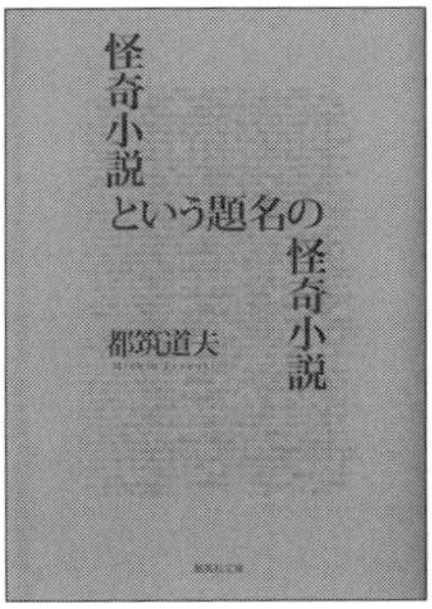


作家である「私」は、怪奇小説の締切に苦しんだ挙句、記憶喪失の男が放浪するという内容の洋書の盗作を決心する。そんなある日、「私」は死んだはずの従姉を目撃する。その時から、「私」の身の回りで起きる出来事は執筆作と奇妙な共鳴を見せ、幼少時の記憶の混乱と相まって怪異なる世界を醸しだしてゆく。従姉を追って旅立った「私」が見たのは、長野の寒村と、そこに隠れ住む奇妙な住人たちだった——。推理小説とも怪奇幻想小説ともつかない本作だが、物語後半の展開、近親相姦、地方の寒村、そして鱗を持つ異形の一族といったモチーフが何に由来するかは明らかである。

**安孫子武丸、田中啓文、牧野修／三人のゴーストハンター　国枝特殊警備ファイル**
集英社／2001年5月

破戒僧・洞蛙坊、霊媒師・比嘉薫、オカルト否定論者・山県匡彦。犬猿の仲の3人だが、4年前に幽霊屋敷で怪異に遭遇したのがきっかけとなり、怪異現象退治専門の国枝特殊警備の同僚となる。彼らが再びかつての幽霊屋敷に挑むとき、そこで見たものは。洞蛙坊のパートを田中啓文が、比嘉薫のパートを牧野修が、山県匡彦のパートを我孫子武丸がそれぞれ担当したホラー連作。ラストファイルも各自が別々のものを書いており、小説では珍しいマルチエンドとなっている。田中の「洞蛙坊の最期」において、幽霊屋敷に潜む黙示録の獣が「ヨグ＝ソトホートにも匹敵する」と評されている。

**日本推理作家協会・編／不思議の足跡**
光文社／2007年10月

ミステリというよりもホラー風味の強い作品を中心に編まれた、短編小説アンソロジー。『小説すばる』2005年8月号に掲載された、山田正紀の「悪魔の辞典」が収録されている。20代の女性の依頼で、結婚詐欺だという男を尾行することになった、ピンカートン探偵社サンフランシスコ支局の調査員が主人公。尾行対象のトーマス・キャラハンが辿りついたのは、メキシコ国境近くの町、コークスクルウ。そこで探偵を待ち受けていたのは、キャラハンを追う殺し屋、そして作家アンブローズ・ビアスを殺害したと噂されるメキシコ革命の闘士パンチョ・カランサ大佐だった——。

**ミステリー文学資料館・編／ふるえて眠れない**
光文社／2006年9月

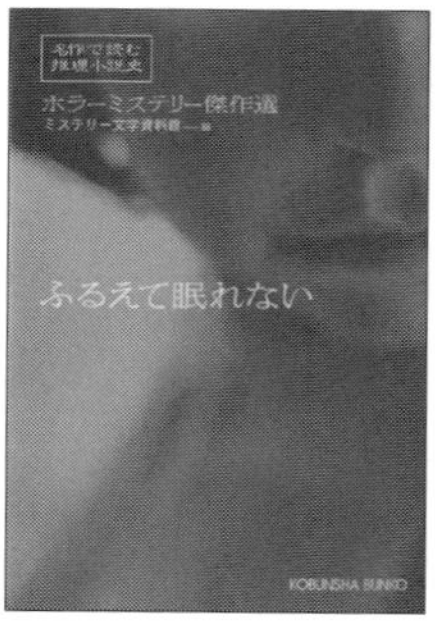


収録作の内、朝松健の「追ってくる」は、間男を始末するために黒魔術を行った亭主の物語。登場する魔術書には作者の創りだした神格であるヨス＝トラゴンが言及され、その呪いからはCt（以下判読不明）やYoに祈っても逃れられないとある。また、飯野文彦の「襲名」は、アンソロジー『秘神』初出のホラー短篇。大名人、三遊亭圓朝に、なぜか二代目を襲名したものがいない謎から始まる本作では、圓朝こそが江戸落語界に巣食う影の世界の発端であるとし、その邪悪な血脈を一人の噺家の高座と共に描いてゆく。圓朝の隠された出自は、下総国の海底郡夜刀浦市だったのだ。

**伊藤計劃、円城塔／屍者の帝国**
河出書房新社／2014年11月

屍者復活の技術が広く普及し、蘇生屍体が労働力として使用される異形の一九世紀末。ある密命を帯びて世界各地を巡ることとなった、大英帝国の諜報員J・H・ワトスンの物語。夭逝の作家・伊藤計劃が冒頭のみ執筆した未完の作品を、友人である円城塔が完成させた作品である。物語の後半、ロードアイランド州のプロヴィデンスと星の智慧派が登場するなど、HPL「闇をさまようもの」が下敷きとなっている展開がある。また、クトゥルー神話作品において『ネクロノミコン』（「死者の書」と呼ばれることがある）と同一視される『ジャーンの書』への言及があるなどの神話ネタが。

**神月摩由璃／花輪竜一郎さんの優雅な生活**
早川書房／1991年11月

ライトSF作家の花輪竜一郎は平凡な人生を送っていた。しかし、ある日を境に、竜一郎はケンタウロス、ミノタウロス、トロル、メデューサ等々の神話や伝説の生き物と人間が共存する世界にいることに気づくのだった。戸惑う竜一郎だが、そんな世界でも締め切りは迫る。はたして竜一郎はちゃんと原稿をあげることが出来るのか。ファンタジーな世界でのライトSF作家（この肩書きに時代を感じる）の日常を描いたほのぼの連作ファンタジー。クトゥルーのたこ焼き屋や、ウールメーカーのシュブ＝ニグラスが登場。クトゥルーにたこ焼きを絡めたネタの、商業初出と言われる作品である。

**岬兄悟、大原まり子／「SFバカ本」シリーズ**
廣済堂出版、メディアファクトリー／1999年1月〜

岬兄悟、大原まり子夫妻が編纂する、ハチャハチャSF、ドタバタSFのアンソロジーシリーズ。〈白菜編プラス〉の巻では野阿梓の「だるまさんがころんだ症候群」、〈リモコン変化〉の巻では田中啓文の「怨臭の彼方に」と久美沙織の「如何なる御酒より甘く」、〈だるま篇〉の巻では井上雅彦の「フィク・ダイバー」、そして〈天然パラダイス篇〉（これのみメディアファクトリー）では小林泰三の「超限探偵Σ」という具合に、神話ネタの盛り込まれた作品が収録されている。いずれもバカSFの名前に恥じない怪作であり、クトゥルー神話の懐の深さを感じ……させるといいなあ。

**佐藤大輔／虚栄の掟　ゲーム・デザイナー**
幻冬舎／1997年11月

2017年3月、数多くの未完のシリーズを遺して、惜しまれつつこの世を去った佐藤大輔の、ゲーム業界ミステリ。殺人や窃盗などの犯罪ではなく、とあるゲーム開発会社内で、独立を画策している「誰か」を社長の命令で探すという、ある種の心理ミステリである。作中の会社はコンシューマゲームを扱っているが、社屋などの描写から作者がかつて所属したボードゲームメーカーの内情がモチーフではないかと、マニアの間で話題になった。作中、会社に泊りがけで作業していたテストプレイヤーたちが、インスマスの半魚人に形容されている。佐藤作品では唯一のクトゥルー神話ネタと思しい。

**上甲宣之／脱出迷路**
幻冬舎／2010年9月

脱出ゲーム系ホラーアクション。主人公の凪浜そよかは親友の三條和嘉子から、その夢を見ると必ず死ぬと言われる「首夢」の都市伝説を聞く。夢の中で実際に不条理な脱出ゲームに参加させられたそよかは、そこで美少女月宮かぐや、自らを「夢現」と名乗る青年・南風原駆流と出会い、眠れる創造神アザトースとその世話をするカダスの王・ナイアルラトテップの姿を垣間見る。「輝くトラペゾヘドロン」の力で夢を支配するチョスンサジャに、そよかはもうひとつのトラペゾヘドロンの力を秘めたカメラを使って戦いを挑むが、やがて夢の世界支配者ナイアルラトテップと対峙する——。

### 戸梶圭太／トカジャクソン

光文社／２００３年９月

しょうもない人間たちの、しょうもない物語を書かせれば右に出る作家はなかなかいない小説家、戸梶圭太の作品集。収録作のひとつ、「歌舞伎町スラッシュ」は、怪しげな事件を追いかける土浦警部とその部下たちのストーリーを背景に、夜の歌舞伎町でやみくもに交錯する人間模様を描く作品。作中、合流しようと連絡をとりあう不倫カップルの圭子とミキオの現在位置が、それぞれ「ホテル　クトゥルー」「ラブクラフト」という名のラブホテルの前だという話が出来る。「ラブクラフト」の前で落ち合うことにした二人だったが、歌舞伎町では圭子の夫と娘も別の目的で走り回っていて——。

### 戸梶圭太／西東京市白光団地の最凶じいちゃん・イワオ(74)　全３冊

オークラ出版／２０１２年３月〜

オークラ出版のライトノベルレーベル、NMG文庫から発売された『おじいちゃんもう一度　最期の戦い』が、オークラ出版文庫からシリーズとしてリニューアル刊行されたもの。父親・武人のツイッター炎上で、都心から西東京市の荒廃した団地への引っ越しを余儀なくされた、美専出身無職の星野直人。これは、白光団地で彼が体験したおぞましくも色っぽい出来事を、祖父・巌の力を借りながら直人が切り抜けていく、カオス感溢れる物語である。作中で直人が教えてもらう、声が出なくなる効果があるという呪文の内容が、クトゥルー神話の固有名詞を適当に並べ立てたようなシロモノだ。

### 森見登美彦／きつねのはなし

新潮社／２００６年１０月

収録作のひとつ「水神」は、京都の鹿ケ谷に屋敷を構える旧家、樋口家の老人の死にはじまる物語。集まった親類たちの話題は、樋口家の来歴や、屋敷のどこかにあるのだという家宝、そして琵琶湖疏水の掘削事業に技師として関わり、事業家として一代で財をなした初代・樋口直次郎のことに及ぶ。そうこうする内に、屋敷内では奇妙な出来事が起こり始め——。「インスマスを覆う影」のマーシュ家を彷彿とさせる、水神の恩恵で繁栄した一族を巡る物語。作者の代表作である『四畳半神話大系』のタイトルは「クトゥルー神話大系」からとったということなので、本作も影響下にある可能性が高い。

### 武満徹／武満徹著作集３

新潮社／２０００年５月

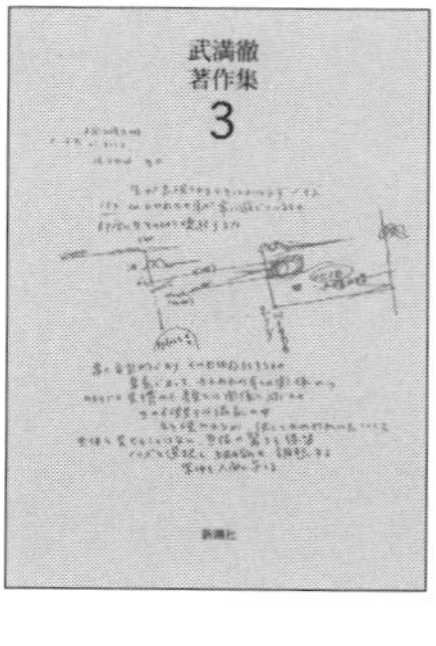


作曲家・武満徹の名は没後１５年以上が過ぎてなお、不朽の輝きを放っている。近代フランス音楽やジャズ、シャンソンの素養を持ち、電子音楽や伝統的な和楽器まで、各種楽器を自由闊達に組み合わせ独自の世界を切り拓いた現代音楽の巨人。映画音楽でも、『切腹』『怪談』と抽象絵画を思わせる斬新で先鋭的な音を時代劇に導入、高評価を得た彼には、小説作品もある。本書収録の、中国のある祠堂で発見された化石を皮切りに、「私」が「あなた」に対し狂死した伯母との対話を淡々と語る短編がある。１９７３年に書かれたこの作品の冒頭で、武満は『ネクロノミコン』を引用している。

**諸口正巳／「不死身のフジミさん」シリーズ　全3冊**
中央公論新社／2008年1月～

富士見功は42歳の平凡なサラリーマン。しかし、彼の前に御眷族と名乗る者が現れた事から、非日常の世界に巻き込まれる。御眷族とは八百万の神々の遣いとなる存在で、富士見さんは神を殺す能力を不死身の身体に秘めた、鬼の末裔だと告げられた。神に等しい力を持つが、神々が断じて神と認めなかった邪悪な〈非神〉を倒すという特命を果たすべく、富士見さんの戦いが始まるのだった。

脱力系・アクション・ホラー長編。作中の〈非神〉というのは、要するにクトゥルー神話の邪神やその眷族たちで、アザトースやヨグ＝ソトースを思わせる〈非神〉や、その他のモンスターが登場する。

**吉川良太郎／ボーイソプラノ**
徳間書店／2001年9月

近未来のフランスに生まれた暗黒街を舞台に、愛を見失った探偵の巻き込まれた無垢なる魂と純粋なる狂気の物語。この物語では「クトゥルフの呼び声」が非常に重要なキーワードとして登場する。暗黒街を暗躍する殺人鬼の手紙の中に自称としてそのタイトルが使用され、作中における無意識の狂気、理性を壊す恐怖を暗喩する。殺人鬼の「クトゥルフが呼ぶのだよ。この街の地の底、夜の底から。世界を笑えと」のセリフは、まさしく狂気に囚われた殺人鬼に相応しい。また、作中に登場する暗号が「アル・アジフ　アラビア語初版」というのも、読者的にはニヤリとさせられる箇所である。

**伏見健二・他／ゆきどまり**
エニックス／2000年7月

9人の作家によるホラー小説アンソロジー。伏見健二が、『竹取物語』とクトゥルー神話を強く意識した作品「少女、去りし」で参加している。高根郷で農家を営む吉田源三郎には、なかなか子供が生まれなかった。そんな時、新興宗教にのめりこんだ妹・浅子が、父親が誰ともわからない赤ん坊を産んで帰郷する。源三郎は浅子から子供を取り上げ、自分の子として育てることにした。16年が経過し、その娘――夕子は美しい少女に成長した。父と男の狭間で苦悩する源三郎をよそに、寝食を忘れて読書に熱中する夕子の手元には、かつて浅子の属した教団が発行した『無名祭祀書 抜粋』が――。

**乾緑郎／塞の巫女　甲州忍び秘伝**
朝日新聞出版／2014年10月

2011年に刊行された、『忍び秘伝』を改題した文庫版。時に元亀三年（一五七三年）、遠江国の三方ヶ原において、織田方の徳川家康と対陣する武田晴信は、悍ましい兇神・御左口《みしゃぐち》神を戦陣に現出せしめ、徳川勢を潰乱させた。晴信の手には、謎の巻子本『在阿条経』――かつて甲賀三郎が蓼科の人穴の奥深くで入手したとも言われる、西域に由来する狂気の経典を巡り、何事かを目論み暗躍する魔道の忍者・加当段蔵、そして川中島で死んだはずの山本勘助に、望月千代の薫陶を受けた歩き巫女の小梅と、偶然、彼女と縁を結んだ若武者・武藤喜兵衛が挑む。戦国クトゥルー神話譚の快作。

**黒沼健／奇人怪人物語**
河出文庫／1987年11月

映画『ラドン』の原作を手がけた作家の黒沼健はオカルト・ライターの走りのような人物で、ノストラダムスの予言を日本で最初に取り上げたと言われている。本書は1965年に新潮社から刊行された同名の本の文庫版。白昼に失踪者した人間テーマの「雲散霧消した話」に、アメリカの怪奇小説家H・P・ラヴクラフトが、十数年前にウィスコンシンの自宅から消失したという話が紹介される。HPLの「銀の鍵」とA・W・ダーレスの「アルハザードのランプ」のごった煮のような内容で、アーカムハウスのあったウィスコンシンが出て来るあたり、伝聞をうろ覚えで紹介した可能性が高い。

**嶽本野ばら／鱗姫**
小学館／

美貌の令嬢・龍烏楼子は、兄の琳太郎と共に美しいものを愛でて暮らしていた。幸せな日々を送る楼子だが、彼女の周囲を奇妙なストーカーが執拗につきまとう。そんな中、楼子は皮膚が鱗状になるという奇病を発症する。叔母の黎子によると、その病は龍烏家に伝わる不治の奇病だという話なのだった。治療法を求める楼子は、禁断の方法を知り――。呪われた血筋と変容する身体に脅える、少女の恐怖を描く長編ホラー。作中、兄にHPLの「インスマウスの影」を読まされた楼子が、己の境遇と酷似する物語にショックを受けるシーンがある。

**二階堂奥歯／八本脚の蝶**
ポプラ社／2006年1月

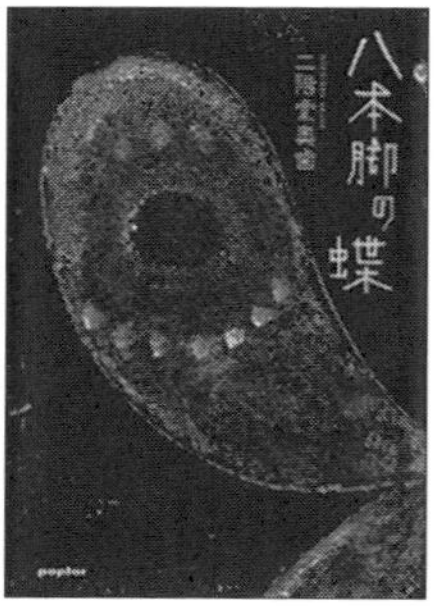


この本は、厳密に言えば小説などの物語ではない。編集者であった二階堂奥歯の、2001年6月13日から2003年4月26日にかけて――自殺する直前までしたためていたWEB日記を丸ごと全部、彼女が季刊『幻想文学』誌に寄稿したいくつかの書評と共に収録した本である。2003年1月10日の日記にぬいぐるみのナイアルラトホテップちゃん、クトゥルーちゃん、ちびクトゥルーちゃんが登場。同年2月21日に物語仕立ての日記があったことで、コンビニ書籍の『恐怖と狂気のクトゥルフ神話』(白夜書房)に関連書として紹介された。彼女の日記は、現在もWEB上に残っている。

**蘭光生／美教師**
フランス書院／

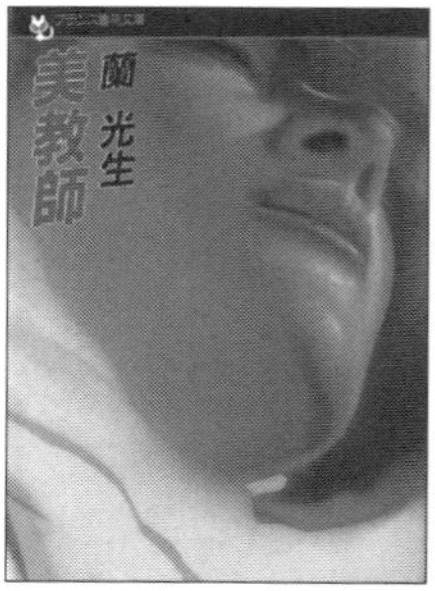


凌辱小説の雄として官能小説界で一世を風靡した蘭光生の短編集。「拾った女」という短編の主人公、泉章は怪奇小説愛好会「アーカム・ハウスの会」の会員だった。ある時、会員の溜まり場の酒場「アーカムハウス」からの帰りに、酔った会員の女の子を見つける。章は欲望のままに、彼女をホテルに連れ込み凌辱の限りを尽くしていくのだ。著者はワセダミステリクラブ創立時の会員で、間羊太郎名義でミステリの評論や児童向けの雑学本を書き、式貴士名義でSFを執筆した。作中の「アーカムハウスの会」は日本冒険小説協会がモデルで、酒場も同会の公認酒場「深夜プラス1」がモデル。

**風見潤／クトゥルー・オペラ　全4冊**
朝日ソノラマ／1980年7月

ライトノベルがヤングアダルト、ジュヴナイルなどと呼ばれた80年代前半に刊行された、日本最初のクトゥルー神話長編。邪神の総帥アザトースが、封印された邪神達に地球再侵攻の指令を発する。これに対して立ち上がったのは、世界経済を牛耳るリチャード・ホリスター。彼は善なる旧神の啓示を受けた超能力者で、旧神の指示で邪神に立ち向かう力を備えるために、財を貯蓄したのである。善神の啓示で集められた7組の双子の少年・少女達は超能力を駆使し、多大なる犠牲を払いながらも邪神を次々と葬り去る。壮絶な戦いの最中、旧神の星で知った驚愕の事実。彼らを最後に待つ運命は――。

**風見潤／ゾンビ・ウォッチャー　白銀に眠る妖魔**
講談社／1997年2月

少女向けのレーベルである、講談社X文庫ティーンズハートから刊行された風見潤の「ゾンビ・ウォッチャー」シリーズの第5作。シリーズ通しての主人公である白川美帆と大江圭は友人とスキー旅行に行くが、宿泊したホテルには不気味な雰囲気が。ホテルの地下の洞窟にはかつて旧神に封印された邪神ダゴンが眠り、インスマス人であるダゴンの崇拝者たちは、スキー客を生贄に捧げてダゴンの復活を企んでいたのだ。失踪した友人と宿泊客を探して地下の洞窟を訪れた主人公たちは、ダゴン復活のための儀式を目撃する。HPLの「インスマスの影」を下敷きにした、ホラー作品である。

**西谷史／デジタル・デビル・ストーリー　全9冊**
徳間書店／1986年3月

コンピュータによる悪魔喚起というアイディアを提示し、人気RPGシリーズの原点となった伝奇シリーズで、1冊目のタイトル「女神転生」が有名。悪魔召還プログラムを開発した中島朱実は魔術に精通する高校生で、『死者の書』『ナコト写本』などを所有している。彼が所属するISG（インタナショナル・サタニスト・ガーデン）のホストコンピュータの設置場所がアーカムだったり、黄泉の国で出現する黄泉醜女のモチーフが〈深きもの〉だったりと、クトゥルー神話を意識した設定が数多くとりこまれている。敵対する黒魔術師イスマ・フィードの呪文には「ヨグ＝ソトース」の名も。

**西谷史／愛蔵版デジタル・デビル・ストーリー　全3冊**
ブッキング／2005年6月～

刊行から20年が経過し、入手困難になっていた『デジタル・デビル・ストーリー』シリーズの、復刊ドットコム（ブッキングはこのサービスの運営会社である）の投票による復刻版。全9冊の文庫版を全3冊のソフトカバーにまとめたのみならず、作者の方針変更や2005年の状況に合わせた大規模な加筆修正が行われている。なお、アトラスの『女神転生』シリーズにおいて、西谷の小説が直接の原作になっているのはナムコ発売のFC版第1作（及びそのリメイク版）のみだが、悪魔召喚プログラムや生体マグネタイトなどの用語が使用されているため、原作者としてクレジットされている。

**南原順／女神異聞録ペルソナ　神取の野望**
ビクターブックス／1997年5月

アトラスのオカルトRPG『女神異聞録ペルソナ』における重要人物、SEBEC社の御影町支社長、神取鷹久が中心の、アトラス公認の外伝小説。彼がいかなる人物であり、D・V・A（デヴァ）システムの最終実験で異次元空間と接触し、悍ましい邪神と直面した時、いかなる考えのもと、いかなる目的で行動したのかが描かれる。彼とそのペルソナが、続編の『ペルソナ2』2部作にも影を投げかけていることを考えると、全ての始まりが明かされる重要作である。なお、作者である南原順は、エニックスのGファンタジーノベルズでら刊行された『ペルソナ2』のノベライズも手がけている。

**甲斐透／ペルソナ・アナザービジョン　明日出会う自分へ**
スタジオDNA／2001年4月

アトラスのRPG「ペルソナ」シリーズの『女神異聞録ペルソナ』と『ペルソナ2罪・罰』を繋ぐアナザーストーリーとして、『女神異聞録ペルソナ』の主要キャラクター3人の短編が収録されている。これら2作品にはクトゥルー神話的存在が前面に登場していたが、慣れないセールスマンの仕事に苦労する城戸玲司（レイジ）の短編「仕組まれた未来図」では、直接的にペルソナ2へつながる設定と共に、ペルソナのニャルラトホテプが登場している。ペルソナとして使用されるだけのシーンだが、既にプレイ済の読者であれば、ニャルラトホテプの効果的な使い方に「らしさ」を感じるだろう。

**吉村夜／真・女神転生　廃墟の中のジン**
富士見書房／2001年8月〜

『真・女神転生』のノベライズで、時系列的にはICBMによって東京が壊滅した後で、悪魔たちが跋扈する東京を生き残ったジンという名の少年が主人公。人狩りに攫われ、悪魔に襲われたところを悪魔使いであり、子供たちばかりのグループ「ク・リトル・リトル」のリーダーであるライシンに救われたジンは、彼のもとで悪魔使いとしての訓練を受ける。ライシンが行方不明となった後、ジンは新たなリーダーとなって荒野を生き抜いていく——。物語の終盤、かつてライシンも関わった日米政府合同の『クトゥルー計画』、そして対悪魔特務機関ク・リトル・リトルの存在が明かされる。

**吉村夜／真・女神転生if…　魔界のジン**
富士見書房／2002年10月〜

アトラス発売のRPG『真・女神転生if...』のノベライズ作品。魔神皇を自称する少年によって、異世界に飲み込まれた私立軽子坂高校が舞台の物語という点では原作ゲームと同じだが、同じ作者の小説『真・女神転生 廃墟の中のジン』からジン（真辺仁）をはじめとする主要登場人物たちがオカルト研の面々として登場し、物語の主役に配されるというユニークな造りになっている。物語のラスト、魔界への道を開こうと調査を続けるオカルト研の一人が、それらしい方法が載っているというアラビア語の書物を発見したというくだりがある。作者の趣味からして、この本の正体は——。

**新熊昇／アルハザードの遺産**
講談社／1994年8月

小池一夫が開講した劇画村塾出身の著者による、日本作品では珍しいアラベスク綺譚。『アルハザードの遺産』は、クトゥルー神話最重要の魔導書『ネクロノミコン』を著した「狂えるアラブ人」アブドゥル・アルハザードを主人公とした連作長編である。禁断の知識を求める若き好古家が蒐集した古のものは、彼に伝説の魔術師アルハザードの陰謀と、それに立ち向かった賢者・魔術師たちの物語を伝えていた。探求にのめりこみ、更なる知識を求める青年。しかし、その行く手に待ち受けていたのは「彼ら」の罠だった——。『千一夜物語』を思わせる幻想のイスラム世界を舞台にした物語。

**新熊昇／アルハザードの逆襲**
講談社／1995年11月

亡き父が隠し通そうとしていた邪神達の魔道のことを知り、これを探るうちにどうしようもなくその魅力に取り憑かれていく少年アブドゥル・アルハザード。やがて彼は忌まわしき魔道師アブドゥル・バギムこそが自分の真の父親であることを知る。バギムが執筆中だった『ネクロノミコン』を入手した彼は、これを完成させることを誓うのである。『アルハザードの遺産』に引き続き、アブドゥル・アルハザードを扱う異色の短編集。イスラム風の幻想世界を舞台に、邪悪な魔道師アルハザードが陰謀を巡らし、破滅する様が描かれた表題作「アルハザードの逆襲」の他、4本の短編が収録される。

**新熊昇、都築由浩／災厄娘 in アーカム**
講談社／2010年10月

新熊昇によるクトゥルー神話小説の新シリーズ。政府の極秘研究所は2つの謎のDNA配列を組み合わせて強靭な細胞を生み出すが、それに古代からの悪魔ディアブロが乗り移った。強靭な生命力と変幻能力を得たディアブロを倒すには、より強力な〈外なる神〉を召喚する以外に手立てはない。ミスカトニック大学の若き美人準教授アイリーン・ウェストは〈外なる神〉を召還するべく立ち上がるのだった——。ハーバート・ウェストとマーシュ一族、さらにはアブドゥル・アルハザードの血まで受け継いだ、クトゥルー神話界のサラブレッドともいうべきヒロインが活躍する神話長編だ。

**新熊昇／冥王の刻印**
青心社／2015年4月

ミスカトニック大学の若き助教にして、〈死体蘇生者〉ハーバート・ウェストの孫にあたる、アイリーン・ウェストが主人公のシリーズ第2弾。時系列的には、『災厄娘inアーカム』の前日譚にあたり、版元によれば、作者の自費出版であるとのこと。
HPLの「闇をさまようもの」の後日談でもある連作小説風の表題作と、奇妙な色彩を帯びた生物が見られる謎めいた〈庭〉にまつわる「ザーナックの庭」が収録されている。作者が解説に書いた通り、独立した作品として読むことも可能だが、HPLの諸作品などのクトゥルー神話作品群を読んでいる方が、より面白く感じられるはず。

**山本弘・他／ヘンダーズ・ルインの領主**
ホビージャパン／1991年12月

グループSNEのTRPG小説集。ホビージャパンの『クトゥルフ・ワールド・ツアー』に収録された山本弘のリプレイ小説「スキュラの恐怖」を収録している。「私」がその恐怖を目撃したのは、愛するドリスからの電話がきっかけだった。彼女の部屋に転がっていた見知らぬ女の死体を密かに処分した私は、私達に怨みを抱く「魔女」アンバーの目論んだ復讐の手段を探る内に、おぞましくも忌まわしい真実に到達する――。ヘンリー・カットナーの「ハイドラ」（「インスマスを覆う影」で言及される〈母なるハイドラ（ヒュドラ）〉とは別）を下敷きとした、忌まわしくも美しい作品である。

**山本弘／ギャラクシー・トリッパー美葉　全3冊**
角川書店／1992年11月

20世紀末、平凡な中学生の飾美葉は、高度なAIを搭載した巡航ミサイルと知り合った。ルーと名付けられたミサイルは、回収に来た米軍から美葉と一緒に逃げ回り、ついには宇宙へと飛び出した。遭遇した宇宙人に改造されたルーと共に、地球へ帰るべく宇宙をさすらうという、ナンセンスとギャグの混じりあうバディもののスペースオペラ。SFにアニメ、特撮など多くの小ネタが仕込まれているのだが、相手の精神バリアーを無効化する目的で、「論よりショゴス、花よりダゴン」などのクトゥルフかるた10連発と称するダジャレを連発し、精神的なダメージを与えるというシーンがある。

**山本弘／妖魔夜行　戦慄のミレニアム**
角川書店／2000年4月

全世界規模で起きる少年失踪事件と妖怪たちへの襲撃。その背後には、世界破滅を目論む〈神〉の復活があった。〈神〉に対して、全世界の妖怪、妖精、悪魔そして神々が総力を結集して立ち向かう。だが、〈神〉の圧倒的な力の前に、妖怪たちは敗れ去ろうとした。最後の希望は二人の小さき者たちに託された――。妖怪が実在する世界を舞台とした、ライトノベルシリーズ「妖魔夜行」の最終巻で、悪役モンスターとしてディープ・ワンが登場する。「妖魔夜行」では人の想いが生命エネルギーに形を与えて妖怪が生まれる。つまり、ディープ・ワンは我々神話ファンの想いから生まれたのである。

**西奥隆起、他／百鬼夜翔　黄昏に血の花を**
角川書店／2001年4月

妖怪が実在する世界を舞台とした「妖魔夜行」の後継シリーズである、「百鬼夜翔」の短編集。「妖魔夜行」では、妖怪の存在を知った人間は彼らと協力関係を築いたが、「百鬼夜翔」では妖怪と敵対する能力と意思を持ったハンターがダークヒーローとして登場する。表題作「黄昏に血の花を」は、妖怪ハンター石動は、人間や妖怪を餌食に繁殖する植物妖怪の園に迷い込むというエピソード。舞台となる花園は、ジャスティン・ジョフリーの詩に言及される存在が妖怪化したという設定である。ジョフリーは昭和初期に日本にも紹介され、谷崎や三島などに愛されたという作中設定が語られる。

**安田均、山本弘／ゴーストハンター1 ラプラスの魔【完全版】**
富士見書房／2014年9月

グループSNEの安田均が手がけたホラーRPG『ラプラスの魔』のノベライズ。角川文庫（後にスニーカー文庫）から刊行されていたが、完全版として復活した。マサチューセッツ州南部の田舎町ニューカム、その町外れにある幽霊屋敷で、陰惨な殺人事件が発生した。様々な思惑を胸に屋敷に集う探偵、ジャーナリスト、神秘家、霊媒師、超能力者、発明家たち。奇書『影のフランス』に描かれるもう一つの世界と、そこに君臨する恐るべき邪神が彼らを待ち受ける――。原作ゲームのPC版はストレートな神話作品ではなかったが、山本弘により本格的なクトゥルー神話小説に生まれ変わった。

**安田均、山本弘／ゴーストハンター2 パラケルススの魔剣【完全版】**
富士見書房／2014年12月

『ラプラスの魔』の続編としてPC-9800シリーズ版のみ発売された、ホラーRPGのノベライズ。ニューカムの事件から7年後、SPR（心霊研究協会）の創立五十周年記念パーティに参加することとなったモーガンたち。彼らはそこで、霊媒能力を持つ少女フランカが、ヨーロッパを見舞う災厄を幻視する現場に居合わせる。フランカの保護者であるオカルト専門の出版社を経営するスミスの依頼で、ヨーロッパ各地を巡る調査に出発するモーガンたちだが――。ログイン冒険文庫、スニーカー文庫を経て改めて完全版として刊行された。この際、外伝「堕ちた天使」が追加されている。

**安田均、秋口ぎぐる／ゴーストハンター3 アルケリンガの魔海**
富士見書房／2015年2月

『ゴーストハンターRPG』の改訂版である『ゴーストハンター13 タイルゲーム』の発売と連動し、約20年ぶりとなるシリーズ最新作として、グループSNEの安田均と秋口ぎぐるの共著の形で書き下ろされたホラー小説。オーストラリア独特の神話概念「ドリームタイム」がテーマで、時系列的には『ラプラスの魔』の4年後、『パラケルススの魔剣』の3年前に起きた出来事となる。ニューカムでの事件をもとにした小説を刊行したことがきっかけで、記者から作家へと転向したモーガンが、夫のアレックスと共に取材旅行のため訪れたオーストラリアで遭遇した、猟奇的な事件を描く。

**山本弘／MM9 既刊3冊**
東京創元社／2007年11月〜

怪獣が災害として猛威をふるう世界。怪獣防災のスペシャリスト集団として気象庁特異生物対策部、通称・気特対が編成される。シリアスな設定の怪獣SFだが、シリーズ1冊目の最後のエピソード「出現！ 黙示録大怪獣」で邪神復活を目論む陰謀団が登場し、クトゥルー神話的なストーリーに突入する。登場するのは、古代の神クトゥリュウ。この世界のクトゥリュウは〈旧神〉によって封印されているのだが、千年に一度復活して〈旧神〉と戦う運命にある。両者の戦いの記憶は、各地の神話や伝承に残っているのだ――。2010年の実写ドラマ版では、クトゥリュウは未登場。

**北沢慶／真の名は……　モンスター・コレクション・ノベル**
富士見書房／1998年8月

グループSNEがデザインし、現在はブシロードが展開しているトレーディング・カードゲーム「モンスター・コレクション」の世界観がベースの、小説シリーズの第二期（エルリク編）。無法召還術士を名乗る少年エルリクが仲間とともにエルリクの友である「九尾の狐」サラスをめぐる、六門世界を揺るがす陰謀に立ち向かい、成長してゆく姿を描く。エルリクの仲間である少女アゴニーは水棲の魔物の召還を得意とするが、実は彼女は「おじーちゃん」に命じられて旅をしており、最終決戦では「深きもの」と呼ばれる青いぬっぺりした肌を持つ魔物を「家来」として召還している。

**友野詳／ジャバウォック　真田邪忍帖　全2冊**
KADOKAWA／2016年10月〜

織田信長が魔界の扉を開き、エルフやドワーフ、デーモンといったわけのわからぬ魑魅魍魎人が跋扈する魔道の巷となった日本。最大の魔術戦争であった大坂夏の陣によって魔界戦国の時代が終わり、徳川の御代が訪れてなお、冥府から蘇った豊富方の残党たちが正気の世界を脅かす。そんな中、左目を革の眼帯で隠す一人の青年が、姫路城主・本多忠刻に嫁いだ千姫を訪ねようとしていたが、時既に遅く、千姫は真田十幽鬼の一人である忍者・猿飛佐助にかどわかされていた――。蜘蛛を守護する一族の出で、千姫を守護する女忍者のあとらなど、クトゥルー神話の要素も取り込まれている。

**エニックス出版局／ドラゴンクエスト　モンスター物語**
エニックス／1989年7月

エニックスから発売された、『ドラゴンクエスト』シリーズのワールドガイダンスとも言える小説シリーズのモンスター編で、ダイナミックプロの早坂律子らが本文構成を担当している。悪魔族のベビーサタンが修行を積み、ミニデーモン、グレムリン、ベビル、アークデーモンを経て最高位のベリアルへと成長するという内容の「悪魔族出世双六」で、アークデーモンになるためにエビルマージから課された修行が、ネクロノミコン全一万二千五百六十七冊の、断食しながらの写経とされる。内容には触れられていないので、ドラクエ世界のネクロノミコンがいかなる書物かはわからない。

**会川昇／小説　戦え！イクサー1　上・下**
角川書店／1989年1月〜

80年代に制作されたOVA『戦え！イクサー1』（全3巻）の小説版で、現在もなおアニメ・特撮の脚本家として活躍している会川昇の小説デビュー作でもある。戦争によって故郷の惑星を失い、宇宙を旅していた「クトゥルフ」と呼ばれる種族が、放浪の旅を終えるべく地球への侵略を開始する。この「クトゥルフ」の侵略に立ちふさがるのが、謎の美少女戦士イクサー1と超兵器イクサーロボなのだった。「クトゥルフ」という名称は、OVA版では名前だけのものに近いが、小説版では地球で知られているクトゥルフ神話について言及され、両者が同一のものであることが明示されている。

### 伏見健二／セレファイス
メディアワークス／1999年3月

夏も終わりを控えた神奈川県S市を舞台に17歳の才色兼備な女子高生・水沢裕紀と、不思議な魅力を持つバイク乗りの転校生・東宮騎八郎との出会いを描くボーイ・ミーツ・ガール作品——。と、思いきや。実は、東京湾群発地震をきっかけに蠢動を開始する陀言秘密教団、そして邪神崇拝の謎をお互いの家系に絡ませるクトゥルー神話物語と、揺れ動く2人の不安、そして恋心を綴るラブロマンス小説という2つの顔を持つ、異形の作品なのだった。タイトルの『セレファイス』は、地球の夢の国を舞台とするHPLのダンセイニ風ファンタジー連作に登場する、美しい都市の名前である。

### 伏見健二／ロード・トゥ・セレファイス
メディアワークス／1999年6月

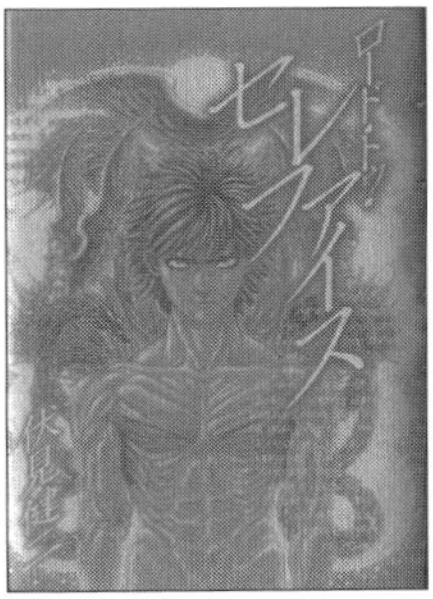


同じ作者の『セレファイス』の続編、というよりも「第2部」にあたる作品。東京を襲う地震の頻発は、第二次関東大震災と東京湾河口の隆起を促し、浮上したルルイエからはついに邪神クトゥルーが復活する。東宮騎八郎は、理想郷であるセレファイスを作り出し、その玉座に治まることで邪神の目的を阻止せんとする。前作からのヒロイン水沢裕紀と、同じ学級委員の桑原直樹らが意外な正体を顕す中、急展開を見せる物語はやがて収縮し——『ロード・トゥ・セレファイス』は、全ての出発点である2人の少年少女、東宮騎八郎と水沢裕紀の愛の物語へと回帰してゆくのだった。

### 伏見健二／ハスタール
メディアワークス／1989年1月

三國高人の通う三井戸市の中学校に転校してきた少女、篠塚鈴菜。高人は7年前、ザワ森と呼ばれる雑木林の中でその娘に会ったことがあった。木々の間に吊るされた十字架に磔にされ、奇怪な儀式の生贄として邪神ハスタールに捧げられ、無惨にも心臓を抉り出された彼女に。あれは悪夢だったのだと思い込もうとする高人だが、盲目の怪人物と嘲笑う使者が、容赦なく彼の運命に介入する。愛するものを護るための少年の闘いは、やがて自らに課せられた真の使命と、全てを浄化する炎神クトゥガの炎へと彼を導くのだった——。『セレファイス』の物語の数年前、ハスタール復活の陰謀を描く物語。

### 伏見健二／レインボウ・レイヤー
### 虹色の遷光
角川春樹事務所／2001年3月

30世紀の未来、陽帝国により統一された人類は深宇宙へと進出した。だが、アルデバランで起きた謎のバイオハザードは人類の未来に暗雲を投げかける。調査に向かったクラフティ四番艦は、唯一の生き残りの少女を回収するが——。暗躍する異星人、奇妙な動きを見せる魔術師や科学者、そして迫りくる邪神ハスタール復活の脅威。果たして、人類は正しい未来を選択できるのだろうか。遠い未来において、深宇宙に乗り出した人類が遭遇する宇宙的恐怖を描くSF作品。現在、過去、そして未来にまたがり存在するクトゥルー神話の神々の恐怖——その「未来」を描く異色作だ。

**林譲治／機動戦士ガンダム外伝　コロニーの落ちた地で…　上・下**

角川書店／1999年11月～

1999年8月にバンダイから発売された、同名のドリームキャスト用3DSTGのノベライズ。一年戦争勃発から11ヶ月。ジオン軍優位のオーストラリア大陸でも、連邦軍の反攻が始まった。奮戦する連邦の遊撃部隊。同胞を救うべく奔走するジオンの輸送部隊。そして、彼らの思惑とは別に暗躍するザビ家直属部隊。一年戦争末期、ガンダムのいない戦場での三つ巴の戦いの物語が、ここに開幕するのだった――。オーストラリアにやってきたジオン軍の輸送船〈ディープ・ピープル〉が、マサチューセッツ州インスマウスから出港したという、林譲治お得意の神話小ネタが仕込まれている。

**林譲治／機動戦士ガンダム戦記　Lost War Chronicles　全2冊**

角川書店／2002年7月～

2002年8月にバンダイから発売された、同名のPS2用アクションゲームのノベライズ。連邦軍のデルタチームが、南米ジャブロー付近の遺跡で警備任務にあたるというエピソードが収録されている。この任務に疑問を抱いた主人公たちは、独自に遺跡の調査を始めるのだが、そこで見つかったレリーフはインカ文明の物とは思えず、大昔の戦いによって敗北し、幽閉された蛸の化物のような何かを象ったものらしく――。この遺跡の謎は作中で明かされることはないのだが、どうやら『クトゥルー2』（青心社文庫）に収録されている、「永劫の探求」にまつわる遺跡であると思しい。

**涼風涼／斬魔大聖デモンベイン　全3冊**

角川書店／2003年10月～

2003年に発売され、21世紀におけるクトゥルー神話普及の要となった、ニトロプラスのクトゥルー神話×スーパーロボットアクション『斬魔大聖デモンベイン』のノベライズ。著者の涼風涼は、原作ゲームの発売元であるニトロプラスの関連会社、デジターボ所属のシナリオライターである。アル・アジフTRUE（旧神）エンドをベースにしているが、ドクター・ウェストの過去などのオリジナルエピソードも追加されている。ただし、原作ゲームのシナリオライターである鋼屋ジンによれば、ノベライズにおける独自設定は公式のものではないとのことなので、参考にする場合は要注意。

**古橋秀之／斬魔大聖デモンベイン　機神胎動、軍神強襲、ド・マリニーの掛け時計**

角川書店／2004年8月～

古橋秀之による、ニトロプラス公式の『斬魔大聖デモンベイン』のスピンオフ。邪神ズアウィアを奉ずる魔術結社「D∴D∴」への、鬼械神アイオーンを駆る魔術師アズラッドの凄惨な復讐劇を描く「機神胎動」、地球侵略を開始した火星人に、覇道財閥の御曹司・覇道兼定と知られざる〈マスター・オブ・ネクロノミコン〉エドガーが立ち向かう「軍神強襲」、そしてA・W・ダーレスの「永劫の探求」を意識し、ラバン・シュリュズベリイ教授とその教え子たち、そして若き日のドクター・ウェストが登場する連作短編集「ド・マリニーの掛け時計」の3冊が刊行されている。

**谷川流／「涼宮ハルヒの憂鬱」シリーズ　既刊11冊**
角川書店／2003年6月～

『涼宮ハルヒの憂鬱』に始まるライトノベル・シリーズ。4冊目の『涼宮ハルヒの消失』において、物語の語り手であるキョンが「誰に祈ればいいんだ。キリストか釈迦かマホメットかゾロアスターかラヴクラフトか、何だっていい」というセリフがある。2010年2月公開の劇場アニメ版には、このセリフのみならず文芸部の本棚に国書刊行会の『真ク・リトル・リトル神話大系』が並んでいる。また、8冊目の『涼宮ハルヒの憤慨』には「コズミックホラーに出てくる名状しがたきもの」というセリフがあり、ツガノガクによるコミック版第16巻の対応回にはモロにクトゥルーの姿が描かれた。

**谷川流／学校を出よう！　全6冊**
メディアワークス／2003年6月～

超能力や魔術などの特殊能力――EMP能力発症した子供たちを集めた学校、中等部から大学部までそろった全寮制の第三EMP学園で各種能力を持つ個性的なキャラクターが活躍する。第3巻の冒頭で学園の魔術系クラブ「妖撃部」に所属する光明寺茉衣子が従兄弟から送られた『水神クタアト』の翻訳を手掛ける場面がある。彼女が訳していた書物は日焼けした洋書でラテン語の辞書を使い翻訳していたが、人間の皮膚で装丁されているというラテン語版だったかは定かではない。著者の谷川流はホラー作家、朝松健の古くからのファンであるといい、作中に時折、そちら方面の小ネタが入る。

**藤本圭／黒猫の愛読書**
角川書店／2008年9月

本の声を聞くことができる少女・紙村綴と、知識により世界を管理する秘密結社アスカロンのエージェント・猫目コウが繰り広げる伝奇アクション。コウの肌には、写本と呼ばれる魔導書の文字や絵が刻まれているという設定。名称こそ明言されないものの、角度のあるところどこにでも現れる「猟犬」や、初演において大量の死者を出したという狂気の演劇脚本『黄昏の狂王』など、クトゥルー神話に関わる設定が見られる。また、書物を題材とした作品らしく、事件の発端には必ず魔導書が関わっている他、写本所有者の一人である那古戸ショウの名前は、『ナコト写本』からとられている。

**築地俊彦／放課後のダンジョンにほまれはよみがえる魔物を見た**
角川書店／2010年10月

州冥高校には、どういうわけか巨大な穴、即ち地下迷宮があった。穴マニアの沖村ほまれは測量部を拝見し、仲間を募る。そんな彼女が主人公――ではなく、彼女の幼馴染にして最大の被害者である、香原乃歩が主人公の、放課後探検コメディ。ダメ人間の巣窟として学内で物笑いの種になっている文芸部員たちが復讐を目論み、「サタンとかルシファーとかヨグ＝ソトースとかクトゥグァ様とか」を讃える雑な儀式を執り行うエピソードや、地下図書館と呼ばれている巨大な施設に、『イスラムの琴《カーヌーン》』『屍食経典儀』『ルルイエ異本』といった物騒な本が並んでいるというエピソードがある。

**南房秀久／アリス・イン・ゴシックランド　全3冊**
角川書店／2011年5月～

スコットランド・ヤードの犯罪捜査部（CID）に配属されたばかりの新米刑事ジェレミー。レストレード警部に連れられてベイカー街を訪れた彼は、高名な名探偵の妹、イグレイン・ホームズと運命的な邂逅を果たす。切り裂き魔がロンドンを脅かす19世紀末。一連の事件の背後に蠢く秘密結社や、ジェレミーが保護した記憶喪失の少女アリスといった、もつれた縦糸と横糸の織り成す蜘蛛の巣の奥には黒々とした闇がぽっかりと口を開け、貴族刑事と少女探偵を待ちうけるのだ——。ジェレミーの兄は大学でオカルトを研究し、自宅の図書室に『無名祭祀書』『屍食教典儀』などが並んでいる。

**東亮太／リバース：エンド　全2冊**
角川書店／2013年7月～

高校生の星宮勇輝は、同じマンションの隣同士で、学校のクラスメイトでもある天永紗耶香にほのかな思いを寄せていた。しかしある時、彼の目の前に現れた少女・パラドックスが、「アマナガ・サヤカ」に迫る死の運命を告げる。それは、次元連死《ティンダロス》。勇輝は紗耶香を救うべく、あらゆる並行宇宙のアマナガ・サヤカを救わねばならないのだが、そのことで元の世界にも歪みが生じてしまうのだった。クトゥルー神話の世界観というよりも、時間の角に棲息するというF・B・ロングの創造した〈ティンダロスの猟犬〉の特性を、並行世界SFの根幹設定に活かした緊張感溢れるジュヴナイル作品。

**神坂一／スレイヤーズ！**
富士見書房／1990年1月～

攻撃呪文を偏愛し、その非常識な強さからドラまた（ドラゴンもまたいで通る）の二つ名で呼ばれる自称・天才美少女魔術師リナ＝インバースとその仲間たちが、暗躍する魔族の陰謀を派手に叩きつぶしていく。ライトノベル史を代表するアクションファンタジーで、五回に渡ってTVアニメ化された。敵役である魔族たちの姿には、人間ではあり得ない描写や異次元的な形状など、クトゥルー神話の影響を感じさせるものが多い。また、異世界の超越者の知識を閉じ込めた魔書『異界黙示録』や、人智を越えた強大な存在の力を借りて強大な魔法を行使するなど、設定面にも影響が見られる。

**神坂一／アビスゲート　全3冊**
富士見書房／2007年10月～

巨大な聖樹を大地として人々が暮らす世界。この世界で最も恐れられているのは、突如として大地が陥没し、暗い海が姿を現す「アビスゲート」と呼ばれる現象だった。ゲートによって家族を奪われた青年クラウスが復讐の戦いに挑む、長編アクションファンタジー。海の底から現れる敵であるアビスフォームは、邪神を崇拝し、人々を海に引きずり込み同類に変えるというクトゥルー神話の〈深きものども〉を思わせる行動をとり、その描写につきまとうぬるぬると湿った感触は神話生物の描写に近しい生理的嫌悪感を伴っている。また、作品全体を通して幾度も語られる海への忌避感も印象深い。

**縄手秀幸／リュカオーン**
富士見書房／１９９０年７月

人間が、人間の姿を失った遠い未来、巨大な塔〝バベル〟が中心にそびえるバロスの街を、機械の体を持つ大男ジャックと、非実用的で柔弱な、人間本来の肉体を保った「ノーマル」の少女リュカオーンの２人が訪れた——。第一章の終わりに挿入される、人間が変容するＳ・Ｄ症候群（セルフ・デストラクティブ・シンドローム）が蔓延をはじめた２００６年の回想録の語り手であるマサチューセッツ工科大学出身の研究者が「カトゥルフ・クゥ・リトル」という名前に設定されている。富士見書房の第一回ファンタジア長編小説大賞において、『スレイヤーズ！』と共に準入選を果たした作品。

**榊一郎／スクラップド・プリンセス 全１８冊**
富士見書房／１９９９年３月〜

小説を始めアニメの構成や脚本など幅広く活躍している榊一郎の出世作。本編１３巻、短編集や番外編が５巻、さらに本作を原作としたＴＲＰＧ『スクラップド・プリンセスＲＰＧ』が発売されている。マウゼル神による信者への信託によって廃棄王女として命を狙われるパシフィカは、血のつながらない兄シャノンと姉ラクウェルと共に、襲い来る刺客を退けながら旅を続けていく。魔法の存在する世界を舞台にしており、登場する国家のひとつギアット帝国における魔法の名称に、〈自在盾〉〈飢え渇きし猟犬〉〈白き沈黙の風神〉〈火焔の王神〉などクトゥルー神話由来の名称が使われている。

**榊一郎／ダブルバインド　黄昏に獣は踊る**
中央公論新社／２０１１年９月

封鎖された日本の地方都市を舞台に、邪神クトルフの顕現を画策する〈深き者〉共と、それに対抗するダーレス機関のエージェントたちの戦いを描く、榊一郎によるクトゥルー・バトル作品。ダーレス機関のエージェントは、邪神とのかけあわせによって、異能を持たされた血統の末裔であり、球形の結界により体内にティンダロスの猟犬を捕らえ、刀や銃などを通して猟犬の能力を引き出すという、〈ルルハリルの牙〉を行使するという設定。ルルハリルとは、『エイボンの書』（新紀元社）収録の「万物溶解液　錬金術師エノイクラの物語」に登場する、ティンダロスの猟犬の個体名である。

**葵せきな／「碧陽学園生徒会議事録」シリーズ　全２０冊**
富士見書房／２００８年１月

私立碧陽学園の生徒会の面々がひたすら生徒会室でダベっているだけ、という挑戦的なコンセプトが話題を呼んだライトノベル。２００９年、２０１１年の２期にわたってアニメ化された。本編の最終巻となる第１０巻、生徒会の面々によるラジオ番組中、「ネクロノミコン朗読会」だのニャルラトホテプがスペシャルゲストとして来てくれるだの番組「クトゥルフのオールナイト全時空」のＣＭが流れる。本作同様、北海道の札幌が舞台とされる『這いよれ！ニャル子さん』を意識した小ネタで、国産クトゥルー神話作品では滅多に見られない、他作品とのクロスオーバー要素が図られた例である。

**海羽超史郎／STEINS;GATE 比翼恋理のアンダーリン1**
富士見書房／2011年12月

『STEINS;GATE』のファンディスク『STEINS;GATE 比翼恋理のだーりん』のノベライズ。原作ゲームは、タイムトラベルを題材にして各所で高評価を得た本編と対照的に、ハーレムもののギャルゲー的ストーリー展開を見せる作品である。本作はそのノベライズだが、様々な独自描写がある。たとえば、メイド喫茶で執事姿でバイトをする主人公と、同じくバイトでメイド服姿をした男の娘の2人を見る腐女子の客たちについて「多次元界に存在するという組んずほぐれつトラペゾヘドロン的な〝何か〟」と描写するなど、厨二病が重要な要素だった原作本編より更に「濃い」描写が目立つ。

**あざの耕平／東京レイヴンズ　既刊19冊**
富士見書房／2010年5月～

半世紀前、陰陽師・土御門夜光の禁呪「泰山府君祭」の失敗で、霊的災害――「霊災」が頻発するようになった現代日本。「見鬼」の才がないことで陰陽師への道を断念していた土御門春虎は、ある事件がきっかけで陰陽塾に編入。幼馴染であり、夜光の転生者と目される土御門夏目と共に、陰陽師を目指すこととなる。第5巻、幼少期の春虎が寝込んだ際、見よう見まねで加持祈祷を行おうとした夏目が「――ふんぐるい、むぐるうなふ――」以下の呪文を唱え、悍ましい怪異が現れて春虎にトラウマを残したことが語られる。コミック版の同エピソードでは、よりストレートな描写が行われた。

**水城正太郎／東京タブロイド**
富士見書房／2001年1月

昭和二十九年の東京にオカルト紛いの記事ばかり掲載する怪しげな新聞「東京タブロイド」があった。ひょんなことからその記者として働くことになった社会派新聞記者を目指す少年・天瑞遊馬は、同僚の自称白魔術師・聖麻衣子、天才少女・飛鳥昭奈らと共に次々起こる難事件を解決していく。クトゥルー神話との直接的な関連はないが、人知を越えた怪事件の不気味さ、事件の背景に秘められた論理で説明できない暗闇は、神話作品に通じる薄暗い雰囲気を醸し出している。また、セイレム出身の自称〝魔女〟で、異端文書に詳しい同僚、キザイア・ジュフリアのモチーフは明らかに――。

**渡辺まさき／夕なぎの街　全2冊**
富士見書房／2002年3月～

王都の片隅、下町の居酒屋「夕凪」に錬金術師を目指す青年コウや彼の手になる自動人形サヨリをはじめ人情味ある人々が集っている。明治初期の東京を元にデザインされたという作品舞台の王都がどこか懐かしさを感じさせる異世界ファンタジー。クトゥルー神話的存在が旧い神々としてこの世界には存在し、「十八番街の迷い猫」の巻にはアトラク＝ナクアの仔というクモの形をした化石がアイテムとして登場している。「こころのかけら」の巻の短編「黄金の蜂蜜酒」には黄金の蜂蜜酒や「名状しがたきもの」が登場するが、これらの設定は物語の背景としても使われている。

**大塚英志／摩陀羅　天使篇　既刊3冊**
メディアワークス／1994年12月～

大塚英志の原作で、ゲーム誌に連載された『魍魎戦記MADARA』に、転生戦士がさまざまな場所や時代で戦い続ける「マダラ」シリーズのひとつ。クトゥルー神話からは『ネクロノミコン』『エイボンの書』などがオカルト小説の産物である偽書として名前が挙がるが、『ネクロノミコン』のアナグラムである『弥勒根之魂』という書物の内容は、「マダラ」シリーズの設定に即したものとなっている。また転生戦士が敗れた相手が世界の王アル・アジフであり、さらに〝狂人扱いされて早死にした祖父〟の孫であるホワイトハウスの秘書官ラブクラフトが登場している。未完作品。

**古橋秀之／ブラッドジャケット**
メディアワークス／1997年6月

未来の積層都市ケイオス・ヘキサを舞台とする、古橋秀之の「ブラックロッド」シリーズの第2作。ケイオス・ヘキサの住民たちを脅かした源吸血鬼〈ロング・ファング〉を屠り、市内にはびこる吸血鬼をわずか二ヶ月で駆逐したという吸血鬼殲滅部隊〈ブラッドジャケット〉の伝説的な隊長、アーヴィング・ナイトウォーカー――少なくとも、その名前を持つ人物の過去を描く物語。彼の勤務先が、事故屍体の一次蘇生保全処置を主業務とするウェスト屍体蘇生センターという設定である。本作では名称上のお遊びのみだったが、古橋秀之のクトゥルー神話趣味は、他作品でも如何なく発揮された。

**秋山瑞人／E.G.コンバット　既刊3冊**
メディアワークス／1998年6月～

西暦二〇二九年、宇宙から降下した敵性生物プラネリアムにより地球の近代文明は崩壊。二〇六七年、「ジュリエット計画」の施行により月には女性、地球には男性という人口隔離が行われ、人類反撃の拠点となった月と地球の残存勢力は絶望的な戦いを繰り広げていた。若き英雄ルノア・キササゲ大尉は地球から月へと戻され訓練校で教官任務に就き、五人の落ちこぼれ訓練生を担当することになった。コミカルでハードに展開するSFV作品。三巻でユカタン半島のジャングルに降下したルノアたちは空軍基地へ向かうのだが、この基地がン・カイ防空守備隊KK66空軍基地と呼称されている。

**伊達将範／DADDYFACE　既刊7冊**
メディアワークス／2000年3月～

大学生の草刈鷲士の前に現れたのは、現役のトレジャー・ハンターで大富豪、そして彼の実の娘だという12歳の少女・結城美沙だった。年の差9歳の父娘が繰り広げる伝奇アクション作品。主人公の鷲士が体得している戦闘術・九頭竜は古代中国の周の時代に世界を支配していた崑崙の仙人に対抗する技として、東の海の底から現れた竜により伝えられたとされる。戦闘術は竜の名より九頭竜とつけられたが、この竜は何処からか現れて大破壊を行い深海に葬られた存在であり、その名前は邪神クトゥルーと明言されている。他にもクトゥルーの帰還を意味する聯句やルルイエなどの言及アリ。

**渡瀬草一郎／パラサイトムーン　全6冊**
メディアワークス／2001年5月～

〈迷宮神群〉と呼ばれるものたちが存在する。どこか別の世界からやってきて、そこに存在しているだけで、近くにいる生物――無論、人間にも――に放射能のような影響を与え、望まぬ異能を与えるものたち。異能者の相互扶助組織として創設された〈キャラバン〉は、時が経つとともに変質し、ただひたすら神群と彼らを崇拝する人間たちを狩りたてる一派も現れた。本作は、迷宮神群と異能者たち、そして望むと望まざるとにかかわらず彼らに関わることとなった人々の人間模様を描く伝奇ファンタジーだ。オリジナルの神話体系だが、読者の間で「クトゥルー神話っぽい」と話題になった。

**小林泰三、他／蚊―か―コレクション**
メディアワークス／2002年1月

2001年6月にソニー・コンピュータエンタテインメントから発売された、PS2用ゲームソフトの『蚊』をテーマにした6作を収録している、異色のアンソロジー。小林泰三「刻印」は、銀色のカプセルに乗ったエイリアンが現れたという騒動の只中で、そのエイリアン当人（？）と思しき身長2メートルの蚊そっくりの生物（女性）「蚊子」と、彼女と友好的遭遇を果たした高倉健吉の奇妙な同棲生活を描く短編小説だ。実は、蚊子は宇宙からやってきたエイリアンではなく過去の地球からやってきた昆虫の先祖で、彼女の種族が〈古ノモノドモ〉や〈大イナル種族〉と闘争中だと明かされる。

**うえお久光／悪魔のミカタ　既刊19冊**
メディアワークス／2002年2月～

魂と引き換えに願いを叶える魔法アイテム《知恵の実》により命を落とした恋人を蘇らせるため、他の《知恵の実》の所有者の魂を吸収して死者を確実に蘇らせる《知恵の実》Itを完成させるべく、悪魔のミカタとなることを決意した堂島コウの物語。クトゥルー神話と直接的な関係は薄いが、「番外編・ストレイキャットリターン」にて神社に祭られた天津甕星が樽のような胴体、ヒトデのような星型の頭部、蝙蝠のような羽を持つなど「古のもの」そのままの外見をしていたり、10巻ではアクセサリーの銀の鍵が明晰夢を見る自己催眠状態へ導くアイテムとして用いられる描写がある。

**藤原祐／ルナティック・ムーン　全5冊**
メディアワークス／2003年9月～

数百年前に地球を襲った正体不明の『混乱』は科学文明を崩壊させた。ケモノと呼ばれる異形の生物達が地上を跋扈し、人類の多くも身に異形を宿す変異種となった。変異に侵されなかった純粋種の住む機械都市バベルは、戦闘能力のある変異種を組織し、人類の生存権を守ってケモノと戦っていた。スラムで暮らす異形種の少年イルが自らの力に目覚める時、彼はバベルの壮大な陰謀に巻き込まれ『混乱』の真相に迫ってゆく。第9回電撃ゲーム小説大賞応募作。作中、旧時代の遺産である人工衛星の名前に、カダス、ルルイエ、ニョグタなどのクトゥルー神話由来の名前が使われている。

## 鎌池和馬／とある魔術の禁書目録　既刊44冊

メディアワークス／2004年4月～

科学的手段で超能力を発現した230万人の学生が住む学園都市で、異能の力を打ち消す力を持つ上条当麻が、修道服姿の少女インデックスと出会う。10万3千冊の魔道書を記憶しているインデックスは自分を回収しようとする組織に追われていると話す。インデックスの禁書目録にはクトゥルー神話の魔道書も含まれ、エイボンの書、ネームレス、死霊術書の名が挙がっている。ただし、死霊術書は有名すぎて亜流や偽書が多いのであまりアテにならないらしい。また、新約14巻には、南極調査活動で偶然発見されたという、新種の寄生生命体サンプル＝ショゴスが登場するのだが――。

## 鎌池和馬／ヘヴィーオブジェクト　既刊14冊

アスキー・メディアワークス／2009年12月～

超大型兵器『オブジェクト』の開発・投入により旧来の兵器の一切が無効となり、戦死者を出さない『クリーンな戦争』が可能となり、戦争の形態、ひいては国際情勢が一変してしまった地球が舞台の、近未来アクション・ボーイミーツガール作品。オブジェクトを設計するウェポンエンジニアを目指し、『正統王国』の王立テクノアカデミーに在籍するクウェンサー＝バーボタージュが主人公である。単行本の10冊目、『ヘヴィーオブジェクト　外なる神』において、課報機関『外なる神』所属の工作員であるヨグ＝ソトース、その関係者であるニャルラトホテプなる人物が登場している。

## 渡瀬草一郎／輪環の魔導師　全10冊

アスキー・メディアワークス／2007年11月～

所有者の魔力によって行使される魔導具が普及した異世界。辺境の地ミストハウンドに暮らす見習い薬師のセロニウスは、著名は魔導具職人を祖父に持つが、何故か魔導具を使うことも作ることもできなかった。しかし、〝闇語り〟を名乗る黒猫の魔導師アルカインとの出会いによって、彼の運命の環が廻り出す――。「神界の門」のサブタイトルがつけられた第9巻において、魔族と聖教会、そしてアルカインたちの三つ巴の戦いの果てに開いた〝神界の門〟から出現した異形の神の眷属たちの描写が、明言こそされないものの完全にクトゥルー神話のクリーチャーたちのそれだった。

## 電撃文庫記念企画／電撃コラボレーション　MW号の悲劇

アスキー・メディアワークス／2008年9月

電撃文庫創刊15周年企画として『電撃hp』誌上で展開された、豪華客船沈没というシチュエーションに、11人の作家が挑むコラボレーション。三雲岳斗の「DIVE TO BLUE」がクトゥルー神話のパロディ作品。大学の同級生である白石さんため、豪華客船MW号のチケットを手に入れた主人公。不満があるとすれば、白石さんの幼馴染の性悪女、来住明日穂が同行していること。非常ベルが鳴り響き、混乱に支配された船上で、ぼくたちを待ち受ける運命は――。明日穂は暗黒神話云々の小説に出てくる邪神の従者そっくりで、「イア！イア！クトゥルー・フタグン！」という叫びをあげる。

**田名部宗司／幕末魔法士　全3冊**
アスキー・メディアワークス／2010年2月〜

かつてエルフやドワーフが実在した世界を舞台に、大阪適塾に学ぶ魔法士の久世伊織と剣士の失本冬馬を主人公とした幕末時代劇とファンタジーが融合した作品。失われた技術であった魔法が、17世紀の魔法革命により急速に広がり、幕末日本も例外ではなかった。古代世界の設定にはクトゥルー神話の要素も含まれ、第1巻で召喚された外なる神の外見描写はクトゥルーを彷彿とさせる。また、登場人物が召喚するアイルランド神話に由来する神族ヌアザが、アザトースを思わせる〝東方の獣〟の対抗手段とされることも注目ポイント。ヌアザはブリテンの神ノーデンスと同一視されているのだ。

**折口良乃／死想図書館のリヴル・ブランシェ　全5冊**
アスキー・メディアワークス／2010年4月〜

読書をこよなく愛する黒間イツキは、冥界の女神エレシュキガルが管理する、死想図書館の筆記官に任命されてしまった。死想図書館とは、死書と呼ばれる禁断の書物の保管庫である。そして、筆記官となったイツキは、図書館の司書にして彼に従僕として仕えることとなった白き書物の化身、封印者リヴル・ブランシェと共に、死書の封印執行という危険な仕事に駆り出されるのだった。そんな彼が最初に相対した死書が『邪神秘法書《ネクロノミコン》』である。『邪神秘法書』は空間転移が得意な神を召喚してイツキをティンダロスの猟犬の狩り場に送り込むなど、危険な罠を仕掛けてくるのだった——。

**多宇部貞人／シロクロネクロ　全4冊**
アスキー・メディアワークス／2011年2月〜

善なるネクロマンサー・シロネクロの高峰雪路は、始祖から『死者の書』を受け継いだことで、悪しきネクロマンサー・クロネクロに狙われていた。両者の戦いの巻き添えで殺された高校生の不二由真は雪路の屍造術でゾンビとなって甦り、責任を感じた雪路と同居生活を始めることになる。性的欲求でゾンビとなった肉体に魂をつなぎ止めている由真は、欲求を果たすことを禁じられてしまい、彼の苦悩は人間に戻るその日まで続くのだった。『死者の書』は作中で『ネクロノミコン』と呼ばれるが、これは仮の名前とされ、「ネクロ」という部分がネクロマンサーと結び付けられたものだろう。

**神崎紫電／ブラック・ブレット　既刊7冊**
アスキー・メディアワークス／2011年7月〜

ストレアと呼ばれるウイルス因子により人外の怪物と化した生物との戦争に敗れた人類は、限られたエリア内で細々と生きることとなった。対ガストレアのスペシャリストとして、民警と呼ばれる組織に所属するプロモーターの里見蓮太郎は、イニシエーターの藍原延珠とペアを組み、ガストレアと戦うのだった。第1巻の敵役で、戦争中に身体を機械化された蛭子影胤が持っている、カスタム化された拳銃のグリップに、邪神クトゥルフの象られたメダリオンが埋め込まれているとの描写がある。装飾としての説明のみであるが、作品世界にクトゥルー神話が存在していることは確かなようだ。

**形代小祈／異端児たちの放課後**
アスキー・メディアワークス／2012年12月

自分が、人間ではないことに気づいたのは、物心がついた頃のことだった。無限の孤独を感じながら、いつの日か仲間が迎えに来てくれる。細い糸のような希望を拠り所にしていたヒナモリ・ヒナタの前に現れたのは仲間ではなく、魔を狩る者を自称する少女だった――。作者はクトゥルー神話好きを公言しており、本作では主人公であるヒナタの属する生物種が「旧支配者」であったり、レムリアやポセイドニスといった地名が登場するなどその影響を匂わせつつも、テンプレとしてのクトゥルー神話っぽさをうまく消そうと腐心した痕跡がそこかしこから見られる。続巻がなかったのが惜しまれる。

**大場惑／イース外伝　血と砂の聖戦**
アスキー／1997年9月

『イース』シリーズのノベライズを長らく続けていた大場惑によるオリジナルエピソードの第2弾。時系列的には『イースV』の直後となる。パルサ帝国に支配されているアルビリア半島の入り口、ロムン帝国領のドモスクスに始まる物語で、かつてこの地で崇拝されていた土着の邪神、アル・ファザッドと赤毛の冒険者アドル・クリスティーンの戦いを描く。邪神の名称や性質がクトゥルー神話由来と思しい。なお、『ワンダラーズフロムイース』が『フェルガナの誓い』としてリメイクされた際、「海から来た災厄」「邪神」とされるガルバランの描写が多少、クトゥルーに近づいている。

**織田健司／魔導物語'98**
エンターブレイン／1998年9月

RPG『魔導物語』セガサターン版のディレクターによる小説版で、サブタイトルは「次元生命体の恐怖！の巻」。あらゆる次元を行き来する悪しき存在で、かつて勇者ラグナスらが封印した〝次元魔王ヨグス〟が復活し、大混乱に陥った魔導世界。修行中の魔導師アルル・ナジャと親友のカーくんたちは、平和な世界を取り戻すべく戦うのだった――。人気パズルゲーム『ぷよぷよ』の前身であるRPG『魔導物語』は、本作においてクトゥルー神話要素が追加された。同じ作者による『真・魔導物語』第1巻や『魔導物語ファンブック』（アスキー）には、年表などの周辺設定が掲載されている。

**弓原望／アストラルギア1　魔法少女はつらいよ**
エンターブレイン／2001年8月

得体のしれない化け物にまつわる噂が囁かれる流累江町。人間が化け物に食い殺されるのを目撃した女子高生・片倉あきらは、謎の男から霊装強化服を強引に装着させれて化け物を消滅させる。折しもネオ・アーカム教団を名乗る一団が魔道書〈エイボン〉により流累江町に眠る〈旧き者〉の一柱クトゥルーを復活させようとしていた――。ハワード卿という人物の残した文献をソースに、旧き者は太陽系土着の旧神という存在を外宇宙に追放し、戦いで失った力を取り戻すために眠りについたと説明されている。魔法少女ものとクトゥルー神話を絡めた作品の走りだが、残念ながら1冊で中断した。

**木村航／秘神《ひめがみ》大作戦　歌う虚《うろ》**
エンターブレイン／2003年6月

作家の新城カズマ（柳川房彦）率いるクリエイター集団、エルスウェアの坂東真紅郎が、クトゥルー神話における邪神と旧神の相克関係をモチーフにワールド・デザインを行ったTRPG『秘神大作戦』と連動した小説版。大正時代の帝都東京市を舞台に、いつの日か現れる《邪神》に食べられるために生きている「生け贄体質」の少女・島守沙織と、身体の中に巣食っている「ぴりぴり様」のせいでドジを連発する少女・木村真琴――それぞれ神の末裔である二人の出会いから始まる、邪神とその眷属たちとの戦いを描く。巻末に、坂東による作品世界固有の用語解説が掲載されている。

**田口仙年堂／吉永さん家のガーゴイル　全15冊**
エンターブレイン／2004年1月～

御色町に暮らす吉永家の、むやみに活発な妹・双葉、美少女と見紛う兄・和巳、そして錬金術で動く門番石像・ガーゴイルたちを描く、ご町内ハートフルコメディ。双葉の通う小学校の担任、夜倶外法人（よぐそとほうと）は、背広こそ着ているものの長いざんばら髪で顔がまったく見えず、写真を撮ればピンボケとノイズで心霊写真のようになる。ってしまう。生徒には好かれているが、その顔はどう想像しても人間の顔にならないという怪人物だ。また、和巳の高校の方はといえば、長いソバージュヘアで顔がほとんど確認できない数学教師・内新蘇手婦（ないあらそてぷ）がいるのだった。

**古橋秀之／超妹大戦シスマゲドン　全2冊**
エンターブレイン／2006年1月～

操縦者の妹を無敵の超人に変える〝妹コントローラー〟。鳥山サトルがそれを手にした時、彼とその妹・ソラは秘密結社〈プリオン〉と特務機関〈COMP〉の、世界の命運を賭けた妹戦争に否応なく巻き込まれていくのだった。生命とは、進化とは。そして、妹とは何なのかを問うために――。石川賢系、あるいは『トップをねらえ！』系、大馬鹿エスカレーション・バトル巨編。8組の超妹たちが相戦い、世界で一番強い妹を決める「S－1　ワールド・グランプリ」に登場する〈プリオン〉の刺客・〝デスサイズ〟海冥寺ユウカが、推定妹強度六六六万シスターのクトゥルー系妹である。

**吉岡平／シャルロット・リーグ　全3冊**
エンターブレイン／2006年4月～

シャーロック・ホームズの曽孫にあたる伝説的な探偵「シャルロット・ホームズ」の後継者を育成する聖良学園。主人公・倉崎すみれを特待生として迎え入れたその時から、学園はゆるやかに、しかし確実に崩壊を開始した――。本編の前日譚とも言うべき『ザ・スニーカー』（角川書店）連載のコメディ連作『シャルロット・ホームズの冒険』が各巻末に掲載され、3巻収録の「踊る人魚」がクトゥルー神話ネタ。マサチューセッツ州のキングスポートから、イギリスのブリチェスターという町に引っ越してきた魚顔の依頼人や、クトゥルー神話マニアの「佐野」という日本人が登場する。

**野村美月／〝文学少女〟シリーズ　全16冊**
エンターブレイン／2007年9月～

中学生にして人気作家になり、憧れの人を傷つけたトラウマから、二度と小説を書かないと誓った井上心葉。高校生となった彼は、物語を愛するあまり本や原稿を食べてしまう自称〝文学少女〟の天野遠子に出会い、彼女の日々のおやつである三題噺を書くことに。はた迷惑な存在の遠子と共に学校生活を送るうち、心葉は文学作品を題材としたいくつかの事件に巻き込まれ、それらを解決していくのだった——。世界中の文学を読み漁る〝文学少女〟天野遠子は、当然ながらクトゥルー神話も守備範囲であり、彼女自身がクトゥルーの落とし子のような姿となって暴れまわるシーンが作中にある。

**高瀬ききゆ／神武不殺の剣戟士　既刊2冊**
エンターブレイン／2014年2月～

新式蒸気機関の導入によって近代化の進む、蒸気煙る帝都オオエドを刀剣犯罪から護る、帝都剣術学校に在学する若き学徒剣士たち。悪党を名乗りながらも、不殺主義者の清水龍人もまた、入学者の一人である——。スチームパンク風の世界で繰り広げられる、剣戟浪漫アクション。第2巻において、外来の宗教団体・九頭龍教団が登場し、路地裏を暗躍する彼らと龍人が相対することとなる。この教団のことを調査する過程で見つかったという文書の一節がＨＰＬ「クトゥルーの呼び声」の一節なので、この世界ではどうやらノンフィクションの文書として同作が存在するらしい。

**橙乃ままれ／まおゆう魔王勇者　全8冊**
エンターブレイン／2010年12月～

2ちゃんねるニュース速報（ＶＩＰ）板のスレッドに即興小説として投稿され、ファン有志によってまとめられて話題となったオンライン小説。キャラクター同士のかけあいによる、地の文が存在しない戯曲形式から成る、オンライン上のＳＳ特有のスタイルをとっている。人間と魔族の間で長い戦争が続く中、魔族を統べる「魔王」のもとに辿り着いた「勇者」は、意外な申し出を「魔王」から受け、彼女の思い描く世界を実現するべく、共に行動を開始する——。「魔王」が生まれ育ち、知識を身に着けた場所が、クトゥルー神話の「セラエノの図書館」に由来する「瀬良の図書館」という名称。

**丸山くがね／オーバーロード　既刊12冊**
エンターブレイン／2015年2月～

小説投稿サイト「Arcadia」などに連載された同名作品がベースの書籍版。ＶＲＭＭＯＲＰＧ『ユグドラシル』のサービス終了日、自らのギルド、アインズ・ウール・ゴウンの本拠地で強制ログアウトを待っていたプレイヤーのモモンガは、何故か拠点ごと異世界へ転移してしまう——。戦闘メイドのソリュシャンの種族が不定形の粘液（ショゴス）で、モモンガ（アインズ）の使用魔法にシュブ＝ニグラスを称える呪文があるなど、『ユグドラシル』にはクトゥルー神話要素があったらしい。7巻の回想中、《燃え上がる三眼》というギルドが言及されるが、これは炎上に引っ掛けた名前らしい。

**みかみてれん／恋をしたら死ぬとか、つらたんです！**
エンターブレイン／2014年9月

桁外れの恋愛力が計測され、未来人の開発した乙女ゲーのモニターに選ばれた女子高生・藤井ヒナ。そのゲームには、恋愛メーターの数値が九百九十九を超えるとプレイヤーキャラクターが死亡するというシステムなのだが、ヒナはゲームの冒頭で、クラスメイトに話しかけられただけで死亡してしまう。数多くの家庭を崩壊させ、会社を傾け、人々に地獄を魅せてきた魔性の女子高生は、果たしてゲームをクリアできるのか——。
優しくされたショックで額の血管が切れたヒナが失血死するのを直視したNPCが、SAN値が下がり過ぎて「ああっ、窓に！　窓に！」と錯乱するシーンがある。

**青井硝子／異自然世界の非常食《フェアリアフィリア》全2冊**
エンターブレイン／2015年2月～

小説投稿WEBサービス「小説家になろう」で発表された同名作品の書籍版。ある日突然、自作の小屋ごと異世界に飛ばされてしまったニートの主人公が、非常食さんと名付けた妖精のような生物（古ノルド語を話す）と共棲しながら、どういうわけか使用可能なインターネットの巨大掲示板を駆使してサバイバルを試みるという作品。
1冊目の中盤で、HPLの「狂気の山脈にて」に登場する古きものとしか思えないクリーチャーを非常食さんたちが捕獲してくるというエピソードがある。その後、この生物が暴れ出し、主人公を守ろうと非常食さんたちが全滅しかける凄惨な展開が。

**平坂読／僕は友達が少ない　全14冊**
メディアファクトリー／2009年8月～

外見もしくは性格、能力に何かしらの問題を抱えていることからぼっち化している生徒たちが、同じ境遇の人間同士で「友達を作る」ことが主旨の隣人部に集ってあれやこれやするという、「残念系青春ラブコメ」。第2巻で隣人部の面々が向かうカラオケ屋の名前が「カラオケボックス　深淵からのよびごえ」で、コミック版ではそうでもなかったが、TVアニメ版では看板に禍々しい触手を持つ怪物が描かれるなど、クトゥルー神話を意識した作画が行われた。なお、アニメ版固有の設定として、第5話登場の架空のゲーム『ロマンシング佐賀』の魔王の姿が完全にクトゥルーだったりもした。

**吉岡平／わるぷるキス！　全3冊**
メディアファクトリー／2009年8月～

『クトゥルフ神話TRPG』のライター陣の一人である、内山靖二郎のライトノベル。魔女の人権保護を目的に、世界各地に魔法特区セイラムタウンを設置するマクダフ機関。魔法を無効化するワルプルギスの夜を起こせる魔女を求める朝倉優人は、機関の魔女狩りという正体を隠して日本のセイラムタウンにある御津門学園に転入するのだが——。学園の名前や『エイボンの書』、星の智慧派のみならず、究極の門を名乗るトースや、ネズミの使い魔ブラウン・ジェンキンを召喚する魔女ケザイア・メーソンなど、数多くのクトゥルー神話にまつわる設定が作中で使用されている。

**瑞智士記／星刻の竜騎士　全２０冊**
メディアファクトリー／２０１０年６月～

竜飼い人の教育を行っているロートレアモン騎士国のアンサリヴァン騎竜学院において、問題児として名前を馳せるアッシュ・ブレイクが主人公の、異世界ファンタジー作品。作中、アーカム城というシェブロン王国の城が登場しているのだが、作中にアヴァロンやフォンティーン、ランドールなどギター関係の名称が散見されることから、元々はクトゥルー神話の地名アーカム ARKHAM由来ではなく、アンプメーカーとして著名なアーカム ARCAMから採られた可能性がある（ただし、英語圏ではARKHAM表記が採られている）２０１４年にはＴＶアニメ版が制作・放映されている。

**三屋咲ゆう／学戦都市アスタリスク　既刊１２冊**
メディアファクトリー／２０１２年９月～

無数の隕石が降り注ぐという大災害「落星雨《インベルティア》」により、世界は未曾有の危機を迎えた。しかし、災害のもたらした鉱石マナダイトと、生まれついて超人的な身体能力を有する新人類《星脈世代》の誕生は、新たな希望だった。《星脈世代》の少年少女たちは、水上学園都市アスタリスクの六つの学園に通い、優勝者すればどんな望みもかなうという《星武祭》での優勝を目指し、腕を磨いていた――。各学園の実力者が名前を連ねられているランキングリストが『在名祭祀書』といい、クトゥルー神話の『無名祭祀書』をもじった名称になっている。２０１５年、１６年にはＴＶアニメが放映された。

**三原みつき／魔技科の剣士と召喚魔王　全１４冊**
小学館／２０１３年１１月～

神魔《ディーヴァ》レメ（レメゲトン）と契約し、女性にしか発現しないはずの謎痕《エニグマ》を授けられたことで、国立騎士学院の魔技科に進学することとなった林崎流の剣術の達人、林崎一樹。女だらけの魔技科で慣れない召喚魔法に取り組む一樹は、やがて周囲の人間たちを巻き込んで、世界の命運に関わっていく。神話や伝説、魔術が存在する現実世界が舞台の学園ファンタジー作品。序盤と終盤の的として、作中世界でもＨ・Ｐ・ラヴクラフトの創作神話であるはずのクトゥルフ神話の神魔ナイアーラトテップが、コミック版共々登場している。現時点でアニメ化はされていないが、ドラマＣＤ版が発売されている。

**越智文比古／【Ｙ：ヨグ】の紋章師　全３冊**
メディアファクトリー／２０１４年１１月～

神秘の力を有する紋章を宿した少年少女が通うローウェン紋章学園を舞台に展開する、クトゥルー神話要素と取り込んだ異世界ファンタジー作品。レオン・カーターの右腕に宿る〈Ｙの紋章〉は、一向に開花せず、周囲からは〈飾りの紋章〉と呼ばれてバカにされる日々。しかし、カロンやシャルロットたち友人たちのお陰で、それなりに楽しい日々を送っていた。しかし、聖堂の地下に眠る〈Ｙ《ヨグ》の娘〉チェルシーとの出会いが、レオンの運命を変えてしまう。これから何が起きようとしているのか。彼らが何を得て、何を失うのか。全てを知る男が運命に挑む、アンチ・ループ・ファンタジー。

**越智文比古／おれの料理が異世界を救う！　既刊3冊**
メディアファクトリー／2016年5月～

異世界〈ガストルシェル〉は何よりも「食」が尊ばれる世界。だが戦争の結果、著しく料理が衰退してしまい、料理の知識と技術をひた隠しにするエルフがのさばっていた。そこに召喚された高校生でスゴ腕の料理人の神楽坂恭太郎は現代日本の食の知識と腕前で料理バトルを戦っていく、異世界グルメファンタジー作品。恭太郎に弟子入りする虎人の少女ウルタール、最強の料理人セレファイスと弟子のインスマスなど、クトゥルー神話に由来する名前のキャラクターが登場。また、物語の舞台である異世界には、猫を虐めてはいけない法律のある町が存在するという言及もある。

**新木伸／星くず英雄伝　既刊12冊**
ポニーキャニオン／2014年5月～

「ヒロニウム」という金属を触媒に超人的な能力を発揮する者たちが存在し、惑星国家群が公認ヒーローを後援する世界が舞台のスペオペシリーズ。何でも屋SSSの若社長、ジークが主人公。彼は第3巻登場の〈無貌なる者〉——人類からは〈ストーカー〉と呼ばれる異星種族の地球文明圏襲撃に巻き込まれ、やがて銀河大戦でヒーロー達のリーダーの役割を担うことになる。第4巻には「大怪球のおツギは、クトゥルフかい」という台詞があり、第5巻では〈ストーカー〉の霧状形態が〝ハストゥール〟と呼ばれる。電撃文庫から刊行されていたが、ぽにきゃんBOOKSで再スタートした。

**松殿理央／廃墟ホテルへようこそ　全2冊**
ソフトバンククリエイティブ／2007年3月～

『這いよれ！ニャル子さん』よりも早い時期にGA文庫から刊行されていた、クトゥルー神話を含むホラー・オカルトネタが満載のコメディ作品。高校入学を控えた鈴ノ音きゃろるが引っ越してきたのは、夜ごとマンドラゴラが鳴き、狼男が吠える魔族たちの住むモンスターのゴッタ煮屋敷、廃墟ホテルなのだった——。ホテル周辺には、半魚人が住むダゴン池やハイパーボリアの妄想室、ロイガー通信転送所などのスポットが点在している。また、ハスター急便のバイアキー中野くん、亜空間高速鉄道『イタカ3000』などの小ネタが、これでもかとそこかしこに仕込まれている。

**逢空万太／這いよれ！ニャル子さん　全12冊**
SBクリエイティブ／2009年4月～

漆黒の怪物——夜鬼に追われる高校生・八坂真尋の前に現れた救い手は、ニャルラトホテプ星人のニャル子と名乗る銀髪の美少女だった。ニャル子とその使い魔であるシャンタッくん（♀）だけならまだしも、ニャル子を性的な意味でつけ狙うクトゥグァ星人のクー子、少女と見紛う容姿のハスター星人のハス太ら人外の有象無象に居候されるハメになった真尋の明日はどっちだ？　萌えとパロディが満載の、日本のクトゥルー神話シーンを象徴するハイテンションなラヴクラフト・コメディ。第1回GA文庫大賞優秀賞受賞作『夢みるままに待ちいたり』の改題作で、アニメ化もされている。

**三原みつき／深山さんちのベルテイン　全3冊**
小学館／2010年12月～

平素より女子の格好をして、自身も女子だと主張する「男の娘」深山琥太郎は、海外に長期出張中の母が寄越したアンドロイド、「ベルさん」ことベルテインと二人で暮らしている。マイペースな琥太郎と、彼を何とか男に戻そうとするベルさんや幼馴染の宮内理々、琥太郎に懸想する不良の先輩といった面々が織りなす、空回り気味のスラップスティック・コメディ。作中のラジオ番組に、『這いよれ！ニャル子さん』『ヴァルキリーワークス』など他作品のキャラクターが投稿者として登場（はっきりとは明言されないが、読者にはわかる形）し、世界観を共有する地続きの物語となっている。

**鎌田三平／アローン・イン・ザ・ダークI**
小学館／1995年9月

ロサンゼルスで探偵事務所を開業するエドワード・カーンビィのもとにうら若き依頼人エミリーが持ち込んだのは、「叔父の屋敷を燃やして欲しい」という物騒な依頼だった。主人が謎めいた自殺を遂げた後も、夜に灯りが点り、悍しい怪物が徘徊するデルセト邸。その影に見え隠れする、海賊エゼキエル・プレグストの財宝伝説とクトゥルー神話の神々の呪い。3DホラーAVGの先駆的作品『アローン・イン・ザ・ダーク』を、このゲームの攻略本も手がけた翻訳家の鎌田三平がノベライズした作品。ハードボイルドの翻訳小説を思わせる力作だが、残念ながら未完に終わっている。

**夢野久作、佐藤大／【脳Ｒ：ノアール】ギュル　全3冊**
角川書店／2007年7月～

ガガガ文庫が展開していた古典エンタメ小説の〝跳訳〟シリーズの一冊で、夢野久作のSF短編「人間レコード」を大胆にアレンジした作品。正確には、佐藤大はストーリー構成で、彼が率いるストーリーライダーズのライター3名が各巻を執筆している。宇宙からの〝脳R電波〟によって脳髄を破壊される人類が頻発しているの2007年のニホンを舞台に、脳R化した人間を追う中央機密局《ギュル》のイカれた面々を描く物語。完結巻となる第3巻の舞台のひとつが、映画都市・阿阿噛夢《アーカム》。西宝電影公司によってまるごと撮影所化されてしまったという、かつての哈爾浜（中国黒竜江省の都市）である。

**川岸殴魚／「邪神大沼」シリーズ　全8冊**
小学館／2009年6月～

大沼貴幸の部屋に置かれていたのは『初心者らくらく邪神マニュアル＋スターターキット』。ソロモン七十二柱の悪魔ゴモリーの姿をしたスターターキット付属の女の子に大沼は、自分が人間ではなく邪神だと告げられてしまう――。第1巻では、「邪神マニュアル」掲載の先輩邪神の体験談に、比類なき存在感を示す邪神としてクトゥルーさんが登場。今の自分があるのも「邪神マニュアル」のおかげだと語っている。また、マニュアルに紹介されている邪神風ハンバーグのレシピがクトゥルーさんのおすすめ料理とされるなど、邪神業界ではかなりの有名人ということらしい。

**原田宇陀児／風に乗りて歩むもの**
小学館／2009年12月

カナダ五大湖のヒューロン湖に浮かぶマニトウ島――その西部に広がるテーマパーク「イーグルランドマニトウ」を、おだやかならぬ空気が包んでいた。級友2人と一緒にローラーコースターに乗り込んでいた令嬢サマンサ・イーグルが、時速100マイルで疾走するレール上の密室から、忽然と姿を消したのである。怪奇小説マニアのアルバイト、ロビンソンが「イタカだ！」と主張する中、事件は思わぬ方向へと転がり始める。「ミスカトニック大学造型学部映像学科卒」を自称する原田宇陀児の、ウェンディゴ伝説にまつわる土地を舞台とするミステリ仕立てのハードボイルド小説。

**大樹連司児／ほうかごのロケッティア**
小学館／2009年12月

ワケありの生徒だらけのイトカ島学園高校に通う褐葉貴人。彼の平穏な日々は、久遠かぐやの転入とともに終わりを告げる。ある事情から宇宙ロケットを必要としているかぐやと、その彼女に逆らうことのできなくなった貴人。かぐやの無謀な願いは貴人やイトカ実業高校ロケット部を巻き込み、ついにはロケット打ち上げが行われるのだが、それは島の運命が大きく変わるきっかけとなった。ロケットに関わる少年少女を描いた青春コメディ。クトゥルー神話的要素として、貴人がかぐやに出した手紙の中に「アトランティス大陸の霊峰・ヤディス＝ゴーの雪よりもなお白い」というくだりがある。

**日日日／ささみさん@がんばらない　既刊11冊**
小学館／2009年12月～

最高神のちからを維持してきた一族、月読家。今代の「月読の巫女」鎖々美は、彼女を溺愛する兄・神臣と共に家を飛び出し、天沼矛町で二人暮らしをしていた。邪神三姉妹、他国の神々、そして神の力を狙う組織「アラハバキ」などの勢力と、月読兄妹の関わりあいを通し、神話というものに深く切り込んだライトノベル。第7巻のテーマがクトゥルー神話で、登場人物たちが「邪神オリエンテーリング」というゲームに参加する。また、第4巻に登場した太古の「旧神」九頭竜との関連性が示唆されたほか、「アラハバキ」の首領の異名が「這い寄る混沌アバオ・アクー」だと明かされる。

**日日日／反抗期の妹を魔王の力で支配してみた。　全4冊**
SBクリエイティブ／2012年8月～

魔王が退治され、封印されて平和を取り戻した後の世界。『勇者』ゼックンと『魔王の娘』クズーニャの間に生まれ、魔王の血統と力を受け継いだクダラは、冒険者養成学校の問題児4人の特別講師になる。教え子の中には、反抗期真っ盛りの妹・ミカリンがいて――。かつて、勇者と共に魔王と戦った『伝説の十人』の中の一人、『人魚姫』ワルプルキスは旧支配者と呼ばれる大海の支配種族の女王で、邪神狂鞭《ディープ・オールド・ワン》という知性ある武器《インテリジェンス・アームズ》を所有。また、彼女が自らの半身で造り上げたという『クトゥルー・ティアーズ』という絶対防御アイテムが存在し、ある目的のもとミカリンに与えられている。

**新木伸／GJ部　全11冊**
小学館／2010年3月〜

数千人の生徒数を抱えるマンモス高校で、GJ部というクラブを舞台に部員たちのゆるい日常が綴られる、1話4ページ、1巻につき36話のショートストーリーで構成される萌え4コマ小説。部員である皇紫音の2番目の兄が食材調達に行くという話題で、1巻では究極のフルコースのために刺身の材料となるクトゥルフを仕入れに北大西洋の海底へ、5巻ではクトゥグァと接触するためにアイスランドの火山帯に出かけたという話がある。紫音によれば、クトゥルフはイカの、クトゥグァは火トカゲの一種らしい。ともあれ、このゆるふわ世界でも名状しがたき存在が知られているようだ。

**相磯巴／Wandervogel**
小学館／2010年9月

浮遊大陸アトランティスの10の王国にある冒険者を目指す若者たちを教育する施設ギムナジウムで、優秀な人材を集めて外界にある他の世界へ向けて開拓船が出されることとなった。騎士学科のエリートのタマキを船に乗せるため弟のユウキも同行者に選ばれるが、凡人のユウキはいざという時のための捨て駒要員だった。そんなユウキが世界樹に刺さった伝説の剣を抜いてしまい——というRPG風味の冒険コメディ。人間が魔法を使うために必要だというアイテム、魔導書が2巻に登場するのだが、巻末のリストによればこの魔導書はネクロノミコンで、最高位の魔導書なのだという。

**伊藤ヒロ／魔王が家賃を払ってくれない　全7冊**
小学館／2011年9月〜

かつて、大きな戦いがあった。異世界《暗黒地平》から到来した10万余のク・リトル・リトル魔族の大軍、そして彼らに君臨する魔王にして最強の魔導師アーザ十四世（アザトース）。わずか6日で地上の6割を制圧した魔王軍はしかし、わずかな仲間と共に立ち上がった勇者に打ち倒され、地球には平和が戻っていた。それから半年が経過し、モンダイの魔王はアパート「ゴージャス高良多」の住人となり、勇者の弟・高良多義経の悩みの種となっていた。このニート魔王、アパートの家賃を払ってくれない——。緩い設定の記号共有というクトゥルー神話の原点に立ち返った作品（作者談）。

**伊藤ヒロ／ラスボスちゃんとの終末的な恋愛事情《ハーレム・ルート》　全2冊**
SBクリエイティブ／2016年2月〜

男子高校生、鳥居慎一が17歳になった朝、押しかけてきたラスボスを名乗る謎の少女は、「我こそは大魔王アズアトス！万物の王にして原初の混沌。——そして、汝の妻となる者なり！」と、高らかに宣言する。ク・リトル・リトル魔族の大魔王アズアトス19世に加え、神聖セイバーヘーゲン銀河帝国の皇帝ヴォネガット1世、そして四国から上京してきた妖怪族の頭領・玉面公主しが御前を加えた三人は、それぞれ親同士の約束に従って慎一に嫁いできたのだった。結婚しないなら人類を滅ぼすというラスボスたち。各国のお偉方をも巻き込んだ、慎一の七転八倒の日々が始まるのだった。

**田中ロミオ／人類は衰退しました　全11冊**
小学館／2007年5月～

別名義の「山田一」と併せ、美少女ゲーム界でカルト的な人気を集めた田中ロミオによる、見た目癒し系の終末SFライトノベル。文明がゆるやかに衰退した遠い未来、新人類である妖精と人間を橋渡しする調停官に任命された「わたし」の、割りといきあたりばったりな試行錯誤がテーマの物語である。第3巻「妖精さんの、おさとがえり」に登場する不定形生物について若干、クトゥルー神話的な描写がある。また、第8巻「妖精さんたちの、ゆめであえたら」に、ノッポ＝サンという昔の学者の功績として、ナイトゴーント君とかいう神話のおそろしい怪物を工作技術で倒したという話。

**伊崎喬助／スチームヘヴン・フリークス　全3冊**
小学館／2015年4月～

蒸気と神秘、悪徳と欲望が入り乱れる〝蒸気天国《スチームヘヴン》〟ビザーバーグを舞台に、この街で何でも屋を営むニコラスとザジのコンビが巻き込まれる事件を描く。ビザーバーグで活動している異能力者、ロンドンを覆う大濃霧によって神秘の力を得たというミスティックたちの中に《黄の印《イエローサイン》》という名の者がいて、貴重な書物を処分して回っているため、本の蒐集家たちから死神のような扱いを受けているというが、その正体は意外にも――。作者が巻末解説で明かしているように、ライアーソフトの「スチームパンク」シリーズの影響を強く受けた作品で、クトゥルー神話ネタも盛り込まれている。

**手代木正太郎／魔法医師の診療記録　既刊6冊**
小学館／2015年8月～

伝承の中で、吸血鬼、狼男、食人鬼などと語られる化け物の類いは、すべて〈妖病〉の罹患者であり、魔術によって治療することが可能である――はるか古代に存在した、魔術と医術とが一体となった知恵を脈々と伝え続ける〈魔法医師〉。その一人である少女、クリミアは、自分たちを異端と迫害する教会、そして〈妖病〉の罹患者を魔物視する人々と戦いながら、幼馴染のヴィクターと共に治療の旅を続けていた。第4巻の舞台にクトゥルー神話要素があり、インスマ砂漠はラー聖教聖庁の影響が薄い遠隔の土地で、ナイアラ派やツトグア派、ヨグソト派などの宗派が乱立しているという設定。

**水出弘一／夢次元ハンターファンドラ**
講談社／1986年2月

アニメや映画のノベライズが数多く刊行されたことで知られるヤングアダルト・レーベル、講談社X文庫の一冊。ダイナミックプロダクションの永井豪が世界観などを設定し、その際にクトゥルー神話由来の設定を紛れ込ませた、同題のOVAのノベライズ。永井自ら表紙イラストや口絵、挿絵を担当している。永井がかねてクトゥルー神話に関心を抱いていたことは、徳間書店の『リュウ』創刊2号に掲載された平井和正、石森章太郎の対談記事（永井は司会を務めた）からも明らかだが、悪魔をテーマとする自身の作品群と絡めることはなく、その意味で本作は非常に珍しい作品となっている。

**中嶋理香／帰還者―レブナン―**
講談社／1999年8月

中嶋理香（仙道はるか）による少女向けホラー小説。6年前、とある山間の小さな町で、クトゥルーの復活を願う教団の信者による連続殺人事件が発生した。友人を殺された主人公藤橋隼也はその衝撃で記憶を失ったが、六年後、町に戻ってきた彼は、霊感を持った警官・郷田や、殺された友人・明良の霊たちと共に彼は失われた記憶を取り戻す。だが町には深きものどもが徘徊し、町の図書館からは不気味な儀式の跡が。彼らは図書館長に取り憑いたかつての殺人鬼の霊と対峙する。本作では、高名な魔術書『ネクロノミコン』は、その存在自体に魔力が宿っていると解釈されている。

---

**架神恭介／戦闘破壊学園ダンゲロス、飛行迷宮学園ダンゲロス―『蠍座の名探偵』―**
講談社／2011年2月〜

「魔人」と呼ばれる異能力者が跋扈する世界を舞台に、私立希望崎学園――「戦闘破壊学園ダンゲロス」の通称で知られる学園における番長グループと生徒会の抗争を描く『戦闘破壊学園ダンゲロス』と、この番長グループが仲間を殺害した犯人の引き渡しを求めて魔神ゼロが方針の天道高校に乗り込み、殺戮を繰り広げる『飛行迷宮学園ダンゲロス―『蠍座の名探偵』―』。前者にはフングルイフタグンクワガタ（和名アシュラクワガタ）が、後者の末尾にはHPL作品におけるアザトースの描写のパロディが見られるなど、クトゥルー神話由来の小ネタがある。

---

**安藤白悧／「魔法少女地獄」シリーズ　全3冊**
講談社／2012年8月〜

第1回講談社ラノベチャンレンジカップの大賞受賞作。三田村黒犬は「ワルモノ」に襲われては「魔法少女」に救われるという生活を十年近く続けた結果、すっかりひねくれてしまった高校生だ。そんな彼の前に現れたのが、生粋の魔女の長南雨衣佳。魔法を濫用する魔法少女たちに怒り心頭の彼女は、彼に「魔法少女絶滅計画」を持ちかける――。1冊目、顔を黒い闇で塗りつぶした戦闘時の雨衣佳の姿を、黒犬が「無貌のもの」に例えている。また、魔法少女の一人の力の源である、異なる銀河にある星々の集合意志について外なる神々と例えるあたり、クトゥルー神話に親しんでいるらしい。

---

**曽我部浩人／ベニ・コンプレックス**
講談社／2012年11月〜

『紫禁の血脈』を持つ未来の英雄候補・緋野慶次。彼は八〇〇年を生きる赤猫の化身にして守護者である緋野紅子に、卒業までに嫁を見つけなければ自分が嫁になると宣言される。嫁候補を探す慶次の前に、蛇神を母に持つ長里巳緒、金の蝦蟇の現し身の妙高寺来弥が現れ、許嫁の座をめぐる争いがコメディ風に展開していく。二巻では敵役の魔法使いの少年ナイアルラトテプⅢ世をはじめ、グラーキン、シャッド＝メル、トラペゾヘドロン、夢の国などクトゥルー神話に由来する固有名詞が多く登場する。また、著者はあとがきにおいて、クトゥルー神話愛好家であることを公言している。

**ツカサ／銃皇無尽のファフニール　全15冊**
講談社／2013年7月～

25年前、突如として出現した悪竜によって、世界は大きくその装いを変える。〝D〟と呼ばれる異能の少女たちを、世界を脅かすドラゴンたちへの対抗手段として育成するべく、ミッドガルという学園が設立される。そのミッドガルに現れた一人の少年――物部悠は、世界でただ一人、〝D〟の能力を持つ男なのだった。登場人物の一人で、主人公と同じブリュンヒルデ教室に所属しているフィリル・クレストが用いる、架空武装が、「架空の魔書（ネクロノミコン）」という魔法書である。読書好きのフィリルの嗜好を反映したものであるらしく、クトゥルー神話要素は薄い。

**海空りく／アルティメット・アンチヒーロー　既刊4冊**
講談社／2014年10月～

魔界からの侵略者〈魔王〉を討伐した少年・神代焔は英雄でありながら、その強さによって権力者達から疎まれてしまい、反逆者として社会から追放される。数年後、魔術師学校に入学した焔は学園で「お荷物小隊」と呼ばれる少女たちの面倒を見ることになる。常勝無敵、邪神使いの主人公の活躍を描く作品。テーマのひとつがクトゥルー神話の邪神となっている。人類に魔術を伝えた〈這いよる混沌〉、主人公に召喚されるイタクァ、イオド、イゴーロナク、ショゴスというように、随所にクトゥルー神話のエッセンスが詰め込まれており、それらが作品の世界観を作り上げている。

**高瀬彼方／女王様の紅い翼**
講談社／1995年2月

宇宙海賊組織「アルハザード・ファミリー」にその人ありと謳われる、衛星ガニメデ生まれの天才パイロット、シャイア・メイソン。真紅の機体カーミラを駆る彼女を、人は〝ガニメデの紅い翼〟と呼ぶ。いかにも天才パイロットらしく、性格に少々（?）難のある女王様気質の彼女と、彼女にこき使われる準メカニックの「オイル小僧」ことジェイムス・フーバー少年の海賊稼業を描く、宇宙戦記もののSF小説。HPLの「魔女の家」から採ったと思しき主人公の名前や、「アルハザード・ファミリー」のエースパイロットがウィルバー・ウェイトリーなど、神話関係の名称が散見される。

**西尾維新／新本格魔法少女りすか　既刊3冊**
講談社／2004年7月～

「魔法の王国」長崎県森屋敷市出身の、「赤き時の魔女」「魔法狩り」の称号を持つ魔法使い、小学5年生の水倉りすか。彼女の同級生にして比類なき頭脳の持ち主、「『魔法使い』使い」供犠創貴。一般社会に潜伏する、魔法使いを狩り出す彼らはやがて、行方不明のりすかの父、水倉神檎の目論む箱舟計画へと巻きこまれていくのだった――。HPL作品の引用が巻頭にある他、りすかが書写する魔道書に『妖蛆の秘密』『屍食経典儀』『セラエノ断章』『屍霊秘宝』が含まれ、水倉神檎が「ニャルラトテップ」をはじめ665個の称号を持つ神類最強の大魔道師とされるなどの神話要素がある。

## 西尾維新／なこと写本シリーズ

講談社、他／—

西尾維新が、ちょっとしたお話を書く必要がある都度、発表し続けている短編シリーズ。『ユリイカ』（青土社）２００４年９月増刊号に掲載された「させられ現象」（＃セラエノ断章）、『西尾維新クロニクル』（宝島社）の「ある果実」（＃アルアジフ）、『〈戯言シリーズ〉限定コンプリートBOX』の豆本に収録された「栄光の仕様」（＃エイボンの書）、『KOBO CAFE限定特別小冊子』の「ヨウ素の皮肉」（＃妖蛆の秘密）、『アニメ化物語オフィシャルガイドブック』の「〆に最初」（＃無名祭祀書）という具合に、クトゥルー神話の魔術書をもじったタイトルがついている。

## 湊利記／マージナルワールド　全２冊

講談社／２０１１年１月～

本作で講談社ＢＯＸ新人賞Ｐｏｗｅｒｓを受賞した、湊利記のデビュー作。携帯電話を使って行き来する異世界「圏内」。光宮鴇は「圏内」でアガシオンと言う巨大ロボットを使い異形の敵と戦っていた。いつかくるであろう宿敵との対決の日のために。そんな光宮はある日、「圏内」で刻宮灯という少女と出会う。だが、光宮の宿敵である水嶋も刻宮を狙っていた。刻宮の正体を巡り、「圏内」で対決の時が迫っていた。クトゥルー神話的要素としては、刻宮が作中で唱える呪文という形で、ジョージ・ヘイ編の『魔道書ネクロノミコン』におけるヨグ＝ソトースの召喚呪文が使用されている。

## 手仮りり子／超訳　ラヴクラフト　ライト　既刊３冊

創土社／２０１５年１１月～

ベテラン怪奇小説家が別名義で綴る、Ｈ・Ｐ・ラヴクラフト作品の「超訳版」。２０１７年末時点で３冊が刊行されていて、「クトゥルーの呼び声他」『闇に囁くもの』『インスマスの影』などの作品に、主人公を少年少女に置き換え、文体をライトノベル風にアレンジするなどの「超訳」を行っている。単に翻案したのではなく、現代日本の高校生が謎めいた女性の導きで、夢を介してラヴクラフトの原作を追体験するという構成上の仕掛けが施されている。クトゥルー神話研究家として知られる竹岡啓《ひらく》による、ＨＰＬの評伝及び作品解説が巻末に掲載されているのも評価ポイントだ。

## 森瀬繚、静川龍宗／うちのメイドは不定形　既刊２冊

ＰＨＰ研究所／２０１０年６月～

一人暮らしの高校生・新井沢トオルのもとに、長らく会っていない父親から宅配便で送られてきたのは、何と南極の氷床の底から発掘された、不定形なメイドさんだった！　『這いよれ！ニャル子さん』の人気の影で、ひっそりと話題になった森瀬繚（１巻では原案クレジット）と静川龍宗による、コメディの皮を被った本格暗黒神話……の予定だったが、モロモロの事情によって中断している内にレーベルが消滅。興味ある版元は常に募集中。人間形態に変身できるという上位種、ショゴス・ロードの設定はＴＲＰＧではなく、アンソロジーCTUHLHU 2000収録のマイクル・シェイFat Faceから。

**静川龍宗／南蛮服と火縄銃**
PHP研究所／2014年7月

せっかくPHP研究所なのだから、歴史物のラノベを増量したいとの版元要請によって生まれた作品。時に1563年、日本では戦国時代の只中だったが、世界は大航海時代を迎えていた。激動の時代の只中、神性と人との交わりによって産み落とされ、神々や英雄の力を顕現させる「因子もち」たちが、極東の島国に集う。彼らは果たして、歴史の流れを変えることができるのか――。物語の中盤、楕円形の頭をした甲殻類に似た生物が出現し、登場人物の一人によって地球外知的生命体《アウター・ビーイング》と説明されているのだが、作者によればこれはクトゥルー神話の〈ユゴスよりの菌類〉とのことである。

**鳥山仁／ネクロノミコン異聞　全2冊**
イカロス出版／2011年11月

イカロス出版の萌えミリタリー雑誌、『MC☆あくしず』のノベルレーベルで刊行された作品。時に1942年、独日ハーフのアルノルト・ヒデトスズキ・ブレーメを含む邪神との契約者たちから成る特別行動隊が、崩壊の迫る東部戦線へと投入されたことに始まる、異形の第二世界大戦を描く仮想戦記。著者がブログで発表した同名の小説及び年表を、軍事ライターの松代守弘がイカロス出版に持ち込み、実現した商業版。なお、本作に登場する邪神たちは契約者によって便宜上の名前がつけられているが、クトゥルー神話譚に慣れ親しんだ読者であれば、その正体を看破することが可能なはず。

**黒史郎／未完少女ラヴクラフト　既刊2冊**
PHP研究所／2013年1月〜

マサチューセッツ州アーカムにあるラヴクラフト記念図書館から、異世界スウシャイへと迷い込んでしまった少年カンナ・セリオは、呪いによって「愛」に関する言語を奪われてしまったというラヴと名乗る少女に出会う。何と、彼女の正体は、後にクトゥルー神話と総称されることになる悍ましい作品群を著したH・P・ラヴクラフトその人だというのだが――。HPLの美少女化と、『ラヴクラフト全集』の無許諾パロディ表紙が話題になった、ホラー作家・黒史郎のライトノベル。創元推理文庫同様、表紙にPP加工を施していないという凝りようだったが、カバーの痛みが早いのが難点だ。

**黒史郎／黒水村**
一迅社／2008年6月

高校教師の企画で、進級の危い問題児たちがアカモロという赤い実の作物を生命線とする人里はなれた山奥の過疎の村、庫宇治村を訪れる課外学習が行われていた。触れてはならないという黒い雨や人食い土の謎、異形の存在が蠢き七人冥府という奇妙な伝承が残る閉鎖された村が舞台のホラー作品で、気鋭のホラー作家、黒史郎初のライトノベル。庫宇治村に残る方言の端々に「しゅうぶにぐらん」「あざとーと」「のぐろみかん」という表現があり、また村の伝説などの書かれた本の題名に『黒水村異聞　叡煩之書』とつけられているなど、そこかしこにクトゥルー神話の要素が潜む。

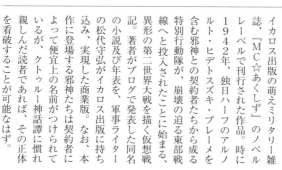

**黒史郎／交錯都市―クロスシティ―**
一迅社／2009年7月

新宿歌舞伎町に黒い雨が降り、赤い実をつける巨大な植物が街を覆いつくすという異様な光景のなかで、異形の死者がゾンビのように歩き回りながら生きた人間を襲っていく地獄のような場所となった東京が舞台のパニックホラー作品。『黒水村』の物語から三年後が舞台の続編で、前作にも登場した人間を食らう黒い土が《喰御主》という名であることが明かされている。作中での《喰御主》は意思を持つかのように動き、昔は無口で働き者だったと描写され、残留している食らわれた人間の叫び声の中にテケリ・リという言葉があることからも、《喰御主》の正体が何であるかは瞭然だ。

**杉井光／死図眼のイタカ**
一迅社／2008年6月

小は祭りの開催地から大は市長選挙まで、伊々田市のすべてに隠然たる影響力を持つ名家・朽葉嶺家。その家の婿として育てられた狩井マヒルは、ごく普通の少年だった。いつの頃からか話しかけてくるようになった、彼にしか見えない『名前のない男』の存在を除けば。婿入りを一ヶ月後に控えたある日、奇怪な殺人事件とその現場に現れたイタカと名乗る少女を発端に、マヒルの日常は崩壊しはじめる。旧家で起きる殺人事件を軸に、ボーイミーツガールを描く異能ミステリ。『名前のない男』について、作中ではGOOsという言葉が使われている。惑星に降り立ったと表現されるその正体は――。

**早矢塚かつや／文芸部発マイソロジー　全3冊**
一迅社／2009年6月～

第二文芸部を立ち上げた部員たちは部活動として自らが神として登場する神話を創作することを決める。彼らの神話は邪眼ノートに記されていくのだが、神話は『創生世界』に実在し、彼らは自らの神話世界クラフティアの神として同じく存在する他の神話世界と深く関わっていくことになる。部員にクトゥルフ神話フリークがいたために彼らの神話世界にクトゥルフ神話も取り入れられているが、物語が進んでいくと世界の神話の神々VSクトゥルフ神話の邪神という展開となっていく。クトゥルー神話が小ネタも含めて深く作品に関与していて、ニャルラトテップやアザトースが登場する。

**早矢塚かつや／名門校の女子生徒会長がアブドゥル＝アルハザードのネクロノミコンを読んだら**
一迅社／2011年1月

2009年に刊行され、そのわかりやすいネタ度から一躍ベストセラーとなり、後続作品を数多く生み出した『もし高校野球の女子マネージャーがドラッカーの『マネジメント』を読んだら』の、その後続作品のひとつ。名門・九頭竜高校の生徒会長であり、学園長の妹である久東亜依は、《外なる神々《あうたぁ・ごっず》》であり、江戸時代末期に結成された神撰組の末裔であり、その戦いの記録が記された和本『死霊秘法』の所有者である。神撰組九家に連なる土方敏文は彼女の秘密を知ってしまい、否応なく生徒会の庶務に就任。生徒会の一員として、魚臭い謎の敵と戦う羽目に陥るのだった。

## 早矢塚かつや／竜魔杖のコンダクター　全2冊

角川書店／2013年3月～

自らの使い手、コンダクターを選び出し、記録された生物の遺伝的特性を帯びた兵器――機甲を展開する金属《魔杖《タクト》》が存在する世界。機甲特務群ダアトのエージェントである八戸埜竜士は、稀少な《魔杖》である《系統樹の根《ルーツ》》の未登録の一つが姫神学園で確認されたことを受け、双子の弟・柳二と入れ替わる形で学園に潜入を果たす。しかし、プレイボーイの柳二が羨ましくもいやらしいスクールライフを送っていたことで、竜士の任務は困難をきわめることに――。ヒロイン、姫神レイヤは機甲《バーストソレイル》である。作者的には、バーストはクトゥルー神話の猫神のイメージだとか。

## 宮澤伊織／ウは宇宙ヤバいのウ

一迅社／2014年1月

巨大隕石によって地球が滅亡したところから時間が2日分巻き戻り、今、久遠空也の前には従姉妹のヌル香がいた。彼女の話では、彼の正体は星間諜報組織〈偵察局〉のエージェント、クー・クブリスで、ヌル香は彼の偵察船《レコンシップ》〈ヌルポイント〉。この船に搭載されている世界線混淆機を大出力で起動したことで宇宙はめちゃめちゃになり、彼も記憶を失って日本の高校生になったのだという。もう一人の自分の存在を自覚すると共に、次々と現れる旧知らしき人間たち。そして、敵――奮闘する空也に立ちはだかる敵の中に、時間管理局から放たれた時角獣、ティンダロスの猟犬がいる。

## 宮澤伊織／高度に発達したラブコメは魔法と区別がつかない

一迅社／2014年12月

両思いの二人が結ばれるという〈伝説の樹〉の樹の下で、クラスメイトの甘紙伊月と大喧嘩してしまった主人公・黒船蓮司。その周囲で、次々とおかしなことが起き始める。〈伝説の樹〉の魔法が暴走し、二人を結びつけようとしていることを知った蓮司は、事態を収めようと奔走するのだが――。宇宙的恐怖の解説でカップルが別れる「異形のプラネタリウム」、夜の博物館をカップルでうろつくと、吸血ミイラに襲われる「博物館の恐怖」などの恋愛都市伝説が語られる他、人類以前の地球に存在した〈旧支配愛〉について言及されるなど、クトゥルー神話由来の小ネタが数多く挿入されている。

## 宮澤伊織／何かが【深海：うみ】からやってくる　8月の迷惑な侵略者たち

一迅社／2015年8月

サメを憎むあまり、若干16歳にして世界的なサメの研究者となった幼馴染の倉度世羅澪《くらどせらみお》に付き添って、伊豆諸島の磯名出島にやってきた深見竜一。海神くたにどさまを祀るこの島は、どういうわけかサメが多いことで知られていたのだ。しかし、島で迎えた最初の夜、二人が泊まっている宿の周囲で魚市場のような濃厚な魚臭さが立ち込め、二本足で立つサメの群れが出現したのを皮切りに、次々と妙な出来事が発生する。どうやら、竜一が往路で海に落ちた際、白いサメに噛まれた傷跡が原因らしいのだが――。クトゥルー神話をアレンジした、独特の伝承がベースの、伝奇SF風のラブコメディ。

**夏見正隆／「海魔の紋章」シリーズ 全4冊**
朝日ソノラマ／1998年5月〜

明駿学園高等部の学生である龍造《たつみ》寺瞬《でらしゅん》は、航空機事故から生還して以来、まるで別人になってしまったように、すっかり様子が変わってしまった。彼は、地球の守護神である〈海魔〉レヴァイアサンの生命力を分け与えられていたのである。折しもその頃、かつて〈海魔〉との戦いに敗れた宇宙からの侵略者〈大いなる宿主〉の眷属、〈人形つかい〉が動き始めていた。〈大いなる宿主〉を滅ぼしうる存在を巡る戦いに、瞬とその周囲の人間たちは否応なく巻き込まれていくのだった――。架空戦記のジャンルで活躍していた夏見正隆による、独特の世界設定のもと展開されるクトゥルー神話譚。

**笹本祐一／ARIEL 全11冊**
朝日出版社／

ソノラマ文庫から全22巻が刊行された、笹本祐一の代表作。ソノラマノベルスで、全11冊が改めて刊行された。銀河帝国から惑星侵略を請け負う侵略企業ゲドー社の宇宙戦艦が地球に襲来、地球侵略を開始する。SCEBAI（国立科学研究所）の所長を務めるマッドサイエンティスト岸田博士は勇躍、自ら開発した女性型巨大ロボットARIEL（エリアル）に、親族の三人娘を無理やりパイロットに仕立てあげて放り込み、侵略者に立ち向かうのだった。副読本『ARIEL読本』によれば、ゲドー社のアバルト・ハウザーの初期設定は「アブドゥール・アル・ハザード」だったという。

**円まどか／WIXOSS-TWIN MEMORIES-**
ホビージャパン／2016年3月

ホビージャパンが展開中のトレーディングカードゲーム『WIXOSS』のノベライズ。ゲーム中でのプレイヤーの分身であるルリグ（カードタイプのひとつ）であるウムルとタウィルにまつわる、公式のバックグラウンドストーリーとなっている。進学してから『WIXOSS』をやめていた玉置莉咲は、同級生である珠洲明日香の誘いでペア戦に復帰することになる。折しもその頃、莉咲はアスマとシャリファという二人のプレイヤーにまつわる夢を毎晩、見るようになっていた。シャリファは「タウィル」というルリグ、アスマは「ウムル」というルリグをそれぞれ与えられるのだが――。

**神野オキナ／うらにわのかみさま 全4冊**
ホビージャパン／

女子高生・垣華ユウは、何と世界中の神様がいなくなる神無年に、「神もどき」を鎮める手伝いをする家の生まれで、幼い頃に一緒に遊んだソフビ人形「とらたん」も虎神様だった！沖縄が舞台のほのぼのラブコメアクション。ユウたちが海に行く第3巻「邪神さまにおねがい」から、スク水姿の美少女神クトゥーラが登場。より多くの崇拝者を得ようと思考を重ねた邪神クトゥルーの到達した回答が、「魔法少女っぽい恋の神様」だったという設定で、「アラオザルの門を守る」眷族ボ＝ルゴへの言及も。なお、クトゥーラは第4巻にも引き続き登場し、宿敵との和解シーンが描かれる。

**すえばしけん／ひきこもりの彼女は神なのです。　全8冊**

小学館／2011年3月〜

曙光山学園への入学にあたり、紅南寮への入寮を決めた主人公・名塚天人。彼の入る予定だった部屋には、「冥界の王」を自称し、実際に生死を操る力を持つ氷室亜夜花が居座り、ひきこもり生活を送っていた。天人はどうにかして亜夜花を追い出し、平穏な生活を送ろうと画策するのだが――。神様ばかりが住んでいる寮、紅南寮を舞台に、騒がしい日常を送る半天使の物語。単行本5巻、夏休みになって天人の妹・奏が紅南寮に遊びに来るエピソードにおいて、ティンダロスの猟犬（作中では〝猟犬〟とだけ呼ばれる）が登場し、「毛色の違う神話世界の生き物」と説明されている。

**瓜亜錠／らぶバト！　全5冊**

小学館／2015年8月〜

エッジ・レコーズでのドラマCD展開と連動した、メディアミックス企画。人工島ニライカナイ。そこには、世界中から能力者を集めた総生徒数50万人の巨大洋上学園、私立天聖院学園があった。能力者ならぬ主人公・綺崎結人は、この島を観光旅行で訪れるのだが、謎の少女にはめられた奇妙な指輪をはめられたおかげで、学園の一大イベント「大天聖祭」に巻き込まれてしまう――。アメリカのマサチューセッツ州には魔術の才能を持つ者が集まる魔導教育機関としてミスカトニック大学が存在し、関係者が邪神の力を根源とするクトゥルー神話系の魔術を使用するなど、神話要素が強い。

**海道左近／Infinite Dendrogram　既刊5冊**

ホビージャパン／2016年11月〜

ダイブ型VRMMO〈Infinite Dendrogram〉に、兄の勧めでプレイヤー登録した椋鳥玲二と、その仲間たちの冒険行を描く、WEBサービス「小説家になろう」にて現在も連載中のファンタジー作品。【邪神の落とし子《イヴィル・チャイルド》】という、環境に合わせて肉体の部位や器官を生やし、やがて正視に耐えない姿になるというモンスターが存在する。また、プレイヤーの行動や性格、プレイスタイルによって独自の進化を遂げる〈エンブリオ〉というシステムが実装されているのだが、書籍版未登場のとあるキャラクターの有するエンブリオが「唯我六尊アルハザード」で、《皆既肉蝕》というスキルがある。

**伊崎喬助／魔女破りのリベンジ・マギア　既刊2冊**

ホビージャパン／2017年6月〜

科学技術と魔術文明が両立する地球において、世界のパワーバランスを左右する〝魔術師〟を育成する、北米マサチューセッツ州に立地する現代魔女術《ウィッチクラフト》の最高学府「セイレム魔女学園」で、怪事件が発生した。数多の術技を修めた極東の凄腕術士・土御門晴栄《つちみかどはるな》が、この事件を解決すべく米国へと渡る。果たして、彼女の技は世界各国の神話・伝説を基盤とする魔術や死霊術を打ち破ることができるのか――第1巻の舞台となっているマサチューセッツ州のセイレムといえば、クトゥルー神話的にも重要な土地であるが、予想に違わずクトゥルー神話要素もしっかりと盛り込まれている。

**ゆうきりん／オーパーツ♥ラブ　全24冊**
集英社／2001年8月～

日本を霊的に守る陰陽師・御堂家の血を引く少年・御堂獏は、ある日父親から送られてきた棺を開き、その中に眠っていた古代エジプトの女王・イプネフェルを復活させてしまう。獏の周囲には蛇神ウラエウスそのものであるイプネフェルだけでなく、婚約者にして金毛九尾の妖狐・天御門玖美やマヤの女王となった転校生・椰子久九十九など、世界各地の神話を題材としたヒロインたちが現れる。そして獏たちの前に立ちふさがる最大の敵は、創作と思われていたムー帝国を隠れ蓑とした『黒きファラオ』であり、その目的は海中に没した死の都を浮上させ、『あの方』を蘇らせることだった。

**本田透／円卓生徒会　全12冊**
集英社／2006年12月～

気弱な高校生・紅龍亜砂はひょんなことからケルト世界に飛ばされ、ブリタニアの王になってしまう。アーサー王物語をモチーフに、学生と異世界の王という二重生活を送る亜紗と、一癖も二癖もある少女騎士たちが繰り広げるラブコメ作品。男性のみを殺すY死病によって人口が激減したケルト世界では、少女たちが騎士として戦い、男はローマでボーイズラブに励む一部の貴族階級と、海棲魚人インスマウスになってしまっている。インスマウスは、容姿にコンプレックスを抱く男たちが変化したものという設定で、彼らの元になったフォモールの王としてダゴンとハイドラの名前も登場する。

**伊崎喬助／モンスター娘のお医者さん　既刊3冊**
集英社／2016年6月～

魔族と人間が共存する街「リンド・ヴルム」を舞台に、医師グレンとその助手にして姉弟子でもあるラミア族のサーフェことサーフェンティットが様々なモンスター娘たちを診察する、お色気描写アリアリの物語。アカデミーの学生であった時分に、グレンとサーフェが師事したのがスキュラ族のクトゥリフ・スキュルという設定。スキュラは、グレコ＝ローマンの神話伝説に登場する半人半魔の怪物で、『オデュッセイアー』などの物語では下半身が魚とされるが、古い時代からしばしば蛸のような触手を持つ姿で絵画に描かれ、クトゥルー神話と関連付けられることもあった。

**虚淵玄／Fate/Zero　全6冊**
星海社／2011年1月

TYPE-MOONの人気AVG『Fate/stay night』の前日譚で、今日に至る『Fate』シリーズの流れを作った。登場人物が『螺湮城教本（プレラーティーズ・スペルブック）』という魔術書を所有し、頭足類の特徴を備えた異次元の魔物を召喚する。この書名は、クトゥルー神話の禁断の書物『ルルイエ異本』の漢名として『TACTICS』誌の記事で設定された漢名『螺湮城本傳』と、15世紀の魔術師F・プレラーティがイタリア語に翻訳したという小説版『ラプラスの魔』の設定に基づく。なお、『Fate』世界での来歴は、別シリーズ『Fate/Strange Fake』（電撃文庫）第4巻に示される。

**桜井光／灰燼のカルシェール -What a beautiful sanctuary-**
星海社／2014年10月

高度に発達した蒸気機関文明が滅び去り、人類が滅亡してしまった世界。機械死人がはびこる荒野を、安息の地を目指して旅をする二人の少年少女――最後に生き残った“人”である青年・キリエと、彼を護る機械仕掛けの少女・ジュヌヴィエーヴを描く。ライアーソフトで展開されていた、桜井光による「スチームパンク」シリーズの外伝的な作品で、ニトロプラスのプロデュースで音楽CDつきで発売された小説。後に星海社文庫から刊行されている。タイトルのカルシェールは、R・E・ハワードの作品で言及されるクトゥルー神話用語「カラ＝シェヒル（Kara-Shehr）」をもじったもの。

---

**瓜亜錠／殺戮のマトリクスエッジ 既刊3冊**
小学館／2013年11月～

西暦20XX年。旧東京湾上に建設された次世代型積層都市トーキョー・ルルイエを舞台に繰り広げられる、サイバーパンクアクション作品。積層都市に巣食う電脳を食らう化物、ホラーを狩るソロ・ランナーの小城ソーマはある晩、不思議な少女ククリと出会ったことにより、自らの出自に関わる陰謀に巻き込まれていく。彼のクラスメイトであるユーノ・柏木もまた、ランナーたちの一人として夜のトーキョー・ルルイエを駆ける。互いに正体を隠したままに世界の闇と戦う少年少女を描く。現状、物語が急展開する3巻をもって刊行が中断しているが、ガガガ文庫での続刊は難しいようだ。

---

**桜井光／紫影のソナーニルノベルブック**
ライアーソフト／2011年11月

2010年11月に発売されたライアーソフトの「スチームパンク」シリーズ第5弾『紫影のソナーニル -What a beautiful memories-』のディレクター・シナリオライターを務めた、桜井光自身の手になるノベルブック。ライアーソフトの直販製品で、全年齢向けの家庭用ゲーム機版が発売されたこともあり、後の2015年12月には復刻版が発売されている。WEB上で連載された（現在もWEB上に残っている）「ウィツィロポクトリの紅涙」の加筆修正版、その続編である書き下ろし新作「ヒュプノスの魔瞳」、その他に作品世界観の用語集や年表などの資料が収録されている。

---

**桜井光、他／黄雷のガクトゥーン ノベルアンソロジー**
ライアーソフト／2013年2月

2012年12月に発売されたライアーソフトの『黄雷のガクトゥーン』のノベルアンソロジーで、加納京太、禾刀郷といったライアーソフトで仕事をしているライターの他、鋼屋ジン、森瀬繚など外部のライターも参加している。本編制作中に企画が始まっており、部分的に本編にフィードバックされた物語や設定も多々存在する。神話要素としては、本編の重要登場人物でもあるキザイア・メースンにまつわる新設定が『朱紅きプレリュード Prelude en rouge ecarlate』に、ケイオシアムのCoCサプリメントSecret of Japan由来の設定が『What a shining league』に盛り込まれているなど。

**くしまちみなと／かんづかさ　全3冊**
三三書房／2012年3月～

栃木市役所の公務員になったはずが、神の声を聴き、神威を操る神籬体質を持っていたことから宮内庁式部寮神祇院第壱課に配属されてしまった五祝神奈。神祇官（かんづかさ）となった彼女を待ち受けていたのは、訓練も抜きで御霊と呼ばれる物ノ怪たちとの実践に放り込まれる、非日常的かつハードな日々だった。日本神話とクトゥルー神話がベースの、現代伝奇ファンタジー作品。作中のクトゥルー神話要素には作者による大幅なアレンジが加わっていて、この世ならぬ異界の土地として千葉県夜刀浦市が登場するほか（朝松健公認）、〈深きものども〉をモチーフとする夜刀浦人が登場する。

**くしまちみなと／屍は美少女の香り　全2冊**
三三書房／2012年5月～

熱狂的な屍愛好者、屍体写真コレクターとして世界的に知られ、海外の専門誌にまで寄稿しているという「屍狂一郎」こと樺根《かばね》鏡一郎。そんな筋金入りのド変態の前に、芳しい屍臭を漂わせるミステリアスな美少女・灰中圭が、アメリカからの転校生として現れる。ストーカーの如く彼女の周囲を文字通り嗅ぎ周る探る鏡一郎。果たして、彼女の正体は――。圭の正体を詮索する鏡一郎が、興奮の余り「イア！　ヨス・トラゴン！」などと叫び出したり、灰中一家をアメリカから追跡してきたカトリック系組織の名前が無名祭祀機関であったりという具合に、神話ネタが軽く用いられている。

**くしまちみなと／緋の水鏡　全2冊**
創芸社／2013年3月

サークル「トウェンティース・ハート」で制作・発売された同人AVG『忌譚～緋水鏡奇譚～』三部作のシナリオをベースに物語を再構築した、クトゥルー神話が下敷きの伝奇ホラーノベル。両親を交通事故で亡くし、緋坂市の叔父のもとに引き取られることになった淡島朔也。しかし、叔父の変死を皮切りに、彼の周囲では奇妙な出来事が次々と起こり始める。事件の背後にちらつく、陀厳教団の影。緋坂市の、そして淡島家の血筋に隠された秘密とは――。くしまちみなとはホラー作家・朝松健の強い影響を受けているということで、本作のそこかしこから、確かにそれが感じられる。

**秦野宗一郎／無彩限のファントム・ワールド　全3冊**
京都アニメーション／2013年12月～

第4回京都アニメーション大賞小説部門で奨励賞を受賞した『ファントム・ワールド』を加筆・改題し、KAエスマ文庫から刊行された作品。バイオテロがきっかけで人間の脳構造が変化し、人類が妖怪、悪魔と呼んでいた存在『ファントム』を認識できるようになった世界。ファントムに対抗可能な能力者を育成するホセア学院高等部の一条晴彦たちは、やがてこの世界の真実を知る――。第1巻で、晴彦が水棲の怪王クトゥルーと呼ばれるファントムを召喚するシーンがある。アニメ版にも登場するが、巨大かつファンシーなタコの姿で、クトゥルー神話の邪神そのものではない可能性が高い。

**蝉川夏哉／異世界居酒屋「のぶ」 既刊4冊**
宝島社／2016年8月～

シャッターの降りた店舗の目立つ、現代日本の寂れた商店街にある居酒屋「のぶ」の正面入り口は、どういうわけかヨーロッパ風ファンタジー世界にあるとある帝国の古都に繋がってしまっている。ファンタジー世界の住人たちの目と舌を通した、新感覚のグルメファンタジー作品。元々は、小説投稿WEBサービス「小説家になろう」の連載作で、宝島社から書籍化された後、加筆版が宝島社文庫で刊行中。第2巻の「タコ尽くし」のエピソードにおいて、タコが「床を這い回っていた時は深海の奥底に眠る異貌の邪神の眷属か何かのような姿」と描写されているので、この世界にもどうやら……。

**出海まこと／邪神ハンター 全2巻**
青心社／1998年5月～

格闘天使との組手により邪神を退ける「カバラ神拳」を体得したヤコブは、邪神復活に備えるべくその体技を子孫へと伝承する。本作は、カバラ神拳をもってクトゥルー神話の怪物と闘う物語である。時は流れて現代、打撃系格闘少女の七森サーラは己がカバラ神拳の継承者であり、邪神と戦うべく運命付けられた存在なのだとラビ・ラスから聞かされる。おりしも「ダゴン秘密教団」に拉致された親友を救うべく犬不住の本拠地へ乗り込んだサーラは、カバラ神拳を用いてバイアクヘーを消滅させるが、「深きものども」へと変貌させられたムエタイの師と闘うこととなるのだった――。

**出海まこと／シャドウプリム**
メディアワークス／2001年11月

超ミニのエプロンドレスに身を包むメイドさん、風間萌美。彼女には契約により一定の期間、霊的・物理的を問わず主を守る者「風魔のメイド忍」炎手というもう一つの顔がある。第三話「ホフリノヤカタ」は、萌美を雇ったペンションオーナー倉本が邪神を目覚めさせようとするクトゥルー神話的短編として展開する。ルルイエ語の彫られたネックレス、本棚には『無名祭祀書』『エイボンの書』といった魔道書の数々、レンのガラスを用いた望遠鏡などクトゥルー神話の設定やアイテムが小道具として登場。名前が明言されないものの、触手をもつ巨大な邪神や、その眷属も登場している。

**中嶋ラモス／宇宙刑事ヴォルクバン 囚われの女子高生を救出せよ**
フランス書院／1997年6月

著者の中嶋ラモスは、出海まことの別ペンネームである。フランス書院の美少女ライトノベルレーベル、ナポレオン文庫の一冊。90年代末期、地球人を実験・愛玩用途で誘拐すべく、異星の犯罪組織や宇宙海賊団が地球に入り込んでいた。そのため、汎銀河警察機構は地球に武装刑事の坂志狼を派遣。バトルスーツに身を包む志狼は、銀河特捜ヴォルクバンとして宇宙の犯罪者と戦い続けるのだ。武装刑事の戦闘機にショゴス型、宇宙海賊団の血風隊旗艦がバイアクヘーなど、クトゥルー神話由来のネーミングが散見される。また、犯罪組織ゴルゾーバの幹部として怪奇クトゥルー男が登場する。

**安達瑶／世界最終美少女戦争**
KKベストセラーズ／1998年5月

中等部2年の石橋ワタルは幼馴染の相嶋瑠璃を振り向かせようと、伯父でマッドサイエンティストの諸尾博士に相談する。博士の発明で巨乳美少女となった瑠璃とワタルは結ばれるが、ワタルの目前で半魚人の一団にさらわれた瑠璃は身体をヨグ＝ソトートを呼び出す門にされてしまう。日本語訳『ネクロノミコン』やクローン技術により再生したウィルバー・ウェイトリィ、アーミティッジ博士の曾孫ヘレンが登場するなど、クトゥルー神話の世界観をベースとした設定が取り入れられた作品で、クトゥルー神話と巨大ロボットものを組み合わせた、日本で最初の作品であったりもする。

**花園乱、A・パワーズ／黒の断章、Esの方程式**
パラダイム／1997年3月～

クトゥルー神話がモチーフの、アボガドパワーズの成年向けAVG、涼崎探偵事務所シリーズ2作品の官能小説家によるノベライズ。6年前にアメリカで起きた忌まわしい事件で、恋人と記憶を喪った私立探偵・涼崎聡。彼が事務所を構えるマンションを襲った、禁断の書『黒の断章』を巡る連続猟奇殺人事件は、海を越えて因縁の地、メイン州リヴァーバンクスへと彼らを誘う。（『黒の断章』）前作の1ヶ月後、「雲頭様」――九頭竜川流域で信仰される謎めいた神が、涼崎を再び暗闇の中へ導いてゆく。心理学と量子論の彼岸にたゆたう闇の稜線が垣間見える異色作。（『Ｅｓの方程式』）

**永沢壱朗／アトラク＝ナクア**
ワニブックス／2001年9月

アリスソフトから発売された、同名のAVGの前日談。永久の時を生きる蜘蛛神・銀は、気まぐれから生贄とされた初音を己の同属とする。当初は、初音は銀を慕っていたが、銀が人間の女との間に娘をもうけたことから、銀と初音の関係は歪んでくる。初音は銀が娘を産ませた女を操り、銀の娘もろとも殺害した。そして、銀に戦いを挑む初音だったが、永く行き過ぎた銀にとって全ては暇つぶしであったことを知らされる。それから二百年後、二柱の蜘蛛神たちの最期の対決の時を迎える。クトゥルー神話にも多々登場する、悠久の時を生きる存在が、それ故に覚える倦怠をテーマにした作品だ。

**深町薫／BODY　FLASH**
蒼竜社／1996年8月

ニューサイトと呼ばれる人工的に生み出された子供が社会貢献している21世紀。コンピューター管理の病院でニューサイトの少女が全身から血液を抜き取られるという連続殺人事件が発生する。事件を捜査するニューサイトの少女スカーレットは、BCという血液状の生物にクトゥルー神話の旧支配者が宿ったDBCが原因であることを突き止める。創造者の体を乗っ取り犯行を続けていたDBCはナースロボットへ乗り移ると邪神復活のためネクロノミコンプログラムを実行しようとする。スカーレットはDBC撃退のため旧神を宿らせたLBCを生みだし、最後の戦いへと向かうのだった。

**館山緑／小説　終ノ空**
ムービック／1999年12月

ケロQから発売された同名のAVGのノベライズ。1999年7月、水上行人の同級生の高島ざくろが飛び降り自殺をとげた。その直後、「魔法少女リルル」に導かれた同級生の間宮卓司は己を救世主だと言い出して、世界の終末を告げる。行人と幼なじみの若槻琴美は、卓司にすがりだした級友たちに違和感を感じる。卓司の信者たちは行人を敵視しはじめ、ついには琴美に危害が加えられるのだが、行人が対決の決意を固めた時、卓司の信者たちは集団自殺した後で——。作中で重要な役割を担う「魔法少女リルル」の正体は這い寄る混沌ないあらとほてっぷで、よぐ・そー・とーとの娘とされる。

**斐芝嘉和／仙獄学艶戦姫ノブナガッ！　全3冊**
キルタイムコミュニケーション／2009年7月～

南海の仙獄島に、超能力者だけを集めた3つの学園があった。法で縛れぬ超能力者を能力ピーク時の間だけ隔離するためだが、学生たちは自らの力を存分に発揮し、自分たちの決めたルールのもと青春を謳歌していた。戦国時代の武将の名を持つ学生たちが、水着美少女コンテストや生徒会選挙などのイベントに浮かれる中、謎の触手生物が現れ、邪教集団・黒山羊教が暗躍をはじめていた——。島には旧支配者が封印されている設定で、1巻ではシュブ・ニグラスの子らと深きものどもを思わせる怪物が登場。コミック版も出ているが、こちらではクトゥルー神話ネタがなくなっていた。

**羽沢向一／大江戸エルフ無頼帳　淫血刀の哭く夜**
マイクロマガジン／2002年6月

成年向けの美少女小説雑誌『二次元ドリームマガジン』の創刊号から連載された同名の作品に大幅加筆した単行本。江戸で剣術の修行をする長谷岡雪の前に現れた着流しの、流衣。彼女の正体は、ある事情から妖精郷を追われ、極東の日本へと流れ着いた美しきエルフなのだった。女だてらに凄腕の剣客である流衣の、美しい太刀筋に見惚れる雪だったが、彼女たちの周囲に人ならぬ者が迫りつつあった——。雑誌掲載時（創刊3号掲載の第三夜）にはヴァルーシアの蛇人間と輝くトラペゾヘドロンが登場していたのだが、単行本化にあたってこうしたクトゥルー神話要素は削除されてしまっている。

**羽沢向一／魔海少女ルルイエ・ルル　全2冊**
キルタイムコミュニケーション／2010年6月～

成年向け美少女ライトノベルレーベル、あとみっく文庫から発売されたクトゥルー神話モチーフの作品。主人公・深城奈緒也の一族郎党が見守る中、地球の旧支配者クトゥルフの娘であるという少女ルルが深城家の風呂の中から出現する。何と深城家は、クトゥルフ崇拝者の一族だったのだ！　ルルの眷属となった奈緒也と、彼を翻弄する邪神の身内たちが織りなす、SAN値直葬のスラップスティック・コメディ。クトゥルー神話の美少女擬人化ものがいくつも刊行されている中で、レーティングよりの展開ではあるものの、恐怖と狂気の要素をオミットしていない数少ない作品である。

**松本千秋、岡本蘭子／ラヴクラフトの幻想怪奇館**
大陸書房／1990年5月

1989年から1990年にかけて大陸書房のホラーコミック雑誌『ホラーハウス』に連載された、2人の漫画家によるHPL原作のアンソロジー。忠実なコミカライズ作品としては最初期のもので、松本千秋による「レッドフックの恐怖」「エーリッヒ・ツァンの音楽」「アウトサイダー」、岡本蘭子による「魔犬」「死体安置所にて」「宇宙からの色」の6作品を掲載している。東京創元社の『ラヴクラフト全集』とのタイアップ企画だったようで（東京創元社側には、記録が残っていない模様）、巻末には同全集の3巻以降の翻訳者である大瀧啓裕の解説「ラヴクラフトの世界」が掲載されている。

**田中文雄・編／妖神降臨　真ク・リトル・リトル神話コミック**
アスペクト／1995年4月

板橋しゅうほう、来雅環、いつきたかし、ゴブリン松本、藤川守、桜水樹ら独特の作風を持つ漫画家達による、クトゥルー神話作品のコミカライズ・アンソロジー。編者は小説家の田中文雄で、ニューヨークの地下鉄での食屍鬼との戦いを描く「地の底深く」、海魔に魅入られた青年の物語「暗黒の接吻」、魔導書の恐怖を描く「妖蛆の秘密」、Uボートという閉鎖された空間を舞台にしたラヴクラフト原作の「海底の神殿」、ダゴンの妻とされる神性を描く「ハイドラ」、絵画から抜け出す妖が人々を破滅させる「メデューサの呪い」などの6編を収録。また、各作品には朝松健の解説文も。

**田邊剛／「ラヴクラフト傑作集」シリーズ　既刊8冊**
エンターブレイン／2007年7月〜

第4回エンターブレインえんため大賞佳作を受賞した田邊剛によるHPL作品のコミカライズシリーズ。エンターブレインの『コミックビーム』誌に掲載された作品が中心で、『アウトサイダー』(この1冊のみ、HPL以外の海外作品のコミカライズと、オリジナル作品「呪画」が収録されている)に始まり、『魔犬』『異世界の色彩』『闇に這う者』、そして全4冊に及ぶ『狂気の山脈にて』などの単行本が刊行されている。いずれも精緻な描線でHPLの世界を描き切った、圧倒的なクオリティのコミカライズで、現時点での同種の書籍における最高峰と言ってもお世辞にはならないだろう。

**宮崎陽介、原田雅史、他／「クトゥルフ神話」シリーズ　全11冊**
PHP研究所／2007年7月〜

PHP研究所のコミック編集部から刊行されたHPL作品のコミカライズ・シリーズ。『邪神伝説クトゥルフの呼び声』に始まり、『クトゥルフ神話の原点　異次元の色彩』に至る全11冊が刊行されている。いずれも、漫画の節目節目に、森瀬繚、朱鷺田祐介、東雅夫といった面々による作品解説が挿入されているのが特徴。3冊目となる『戦慄のクトゥルフ神話　狂気の山脈』には、HPLのファンだったというアーサー・C・クラークによるクトゥルー神話パロディ小説「胡乱な山脈にて」が収録されているが、kindle版には翻訳権の関係で収録されていないので、興味のある人は要注意。

**おがわさとし、他／クトゥルーは眠らない。 全2冊**
青心社／2011年7月～

クトゥルー神話小説作品集の定番、『クトゥルー』シリーズの刊行元である青心社から発売されたコミック・アンソロジー。板橋しゅうほうが表紙を担当し、参加している作家陣は基本的に京都精華大学マンガ学部の講師及び卒業生を中心に選択されているようだ。また、同社から神話小説を刊行している新熊昇が解説を寄せている。収録作品はいずれもHPLを含む様々な関連作品に大胆なアレンジを加えたもので、主な作品としておがわさとしの「壇ノ市の三博士」「陰栖鱒村綺談」の他、本書でも紹介している『ナチュン』の都留泰作による「いんすま市を覆う影」などが挙げられる。

---

**―／「クトゥルー・ミュトス・コミック」シリーズ 既刊3冊**
創土社／2017年9月～

創土社から刊行されている小説レーベル、「クトゥルー・ミュトス・ファイルズ」から刊行されている作品が対象の、新しく設立されたコミカライズ・レーベル。2017年12月末時点で、『クトゥルフ神話TRPG』関連記事のイラストなどで活躍している黒瀬仁による菊地秀行『妖神グルメ』のコミカライズ第1巻、BL漫画のジャンルで仕事をしてきた木内結子による田中啓文「クトゥルーを喚ぶ声」、表紙絵を担当したおおぐろでんによる黒史郎『童提灯』のコミカライズが刊行されている。今後のラインナップとしては、牧野修『灰頭年代記』が予定されている。

---

**水木しげる／水木しげる貸本傑作大全1 全5冊**
桜桃書房／1999年8月～

貸本漫画家時代の作品14本を、全5冊で収録した全集の第1期。HPLの「ダンウィッチの怪」の翻案として有名な「地底の足音」（第2巻）、「地獄」（第5巻）は他の単行本でも読めるが、「青葉の笛」（第5巻）については、これのみの収録だ。行方不明の父を探して対島の国を訪れた少年・阿部小六は、血族結婚によって人ならぬ異形の身となった先住民族「妖族」の村に迷いこみ、妖族たちが「太古の神」の誕生に浮かれ騒ぐのを目撃する。小六が偶然手に入れた、不思議な力を持つ青葉の笛の正体は――。水木しげるによる、もうひとつの「ダンウィッチの怪」オマージュ作品である。

---

**水木しげる／妖怪ワンダーランド⑦ まぼろし旅行記**
筑摩書房／1995年7月

「インスマスを覆う影」「クトゥルーの呼び声」の影響を受けたと思しい、南洋の怪奇譚「南からの招き」を収録。どこかガマガエルに似た容貌の鎌田と疋田は、それぞれニューギニア南西部の大沼沢地帯にまつわる、リアルな夢に悩まされていた。大和大学が件の沼沢地帯に探検隊を派遣することを知った2人は、何とか探検隊に同行する。教授が言うには、この沼沢地帯に住む新種のガマ人類が、太平洋戦争後、一部の日本人に対して夢を通じた通信を送っているのだという。現地人の案内で、一行は巨大な城を思わせる岩山へと導かれていく。そこで彼らを待ち構えていたのは――。

**水木しげる／悪魔くん世紀末大戦**
徳間書店／2005年5月

神童・悪魔くんが主人公のオカルト奇譚。幾通りも存在する漫画版『悪魔くん』の中でも、貸本版の続編にあたる作品で、朝松健の企画、竹内博シナリオ（2話以降）という陣容で雑誌『コミックBE！』に連載された。第六章で、悪魔くんの前に立ちはだかるアンドリアス一族は、地球創生の太古から海底を支配する半人半魚種族で、海底に封印される邪神クルールを崇拝している。明らかに〈深きものども〉を意識した設定だ。なお、物語は悪魔くん配下の悪魔ロソンがクルールの神像を破壊しに海底へ向かい、悪魔くんたちが特殊な音波でアンドリアス一族を撃退したところで終わっている。

**水木しげる／魍魎　貸本・短編名作選**
集英社／2009年7月

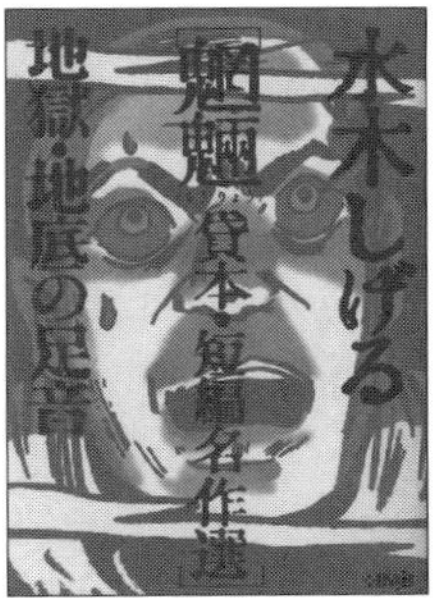


水木しげるの貸本漫画時代の作品には、英米の怪奇小説から材を採ったものがあったことを、本人もインタビューで認めている。中でも大きな影響を与えたのがHPLだった。本書収録の「地底の足音」は、異形の子・足立蛇助が、ペルシャの狂人ガラパロゴスの『死霊回帰』を手がかりに、「古きもの」を招来しようとする物語。舞台こそ鳥取県の八つ目村に置き換えられているが、この作品は「ダンウィッチの怪」の原作に非常に忠実なコミカライズである。他にも、本書収録の「悪魔」など、水木しげるの短編作品には、HPLの作品世界から影響を受けたらしい作品がいくつも存在する。

**水木しげる／ゲゲゲの家計簿　上・下**
小学館／2012年9月〜

TVドラマ『ゲゲゲの女房』のヒットを受け、『ビッグコミック』に連載された、水木しげるの自伝的なコミック。1951年から1966年にかけて水木がつけていた家計簿をもとに、当時の様子を描くスタイル。1962年頃、H書房やS元社から刊行されていた海外の怪奇小説を読んでいて、ネタに困った時にはこれらの作品から着想を得たというエピソードが（自身の言葉としては）初めて紹介されていて、「地底の足音」などが挙げられている。また、貸本の『別冊ハイスピード』の恐怖漫画特集号の巻頭で、HPLの引用文に始まる企画記事を構成したことについても触れている。

**矢野健太郎／「邪神伝説」シリーズ　全5冊**
学習研究社／1988年9月〜

学習研究社のコミック雑誌『ノーラ』に掲載された、矢野健太郎のクトゥルー神話連作。風の神ハストゥールに仕える「風の民」の一族に生まれた星間渚はハストゥールの生贄となり、その身に風の神の精を受ける。ラバン・シュリュズベリィ率いる邪神の対抗組織「ケイオスシーカー」のケインは、渚を組織の一員とすることで保護しようとするが、その背後にはナイアルラトホテップの遠大な計画が蠢いていた――。A・W・ダーレス的解釈の神話世界を土台に、ケイオスシーカーシリーズをはじめ、読み切り短編を含む作品がまとめられている。雑誌掲載版が再現されている電子書籍版も発売中。

**矢野健太郎／ドリーマー**
学習研究社／1995年3月

淫らで悍ましい夢に悩まされる山野くるみ。彼女の相談に乗った幼馴染の綾重達也は、兄・直人のシンクロエナジャイザーを使ってくるみをリラックスさせようとするのだが、設定を誤って彼女の性的抑圧が具現化した存在、ムマを出現させてしまう。綾重家に居座ったムマと、達也たちの繰り広げるドタバタコメディ。最終回のシリアス展開は夢オチと見せかけて、実は神となった『邪神伝説』の渚による世界の修復だった。と、見せかけて更に続く多段オチ。渚とラミアの登場そのものは「超反則」という大テロップで否定されているが――。作中、異端科学研究家の根黒野魅呼が登場する。

**矢野健太郎、他／COMIC WILL 3**
ラポート／1995年7月

モンスターファンタジーアンソロジーコミックシリーズの第三弾。矢野健太郎「紅の記憶」が収録されている。女子高生・明野沙織は、幼いときのトラウマで、なぜか犬が苦手だった。しかし、幼稚園の頃は自宅で犬も飼っていて、決して嫌いではなかったはずだ。あの頃は、行方不明の父親もまだ家にいて、仲睦まじく暮らしていたのに。そんなとき、クラスメイトの雛子が犬らしき動物に首を咬まれて死んでいるのが見つかった。雛子の父親もまた同じ頃に行方不明となっていたらしい。さらに続いて、同じく友人の美里も行方不明になる。犬の恐怖に怯える沙織が見る悪夢の正体は――。

**矢野健太郎／フリーラジカル**
秋田書店／1999年1月

「大いなる者」の覚醒を目論み、人間のエッセンスを集める邪霊たち。相棒のゲリュオンと共に、その邪霊を狩って回る「フリーラジカル」――生物の細胞を破壊する活性細胞の異名で呼ばれるリョウガ（龍牙）の、復讐の戦いを描くホラーアクションコミック。作中で「大いなる者」とは大地（ガイア）そのものであり、邪霊と呼ばれているのも自然本来の精霊たちなのだと示唆されているが、作品が未完結で中断しているため、その真相は明らかではない。なお、作者の矢野健太郎によれば、この作品はクトゥルー神話のパロディというコンセプトで書かれた作品とのこと。

**矢野健太郎／ネコじゃないモン！全10冊**
リイド社／2000年5月～

前半は島上デザイナー学院を、後半はプロの世界を舞台に、宮本尚子と横川修一を取り巻く複雑な人間模様を描く青春群像劇。同級生たちで海へと旅行に出かける第2巻収録のエピソード「海に陽に」で、仲間の一人、長岡のする怪談話が明らかにクトゥルー神話もの。「ふんぐるい～」の二行連句のほか、イメージイラストにシュトレゴイツァバールの黒の碑や、輝くトラペゾヘドロンなどが描きこまれている。また、第二部のプロローグ「六月の倦怠」では、同窓生の飯塚がアルバイトするスナックの店名が「ルルイエ」。『邪神伝説』で本格的にクトゥルー神話に取り組む以前の萌芽がここに。

**矢野健太郎／パート退魔麗**
リイド社／2002年1月

パソコンショップにSE兼店員として勤務する梅近麗美は、さほど強くはないものの霊能力の持ち主。意中の同僚、松田さんに取り憑く琴美の霊を祓おうと、巫女姿で大幣を振り回す日々が続いていた。そんなある日、彼女は勘違いで老霊能力者「妖魔ハンター・レイ」の後継者と見込まれ、強力な霊能力を手に入れる。しかし、人違いの代償は大きく、彼女はレイが300年かけて封印してきた淫魔たちを、文字通り体を張って封印して回らなければならなくなったのだ。登場時にレイが名乗ったフルネームが「レイモンド＝ファスウト＝アルハザード＝クロウリー＝メイザース＝晴明」だった。

**毛野揚太郎／「アウェイクン」シリーズ**
富士美出版／1998年4月～

矢野健太郎のアシスタント（？）による、複数の単行本にまたがるホラー・シリーズ。高校生・根賀吉久は、白鷺亜弓という美少女から、「大いなる古のもの」の目覚めを阻止する勇者だと告げられる。だが、吉久は使命そっちのけで亜弓を性の奴隷としていたぶり倒すのだった。「古のもの」の存在とその眷属である妖魔のデザインにクトゥルー神話の影響がある。本編『アウェイクン』では、亜弓以外に紅亜矢という和風の従者も登場。『亜弓ちゃんといろいろ』には亜弓に想いを寄せる少年の悲劇を描いた作品などの外伝が、『いっぱい出したネ』には短い外伝と第二部予告がある。

**後藤寿庵／アリシア・Y**
茜新社／1994年4月

本格派のクトゥルー神話コミック。笠倉出版社の『ロリポップ』誌に「召還者」のタイトルで予告が掲載されたことがある。1999年、連続殺人事件に怯えるロンドンの闇に暗躍する人ならざる者達の影。HPL「ダンウィッチの怪」の主人公であるヘンリー・アーミティッジ教授の血筋に連なる天才少女アリシア・Y・アーミティッジと、彼女に影のように付き従う黒衣の青年ナイアールらは、かつて『ネクロノミコン』を英訳した16世紀の魔術師ジョン・ディーの巡らす陰謀に挑む。『クトゥルー神話ダークナビゲーション』（ぶんか社）掲載の外伝コミックと共に、電子書籍として入手可能。

**後藤寿庵／シャーリィ・ホームズ**
富士美出版／1994年5月

不条理ギャグの雄、後藤寿庵によるナンセンス・ホームズ・パロディ。主人公シャーリィはシャーロック・ホームズの孫娘で、幼馴染のジミー・ワトソンを相棒にベーカー街221Bで探偵事務所を営んでいるのだが、トゥチョ＝トゥチョ人だって知っているその事実を知らないのは、日本人だけなのだ。卓越した推理力を持ちながら、不真面目なシャーリィがまともに依頼をこなすことは滅多になく、美少年を追いかけてばかりである。シャーリィの友人として『アリシア・Y』のアリシアがゲスト出演しているのだが、ナイアールと結ばれたことについてシャーリィに惚気るシーンがある。

**COCO／今日の早川さん　全3冊**
早川書房／2007年9月～

SF好きの早川さん、ホラーマニアの帆掛さん、純文学が好きで偉そうな岩波さん、ラノベ大好き少女の富士見ちゃん、レア本コレクターの国生さん。本好きの少女たちのオタクな日常を描く4コマ漫画。の筈なのだが、2巻目で帆掛さんが『ネクロノミコン』を使ってティンダロスの猟犬を召喚する展開が。期待に反して、現れたのはてん子と名乗る小さい女の子。てん子は帆掛さんが「願い事の代償として魂を渡す」まで居座るという――。てん子は2巻のラストで自分たちの世界に戻るのだが、続く3巻ではてん子たちの世界を舞台にした話も幾つか挿入され、邪神たちの日常に和まされる。

**COCO／異形たちによると世界は…**
早川書房／2011年7月

『今日の早川さん』に登場した、ティンダロスの猟犬のてん子の棲むルルイエを舞台にしたコミックスで、元々は『異形の群れ』のタイトルで、『今日の早川さん』に先立ち作者のブログで連載していたもの。パワフルなクトゥルー様や少し情けないナイアルラトホテップ、クトゥルー様に恨みをいだくハスターとその手下のイタクアとロイガーたちそれらが全て女の子として描かれる。彼女（？）たちの愉快で、少し怖い超常的な日常生活が楽しめる。その他にも、神話ショートストーリーが幾つか収録され、平凡な日常の影に潜む異次元の脅威や出生の秘密など、神話定番のネタが描かれる。

**手塚 治虫、松本 零士、他／Comic S 早川書房創立70周年記念コミックアンソロジー［SF篇］**
早川書房／2016年1月

かつて、早川書房の『S-Fマガジン』に掲載された手塚治虫や松本零士らのコミック作品を収録した「レジェンド編」と、描きおろし作品が中心の「マスターピース編」からなる、SFコミック・アンソロジー。COCO「俺の夢の妹 Sister of My Dreams」が収録されている。海底に幽閉されているクティーラなる存在（B・ラムレイの「タイタス・クロウ・サーガ」に登場するクトゥルーの娘だろう）とたまたま精神が同調した語り手が、自身を「おにいちゃん」と呼ぶ彼女と交流する危うい様子を描くほのぼの作品である。なお、本書の表紙イラストは語り手が想像したクティーラの姿。

**尾崎みつお／女吸血鬼マリーネ**
ひばり書房／1985年10月

貸本漫画の時代から、怪奇漫画を数多く刊行していたひばり書房の単行本描きおろし作品で、『妖女マリーネ』のタイトルで1975年に刊行されていたもの。血液が枯渇するという奇妙な風土病・清丘病で知られる清丘市に引っ越してきた平野恵子は、医者の兄と二人暮らし。夜な夜な姿を消す兄の後をつけた恵子は、奇妙な洋館のあたりで見失って帰宅した後、自宅で外人の女性に襲われる。神秘学の研究者である中田博士によれば、洋館の持ち主は、英国を追われて日本に逃れてきた霊媒術師の家系、ウェトリー一族のものだった――。「ダンウィッチの怪」がモチーフの、吸血鬼ものである。

**諸星大二郎／海竜祭の夜**
集英社／1988年7月

表題作「海竜祭の夜」の他、「ヒトニグサ」「黒い探求者」など、妖怪ハンターの異名で呼ばれる異端の民俗学者・稗田礼二郎もの8篇が収録される。これらの作品とは別に、稗田礼二郎のもとに送られてきた手紙をもとにした話という体裁の「肉色の誕生―ホムンクルス―」が収録されている。中世の医師パラケルススが作り出したという人造生命、ホムンクルスを創造するという妄執に取り憑かれた語り手の友人・神永の末路を描く作品で、実験室の書棚にはパラケルススの『子宮論』、エリファス・レヴィの『高等魔術の教理と儀式』などの書物と共に、『ネクロノミコン』の書名が見える。

**諸星大二郎／天崩れ落つる日**
集英社／1997年2月

諸星大二郎の初期作品集。「少女マンガ家と劇画家とギャグマンガ家の合作キャラクター」と作中で評される怒々山博士のシリーズが収録されている。2作目の「逆立猿人」は、人類進化のミッシングリンク、ホモ・アベコベを探している怒々山博士が、北関東の農村然とした田舎の山上で逆立ちした状態で暮らす逆立ち猿人の集落を発見。いったん捕まった後に逆立ちして逃亡する。その際、追いかけてきた逆立猿人が山上と平地を行き来するじーぜる猿人（ディーゼルエンジンの駄洒落）を乗騎として使役するのだが、このじーぜる猿人が「テケリ・リ！　テケリ・リ！」と鳴き声をあげる。

**諸星大二郎／諸星大二郎自選短編集　汝、神になれ鬼になれ**
集英社／2001年1月

諸星大二郎の自選短編集。「栞と紙魚子」シリーズの一篇や稗田礼二郎ものが幾つか収録されているほか、第三章「もの、人になりしこと」に「逆立猿人」という諸星には珍しいギャグ作品が収録されている。日本のどこかにある農村のはずれに、入らずの山という山がある。人類進化のミッシングリンク、ホモ・アベコベ（逆立ち猿人）を追い求めてこの山にやってきた怒々山博士と助手は、原始人のような生活をしていた猿人たちに囚われてしまう。どうにか逃げ出した彼らを、「テケリ・リ！テケリ・リ！」と吼えるじーぜる猿人に乗った逆立ち猿人たちが追いかけてきて――。

**諸星大二郎／妖怪ハンター　地の巻**
集英社／2005年11月

学会から異端視される考古学者・稗田礼二郎を主人公とする諸星大二郎の代表作で、『週刊少年ジャンプ』に連載された。執筆当時、作者がHPLの作品を愛読していたということで、色濃い影響を受けている。例えば、第1話「黒い探求者」は「比留子の里」と呼ばれる九州の小さな村を舞台に、異次元に封じ込められた異形の生命体・水蛭子にまつわる、日本神話版「ダンウィッチの怪」とも言うべき物語だ。また、「死人帰り」という作品は、HPLの「チャールズ・ウォード事件」を髣髴とさせる死者蘇生の怪奇譚で、地球と同時に誕生し、今は眠り続ける超生命体についての言及も。

**諸星大二郎／新装版　栞と紙魚子　全4冊**
朝日新聞出版局／2007年10月～

栞と紙魚子の二人が遭遇した、怪奇現象や事件の数々を描く。胃の頭町には魑魅魍魎や奇人変人が多いが、中でも出色なのが「テケリ・リ！」という叫びが特徴の、ボサボサ頭の少女・クトルーちゃんとその家族だ。父親の段一知はHPLに容姿の似たホラー作家。母親は驚くほど巨大な顔や白く長い腕を持つ人間離れした存在で、さらにおじいちゃんが現れた時には異常気象としか言い表しようのない事態に。またクトルーちゃんの振り回す不気味なぬいぐるみ（？）はヨグと呼ばれている。2008年に『栞と紙魚子の怪奇事件簿』として実写ドラマ化され、クトルーちゃんも登場した。

**伊藤潤二／伊藤潤二恐怖マンガCollection**
朝日ソノラマ／1997年10月

怪奇漫画家・伊藤潤二の作品集。全13巻で、そこかしこにHPLの影響が見受けられる。第10巻「あやつり屋敷」収録の「睡魔の部屋」において、夢の中の自分に体を乗っ取られることを恐れて眠れなくなった主人公の部屋の書棚に『ラヴクラフト全集』があって、「こんな本ばかり読んでるから変な夢を見るのよ」との恋人のセリフがある。他には、第7巻「なめくじ少女」に収録の「漂着物」はHPLの「マーティン浜の恐怖」などの作品を彷彿とさせ、主人公の祖父がジャワ島の山中から持ち帰った翡翠の彫板が所有者の肉体に変質をもたらす「寒気」もクトゥルー神話的な物語だ。

**ひよどり祥子／死人の声をきくがよい　既刊10冊**
秋田書店／2012年5月～

死者の霊が見える少年、岸田純の周囲に、ある時から幼馴染である早川涼子の幽霊が出現し始める。奇怪な事件に巻き込まれることが多い純だが、その度に手助けしてくれるのだった。そこかしこにクトゥルー神話の影響が散見されるホラー漫画。たとえば、単行本第1巻、隠れキリシタンの伝説が知られる間吊島のエピソードでは、復活後のキリストが父なる神のいる海の底に沈んだという怪しげな教えを奉ずる邪教徒や異形の種族が登場する。また、第6巻にはナイアルラトホテプのような邪神が登場する話と、奇怪な生物が『ネクロノミコン』らしい魔導書を護っている地下壕にまつわる話が。

**うぐいす祥子／フロイトシュテインの双子**
集英社／2014年8月

ホラー漫画家のひよどり祥子が、うぐいす祥子名義で集英社のヤングジャンプ増刊『アオハル』に連載した作品集。表題作のシリーズは、高額のバイト料に釣られて、山奥にある謎の洋館に住んでいるフロイトシュテイン家の双子の子供たち、カケルとミチルの教育係になった、東都大学の桜井健司が見舞われる災難を、ある意味、コミカルに描くブラックな味わいのホラーコミック。小悪魔的な双子は、桜井の髪の毛をむしってブードゥーの呪い人形を作るだけでは飽き足らず、エイボンの書の記述を参考に、彼を生贄に捧げて邪神アザトホートの召喚を目論んだりするのだった。

## イダタツヒコ／外道の書

河出書房新社／2001年3月

人類が誕生する以前から存在したとも言われる禁断の書物『外道の書』。この本を12冊集めた者は、神の力と知識を手にいれ、時間と空間を支配することができる。謎の少年・有村京一によって、兄の肉体を『外道の書』に変えられてしまった高校3年生の桐島さつき。「第一の書」と呼ばれる青年と共に、京一に従う他の書物たちと対決するさつきは、果たして彼らの儀式を阻止し、兄を取り戻すことができるのか――。井田辰彦名義で『ヤングマガジン』に連載されたホラーコミック。『ネクロノミコン』がモチーフらしく、スペシャルサンクスとして「ABDOL ELHAZZARED」の名が。

## イダタツヒコ／HeRaLD　上・下

講談社／1999年1月

おぶさりさんの童唄と共に現れ、質問に答えられない者を殺すという「ざくろヒメ」の都市伝説。生放送のラジオでそれがただの噂ではないことを知った笛吹籠女は、ざくろヒメによる一連の事件が何者かによる連続殺人であり、さらにその犠牲者は自分も生まれ育った村の出身者ばかりだという事実にたどり着く。それをラジオを通じて世間に伝えようとする籠女に、ざくろヒメの凶刃が迫る――。明確な神話用語はないが、「闇に囁くもの」「黒の碑」などの各話タイトルからクトゥルー神話を意識していることがわかる。また、上巻の「強奪者」には人の皮を着込む不定形の怪物が登場する。

## イダタツヒコ／美女で野獣　全8巻

小学館／2002年8月～

古流武術〝鬼首流〟の継承者、一茜。道場を取り戻すべく借金を負った彼女は、クラスメイトの中島克美と毒島リリカらに、とある場所へと連れて行かれる。そこは、女子高生同士のガチバトルを見世物にする〝キャットファイト〟のリング。そして、リリカこそは闘場に君臨する無敵のチャンピオンだったのだ――。第5巻の「乙女玩具隊少女魔法拳」は、茜たちが魔法少女アニメ『リル リル・スウィーツ』の販促をするエピソードだが、「ハスターの風」「クトゥグァの炎」といった魔法や、変身呪文がクトゥルー神話モチーフだ。また、修学旅行エピソードに登場するヤクザが諸吾巣組。

## イダタツヒコ／星屑番外地　全3冊

小学館／2009年11月～

地球人と異星人と魔が共に住まう巳栖木県怖巻市――、人呼んで「星屑番外地」で巻き起こるトラブルを、凶悪で大食らいな神社の宮司兼巫女・紗乙女烈香が大幣代わりの特製バットで豪快に祓っていくアクション作品。明確な神話用語はヤクザの権力争いで使われるシヨゴスくらいだが、何億年も前から怖巻の地に眠っていた虚壺神社の御祭神であり、外宇宙からの船の墜落によって目覚めた「龍神」――クラスC超越体の姿や、クラスNとして力を限定されているある人物など、神話ファンがニヤリとする点が見受けられる。また、イダタツヒコの他作品に関連する人物も登場する。

**高橋葉介／仮面少年**
朝日ソノラマ／1977年12月

高橋葉介は、クトゥルー神話に影響を受けた作品、材を採った作品を数多く描いており、それはこの初期短編集からも窺える。「触角」では、同人誌に参加する会員の初会合において、自分の描く怪物の絵にはモデルがいると話す灰田に同人誌の代表者が引き合いに出したのがラヴクラフトの「ピックマンのモデル」で、地の底に巣食う魔物をモデルにして絵を描く画家ピックマンを灰田になぞらえている。灰田は事故で失った左目から生えてきた、人間を怪物の姿に見せてしまう奇妙な触覚を通じて絵を描くようになる。やがて触覚で見るものこそが世界の本当の姿だと信じるようになった。

---

**高橋葉介／夢幻紳士 マンガ少年版**
朝日ソノラマ／1983年3月～

神か魔物か、不思議な力を持つ少年／青年探偵・夢幻魔実也が主人公の「夢幻紳士」シリーズは、怪奇幻想を主題とするコミックを数多く発表してきた高橋葉介のライフワーク的な作品群だ。コメディタッチの冒険編や、ホラーものの怪奇編など様々なヴァージョンが存在し、複数の版元から刊行されている。幾つかのエピソードにクトゥルー神話の影響が見られるが、とりわけストレートな作品が、この単行本に収録される「案山子亭」。旅の途上、魔実也がふらりと立ち寄った寂れた旅館、案山子亭。旅館の老主人は『ネクロノミコン』などの怪しい書物を隠し持ち、何事かを企むのだった。

---

**高橋葉介／猫夫人**
朝日ソノラマ／1987年11月

『夢幻紳士』にも登場する（ただし、同一人物とは限らない）、猫夫人にまつわる表題作をはじめ、7つの短編を収録した作品集。巻頭の「HAUNTED HOUSE」は白泉社のコミック雑誌『コミコミ』に掲載された作品で、ＨＰＬの「レッド・フックの恐怖」の舞台であるニューヨークの異人種スラム街に由来するレッド・フック街の廃屋と、その家に巣食う悪魔的な黒髪の少女と怪物たちを巡るショートショート連作。廃屋を訪れた国政調査員が、地下室の井戸の中に突き落とされると、そこは異世界に繋がっていて、地球人類を調べている〈イスの偉大な種族〉と思しき異形の科学者たちが――。

---

**高橋葉介／学校怪談　全8冊**
朝日ソノラマ／1995年7月～

学校が舞台のホラー・ショート・ストーリーとしてはじまり、後に夢幻魔魅也の子孫だと判明する女教師・九段九鬼子の登場以後はレギュラーキャラが定着した連作短編となった。怪談話から伝奇物やＳＦホラーまで幅広いジャンルを題材とし、前半はホラー色が強いが九鬼子登場からはコメディ面が強調された作品になっている。ミスカトニック大学超常現象研究チームやインスマス・スイミングスクールといったワードがあり、短編「こんにちは赤ちゃん」に登場する異形の怪物のデザインが古のものから取られている。あとがきで、作者がクトゥルー神話の影響について触れたことも。

**高橋葉介／KUROKO―黒衣―　全4冊**
秋田書店／2001年3月〜

人々に取り憑く化物や妖怪を巻物に封じる者、黒衣。彼らは様々な事件を秘密裏に解決すべく、人間社会の影で暗躍している。
珍しくクトゥルー神話的な設定を根幹に据えた作品で、主人公の妹に取り憑いた名無しの神――時間や空間を超越し、あらゆる時間あらゆる場所の現象を記憶している存在は、作者自身がクトゥルー神話絡みだと認めていることから、ヨグ＝ソトースだと推定される。
他に、不漁と災害に悩む島民が海に棲む半人半魚の異形の存在と契約し、人間の子供を供犠として差し出すことで豊漁と安全を保証された島が舞台の、「人魚の末裔」というエピソードがある。

---

**高橋葉介／恐怖症博士《ドクター・フォービア》**
秋田書店／2003年2月

恐怖研究所の恐怖症博士と助手の千悟が、人間の持つさまざまな恐怖症を治療するという、一話完結方式の作品。高所恐怖症や虫恐怖症などのポピュラーなものからストーカー恐怖症や良心の呵責恐怖症といった一風変わったものまで18種類の恐怖症をテーマとして描いている。第1話で研究所を訪れた相談者が、自分の恐怖するものを語ったときに、千悟が恐怖についてHPLの「恐怖は人間の根源的な感情である」という言葉が引用されている。相談者は恐怖症博士の手で怪物となり、自分が恐れる恐怖そのものとなった。人間の根源的な感情を排し、見事に恐怖症を克服したというわけである。

---

**高橋葉介／悪夢《ナイト・メア》交渉人《ネゴシエーター》**
朝日ソノラマ／2004年6月

表題作を含む短編8作が収録されたアンソロジー。「リセット」は妄想者の生み出す妄想体や妄想の世界を公務員である修正局の修正者が修正するという話。冒頭に登場する妄想の世界で異形の住人が「イア！　イア！」「ティケリ・リ！ティケリ・リ！」という言葉で話すという小ネタから、ただ自分の知的好奇心だけを満足させるために世界を消滅させて、その世界のコピーを作り出して去っていくというはた迷惑な存在である他の銀河系からの高エネルギー生命体など、クトゥルー神話的な要素が強く含まれている。登場人物はもちろん、魅力的な設定の数々から、続きが気になる作品だ。

---

**高橋葉介／新装版　怪談**
朝日ソノラマ／2007年3月

SM専門誌に連載された「怪談」に加え、数作の短編が収録されている。「混沌の島」は、子どもができなかったことで妻と別れた男が、ある島の海辺で女性を助けるところからはじまる。島の洞窟の奥底には、地球の始まりから生き続け、あらゆる生命を生み出す存在がプールのように広がっていた。そこから生まれ落ちた生物はすぐに他の生物に喰われてしまうのだが、ここから逃げのびることのできた生物は洞窟の奥からつながっている海へと出ていくという。明言こそされないが、生物を生み出す存在とはC・A・スミスの創造したアブホースやウボ＝サスラがイメージの源泉なのだろう。

## 高橋葉介／もののけ草紙　全4冊

ぶんか社／2008年9月～

「夢幻紳士」シリーズの登場人物である手の目を主人公に据えたスピンオフ。手の目に弟子入りしたお座敷芸人の小兎が主役を張る4巻は、戦争によって生じたあの世とこの世の破れ目から現れた異形の化け物が住まう、非存在街にまつわる連作短編で構成され、HPL作品へのオマージュ要素がある。戦争中に半身へ怪物の子供を埋め込まれた男が、母の声に呼ばれて非存在街を目指す「非存在街の呼び声」は「クトゥルーの呼び声」が、無敵の兵士を作ろうとした軍に怪物と合体させられた男が、帰る場所を求める「大神家の花嫁」は「ダンウィッチの怪」の怪物が、それぞれ想起されるのだ。

## 高橋葉介／高橋葉介ベストセレクション　影一号指令

宙出版／2008年11月

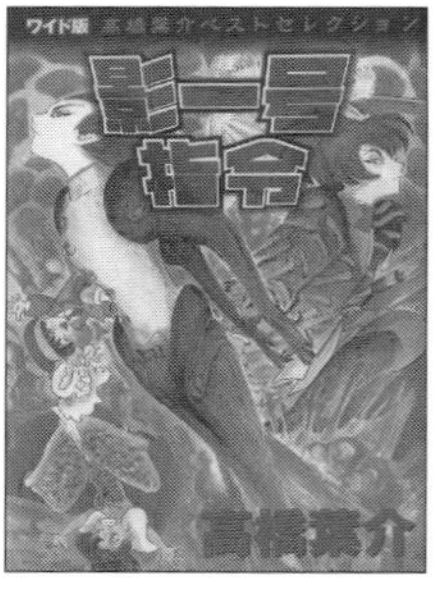

高橋葉介の過去作品を収録した、高橋葉介ベストセレクションの一冊。『影一号指令』には冒険活劇ものや怪奇ファンタジー、そして麻雀漫画と幅広い作品が収録されている。首から下が生身の体ではなく、腕にナイフやガトリング銃、足にロケット・エンジンや強力ドリルといった様々なギミックを用途に応じて装備する、謎に包まれた怪盗影男が主役の「影男」は4編収録されているが、その中のひとつ「独裁者を撃て」には、ヨグ・ソトゥートⅣ世とティンダロスの指環という、名称をクトゥルー神話から取られた人物とアイテムが登場する。ただし、物語そのものには神話要素があまりない。

## 岡田芽武／ニライカナイ　全6冊

講談社／1999年9月～

人間を介し顕現する禍神と、神を殺す音使いの戦いを描く一大伝奇コミック。同じ作者の『朧』の作品世界を継承し、「DeepOnes」を従えた朧が作中に登場。宇宙の深淵より到来したという、クトゥルーめいた禍神が、島とともに封じられ水没するなどクトゥルー神話作品を想起させる描写が数多く、物語中盤で顕現する「這い寄る混沌」ニャルラトテップは、地球規模の災厄と伴って日本全土を襲う強大な禍神として描かれる。岡田芽武の圧倒的な画力が描き出す「闇に吼える者」「顔の無いスフィンクス」の姿、そして沖縄弁で謳いあげられる『ネクロノミコン』のフレーズは一見の価値アリ。

## 岡田芽武／朧―O・BO・RO―　全2巻

角川書店／2001年11月～

水位が上昇し、人類の大半が死滅した世界を、人の命を代償とする呪印の力により唯一生き残った国、大日本帝国。叛逆者として追われる身となった真名は、父の魂をもって召喚された最強最悪の「我討悪」朧に、己を贄として暗黒天魔の破壊を依頼する。北里ミスカトニック大学に巨大なピラミッドが突き刺さる事件から、濃厚なクトゥルー神話色が物語の前面に押し出されてくる。外宇宙より飛来した「無限にして無敵なる者」と魔導書ネクロノミコンの存在。そして、全ての事件に介在する「這い寄る混沌」の意志――。未完の作品だが、物語は『ニライカナイ』に継承されている。

**MEIMU／ラプラスの魔**
角川書店／1989年7月

ホラーRPG『ラプラスの魔』が原作のコミック。正確には、山本弘によるノベライズ版がベースだが、独自のストーリーが展開する冒険活劇作品となっている。ウェザートップ館で頻発する怪異への調査団が、旧支配者の力によりイギリスとフランスが戦った百年戦争の時代や日本神話の世界、赤頭巾の童話世界などのさまざまな世界へ通じるドアを往来しながら館の謎をつきとめていくというストーリー。旧支配者の中に蛇の神イグの名前があり、旧支配者を打ち倒すナイアーラトテップの剣が登場する。しかし、館の主が復活させようとしている旧支配者の名前が作中で語られることはない。

**MEIMU／DEATH**
角川書店／2001年12月

MEIMUによるホラー・アクション2作品をまとめたシリーズ。物語としては別個のもので、それぞれ単行本が刊行されていた。

姉のデスマスクを託されたセリア＝シーガルが「古の物」について記された「死者の黙示録」を滅ぼすために戦う『DEATH　MASK』では、人魚伝説や人里離れた家に取り残された少年といったエピソードが神話作品の本歌取りとなっている。

久住菜奈が七つの影を駆使して人類破滅を目論む教団に立ち向かう『DEATH　SHADOW』には、海中に眠るグルウーやダレット神父、大神官アザートスといった名前が使われている。

**MEIMU／玩具修理者**
角川書店／1998年11月

小林泰三の短編を、MEIMUが独特の完成によってコミカライズした作品集。『玩具修理者』から表題作、『人獣細工』から「吸血狩り」がそれぞれ選ばれている。

和巳は、壊れてしまった甥の道雄を直してもらおうと、玩具修理者ようぐそうとほうとふの元へ向う。しかし、その途中であることを思い出してしまうのだった。「玩具修理者」は、コミックという表現の特性を活かして原作と異なった恐怖を描き出している。

「吸血狩り」も、原作小説に比べると登場人物を減らし、うまく漫画の形に移し変えているのだが、クトゥルー神話ネタだった部分は削られている。

**奥瀬サキ／低俗霊狩り 完全版 全5冊**
ワニブックス／2016年6月～

奥瀬サキ（発表当時は奥瀬早紀）の代表作であるオカルト・コミックの、本編未収録イラストなどを多数収録した完全版。第5巻に、『ドラゴンマガジン』に掲載されて以来、長らく単行本に入らなかった「ご先祖様はご機嫌斜め」シリーズが初収録されている。霊媒能力を持つ女子高生、青梓部慎依《あおしべまきえ》が主人公のオカルトもので、2話目のエピソード「ネクラノミコガミクン」は、魔物召喚法研究同好会の御子神が「書泉グ○ンデの地下一階」で買ったという『ネクロノミコン日本語版』でアザトースの召喚に挑むという内容なのだが、唱えられている呪文からして怪しさ極まりないもので――。

**西川魯介／昇天コマンド**
ワニマガジン社／1999年10月

コマとコマの間にネタとペダントリーが詰め込まれた玄人指向のギャグ漫画家、西川魯介の作品集。サバゲー少女・唐臼毬夏と眼鏡少年・織座宏一の性愛したたるバカップルと、いずれ劣らぬボンクラ揃いのサバゲーチーム「カンプグルッペたちくらみ」が織り成す報復絶倒のギャグ連作は、第2話の「ク・リトル$^{2}$・マーメイド　渚の旧支配者」以後、突然クトゥルー神話作品に変貌し、「クリスマスを覆う影」「風邪をひきて喘ぐもの」など、トンチの効いたタイトルが並ぶ。夜の浜辺でナチの改造人間と邪神ダゴンがガチンコで殴り合う「ク・リトル・リトル・マーメイド」も収録。

**西川魯介／初恋☆電動ファイト**
ワニマガジン社／2000年10月

『少年エース』誌に連載された『なつめヴルダラーク!』(角川書店エースコミックス)などの作品とも接続する西川魯介独自の伝奇世界観に連なる「セトの花嫁」「へなちょこヴェアヴォルフ」などの作品が収録され、「ネイアルラテヘプ」の名前や「大いなる古の家鴨」「大海渡り魚喰らえる者」などと称される下級の邪神が登場するなど、クトゥルー神話に材を採ったモチーフが作品の影に見え隠れしている。『昇天コマンド』もそうだが、黄色い楕円形の成年コミックマークがついていないものの、ストレートな性行為の描写が多く内容的には完全に成年向けなので、購入時に注意を。

**西川魯介／ラブ装填☆電動ファイター**
ワニマガジン社／2002年8月

自律型格闘ロボット同士を戦わせる、ちょっぴりHで愉快な競技、「電動ファイト」がテーマの連作が収録されている、前掲書『初恋☆電動ファイト』の直接的な続編にあたる西川魯介の作品集。年上メガネっ娘と元気ショタがあれこれとイイ事をする「Sister Strangelove」全3話がメインの作品となっている。今回のクトゥルー神話ネタは少なめで、作中で直接相まみえるわけではないが、HPL「魔女の家の夢」に登場する魔女キザイア・メイスンの使い魔から採られた、ブラウン・ジェンキンという強敵マシンの存在がちらりと言及され、小さめのカットが描かれている。

**西川魯介／なつめヴルダラーク!**
角川書店／2003年12月

『初恋☆電動ファイト』収録の「へなちょこヴェアヴォルフ」などの作品にその片鱗が示されていた、民話・伝説の怪物や妖怪、クトゥルー神話などの要素を取り入れつつ、人狼と蛇の相克をメインテーマとする西川魯介独自の伝奇世界観を正面から描いた連載作。主人公かつヒロインである人狼族の少女・狼川なつめの従兄弟が、「へなちょこヴェアヴォルフ」の朧川虔治で、もう一人のキーパーソンである〈蛇の王〉立烏帽子清華も登場している。この作品自体にはクトゥルー神話的な要素が殆ど見かけられないが、『初恋☆電動ファイト』と『怪物さん』を繋ぐ物語として重要な作品だ。

**西川魯介／怪物さん**
幻冬舎コミックス／２００７年４月

御堂平高校の影番にして、邪眼を持つ〈蛇の王〉として人間、人外から共に恐れられる立烏帽子清華と、彼に恋焦がれる種村広樹、その広樹に想いを寄せる幼馴染の酒井初芽の、コミカルかつオカルトチックな恋愛模様を描くホラー・コメディ。短編「へなちょこヴェアヴォルフ」に始まる、人狼族の朧谷虔治と〈蛇の王〉立烏帽子の因縁めいた関係の結末が描かれているので、本書の前に『初恋☆電動ファイト』『なつめヴルダラーク！』を読んでおくことをお勧めする。立烏帽子につきまとう黒瓜の正体が、〈渾沌が統べ治めし黒き玉座」の諸王の僕、預言者にして代行者〉だと明かされる。

**西川魯介／兵器局非常識器材関連開発室ヴンダーカンマー　全２冊**
徳間書店／２００９年３月～

親衛隊（ＳＳ）国家長官ヒムラーや、副総統ヘスらナチス高官のオカルト趣味から「魔術の帝国」などと揶揄される１９４０年代のドイツを舞台に、バルト海の離島「坩堝島」にある特務器材関連開発室に派遣されたテオドール・ガッセ少尉の非日常的な日常を描くオカルトコメディ。プラハのシナゴーグにあったゴーレムの残骸から採取された不定形の生命体〈アルトノイ原形質〉や、１９３８年の南極探検隊がもたらした〈ドレスデン標本〉（正体は〈古のもの〉であるらしい超生命体の種子）、そして人狼のミイラ〈ティンダーロッサー沼沢遺物３４号〉などにクトゥルー神話要素が。

**西川魯介／作家　蛙石鏡子の創作ノート**
白泉社／２０１１年10月

怪奇幻想ジャンルで主に活躍する作家・蛙石鏡子と、彼女に弟子入りした作家志望の少年・笹巻希善の、怪奇ありちょっとエロありの日常と、ほのかな恋愛模様を描く、クトゥルー神話をはじめペダントリーに溢れた物語である。第３話「報復のノベライズ」で、鏡子が希善をこらしめるために執筆した小説「小夜深く海神は婚う」の舞台が、女帝「千の玉座」が深海に潜むＢ半島のＹ浦となっている。また、研究者である鏡子の父が送ってきた木彫りの人形を巡る第７話「抜き人形」に、「家畜神ニフギユラダと習合したスヴ女神信仰」について言及されるが、これはシュブ＝ニグラスのこと。

**西川魯介／まかない君　既刊５冊**
白泉社／２０１３年３月～

年上のイトコ３姉妹の家に同居することになった浩平が、手軽に美味しい料理を作れる技能を発揮したことから、一家の料理係である「まかない君」になるという料理系男子コミック。毎回の料理の合間や、背景に間断なく挿入される小ネタの中に、クトゥルー神話ネタが混ざるのは、西川魯介作品ならでは。注意深く読んでいくと、そこかしこに『イハ＝ントれ！マシュ子さん』、「宇宙的美味の深淵」というキャッチコピーと翼のあるタコのイラスト入りの看板を掲げたたこ焼き屋、ニャルラトホチップスなどの細かいクトゥルー神話ネタがちりばめられている。第５巻にはクトゥルー料理回も。

**魔夜峰央／「パタリロ！」シリーズ**
白泉社／1979年11月～

常夏の国マリネラの変態国王、パタリロ・ド・マリネール8世が主人公のシリーズ。パタリロはHPLの愛読者で、6巻の「プリンスマライヒ」では、イギリスの寄宿学校の納骨堂にクトゥルフ神話の邪神たちまつわる秘密が隠されているのではないかと調査に赴いた。その後も62巻などで言及があるが、69巻、70巻のクロスオーバー・エピソードでは、魔界の大公爵アスタロトに仕えていたパタリロ6世の日記として、古代妖魔と呼ばれるクトゥルーの邪神たちと旧神の戦いの歴史が語られる。番外編の『パタリロ源氏物語！』『パタリロ西遊記！外伝』にも、神話ネタが散見される。

**魔夜峰央／妖怪缶詰　全2冊**
白泉社／1999年3月～

悪魔や魔物、怪物などにまつわる魔夜峰央の怪奇作品を集めた傑作選である。2巻収録の『アスタロト』の前日譚とも言うべき「魔界」をはじめ、初期作品が数多く収録されている。同じく2巻収録の「薔薇の秘術師」は、数多くの秘儀を身に着けた秘術師ピューアが主人公。メイドのジェニーの願いを聞き入れて、彼女の死んだ母親の霊を呼び寄せるピューアであったが――。冒頭の降霊会でピューアが唱える呪文が「NG'NGAH,SOTHOTH H'EE-L'G F'AITHRO,UAHH」というもの。『ララ』1977年3月号掲載の作品で、クトゥルー神話由来の設定が用いられた魔夜峰央作品では最初期のもの。

**魔夜峰央／ファーイースト　アスタロト・シリーズ**
実業之日本社／2003年2月

少女向け恐怖コミック雑誌『恐怖まんが666』に掲載された、魔界の大公爵アスタロトが主人公の新シリーズ。第4話の「暗きもの」が、魔夜峰央独自解釈によるクトゥルー神話エピソードだ。

数万年前、地球は古代妖魔と呼ばれるクトゥルー神話の邪神たちが創造した〈暗きもの〉〈グノフ＝ケー〉〈魚人〉たちに支配されていた。彼らは神（キリスト教の神は天帝と呼ばれる旧神たちの一柱とされる）の作った人間に駆逐されるが、一部のものは人間と交わり、子孫を残した。こうした子孫の中には、先祖の濃い血の作用で18歳になると怪物に変身し、人類に災厄をもたらす者もいて――。

**魔夜峰央／アスタロト　全2冊**
白泉社／2003年10月～

魔界の大公爵アスタロトと、彼の仇敵であるベールゼブブの対立・共闘が主軸の、悪魔たちの物語。文庫版第2巻には、クトゥルー神話ものの連作『アスタロト外伝』が収録されている。水の邪神ヴォルフォトイがアスタロトに封印されたことによって火の邪神ナイアルラトテップが復活するなど、魔夜峰央独自の世界観を背景としている。なお、『アスタロト外伝』の設定では魔界の書庫にアッシュールバニパル神殿の魔道士ズトゥルタンによる『死霊秘法（ネクロノミコン）』の写本が存在し、アスタロトはこの書物から古代妖魔とも呼ばれるクトゥルーの邪神たちの情報を得たとされる。

**魔夜峰央／「逢魔が刻」シリーズ 全3冊**
徳間書店／2008年9月～

生まれながらにして邪眼を持ち、女の子にモテたいがなかなかうまくいかない高校生・朝野昼馬が主人公のSFオカルトコメディ。『クレプスキュール』では、市立帝王高校で起こる宇宙人や妖怪が関わる事件を昼馬が邪眼を駆使して解決する。続く『トワイライト』でオトゥームの眷属・憎魔が現れ、クトゥルー神話との関わりが明らかになる。末尾の『オーロラ』ではナイアルラトテップが本格的に姿を見せ、ブラジル奥地に神殿を建造する未知なる邪神「無名神」の正体を探るため昼馬を利用する。また『アスタロト外伝』で示唆されていた天帝が、邪神を封じた旧神の一人として登場する。

**魔夜峰央／アスタロト・クロニクル 全2冊**
小学館／2017年4月～

美貌にして魔界の実力者、魔界の公爵アスタロトは、パタリロ、ラシャーヌなどに並ぶ魔夜峰央のシリーズ・キャラクターである。
本書は、『妖怪缶詰』第2巻に収録されていた「魔界」をはじめ、様々な単行本に分散しているのみならず、『パタリロ！』など他作品とのクロスオーバーも多いアスタロトにまつわる作品を2冊の単行本にまとめた、決定版ともいうべき作品である。描きおろしコミックが掲載されているのは勿論のこと、現時点で長らく中断している『アスタロト』本編とその後の展開のプロットについて、作者へのインタビューが掲載されているのもファンとしては見逃せない。

**士郎正宗／仙術超攻殻オリオン 新装版**
青心社／1991年12月

大銀河帝国256億人の諸悪業欲を「金剛龍法」により九頭炉に集め、龍に変じさせ封滅解体する計画が惑星「瑠璃家水天」にて進んでいた。だが九頭炉より変じる龍「九頭龍」は邪神となりて害を及ぼすこと必定であり、「天台龍法」のフゼン道人は計画を阻止すべく暗黒神スサノオが召還する。クトゥルー神話をはじめ、日本神話や仏教、道教の神々や説話をベースに陰陽や八卦などの東洋的風味でまとめられたファンタジーコミック。「多根虫」などの独特の造語や、欄外での蘊蓄・説明の数々は士郎正宗の真骨頂。『クレギオン』シリーズのホビーデータがPBM化している。

**士郎正宗／PIECES 全9冊**
青心社／2009年3月～

ちょっとエッチなフルカラーコミック。3集収録の「WILD WET QUEST」では、魔道書に導かれた美貌の女学生ファラと、彼女を追う特殊部隊の女指揮官クレオパトラが鳥頭の異形の物たちにさらわれる。鳥頭の者たちはクレオパトラを異世界の門たる「千の仔を孕む黒山羊」に作り変え、ファラを生贄にしようとする。6集の「HELLCAT」は、幽霊海賊船の女船長となった麗しの伯爵令嬢の話。彼女は「風の魔神」との契約により「海底に眠る古代の暗黒神」と戦う運命にあるのだという。士郎正宗の描く美女達がクトゥルー神話のモンスターを相手にくんずほぐれつという眼福のシリーズだ。

### 士郎正宗／士郎正宗ポスターブック GALGREASE 2nd. SERIES

青心社／2004年8月

『ヤングマガジンアッパーズ』掲載の、「GALGREASE 2nd.SERIES」のブックレットポスター4枚と、全72種のイラストレーションカードのうちランダムに8枚が同梱された製品で、シリーズの「HELLCAT」「WILD WET QUEST」にクトゥルー神話テーマの作品がある。とある幽霊船の書斎では、タコの如き異形の司書に肉体を舐め回させるのと引き換えに、「くだらないゴシップ雑誌から太古に失われたと言われている禁断の書まで何でも」揃う書斎の本を閲覧できる。ここの本の中でも特に重要なのは、神々に封印される「暗黒の邪神」についての知識なのだ。（「HELLCAT」より）

### 唐沢なをき、唐沢俊一／近未来馬鹿 改訂版

青林工藝舎／1999年7月

兄・唐沢俊一シナリオ、弟・唐沢なをき作画という、唐沢商会の短編コミック集。あからさまなHPL「ダンウィッチの怪」のパロディ作品、「諸国怪態物語 段吉の怪」が収録。昔気質のやくざ、へまむし組には、先代の親分が山で見つけてきたという守り神の像が飾られていた。堅苦しい神職の実家を嫌ってやくざになった段吉は、掃除中に像を落としてしまい、胴体の中に神代文字の記された紙片が入っているのを見つけ出す。この文字が狗登呂遺跡の土器片に記された文字と似ていることに気付いた段吉は、何かに取り憑かれたかのような熱心さで解読を進め、儀式によって怪物と化す――。

### 唐沢なをき／ホスピタル 全2冊

エンターブレイン／2003年2月～

D坂総合病院が舞台のグロあり不条理ありのギャグ漫画。外科部長のハーバート・西が「ハーバート・ウェスト―死体蘇生者」のパロディ。第1話「病院よいとこ」で手術中に死亡した患者に、開発中の細胞賦活剤を注入し、臓物だけが活性化するという展開に元ネタ作品へのオマージュが垣間見られる。なお、この時に活性化した大腸は「市蔵」と名づけられ、しばらくの間、レギュラー登場した。また、連載最終話となる第25話「邪悪な存在」では、西医師が「混沌と無形の帝王」「多くの顔をもつ獣」などと呼ばれる邪悪な存在を異次元から召還し、その余波で町の住民たちがゾンビ化する。

### 唐沢なをき、唐沢俊一／ぞろぞろ

アスペクト／1999年8月

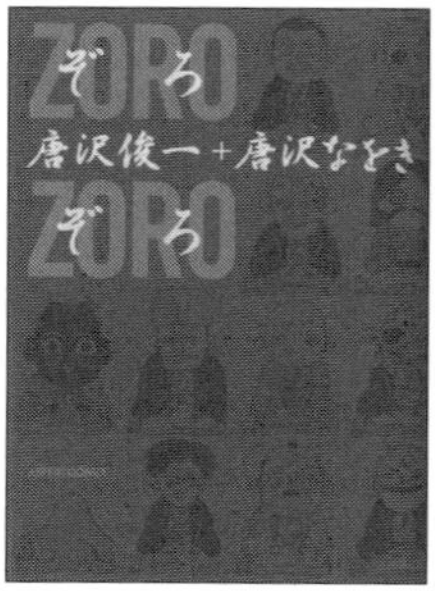


寄席形式のパロディ連作。第12話「らくだ」は、将軍家の宴席でカンカンノウを踊って御機嫌をとり、十二万三千四百五十六石七斗八升九合の領地を得たという蓋瘤駱駝守が、フグ毒にあたって突然死したというエピソード。お家存亡の危機に、ご典医のハーバード・ウェストが死体蘇生薬を注入し、墓場の死体と繋ぎ合わせてどうにか駱駝守を蘇らせる――という筋立てで、ウェストは別誌連載の『ホスピタル』からのゲスト出演。なお、こちらの単行本での解説からして、HPLの「ハーバート・ウェスト―死体蘇生者」というよりも、映画『死霊のしたたり』ネタのようだ。

**KAKERU／魔法少女プリティ☆ベル　既刊24冊**
マッグガーデン／2010年5月～

天界と魔界、人間界が存在する世界。人間側の戦力として戦う、魔法少女プリティ☆ベルに変身できる適合者は筋肉隆々、35歳のボディービルダー高田厚志だった。東の魔王の秘書イタカや海魔王ダゴン、ヨグ＝ソトースの鎌を持ちショゴスと合体して力を得る魔法少女など、神話由来の名称や存在が多数登場。作品世界では、クトゥルー神話は小説の類として知られているが、初代プリティ☆ベルによって神話存在が召喚されたこともある。絶対に召喚してはいけない存在としてクトゥグァの名が挙がるのだが、初代プリティ☆ベルが過去に魔王ナイアルラトホテップを討ったとされるので――。

**KAKERU／ゆけっ!!悪の組織ダークドリーム!!　既刊2冊**
秋田書店／2014年3月～

悪の組織ダークドリームに入社した女子高生型怪人ココセは、中学生の変身した愛と希望の戦士パリキュアを相手に、勝利のみを目的としたえげつない手段をあれこれ提案しては怪人たちにドン引きされる、心に闇系の女の子である。ダークドリームでは、怪人からマンスール（魔導自律非殺傷兵器機構）――通称ダルイワーを生み出し、これを戦闘に使用するのだが、色々とドス黒いココセから生まれたダルイワーは「絶望を形にしたような悍ましき顔と姿で、吐き気を催す冒涜的な殺意を振りま」く、クトゥルー神話の怪物の悪意に満ちたパロディとしか思えない邪悪な名状しがたい存在なのだった。

**道満晴明／最後の性本能と水爆戦**
ワニマガジン／2008年12月

任期最後の日、彼女は窓の向こうの海に沈む夕日を見ていた。スガワラは、わずか4年の任期の間、この村で村長をしていた彼女を愛していた。青年は勇気を振り絞り、泣きながら腰に抱きついて彼女にその気持ちを伝える。彼女は青年の気持ちに応え、複脚の内蛸のような一本を青年の首に回すと、彼の顔をそっと自分の方へと引き寄せる。そのまま、更にもう一本の粘膜に包まれた脚で、彼の三本目の脚をいきり立たせた。異形の脚に絡まれながら、青年は彼女のアリストテレスの提灯に熱い燃料棒を突き刺すのだった――「ルルイエから来た少女」他31編を掲載する性的破天荒ギャグ満載の一冊。

**道満晴明／ぱら☆いぞ　全2冊**
ワニマガジン／2011年2月～

ワニマガジン社の成年向けコミック雑誌『快楽天』で不定期連載されていた、ちょっと変わり種の下品な女生徒ばかりが揃った学園が舞台の、4コマ下ネタギャグ漫画。エロ名言探しが趣味で委員長肌の朧、惚れっぽい上に熱狂的に一途でストーカー気質な呪田さん、版権的に微妙なかりんとこなちゃん、手首に傷が多い病田さんといったメイン登場人物に加え、枯木を思わせる「闇に吠えるもの」スタイルのニャルラト先生がサブキャラクターとして登場している。ちなみに、ニャルラト先生（モチーフについては、説明するまでもないだろう）は現国担当で巨乳、26億29歳独身という設定。

**道満晴明／ニッケルオデオン【赤】**
小学館／2012年2月

小学館の『IKKI』誌に掲載された、道満晴明の読み切りを集めた作品集。収録作のひとつ、「ぷう太の森」は、ディフォルメされたぬいぐるみのような姿の動物たち（実際、体の中には綿が詰められている）が住む森が舞台の物語。決して中に入ってはいけないと言われている、おそろし森のおどろ池に釣りにいき、そこで何かを見つけたというぷう太。家族や友人たちを次々と殺害していくぷう太を止めようとする動物たちは、ぷう太が見つけたという神の姿を目の当たりにするのだった――。可愛らしい絵柄と、シニカルな残酷さが同居する道満晴明ならではのクトゥルー神話譚だ。

**kashmir／○本の住人　全7冊**
芳文社／2006年10月～

蓼科のり子はお兄ちゃんと2人暮らしの小学生。お兄ちゃんのいずみは童話作家だけど変な話ばかり書いているので、あまりお金にならない。その上、オタクないずみは乏しい収入を浪費して、のり子は苦労している。学校に行ってもパワフルな同級生ちーちゃんの相手などで大変。のり子が平穏な生活を送れるようになるのは何時になるのか。常識人のり子が、兄を初めとするずれた人々とのやり取りで苦労する連作4コマ漫画。初期には、兄が海岸の古本屋で買って来た幻の奇書『ネクロノミコンノハハ』、兄が捏造した神話の場面のような絵日記などのネタがあった。

**kashmir／百合星人ナオコサン　既刊5冊**
メディアワークス／2007年2月～

姉・奈緒子の帰宅を心待ちにしていた戸隠みすず。しかし、帰ってきたのは百合星からやって来たナオコサンだった。なしくずし的に戸隠家に住み着いてしまったナオコサンが引き起こす騒動を描くギャグ漫画。皆で海に行くエピソードで、ナオコサンが海にレーザーを射ち込んだことで海底の神殿に封印されていた古代の邪神が復活する。色々あって水着幼女になった邪神ちゃんは、ナオコサンたちと海の家で働くことになる（海の家ともども、TVアニメ『這いよれ！ニャル子さん』の海回にカメオ出演）。邪神ちゃんはその後、しばらく間をおいてからレギュラーキャラクター入りした。

**kashmir／てるみな　東京猫耳巡礼記　既刊3冊**
ぶんか社／2013年3月～

ある日突然、猫耳が生えてしまったミナが、東京近郊の不思議な鉄道に乗ってあちこちに出かけるという、奇妙な味わいの幻想的なコミック作品。妹のりんかい学校の付き添いで、京急線がモチーフなのだろう鯨急電鉄本線で三嵜港に向かうエピソードでは、終点の三嵜港から伸びている支線の鯨急瑠璃江線に乗り換えるのだが、乗ってくる乗客たちはみんな魚っぽい人たちばかりで、そうこうしている内に妹の姿もだんだんと魚っぽくなってくるのだった――。エピソードの末尾には毎回、鐡道會社案内が用意され、本編中の路線について解説してくれるのだが、瑠璃江の箇所は黒塗りだった。

**七月鏡一、皆川亮二／ARMS 全15冊**
小学館／1997年11月〜

七月鏡一が原作の、伝奇アクションコミック。ミスカトニック大学の地質調査団が1946年にアリゾナ州で発見した、5万年前に地球に落下した金属生命体アザゼル——この未知の生命体との融合により、人工的に人類を進化させようとする軍事組織エグリゴリと、彼らに強いられた運命に反抗する少年少女達の戦いを描く。2001年には『PROJECT ARMS』のタイトルでアニメ化された。ストレートな神話ものではないが、カダス共和国の存在やセイレムが舞台のエピソード、ダンウィッチ出身のラヴィニア・ウエイトリー（息子の名前はウィルバー）などの小ネタがある。

**七月鏡一、藤原芳秀／JESUS 全7冊**
小学館／2003年1月〜

裏社会における生ける伝説の一人、職業的暗殺者ジーザス。彼の経歴には、一つだけ不可解なものがある。新星高校の社会科教師、藤沢真吾。拳銃をチョークに持ち替え、たどたどしく日本史を教える新米教師こそ、ジーザスの仮の姿だったのだ——。特殊部隊名「ナイトゴーント」「ティンダロス」や、ジーザスの因縁の地「カダス共和国」など、クトゥルー神話用語が随所にちりばめられているのは原作者の趣味。エーリッヒ・ツァンの『バイオリン協奏曲第5番』が拷問に用いられるのもニヤリとするところ。関連作に『闇のイージス』『暁のイージス』『ジーザス 砂塵航路』（小学館）がある。

**梟、藤原芳秀／牙の旅商人 全7冊**
小学館／2010年11月〜

文明が滅びた世界。家族を惨殺され砂漠へ捨てられた少年ソーナは代価と引き換えに水と武器を売った武器商人のガラミィに命を所有されることになった。自分を買い戻し、復讐のため生きることを選択したソーナはガラミィと旅路を共にする。原作の七月鏡一はクトゥルー神話にまつわる名称や設定を作品に取り入れることでも知れるが、今作でも2巻ではガラミィたちが地下街道で遭遇したクロウラーと呼ばれるミミズのような巨大な怪物が「テケリ・リ！ テケリ・リ！」と叫んで襲いかかり、3巻で霧状の顔から触手や蛇を生じさせる死の記憶と名乗る怪物やギルマン姓の吸血鬼が登場する。

**菊地秀行、斎藤岬／魔殺ノート退魔針 全7冊**
幻冬舎／2013年7月〜

菊地秀行が原作の伝奇アクションで、現在は幻冬舎コミックス漫画文庫に入っている。針を用いて魔を滅ぼす、世界に三人しかいない〝退魔針〟の使い手、大摩。異端の生物学者として知られる藤尾重慶の治療を依頼された彼は、彼に取り憑く魔性の急所がアメリカ、ダンウィッチにあることを突き止める——。かつてムー大陸を滅ぼした怪物たちの存在など、菊地秀行の独自設定に基づく超古代の地球年代記が、斎藤岬の繊細な作画で開示される作品である。シン・ヨンカンの作画で、本作に仇役として登場する藤原紅虫が主人公のスピンオフ『退魔針 紅虫魔殺行』も刊行された。

**菊地秀行、佐々倉コウ／RAPPA—乱波　全2冊**

幻冬舎コミックス／2007年9月〜

お尋ね者の姉弟二人が逃げ込んだ霧の中に、続々と現れる名だたる賞金稼ぎたち。彼らが追っていた〝一億ゴールドの賞金首〟。その正体は、あどけない東洋系の少年だった。恐るべき技を持つ四人の賞金稼ぎを一蹴した少年は乱波と名乗る。あらゆる記憶を失い、ただその名と超絶の戦闘技術のみを知る乱波に、お宝の臭いをかぎつけて共に旅するお尋ね者姉妹は、乱波と共にミスター眼果二苦の恐るべき機械王国に拉致される。機械人と人類の戦争の歴史、その裏に語られる伝説の救世主・乱波と、少年の関係は？　お尋ね者の弟が操るのが、風の神イサカにまつわる術である。

**阿部ゆたか／トライアングルハイスクール　全2冊**

朝日ソノラマ／1987年3月〜

青山剛昌原作の『名探偵コナン』の児童向け特別編などの作品で知られる阿部ゆたかの、朝日ソノラマのホラーコミック雑誌『ハロウィン』掲載の怪奇作品集。仲良しグループの少年少女たちが怪事件に巻き込まれる表題連作以外に、同誌掲載の作品を収録している。第2巻の「デッドリー・ナイト」は、「ハーバート・ウェスト—死体蘇生者」が原作のホラー映画『ゾンバイオ／死霊のしたたり』のコミカライズ。死の研究をしていると嘯き、実際に猫の死体を蘇らせてみせたウェストに、彼のルームメイトとなった主人公ダン・ケインは、恐怖を抱きつつも引き込まれていく。

**明智抄／「始末人」シリーズ　全5冊**

朝日ソノラマ／2005年5月〜

河内入野と白市高屋、そしてダチョウの小鳥さんたちが、闇の始末人としてはらせぬ恨みをはらすシリーズ。文庫版第3巻にあたる『白花繚乱始末人』に収録されている「水上夢幻始末人」に、大学の文芸サークルらしきグループの一人が、「病の公子ヒラヤマン」というタイトルのクトゥルー神話を参考にした作品を書いているという話がある。クトゥルー神話要素はないが、このエピソードのふたつ前に描かれた表題作「白花繚乱始末人」に、魚のような顔をした心優しいアメリカ人の青年が登場しているので、ちょうどこの時期に、作者がクトゥルー神話関連書を読んでいたのかもしれない。

**山中あきら／おきらく忍伝ハンゾー　全3冊**

ブッキング／2007年9月〜

講談社の低年齢向けコミック雑誌『コミックボンボン』に連載されていた、八代将軍ヨシムネが治める江戸時代っぽいハイブリッド世界を舞台に、世を騒がす忍者帝国、由比卍党、アマクサ魔術王国と、おきらく忍者ハンゾーのバトルを描く作品。ブッキングから全3巻の合巻本が復刊された。西国の魔術王国に君臨する魔人アマクサが、総合武闘術午前試合覇道勝負江戸大会において、「魔帝（アザトス）降臨」という妖術を使用している。また、本編では未登場だが、アマクサが使役する魔界12使徒の第5使徒の名前が「九頭龍腑（クトゥルフ）」だと、作者によって明かされている。

**石垣ゆうき／MMR マガジンミステリー調査班 全13冊**
講談社／1991年7月～

『週刊少年マガジン』編集部のキバヤシ（樹林伸）が隊長を務める「マガジンミステリー調査班MAGAZINE MYSTERY REPORTAGE」の探求を描く、ノンフィクション・ルポルタージュ風のコミック。UFOや超能力、ノストラダムスの大予言などオカルトテーマの謎を、MMR隊員が解明していく。1995年3・4合併号、5号に掲載された単行本未収録の「甦るノストラダムス暗黒新予言‼」が、暗黒の予言書として『ネクロノミコン』を取り上げたエピソード。『ネクロノミコン』を経典とする「300人委員会」が、旧支配者――地球外生命体による人類支配を目論むという筋立てだった。

**駒井悠／そんな奴ァいねぇ‼、カザフスタン旅行団、坊主戦隊ジュゲム**
講談社／1995年9月～

ギャグ漫画家・駒井悠の作品にはしばしばクトゥルーネタが登場する。『そんな奴ァいねぇ‼』では、オカルト少女である相田紫が『無名祭祀記』を持っていたり、「インスマス～」というセリフがあったりするなどの小ネタが。『カザフスタン旅行団』には、レムリアに宝探しに行こうとするシーンが。『カザフスタン旅行団』の最終話では、実は平安時代から存在していたという坊主戦隊の真の敵について、説明をしようとしたものの中断してしまう長官の脳裏に浮かぶ言葉の中に「アーカムの遺跡金庫」というものがある。いずれも小ネタなので、一項目にまとめさせていただいた。

**弐瓶勉／NOiSE**
講談社／1998年6月

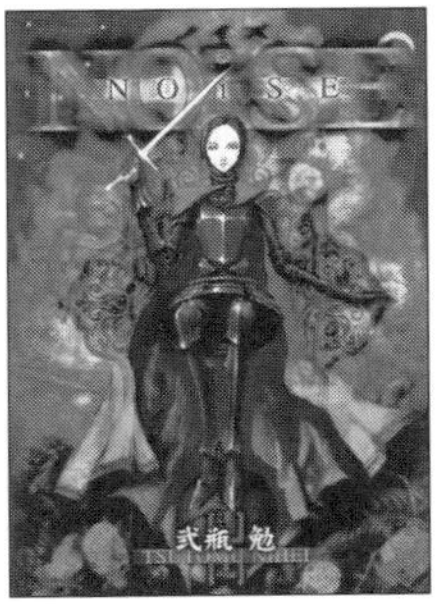


1995年のアフタヌーン四季賞夏のコンテストで審査員特別賞を受賞した『BLAME』が収録されている。SFアクションコミック『BLAME!』の原型で、巨大な階層都市で起きた連続殺人事件の犯人を追う捜査1課の霧亥が主人公。犯人の自室の床に散らばっている本が『ウィアード・テイルズ』や『ネクロノミコンの歴史』などのタイトル。本作では明言されないが、本書の表題作である連載シリーズ『NOiSE』は、『BLAME!』の数千年前に起きた、ネットのカオスの力を呼び出そうとしているカルト教団にまつわる作品で、何かしらクトゥルー神話的な事象だとの暗示なのかもしれない。

**かねこしんや／Culdcept 全6冊**
講談社／2000年9月

ゲームソフト『カルドセプト』のコミカライズ。反逆神バルテアスを倒す過程で、世界中に散らばった創造の書《カルドセプト》の断片――カードを行使する術士「セプター」。「黒のセプター」と呼ばれる集団によって都市が襲撃され、カードが略奪される中、老賢者ホロビッツの弟子ナジャランは見聞を広めるべく旅立った。原作ゲームでは水棲モンスターだったダゴン（クトゥルーがモチーフ）が最後の一体きりとなり、少女の姿になっていたり、魔天使ミゴールがミ＝ゴを連想させる設定にアレンジされている。作者の体調不良で中断しているが、最近、完結の話が持ち上がっているらしい。

**赤松健／魔法先生ネギま！ 全38冊**
講談社／2003年7月〜

魔法学校を卒業した10歳の少年ネギ・スプリングフィールドは、修行のため日本にある麻帆良学園で女子高の教師を務めることになる。女生徒たちとのラブコメに魔法が絡む学園ものだったが、単行本21巻からは舞台を魔法世界に移した魔法バトルものとして展開した。30巻収録の274時間目で、召喚された触手を備えた巨大な存在を見たキャラクターが「あんなラ○クラフトなクトゥ○フは知らないわよッ！！」と叫ぶシーンがあった。クトゥルー神話的な存在が直接、登場したわけではないが、メジャー作品でネタとして使われるほどに浸透した証左として話題になった。

**百瀬武昭／マジカノ 全10冊**
講談社／2003年8月〜

平凡な中学生・吉川春生の日常生活は、彼の通う学校に魔宮あゆみが転校して来たその日に一変する。魔法界の名門、魔宮家の長女である彼女は、「未来見の鏡」の呪縛を解くべく、春生の魔力を必要としていた。しかし、春生は魔法の存在はおろか、両親と3人の妹が魔法使いだということすら知らされていなかった。メイドとして吉川家に居候することになったあゆみは、春生を鍛えようとあれこれ手段を講じるが――。TVアニメ化されたラブコメ漫画。第2巻に、書き込んだ出来事が実際に起きる『ネクロノミコン（死者の書）ライト版』が登場。発行元は大魔界出版となっている。

**光永康則／怪物王女 全20冊**
講談社／2006年1月〜

怪物たちを統べる不死鳥族の王族に連なる「姫」を中心に、彼女に仕える「血の戦士」となったヒロこと日和見日郎、そして人造人間のフランドル、半分人間の人狼族リザ・ワイルドマン、吸血鬼の嘉村令裡らが繰り広げるホラー風味の伝奇活劇。藤子不二雄Aの『怪物くん』のオマージュ作品となっている。蜘蛛の姿をした日本土着の神族の姫、南久阿をはじめ、イスの偉大なる種族と思しき円錐形の怪物や「すごく深き者」を名乗る深海魚人、魔術書『水神クタアト』やナコト五角形を行使する魔術師の存在など、随所にクトゥルー神話的要素が入り込むが、これは編集担当者の趣味だとか。

**光永康則／南Q阿伝 全6冊**
講談社／2012年11月〜

同じ作者の『怪物王女』にも登場した（同作の登場人物の登場回もあるが、同じ世界の出来事であるかどうかは明確にされていない）、蜘蛛の神である南久阿が主人公の伝奇アクション物語。第三国から日本を侵略しようとやってくる、「渡来神」と呼ばれる存在が日本の神々に取り憑いて荒神と化し、災厄を引き起こすという事態が発生する中、日本の土着神である南久阿と、その下僕となった神田太郎らが渡来神を滅ぼすべく戦うのだった。南久阿は『怪物王女』ではアトラック＝ナクアと同一視され、現実の世界と邪神の世界を繋ぐ橋を造り続けているというクトゥルー神話由来の設定がある。

**都留泰作／ナチュン　全6冊**
講談社／2007年2月～

事故で脳の半分を失った世界的な数学者兼物理学者デュラム教授が記録したイルカのビデオ。何の変哲もないその映像から人工知能の着想を得て沖縄の真計島に渡った石井光成は、漁師のゲンさんの手伝いをしながらビデオの解読作業を始めるが、イルカとコミュニケーションの取れる謎の女に邪魔をされ——。文化人類学者でもある著者による近未来海洋SF作品。深海を光と共に移動する海中生活者がインシマズ、もしくはインスマスと呼ばれる。彼らは人間と起源を同じくする種族で、物語終盤において主人公に宿った〈穴〉は両者の祖先種を生み落とした神、フツガンだという。

**横山光輝／白髪鬼**
講談社／2008年3月

江戸川乱歩や小栗虫太郎などのコミカライズを中心に構成された作品集。収録作の「邪神グローネ」は、邪神像の恐怖を巡る物語だ。1978年、明神礁の海底火山の噴火によって謎めいた像が発見され、東京博物館へと移送された。館員の須本は、神と悪魔について記した書物『メコロニア』の記述から、この像こそが神との戦いに破れ、封印された邪神グローネなのだと気づき、生贄を捧げて邪神を復活させようとする。その頃、館長の山下は、エジプト博物館のアルハザード博士から邪神グローネと『メコロニア』について知らされ——。物語の筋立てや名称に、クトゥルー神話の影響が見られる。

**松本久志／亡装遺体ネクロマン**
講談社／2008年3月

1999年に発生した多次元衝突現象オルタレイション・バーストにより、異能力者「ノッカーズ」が出現したという世界観のもと、複数の漫画家がヒーローものを展開する企画「ヒーロークロスライン」が、『マガジンZ』誌で展開された。本作は、その中の一作。特撮冬の時代、スプラッター・ホラーの流行にあやかろうと、『うらネクロノミコン』の力で蘇ったヒーローがレーザーチェンソーを手に悪を殺戮するという特撮番組『亡装遺体ネクロマン』があった。あまりの内容に封印作品となったその番組の主人公のスーツにファンの霊が取り憑いて、ヒーローとして戦うというストーリー。

**冬目景／アコニー　全3冊**
講談社／2009年3月～

しきみ野アパートに入居することになった空木基海は、隣室に住む少女アコニー・ランチェスターと出会った。10年前、マサチューセッツ州の研究機関で起きた爆発事故によって、死人となったというアコニー。人ならぬものが住むアパートを舞台に、少年と少女の奇妙な交流が描かれる。アコニーの父ハッシュは、夜の間だけ仕事をする怪奇小説家で（作中では昼間にも仕事をしている）、1巻の口絵に描かれた書棚には"THE OLD ONES"、"CTHULHU"、"THE NECRONOMICON"などの書物が並ぶ。父娘の出身地がマサチューセッツ州であることも含め、HPLを意識しているようだ。

**沙村広明／シスタージェネレーター　沙村広明短編集**
講談社／2009年9月

沙村広明の短編コミック作品集。サチ、ニュウ子、リミら3人の女子高生が、今時の――と表現するには少々シニカルかつエキセントリックなダベりを繰り広げる4ページ漫画連作「制服は脱げない」が収録されている。この作品は大田出版のサブカルチャー雑誌『QuickJapan』に連載されたもので、第7話「少女小説」でHPLネタが投入。「最近のさァ……「自伝的小説」と称する自分のただれた青春時代をダラダラ書き綴っただけで親父のゲスな好奇心刺激して話題を集める女流小説」を書いているというサチ。彼女が昔書いた官能小説『愛の技巧』の文体が……という駄洒落オチ。

**阿部洋一／バニラスパイダー　全3冊**
講談社／2010年4月～

空一面に朱いクモの巣のようなモノが張り巡らされた町。そこは密かに人間に寄生する地球外生命体「エレベター」の〝エサ場〟となっていた。コンビニの自動ドアにすら認識されないほど存在感が薄く、大好きな水野さんをエレベターから守る為にストーカーをしていた高校生・雨留ツツジは、ある日、津田という謎の男からエレベターを倒せる「蛇口」を渡される。自分を無視してきた町ではなく水野さんの為、ツツジは蛇口と存在感のなさとを武器に命懸けで戦っていくのだが――。町そのものに寄生し、空にクモの巣を張るエレベターマザーが「ナクア」と呼ばれている。

**あさりよしとお／るくるく　全10冊**
講談社／2003年1月

幼い少女の姿をした悪魔、瑠久羽とその仲間たちに日常を浸食される鈴木六文。ろくでなしの父親・三文は殺害された後、黒猫の体に押し込まれ、喧嘩っ早く短絡的な天使のルミエルにもつっかかられる日々が続く。悪魔だから「世界を、人間を救いたい」と瑠久羽は言うのだが、今ひとつその目的がわからない中、六文は今日も生きていくのだった。行き倒れていたルミエルが世話になることになった町外れの梵提寺が、「人間には発音できない名前」の古い古い宗派を崇める怪しげな寺で、HPL「狂気の山脈にて」に登場する南極の樽型先住生物によく似た像を本尊としている。

**本そういち／夢幻の軍艦大和　全13冊**
講談社／2006年5月～

戦艦大和の海底探査が題材のドキュメンタリーを制作する父に同行した高校生・上原クルスは、潜航艇の中で意識を喪ってしまう。闇に包まれた意識の中、渦巻く光のように見える何者かに呼ばれたクルスは、公試運転中の戦艦大和の甲板に立っていた。過去と未来を往復するという状況に興味を引かれたクルスは、唯一、彼の姿を見ることのできる一等水平の海馬を通して未来の情報を山本五十六に伝え、歴史を動かす「ゲーム」を始める。しかし、変更された歴史はやがて彼の未来にも影響を――。物語の終盤で、クルスを過去に招いたのがヨグ＝ソトースだと明かされ、読者を驚かせた。

**末弘／漢晋春秋司馬仲達伝三国志しばちゅうさん　全5冊**
講談社／２０１１年10月～

三国時代の実在人物であり、『三国志演義』では魏の曹操に仕えた軍師として活躍するしばちゅうこと司馬懿（字は仲達）が主人公の、脱力系ギャグ漫画。魏の曹操、呉の孫権、蜀の劉備の野望が中国に戦乱を巻き起こしていたその頃、諸葛孔明のライバルにして後に西晋王朝の祖となるしばちゅうはといえば、曹操のせいで舞い込む面倒事から逃れ、平穏な生活にしがみつこうと必死なのであった――。単行本の第5巻に、孫権に仕えた周魴が登場するのだが、特に説明はなく半魚人として描かれ（字が子魚であることに基づくギャグ）、孫権の前から退く際に「イアイア」と口にしている。

**長田龍伯／アビス　全8冊**
富士見書房／２０１４年４月～

記憶を失った状態で、見知らぬ迷宮の中で目覚めた壇ヒビキ。そこは、アビス・イーターと呼ばれる人を喰らう怪物が徘徊する恐怖の迷宮だった。柊サクラをはじめとする生存者たちは、トリガーというスイッチを押すことによって異能力を発揮することができた。その能力を頼りに、アビス脱出を目指すヒビキたち。果たして誰が、何の目的でアビスを造り上げたのか。そして、ヒビキたちの能力の正体は――。『別冊少年マガジン』主催の頭脳バトル漫画のコンペで最優秀作に選ばれたSFコミック。重大なネタバレになるので、神話要素がどこかにある作品だと紹介するにとどめておく。

**記伊孝／アニウッド大通り　既刊３冊**
星海社／２０１４年９月～

記伊孝がニコニコ静画で発表していた電子書籍版をkindleで発売していた『アニウッド大通り アニメーション映画監督一家物語』の書籍版。アニメーション映画監督の真駒和樹を父に持つ小学生、樹貴の目線を通した一家の物語。単行本1巻、企画会議のエピソードで和樹が『帝博の学芸員』と題する企画のプレゼントを行う。「異世界考古学冒険ものミーツ妖怪退治」というコンセプトで、「旧支配者(Great Old One)」以外に明確な用語は出てこないものの、メインビジュアルに描かれた邪神は間違いなく、『クトゥルー神話ＴＲＰＧ』スタイルのナイアルラトホテプの姿だった。

**山本賢治／「カオシックルーン」シリーズ**
秋田書店／２００３年７月～

カードを使用して異界より召喚されるカードモンスターを使って戦うという、カードバトルを扱った作品。竜界・機界・魔界・神界の四界の勢力による戦いに竜界のカード使いとして主人公の源リョウガが巻き込まれていくというストーリになっている。神話的なものとしては、『カオシックルーン』第7巻に入り口にクトゥルーの像が飾られているクラブ「アーカムハウス」や、浅黒い肌をした魔界のカード使いシャハティ・アルハザードが登場している。続編の『カオシックルーンＥｓ』では、月の王と呼ばれる神界の最強モンスターがヨグ＝ソトホースとして描かれたが――。

**阿部秀司／番長連合　全１６冊**
秋田書店／２００３年１１月～

日々、喧嘩に明け暮れていた中学生・東照美と、彼を兄貴分として慕う横山修一。不思議な転校生・堂本勘二との出会いが、彼らを「番長連合」による全国制覇へと駆り立てる。後に大日本全学連合会――番長連合を設立することになる不良少年たちの闘争の日々を描く作品。千葉県を制圧して連合の礎を築き、次なる橋頭堡作りのため池袋に乗り出した東たちだが、折りしも池袋では、西口側と東口側に分かれたクラブ・ギャングの間で抗争が勃発していた。西口の実力者・柴崎の背中一面に海底に棲む邪神クトゥルーの刺青があり、これを見たケンカ相手は地獄を見せられるという設定である。

**マツリセイシロウ／マイティ♡ハート　全７冊**
秋田書店／２００８年１月～

悪の怪人と正義のヒロインの間の禁断の恋を描くアクションラブコメディ。地球征服を目論む怪人軍団のヴォルケンが潜入する高校に転入してきた美少女、舞島心。彼女は怪人軍団の悪事を阻む断罪天使マイティハートだった。非力でドジばかりだが、恥じらいを感じた時にだけ凄まじいパワーを発するマイティハートに、ヴォルケンは戦闘でも学校生活でも振り回されてしまう。やがて惹かれ合っていく二人だが――。物語後半で、グレート・オールド・ワンと呼ばれる異形の化石が登場。数億年前に外宇宙から飛来してきた超存在で、アーカム財団生物化学研究所がそれを研究していたとされる。

**和六里ハル／コンビニん**
秋田書店／２００８年４月

秋田書店の青年漫画雑誌『ヤングチャンピオン烈』に連載された作品。人外の存在が客としてひっきりなしに訪れる危険きわまるコンビニエンスストア、ぱらいそマートが舞台の、成年指定スレスレの不条理コミック作品。回想などの形でのみ登場する老店長の名前と、「異形の店長代理」と紹介される黄色いレインコートの人物の名前が不自然なノイズで隠されている。店長代理は、『クトゥルフ神話ＴＲＰＧ』でハスターの化身と設定されている〈黄衣の王〉がモチーフであるらしく、単行本冒頭のキャラクター紹介において「いあいあ　はすたあ」とハスターに訴えかける儀式を行っている。

**野口賢、横山光輝／バビル２世 ザ・リターナー　全１７冊**
秋田書店／２０１０年７月～

横山光輝の代表作である『バビル２世』と、その続編である『その名は１０１』に続く物語を企図した、超能力アクション。５０００年前に地球に漂着した宇宙人、バビル１世の末裔として、その超能力と遺産を受け継いだ日本人少年・山野浩一は、バビル２世として数奇な運命を歩むことになる。旧シリーズから４０年が経過した２０１０年、沈黙を破って活動を開始したバビル２世の標的は――大国アメリカ！　バビル２世に従う３つのしもべの内、ポセイドンとロプロスの正体について、かつて地球を支配していた「旧支配者」と呼ばれる神々であると作中で明かされている。

**たかしげ宙、皆川亮二／スプリガン　全8冊**
講談社／1991年7月～

16歳の高校生・御神苗優には、もう一つの顔があった。時折遺跡から発掘される、人類には扱いかねる恐ろしい力を秘めた超古代文明の遺物や秘宝を調査し、時にそれを封印する学術機関アーカム考古学研究所——そのトップエージェント「スプリガン」としての顔である。相棒の獣人ジャン・ジャックモンド、格闘の師でもある気功使い朧らスプリガンや、トレジャーハンターの染井芳乃らと共に、古代文明の遺産を狙う国家や組織との戦いに身を投じる、スプリガンたちの活躍を描く。アーカム考古学研究所と、そのバックボーンである巨大財閥アーカム財団のネーミングが神話由来のもの。

**かとうひろし／サイファー　全2冊**
講談社／1996年3月～

化け物から命を狙われた諸星一輝の前に現れた竜犬族のウォンは、一輝が超能力を持つ戦士サイファーの一人だと告げた。一輝を襲った化け物は、太古から人間の恐怖を喰らってきたガイ魔であり、その支配者ガイ魔王の復活を前に、邪魔になるサイファーを抹殺しようとしていたのだ。一輝とウォンはガイ魔と戦いながら、サイファーの仲間を捜して、ガイ魔王との最終決戦の地へ向かう。最年長のサイファーであるシンを犠牲としながら、一輝たちサイファーはガイ魔王率いるガイ魔を滅ぼす。サイファーたちとガイ魔の最終決戦の場所が、赤霧《アカム》という小さな町の地下となっている。

**小野敏洋／ネコの王　全5冊**
小学館／2001年8月～

妖怪や喋る猫が存在し、衰退しかけながらも未だ魔法が効力を持つ平行世界。そこで暮らす、伍岳修は猫の女神様の間違いでネコの王にされてしまう。修はネコの王として、魔法を使ってトラブルを解決することになる。修の少しエッチでドタバタな日々が始まった。だが、修の前に悪魔の依頼で世界中の猫を滅ぼそうとする「死の王」が現れて——。死の王が世界中の生命を滅ぼすために、海底に眠るタコ型の怪物を蘇らせる。他に、妖怪の細胞内に「テケリ離波を発するショゴスが含まれている」とか、「イレク＝ヴァド方程式」などクトゥルー神話を意識した設定や用語が登場している。

**ゆうきまさみ／パンゲアの娘　KUNIE　全5冊**
小学館／2001年10月～

小学5年生の日向陽の前に、唐突に現れた少女クニエ。南太平洋のランゲルハウス島で行方不明になったと思われていた陽の祖父・洋一郎の孫だと名乗る彼女は、陽に嫁入りしにきたと宣言する。海棲爬虫類をはじめ奇妙な生物が近海に生息するランゲルハウス島に向かった陽たちは、島民が「テケ・リリ」と呼ぶ幻想の地を目の当たりにする。様々な勢力の思惑が絡み合う中、陽が地球の夢の中で見たものは——。「アーサー・ゴードン・ピムの冒険」などの古典冒険小説を下敷とするSFファンタジー。HPLの作品世界を彷彿とさせる物語だが、作者にその意図はなかったとのこと。

**ゆうきまさみ／でぃす×こみ　全3冊**
小学館／2015年1月～

少年漫画家志望の高校生、渡瀬かおる。奨楽社新人コミック大賞を授賞したとの連絡を受け、喜び勇んで授賞式に出向いたかおるだったが、実際に授賞したのは何と兄・弦太郎が妹の名義で少女漫画誌に送った作品だった。それも、ほんのりBLテイストの――。今更、名乗り出ることもできず、なし崩し的に少女漫画家としてデビューすることになったかおるの、兄の助言を受けながらのBL漫画家生活を描くコメディ作品である。第2巻でかおるが推敲している探偵VS怪盗もののプロット中に、「ルルイエの涙」という名前のダイヤモンドが怪盗エクリプスの狙う獲物として登場する。

**藤田和日郎／暁の歌　藤田和日郎短編集**
小学館／2004年2月

デビュー以来、ホラー色の強い作品を数多く手がけてきた漫画家、藤田和日郎の短編作品集。「全宇宙で一番貴重で美しい」アルミニュームを求めて、銀河狭しと強力な武器を行商して回る宇宙武器商ゲメルと、冴えない高校2年生オカノ・コースケが主人公の「ゲメル宇宙武器店」（前後編）が収録されている。突如、宇宙から飛来してコンクリートを喰い散らかす貪欲なヨッシマ星系の怪獣「ツアトーグア」を前に地球の軍隊はひとたまりもなく、世界滅亡の時が刻一刻と近づいてくる。立ち上がれ、コースケ！　そして、貯め込んだ1円玉で、ゲメルから強力な武器を買い込むのだ！

**藤田和日郎／月光条例　全29冊**
集英社／2008年6月～

数十年に一度、真っ青な月の光が地上に届き、子供たちの読む「おとぎばなし」の世界がおかしくなる「月打」が発生する。ひょんなことから、月光条例の〈極印〉が刻まれ、「おとぎばなし」を正す〈執行者〉となった岩崎月光は、様々な物語に入り込んでは、パートナーの鉢かづき姫と共に戦い続けるのだった――。単行本第2巻の巻末に収録された「月光条例クイズ」の第6問、メインヒロイン格の登場人物エンゲキブが現在付き合っている彼氏は誰かという問題で、選択肢のひとつが「ニャルラトホテプ8世」（巨大なアンクを持ったエジプトのファラオらしき人物）になっている。

**広江礼威／翡翠峡奇譚　全2冊**
小学館／2005年5月～

時に1935年、メキシコ――マヤ文明の遺跡を調査中だった帝大考古学室の調査隊はドイツ第三帝国親衛隊の特殊調査部隊の急襲を受け、研究助手の脇坂伊織と案内人の少年カルロ・ベルナーデを除き全滅する。現地の人々に辛くも救われた脇坂らは、『ポポル・ヴフ』の写本に記された暗号を解いてククルカンの神殿を発見し、封印されていた女神ククルカンを解放するのだった。親衛隊や日本の特務機関の思惑が絡み合う中、ククルカンを守る脇坂の運命は――。『コミックコンプ』の休刊で中断した伝奇浪漫コミック。ナチスがトルコで入手した遺物として『グラーキ黙示録』の名が挙がる。

**広江礼威／Barrage　広江礼威アートワーク集**
小学館／2007年1月

ピカレスク風のガンアクション『BLACK LAGOON』で世界的な人気漫画家となった、広江礼威のアートワーク集。『月刊コミックガム』に連載された、スティーヴン・キングの『ダーク・タワー』も意識したクトゥルー神話ガンアクション『Phantom BULLET』が掲載されている。1944年2月、ポーランド。ナチスドイツの特別執行部隊に家族を虐殺されたの少女イルサは、教会に隠されていた『混沌の書』の導きで黒い男――ナイアーラトテップと契約し、おとぎ話の影の龍を駆って兵士たちを虐殺する。しかし、復讐に酔う彼女の前に、二挺拳銃を携えた収穫者――「拳銃使い」が現れる。

**室山まゆみ／とびきり特選あさりちゃん3**
小学館／2008年7月

元気いっぱいの小学4年生・浜野あさりが主人公の、低年齢向け長寿ギャグ漫画、『あさりちゃん』。作者の室山まゆみ（室山眞弓、眞理子姉妹の共同ペンネーム）は、かつては怪奇漫画家を目指していたということで、『あさりちゃん』にもホラー要素の強いエピソードがいくつか存在する。30周年を記念して刊行されたよりぬき作品集の第3巻は「ホラー」がテーマで、単行本未収録の「クトゥルーの呪い」が掲載されている。太古の地球に宇宙から飛来したという神、クトゥルー。人間の脳みそを喰らおうとする邪神によって、悪夢に引っぱり込まれてしまった浜野姉妹の運命は――？

**寺嶋将司／UNDEAD　全4冊**
小学館／2009年9月

ある日突然、悪霊に母を殺され、弟のジロウを連れ去られたタロウは、手がかりを探すうちに悪霊退治を請け負うという店、「BARネクロノミコン」に辿り着いた。いったんは依頼をはねのけられてしまうものの、店に保護されている少女ミトを助けるために致命傷を負ったタロウは、悪霊を取り込んでハンターとなるのだった。その後、判明するジロウを拉致した組織の名前がヨグであったり、倒すこともできないので海の底に閉じ込められているという忌まわしき悪霊トトの姿が、触手を生やしたクトゥルーを彷彿とさせるなど、神話からの影響がそこかしこに散見される。

**丹羽庭／トクサツガガガ　既刊12冊**
小学館／2014年9月〜

特撮オタク女子であるOL、仲村叶を主人公に、隠れ「特オタ」の時に痛々しくも真摯に趣味を追う日常を描く。単行本第8巻収録の第74話「怪獣ダゴン、現る!!」は、現実世界の『ゴジラ』に相当するらしい、作中世界で人気を集め、これまでに16作が制作されたという怪獣映画シリーズ『ダゴン』にまつわるエピソード。怪獣ダゴンは海の化身で、土着宗教の神様「陀轟无」とも水爆実験で突然変異した海洋生物とも言われているという設定である。『ビッグコミックスピリッツ』掲載時の扉絵は、怪獣映画のポスター風のフルカラー彩色だった。なお、最新12巻にもダゴンネタがある。

**松永康一、うめ／スティーブズ　既刊6冊**
白泉社／2014年12月～

1970年代のシリコンバレーを舞台に、世界最初のパーソナルコンピュータ、Appleを開発したアプルコンピュータの創業者、スティーブ・ジョブズとスティーブ・ウォズニアック――二人のスティーブの物語。単行本4巻、会社がどんどん巨大化し、一流メーカー出身者や大卒のスタッフがどんどん増えて、会社創設時からのオリジナルメンバーたちが何とも言えない居心地の悪さを「なんていうか旧支配者は、外なる神にはかなわないっていうか……」というセリフで表現するシーンがある。蛇足ながら付け加えれば、「外なる神」は『クトゥルフ神話TRPG』の用語で、時期がずれている。

**熊之股鍵次／魔王城でおやすみ　既刊6冊**
小学館／2016年9月～

魔王城に囚われの身となったスヤリス姫。人質だからということで丁重な扱いを受けているものの、幽閉の身である彼女には、寝る以外にすることがない。しかし、魔王城の中は、快眠に相応しい環境とは到底言えない。心地よい眠りを求め、フリーダム極まる姫君があの手この手で環境改善を図る睡眠ファンタジーコメディ。牢番のでびあくまを籠絡し、鍵を手に入れたスヤリス姫は魔王城の中を好き勝手に歩き回り、重要なアイテムを勝手に持ち出してしまう。彼女が牢に持ち帰ったものの中には魔導書ネクロノミコンや、厳重に封印されていた禁断の魔導書アラージフがある。

**タツノコプロ、小太刀右京、江尻立真／Infini-T Force　未来の描線**
小学館クリエイティブ／2016年4月～

タツノコプロの生み出した『科学忍者隊ガッチャマン』『新造人間キャシャーン』『破裏拳ポリマー』『宇宙の騎士テッカマン』のクロスオーバー作品。描いたものを具現化するエンピツを持つ少女・界堂笑に呼び出され集結した四人のヒーローたちが、それぞれの正義を胸に謎の敵と戦うストーリーとして展開していく。三巻にて人間を強化し異形の姿へと変貌させるドラッグ「アナテマ」により作り出された巨大アナテマ兵が登場する。これはタコに似た頭部を持つ外見をしており、全体的にクトゥルーを思わせるデザインとなっている。

**梶研吾、井上紀良／〝殺医〟ドクター蘭丸　全14冊**
集英社／1998年3月～

『必殺仕事人』風の殺し屋もの。祖父の代から続く診療所に「阿蘭陀流鳴滝・シーボルト蘭丸医院の看板」を掲げる貧乏医師、黒乃屋蘭丸。彼はまた、闇の侵殺室と呼ばれる元締めが仲介する依頼を受け、社会の病巣である悪人たちを「侵殺」する裏の顔を持つのである。第3巻の「キラーウィルス」に、風のようにどこからでも侵入することから風の神ハスターにちなんで「ハスターウィルス」と名付けられた殺人ウィルスが登場。インフルエンザに似た症状に続いて、激痛と痙攣、吐血を起こし、ついには全身麻痺を至る致死率90パーセントの「ハスター熱」を引き起こすという設定だ。

**松枝尚嗣／ペルソナ～罪と罰～ 新装版 全2冊**
集英社／2011年4月～

人気RPG「ペルソナ」シリーズの第2作「ペルソナ2 罪・罰」のコミカライズ。舞台や設定はゲーム版と同じだが、時系列的には罰編の前となっている。

神や悪魔の似姿をとる、もう一人の自分といえる人格ペルソナ。その力に目覚めた高校生の木場一実は、ペルソナを狩り集め「黒の書」の解放を目論む組織ネンフィアに対抗するという物語だ。シリーズ中でもクトゥルー神話的存在が深く関わるゲーム版と同じく、漫画版においても敵の持つペルソナとしてハスターが登場する。また、事件そのものが這いよる混沌と呼ばれる存在の仕掛けた陰謀であることが示唆されている。

**七瀬葵／ぷちモン 全8冊**
集英社／2003年6月～

人間と精霊とモンスターが同居する世界、アルティミットワールド。剣と魔法のファンタジーにつきものの冒険者は、この世界では「クエスター」と呼ばれている。

一流のクエスターとして名前が知られている兄カスタード・ベーグルの影響でクエスターを目指し、総合魔法学園クエスターアカデミーに入学した剣士志望のメルティ・ベーグルと、ルームメイトのマリス・ミーシャら級友たちの織りなすRPG風の成長物語。

メルティの友人の一人、カモミール・ジャスミンのペット（愛称が「タコさん」である小型のタコ）の本名が「ハストゥール」だという設定になっている。

**竹田エリ／メリーちゃんと羊 全4冊**
芳文社／2007年7月～

「生物系→人間系→生物系の隔世遺伝で成り立っている」（作中の説明より）、奇妙な世界が舞台の4コマ漫画。主人公・牧野メリーは、羊の両親を幼い頃に亡くし、父の弟であるおじさん（羊）に引き取られて暮らしている。クラスメイトの菅原くんの父親は魚なのだが、卵を見る度に発情している変態である。単行本の第2巻、主要登場人物の父兄（生物系）が人間化したらどうなるというIfのエピソードで、菅原くんの父の見た目が完全に半魚人で、「うわーラブクラフト」「インスマウスの世界だ」と周囲からドン引きされた。なお、エピソードタイトルも「LOVE♡クラフト」である。

**西尾維新、暁月あきら／めだかボックス 全22冊**
集英社／2009年10月～

容姿淡麗にして文武両道、あらゆる事について桁外れに高い能力を有する生徒会長・黒神めだかが、何らかの目的で特異な能力を持つ生徒ばかりをかき集めた箱庭学園の闇に、真正面からぶち当たっていくコメディ＆バトル作品。小説家の西尾維新が原作を担当し、言葉遊びやパロディの要素が強い。

中盤で生徒会執行部と敵対する、−13組に属する「過負荷《マイナス》」と呼ばれる生徒たちのリーダー格・球磨川禊の通称が「混沌よりも這いよる過負荷」で、エンタメ作品において「黒幕的存在」として浸透していたクトゥルー神話の〈這いよる混沌〉と比較する形でキャラクター性を説明してみせた。

**内藤泰弘／血界戦線　全10冊**
集英社／2010年1月～

ヘルサレムズ・ロット――かつてニューヨークと呼ばれたその街は、ある夜を境に崩落、再構築され、空想上の産物と思われていた異形の住人たちの住まう異世界を現実に繋げる接点となった。一癖もふた癖もあるメンバーが集まった超常秘密結社ライブラの一員となった、「神々の義眼」を持つ少年レオナルド・ウォッチを主人公に、ヘルサレムズ・ロットを覆う混沌を描く超常バトルコミック。ヘルサレムズ・ロットの地名は、スティーヴン・キングの作品に登場するジェルサレムズ・ロットのもじり。また、第1巻で堕落王フェムトに召喚される神の名がヨグ・グフォトである。

**貴家悠、橘賢一／テラフォーマーズ　既刊20冊**
集英社／2012年4月～

火星のテラフォーミングの過程で、異常な進化を遂げたゴキブリ――テラフォーマーズ駆除のため、改造手術を施した人間を火星に送り込む計画は失敗に終わる。生還者2名は地球にもたらしたA・Eウィルスの治療薬を作るべく、大型宇宙船アネックス1号が再び火星へと向かうが、政府の密命を受けた中国・アジア第四班班長、劉翊武の裏切りにより、事態は混迷を極めるのだった――。劉はヒョウモンダコの能力を有し、その力が邪神（描かれたイラストはクトゥルーそのもの）に形容される描写があった。なお、中国の宇宙船の名前が『九頭龍《ダゴン》』で、その緊急脱出ポッドは大袞とされる。

**伊東岳彦／Take out―伊東岳彦『宇宙英雄物語』の世界**
ホーム社／1997年10月

『宇宙英雄物語』のカラーイラストや設定など、アートワークが収録された大判の本。本編に登場した邪神崇拝の村が舞台の、32ページの外伝コミック「ウルト様邪教の里温泉大作戦」（初出はラジオCDの特典）が収録されている。『宇宙英雄物語』は、作品完結後も作者の同人誌で後日談が発表され続けている。集英社の『ウルトラジャンプ』誌で連載された未完のコミック版『星方武侠アウトロースター』（アニメ版とは筋立てが大きく異なる）は、実は『宇宙英雄物語』の未来の話であるらしく、アニメ版でも関連性が匂わされているのだが、今のところその全貌は明かされてはいない。

**伊東岳彦／宇宙英雄物語　ディレクターズカット　全5冊**
ホーム社／2003年11月～

古き佳きスペオペへの愛情溢れるオマージュ作品。宇宙英雄キャプテン・ロジャー・フォーチュンの血を引き、涙滴型宇宙船「星詠み号」を駆る赤毛の少年、護堂十字とその仲間達が、繰り広げるスペースオペラ×ラブコメディだ。タチの悪い呪いを祖父から受け継いだ「呪われた赤毛の少年」護堂十字の行く先々には、太古からの因縁が頻繁に露見する。千年に一度の祭に賑わう霊峰富士に近い天鈴山塊のとある村では、『無名祭祀書』に記された古き神「崩岸攤様」を招く儀式へと巻き込まれ、「いやあ いやあ あすたあ」の詠唱が響き渡る中、富士火山帯の大噴火を引き起こした。

**伊東岳彦／覇王大系リューナイト 全2冊**
ホーム社／2010年5月～

世界の中心に巨大な剣が突き刺さっている剣聖界アースティアを舞台に、猛き巨人〝リュー〟を駆る覇王たち、そして後世の英雄譚において〝光速の聖騎士〟と謳われるアデューの冒険譚。集英社のコミック雑誌『月刊Vジャンプ』に連載された、原作者である伊東岳彦によるコミカライズ作品だが、TV版、OVA版とは異なる物語が展開する。師匠の形見であるリューナイト・ゼファーと共に旅する騎士のアデューは、成り行きで魔法使いのパッフィー一行と行動を共にすることになる。旅の途中、アデューたちの前に立ちはだかる魔法剣士ガルデンの武器が、魔剣ヨグ・ソードである。

**山本弘、玉越博幸／魔境のシャナナ 全4冊**
新潮社／2009年7月～

原作者・山本弘が偏愛する「女ターザン」ものの秘境冒険コミックで、第二次世界大戦直後の南米アマゾン川流域の密林を舞台に、自由奔放に生きる金髪の白人少女シャナナの活躍を描く。密林の原住民たちが崇拝するドゥールー教と、これと対立するガタン教が登場。ガタン教徒が崇拝するガタノーシュ神（ガタノソアがモチーフだろう）は、南米各地に「白い人」として伝わる存在で、512年に一度蘇ってこの世を支配する終末神であり、1万2千年前にはアトランティスを滅ぼしたと説明されている。2010年発売の同人誌『シャナナのひみつ』に未使用シナリオなどが掲載された。

**久正人／エリア51 全15冊**
新潮社／2011年6月～

世界中の異形を集めて隔離したエリア51を舞台に、探偵・マッコイこと真鯉徳子がコルトM1911を片手に怪事件に関わっていくピカレスク・ロマン。海外ドラマのタイトルが街のネオンサインに使われているなどの小ネタが大量に仕込まれ、クトゥルー神話ネタも数多い。序盤のみ紹介すると、第1話にはマーシュという名前の店主がいる「SUSHI BAR Innsmouth」や「DUNWICH THE BEST BEEF」が登場。またマッコイが行きつけのバーには蛸の頭と蝙蝠の翼を持つ「何か」が描かれた小さな絵が飾られ、第7話でアマテラスがプレイしているギャルゲーがクトゥルー神話ものだった。

**速水螺旋人／男爵にふさわしい銀河旅行 既刊1冊**
新潮社／2017年12月

惑星スパロウランドの領主、ミハルコ男爵は、理想の乙女を求めて銀河遍歴の真っ最中。貴族育ちで世間知らず（ついでに、時々素寒貧になって行き倒れ寸前になることも多い）の男爵と、その従者であるロボットのランパチカ、そして新たに一行に加わった宮廷付きの吟遊詩人ノンシャランたち三人組が、行く先々で巻き起こす珍騒動を描く、『月刊コミック@バンチ』の連載作品。単行本第1巻の3話目、惑星ニュートレビの名所として名前の知られる――割にはパッとしない、虹の泉の中心に飾られ、肩に担ぎ上げた水瓶から泉に水を注いでいる像が、クトゥルーそっくりである。

**河本ひろし／ソーサリアンシリーズ9　氷の洞窟**

角川書店／1990年3月

数年前、魔道士ソクラムの儀式がもたらした寒波によって、魔法都市ペンタウァは冷気と暗雲に閉ざされていた。折しも、想い人に手ひどくフられたウィザードの少女パナシェは、魔道士の洞窟を目指して単身、ペンタウァ北東のダッチス山脈目指して旅立った。パナシェの目的はひとつ、あらゆる望みがかなうという禁断の書物『キタブ・アル・アジフ』——今はソクラムが所有しているというこの本に記された秘術を使って、いい男だけのハーレムを作るのだ！　日本ファルコムの人気アクションＲＰＧ『ソーサリアン』の収録シナリオのコミカライズを試みた、書き下ろしシリーズの第9弾。

**大塚英志、森美夏／北神伝綺　上・下**

角川書店／1997年11月〜

日本の先住民である山人にまつわる自らの研究を封印し、資料ごと弟子の兵頭北神に託した民俗学者・柳田國男。彼は、天皇を頂点とする平地民による単一民族国家の確立という大義と、幼い頃に抱いた山人への憧憬に引き裂かれながらも、かつて破門した弟子・北神に山人の調査を依頼する。兵頭北神は、同じ原作者の「魍魎戦記ＭＡＤＡＲＡ」シリーズに登場する兵頭沙門の養父で、『弥黒之根魂』の所有者とされる人物。あとがきで、彼と同姓同名のモデルがＨＰＬのクトゥルー神話ものやジェームズ・チャーチワードの『失われたムー大陸』の私家版翻訳を行っていたと説明されるている。

**瀬名秀明、しかくの／パラサイト・イヴ**

角川書店／1998年3月

妻・聖美を交通事故で喪った国立Ｒ大学生体機能薬学講座研究室の永島利明は、ドナー登録していた彼女の腎臓を、移植を待っている患者に提供するのと引き換えに、肝細胞の摘出を要求。彼はこの細胞を「Ｅｖｅ１」と名づけ、培養を開始した。しかし、聖美の死はもちろん、永島を駆り立てる衝動もまた、生物の体内で共存してきたミトコンドリアの目論見だった——。原作の劇場版公開に合わせて雑誌連載されたコミカライズ。エピローグ中、ミトコンドリアについてのＴＶインタビューに応じているのが、ミスカトニック大学のジェラルダイン博士（アーカムからの中継）となっている。

**森山大輔／森山大輔短編集　ここにいる睡蓮**

角川書店／2002年9月

森山大輔の作品集。彼がキャラクターデザインを、小中千昭がシナリオを担当したグラムスのＡＶＧ『ありす in Cyberland』のコミカライズ作品である「ありす　インサイバーランド」が掲載されている。父の遺したシステムを用いて正義のダイバー「ALICE-3」となって、仮想空間「サイバーランド」を悪用しようとする者たちの手から守る、水無月ありすたち中学生トリオの活躍を描く作品で、「サイバーランド」絡みの事件を担当している情報省の狩野がオリジナルキャラクターとして登場する。主人公のありすたちが通っている学校が私立ミスカトニック学園（小中千昭による設定）。

**ニトロプラス、種子島貴、たなか友基／機神咆吼デモンベイン 全4冊、機神咆吼デモンベイン コミックアラカルト**
角川書店／2004年11月～

PS2版『機神咆吼デモンベイン』ベースのコミカライズ作品。種子島貴がシナリオを、たなか友基が作画を担当。ノベライズ版同様、アル・アジフのトゥルーエンド（旧神エンド）の展開をなぞりつつ、原作ゲームではデモンベイン起動以前からブラックロッジと闘っていたメタトロンの立ち位置が異なっているなど（大十字九郎らに正体が知られるイベントもあり）、コミック版オリジナルの展開もある。『コミックアラカルト』はニトロプラス公認のパロディ・アンソロジーで、ニトロプラスの原画家ＮｉΘらのカラー口絵のほか、たなか友基の作品を含む12本のショートコミックを収録。

---

**―／斬魔大聖デモンベイン コミックアンソロジー 全2冊**
ビブロス／2004年3月～

全年齢向けのPS2版『機神咆吼デモンベイン』の発売前に、版権作品のアンソロジーを数多く刊行していたビブロスから発売されたコミックアンソロジー。8月には2冊めが刊行されている。特筆すべき点としては、内容は不条理ギャグだが、『アリシアＹ』の後藤寿庵によるパロディコミック「怒涛の混沌」が1冊目に収録されていることが挙げられる。なお、2冊目に収録されているＡ－10の「る・りぇー奇譚」は、自主制作魔導書が売買されているグリモワールマーケット、略してグリケットがテーマの作品で、クトゥルー神話とコミケットを組み合わせたネタの先駆的な作品だ。

---

**ＺＵＮ、春河もえ／東方鈴奈庵 ～ Forbidden Scrollery. 既刊7冊**
角川書店／2013年3月～

同人サークル、上海アリス幻樂団が展開している、東方Projectに連なる公式コミック作品。日本の山奥のどこかに存在し、人間の世界から遮断されている幻想郷――わずかな数ではあるが、人間が暮らしている里にある鈴奈庵は、時に自ら製本・販売を行うこともある古い貸本屋である。この店で取り扱っている本のほとんどは外の世界から来た〝外来本〟と呼ばれるもので、中には取扱を誤ると里に被害を与えかねない、非常に危険な本も含まれているのだった。第1巻に、魔法使いの魔理沙が店でネクロノミコン写本を発見するシーンがある。第一漢字写本で、筆写者、言語共に不明との説明も。

---

**朝霧カフカ、春河35／文豪ストレイドッグス 既刊14冊**
角川書店／2013年4月～

近代文学の文豪たちと同名のキャラクターたちが、作品名にちなんだ異能を用いて戦う現代異能バトルもので、アニメ化もされている。孤児院を追い出された少年・中島敦は自殺しかけていた太宰治を救ったことから、獣人化する〈月下獣〉の異能を持つことを知り、武装探偵社の一員となる。中島の異能を狙うポートマフィアとの戦いに、日本進出を目論む海外組織「組合《ギルド》」が参入する展開で、そのメンバーに〈旧支配者〉なる能力を持つH・P・ラヴクラフトという人物がいる。どうやら異能者というよりも自身が邪神の眷属らしく、戦いを終えた後、謎を残したまま海へと還っていくのだった。

**朝霧カフカ、吉原雅彦／水瀬陽夢と本当はこわいクトゥルフ神話　全3冊**
角川書店／2014年1月～

2012年から翌年にかけて、ニコニコ動画で公開されたTRPGリプレイ風の個人制作動画『ゆっくり妖夢と本当はこわいクトゥルフ神話』のコミカライズ作品。元の動画で使用されていた版権キャラクターたちは、名前や設定を微妙に変更したキャラクターに差し替えられている。女子高生の水瀬陽夢は登校中、正体不明の男に誘拐されてしまうが、あわやというところを元探偵・現無職の三宝寺古鉄に救出される。彼と共に事件を追う陽夢だったが、誘拐された時に飲まされていた薬の影響が、徐々に彼女の体と心を蝕み、やがて混沌と狂気が渦巻く惨劇が幕を開けるのだった――。

**たもつ葉子／真夜中のオカルト公務員　既刊6冊**
角川書店／2015年12月～

東京都23区全ての区役所には、人知れず〝夜間地域交流課〟という部署が設置されていた。何も知らされないまま、この課に配属された新宿区役所の新人・宮古新は、悪魔や天使、妖怪といった人ならぬ存在――「アナザー」の存在に直面するのだった。しかし、宮古自身にも、「アナザー」と意思疎通ができるという特殊な能力が備わっていて――。職員の姫塚セオが、視えない存在を視えるようにするという効能があるイブン＝グハジスプレー（『魔道書ネクロノミコン断章』の「ネクロノミコン」に製法が載っている「イブン＝グハジの粉」だろう）を使用するシーンがある。

**見田竜介／ドラゴンハーフ　全7冊**
富士見書房／1989年6月～

富士見書房の『月刊ドラゴンマガジン』で、創刊号から6年にわたり連載されたファンタジー・コミック。ドラゴンと人間の騎士の間に生まれた、ドラゴンハーフのミンクが主人公。シヴァ王国の騎士であるディック・ソーサーに一目惚れしたミンクが、人間になれるという秘薬ピド＝ポーションを探す旅に出るという物語。スライムハーフであるビナ王女との恋の鞘当もありつつ、ディックにも生まれの秘密があって、物語はいよいよ錯綜していくのだった。悪魔神族を統べ、秘薬を独占する大魔王アザトデスの名前が、アザトースに由来する。（『邪聖剣ネクロマンサー』から採った可能性アリ）

**鋼屋ジン、空十雲／ダイン・フリークス D.Y.N.FREAKS　全3冊**
角川書店／2013年8月～

鋼屋ジンが原作を担当したダークファンタジー・コミック。阿坐名初未は、日本の地方都市Y市（千葉県夜刀浦市であることが原作者によって示唆されている）に暮らす、ごく普通の女子高生。だが、対邪神医療機関〝アサイラム〟から脱走した魔人〝ヨグ＝ソトースの影〟寄車むげんが彼女の前に姿を現したのと時を同じくして、Y市に次々と姿を現す魔人たちが引き起こす事件に否応なく巻き込まれていく――。実は、『斬魔大聖デモンベイン』の遠い未来に位置づけられる物語であり、Dはデモンベイン、Yはヨグ＝ソトースと寄車むげん、Nはナイアルラトホテップと特定人物を指している。

**天原、masha／異種族レビュアーズ**
KADOKAWA／2017年9月～

あらゆる種族の混在する世界を舞台に、人間、エルフ、ハーフリング、天使の4人を主要メンバーとして、各地のサキュバス街で営業しているサキュ嬢のいる店をレビューするというコンセプトのコメディ作品。作品ではエルフ、ネコ娘、魔界種族、フェアリー、サラマンダー、光の精霊などが登場する。レビュー記事のみであるが海底神殿のサキュバス街が紹介されており、その見出しに「海のヌルヌルタコ娘　ダゴンちゃんと一発！」と書かれている。上半身は人間型、下半身がタコのような触手という姿をしたサキュ嬢であるが、名前はクトゥルー神話に由来すると思われる。

**あかほりさとる、臣士れい／爆れつハンター　全13冊**
メディアワークス／1993年8月～

魔法を悪用する法族をこらしめるソーサラーハンターの戦いを描くコミック。第12話から3話連続の「死霊使いの魔導書」が、『ネクロノミコン』にまつわるエピソードで、OVA『元祖 爆れつハンター』の第2話として映像化もされた。作中の『ネクロノミコン』は禁断の不死魔導書と呼ばれ、スプゥールナ大陸に暗黒時代をもたらした〝悪の帝国〟ヒッタイトの不死兵団、〝無敵死霊軍団〟を造り出したおそるべき魔導書とされる。主人公たちは、死霊王（ゾンビマスター）となるべく『ネクロノミコン』を探させる死霊使い（ネクロマンサー）、デスマスターに挑むのだった。

**大塚英志、相川有／聖痕のジョカ　全5冊**
角川書店／1994年5月～

原作を大塚英志、作画を相川有が担当するコミック・シリーズ。小説やドラマCD、ゲームなど複数メディアで展開され、続編として『新・聖痕のジョカ』全5冊も存在する。統治者アス＝ラン王が亡くなり、その正当な所有者がカルディア王国の次代の王になるというブランク＝ルーンの争奪戦が始まった。うっかりブランク＝ルーンを得てしまった少女ジョカは、混迷の道を歩む世界を静めようと、24人の聖痕戦士たちを倒す旅に出るのだった――。ブランク＝ルーンを含む聖痕は、もともと聖痕書《アル＝アジフ》に記されていたもので、この書物の聖詩を読み上げることで世界が生まれたという設定。

**大塚英志、田島昭宇／田島昭宇MADARA完全コレクション　全11冊**
角川書店／1996年8月～

原作を大塚英志、作画を田島昭宇が担当するコミック『魍魎戦記MADARA』に始まるメディアミックスシリーズ。ムー大陸やアガルタ、古史古伝などのオカルト史観をベースとした世界を舞台に、「始まりの大陸」を恐怖で支配するミロク帝と、マダラとその仲間たち8人の戦士たちの、転生を繰り返しての戦いを描く。一作目に相当する物語については、民族学者の兵頭北神（『北神伝綺』の主人公）が編纂した古伝『弥勒根之魂《ミロクネノコン》』（『ネクロノミコン』のアナグラム）に記されているという設定で、大塚英志による未完の小説『摩陀羅 天使篇』にその内容が説明されている。

**八房龍之助／「ＪＪ」シリーズ　全2冊**
メディアワークス／1998年5月～

魔術や降霊術、錬金術といった禁断の知識に通じた謎の青年貴族ジャック・セトフォード・カーライルと、その友人にして助手のジュヌヴィエーヴ・コトフォードが様々な怪異、事件に遭遇するオカルト・ファンタジー。主人公二人の頭文字をとって「ＪＪ」シリーズと呼ばれており、『仙木の果実』『塊根の花』の2冊が刊行されている。『仙木の果実』では、ジャックの高齢会で老齢の女性が「慈愛深い外なる……」と口にし、人間を孕ませようとする水棲人類（ディープワンと近藤しているという作者コメントあり）が登場。『塊根の花』ではジャックの書棚に『屍食教典儀』が並んでいる。

---

**八房龍之助／宵闇眩燈草紙　全6冊**
メディアワークス／1999年8月～

古道具屋「眩桃館」の女主人・朝倉美津里、隻眼の風来坊こと長谷川虎蔵、常に何かしらの事件に巻き込まれるモグリの医者木下京太郎ら、一筋縄ではいかない人物達が織り成す伝奇活劇譚。全体的にクトゥルー神話の臭いを感じさせる作品だが、3～4巻には房総半島の寂れた漁村、寄群が舞台である「インスマスを覆う影」の翻案的なエピソードがある。排他的な寄群には〈深きものども〉を彷彿とさせる者たちが住み、沖合いの海底には魚人に成り果てた村人の巣があって、彼らが崇拝する海神が眠る。物語の最後には巨大化した村の長をはじめ、敵味方入り乱れての戦いが繰り広げられる。

---

**澁澤工房／ＡＮＧＥＬ　ＦＯＹＺＯＮ　全4冊**
メディアワークス／2000年12月～

自らの陽の気と他人の陰の気を交換してしまう特異体質の工藤ススム。その彼と、陰の気を糧とする闇の眷属すざく、実は吸血鬼だったクラスメイト綾瀬瑞希の三角関係、ひたすら眠り続ける少女アザ＝トゥースの覚醒を軸に物語が展開する。アザ＝トゥースを封じるべく「外なる神」が創り出した神格、四聖獣の一つすざくをアトラック＝ナチャやナルラ＝トテップが後見しているほか、バステトやノーデンスなどクトゥルー神話関係の神々が数多く登場。物語が急展開する終盤には、Ａ・Ｗ・ダーレスの「永劫の探求」に登場する、ラバン・シュリュズベリィ博士率いる邪神狩りの一党も登場する。

---

**中村哲也、虚淵玄／エンシェントミスティ**
メディアワークス／2007年9月

ニトロプラスの虚淵玄が原作を担当した秘境冒険コミック。作品コンセプトは、「ララ・クロフト（筆者注：『トゥームレイダー』シリーズの主人公）が毒薬飲んでロリッ娘になっちゃうのってどうよ？」（後書きより）で、かつてファラオの呪いにより幼女の姿になってしまった凄腕のトレジャーハンター、ミスティ・ハントと彼女に仕える三人のしもべ――もといメイドたちの大冒険を描く。ミスティはハント財閥の総帥で、持ち帰ったオーパーツを転用した技術を、Ｈ・Ｐ・Ｌ（ハント・パテン・ライセンシング）という系列企業を介して各国、各社に卸しているという設定である。

**紺矢ユキオ／魔法使い♂と弟子♀の不適切なカンケイ　全4冊**
アスキー・メディアワークス／２００９年10月～

魔術の存在が周知されている、そんな現代日本で、同じ高校の同じクラスに属する西園寺幾丸と篠宮このはは、魔術研究部の部長と部員。しかし、それは表向きのカンケイ。幾丸はある事故によって魔力の大部分を失いはしたが、強大な力を持つ魔術師であり、このははそんな彼をマスターと仰ぐ魔術師見習いなのだった。最終巻となる第4巻で生命のある宮殿ルルイエとその主、「外宇宙から来た」とされるクトゥルーが登場するが、その姿もイメージとは大分違っていて——。続編にあたる『クラスメイト♀と迷宮の不適切な攻略法』全6冊も存在するが、こちらには神話要素がない。

---

**いみぎむる／この美術部には問題がある！　既刊8冊**
アスキー・メディアワークス／２０１３年５月～

月杜中学校の美術部に所属する、個性豊かな面々の日常を描くコメディ漫画。中二病を患う転校生の伊万里まりあと、彼女を師匠と仰ぐ美術部員のコレットが、学園のどこかに封印されているという邪悪な魔導書『ネクロノミコン』を探索するエピソード「魔導書を追え！」が、単行本第5巻に収録されている。また、このエピソードの続編とも言うべき「図書館に行こう」が単行本8巻に収録され、こちらではコレットたちがついに——。「この美」の略称で知られ、２０１６年にはTVアニメ版も放送された。アニメ版では第9話に、「魔導書を追え！」が同じタイトルで放送されている。

---

**森瀬繚、彼岸ロージ／ガンスリンガーストラトス：ギガントマキア　全2冊**
アスキー・メディアワークス／２０１５年７月～

並行世界同士の存亡を賭けた戦いがテーマとなる、２０１５年放送のTVアニメ『ガンスリンガーストラトス-THE ANIMATION-』と連動したコミカライズ。脚本家としてアニメ版に関わった森瀬繚が原作・脚本を担当した。ゲームにもアニメにも登場しない第3の並行世界を舞台に、アニメ版では登場前に死亡していた人物の、空白の時期を埋める物語が展開される。コミック版のロボット兵器ガグ（GARGANTIS UNIT GUNNER-TYPE）やガスト（GARGANTIS UNIT STINGER-MODEL）、空中戦艦〈九頭龍〉をはじめ、オリジナル要素のネーミングの多くをクトゥルー神話から採っている。

---

**魔剣機関　魔剣使い管理委員会・監修／ブレイブソード×ブレイズソウル　電撃コミックアンソロジー**
アスキー・メディアワークス／２０１５年９月

『ブレ×ブレ』の通称でも呼ばれるスマートフォン向けソーシャルゲーム、『ブレイブソード×ブレイズソウル』のコミックアンソロジー。「魔剣使い」のプレイヤーを操り、「魔剣」と呼ばれる魔具が少女の形をとった「魔剣少女」をパートナーにして戦いを繰り広げるファンタジー作品。「魔剣少女」の中の一人、魔典ネクロノミコンが人気キャラクターとして登場する。カズヲダイスケによる、ネクロノミコンが中心のコミック「ぬるにゅる☆くえすと」（本書の刊行に先立ち、アスキー・メディアワークスのコミック雑誌『電撃マオウ』誌にも掲載された）が巻頭に収録されている。

**まめっち、みなづきふたご／ウルタールの憂鬱　既刊2冊**
アスキー・メディアワークス／2016年7月～

『猫の惑星』フィギュアシリーズで知られるフィギュア造型メーカーのエンブレイスジャパンと、アスキー・メディアワークス、ストリエの合同企画。まめっちによるキャラクターやメカのデザイン、世界観などが『電撃ホビー』誌などで先行公開され、電撃ホビーウェブでコミオックが連載された。惑星ウルタールの住人である人間によく似た猫耳ヒューマノイド、フェーレスと、彼らを捕食する異形の存在アーデルの戦いがテーマのSFアクションものである。ウルタールという星の名前以外に、レムリアなどの地名など、クトゥルー神話関連から採られたと思しい名称が散見される。

---

**飯田ぽち。／姉なるもの　既刊2冊**
アスキー・メディアワークス／2016年12月～

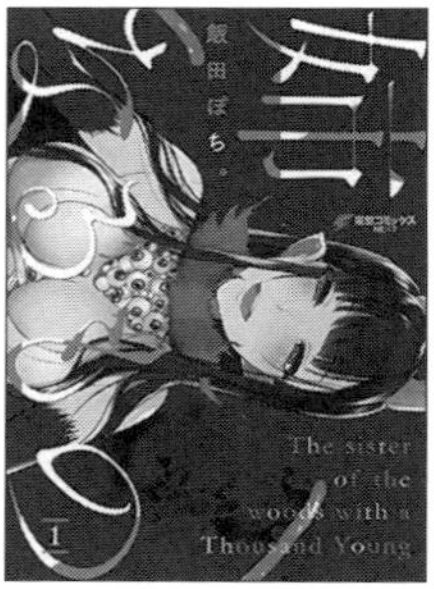


5歳で両親を失い、親戚をたらい回しにされた少年・夕は変わり者の叔父と田舎で暮らしていたが、14歳の夏、叔父が入院したことで一人暮らしとなる。入院手続きのため、夕は叔父から禁じられた蔵に入り込み、〈千の仔孕む森の黒山羊〉と名乗る謎の美女を召喚してしまう。夕の願いは「僕の家族に、姉になってください」。彼女はこの願いを聞き届け、夕の姉、千夜《ちや》となって少年とひと夏を過ごすのだった――。邪神シュブ＝ニグラスがヒロインのおねしょたコミック。元々は、成年指定の同人誌として展開されていたシリーズで、全年齢版がアスキー・メディアワークスから書籍化された。

---

**猪原賽、横島一／伴天連XX　全3冊**
エンターブレイン／2010年7月～

時は江戸時代。くとぅるぅを倒さねばならぬ宿命を背負い、左腕にないとごぉんとを宿す獅子緒、イエズス会の宣教師フランシスコ・X・X世、瓦版屋の番太郎、ショゴスの筆を持つ葛飾北斎が神話存在と戦う、大江戸クトゥルーバトル。ネクロノミコンで佃島にダゴンを顕現させようとする深きものども、駿府に現れたニョグタと地の底に眠るウボ＝サスラとの戦いを経て、ティンダロスの猟犬に隠されていた銀の鍵でドリームランドへ向かった一行が辿り着いた先に待っていたものとは？　平賀源内の姿をしたナイアーラトテップや、斬新なデザインで描かれた異形のものたちが見所だ。

---

**結ゆい、内山靖二郎＋アーカムメンバーズ／クトゥルフ神話TRPGリプレイ　るるいえシリーズ　既刊2冊**
アスキー・メディアワークス／2017年8月～

骨董屋「るるいえ堂」が舞台のリプレイシリーズのコミカライズ。高校二年生で空手の得意な少女、樋口さやかは放浪癖のある叔父に頼まれ、骨董店「るるいえ堂」の店番をしているが、この骨董屋が気味の悪い油絵や古代の石板、羊皮紙の巻物など怪しげなものを使っているために、次々と不思議な相談事が持ち込まれる。対応に困ったさやかは常連客の教授やメイド、イケメン大学生とともに、事件に取り組んでいく。『るるいえあんてぃーく』『るるいえはいすくーる』の2冊が刊行されていて、巻末には用語説明のみならず、『クトゥルフ神話TRPG』用のソロシナリオが収録されることも。

**内山靖二郎、アーカム・メンバーズ、坂井サチ／クトゥルフ神話TRPG 4コマ　ゆるるいえ！**
エンターブレイン／2017年9月

米ケイオシアム社のTRPG『クトゥルフ神話TRPG』の日本国内展開の中心的なスタッフであるアーカム・メンバーズ、内山靖二郎が原作を務める、入門4コマ漫画。コミックのオンライン配信サイト、ComicWalkerで連載されていた。内山靖二郎のライトノベルやTRPGリプレイなどに登場する架空の学園、私立御津門学園に転入してきた高校2年の樋口さやかを主人公に、彼女とその友人たちがTRPG部を立ち上げるという物語を通して「クトゥルフ神話というのは何なのか」「クトゥルフ神話TRPGはどうやって遊べばいいのか」などのFAQに答える内容となっている。

**あきづきりょう／グレースケールチルドレン　全2冊**
メディアファクトリー／2007年1月～

17歳の高校生にして、プロのマンガ家として仕事をしている向出優希。がほのかな恋心を抱いているクラスメイトの堀切桃花をはじめ、学校のクラスメイトたちにはその事実を隠しながら二足のわらじの生活を送っている優希だったが、彼らの物語とは別に、地球を脅かすものたちと、地球を護る誰かの戦いが繰り広げられているのだった――。優希とアシスタントの小内彩音が、真亀温泉海水浴場で桃花に出くわすエピソードで、海にやってきた目的について桃花が「海に住んでるタコ神様の研究デス‼」（背景に呪文アリ）と説明するシーンがある。作品自体は、様々な謎を残したまま終了した。

**遠藤海成／まりあ†ほりっく　全14冊**
メディアファクトリー／2007年2月～

天の妃女学院附属中学高等学校に編入した宮前かなこは、重度の男性恐怖症の上に百合趣味という、残念な感じの主人公。編入早々、とある事情で性別を隠して天の妃女学院に通う見た目美少女のドS少年・祇堂鞠也《しどうまりや》（双子の妹と名前を入れ変えていて、本名は静珠）の正体を知ってしまい、監視を兼ねて彼のルームメイトにされてしまう――というストーリーである。第5巻で、鼎藤一郎神父の肉体的接触を受けたかなこが「にゃるらとほてっぷ～～っ‼」という奇声をあげ、それに対してナイアルラトテップ派だという神父がマニアックなツッコミを入れる小ネタがあった。（アニメ版にもあり）

**木々津克久／アーサー・ピューティーは夜の魔女**
メディアファクトリー／2011年3月

あるバクテリアの感染爆発により進化した人類は、世界を陰から支配していた怪物達の存在に気づき、彼らへの復讐を開始する。圧倒的な数と団結力、武器の威力の前に次々と狩られる怪物達。そんな世界で、かつて「夜の魔女」と恐れられたアーサー・ピューティーは人間の手を逃れ、従者アタルと共に生きるための旅を続けていく。人間を搾取していた存在を「旧支配者層」と呼ぶところや、アタル、ダーレス、ピックマンなどの登場人物名にオマージュ要素がある。また、人間の変化を促し、旧支配者による暗黒時代をもたらした原因として、同じ作者の他作品のヒロインが登場している。

**鶴岡法斎、榊原瑞紀／切断王　既刊1冊**
メディアファクトリー／2011年4月～

評論家、漫画原作者として活躍する鶴岡法斎が原作を担当し、『コミックフラッパー』に連載された伝奇アクション。日本政府に東京が放棄された近未来、「王」と呼ばれる異能力者たちによって統括される歌舞伎町政府が独立自治を行う、大犯罪都市となった東京が舞台の物語である。仇役として登場する犯罪者のグループの面々が「棺桶担ぎのダゴン」「九頭竜」など、クトゥルー神話由来のネーミングになっている。なお、ダゴンが背負う桶には、彼の命令に従う巨大なタコ（名前はウェンディ）が入っているという設定。
2017年末現在、2巻以降は発売されていない。

**bomi、木瓜庵／僕は友達が少ない　はがない日和**
メディアファクトリー／2013年3月

平坂読の人気ライトノベル、『僕は友達が少ない』の、隣人部の面々のゆる～い日常を描くスピンオフコミック。クリスマスがテーマとなっている第5話の「勝手に聖夜！」で、主人公・羽瀬川小鷹の妹である小鳩が、サンタさんに「ネクロノミコンがほしい」という手紙を出している。このネクロノミコンについては、「死霊をあやつる魔導書のこと」という注釈がつけられている。羽瀬川小鳩はカラコンで左右の眼の色を変え、服装も平素からゴスロリ系で極めるという重度の厨二病キャラクターとして描かれているので、この方面について素養があっても何もおかしくはないだろう。

**吉元ますめ／くまみこ　既刊9冊**
少年画報社／2013年10月

東北地方の寒村、熊出村。その村では大昔から人語を解する「クマ井」の熊を神として祀り、熊出神社の巫女が村人を代表して、熊と人間の橋渡しをしてきた。今代の巫女である女子中学生の雨宿まちと、幼い頃から彼女と一緒に育ってきたオスのヒグマであるナツを中心とする、ハートフルな田舎コメディ。単行本の第7巻、乗り過ごしたショックで、三須ッ田駅で気を失っていたまちの姿にインスピレーションを受けた魚屋・魚介の大将が、町おこしアニメとして企画した魔法少女もの（?）の作品中、邪気を放って魚介類を浸食する邪神アラナミが、クトゥルーをモチーフにしたと思しい。

**槻城ゆう子／定本　召喚の蛮名～Goety**
アトリエサード／2017年3月

その学園には、魔術師を養成する神智科というコースがある。魔術師達は力ある魔導書と契約し、旧き神々の力を使役するのだ――。ある事情で普通科から神智科に編入させられた栃草緋不美。普通の女子高生の彼女は、神智科の授業についていけない。『無名祭祀書』を所有するクラス委員の天野から補習を受ける緋不美は、『セラエノ断章』に取りこまれて、彼女の編入の原因となった者たちの魔術戦に巻き込まれてしまう。
2002年にエンターブレインから刊行されていた『召喚の蛮名―学園奇覯譚』の決定版として、新たに描きおろされた4コマ漫画やイラストなどが収録されている。

**六道神士／エクセル・サーガ　全27巻**
少年画報社／1997年4月～

理想推進機関「アクロス」のエクセルと仲間たちのへっぽこ征服活動を描くギャグ漫画。『カイザーペンギン』誌（辰巳出版）連載の『市立戦隊ダイテンジン』の発展作で、1999年にアニメ化もされた。単行本8巻で、アクロスと敵対する市街安全保障局の岩田紀國がトイレであげる唸り声が「フングルイ」「フングルウ」。また、23巻においてマッドサイエンティストの四王寺五条が駆使する人工知能の名前が、TV番組「アサデス。」「朝ズバ」「おはスタ」を元ネタにしつつ、クトゥルー神話アレンジを加えたATHADEATH（アサデス）、SAZUVA（サズバ）、HASTUR（ハスタ）である。

**六道神士／Holy Brownie　全6冊**
少年画報社／2002年4月～

『COMIC激漫』（ワニマガジン社）をはじmr、掲載誌を転々としたコミック作品。神様から与えられた任務をこなすべく、様々な並行世界の様々な年代に赴く妖精コンビ、ピオラとフィオの珍道中的な作品で、よく知られる民話や童話のパロディを数多く含むほか、『エクセル・サーガ』との繋がりも示唆されている。CHAPTER XIII「花の散るとき」でピオラたちが遣わされた先の少女が、自称旧支配者と敵対する前世戦士系の電波さん。その母親は悪魔崇拝教団の教祖で、「所詮世界はハスター様のもの」のセリフがある。他にも、時折クトゥルー神話的な異次元の存在が示唆される。

**六道神士／AGEHA　全2冊**
少年画報社／2012年12月

幼馴染の朱波とようやく恋人関係になる楯葉心記だが、初体験を迎えずして朱波は死んでしまう——のだが、謎の女性の介入によって世界は状況設定ごとリセットされ、心記は朱波の死を回避するべくひたすらトライ&エラーを繰り返していく。どうやら作中世界は謎の女性の創造物で、心記や朱波といった主要登場人物たちは、イレギュラーな動作を行い始めた人工生命体であることが示唆されているのだが、はっきりとした説明はない。作中、『クトゥルフ神話TRPG』のキャラクターシートが、主人公のステータス（特に正気度）を示すための演出道具として使用されることがある。

**高港基資／マサイ　全3巻**
少年画報社／1991年12月～

私立坩堝高等学校に通う女子高生、川口エスの前に、マサイ族の青年が現れる。超人的な体力を持ち、アフリカから海を泳いで渡ってきた彼の目的は、エスの父親との約束で彼女を妻に娶るため。青年の真摯な瞳に惹かれ、結婚を承諾してしまうエス。フィアンセの青年——通称「マサイ」との危険と平和が同居する日々を描く、不思議な雰囲気のコミック作品。マサイの本名は〝ナイ・アルラトホテップ〟。3巻には弟のアザトが登場、「いまわしきソトホース」を巡るエピソードが展開する。作者はその後、「読者投稿心霊体験」シリーズなどを手がけており、ホラー・オカルトが趣味と思しい。

**高内優向／ヘン集女王　既刊1冊**
少年画報社／2011年10月～

月刊マンガ雑誌『月刊コミックCORES』（本作の掲載誌であり『ヤングキングHOURS』のパロディ）のベテラン編集者である川島礼子と、新人のダメッ娘編集・平戸路くるみを主人公に、雑誌編集部の赤裸々な日常を描く、漫画業界ものの4コマ漫画作品。新人賞の応募作「ルルの家」（触手系ヒロインの名前は久藤ルル）に惹かれたことで、平戸路が担当することになった引っ込み思案（？）で神経質な萬村ノブテルの作風がホラー&スプラッター&クトゥルー神話系である。連載を賭けた3号連続読み切りバトルでは、「奈子と五角形」なるタイトルの、触手満載のバトルものを描いた。

---

**三浦健太郎／ベルセルク　既刊39冊**
白泉社／1990年12月～

『ヤングアニマル』誌で長期連載されているダーク・ファンタジー。この世界における神とも言うべきゴッド・ハンドへの復讐を胸に、狭間の世界に身を置いて人ならぬ者たちと戦い続ける狂戦士ガッツの凄絶な生き様を描く。ゴッド・ハンドにまつわる設定や、作中に登場するクリーチャーの描写にかねてクトゥルー神話の影響が指摘されてきたが、第35巻からの、かつて人魚たちが恐ろしい海神を封じ込めたという島にまつわるエピソードが、「インスマスを覆う影」のオマージュではないかと話題になった。人魚の血を引く少女の名前が「イスマ」なのは、「インスマス」のもじりかもしれない。

---

**出海まこと、高橋雄一郎／女刑事ペルソナ　全5冊**
白泉社／2001年12月～

『邪神ハンター』の出海まことが原作を担当した刑事もののコミック。とある事件によって拳銃が撃てなくなってしまい、各部署の増援用の助っ人が専門の共助特捜班に配属された一ノ瀬逞は、阿久津沙耶香と組まされる。一見、やる気なさげに見える沙耶香だったが、あらゆる人格の人間に瞬時になりすます特殊技能により「ペルソナ」のあだ名で呼ばれる、優秀な囮捜査官なのだった――。成年指定の作品ではないが、任務の必要上、色仕掛けをしたり、犯罪者に捕まってあれこれされる展開が多い。単行本の3巻で、二人が任務で乗り込むことになる豪華客船の名前が「るるいえ」である。

---

**神崎将臣／KAZE完全版　全4冊**
徳間書店／2004年2月～

高校生の風京四郎は、突然、時空を超え戦国時代に似た異形の日本、ジパングへと飛ばされる。そこでは年号が慶長から逢魔へ変わり、「黄金郷化計画」を推進する徳川家康が、江戸に巨大な魔城を築いていた。非道を尽くす家康を討つべく、「忍の真祖」風狂四郎となった京四郎が、石川五右衛門や伊達政宗ら仲間達と共にジパングを転戦する伝奇SFコミック。物語は覇界王・織田信長の復活により大きく動き出す。この信長を狂気に向かわせ、野心を増大させた元凶こそが、西洋からもたらされた魔導書『ネクロノミコン』だったのだ――。掲載誌の休刊で中断していたが、完全版で完結した。

**今井哲也／アリスと蔵六　既刊8冊**
小学館／2013年4月

「アリスの夢」と呼ばれ、トランプと呼ばれる能力を持つ超能者が出現し始めた現代日本。想像の通りにあらゆる事象を書き換えてしまうという強大な能力を持つことで、製薬会社クライス&クラークジャパンの研究所の奥底に事実上閉じ込められていた金髪の少女・紗名は、脱走の最中、曲がったことが大嫌いな老人・樫村蔵六に出会い、成り行きから彼の家に引き取られることになる。主要登場人物の一人である一条雫のトランプは、とあるアニメに登場するメイドさんキャラクターの持ち物である魔法の物置の使役で、ティンダロスの猟犬を含む666の武器と13の魔法書が中に入っている。

**村山慶／セントールの悩み　既刊16冊**
徳間書店／2013年11月～

半人半馬の人馬、天使のような翼をもつ翼人などの「人類」が共存する世界の日常を、人馬の君原姫乃の目を通して描くSFコミック。現生人類と比べた上での異形の人類の存在理由として、魚類の段階で六肢の生物群が地球上で発生し、種の進化を遂げていったという理屈付けがある。暗躍する異星人のデザインがユゴスの菌類を意識している他（同じ作者の『きのこ人間の結婚』（太田出版）にも同様のデザインが）、C・A・スミスやR・E・ハワード、そして『ファイティング・ファンタジー』などの蛇人間がモチーフの南極人が存在。他にもクトゥルー神話由来の小ネタが数多く散見される。

**保谷伸／マヤさんの夜ふかし　既刊3冊**
徳間書店／2016年11月～

漫画家志望の豆山と、病院で知り合った自称「魔女」のマヤさんとの、真夜中の通話（Ｓｋｙｐｅ的なアプリケーションを使用しているらしい）をひたすら描くコメディ作品。マヤの説明によれば、彼女が住んでいるマンションは眠っている邪神を起こそうとしていたブキミな教団の基地だった高級マンションで、地球滅亡を阻止した後、教団と手打ちをした彼女はこのマンションの共有スペースにあるマッサージ機やフィットネス施設などを利用させて貰っているらしい。パソコン通話を通してマヤと交流している豆山は知らないが、マヤが教団を訪れた際、「ダゴン秘密教団」の文字が見える。

**オカヤド／モンスター娘のいる日常　既刊13冊**
徳間書店／2012年10月～

成年向け匿名掲示板PINKちゃんねるのモンスター娘スレッドに作者が投稿していた、1ページ漫画がベースとなった作品。他種族間交流法の施行により、政府に隠匿されてきた人類以外の種族との交流が奨励・促進され始めた現代社会。異種族を受け入れるホストファミリーとなった主人公・来留主公人と、彼の家で暮らすことになったラミアの少女・ミーアを始めとするモンスター娘たちの、楽しくも騒がしい日常を描く。3巻登場のドッペルゲンガー（影人）のドッペルの性質が「這い寄る混沌」に喩えられ、彼女が中心となる10巻のエピソードでもそれを裏付けるような描写がある。

**オカヤド／12BEAST　既刊5冊**
富士見書房／2013年11月～

ゲーム好きの高校生・エータこと刀賀衛太は、刀牙流忍術の流れを汲む忍者の末裔で、実家の道場で鍛えられ、年齢に見合わない非常に高い戦闘能力を持っている。そんな彼の前に現れたハーピーの少女エアロは、彼女たちの棲む世界、リヴ・アースの亜人種《アウタナ》を救って欲しいと懇願する――。エータと亜人種の少女たちの、巨神機との戦いを描くファンタジー・アクション。単行本3巻に魚人族のマリーナ・ギルマン、深海の魔女を名乗るスキュラのスティーラ（クティーラが名称の由来）が登場する。カバー下の表紙には魚人族の都市の解説があり、ルルイエ、アーカムなどの地名がある。

**保坂歩、蓮見ナツメ／噂屋　全14冊**
徳間書店／2007年4月～

シナリオ工房月光所属の保坂歩が原作、蓮見ナツメが作画を担当した、現代日本が舞台のオカルトコミック。いかなるキャラクターにもなりきることのできる天才コスプレイヤー上村滝太郎は、友人の死をきっかけにオフィスUCに入社する。オフィスUC――オフィス・アーバン・レジェンド・クリエイションは、噂屋の通称で知られる企業で、噂や都市伝説を調査し、警察には手出しできないような怪事件を解決するのだった。自動制御タクシー〈ショゴス〉、噂や都市伝説が集まるWEBサイト「ミスカトニック怪異書架」など、クトゥルー神話由来のワードが数多く使われている。

**結城心一／ちろちゃん　全5冊**
一迅社／2007年12月～

ちろちゃんは、気が強いが、虫が苦手な女の子。ところが、転校先の小学校には虫が大好き過ぎるまとちゃんが居た。ちろちゃんは虫もちこみ禁止係――「むちきん係」を作って、まとちゃんに対抗しようとするが――。難儀で奇妙、少し不思議な4コマ漫画で、同じレーベルの『まとちゃん』の続編的な作品。ちろちゃんたちの後輩の媛田くしなが登場したあたりから、にわかに宇宙的恐怖の匂いが漂い始める。彼女はニャルラトテップと交信（彼女によれば「あたまの中の人」と）したり、「深きもの」が好きだと発現したりする（実物を見たことはないらしい）、神話系の女の子なのだった。

**武梨えり、結城心一／かんぱち　全10冊**
一迅社／2010年11月～

霊感が強い御厨仁と、切り倒された神木から拵えた精霊像から出現した産土神を自称するナギの共同生活を描く、武梨えりの『かんなぎ』のスピンオフギャグ漫画で、魚のカンパチの神であるパチをはじめ、オリジナルキャラクターが登場している。タイトルの由来は、『かんなぎ』のぱちもんであることから。作者である結城心一は、原作者・武梨えりの実兄である。単行本7巻、ある夜の出来事について追求されたナギが「プライベートトダイジ　イア！　イア！　ウーパー！」と叫びながら錯乱するエピソードがあり、それを見たパチが「ナギ様のSAN値は昨晩……」と貰い泣きしている。

**東山和子／少年AR Boy's Akashic Records**
一迅社／2008年2月

地球の歴史上のあらゆる叡智が本として収められている場所——ミスカトニック図書館。返却期限の過ぎた貸出物の回収を命じられた司書の柳高千穂が、本を借りた人間達が起こす奇怪な事件に関わっていく物語。図書館の貸出物として、ティンダロスの猟犬やアトラック＝ナチャが登場。お約束の「鋭角潰し」も見られる他、ミスカトニック図書館への道のりはHPLの「銀の鍵の門を越えて」における夢の国に至る道と同じ描写で、登場人物の一人がそれを元にした「夢の中」という小説を書いている。また、高千穂のパートナーのキサラが地上で営む喫茶店の名前が「baking of yellow」。

**上田信舟／女神異聞録ペルソナ 新装版—BE YOUR TRUE MIND. 全8冊**
一迅社／2009年7月～

『女神異聞録ペルソナ』のコミカライズ。エニックスの『Gファンタジー』誌に連載され、単行本も当初はエニックスから発売されていた。上田信舟は、原作ゲームのストーリーラインを守りつつも、ストーリーの巧みな再構築とキャラクターの再配置に定評のある漫画家で、本作でも様々なオリジナル要素が加えられている。主人公は藤堂尚也という名前で、原作ゲームではデザイン上のものでしかなかった耳のピアスに伏線が仕込まれている。また、主要登場人物の一人である園村麻希が尚也の幼馴染に設定されている他、幼い頃に死別した双子の兄の存在がストーリーをより重厚なものとした。

**中原開平／切り裂きウォルター 全2冊**
芳文社／2013年9月～

時は1880年代、名探偵シャーロック・ホームズとその相棒ジョン・H・ワトソンが実在する大英帝国のロンドン。腕に赤黒い鉤爪を生やし、人間とは思えぬ身体能力を持つ切り裂きジャックの追跡中、テムズ川に落ちたホームズは生死不明となってしまう。その少し前、ベーカー街221Bを訪問したウォルターという名の少年の左腕にも、ジャックとそっくりの鉤爪が備わっていた。いったいロンドンの闇の中で、で何が起きているというのだろうか——。狼男や獅子蠍、鳥人、巨人といった伝説上の怪物たちが、〝深きもの〟という総称で呼ばれているという設定になっている。

**君塚祥／ホムンクルスの娘 全2冊**
一迅社／2014年8月～

昭和初期の日本の帝都を舞台に、能力者同士の戦いを描く作品。特務・洩矢機関の一員となった羽田九二郎が人造人間の月子と出会い、ストーリーが展開する。洩矢機関に所属する安曇さかえが、水にまつわる旧い神々の血を引く、両性具有で長寿の能力者という設定。一巻の描き下ろし漫画で、大昔に地球以外からやってきた神の末裔で、泳ぎが得意、エラ呼吸ができるなど、〈深きものども〉を彷彿とさせる設定が明かされる。なお、機関を率いる洩矢大佐も、遠い国から来た旧きまつろわぬ神であることが判明するのだが、安曇同様のクトゥルー神話的な存在なのかどうかは未確定である。

**染屋カイコ／かみあり　既刊7冊**

一迅社／2015年8月～

島根県の出雲は、旧暦の10月にあたる神有月になると、全国津々浦々から八百万の神々が集まる土地である。島根県の中学校に転校してきたコテコテの関西人、千林幸子は、次から次へと現れる神々に戸惑いながらも、持ち前の関西ノリで接し、やがてその周囲には西方の守護神・白虎や臨時神対策課所属の安倍晴明など、神々が集まって珍騒動を繰り広げるのだった――。この世界にはゲームなどで広まった「流行り神」も存在する。単行本6巻の冒頭、タコの神様の話題からクトゥルフ神話に話が広がり、悍ましい邪神たちが既に擬人化され、ゆるゆるの存在になっているという説明がある。

**施川ユウキ／バーナード嬢曰く。既刊3冊**

一迅社／2016年10月～

半ばファッションで図書室に入り浸る、にわか読書家の町田さわ子――自称「バーナード嬢」、通称「ド嬢」が、SFのヘビー・プロパーである神林しおり、シャーロキアンの図書委員・長谷川スミカらとあれこれ益体もない話をしながら、何だかんだで読書にハマりこんでいく脱力系ギャグ漫画。ド嬢に「表紙が黒い本」が好きだと指摘された際、神林が思い浮かべた本の中に『ラヴクラフト全集』がある（2巻）。また、古代の魔導書を読む読書会をやりたいというド嬢に、ラヴクラフトやクトゥルフ神話について説明しかけたところで、反応が薄いのを見てやめるというエピソードも（3巻）。

**永井道紀／さんきゃくイーゼル　既刊1冊**

ぶんか社／2014年8月～

変わり者ばかりの美術部の日常を描く、ほのぼの学園コメディ。美展常連の実力の持ち主で、スタイルも抜群、実家は大富豪という完璧超人なのだが、油壺と暗幕をこよなく愛する変人の部長（名前が伏せられている）が、どんな本でも一度読めば暗記してしまう濫読家だというエピソードで、「フングルイ　ムグルウナフ　クトゥルー　ルルイエ」と『ルルイエ異本』を暗誦してみせるコマがある。なお、彼女がどこでどこでこの『ルルイエ異本』を読んだのかについては説明されていない。『主任がゆく！スペシャル』2015年2月号で最終回を迎えているが、単行本の2巻は未発売である。

**増田晴彦／輝竜戦鬼ナーガス　全9冊**

エニックス／1991年10月～

地水炎風の属性を持つ魔神達が死闘を繰り広げる作品。魔精界を制覇した炎魔皇帝ヴァグーラは、孫に滅ぼされる事を予言したナーガス伝説を恐れ、人間界で普通に暮らしていた少年・霧山竜輝に刺客を差し向ける。魔神との戦いの中、竜輝に秘められた輝竜戦鬼の力が目覚めていく――。物語中盤、魔精界に送られた竜輝は、勇者を導く者に会うべく試練に身を投じる。ウザテースと呼ばれるその魔神は、かつて強大な力に慢心して全魔神に戦いを挑み、力を奪われて幽閉されたという。また、よき協力者である相田先生のアパートには、ネクロノミコンやエイボンの書の日本語版がある。

**斎藤カズサ／赤のクルセード**
エニックス／1994年11月

三英雄と呼ばれる人間の勇者たち——白の魔導士、黒の剣士、赤の僧闘士の戦いにより、魔物が封じ込められてから100年。再び魔物が現れたという噂が各地で流れ、人々は英雄の再来を望んでいた。三英雄に憧れる少年ラシュも、そうした一人。そんな彼の前に魔物と、そして白の魔導士ディアナが現れる。古い友人の依頼で、彼を見守っていたというディアナ。少年に隠された秘密とは——。土着の慈母神クトゥール教団を隠れ蓑に、封印された神の復活を目論む太古の旧神教団が登場。彼らの崇めるアドヴァーン神の描写に、クトゥルー神話の邪神の影響が見られる。

**大清水さち／マリオノール・ゴーレム**
スクウェア・エニックス／1996年1月

亡き祖父の弟子である仮面の小父さんと、祖父の遺品である人形「操」と共に骨董屋「仮面屋」で暮らす武公。そんな彼の前に、「黒の王」と名乗る男が現れる。「狂乱の傀儡師」コッペリウスの手になる魔書『マリオノール・ゴーレム（ゴーレム精霊駆動法儀）』と、これと対になっている「操」を買い取りたいという「黒の王」。武公がその申し出を断った瞬間から、異形のもの達が武公の生活を脅かし始める——。「黒の王」とは、クトゥルー神話に連なる邪神の異名の一つ。ファンタジー作品にクトゥルー神話を絡める場合、本作のように独自アレンジが加わっていることが多い。

**岩佐あきらこ／阿佐ヶ谷Zippy　全11冊**
スクウェア・エニックス／2002年2月〜

東京都杉並区阿佐ヶ谷を中心に仕事をしている、東京退魔師組合加盟の退魔師チーム阿佐ヶ谷Zippyの活躍を描くオカルトコミック。退魔師見習いの篠原一樹が主人公で、潜在能力は高いものの、当初は雑用をこなすだけで精一杯だった彼の成長を描く作品でもある。単行本第3巻の最初のエピソードが、阿佐ヶ谷の北口徒歩5分の場所にあるビジネスホテル、「ダンウィッチ阿佐ヶ谷」での除霊仕事。このホテルに取り憑いている霊団のボスが妊婦の霊で、一瞬、同情を感じた隙をつかれて一樹が逆に憑かれてしまい、彼女がホテルで自殺するに至った経緯を追体験することになる。

**大久保篤／ソウルイーター　全25冊**
スクウェア・エニックス／2004年7月〜

「職人」と「武器」を管理・養成する死神武器職人専門学校、通称「死武専」が舞台の、クレイジーバトル漫画。マカとソウルのコンビをはじめ複数の主人公が、それぞれに葛藤を抱えながら魔女メドゥーサや死武専の敵対組織アラクノフォビア、そして全世界に狂気を伝染させる鬼神・阿修羅に立ち向かう。「狂気」が物語のテーマで、その波長に強く影響を受けた者の選が物語のポイントである。エイボンの書が、様々な魔道具の設計図であるキーアイテムとして登場。内部には七つの大罪に対応する異空間が広がっていて、タコのような頭を持つ巨大な影——旧支配者の一人が潜んでいる。

**よしむらかな／MURCIELAGO -ムルシエラゴ- 既刊11冊**
スクウェア・エニックス／２０１４年４月～

大量殺人犯で、死刑判決が降りている紅守黒湖は、死刑執行の無期延期を条件に「国選処刑人」に選ばれた。以後、彼女は中学生ながら得意な能力を有する居桜ひな子を相棒に、社会を脅かす凶悪犯罪者を葬り去って行くことに――という、『ヤングガンガン』に連載中のピカレスクもののコミック。作品自体に超自然的な要素は殆どないのだが、作者の趣味なのか、野吹百貨店、流々家町、テケリリランド、流々家医療刑務所といった具合に、作中の固有名詞類の多くがクトゥルー神話から採られている。なお、単行本１０巻から始まるエピソード（事件）のタイトルが、「THE DEEP ONE」。

**氷川へきる／ぱにぽに 5 初回特装版**
スクウェア・エニックス／２００１年９月

桃月学園高校を舞台に、金髪ハーフの天才ちびっ子先生ベッキーことレベッカ・宮本と、彼女が受け持つ2年C組の生徒たちの適度にユルい学園生活を描く、奇妙な味わいの学園コメディ。第5巻初回限定特装版の付録である『ぱにぽに4コマ＋ショートコミック劇場』掲載の秋月亮のショートコミック「それいけベッキー」で、魔法少女（?）のベホイミが「いあ！いあ！はすたあ！ いあ！ しゅぶ・にぐらす！」の呪文を唱えている。（ネタ協力はライターの桜井光）アニメ版『ぱにぽにだっしゅ！』でも時折、携帯のメール文面や黒板の落書きとしてクトゥルー神話ネタが挿入された。

**木下さくら／魔探偵ロキ 全7冊**
マッグガーデン／２００３年５月～

ミステリーマニアの大堂寺繭良が押しかけ助手となった燕雀探偵社の主は、少年にしか見えない探偵ロキ。その正体は北欧神話の悪神、ロキ本人である。優れた推理力と超常的な力で奇怪な事件を次々と解決するロキだが、やがて事件の影に北欧の神々が見え隠れし――。２００３年にはアニメ化され、続編『魔探偵ロキRAGNAROK』が版元を移して連載された。第２４夜「Ｆａｔｈｅｒ」は、図書館にまつわるエピソード。学校の図書館から、奇妙な異空間に入り込んだまゆらを追ってきたロキの前に、『ヘルメス文書』などのオカルト書に続き、架空であるはずの『ネクロノミコン』が現れる。

**ヤマザキコレ／魔法使いの嫁 既刊9冊**
マッグガーデン／２０１４年４月～

ヤマザキコレによるファンタジー作品で、２０１７年９月からＴＶアニメ版も放映された。妖かしを見る力を持つことから家族と死に別れ、人生に絶望した少女・羽鳥チセは、自らを闇オークションに出品する。彼女を買い上げたのは古より生きる骨頭の魔法使いエリアス・エインズワース。人外である彼は彼女を弟子として育て、いずれは自らの嫁にと望む。チセはようやく、自分の居場所を見つけるのだった――。英国の妖精物語や北欧の神話伝承を交えた美しいエピソードが多いが、その中にＨＰＬの「ウルタールの猫」を踏まえた猫の村ウルタールが登場し、猫殺しの男の悲劇が語られる。

**ヤマザキコレ／ふたりの恋愛書架　全2冊**
芳文社／2013年2月〜

古書店ピリカ堂を経営するカナコこと瀬田佳奈子は、かねて念願だった京都の古書市で、伊藤秋生という本好きの少年と運命的な出会いを果たす。佳奈子の大学時代の先輩である七尾和泉がピリカ堂に遊びに来た際、持参していた『黄衣の王』と『ネクロノミコン』のイタリア語版写本を「貸すだけだがな」と言いつつ秋生に押し付けるシーンがある。『ネクロノミコン』の表紙にはうねうねと動く触手が数本生えていて、真ん中には大きな一つ目がついている。他にも、フランスの田舎で発見された人皮装丁の謎言語の辞典を所持しているなど、奇妙な本を蒐集しているようである。

**ふじもとせい／市立鋳銭司学園高校放送部　全3冊**
芳文社／2004年4月〜

奇人変人揃いということで、市立鋳銭司学園高校の学内から後ろ指を指されている放送部が巻き起こす騒動を、事情を知らずに入部してしまった1年生放送部員・三戸原みことの視点で描くドタバタ・コメディ四コマ漫画。第1巻に収録されている体育祭エピソードで、天候悪化によるコールド成立、ひいては行事中断を目論んだ猪熊、桂坂、照岡ら放送部員たちが、太鼓を叩きながら雨乞いの儀式を始めるという展開がある。この時に彼らが唱えているのが「むんぐるいむぐるうなふ　うがふなぐるふたぐん」という、『ネクロノミコン』の有名な二行連句が元ネタの呪文だった。

**上原甲斐／こちら☆世界征服同好会!!　全2冊**
芳文社／2005年3月〜

西暦2002年、地球は狙われていた。明日の世界征服を夢見る女子高生、毒島ナツメと皆瀬蒔絵。この作品は、彼女たち世界征服同好会の面々が、まず手始めに正式な部に昇格するべく、日夜新入会員の勧誘に精を出すというストーリーの4コマ漫画。第1巻の「妖神ブルマの巻」で、蒔絵のデタラメな儀式により、タコっぽい頭部とコウモリのような翼が生えている例のあの神様が召喚される。「ポチ」と名付けられて同好会のペットとなり、レギュラーキャラクターに収まった例のアレは、魔法少女のマスコットになってみたり、ロリな女の子に変身してみたりと、その後もそこそこ活躍する。

**すか／ひろなex.　全4冊**
芳文社／2007年7月〜

TV番組「水曜モキュメント」の藤口隊長に憧れ、自分も探検隊を作ることにした能天気な中学2年生・ひろなこと中村広菜と仲間たち。だけど、別に探検するわけでもなく、日々を楽しくテキトーな感じに過ごすのだった。単行本4巻で、ひろなのクラスの新聞係の編集長である竹内が、町内会の子供向けにパーティゲームを作ったのでテストプレイに参加して欲しいと探検隊に依頼してくる。このゲームというのが明らかに『クトゥルフ神話TRPG』で、霊感少女の角田がキーパーを務める幽霊屋敷探索のセッションが進んでいくのだが、シナリオ中の出来事と現実が部分的にリンクする展開が。

**水上悟志／サイコスタッフ**
芳文社／2007年10月

大学受験を控えた柊光一がラブレターに書かれた待ち合わせ場所へと向かうと、そこにいたのは宇宙人だと称する桜木梅子。彼女は、膠着状態に陥った星間戦争の状況を打破するために強大な超能力を持つ光一が必要だと説明し、惑星ルルイエ宇宙軍超能力部隊へと光一をスカウトする。しかし、敵対する惑星ヤディスの宇宙人も光一を監視し、抹殺のために動き始めていた。惑星ルルイエに惑星ヤディスといった具合に、宇宙人の惑星がクトゥルー神話から採られている。また、梅子の話によれば惑星ルルイエでは、通貨単位として魚料理の珍味であるダゴンが使われているとのことである。

---

**結城芹／くすりのマジョラム　全3冊**
芳文社／2010年8月～

ラムとユキは、馬放保険調剤薬局の薬剤師姉妹。身長134センチメートルで、見た目コドモにしか見えない姉のラム（26）は、実は英国の大学薬学部に留学中に出会った魔女に師事し、修行を積んできた正真正銘の魔女――つまり、魔法薬の薬剤師なのだった。薬事法の制限に引っかからないよう気をつけながら、今日もラムは病気や怪我に苦しむ人々のために、せっせと魔法薬を調合するのである。クリスマスのエピソードにおいて、長身グラマーの妹・ユキがサンタクロースならぬ父親から貰ったクリスマスプレゼントが、クトゥルーっぽい感じの生き物のぬいぐるみだった。

---

**器械／アキタランドゴシック　既刊1冊**
芳文社／2012年4月～

秋田県内有数の立派な角を持つ女の子、アキタちゃんとその友人たちの日常を描く、少し不思議な4コマ漫画。夏祭りのエピソードにおいて、ボン・ダンスが先祖の霊を異界の扉から呼び出す儀式なのだと説明され、恥ずかしげに踊っているアキタに対して司祭様（町内会長）から「そんな照れが入った踊りじゃご先祖様どころか、名状しがたき恐怖を呼び出してしまうよ！」と叱咤が飛ぶシーンがある。また、この作品が生まれた経緯を描く巻末の実録漫画に登場する、芳文社の担当編集者I氏の姿が、二本の鎌を両手に構えた、禍々しいクトゥルー神そのものの姿で描かれている。

---

**鶴淵けんじ／メス・メス　全2冊**
芳文社／2012年7月～

『まんがタイムきららフォワード』の連載作品。科学と共に〝ゴーレム技術〟が発達し、誓文をシリンダーに入れることによって思い通りに動作させることできる誓文人形が普及するなど、異なる歴史を歩んだ平成ならぬ天章22年の日本。宣誓言語《エスペラント》に通暁する高校生・柚木九太は、偶然手に入れた不審な誓文をゴーレムに使ってみたことで致命傷を負ってしまい、福祉会なる組織によって一命を取り留める。しかし彼は、不明の誓文《ディスペラント》を巡る事件に否応なく巻き込まれていくことになるのだった――。第2巻収録のエピソードに、夜戸浦区という地名が登場するが、クトゥルー神話要素は薄い。

**方密／コスプレの神！　全2冊**
芳文社／2012年10月～

沢口とうかは隠れコスプレイヤーの女子中学生だったが、ある時、クラスメイトのしずにその事がばれてしまう。しかし、引かれてしまうと思いきや、しずはコスプレに興味津々で、結果、とうかには生徒会長を務める姉（作中では会長としか呼ばれない）以外では初めてになる、コスプレ仲間が出来たのだった。人見知りで影の薄い生徒会会計、竹村いおが、会長の強い勧めでコスプレイベントにやってくる際、全身をすっぽり覆う邪神クトゥルフの着ぐるみを着用している。写真を撮影されまくって怯える様子を見たとうかのコメントは、「もうやめて！　とっくに邪神のSAN値はゼロよ！」。

**海法紀光、千葉サドル／がっこうぐらし！　既刊9冊**
芳文社／2012年12月～

私立巡ヶ丘学院高等学校には、学校内に泊まり込んで生活するという奇妙なクラブ、学園生活部が存在する。丈槍由紀をはじめ、学園生活部の部員たちの、不便ながらも楽しい生活を描く異色のサバイバル・コミック。単行本第1巻の巻末に、巡ヶ丘学院高校の学校案内が掲載されていて、この学校の存在するS県男土市の成り立ちや校内の施設、校歌などが紹介されている。資料作成にはクトゥルー神話研究家の森瀬繚が協力しており、「男土」という地名や、校歌に含まれる「九頭の大蛇」などのワードは、読者にクトゥルー神話を想起させ、不穏な予感を与える意図で設定されたものである。

**荻野眞弓／踊る！恋愛道　全1冊**
竹書房／2001年11月

彼氏イナイ歴20年のOL、マリーが何とか彼氏を作ろうと試行錯誤するが、なかなかうまくいかないという4コマ漫画。クレバーな出会いを求めて図書館に行ったマリーは、「届かないの」大作戦を結構。いかにも読書家といった感じの男性の前で、一番上の段の本に手が届かないというフリをしてみせ、うまく釣れたかに思えたのだが――その本というのが『クトゥルー神話大系』で、何とも間の悪いことに相手も相当のマニアだった。結果、色っぽい話にはならず、「思うにインスマウスの比喩形は」と熱っぽく作品について一方的に語られてしまうという、トホホ展開に見舞われるのだった。

**大川ぶくぶ／ポプテピピック　既刊2冊**
竹書房／2015年12月～

竹書房のコミック配信サイト『まんがライフWIN』で連載中の不条理ギャグ4コマ漫画。基本的にポプ子とピピ美のかけ合いで進み、時には版元の竹書房を弄ることも辞さない過激なスタイルで、ポプ子が竹書房を破壊したり、指定暴力団として通報したりするエピソードが有名。セカンドシーズン（単行本2冊目）の第200回、ポプ子がクトゥルフに低燃費のことを聞いてもわからないので、仕方なく戦いを挑むというエピソードが存在する。なお、クトゥルフは2017年10月に始まったシーズン3や、TVアニメのOP、雑誌記事にも登場するなど、サブレギュラー化が進んでいる。

**小竹田貴弘／ろくがく深海生物部　既刊1冊**
アース・スターエンターテイメント／2016年3月～

深海生物部の日常を描く学園コメディ。超巨大学園都市の緑青学園を舞台に、竹麦朝陽、氷下神奈、石決沙綾の3人が深海生物部の設立のために悪戦苦闘していくというストーリーだ。科学生物部の部員のセリフにTRPG『クトゥルフの呼び声』に由来するSAN値が登場している。SAN値の解説のためだけのおまけ漫画も収録されており、科学生物部の面々による、一時的に正気を失うSAN値の使用例も描かれている。また、ダゴンを目標に合成獣のゴンちゃんを創りだすなど、明言されているわけではないものの、科学生物部はクトゥルー神話フリークの多いクラブと設定されているようだ。

**MISS BLACK／Ziggurat《ジグラット》　既刊6冊**
キルタイムコミュニケーション／2010年7月～

作品集『Feuerig』に収録された「The Midnight Heart」が原型の、『コミックヴァルキリー』連載のコミック。鳳輪学園の高校生・八咫鼎は、警察からは特殊手配犯9号と呼称され、自らは「トリニティ」を名乗るオーパーツ専門の怪盗だ。その目的は、遺失技術とも呼ばれるオーパーツの数々を、アンシエント財団の手に渡らないよう横から掠め取ること。財団の追跡モンスターとして「ティンダロスの猟犬」が使役されている他、イースという肉体を持たない種族の組織「レムリア」、水棲人《ディープワン》の存在、物語の背後に見え隠れする狂気山脈など、世界観の底にクトゥルー神話が根付いている。

**カズミヤアキラ／少女幻葬ネクロフィリア　全3冊**
キルタイムコミュニケーション／2011年12月～

悪魔崇拝者だった父のもとから保護され、神父となったゲオルグは、大きな秘密を抱えていた。それは——最愛の姉、リーゼロッテを生かし続けるために悪魔メフィストと契約し、彼女に死者の血肉を与え続けなければならないという背教の悪徳である。リーゼロッテを生かすため、埋葬が行われたばかりの墓を暴いて彼女に屍体を喰らわせるという忌まわしい行為を続けながら、魔道書『ネクロノミコン』を探し続ける彼の暮らす街を、異端審問官の一行が訪れる。重大な危機に晒されながらも、ゲオルグは異端審問官クロウリー・アシュレー卿の目的が『ネクロノミコン』探索であることを知り——。

**BLZ／姫騎士さんとオーク　既刊2冊**
キルタイムコミュニケーション／2016年2月～

あらゆる種族が争った大戦争を経て、人間、オーク、エルフ、ドワーフなどの多様な種族が一〇〇年後の平和を享受し生活している現代的な世界を舞台に、仕事はできるが生活はだらしない人間の姫騎士ジャンヌと家事をこなす優しいオークのぽん太との日常を描くラブコメ作品。食べ物の名称に、九頭竜焼き、ダゴン焼き、ダゴン丼といったクトゥルー神話に関係するものが使われている。九頭竜焼きは名状しがたきタコのような形で、「いあ！　いあ！」の言葉とともに描写されている。ダゴン焼きはたこ焼きのような形をした料理で、ダゴン丼はダゴン焼きを盛った丼料理となっている。

**長谷川裕一／マップスネクストシート　全15冊**
ソフトバンククリエイティブ／2012年2月～

『マップスネクストシート』は、学研のコミック雑誌『コミックNORA』に長期にわたって連載されたスペオペコミックの金字塔的作品『マップス』の続編で、ソフトバンククリエイティブ運営のコミック配信サイト「FlexComixブラッド」にて連載された。11巻に「宇宙の悪魔でもクトゥルーの邪神でも構いやしねえ！」というとある人物のセリフがあり、長谷川作品での唯一のクトゥルー神話への言及と思われる。長谷川裕一には『童羅』『轟世剣ダイ・ソード』などの、封印された邪悪な神にまつわる作品がいくつもあり、読者の間では長らくクトゥルー神話からの影響が噂されてきた。

---

**逢空万太、星野蒼一郎／這いよれ！スーパーニャル子ちゃんタイム　全5冊**
ほるぷ出版／2012年5月～

GA文庫のライトノベル『這いよれ！ニャル子さん』を題材にした、スピンアウトギャグ漫画。ソフトバンククリエイティブのコミック配信サイト、FlexComix ブラッドにて連載された。ただでさえフリーダムな原作小説のカオスな部分を更にエスカレートさせたのみならず、原作ではノーデンスの手下であり、主人公・八坂真尋を襲撃するナイトゴーントの生き残りが幼女の姿に変化し、クトゥルーの眷属ルーヒー・ジストーンのたこ焼き屋の店員になってレギュラーキャラクターとして登場し続けるなど、原作にはない設定や展開が盛り込まれていた。クトゥルー神話ネタも盛り気味である。

---

**橙乃ままれ、水口鷹志／放課後のトラットリア　全1冊**
一迅社／2013年1月

ある夏の放課後、家庭科室で合宿していた更沙利くいなたち橘高校料理研究部の面々は、オーブンから黒煙が噴き出したかと思うと見たこともない世界に転移してしまった。彼女たちは、領主のエルスタインに保護されるのだが、異界の料理に通じる彼らを歓迎する者たちも現れ始め――。『まおゆう魔王勇者』『ログ・ホライズン』の橙乃ままれが原作の異世界グルメもの。残念ながら2015年に連載終了が発表され、単行本未収録の6話から9話は現在、コミック配信サービス「COMICメテオ」で配信されている。第2話に、くいなの寝言で「クトゥルフ様の酢漬けは……」というセリフが。

---

**犬犬／深海魚のアンコさん　全4冊**
ほるぷ出／2013年9月～

尾ヒレの部分を人間の足に変化させる人魚薬（アンデルセンの『人魚姫』に出てくるものだろう）を服用した人魚たちが、人間世界で普通に暮らしている現代日本を舞台に、深海魚であることにコンプレックスを抱くチョウチンアンコウの人魚・アンコさんと、人魚好きのクラスメイト・若狭乙見たちの、それなりに楽しげな日常を描く学園コメディ。みんなで山に行く第9話で、多少中2病の入ったアカメフグの人魚・福田紅眼がすっかり探検家気分になって、「そんなことではUMAも原住民も見つからないわ！　さあ行きましょう！　未知なるカダスへ!!」などと口走るシーンがある。

**くら☆りっさ／放課後には魔導師 学園編・冒険編**
ラポート／1993年5月

友人の隆祈子が祖父の書斎から、魔導書『有名祭祀書』を見つけたことをきっかけに、高校の地学研究会を乗っ取って召喚倶楽部を設立した池波幸子。その最終目的は、世界征服！　彼女たちが好き放題に精霊を召喚したことによって世界のバランスが崩れたということで、精霊協会という組織から派遣されてきた見習い魔導師リンド・カッスラーらを加え、大いに盛り上がる召喚倶楽部。しかし、卒業式の当日、誤って召喚されたヴァラックを何かによって祈子の体が乗っ取られ、倶楽部の面々はチトフ精霊界へと転移させられてしまう。かくして、物語は学園編から冒険編に移行するのだった。

**藤沢直人／デス・ロッカー　全2冊**
ラポート／1993年9月〜

1997年、女子高生・久遠美喜は銀髪の女性〝デス・ロック〟によって突然、異世界へと拉致された。ロックと同じ脳波動を持つ美喜は、神族を束ねる〝ザウス〟とロックの戦いに巻き込まれていく。戦いの果てに、ようやく元の世界へと帰還した美喜だったが、今度はオリンポスの神々に破れて魂だけの存在に成り果てた太丹神族の長、沙丹（ハデス）とその配下の悪鬼たちに狙われることに――。クトゥルー神話の神々が、天神に破れて多次元空間に封印された旧神として設定されている。人類を破滅と導くというナイアーラトテップが物語中に姿を現すも、残念ながら未完となっている。

**朝松健、桜水樹／マジカルブルー　全2冊**
リイド社／1994年11月〜

大学図書館司書の稲村真弓は、ダイアナの魔女名を持つ風の魔女。その彼女の前に、壊滅した筈の魔術結社O∴D∴Tが現れる。彼らは日本中の聖地に原子力発電所を建設して聖地を汚し、さらにその原発を暴走させることによる日本壊滅を目論んでいた。朝松健の初期作品に登場した稲村虹子の妹を主人公とするオカルトコミック。虹子や田外竜介などの定番キャラも登場し、O∴D∴Tと再戦している。神話要素としては、悪の魔術師が崇拝する八岐大蛇が、朝松オリジナルのクトゥルー邪神、ヨス＝トラゴンと同一視されている。また、「地底の暗黒王国クン＝ヤン」からの妖虫も登場する。

**ドリヤス工場／必修すぎる文学作品をだいたい10ページくらいの漫画で読む。**
リイド社／2017年9月

リイド社のWEBコミック配信サイト、トーチで連載されている、「必修すぎて今さら読んでいないとは言えないあの名作、必修すぎて読んだのかまだだったか自分でもわからなくなってしまった傑作」を対象に、だいたい10ページくらいのダイジェストにまとめるというコンセプトの作品。連載の第66回がHPLの「クトゥルフの呼び声」だった。

**霧隠サブロー／魔装番長 バンガイスト　既刊1冊**
リイド社／2017年12月〜

「NEW懐かし系ヒーロー・アクション」と銘打ったコミック作品。今から2千年前に人類との戦いに敗れ、群馬県の地底深くに封印された魔界一族が復活した！　太平洋に未だ封印されたままの大邪神グデュリューを復活させるべく、大神官グレート・ダゴンの命を受けた獣魔軍団の魔手が日本に迫る。怒れ！　番超一郎！　戦え！　魔装番長バンガイスト！

**田中雅人／キラー・ゴースト**
新書館／1987年4月

表題作をはじめ、ホラーやSFを題材とした、9編の短編が収録される作品集。収録作のひとつである「ザ・キャンプ」は、キャンプ場に落ちた隕石から生き残った四人の学生が、隕石の衝突で命を落としてゾンビとなった人間たちに襲われるという物語で、これにクトゥルー神話的存在と思しきものが登場する。キャンプ場に隕石が落ちることを知っていた教師は悪魔神エスチェ降臨のために生徒を生贄とし、ゾンビと化した生徒たちは隕石の核に吸い寄せられ巨大な怪物を形作っていく。それを見た教師たちは、怪物を偉大なるいにしえのもの——偉大なるクトゥルールと呼ぶのだった。

**舞井武依／魔王の子供たち COMPLETE**
白夜書房／1998年5月

複数版元の美少女マンガ誌で展開された、宇宙年代記的なシリーズ。22世紀の地球を舞台に、最強の魔族おぷちますナッシュと、人間のゲリラ戦士・山猫良華との間に生まれた子供たち、ろでますと葉子の数奇にしてお気楽な毎日を描く作品。この作品世界では、50万年前に誕生した魔族（精霊魔王技術文明種族）の文明が、数万年にわたり地球上で繁栄した後、4万5千年前に〝至高界〟との間で戦争状態に突入した。それ以前の魔族の時代は「ルルイエ期」と呼ばれている。また、続編『魔王の子供達 The Next Millenium』（白夜書房）には「ルルイエ星域」の巨大植物が登場する。

**天広直人／ふんじゃかじゃんmiracle 全2冊**
ジャイブ／2008年7月〜

『ふんじゃかじゃん』は、毎日新聞社の月刊フリーペーパー『まんたんブロード』と、ジャイブのコミック雑誌『月刊コミックラッシュ』で連載されたコミックで、本作はその続編にあたる。天使のコルネットを下界に落っことしたことで神サマに天界を追放され、地上の家に居候することになった見習い天使のふんじゃかが巻き起こす珍騒動を描く物語。登場人物の一人、「時」をも操るという孤高の天使アレグロが、鏡の中に鎖で囚われたアナビスという少年に出会うのだが、彼女の兄メルキセデクによってその鏡は割られ、封印された原始の神、古き者のまがいの姿」だと説明されている。

**のっち／超常現象の夜更け 1**
フォックス出版／2009年7月

UFO、UMA、超能力、幽霊などの超常現象が大好物で、一応サイコキネシスっぽい能力を持ってもいる桐原真琴率いる超常現象研究部が、日々、ダラダラと超常現象に取り組む脱力系オカルト・コミック。第十話、第十一話のエピソードで、「キャンペーン期間内に新規キャラで「魔王」を倒すと正真正銘本物のネクロノミコンがもらえる」と聞いた部員たちがネットゲーム『シルベスタオンライン』に挑む。首尾よく（?）目的を果たした部員たちだが、手に入ったのは子供向けの『たのしいネクロノミコン』だったというオチ。『月刊コミホリ』でWEB配信されたが、2巻目は出なかった。

**兆豪筋／RETURN―リターン―**
久保書店／1991年12月

荒廃した世界における、異形の怪物と人類の戦いを描いたコミックス。怪物の襲撃から逃げのびた早川浩司は、静香という少女に過去の出来事を語り始める。かつて、洋館の地下迷宮で明日香という少女を置き去りにした浩司たちは、明日香救出のため再び迷宮へ入るも返り討ちにあい、その結果として怪物たちが地上に出てきてしまったのだという。元凶を絶つべく、迷宮へと向かった二人の前に成長の止まった姿の明日香が現れ、迷宮にガタノトーアと呼ばれる神が封じられていることを伝えるのだった――。作中のガタノトーアは、背に触腕を持つ筋骨逞しい人間タイプの怪物として描かれている。

**平野俊弘、森木靖泰／黄金の戦士 1**
久保書店／1988年10月

宇宙の侵略種族であるクトゥルフ族の良心が具現化した存在であり、クトゥルフ族と戦い続ける宿命を負った戦士、イクサー1。OVA『戦え!!イクサー1』のプロローグにあたる物語で、クトゥルフ族の侵攻を受ける惑星・維珠阿（イシュア）を舞台に、イクサー1の最初の戦いを描くはずだったコミック作品。原案・キャラクターデザインの平野俊弘と、メカニック・クリーチャーデザインの森木靖泰の合作作品となっている。クトゥルフ族の兵士たちのデザインが、いわゆるタコ頭のクトゥルーになっている。残念ながら1冊目（第一部）のみが刊行され、続きは発売されなかった。

**平野俊弘／イクサー伝説　1**
角川書店／1992年2月

OVA『戦え!!イクサー1』の原案・キャラクターデザインを担当した平野俊弘による、シリーズの集大成とも言うべきコミック作品。同作関連のコミックとしては、OVAシリーズのプロローグとして描かれた『黄金の戦士』が存在するが、こちらとは無関係。当初は敵（『人造人間キカイダー』で言うところのハカイダーポジション）として登場したイクサー2が最初から味方側であるなど、本編からは完全に独立した作品となっている。『月刊ニュータイプ』の付録冊子『コミックGENKi』に連載されたものだが、イクサー2の分身である巨大ロボット・イクサーΣが登場したところで中断。

**前田俊夫／邪聖剣ネクロマンサー**
JICC出版局／1989年2月

ハドソンのPCE用RPG『邪聖剣ネクロマンサー』のコミカライズ。流れ者のケインが訪れたイシュメリア王国は、かつて神との戦いに敗れ、異次元に追放されたという魔空王アザトースが率いる怪物たちの侵略を受けていた。怪物アルラウネを退けたケインは、神が造りだした伝説の剣、邪聖剣ネクロマンサーを探す旅に出る。『エギノスの書』に導かれ、天空の迷宮でネクロマンサーを手に入れたケインたちは、魔空王の待つ凶魔島へと向かう。勝敗の行方は如何に――。前田俊夫は触手ジャンルの開拓者なので、アルラウネやアザトースといった怪物の触腕描写につい目が行ってしまう。

**里好／踏切時間　既刊2冊**
双葉社／2016年12月～

踏切というある意味特殊な場所と、そこで足止めされる人々のさまざまな出来事、日常における人間模様を描いた短編作品。1巻に収録されている「踏切のポエト」にて、踏切を待つ間に詩作にふける女子高校生が、かつて中二病真っ最中の頃に書いた処女詩集「地獄のキャノーラ油」が文芸部部長に褒められ、ラヴクラフトの再来と呼ばれたとのエピソードが語られている。HPLについては、アメリカの小説家・詩人という注釈がつけられている。ただし、詩集の内容に触れられていないこともあり、直接的にクトゥルー神話の要素が作品に関係するような描写はされていない。

**西岸良平／謎の怪人　蜃気郎1**
双葉社／2010年4月

『三丁目の夕日』の西岸良平による、善悪を超越した行動原理の持ち主である怪盗・蜃気郎を主人公とするクライム・コミック。絵柄にそぐわぬシニカルな回もあれば、いかにも西岸良平らしい人情味漂う回もある。半魚人の肉をタイの刺身として客に振舞っていた民宿の老夫妻が半魚人たちに復讐される第8話「恐怖の民宿」と、かつてエジプト人が神として崇めた有翼のワニのミイラの関係者が次々と殺害されていく第9話「ミイラの呪い」は、HPLやロバート・ブロック風の、シリーズ中でも異色のホラー・エピソード。参考にした作品について、作者の証言があるわけではないが――。

**山田章博／紅色魔術探偵団**
日本エディターズ／1999年3月

青心社文庫版『クトゥルー』の表紙を担当した山田章博によるオカルト・コメディ。素性不明の小悪魔は、ちんちくりんの三流錬金術師ドクター・フーと性格の悪い美少女梨華と知り合ったことから、彼らの「探偵団」に加えられてしまう。ドクター・フー達の巻き起こすトラブルに小悪魔は翻弄される。4話「怪奇骨董音楽箱」では、ドクター・フーの拾ってきたレコードを聴いた小悪魔が奇妙な幻を見て気絶してしまう。さらに、レコードをかけていた時間帯に付近では自殺が相次いでいた。小悪魔がレコードを暖炉で燃やすと、燃えゆくラベルに「エーリッヒ・ツァン」との文字が読め――。

**山田章博／ボーナス・トラック**
日本エディターズ／1999年5月

大西洋上に出現した小島から発見された仮面には、着用者の幻想を実体化する力があった。この仮面を手に入れたガブリエル・ブチンスキーは、新刊案内で「幻想文学の巨匠」と持ち上げられた三文SF作家ジャド・アボットの想像力を利用してハイボリア時代を再現しようと、彼を連れ去ってしまう。スミス財閥の一人娘ながら、アボットに惚れこんで、パルプマガジンの編集者をしているジュディ・スミスは、権力と財力にモノを言わせて彼の救出に向かうのだった――という「ジュディと燃える秘宝の谷」を収録。怪物を狙撃するシーンで「ラブクラフトもどきの分際でェ‼」のセリフあり。

## 谷弘兒／薔薇と拳銃
青林舎／1993年4月

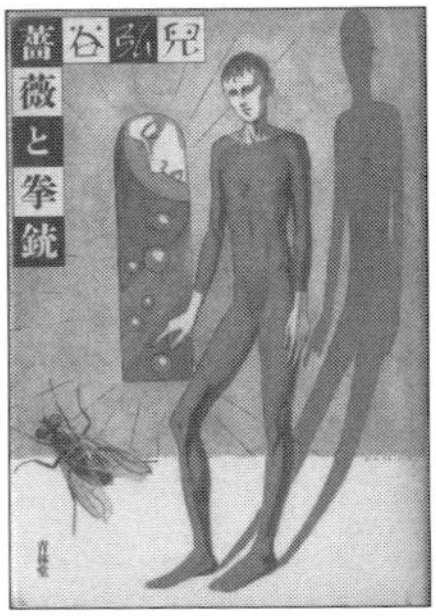


幻想とグロテスクが入り交じった世界を、独特のユーモアをこめて描く谷弘兒の作品集。〈シリーズ異界の扉〉と第する作品群には、HPL作品からの影響がある。表題作『薔薇と拳銃』は、私立探偵・陰溝蝿兒が主人公。悪漢に追われる長い髪の女を救ったことをきっかけに、蝿兒は愛銃ルガーを手に人間を淫具として改造する一味と壮絶な戦いに身を投じる。マダム・キルケの護衛がフングルイで始まる二行聯句を唱えながら構えを取る「九唐流骸之魅剣」という剣術の使い手だ。短編「摩天楼の影」ではHPLがウェイトリーという男に誘われ、異界の扉を守る古の叡知の王と対面する。

## 谷弘兒／快傑蜃氣樓
青林舎／2002年2月

谷弘兒の作品集。「Ｎÿｏｇｔｈａ（ニョーグサ）」は、地下に潜む魔物と同化させられる若者の悲劇を描く。魔物は若者と同化はするものの、街の人々からリンチされ、反撃もままならず逃げ出すことに。魔物に捨てられた若者は時を遡り、再び魔物に同化されるのだった。他に、女吸血鬼に不死者にされる少年を描く「それは、六月の夕べ…」。子供時代に見知らぬ女性から貰った風景画により異界へ導かれる「小さな風景画」。夢と同化してしまう同級生についての回想「イップ君の思い出」。いずれもＨＰＬが創造した夢の国ＣＥＬＥＰＨＡＩＳが、主人公の見る幻想の世界として登場する。

## 陰溝蝿兒／夢幻城殺人事件
ペヨトル工房／1995年10月

谷弘兒の別名義作品。同名の私立探偵が主人公の表題作をはじめ、初期短編が収録されている。「夢幻城殺人事件」では、夢幻城城主の娘・翠に求婚した四人の男を標的にした連続殺人事件が発生。陰溝蝿兒はその犯人を探る中、事件の裏に見え隠れする怪盗・魔羅迷路郎の黒い計画に迫る。「蝙蝠横丁」では、殺人の目撃をきっかけに、異様な人々の住まう蝙蝠横丁に足を踏み入れる蝿兒。魔王ルシフェルの虜囚となった彼は、現実と幻想の狭間をさまよった末、予期せぬ事実にたどり着くのだ。短編「骸之魅魂」には、中世アラビアの魔道士アブドル・アルハズレットが書いた魔道書が登場する。

## 紫堂恭子／辺境警備　全4冊
ホーム社／2007年4月～

共通のファンタジー世界が舞台の作品群が人気の、紫堂恭子の代表作。都から辺境警備隊に左遷されてきた「隊長」と、「神官さん」を主人公に、辺境ののどかな日々を描く。Ｊ・Ｒ・Ｒ・トールキーンの世界観を中心的なモチーフとしつつ、獣虫と呼ばれる太古の神などにクトゥルー神話の匂い。また、隊長の元部下アーヴィンが持参した〈賢者の護符〉、呪術師カイルの用いる印章の出典がジョン・ディーの『ネクロノミコン断章』だ。実妹・牛島慶子の『ネクロマンサー』でもネタ元として用いられているので、同時期に『真ク・リトル・リトル神話大系2』を読んだのかも知れない。

## 牛島慶子／ネクロマンサー
角川書店／1989年7月

牛島慶子（紫堂恭子の実妹）の作品集。表題作に、クトゥルー神話ネタがある。軍務で忙しくハネムーンは無理だという恋人ソニィと、マイアミでの婚前バカンスを楽しんでいたアイリーン。交通事故に遭い、病院に運ばれたまま行方不明となったソニィは、一週間後に腐乱死体となって発見される。しかし、アイリーンは彼が生きていると確信していた。なぜなら彼女は、死体発見のその日、NYの街中で彼を目撃したのだから――。死体を操るネクロマンサーが儀式に使用している刀は『ネクロノミコン断章』に記載されているバルザイの月刀で、「アザトート」の語を含む呪文も出てくる。

## 穂高亜由夢／邪炎の妖神
角川書店／1994年4月

HPLの中篇「チャールズ・デクスター・ウォード事件」と、これを映画化した『呪いの古城』が下敷きのコミカライズ。物語の舞台はニューイングランドのアーカム村。18世紀に異端審問にかけられて処刑されたカーウェン・ウォードの遺産を相続するため、子孫であるチャールズ・ウォードが村を訪れるところから、物語は幕を開ける。チャールズの肉体を奪うことであの世から舞い戻ったカーウェンは、太古の神を復活させるため次々と村人たちを襲い、儀式を完成させようとするが――。掲載誌が少女コミックだったためか、美形のカーウェンとチャールズの同性愛的な描写が多い。

## さいとう邦子／理不尽な海
ぶんか社／1994年2月

海の中に潜む何かの影響で、高い治癒能力を持つ人ならぬ何かに変わってしまった少年たち、渉と汐の原因究明のための旅を描く「理不尽な海」「人間未満」「ハイドラ」の連作シリーズが収録されている作品集。3話目の「ハイドラ」において、海の中に潜む怪物ハイドラと、渉たちの体の中にいる何かが同じものであることが示唆される。直接的なクトゥルー神話作品ではないが、海の底に潜む超常的な存在というテーマに影響が感じられる。また、ハイドラの存在からは、ヘンリー・カットナーの「ハイドラ」と、HPLの「インスマスを覆う影」の母なるハイドラのことが連想される。

## すずはら篠／プラチナジャングル2
学習研究社／1995年10月

すずはら篠（篠原正美）のオカルトコミック『プラチナジャングル』の第2巻。少女小説家で、すずはらのいくつかの作品に原作を提供している、伊吹巡が原作の短編「汐の井戸」が収録されている。汲斗郡居須磨町という、海に臨む古い町が舞台の怪奇物語。7年前に両親や妹と死に別れ、育ててくれた祖父も亡くした浜名あきらは、遠い親戚だという雫の屋敷に引き取られた。あきらはこれまで聞いたこともなかったのだが、浜名家はこのあたりの人々から敬われる特別な家で――。HPL「インスマスを覆う影」に材を採った、繊細なタッチで描かれる純和風のクトゥルー神話譚である。

**板橋しゅうほう／DAVID　全2冊**
東京三世社／1986年2月～

HPLファンで、ソフトバンクのゲーム雑誌『Beep』で安田均氏らと対談している板橋しゅうほうによる、異色の近未来SF作品。『アルハザード無名写本』という禁断の魔導書の製本に用いられていた皮膚細胞から、ナチスの科学者がクローン再生した異形の怪物の脳の一部をカプセルに保存した『アルハザード奇脳本』が登場。知識を求める人間の手から手へと渡る内、『アルハザード奇脳本』は4000年もの長きに渡って更なる知識を蓄え、やがて宇宙ステーション「マルコポーロ」にてこの本を手に入れたある男が、人この本の記憶から「神の子」ディビッドを誕生させることに――。

**いしいひさいち／COMICAL MYSTERY TOURS　全3巻**
東京創元社／1998年6月～

四コマ漫画の奇才、いしいひさいちが古今東西のミステリ小説を遠慮なく滅多切りにする、風刺精神溢れたパロディ・コミック作品集。ロクデナシのホームズとヤブ医者のワトソンの珍妙な事件簿を中心に、『EQ』(光文社)、『創元推理』(東京創元社)など、様々なミステリ雑誌に掲載された四コマ漫画を収録している。第3巻に、小林泰三『玩具修理者』(角川書店)のパロディ四コマ漫画が。人形やおもちゃを持ち込むと、何でも修理してくれる玩具修理者「ようぐそうとほうとふ」。原作では主人公が肉親の死体を持ち込んで蘇らせるのだが、こちらでは何が持ちこまれるかというと――。

**芳崎せいむ／鞄図書館1**
東京創元社／2009年10月～

顔の下半分を覆う髭をたくわえた、トレンチコート姿の男性――「司書」。そして、彼が大事に持ち運ぶ使いこまれた古い鞄。彼らこそは、かつて書かれた、もしくは書かれるかもしれなかった、そしてこれから書かれるだろう書物が所蔵されているという、半伝説的な「鞄図書館」なのだった。彼らが遭遇する利用者たちの中に、「宇宙の神秘に限りなく近づいた男」と司書に評されるHPLを愛読する女性がいて、『ネクロノミコン』の貸し出しを希望するというエピソードが1巻に収録される。『ネクロノミコン』は実在しない、絵空事だと、女性の頼みをきっぱり断る司書だったが、実は――。

**広木陽一郎、他／SIGNAL VOL.1**
光文社／2012年2月

光文社コミック叢書〝シグナル〟の1冊として刊行された、幻想と怪奇、探偵、SF作品が中心のコミックアンソロジー。広木陽一郎によるHPL「狂気の山脈にて」のコミカライズが含まれている。原作はHPL作品の中でも特に長い短編であり、28ページに落とし込むことは流石にできなかったようで、レイク隊との交信が途絶したところで物語が終わっている。あるいは、結局刊行されずに終わったVOL.2以降で続きが掲載される予定だったのかもしれない。なお、クトゥルー神話とは無関係だが、小松左京がモリ・ミノル名義で描いた未完成のコミック原稿がプロット付で掲載されている。

**バーニ・ライストン、他／バンピレラNO．2**
ツルモトルーム／1980年1月

1976年にアメリカで創刊されたSF映画雑誌『スターログ』は、1978年から日本版が刊行され、1980年代のプレ・オタクカルチャー時代を支える原動力のひとつとなった。『スターログ日本版』の別冊として刊行された『バンピレラ』は、妖艶な吸血鬼ヒロインをホセ・ゴンザレスが描く表題アメコミを主軸に、フランク・フラゼッタや萩尾望都といった錚々たる日米17人のコミック・アーティストが共演を果たした異色のアンソロジー。NO．2収録のバーニ・ライストン「冷気」は、低温環境の必要な奇病に侵された悲運の医師を巡るHPLの同名作品の忠実なコミカライズである。

**アラン・ムーア、ケヴィン・オニール／リーグ・オブ・エクストラ・オーディナリー・ジェントルメン　正・続**
ジャイブ／2004年3月～

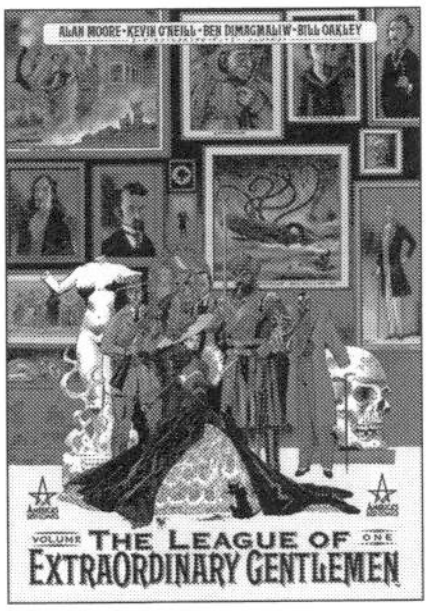


19世紀英国を舞台に、アラン・クォーターメイン、ミナ・ハーカー、ネモ艦長、ジキルなどの有名キャラクターが登場し、共闘するクロスオーバー作品。登場人物それぞれが絶妙にアレンジされ、色恋沙汰や裏切りを交えたマイルドビターな展開が特徴。2003年には『リーグ・オブ・レジェンド』のタイトルで映画化された。続巻収録の小説ではHPLの分身とも言える夢想家ランドルフ・カーターが活躍し（E・R・バローズの火星シリーズの主人公ジョン・カーターとの血縁が明らかにされる）、イタカやミ＝ゴ、ピックマンをはじめ細かい神話ネタが投入されている。

**マイク・ミニョーラ、ジョン・バーン／ヘルボーイ：壱　～破滅の種子／魔神覚醒～**
小学館集英社プロダクション／2010年9月～

マーベル・コミックス社、DCコミックス社に次ぐ第3のアメコミ出版社として知られるダークホースコミック社から刊行され、2004年にはギレルモ・デル・トロの監督作品として映画化もされたアメコミシリーズの1冊目。第二次大戦末期、ナチスの部隊が実行した儀式によって生まれオチた悪魔の赤ん坊、ヘルボーイが主人公のオカルト・アクションである。「破滅の種子」は、クトゥルー神話を愛好しているミニョーラの趣味が遺憾なく発揮さえた作品で、超古代に地球上から追放された邪神オグドル・ヤハドが現世への足がかりとして残した怪物、サデュ・ヘムの脅威が描かれる。

**マイク・ミニョーラ、他／マイク・ミニョーラ　バットマンコレクション　バットマン／ヘルボーイ／スターマン**
小学館プロダクション／1999年10月～

タイトルの如く、マイク・ミニョーラが携わったバットマン関係の作品集。表題作である「バットマン／ヘルボーイ／スターマン」は、バットマンとヘルボーイ、そしてDCコミックス社のヒーローであるスターマンのクロスオーバー作品。数億年昔に地球にやってきてレムリア大陸を脅かし、この大陸の住人たちに封印された邪神シュゴー・ヨグロスを復活させんとするナチス残党の目論見を、バットマンとヘルボーイ、スターマンが力を合わせて食い止めるというものだ。作中、「そのナンタラ神ってのも、H．P．の二番煎じじゃねぇのか」というスターマンのセリフがある。

**ウィル・コロナ・ピルグリム、ホルヘ・フォルネス、他／ドクター・ストレンジ：プレリュード**
飛鳥新社／2017年1月

映画『ドクター・ストレンジ』の公開に合わせて刊行された、マーベル・コミックス社の魔術ヒーロー、ドクター・ストレンジの作品集。交通事故で重傷を負った脳外科医スティーヴン・ヴィンセント・ストレンジは、魔術師チベットのエンシャント・ワンに師事して魔術を学び、ドクター・ストレンジとなるのだった。映画の前日譚となる2作のほか、〈ストレンジ・テイルズ〉＃115に収録されたストレンジの初登場エピソードや、ストレンジの宿敵として設定された邪神シュマ＝ゴラスの登場作のひとつである〈マーベル・プレミア〉＃14のエピソードなど、重要な旧作が収録された。

**エド・ブルベイカー、ショーン・フィリップス／ファタール　既刊1冊**
スパークライトコミックス／2014年11月

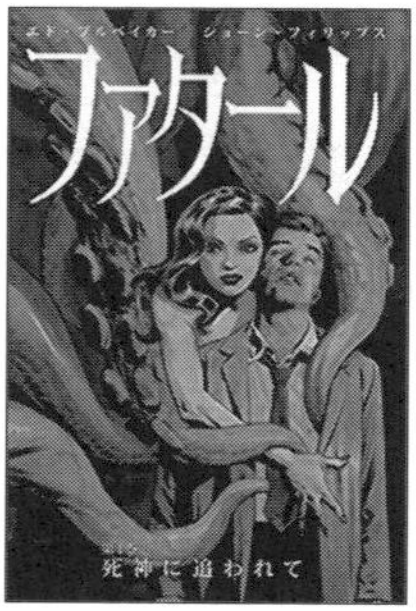


作家のドミニクが死に、葬式に参列した名付け子のニコラスは、祖母がドミニクの恋人だったという女性、ジョーと出会う。その夜、ドミニクの邸宅で、ニコラスは未発表の小説らしい草稿を発見するのだが、謎の侵入者の襲撃を受け、祖母の形見目当てでやってきたというジョーと共に逃亡し、重傷を負う羽目になる。時代は遡り1950年代、刑事のウォルターは悍ましいカルト絡みの事件を捜査していた。彼は、ジョゼフィーヌという名の女を保護下に置いていたのだが、彼女はジョーとそっくりで——。クトゥルー神話が下敷きのオカルト・ホラー。日本語版は1巻が出たきりである。

**ジョー・ヒル、ガブリエル・ロドリゲス／ロック&キー　既刊1冊**
飛鳥新社／2015年7月

スティーブン・キングの息子であるホラー小説家ジョー・ヒルは、コミック・ライター（日本で言うところの原作者ないしはシナリオライター）としても活躍している。本作は、殺害された父レンデルの生まれ故郷であるマサチューセッツ州のラヴクラフトという町に移り住んだロック家の子供たちが、新たな環境に順応しようとしながらも、奇妙な現象に翻弄される物語である。長男タイラー・ロックの通うラヴクラフト・アカデミーに転校してきたドッジが、奇妙な鍵を用いて暗躍する中、レンデル殺害犯の一人であるサム・レッサーが少年院を脱走し——。日本語版の続刊が待たれる作品だ。

**ガース・エニス、ジョン・マクリア／ヒットマン　全5冊**
エンターブレイン／2013年8月〜

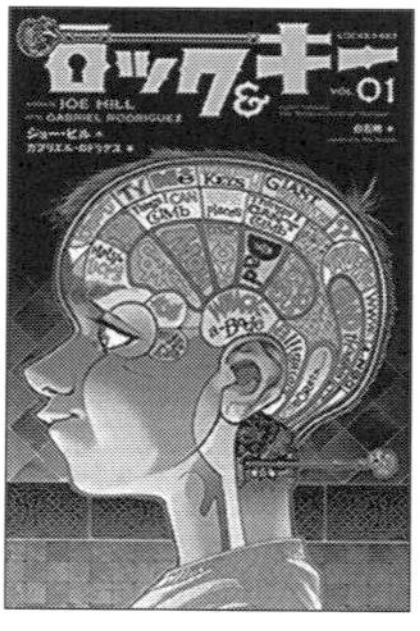


DCコミックス社の世界に存在する犯罪都市ゴッサムには、バットマンやジョーカーといった一流のヴィジランテ、ヴィランもいれば、無名の三流も存在する。本作に登場する、犬溶接マン（犬を溶接して悪と戦う自称ヒーロー）を含む奇人・変人ばかりのヒーローチーム、セクション8は間違いなく後者である。単行本5巻で、彼らが相対するのが〈数多の角度を持つもの〉と呼ばれる異次元の魔物たちだ。なお、〈数多の角度を持つもの〉というのは、英国のコミック雑誌〈2000AD〉に連載されていた、グラント・モリソンのZenithにおけるクトゥルー神話系の怪物たちの名前でもある。

## 米田仁士、他／C−LIVE3

夢元社／1986年12月

東京創元社の関連会社である夢元社のアンソロジー。第3巻は「SF+ホラー」がテーマで、成年コミックで活躍していた阿宮美亜の「井氷鹿の夜」がクトゥルー神話ものだった。吉野の旧家・秋日家に嫁入りした由貴(旧姓・水神)は、階上の義母の部屋から毎晩降りてくる、何かを引きずる音に悩まされていた。折しも、創元大学の大川教授は、円と線のみで構成された奇妙な文字(『カタカムナ文献』が元ネタ)で記された、秋日家の古文書を解読していた。言語の正体が古代ヘブライ語だとであることをつきとめた教授は、禁忌とされた神の真名、「CTHULHU」に到達する——。

## 来留間慎一、他／コミックマスター5

ホビージャパン／1990年6月〜

しのらさとしの「深きものども」が収録されている。親友の優子に、前世の夢で二人が「大いなるクトゥルフ」に仕える「深きものども」だったと語る奈津美。好奇心に導かれるままに前世の記憶を取り戻そうとする二人だが、折しもその時、近くの海辺の洞窟で若いカップルが無残な変死体で見つかった。夜半、洞窟に足を踏み入れる二人を、地元の漁師たちが待ち構える。彼らによれば、かつてここには蛸の化け物を祀った瑠璃神社があり、信者たちが子供をかどわかしては生贄にしたので、神社は破壊されたという。信者の末裔と勘違いされた二人は、漁師たちに襲われて——。

## みずしま聖／性魔伝説　全3冊

スタジオシップ／1990年2月〜

遥かな太古、光の善神に敗北した影の邪神たちは、裏次元への亡命を余儀なくされた。宇宙深淵の封印を破り、破壊、闘争、暴挙、憎悪、恐怖など邪悪なものを表宇宙に蔓延させ、再び支配者として君臨せんと目論む大いなる古の者たち。邪神復活の兆しを察知したミカエルら善なる神々は、人間に変身して地上に現れ、天神崇教を隠れ蓑に星のメシアとなるべき神々の子孫を探していた。彼らが発見したのは、セックスのことしか頭にない欲ボケの新任教師・鏡光明。人ならぬ力の片鱗を見せながら、いっこうに覚醒しない光明にミカエルらが苛立つ中、邪神ヨグ・ソトースも行動を開始した——。

## 八重田なぐも／堕天娼館

オークラ出版／1999年8月

両親を亡くし、妹と二人で暮らしてきた小野坂は、妹が交通事故に遭ったことで悲嘆にくれていた。その時、大学の先輩がK教授の研究室に死者蘇生薬「ELHAZZARED」があると聞いたことを思い出す。研究室から薬を盗み出した小野坂は、埋葬せず氷風呂に浮かべていた妹の死体にELHAZZAREDを注射すると、妹みゆきの死体は大きく飛び跳ね、息を吹き返した。生き返った妹は兄を潤んだ瞳で見つめると、みゆきは兄の精を求めるのだった——「闇でささやくもの」を含む10編を収録した作者の初単行本。クトゥルー神話ものは本書ではこの1作だが、その後もしばしば関連作を手がけている。

**八重田なぐも／ときめき娼館**
司書房／2001年2月

「ヨグソトースへようこそ」を含む作品集。胸部を協調したユニフォームが人気のファミレス「ヨグソトース」に、サリナ・松井が新人アルバイトとして入った。慣れない仕事に奮闘しつつ初日を終えたサリナが更衣室で着替えようとしているところへ、フロアチーフである松井が入ってきた。同性同士と気を許すサリナを松井は抱きしめ、甘い口付けをする。驚くサリナに、彼女は自分の股間にそそり立つモノを見せた。顔に押し付けられたそれを、求められるまま、なし崩しに口いっぱいにほおばるサリナ。やがて身体に火がついたサリナは――クトゥルー神話要素はタイトルネタのみ。

**八重田なぐも・他／Lunatic Illusion 苦痛と官能の奇譚集**
茜新社／2004年3月

人体改造、四肢切断などのテーマを扱う猟奇作品が中心のアンソロジー。八重田なぐもの「わたしの秘密」が、HPL「故アーサー・ジャーミンとその家系に関する事実」のオマージュ作品だ。類人猿研究の世界的権威であった浅路谷健二郎博士が他界して一ヶ月。博士の孫娘・みんくは、人が変わってしまい、けだもののようになった兄から毎日のように組み敷かれ、犯され続けていた。みんくの体を貪りながら、浅路谷の血が他人と混ざってはいけないと繰り返す兄。彼を狂わせた原因は、祖父の日記を読んだこと。そこに書かれていたのは、昭和30年に遡る、悍ましい人獣の交わりの記録――。

**加藤雅基／エナメルタイプのエスキス**
東京三世社／1989年6月

加藤雅基名義でSF、ホラー作品を手がけた唯登詩樹の初期作品集。収録作のうち2作品がクトゥルー神話関連書から材を採ったものである。バイク事故で死んだ娘のマギーを生き返らせるべく、反魂の魔術儀式を行って自らの心臓を捧げたドハーティ教授を描く「漂魄」で、床に描かれた魔法円は、ジョン・ディー版『ネクロノミコン断章』に描かれたもの。自室の電話番号に間違い電話をかけたことがきっかけで、自分と同じ声の電話を受けるようになる筋立ての「電話」では、電話の声が指示してくる儀式の手順がやはり、『ネクロノミコン断章』に記載されるヨグ＝ソトースの召喚儀式だった。

**まぐろ帝國／まんがなぜなに教室 文部科学省非推薦**
東京三世社／2005年9月

『まんがはじめて物語』シリーズ風の、お姉さんとピンク色のマスコットキャラクターが、世の中の「なぜなに」をアンモラル、インモラルな下ネタ満載で解説する、18歳未満お断りのパロディコミック。表題作シリーズの第10話にあたる「バレンタインってなあに編」の冒頭で、お姉さんがレプリカントの峯丸やら武○鉄○の海綿体といったケッタイな材料で、愛しのサブちゃんにあげるチョコレートを作っているのだが、手にしているマニュアルが何故か『ねくろのみこん』。なお、その表紙には白い花があしらわれ、ウサギが楽しげに踊るイラストが描かれた、ポップな装丁である。

**阿乱霊／みんな元気かい!!**
久保書店／1988年1月〜

1980年代にあまとりあ社（久保書店の関連會社）から刊行されていた『レモンピープル』誌の主力漫画家の一人。OVA『戦え!!イクサー1』の原型になったSFコミック「戦え！イクサー1」「FIGHT!! ICZER-ONE」が掲載されている。このコミックの時点で主人公・加納渚や宿敵・ビッグゴールドの名称設定などは確定していたが、宇宙を放浪する民・クトゥルフ族の設定は見当たらず、OVA版以降のイクサー1に相当する人造人間の名前は「ニャン」。イクサー1というのは巨大ロボットの名称であるなど、多くの部分が相違する。阿乱霊は、OVAでは「原案」でクレジットされた。

**真幌木弘、他／ファンキーなうさぎ狩り**
松文館／1988年8月

倉庫のような場所に監禁された少女。恐怖に怯える彼女の服を男は荒々しく剥ぎ取り、自らも全裸になって襲いかかる。少女の抵抗を物ともせず、最後の一線を超えようというとき、男は少女の目の前で、人の皮を脱ぎ破り、まるで心を映したかのように、この世ならぬ化け物へと姿を変えた。異形の怪物となった男は、生きたまま少女のはらわたを喰いちぎり、頭部を丸ごと潰して飲み込んだ。そこへ、少女の悲鳴を聞いて駆けつけた特殊警察が、怪物の頭部へ銃弾を詰め込む。事件解決の一報を報告する警官だったが――弾次郎「ネクロノミコン」を含む、ダークファンタジー・アンソロジー。

**えのあきら／オルラ**
富士美出版／1997年4月

埋葬された後、吸血鬼として甦った少女オルラ。母方の遺伝により、彼女は生まれつき吸血鬼の因子を持っていたのだった。エクソシストのサイラス神父から逃れるため故郷の町を後にした彼女は、政財界の大物や著名人に少女を斡旋する売春宿「アーカム・ハウス」に身を寄せることになる――。作者が執筆当時に怪奇幻想小説にはまっていたということで、主人公の名前はHPLも影響を受けたギイ・ド・モーパッサンの「オルラ」が元ネタ。他にも怪奇小説由来のネタが作中にあれこれ盛り込まれている。なお、続編に『オルラSP』が、世界観が同じ作品として『吸血鬼カーラ』がある。

**マイケル原腸／アリスったら　もお!**
青磁ビブロス／1995年11月

世界一平和な国、ワンダーランド。そこに住む自称天才外科医の美少女アリスは、薬剤師の妹イデス、魔女で姉のロリナたちと今日も奇妙で少々ブラックな治療を施す。『ペンギンクラブ』誌の連載作。11話目において、アリスはワンダーランドを平和に導いた世界一の女軍師ハートの女王様の憂いを慰める。女王様は幾多の戦いの末に得た平和を楽しめない自分を感じていた。アリスはハートの女王様のために、敵兵の死体を蘇らせ、ミシンネズミに縫い合わさせた。女王様は縫い合わされた敵兵の苦しみを見て喜びを感じる。この際、アリスが使ったのがハーバートウエストから貰った血清。

## 平野耕太／拝Hiテンション
青磁ビブロス／1996年4月

『HELLSING』で押しも押されもせぬ人気漫画家となった平野耕太の、短編作品10篇を集めた初期作品集。敗戦が濃厚となった大戦末期の大日本帝国において、戦況を打破すべくルーズベルト大統領の呪殺を命じられた若き魔術師が主人公の「儂も若い頃は無茶したもんじゃ」に、ニャルラハトホテップ16番目の従者だという「カダスのトゥーラス」が登場し、平野耕太のクトゥルー神話への関心を示す珍しい作品となっている。なお、本書収録の「砂漠の用心棒」には、『HELLSING』登場の「大尉」の原型である「マルメディの悪夢」ハンス・ギュンシュ大尉が登場している。

## 破軍星／ミルフィーユはシモン味
オークラ出版／1997年3月

収録作のひとつ「四畳半伝説」に軽いクトゥルー神話ネタがある。エロゲーの真っ最中、Hシーンの開始時点でセーブをするという最近のプレイヤーには伝わりにくい作業に勤しむ重之。しかしその時、PCのモニタ内にSF映画『宇宙人東京に現わる』のパイラ人的な何かが表示され、角を生やした悪魔っ娘が這い出してくるのだった。彼女は「二次元の狭間にてまどろむ魔神バンダー様」の下僕らしいのだが、なぜか「いあ・いあ・はすたあ」「んぐ・いさか・いあ」という具合に、邪神ハスターとその従神系列の祭文を唱えながら出現するのだった。（作中で特に説明はされていない）

## プロトンザウルス、他／家畜美人 巻の弐
一水社／1998年3月

美少女を拉致・監禁したりして家畜のように凌辱する鬼畜系のエロコミックを集めた書き下ろしアンソロジーシリーズの一冊。月森泉の「人間牧場」では、主人公の少年が、陸奥守一夫という某著名人を意識したように見えなくもない老人の経営する人間牧場を訪ねる。この人間牧場は臓器移植用の人間を育てるのみならず、慰安目的にも供していた。陸奥守は主人公の少年にお気に入りの少女を貸すと、自らは人間牧場の幼女との交尾にふける。それは、少年が異常な世界に足を踏み入れる第一歩だった――。主人公が着ているTシャツの文字が、1カットだけ「ルルイエ異本」となっている。

## プロトンザウルス／BACKYARD BREEDER
ヒット出版社／1999年1月

豪奢な屋敷に独りで暮らす少年・るりえは、少女たちをメイドとしてかしずかせ、「るりえ様」と呼ばせ、性奴として玩ぶ日々を過ごしていた。そんなるりえの家に新たにやってきた少女・茅瀬緋侶《かやせひろ》。服従と奉仕を仕込まれてなお、彼女は徐々に主人へと惹かれていった。しかし、愛するるりえに急接近する緋侶が気に食わないメイドの美波は、緋侶をるりえから遠ざけようとする。また、メイド・綾伽の兄・和泉が、クラスメイトである美波を利用して気に入った緋侶に手を出してしまう。それに気づいたるりえは、美波と和泉から「仲間」の印である五芒星のペンダントを取り上げて――。

**中村錦／東京鎮魂歌《レクイエム》**
ティーアイネット／2003年3月

四大精霊との霊的複合体である4人の巫女、「ツチノミコ」「ミズノミコ」「ヒノミコ」「カゼノミコ」の力を利用し、先史時代の神の覚醒を目論むグループが、東京の闇に蠢動していた。拉致されたツチノミコが悍ましい洗脳を受ける中、行方の知れないヒノミコの安全を確保するべく、特務機関零課のエージェント・南部博人が調査を開始する。博人はどうにかヒノミコ・神代焔邑を救い出すものの、組織の方は南部の同僚であるミズノミコ・月読静流を手中に収め、神の復活に王手をかける。しかし、彼らは誰も知らなかった。真に危険な神、アザトースをその身に宿す者の存在を――。

**新堂エル／新堂エルの文化人類学**
ティーアイネット／2013年11月

齢十歳にして文化人類学の大学教授を務める天才少年・斎総一郎は、現場調査主義の権化である。彼が指導を担当している学生、宮下直海と桜さくらの二人は、彼のフィールドワークに連れて行かれては、割りと無体な目に遭うのだった――。連作シリーズ「フィールド・ワーク！」が収録されている新堂エルの単行本。第2話は、若い女性が毎年のように神隠しに遭っているという漁村を調査するエピソード。ヨソものを訝しげに睨めつける村人たちの容貌・様子が見るからにインスマス顔で、そういうお約束の展開が待っているかと思いきや、お約束はお約束でも別の展開をするのだった。

**田沼雄一郎／プリンセス・オブ・ダークネス 増補改訂新装版**
コアマガジン／1996年2月

邪悪な存在に魅入られた狂詩人が、命ぜられるままに書き上げた魔導書『ネクロノミコン』――死の間際に解放された詩人は、『ネクロノミコン』の対抗手段として自我を持つ魔導書『アルハザード』を書き上げる。幾星霜が経過し、天涯孤独の少女・黒原まきは、凌辱を受けたショックで自殺を試みる。まさにその時、『アルハザード』の声を聞いた彼女は、その名を呼んで封印を解く。魔導書の力で迫害者たちに復讐を遂げていくまき。やがて、彼女の前に宿敵『ネクロノミコン』が現れて――。90年に発売された単行本の増補改訂新装版。コンパスからドラマCDも発売されている。

**SASAYUKI／快楽の白と黒**
コアマガジン／2007年7月

収録作の「南の島の不思議の山・前後編」は、オーストラリアで実際に起きたとされる、1900年の「ハンギング・ロック失踪事件」にクトゥルー神話を絡めた作品となっている。村はずれの岩山から、少女が一人救助された。怯えきった様子の少女・エイミーは、仲の良い姉妹、弟達と岩山に遊びに来たのだった。その岩山の頂上の窪みの底に作られた岩卓は、地元部族がかつて宗教儀式を行った場所だと言う。人目をはばかり、淫らな快楽にふける少女たち。やがて姉妹の股間には陰茎が生え、弟の股間には女陰が現れた。そして、淫蕩にふける彼女たちの足元から、「何ものか」の触手が――。

**千葉哲太郎／女教師地獄篇**
コアマガジン／２０１１年11月

今風の可愛い絵柄の中と田丸浩史風のシュールなギャグが同居する、独特の作風で知られる千葉哲太郎の、『漫画ばんがいち』誌に掲載された作品の単行本。現世利益を求めて悪魔を呼び出そうとするのだが、どういうわけかうまく行かない魔女っ娘（二〇代）のヒヨコと、魚の頭をした使い魔のスズキの日常的なドタバタを描く「悪魔さん」が収録されている。紆余曲折（エロ漫画なので、つまりそういうこと）を経て、ヒヨコとスズキは最終的に悪魔を呼び出すことに成功するのだが、その悪魔は思い切りどこかで見たことがある感じの、タコっぽいデザインのお方なのであった。

---

**中務省／進め!!ビンカン新聞部**
オークス／２００９年11月

作中時期の10年ほど前に発見され、「21世紀の魔境」と呼ばれた、南方の瑠璃江カ島に建設された巨大学園、赤間学園の新聞部員たちの珍騒動を描く美少女コミック。瑠璃江カ島には謎の古代神殿があり、タコの頭部を模したような形状の邪神像があって、取材に赴いた新聞部員たちはうっかりその封印を解いてしまい――という展開で、後はお祭しである。基本的にはギャグテイストなので、あまり陰惨な展開はない。なお、表題作のシリーズは本書の中ほどまでで、後半は別のシリーズ作品などが収録されている。こちらの方には、残念ながらクトゥルー神話要素は全く存在しない。

---

**ＲＡＮＫＡ／触魔戦線**
オークス／２０１１年１１月

古典的なＳＦ、ホラー作品の要素を好んで自作品に取り込むことで知られるＲＡＮＫＡ（永崎らんか）の作品集。「妖神奇譚　深淵のシャンブロウ」全5話に加え、本書掲載作のクロスオーバーであるエピローグが収録されている。九頭流なる技を操って怪物と戦う触手女《シャンブロウ》のミネコが主人公の伝奇バイオレンス作品。ミネコの猫耳少女風のデザインと、「シャンブロウ」はＣ・Ｌ・ムーアの同名小説から。はっきりした固有名詞は明言されないが、クトゥルー神話を意識した作品で、「リリリッ」「ケリリリッ」という鳴き声をあげる怪物や、神と崇拝される異形の「異星の客」が登場する。

---

**永崎らんか／絶対敗北お姉さん**
オークス／２０１３年7月

収録作のひとつ、「僕のヒミツ、お姉ちゃんのヒミツ」は、物語の開始時期の数年前に「天獄の門」という異界のゲートが開いたことにより、怪物たちが出没するようになった世界が舞台のヒーローもので、女性ヒーローの追っかけをしているという無職の姉と、その姉に性的虐待を受ける弟のすれ違いがテーマ。冒頭の新聞に掲載されている未確認生命体の写真が、クトゥルーそっくりである。なお、一つ前に収録されている「IDOL G@LAXY」はアイドル×触手エイリアンのものだが、このエイリアンが何とＥ・Ｅ・スミスの『レンズマン』シリーズのリゲル星人で、ＳＦ者にはたまらない。

### 西崎えいむ／15美少女漂流記
マガジン・マガジン／2013年8月

サン出版刊行（当時）の美少女ゲーム雑誌『BugBug』2008年2月号より、みなとそふとの代表を務めるタカヒロが世界観原案を担当する形で、15周年BIGプロジェクトとして開始した同名のメディアミックス企画のコミック作品。OVA版全3巻を収録したDVDが付属している。第3話の「浴衣でドキドキ肝試し♥」において、主人公・白石数馬が大いなる使者ニャルラトホテプに乗り移られたと言い出し、「お前もSAN値ゼロにしてやろうか〜！」と浴衣姿のヒロインたちを追いかけ回す展開がある。本誌には小説も連載されていたが、今のところ単行本などは発売されていない。

### MISS BLACK／Feuerig《フォイエリヒ》
キルタイムコミュニケーションズ／2007年8月

MISS BLACKの2冊めの単行本。収録作品のひとつ「The Midnight Heart」が、同社の『コミックヴァルキリー』誌に連載されている『Ziggurat』の前日譚とも言える作品となっている。アンシエント財団のアートギャラリーに収蔵された近代絵画「中庭にて」を、本来の所有者の手に戻すべく潜入する怪盗ブラックハート。しかし、財団が誇る遺失技術のひとつ、狙われた者は逃げ隠れできないという伝説の怪物であるティンダロスの猟犬に捕らえられてしまい――。その後、アンシエント財団の走狗と成り果てたブラックハートの姿は、『Ziggurat』において確認することができる。

### 海原圭哉／ぷにぷに☆くれぱす
キルタイムコミュニケーション／2008年7月

海原圭哉の作品集。収録作品のうち、「闘え！僕らのスクミズレンジャー」がクトゥルー神話もの。主人公であるスクミズレンジャーのパスタちゃん（ツインテールの髪型に猫耳・尻尾を完備したスク水幼女）は、その名前や「ハリ湖の底からこんにちわ」というセリフから、邪神ハスターの関係者。「イア！イア！」と叫びながら人間を襲う、一山いくらの戦闘員であるお魚怪人や、タコの頭部と人間の体を持つ怪人タコ男たちが所属するクチュヌプ団と日々、戦い続けている。正義と悪という構図よりも、クトゥルー神話におけるハスターとクトゥルーの対立関係を反映したものだろう。

### 老眼／仙獄学艶戦姫 ノブナガッ！淫華繚乱水着大戦！
キルタイムコミュニケーションズ／2011年9月

成年向けライトノベル・レーベル、あとみっく文庫から刊行されている斐芝嘉和『仙獄学艶戦姫ノブナガッ！』のコミカライズ。伊豆諸島のはずれ、超能力を持つ少年少女が集う仙獄島では、西開学園、北宮学園、聖ジョウント学園の三学園の美少女たちが覇権を巡って相争っていた。主人公である西開学園の四回生、織田〈希莉香〉信長は「生体スタンガン」の能力者。本作は、暴力的な意味と性的な意味の両方で体を張った、信長のくんずほぐれつの大暴れを描くバトルものの作品である。コミック版では特に明示されていないが、原作では触手クリーチャーの出自がクトゥルー神話がらみだった。

**よしろん、他／スライムにまとわりつかれて絶頂する美少女たち**
キルタイムコミュニケーション／2014年3月

読んでタイトルの如く、それ以上の説明は不要という感じの美少女コミックアンソロジー。剣と魔法のファンタジー定番のモンスター、スライムの初出は、クトゥルー神話作家でもあるジョセフ・ペイン・ブレナンの「沼の怪」（原題はSlime）で、HPLの「狂気の山脈にて」などに登場する不定形の怪物ショゴスの影響を受けたと言われている。ただし、本書収録作の空木次葉「染黒〜白は黒に染まる可憐な花〜」におけるクトゥルー神話ネタは、意外にもスライムではなく、スライムに襲われるエルフの姉妹の方。姉の名前がアトラで、妹の名前がナクアと設定されているのだった。

**宇行日和／愛欲幻想の怪物　クトゥルフ・プレグナント**
キルタイムコミュニケーション／2015年11月

魔海の女神クトゥルフ、妖艶なる花魁妊婦・始撫ことシュブ＝ニグラス、生贄の肉体をもって現世に受肉するツァトゥグァ、魔女に召喚された奔放なハスター、ウルタールの森の奥に集う猫娘たちといった具合に、クトゥルー神話の邪神やクリーチャーたちが、時には擬人化、時には擬態によって美少女の姿となり、禁断の交合をなす濃厚なダークファンタジー風の作品集。『コミックアンリアル』の掲載作に加え、這い寄る混沌ニャルラトテップの本体である少女ヌルが、分体の悪事についてマスターのウムル・アト＝タウィルからお仕置きを受けるという内容の単行本描きおろし作品も収録。

**柳原ミツキ／敗北少女**
キルタイムコミュニケーション／2016年2月

敵に敗北し、淫らな目に遭わされるヒロインたちがテーマの、柳原ミツキの作品集。収録作のひとつ、「魔法少女マキナ　海魔の乱舞」は、邪神の復活を目論む〈深き者ども〉のサカナ男爵によって窮地に追い込まれた魔術師のマキナが、体を言いように弄ばれながら何とか反撃のチャンスを窺う短編作品。邪神そのものは登場しないが、作品間の余分ページに描かれたシルエットは間違いなくクトゥルーの姿。ただし、実際に蘇るのは千年ほど後のことであるらしい。なお、マキナの敵は神話存在ばかりではなく、本書収録の「魔法少女マキナ」では触手を操るテンプレな魔族とも戦っている。

**からすま弐式／深淵戦隊クトゥルンジャー**
キルタイムコミュニケーション／2016年4月

『二次元ドリームマガジン』の連載作に描き下ろしを加えた表題作が中心の、からすま弐式の作品集。地球の旧き支配者たちの復活を目論む邪悪なる者たちの脅威から人類を護る戦隊のひとつ、クトゥルンジャーの一員であるピンクの戦士、クトゥピンクになし崩し的に選ばれてしまった海洋生物学者の櫻葉ミコト。敵として出現するのがハスタード率いる怪人ビャークたちで、「テケリ・リチェンジ」の合言葉でクトゥルプスの使い魔であるショゴスと融合し、変身するというあたりから察せられるように、クトゥルプス（＝クトゥルー）の下僕なのだった。

**ラブクラフト、他／「怪談」シリーズ**
講談社／1972年7月～

「ふくろうの本」の愛称で小学生から親しまれた児童向けハードカバーレーベル、少年少女講談社文庫から発売された、洋の東西の怪奇物語を集めたシリーズである。小泉八雲やポーといった作品の中に「ラブクラフト」の作品がいくつか混ざっている。第2巻（1972年11月）には白木茂翻訳の「冷房をおそれる男」が、第3巻には都筑道夫翻訳の「ダンウィッチの怪物」（74年9月）が収録されている。特に、後者では幻想画家として知られる秋吉巒（秋吉裕二）の手になる、ウィルバー・ウェイトリーとその兄弟の悍ましい姿が、本文挿絵のみならずカラー表紙を飾っている。

**荒俣宏、武内孝夫／世界の恐怖怪談**
学習研究社／1977年5月

学研のユアコースシリーズ第25弾として発売された、「海外文学研究家」（序文より）の荒俣宏主導による怪談集。実話怪談ではなく、海外の恐怖・怪奇小説のダイジェストを紹介する作りになっていて、H・P・「ラブクラフト」の「おれはだれだ!?（アウトサイダー）」「冷房装置の悪夢（冷気）」が収録されている。どろどろに溶けたミュノス博士（ムミョス博士）のイラストを鮮烈に記憶している当時の読者も多いようだ。なお、刊行に先立ち雑誌『中学一年コース』1977年夏の臨時増刊号にPR小冊子『夏の恐怖怪談』がついてきて、スミスの「よみがえる魔術師」が掲載された。

**ラブクラフト、他／悪魔のおとし子、血を呼ぶ絵**
金の星社／1984年2月～

「世界こわい話ふしぎな話傑作集」の第4集と第16集。「アメリカ編」と銘打たれ、前者は主にHPL作品で構成されている。『悪魔のおとし子』は、児童向けに「ダンウィッチの怪」をリライトした表題作の他に「戸口の怪物」「死者の復讐」「消えた街」を収録。『血を呼ぶ絵』の表題作もHPL作品だ。なお、『悪魔のおとし子』の表紙などに描かれたウィルバー・ホエートリーの姿が、映画『オーメン』のダミアン・ソーンを彷彿とさせるデザインなのは、「悪魔の子」というテーマによるものだろう。ダンウィッチを脅かす怪物の姿は、『ウルトラQ』のガラモンを思わせる。

**H・P・ラヴクラフト、C・A・スミス／悪魔がぼくをよぶ、アトランティスの呪い**
ポプラ社／1985年7月～

講談社の青い鳥文庫に並ぶ新書サイズの児童書レーベル、ポプラ社文庫からもクトゥルー神話ものの作品集が2冊、刊行されている。『アトランティスの呪い』（1985年7月）は「怪奇シリーズ」の1冊であるC・A・スミスの作品集で、「死神の都」「怪盗ニガシム・ジャウムの首」などが。『悪魔がぼくをよぶ』は「怪奇・推理シリーズ」の1冊であるHPLの作品集で、「海からきた魔物（インスマスを覆う影）」「悪魔がぼくをよぶ（戸口にあらわれたもの）」、そして「冷房室の怪」が、それぞれ収録されている。『悪魔がぼくをよぶ』の表紙と挿絵には、ダゴンが描かれている。

### 江河徹・編／悪夢のような異常な話
くもん出版／1989年8月

教材式の学習塾を日本全国でフランチャイズ展開している日本公文教育研究会の出版部門、くもん出版から刊行された「幻想文学館」シリーズの第4弾。海外の怪奇小説を児童向けに翻訳・リライトした作品集である。高橋啓翻訳の、HPLの「死体置き場」が収録されている。冒頭のページに、HPLの略伝も載っているが、クトゥルー神話については触れられていない。他の収録作品はカフカの「ハゲタカ」、ティークの「金髪のエックベルト」、シュウォッブの「ミイラづくりの女たち」、ド・リラダンの「死刑台の秘密」など、なかなかマニアックな作品選択となっている。

### ロッド・サーリング、他／真夜中の太陽
岩崎出版／1998年7月

児童書向け出版社で、「怪談えほん」なども展開している岩崎出版から刊行された「恐怖と怪奇名作集」シリーズの第2段。翻訳者は海外怪奇・幻想小説の翻訳者として活躍してきた矢野浩三郎で、HPLの「ランドルフ・カーターの語ったこと」が収録されている。「恐怖と怪奇名作集」は全10冊で、他の巻にはオーガスト・W・ダーレスやロバート・ブロック、ヘンリー・カットナーなどの作品も収録されているが、クトゥルー神話作品はこの「ランドルフ・カーターの語ったこと」以外に含まれていないようだ。大久保浩描く挿絵のカーターは、どことなくラヴクラフトを想起させる。

### 新庄節美／地下道の悪魔
学習研究社／2002年4月

「ね、たのまれてくれる」——密かに憧れていたクラスメイト、三村美夢（ミム）からの頼みを、山田大樹（タイキ）が断れるはずもなかった。ミムが馴染みの古書店で手に入れた『暗黒の魔導書』には、書きかけの論文が挟まっていた。そこに記されていたのは、毎年6月6日の午前6時6分6秒、アトラック・ナチャというクモの悪魔が、世界中のトンネルを駆け抜けていくという驚くべき内容。半信半疑ながら、ミムと一緒に岳南病院横の地下道に行くことになるタイキだが——。オカルト好きの少女とサッカー少年の、ちょっぴりホラー風味の爽やかなクトゥルー・ジュヴナイル。

### 友野詳／「魔界王子レオン」シリーズ　既刊2冊
角川書店／2012年9月〜

「オレは万能の天才、天祭レオンだ！」小学生の兎塚佐緒里が、マンションの屋上に建つ「魔女の住む館」でその美少年に出会った時、冒険の日々が始まった。レオンの祖母「魔女」ダイアン・カーターは、ランドルフ・カーターの血を引く魔法使い。レオンはその孫で、かつ弟子だった。屋敷には、クトゥルフ神話にかかわる様々なアイテムが保管されている。エーリッヒ・ツァンの音楽に関わる妖しい楽器、あるいはピックマンの弟子による異世界の絵——。角川書店の児童向けレーベル、角川つばさ文庫から刊行されている、二人の友情と恋と冒険のクトゥルフ・ストーリーだ。

## Wizardry #4 The Return of Werdna／PC、その他

アスキー／1988年12月

米SIR－TECH社発売の3DダンジョンRPG、Wizardryシリーズの第4弾。ARABIC DIARY（未確定名はTALES OF MADNESS）という、BADI（致死）の魔法の効果がある重要アイテムが登場する。もちろん、「致命的な効果を持つアラブ語の日記」というのは『ネクロノミコン』のことで、初期シリーズの開発者の一人であるロバート・ウッドヘッドによれば、シナリオライターのロー・アダムスの趣味とのこと。1999年にローカスから発売されたPS版『ウィザードリィ ニュー エイジオブ リルガミン』にも収録されていて、こちらでは『ネクロノミコン』になっている。

## ウィザードリィ エンパイア／GBC

スターフィッシュ／1999年10月

ゲームスタジオが移植を手掛けた（発売はアスキー）FC版、GB版の出来が非常に良かったため、日本独自の『ウィザードリィ』が数多く開発されることとなった。本作もそうした中の一作で、ゲームボーイカラー向けの日本製『ウィザードリィ』である。「いにしえからのもの」「かなたよりのもの」「けいようしがたきもの」「しんえんよりのもの」など、明らかにクトゥルー神話の影響を受けたボスモンスターが登場する。

スターフィッシュは老舗のソフトメーカー、HOT・Bのスタッフが立ち上げた会社で、本作以後も『ウィザードリィ エンパイア』シリーズを展開している。

## Wizardry ～生命の楔～／NDS

ジェンタープライズ／2009年11月

『ウィザードリィ』のブランド再生計画として2009年に立ち上がり、複数のメーカーが世界観を共有するというコンセプトの「ウィザードリィルネサンス」の一環で発売された、Amazon.co.jp専売のニンテンドーDS用RPG。原点回帰を謳いつつ、プレイヤーの行動にあわせてトラップが作動するリアルタイムダンジョン制など、新要素が盛り込まれていた作品である。ク・リトル・リトル、アトラク・ナ・チャ、ツァトゥグァなどのクトゥルー神話系のモンスターが深い階層に出現するが、モンスターのヴァリエーションを増やすためのもので、世界観に結びついているわけではなかった。

## Wizardry Online／PC

ジェンタープライズ／2009年11月

前出の「ウィザードリィルネサンス」の中核を担うものとして開発・運営されたWindows用MMORPG。作中に存在するディメント王国の最高学府がミスカトニック大学で、豊富な蔵書を誇るメルカトニックの塔がその近くにある。また、ハーサント連邦にはミスカトニック大学の分校があるのだが、こちらがストーリー中でダンジョンになっていて、ショゴスやナイトゴーント、ハストゥール（ボス）などのモンスターがひしめいている。また、シャーデの迷宮では、最終戦において魔女シャーデが異界の神を召喚して一体化するが、この時、「Ia! Ia! Cthulhu fhtagn!」と叫んでいる。

### 南太平洋アドベンチャー／PC
dB-SOFT／1983年11月

NEC、SHARP、富士通などの各機種向けに発売された、カセットテープ版のアドベンチャーゲーム。「宝物がある!?」という噂を聞き、南太平洋へやってきたものの、飛行機が不時着した主人公が、怪物の巣食ういくつもの島々を巡りながら何とか宝探しと生還を目指すというもの。パッケージには、謎めいた古代の神殿と、巨大なタコと恐竜が争っているイラストが描かれ、実にクトゥルー神話っぽさを醸し出しているのだが、残念ながら作中にタコの怪物は登場しない。ただし、翌年発売の『ヴォルガード』によって、当時のdB-SOFTにクトゥルー神話好きがいたことは確定している。

### ヴォルガード／PC
dB-SOFT／1984年7月

惑星トライダルの高機動可変戦闘システム、通称ヴォルガードと、謎の侵略者たちの戦いを描く横スクロールSTG。エネルギーゲージがフルになると、三機の戦闘機がロボット形態に合体するというもので、翌年には続編の『高機動戦闘メカ ヴォルガードⅡ』がFC向けに発売された。実は、敵の戦闘艇や機動兵器の名前がソロモン70柱の悪魔たちと『指輪物語』、そしてクトゥルー神話から採られていて、「アザート」「ナイアル」「ヨグソート」「ラトテップ」「ルウクル」などが存在する。ただし、各機種版ともパッケージとマニュアルに敵キャラの一部しか名前が載っていない。

### 夢幻の心臓Ⅲ／PC
クリスタルソフト／1990年1月

日本ファルコムの『ドラゴンスレイヤー』、T&Eソフトの『ハイドライド』と共にパソコンRPGの人気を3分したクリスタルソフトの『夢幻の心臓』の最終作。シリーズの生みの親である富一成が日本ファルコムに移籍したため、後にスクウェアで『Sa・ga3』などを手がける井手康二にバトンタッチされた。このため前2作とは雰囲気がガラリと変わり、クトゥルー神話由来のモンスターやキャラクターが登場する。たとえば、最初の舞台となるルイザード地方のラスボスは邪神シュド・メルだった。また、序盤で仲間になるNPCとして人間のマジシャン、アルハザードが登場する。

### クリムゾンⅢ 邪神復活／PC
クリスタルソフト／1990年5月

『夢幻の心臓』に並ぶ、クリスタルソフトのパソコンRPGシリーズ。ULTIMAシリーズを意識したシンプルな画面構成だった『夢幻の心臓』に比べると、当時のPCのグラフィックス機能をフルに使った美麗なモンスターCGなどが特徴のシリーズとなっていた。パッケージにもスクリーンショットの出ている登場モンスターの海魔が、TRPG『クトゥルフの呼び声』タイプのクトゥルーの姿そのものだった。ゲーム起動時、そしてゲーム中の画面右に表示されるグラフィックスがH・R・ギーガー風であるあたり、発売前に独立した『夢幻の心臓Ⅲ』のスタッフが関わっていたのかもしれない。

**「ゴーストハンター」シリーズ／PC、その他**
ハミングバードソフト、その他／1987年7月〜

RPGといえば「剣と魔法のファンタジー」だった80年代に登場した新機軸のホラーRPG。TRPG『クトゥルフの呼び声（現・クトゥルフ神話TRPG）』の紹介者である安田均がゲームデザインを、ハミングバードソフトがPC版の開発を担当。1920年代のマサチューセッツ州ニューカムが舞台の『ラプラスの魔』（1987年）を皮切りに、PC－9800版のみの続編『パラケルススの魔剣』（1994年）、家庭用ゲーム機3DO向けの外伝的作品『黒き死の仮面』などが発売された。『ラプラスの魔』はトンキンハウスがSFC版、ヒューマンがPCエンジン版を発売している。

**ソーサリアン／PC、その他**
日本ファルコム／1987年12月

日本ファルコム、というよりもプログラマー木屋善夫のアクションRPG「ドラゴンスレイヤー」シリーズの第5弾として発売された。収録シナリオの『氷の洞窟』は、悪の修道師ソクラムが邪教の教典『キタブ・アル・アジフ』を入手したことに端を発する物語。登場モンスターのキラースネークは、蛇の姿をしたクトゥルー神話の邪神イグからソクラムに遣わされた配下である。ただし、この設定はマニュアルの「冒険の書」に書かれていて、ゲーム中では描写されていない。後年、シェラ・オンライン社から発売されたIBM－PC版では、『ITABU ARU AJIHU』とローマ字翻訳されていた。

**英雄伝説　空の軌跡　the 3rd／PC**
日本ファルコム／2008年7月

日本ファルコムの人気シリーズ『英雄伝説 空の軌跡』のファンディスク的作品。物語の冒頭、主人公のケビン・グラハムとリース・アルジェントは突然、「隠者の庭園」という謎の異空間に飛ばされる。ここにある巨大な書庫を調べると、『無明祭祀書』（『無名祭祀書』？）や『蒼の断章』（『黒の断章』？）など、クトゥルー神話における書物から材を採ったらしい書物が並んでいる。今のところ本編には神話要素が見られないが、最新シリーズ『閃の軌跡』の舞台であるエレボニア帝国関連の名称にJ・R・R・トールキンの世界観由来のものが多いこともあり、今後、或いは――。

**サイレントメビウス／PC**
ガイナックス／1990年8月

麻宮騎亜の人気コミックのAVG。2026年、東京上空に突如出現したタイタニック号の謎に、研究家の主人公と、AMP（対妖魔特殊警察）の面々が挑む。クトゥルー神話に通暁したミスカトニック大学のマーサ・ウェンズディ教授が登場。シナリオを担当したのは、連載初期から協力してきた重馬敬（現・シナリオ工房 月光）。AMPと敵対する妖魔たちと、邪神の関連性が示唆される興味深い一作となっている。1998年には『サイレントメビウス CASE:TITANIC』のタイトルでPS版が発売。また、オリジナルのPC－9800版が最近、D4エンタープライズから復刻発売された。

## ティラム・バラム／PC
ライトスタッフ／1992年11月

PC-9800版のみが発売された、ライトスタッフのクトゥルー神話RPG。南北戦争の傷跡を残す開拓時代末期のアメリカ、ウィルフレッド・R・アンダーソンは、行方不明の父親が遺した単発拳銃が何者かに奪われた事件をきっかけに、恐怖に満ちた歴史の真実に触れることになる――。神話作品としては珍しい、マカロニ・ウェスタン風味のRPGだった。『テクノポリス』（徳間書店）連載の矢野健太郎のレビュー漫画『ゲームジョッキー』が取り上げた際は、この作品の開発そのものが邪神復活の陰謀の一貫という、『邪神伝説』シリーズの外伝的ともいうべきストーリーが描かれた。

## ブルーブラスター／PC
工画堂スタジオ／2006年6月

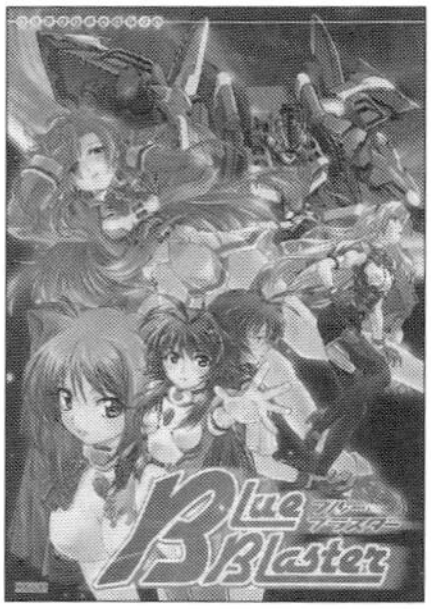


工画堂スタジオが展開していたパソコン用戦術級SLG『POWER DoLLS』シリーズのエントリー・シリーズとして、2005年に発売されたWindows用リアルタイムシナリオSLG『ブルーフロウ』の続編。平和維持軍第190広報部隊〈シルバーフォックス〉所属の主要登場人物の一人、シンシン・ザッツギーダン伍長（前作登場人物の妹で、声優は村田あゆみ）のセリフに「ひとつ、ひとよにひとみごろ！ ふたつ！ふんぐるむぐるなふ　いあいあ　はすたー！」というものがある。なお、同じ年の12月には『ブルーブラスターファンディスク～クロウディア奪還作戦～』が発売された。

## ユークリッド・スペース／PC、携帯電話
イメージサーカス／2010年6月

iモード、Yahoo！ケータイ、およびEZweb公式サイト「♂モット!!恋愛主義♀」において配信されていた美少女AVG。Vector PCショップにおいてWindows版もダウンロード販売されていた（既に取扱終了）。人工ワームホール「ユークリッド・スペース」の調査に赴くべく、各惑星系から集められた精鋭と最新鋭機を載せた戦艦〈ミーミル〉が舞台のスペースオペラ風ラブストーリー。プレイヤーはパイロットのサクラギユウヤ（桜木雄也）となって、ヒロインたちと交流を深めながら、宇宙的危機を回避する。ヒロインの一人がルルイエで、搭乗機体の名前も「ウガフ＝ナグル」である。

## 「ダークシード」シリーズ／PC、SS、PS
ギャガ・コミュニケーションズ、ナムコ／2015年12月

米CYBERDREAMS社から発売された、インタラクティブゲーム（日本で言うところのAVG）。ギャガ・コミュニケーションズが日本語ローカライズを担当、1993年にナムコからWindows3.1版とMac版が、1995年にセガサターン版、プレイステーション版が順次発売された。ノーマルワールドとダークワールドを行き来して、古き神々の地球侵略を阻止するという筋立てで、H・R・ギーガーのイラストがデザインの基調になっている。続編『ダークシードII』の日本語版は、Windows3.1／95版、Mac版、SS版、PS版がそれぞれビー・ファクトリーから発売された。

**「アローン・イン・ザ・ダーク」シリーズ／PC、SS、PS、他**
アローマイクロテックス、ポニーキャニオン、他／1993年12月～

仏Infogramesから発売された、3Dポリゴン使用の最初期のAVG。1924年、ルイジアナのデルセト屋敷で起きた芸術家ジェレミー・ハートウッドの不審死の真相を確かめるべく、クトゥルーの呪いがかかった屋敷に侵入する私立探偵エドワード・カーンビイ（女性PCを選んだ場合はエミリー・ハートウッド）の探索を描く第1作は、アローマイクロテックスからPC各機種版が、ポニーキャニオンから3DO版が発売された。その後、シリーズは5作を数えるが、クトゥルー神話の影響は薄まっている。なお、カーンビイ姓はC・A・スミスの「妖術師の帰還」の登場人物から。

**シャドウ・オブ・ザ・コメット**
エレクトロニック・アーツ／1995年

「アローン・イン・ザ・ダーク」シリーズの仏Infogrames社から発売されたAVG。TRPG『クトゥルフの呼び声』のケイオシアム社の公認作品で、日本語版はPC-9821シリーズ用のみ発売。ハレー彗星接近に沸き立つ1910年のアメリカ。若き天文学者ジョン・T・パーカーは、76年前の彗星接近の際、インスマスという漁村での観測中に発狂した天文学者パーシー・ボルスキン卿の「驚くべき発見」に興味を抱く。単身、インスマスに赴いたパーカーを待ち受けていたのは、かつてミックマック族が崇めたという邪神クトゥルフのもたらす、宇宙的恐怖への入り口だった——。

**プリズナー オブ アイス／PC、SS、PS**
東芝EMI、エクシング／1997年10月～

仏Infogrames社のケイオシアム社公認クトゥルー神話AVG第2弾。南極が舞台の軍事陰謀劇で、H・P・ラヴクラフトの「狂気の山脈にて」が下敷きになっている。イギリス軍の「ポラリス作戦」により南極で発見された「プリズナー」を奪取するべく、蠢動するナチスドイツ。プレイヤーは米軍諜報部のライアン大尉となって南極へと赴き、ナチスの陰謀を食い止めるというストーリー。ギャガ・コミュニケーションズが日本語ローカライズし、東芝EMIからWin／Macのハイブリッド版が、エクシングからSS、PS版の『プリズナー オブ アイス～邪神降臨～』が発売された。

**ネクロノミコン 闇の目覚め／PC**
ツクダシナジー／2002年6月

仏Wanadoo Edition社が開発した3DCG主体のAVGで、海外ではWindows版以外にPS版も発売されたが、日本語版はツクダシナジーから発売されたWindows版のみである。ラヴクラフトの自伝的長編「チャールズ・デクスター・ウォード事件」のストーリーを翻案した作品で、舞台となるのは1927年のプロヴィデンス。プレイヤーはウィリアム・H・スタントンという成年になり、狂気に囚われたという親友エドガー・ワイチェリーの謎を探っていくことになる。原題はNecronomicon: The Dawning of Darknessだが、後にNecronomicon: The Gateway to Beyondに改題された。

**CIVILIZATION V 日本語版／PC**
イーフロンティア／2010年10月

人類文明の歴史と発展をシミュレートする、ターン制のストラテジーゲームのシリーズ名だが、1991年に米マイクロプローズ社から発売されたSid Meier's Civilization以来、様々な発売元が「シヴィライゼーション」のタイトルを冠する作品をリリースしており、色々とややこしい。本作は2K Gamesから発売されたSid Meier's Civilization Vの日本語ローカライズ版で、ラムセス2世編をクリアするとどういうわけか、HPLの「アウトサイダー」の一節に由来する「ネフレン・カの地下墓所にて Amongst the Catacombs of Nephren-Ka」の実績が得られる。

**ヴィクトリアII　完全日本語版／PC**
サイバーフロント／2011年1月

19世紀から20世紀初頭にかけての世界を覆っていた植民地時代を舞台に、政治や軍事、植民地経営や貿易などを行うストラテジーゲームシリーズの第2弾。プレイヤーはヴィクトリア時代の一国を選択し、自国を回していくのみならず、世界各国を相手に駆け引きを行い、帝国主義的拡張を推進するのである。ニューイングランドの研究機関としてミスカトニック大学が存在し、『エイボンの書』『無銘祭祀書』などを所蔵しているという設定。また、ゲーム中に「クトゥルフの呼び声」と題するイベントが存在し、狂気山脈の発見やルルイエ島浮上、崇拝者たちの蜂起などの出来事が発生する。

**「アーネスト・エバンス」シリーズ／MD**
日本テレネット／1991年9月〜

ハスター復活計画の失敗により、風の神の力を宿した巫女アネット・メイヤーと、考古学者アーネスト・エバンスが主人公の、クトゥルー神話の邪神ハスターの力を巡るアクションゲームシリーズ。1作目の『エル・ヴィエント』では、シカゴを牛耳るアル・カポネが邪教集団と結託し、マンハッタンに邪神を顕現させようと目論む。第2作『アーネスト・エバンス』ではアーネストが主人公となり、彼がアネットに出会った2年前の事件が描かれる。完結編となる第3作『アネット再び』では、シリーズを通して敵とも味方ともつかない行動を取り続けたとある人物の正体が明かされる。

**東京トワイライトバスターズ　禁断の生贄帝都地獄変／PC**
日本テレネット／1995年6月

PC-9800シリーズ向けに発売された、ホラーAVG。2010年にはスターフィッシュ・エスディからリメイク版がNDS向けに発売された。時は大正十一年。考古学者の父・琢磨が失踪したという報せを受け、急遽、留学先の大英帝国から帰国した草薙祥は、父の足取りを追ううちに数々の怪事件に巻き込まれていくのだった。クトゥルー神話そのものではないものの、これをモチーフにしたと思しい独自の世界観を舞台に、暗躍する邪神崇拝者たちと主人公たちの戦いを描く。なお、エンディングにおいて、同社の「アーネスト・エバンス」シリーズと繋がっていることが示唆される。

**東京魔人學園剣風帖／PS、NDS**
アスミック・エースエンタテインメント／1998年6月

時は20世紀末。新宿にある私立真神学園を舞台に、人ならぬ力を得た少年少女たちの物語を描く、学園異能バトルノベルゲームで、「東京魔人學園伝奇」シリーズの1作目にあたる。一話完結方式のシナリオ構成になっていて、「第八話：邪神街」「第九話：鬼道」がクトゥルー神話題材のシナリオとなっている。なお、同じシリーズの『東京魔人学園外法帖』（2001年）にもクトゥルー神話関連アイテムが登場している。また、本作が原作というよりも、再構築したTVアニメ『東京魔人學園剣風帖 龖』が2007年に放送され、NDS向けのリメイク版が翌2008年に発売されている。

**「女神転生」「ペルソナ」シリーズ／FC、その他**
アトラス／1987年9月〜

「女神転生」シリーズは、西谷史の小説「デジタル・デビル・ストーリー」シリーズを原型とする、神々や悪魔をコンピュータプログラムで召喚・管理するというコンセプトのオカルトRPGだ。1994年発売の『真・女神転生Ⅱ』以来、『真・女神転生if...』『真・女神転生NINE』『デビルサバイバー』などに、クトゥルー、ニャルラトホテプなどクトゥルー神話由来のクリーチャーが登場。スピンオフの『ペルソナ』シリーズにもその伝統は受け継がれ、中でもニャルラトホテプが黒幕に配された『ペルソナ2 罪』『罰』は、クトゥルー・ジャパネスクの代表作に数えられている。

**偽典・女神転生 東京黙示録／PC**
アスキー／1997年4月〜

1997年にPC98版が、1999年にWindows版が発売されたパソコンRPGで、アトラスにおいて『デジタル・デビル物語 女神転生Ⅱ』『真・女神転生』の開発に関わった鈴木一也がゲームデザインを担当。『真・女神転生』の外伝的な作品であり、同作と同じくクトゥルー神話由来の邪神やクリーチャーが登場する。鈴木がデザインした『真・女神転生RPG基本システム』のシステムをほぼそのまま使用している。最近のPCでは戦闘速度に問題が発生するため、WEBサイト「偽典リメイク計画」で修正パッチが配布されていたが、現在は閉鎖されており、入手困難になっている。

**「世界樹の迷宮」シリーズ／NDS、3DS**
アトラス／2007年1月〜

『女神転生』シリーズのアトラスから発売されている、クラシックタイプの3DダンジョンRPGシリーズ。自動マッピングを廃し、マッピングそのものをシステムに取り込んだ、『ウィザードリィ』の後継者とも言うべきゲームスタイルと、古代祐三によるBGM、独特な世界観で人気を博している。『世界樹の迷宮Ⅱ 諸王の聖杯』（2008年）において、「銃士の呼び声」「狂気の樹海にて」などのクエスト名やモンスタースキルの「這い寄る触手」にHPLの影響が窺われたが、『世界樹の迷宮Ⅲ 星海の来訪者』（2010年）は深海の異形の種族にまつわるクトゥルー神話作品だった。

**The Elder Scrolls IV: オブリビオン／XBOX360、PS3**
ゼニマックス・アジア／2007年7月～

米Bethesda Game Studio社が展開している、高い自由度が売りのファンタジーRPG、The Elder Scrollsシリーズの第4弾。日本語ローカライズ版はゼニマックス・アジアから発売された。
ハックダートという村に巣食う、「近き者」と「深き者」に生贄として捧げられようとしているNPCを救出するホラー風のクエスト「ハックダートを包む影 A Shadow Over Hackdirt」が、HPLの「インスマスを覆う影 The Shadow Over Innsmouth」のオマージュになっている。朽ち果てたハックダートの村、主人公をじっと見張る不審な住人たちなど、雰囲気たっぷりである。

---

**The Elder Scrolls V: Skyrim／PC、XBOX360、PS3、その他**
ベセスダ・ソフトワークス／2011年12月

The Elder Scrollsシリーズの第5弾。前作のような明確なクトゥルー神話ネタのクエストはないが、オマージュと思しい小ネタがゲーム中にちりばめられている。
中でも、神々に相当するデイドラロードの一柱、ハルメアス・モラはあらゆる知識と記憶を司る存在とされているが、クトゥルー神話の邪神（特にラーン＝テゴス）を彷彿とさせる外見といい、その性質といい、ヨグ＝ソトースを意識して設定された神格だと考えられている。また、デイドラロードの狂気の王シェオゴラスの名も、マーベル・コミックス社のアメコミに登場する邪神シュマ＝ゴラスを想起させる。

---

**Fallout 3／PC、XBOX360、PS3、その他**
ゼニマックス・アジア／2008年12月～

The Elder Scrollsシリーズの米Bethesda Game Studioによる、人類の文明が滅びた世界を舞台にするポスト・アポカリプスRPGの決定版。核戦争で荒廃したマップの片隅に佇む、異様な空気を漂わせた廃墟、ダンウィッチ・ビル。建物内のそこかしこに置かれた記録テープには、禁断の書物『クリブニー』が一組の親子を狂気へと陥っていく過程が克明に――。
『クリブニー』については、DLC「ポイント・ルックアウト」において捕捉され、ある人物にこの本を渡すと「ウグ＝クゥアロス Ug-Qualtoth」なる謎めいた名前を口走るのだが、結局、詳しいことは何もわからない。

---

**Fallout 4／PC、XBOX ONE、PS4、その他**
ベセスダ・ソフトワークス、ゼニマックス・アジア／2015年12月～

『Fallout 3』の10年後の世界を描くシリーズ最新作。HPLの作品世界と重なるマサチューセッツ州のボストン周辺が舞台で、セイラムやキングスポートなどの神話スポットがあるのみならず、ピックマンのアトリエ、1894年にアラビア半島で古代の遺跡に辿り着いたというロレンゾ・カボットの物語など、ストーリー中のクトゥルー神話ネタも数多い。
中でも、マップ北東部に存在する採石場ダンウィッチ・ボーラー Dunwich Borersの名称は、「ダンウィッチの怪 Dunwich Horror」のタイトルをもじったものである。ラヴクラフト・カントリーの観光用途にも使える作品だ。

**悪魔城ドラキュラX～月下の夜想曲～／PS**
コナミ／1997年3月

「悪魔城ドラキュラ」シリーズにレベルアップや技能取得といったRPG要素を取り入れた意欲作。4年前に滅ぼしたはずのドラキュラとその居城、悪魔城が不可解な復活を遂げ、前作主人公のリヒターが失踪。彼と共に戦った少女マリア、そして親殺しの吸血鬼アルカードは再び吸血鬼との戦いに挑むのだった。ゲーム中、「邪神。太古の支配者。見るもの全てを恐怖させる」という設定の、エビルというクトゥルーそっくりの外見をしたモンスターが登場。なお、エビルはXBOX360、PS3向けにダウンロード配信されている『悪魔城ドラキュラ Harmony of Despair』にも登場している。

**パワプロクンポケット7／NDS**
コナミ／2004年12月

実在の球団や育成した選手を使って野球で対戦できるパワプロクンポケットシリーズの第七作。高校からプロ・社会人野球まで主人公を育成していくサクセスモードがメインで、野球人生だけではなくロマンスやバトル（！）もあるダイナミックなドラマが展開する。2作目以降の伝統として、本編とは別世界を舞台に展開するモードが「裏サクセス」があり、本作の裏サクセスは「大正冒険奇譚編」。そちらの依頼のひとつ、「地獄の門」がクトゥルー神話パロディである。なお、登場人物のソニアは、HPLの妻ソニア・H・グリーンらしく、奇しくもクトゥルー神話誕生秘話となっている。

**「幻想水滸伝」シリーズ／PS、PS2、他**
コナミ／1995年12月～

コナミのファンタジーRPGシリーズ。冤罪を着せられて故郷から追放された主人公（小説版での名前はラズロ）の冒険を描く『幻想水滸伝Ⅳ』（2004年）には、山塊の島の出現モンスターに半魚人のインスマウスが登場する。また、本作の外伝『Rhapsodia～ラプソディア』（2005年）では、それらの魚人系モンスターの正体が判明した。また、『幻想水滸伝Ⅴ』（2006年）には魔導書『断罪の書』を探す老魔導師アズラッドが登場するのみならず、前作とリンクする難破船の吹き溜まりにおいて、イベントモンスターのダゴンとの戦闘が発生。倒した後は同じ場所にハイドラが出現する。

**ヒラメキパズル　マックスウェルの不思議なノート／NDS**
コナミデジタルエンタテインメント／2011年1月

マックスウェル少年が、書いたモノ（名詞）が実際に現れる不思議なノートを使って人助けをしたり問題を解決していくパズルアクション。収録単語数が2万語以上あり、すべてのステージが幾通りもの方法でクリアできる。二つ以上のモノを組み合わせることも可能で、組み合わせ次第でとんでもないことを引き起こすことも可能だ。クトゥルー、クトゥルフ、ショゴス、ネクロノミコンなど、クトゥルー神話出典の生物やアイテムを出現させられる。なお、ネクロノミコンを装備していると魔女やネクロマンサーが寄ってきたり、その状態で人間を殴るとがいこつせんしに変わるなど、芸が細かい。

### 邪聖剣ネクロマンサー／PCE
ハドソン／1988年1月

H・R・ギーガーのイラストがパッケージを飾るホラーRPG。世界観の設定にクトゥルー神話を取り込んだ作品で、復活した魔空王アザトースを打倒すべく、勇者と二人の仲間が伝説の邪聖剣ネクロマンサーを求めて旅立つ。シナリオを担当したのは、脚本家の三条陸。仲間が勝手に逃亡を図る「恐怖度」のような独自のシステムも。なお、2009年には携帯アプリの『邪聖剣ネクロマンサー2』が配信され、2010年6月にはNDS用に移植された『邪聖剣ネクロマンサー NIGHTMARE REBORN』がニンテンドーDSiウェアにおいて配信された。こちらも、クトゥルー神話色が濃い作品である。

### アースライト／SFC
ハドソン／1992年7月

同社の名作SLG「ネクタリス」のシステムを継承した戦略シミュレーション。世界征服を目指すガルト帝国に立ち向かう連合軍として、人型機動兵器や宇宙戦艦を操り宇宙戦争を繰り広げる。生産や補給の概念はなく、初期配置ユニットの他は少数の浮きドッグに残った兵器を奪い合って戦う、シンプルだが奥深いシステムが採用されている。ゲーム中で使用可能なユニットには神話・伝説に由来する名前がついていて、艦船ユニットの中にミサイル艦ノーデンス（BB-MM4）と航空戦艦ハスター（BB-V3）が存在。固定砲台ユニットのハイドラ（SG-HY7）は、ギリシャ神話の方だろう。

### エンドセクター／PS
アスキー／1998年9月

メルヘンブレーカーが開発した、トレーディングカードゲームとサウンドノベルの融合したシステムのPS用RPG。主人公コウ・オナー（変更可）は、雨宿りで入り込んだ館で、自分にそっくりなカードを操る魔法使い、デッキマスターの少年が出て来る不思議な本を見つけ、毎晩、読み進めていくことに――。クトゥルフを讃えるダゴン（下半身が魚）が登場。

### オーシャンハンター／AC
セガ／1998年9月

水中銃を持つダイバーとなって、七つの海を恐怖に陥れる怪物たちを倒していくガンシューティングのアーケードゲーム。海の底に沈んでいる古代ギリシャ風の神殿で戦うことになるラスボスが、神殿の奥にうずくまっている巨大な人間型の怪物、ラハブ（第一形態はダゴン、第二形態はポセイドン）である。残念ながら家庭用ゲーム機には移植されていない。

### 「セブンスドラゴン」シリーズ／NDS、3DS
セガ／2009年3月～

突如として現れた七匹の竜に大地を奪われ、その土地から繁茂するフロワロという毒花で生存圏が狭められた世界を、竜たちの支配から人類の手に奪還すべく戦うNDSシリーズ向けのファンタジーRPG。いくつもの世界が繋がっていることが示唆されており、近未来の東京を舞台とした外伝の『セブンスドラゴン2020』シリーズも展開されている。『セブンスドラゴン』『セブンスドラゴン2020』のラスボスがニアラで、3DS用の『セブンスドラゴンIII code:VFD』において重要な役割を果たすのが、1作目の隠しボスだったノーデンスであるなど、クトゥルー神話的な要素がある。

**Code Name: S.T.E.A.M. リンカーンVSエイリアン／3DS**
セガ／2015年3月

蒸気機関が高度に発展し、巨大な飛行船が空を行き交うもう一つの十九世紀。突如侵略してきたエイリアンによって世界は大混乱に陥った。合衆国大統領リンカーンが小説や民間伝承のヒーローたちを集めて組織した対エイリアン精鋭部隊S.T.E.A.M.の戦いを描く、アメコミタッチのスチームパンクSLG。ミスカトニック大学において「神秘の技術」を研究しているランドルフ・カーターが登場するのみならず、物語の根幹にクトゥルー神話が関わっている。作中で語られない設定は、小学館発売の『コードネームスチーム リンカーンVSエイリアン：任天堂公式ガイドブック』に詳しい。

**「アトリエ」シリーズ／PS、PS2、PS3**
ガスト／1997年5月〜

『マリーのアトリエ ザールブルグの錬金術士』に始まる、ファンタジー世界の街で錬金術師の店を営む少女となり、さまざまなアイテムを作り出し成長していくシリーズ。顧客にアイテムを納品してお店を切り盛りする経営SLGパートと、依頼を成功させるべく冒険者と一緒に危険なダンジョンに赴いて素材集めするRPGパートから成っている。8作目『イリスのアトリエ グランファンタズム』に装備可能な武器として『ネクロノミコン』（2006年）が、11作目『ロロナのアトリエ アーランドの錬金術士』（2009年）には参考書として『ネクロノミコン』がそれぞれ登場する。

**「STEINS;GATE」シリーズ／XBOX360、PS3、PC、他**
5pb.／2011年6月〜

科学ADVシリーズ第2弾。現代日本の秋葉原を舞台に、偶然に過去改変を起こした青年たちが巻き込まれる事件を描く。実在する場所や商品が多く登場し、秋葉原の旧ラジオ会館解体前には屋上に宇宙船（?）が突き刺さるというゲーム中のイベントが再現された。ファンディスク『STEINS;GATE 比翼恋理のだーりん』（2011年）で、会話中に「インスマスの深きものども」「海神ダゴン」などのワードが、『STEINS;GATE 0』（2015年）には「バイアクヘー」のワードが登場する。なお、後者はたきもとまさしの小説『STEINS;GATE 閉時曲線のエピグラフ』を収録したもの。

**這いよれ！ニャル子さん 名状しがたいゲームのようなもの／PSVita**
5pb.／2013年5月

逢空万太の人気ライトノベルが原作のAVG。同時期に放映されたアニメ第一期をベースに、キャラクターごとのマルチエンディングを含めたオリジナルストーリーが展開するAVGで、通常版と限定版「輝くトラペゾヘドロンBOX」が同時に発売された。色々な組み合わせでミニイベントが見られる「CHAOS：LOTる」やARでキャラと写真が撮れるなどのオマケ要素も収録されている。「名状しがたいゲームのようなもの」は、クトゥルー神話の定番フレーズである「名状しがたい」に由来しつつ、直接的には原作に登場する「名状しがたいバールのようなもの」をもじっている。

**妄想科学ADV CHAOS;CHILD らぶchu chu!!／PS4、PSVita、Windows、他**

MAGES.／2017年3月

自称"リア充で情報強者"宮代拓留が渋谷で起きる連続猟奇殺人事件を調べるうちに狂気と妄想の世界に踏み込んでいくという、志倉千代丸が原作を務める科学ADVシリーズ第4作『Chaos;child』のファンディスク。狂気と妄想に彩られた本編とは打って変わって、主人公はヒロインたちとの「リア充活動」に励むことになる。

ゲーム中、ヒロインの一人である香月華がMMORPG『エンパイア・スウィーパー・オンライン2』で、おそらくイベントボスの「ダゴンの王」と戦っているシーンがある。TIPSLISTにおいて、ペリシテ人の海人、クトゥルー神話の邪神双方の解説が。

**Bloodborne／PS4**

フロム・ソフトウェア／2015年3月

病を患い古い医療の都ヤーナムに流れ着いた主人公が、夜の街を徘徊する異形の獣憑きたちを狩ってゆく3Dアクションゲーム。

高難易度が特徴のアクションゲーム『DARK SOUL』シリーズのシステムを継承しており、19世紀風の石造りの街で、変形する仕掛け武器と銃を使って戦うという、ゴシックホラーの要素が強く押し出された作品となっている。

世界観や登場クリーチャーのデザインなど、設定全般がクトゥルー神話の影響下にある。ゲームの舞台となる古都ヤーナム Yharnam の名前も、クトゥルー神話における重要な地方都市アーカム Arkhamをもじったものだろう。

**「ファイナルファンタジー」シリーズ／FC、SFC、PS、他**

スクウェア、スクウェア・エニックス／1987年12月～

FC版の第1作から30年にわたりシリーズを重ね、『ドラゴンクエスト』と双璧をなす国産RPGの代表作。シリーズ初期から登場する定番モンスター、マインドフレア（ソウルフレア）は『D&D』由来のモンスターだが、元々はクトゥルー神話ネタである。

シャンタク、ウェンディンゴなどのモンスターも同様だ。また、『XⅢ』には最強武器の素材として「トラペゾヘドロン」が、『外伝 光の4戦士』に「ネクロノミコン」がといった具合に、クトゥルー神話関連のアイテムがしばしば登場する。ちなみに、『零式』にはインスマ海岸、エイボン地方などの土地がある。

**Sa・Ga3 時空の覇者［完結編］／GB**

スクウェア／1991年12月

任天堂ゲームボーイ向けのRPGシリーズ「サガ」シリーズの3作目（完結作）でありつつ、異次元の神々による侵攻というクトゥルー神話的なテーマを題材にした異色作。この新機軸は、クリスタルソフトで『夢幻の心臓Ⅲ』などを開発したスタッフが合流したことによるらしい。神々の侵攻により滅びゆく世界の未来を救うため、次元を越えて飛ぶ戦闘機ステスロスを使って過去・現在・未来、そして異世界を巡る冒険を描く作品で、フェンリルはツァトーグァ、ベリアルはシュブ＝ニグラス、ボルボックはヨグ＝ソトースという具合にクトゥルー神話由来と思しいモンスターが数多く登場する。

**ロマンシング・サガ2／SFC**
スクウェア／1993年12月

プラットフォームをゲームボーイからSFCに移した「サガ」シリーズの後継RPGの2作目。古代から蘇った「七英雄」を倒すため、何世代にも渡って戦い続けるある帝国を主題としたRPG。イベントを好きな順番で攻略できるフリーシナリオが最大の特徴。武器や技を使い続けることで新たな技を思いつく「閃き」システムがシリーズで初めて搭載された。登場モンスターの「魚人」（雌は人魚になる）がしばしばクトゥルー神話の〈深きものども〉と結び付けられるため特に取り上げたが、実際は映画『大アマゾンの半魚人』の半魚人（ギルマン）の系譜ではないだろうか。

**フロントミッションシリーズ　ガンハザード／SFC**
スクウェア／1996年2月

人型戦闘兵器「ヴァンツァー」が一般化した未来、ある小国のクーデターをきっかけに軌道エレベーター「アトラス」を巡る陰謀を挫くため、過酷な戦いを挑む青年の戦いを描く。同シリーズは同じ歴史を辿った世界を舞台とするSLGだが、この作品だけが異なる歴史を辿っており、ジャンルも横スクロールシューティングゲームとなっている。ソサエティという謎の組織に属する漆黒の空戦用大型ヴァンツァー（中ボスキャラクター）が、ナイトゴーントという名称である。無名のパイロットが撃墜時に口にする「ぐわぁ　ソサエティばんざーい！！」は同作の名言に数えられている。

**ブレイドアーツ　黄昏の都ルルイエ／PS**
エニックス／2000年9月

スクウェアと合併し、スクウェア・エニックスと連名になる以前のエニックスがPSで最後に発売した、完全新作の3Dアクションアドベンチャーゲーム。キャラクターデザインを結城信輝が担当している。南太平洋で起こった地震によって浮上した群島、その中でも異質な島、セイレム島において奇妙な遺跡が発見された。消息を絶った第一次調査団の救助と再調査のために第二次調査団が派遣され、主人公・獅堂零はその一員として探索を開始する――。第二次セイレム遺跡調査団の警護を担当する私設警備エージェントDSONの実働部隊に、海兵隊出身のティンダロスというキャラがいる。

**ロード オブ アポカリプス／PSP、PSVita**
スクウェア・エニックス／2011年12月～

2010年10月発売の『ロード オブ アルカナ』の続編にあたるアクションRPGで、スクウェア・エニックスが展開している対戦型TCG『ロード・オブ・ヴァーミリオン』の関連作品でもある。かつて、大崩壊によって融合した〝七界〟と呼ばれる世界を舞台に、過去の記憶を失った状態でありながら、七つのアルカナストーンを巡る争いに巻き込まれていく主人公（性別を選択可能）の戦いを描く。各チャプターにおいてアルカナストーンを護っている、マスターガーディアンと呼ばれる巨大な敵が存在しており、中でも最大級の巨体を持つガーディアンが〝クトゥルフ〟である。

**ブレイブリーデフォルト　フライングフェアリー／3DS**
スクウェア・エニックス／2012年10月

闇に飲まれた四つのクリスタルの解放を目指す旅を描くRPG。制作には「ファイナルファンタジー」のスタッフが携わっている他、BGMをLinked HorizonのRevoが担当し、コンサートも行われた。連携コンテンツとしてソーシャルゲームが運営された他、2013年に完全版、2015年には外伝も発売されている。ゲーム中のエイゼンベルグ地方にある火の神殿のボスモンスターが、「クリスタル正教の伝承にある、災厄を刻印せし者」と呼ばれるチャウグナルである。ただし、その姿は体から無数の槍や鉾を生やした一つ目の肉塊で、出典小説のものとは似ていない。

**ドラゴンクエストモンスターズ2　マルタのふしぎな鍵／GB、GBC**
スクウェア・エニックス／2001年3月～

様々なモンスターを仲間にし、育成しながら冒険を進めるというコンセプトの、人気RPG「ドラゴンクエスト」シリーズのスピンオフシリーズの2作目。引っ越したばかりの国を水没の危機から救うため、「ふしぎなかぎ」を使って異世界を旅していく。主人公は戦闘に参加せず、「モンスターマスター」として仲間にしたモンスターを育成して戦う。兄ルカが主人公の「ルカの旅立ち」と、妹イルが主人公の「イルの冒険」という2つのバージョンが約1ヶ月をずらして発売され、登場するモンスターが一部異なる。ドラゴン系のランクSモンスターとして、シャンタクが登場する。

**「ワイルドアームズ」シリーズ／PS、PS2**
ソニー・コンピュータエンタテインメント／1996年12月～

危険な荒野の惑星をロマンを求める冒険者「渡り鳥」の旅路を描くファンタジー西部劇RPG。全作品でに世界を守る守護獣、銃と魔法が存在することなどが共通しているが、それぞれの作品でまったく別の世界の物語として描かれている。開発はメディア・ビジョンで、リメイクを含めないと全7作。ゲームデザイナーである金子彰史などのスタッフの趣味で、モンスターやアイテム、地名などにクトゥルー神話の要素が盛り込まれている。シリーズを通して登場する侵略宇宙人「はいよるこんとん」の外見は有名な「3メートル宇宙人（フラットウッズ・モンスター）」のものとなっている。

**ボクと魔王／PS2**
ソニー・インタラクティブ・エンタテインメント／2001年3月

魔王に影を乗っ取られた少年ルカは、世界にはびこる偽魔王たちを倒す旅に同行させられる。仲間は元エリートのお笑い女勇者、話を聞かない変人学者など癖のある連中ばかり。序盤は人形劇のような雰囲気のコメディだが、徐々に世界の裏側が見えてくるシナリオには未だに根強いファンが多い。海外版はPS4に移植されている。物語の第7章、世界図書館が舞台となる「ボクと魔王が図書館で」において、閉ざされた洞窟で『オバケノミコン』という本が入手できる。これは、「知る人ぞ知るオバケ研究の世界的権威」を自称する仲間の一人、グッテン・キスリング博士の最強武器である。

## エターナルダークネス～招かれた13人～／GC

任天堂／2002年10月

祖父エドワードの死に疑念を抱いたアレキサンドラ・ロイヴァスが、ロードアイランドの祖父の家で人間の皮膚で装丁された『エターナルダークネスの書』を見つけたことに始まる物語。紀元前のペルシアから現代のアメリカまで、13人の異なる時代、そして13人の異なる主人公が紡いでいくホラーAVGである。『クトゥルフ神話TRPG（クトゥルフの呼び声）』を参考にしたと思われるサニティシステムが特徴で、幻聴や幻覚に襲われるキャラクターの状態を、画面を通して体感できてしまう。GCでは珍しかったホラージャンルのゲームで、かなりグロテスクなシーンもある。

## ポケットモンスター『ブラック2』&『ホワイト2』／DS

任天堂／2012年6月

人間の隣人・ポケットモンスターを仲間にして最高のポケモンマスターを目指す、人気育成RPGの第五世代「ブラック&ホワイト」の続編。前作と共通する地域が舞台だが、新たな街・キャラクターと共に過去作のライバルたちとも戦えるワールドトーナメントなど新要素が数多く盛り込まれ、登場するポケモンも大幅に増えている。タチワキシティジムのクリアイベント後、使用できるようになるポケウッドという施設で、PCが主役の映画を撮影できるのだが、撮影可能な作品『ゴーストイレイザー』4部作における登場人物たちの名前がアーカム、カダス、セラエノとなっている。

## Favorite Dear／PS、PC

NECインターチャネル／1999年2月

新米天使の主人公（性別の選択が可能）が、10年以内に人間界の危機を救うことのできる勇者を育て上げるという内容の、シミュレーションRPG。主人公は性別を選択でき、勇者候補の男7人・女6人との間には恋愛関係を築くこともできる。事件の解決を依頼することで勇者は育っていくが、天使は地上に直接手出しできないので状況に応じたこまめなケアが重要となる。敵モンスターに「ナコトしゃほん」が存在する。2000年6月には新規キャラクターの追加されたWindows版が発売され、同年12月には続編となる『FAVORITE DEAR 純白の預言者』が発売されている。

## 人魚の烙印／PS

NECインターチャネル／2000年8月

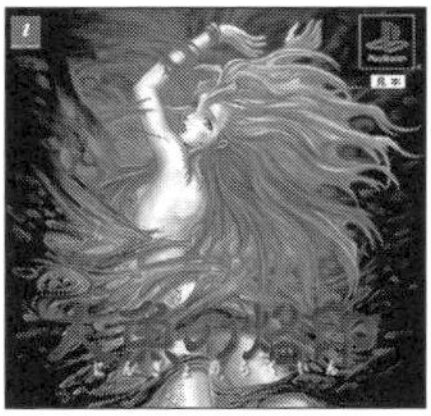

卒業旅行の途中、乗っていた飛行機の墜落事故によって、邪神を崇拝する集団に支配されている孤島・魚返島に放り出されてしまった高校生の男女、館林圭輔と中山美月。邪教徒の生贄として拉致され、薬を投与された美月は鱗に覆われた醜い姿へと変貌していく。果たして、圭輔は彼女を救い出し、島から脱出することができるのか――。直接的な描写はないが、HPL「インスマスを覆う影」の影響が色濃いホラーAVG。ステージクリア型SLGの要素もあり、島に隠されたいくつもの秘密を暴き、邪教と対立する住民たちと共闘して厳しい戦いを生き抜かなければならない。

**マスターオブウェポン／AC、MD、PS2**
タイトー／1989年～

対空ショットと対地バルカンを使って縦横無尽に戦うシューティングゲーム。開発当初は大友克洋の『AKIRA』がモチーフで、ディップスイッチ設定で自機を飛行機からバイクに変更することができた。1989年にメガドライブ版が発売され、2007年にはPS2用の『タイトーメモリーズⅡ下巻』に収録されている。難易度設定に依らず、5コイン以内で6面のボスを倒すと突然画面が暗転。デモ画面に飛行している姿で登場し、全ての元凶であることが暗示されている真のラスボス、クトゥルーが出現する。ゲーム中のクトゥルーは灰緑色で、蜘蛛を思わせる異形の怪物だ。

**アウトライブ／PCE**
サンソフト／1989年3月

ファイティングワーカーと呼ばれる巨大ロボットを駆り、異星人の古代遺跡が残る荒廃した惑星ラフラに潜む謎の組織・マースを追っていく、SFテイストの3DダンジョンRPG。主人公以外のパイロットとの戦闘もあり、勝利すれば彼らを味方として情報を得ることができる。古代神ハスターの召喚を目的とする秘密結社クラフトの陰謀というバックストーリーが存在し、ラスボスであるブラウディクスを撃破すると、ハスターと半ば同化した姿に変化する。1997年にはPS用のリメイク版が、『OUTLIVE Be Eliminate Yesterday』のタイトルを冠して発売されている。

**魔導物語／SS**
コンパイル／1998年7月

爆発的な人気を集めたコンパイルの落ち物パズルゲーム『ぷよぷよ』のキャラクターたちは、元々は同社のRPGシリーズ『魔導物語』の登場人物やモンスターだった。本作は、純コンパイル製のシリーズ作品としては一番最後に発売されたセガサターン版の『魔導物語』で、ディレクターである織田健司によって設定が再構築され、次元魔王ヨグス（第二形態は、ラスボスとして登場する次元邪神ヨグ・スォートス）をはじめクトゥルー神話を取り込んだ物語が展開された。この設定は「真・魔導物語」と呼ばれ、小説『真・魔導物語』の巻末などでその一端が明かされている。

**…いる！／PS**
タカラ／1998年3月

文化祭を翌日に控えた夜の学校で発生した、少女惨殺事件から始まるホラーアドベンチャー。主人公はフルポリゴンで作られた校舎を一人称視点で探索し、散りばめられた謎の真相に迫っていく。校内にはモンスターや殺人鬼が徘徊しており、他の生徒たちが時間の経過に伴って犠牲になっていく様が可視化されてしまうのも恐ろしい。ツァトゥグァやショゴス、魚人といった神話由来のクリーチャーが登場するなど、クトゥルー神話から強い影響を受けたストーリーになっている。なお、タカラの廉価版レーベル「THE BEST タカラモノ」の一作として、1999年8月に再発売された。

## 「スプラッターハウス」シリーズ／AC、PC、PCE、MD、他

ナムコ／1988年11月

ホラー映画ブームに影響を受け、強烈な残虐・暴力描写を取り入れた横スクロールアクションの傑作。映画『13日の金曜日』がモチーフの、強大な力を持つ「ヘルマスク」（外見はホッケーマスク）を被った青年リックを主人公に、「ウエスト館」と呼ばれる恐怖の館へと恋人をさらわれた彼の孤独な戦いを描く。鮮烈な演出と救いのないストーリーが人気を呼んだシリーズで、ウエスト館のかつての主人である死体蘇生の研究者、ウエスト博士がHPL作品由来である。ナムコからメガドライブ版のみ発売された『スプラッターハウスPART2』に、全ての元凶であるウエスト博士が登場する。

## 「テイルズ」シリーズ／SFC、PS、PS2、GC、他

ナムコ／1995年12月〜

2017年末現在で16作を数える人気シリーズ。外伝作品の他、アニメ化やソーシャルゲームなども多数行われている。有名アーティストによる主題歌の他、対戦格闘ゲームのように操作するアクション性の高い戦闘システムやマップ上でのキャラクター同士の会話シーンなどストーリーに入り込みやすい要素が散りばめられている。1作目にネクロノミコン（武器）、イエロウキングスが登場したのをはじめ、『テイルズオブデスティニー2』にハスターやビヤーキー、『テイルズオブシンフォニア』にアザトル、ハスタールといった具合に、関連アイテムやモンスターがシリーズを通して登場する。

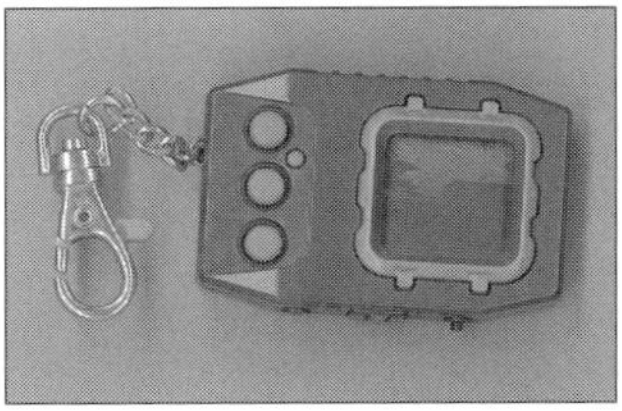

## デジタルモンスター／携帯型ゲーム

バンダイ／1997年6月〜

バンダイの携帯型育成ゲーム『たまごっち』にバトル要素を追加した、携帯型育成ゲーム。「デジモン」の愛称でカードゲーム、アニメなど様々な媒体で展開されている。1998年12月に発売された『デジモンペンデュラム2 ディープセイバーズ』で追加された、ネットの海に棲むデジモンたちの中に「海底の破壊僧」の異名を持つというダゴモンが含まれている。クトゥルー神話のダゴンが名前の元ネタだが、姿形のデザインはクトゥルーがモチーフになっていた。このことから、アニメ『デジモンアドベンチャー02』第13話「ダゴモンの呼び声」の脚本家として小中千昭が起用されている。

## .hack//G.U. Vol.1 再誕／PS2

バンダイ／2006年10月

1200万人がプレイするという架空の「世界最大のネットゲーム」The Worldを舞台として展開する仮想ネットワークRPGの第二期シリーズ。PKやプレイヤーの失踪というネットゲーム特有の事態がストーリーに深く関係している。先行してプロローグであるアニメ「.hack//roots」が放映された。
絵描きのビックマンというNPCにまつわるクエスト「ビックマンの画材」が存在し、これをクリアすると「ビックマンのモデル」というキャンペーン（サブイベント）が発生する。言うまでもなく、HPL「ピックマンのモデル」のオマージュである。

**スーパーロボット大戦シリーズ／**
バンプレスト、バンダイナムコゲームス、他／1991年4月～

オリジナル含め、数多のロボットアニメのキャラクターやロボットが参戦するクロスオーバーSLGシリーズ。『スーパーロボット大戦UX』に『機神咆吼デモンベイン』が参戦して、クトゥルー神話要素が持ち込まれた。また、同じ年に発売されたスピンオフシリーズの『スーパーロボット大戦OGサーガ 魔装機神Ⅲ PRIDE OF JUSTICE』にはルイエ・ザニア・バリャスカナという、地球空洞世界出身の女性キャラクターが登場。そして、ソーシャルゲームの『スーパーロボット大戦X-Ω』にはナイアーラという謎めいたキャラクターが登場するが、今のところ正体は不明である。

**ヒーロー戦記 プロジェクトオリュンポス／SFC**
バンプレスト／1992年11月

デフォルメされた特撮・アニメのキャラクターが共演する「コンパチヒーローズ」の第1作。ガンダム、ウルトラマン、仮面ライダーのキャラクターたちが共存する惑星エルピスを舞台に、各シリーズの敵キャラクターからなるテロリスト集団と戦っていく。オリジナルキャラクターも登場し、後にスーパーロボット大戦に取り込まれた。横溝正史の『犬神家の一族』ネタのイベントがあり、本棚にアブドゥル・アルハザードの『ネクロノミコン』が並んでいる。2012年9月発売の『ロストヒーローズ2 PREMIUM EDITION』に収録されているが、本棚の書名が変わっているらしい。

**デジモンストーリー／DS**
バンダイナムコ／2006年6月

小型携帯ゲームデジタルモンスターの設定を元に、カードゲームや家庭用ゲーム機用のゲーム、アニメとう具合にマルチメディア展開するシリーズのRPG作品。
ネットの中に存在するデジタルワールドに迷い込んだ主人公がデジモンたちと出会い、彼らを育成しながら起こる事件を解決する。同じ年に放送されたアニメ『デジモンセイバーズ』の主人公とそのデジモンたちも多数登場する。
ダゴモン、ハンギョモンなど、クトゥルー神話ネタのデジモンが登場している。ただし、ダゴモンの設定が他作品とは変わっていて、ベタモン、スカモンを経て進化するという設定になっている。

**スーパーヒーロージェネレーション／PS3、PSVita**
バンダイナムコ／2014年10月

ロボットアニメや特撮作品のキャラクターが登場する「コンパチヒーローシリーズ」の新シリーズ第4弾で、ターン制のストラテジーゲームである。「ムサボルデスの世界1」の最終戦において、5ターン以内に戦艦ノーベン・ノヴァがドガ・ドロンと交戦するとボストリガーが発動、『ウルトラマンティガ』『ウルトラマンティガ THE FINAL ODYSSEY』のラスボスであるガタノゾーアと、その奉仕種族であるシビトゾイガー30体がマップ上に登場する。なお、ムサボルデスは本作の黒幕的存在で、パラドックス・ジャンプを繰り返して様々な世界に破滅をもたらした恐ろしい怪物だ。

**アイドルマスター　シンデレラガールズ G4U!パック　VOL.6／PS3**
バンダイナムコエンターテインメント／2015年11月

人気ソーシャルゲームでアニメ化もされた「アイドルマスター　シンデレラガールズ」のキャラクターを使ってグラビア撮影を楽しむゲーム。アニメBD全9巻にそれぞれ1人ずつのキャラクターが撮影できる『G4U（グラビアフォーユー）！』が同梱されているのだが、VOL.6のキャラクターは神崎蘭子。彼女が横座りポーズをとる際のセリフが「は……這いよる……混沌っ！」になっている。彼女はいわゆる厨二病のアイドルで、口にするセリフに被さるように内心の音声も再生されるのが特徴。このセリフの場合では、「横座り、ですけどぉ……」と伝えたいものらしい。

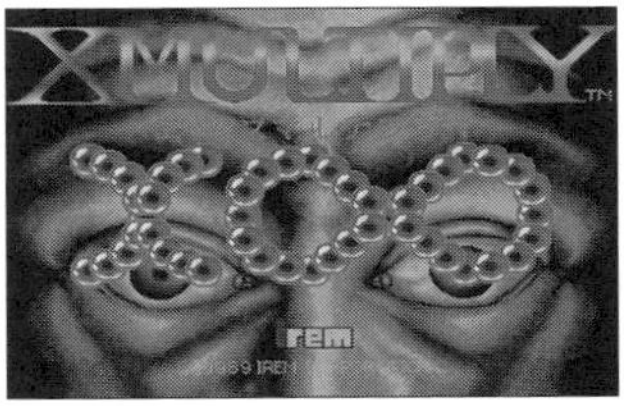

**Xマルチプライ／AC、PS、SS**
アイレム、エクシング／1989年6月～

人体に寄生したエイリアンを排除するため、ミクロ化した戦闘機で突入するシューティングゲーム。書き込まれた背景は非常に生々しくグロテスクで、時に人間の身体とは思えないほど。自機であるX002にも生物的要素があり、パワーアップで二本の触手が生えてくる。1面「HOSTUR」、5面「HIDRA」、最終7面「BYKHEE」という具合に、クトゥルー神話ネタと思しいボスキャラクターが登場する。アーケードゲームだが、エクシングから発売されたPS、SS用の「アーケードギアーズ」シリーズから、『イメージファイト＆Xマルチプライ』（1998年）として移植版が発売された。

**神仙伝／FC**
アイレム／1989年12月

古代中国を舞台としたファミコン用のRPG。神から与えられた刀を持ち、正しい心で世界を統治していた四人の王。しかし別世界の生き物によってその三人までが悪に染まり、戦乱が引き起こされる。仙術の修行をしていた主人公は運命からこの戦いに巻き込まれていく。敵を吸収して一度だけ戦わせることができる「べにひょうたん」が特徴的。登場モンスターは中国妖怪が中心だが、フカヒレや北京ダックといった冗談モンスターに混ざって、終盤近くに「あざとうふ」「よぐそとうふ」が登場。その名前の通り、白い豆腐に顔がついたような外見のモンスターで、正気度は減りそうにない。

**サイバーナイト／PCE、SFC**
トンキンハウス／1990年10月

24世紀、ワープ失敗で宇宙を漂流する傭兵たちが主人公のSFRPG。グループSNEが開発に関わり、6×6のボード上で行う戦闘システムのデザインは水野良が担当。山本弘によるノベライズも。中ボスクラスのモンスターとして、クトゥルー神話から材が採られたウェンディゴ、ガタノソア、チャウグナー、ナイトガーントなどが登場している。

**エアーズ／PS**
パックインビデオ／1999年3月

フローティアという、空に浮いている島が舞台の、エアレースものRPG。主人公ティガロは、作中で「浮空機」と呼ばれている飛行機械を使用した天空キャノンボールに参加して優勝を目指すと共に、かつてこのレースのが、チャンピオンだった父アザトス・ラヴクト失踪の謎を探ることになる。主人公の父親の名前が御覧の通りクトゥルー神話ネタである。

The Lost Child／PS4、PSVita
KADOKAWAゲームス／2017年8月

現代日本の裏側にある超常世界に踏み込んでいく作品で、2014年に角川ゲームスとフロムソフトウェアとの合同発表会において情報公開されたクトゥルー神話ダンジョンRPG、『Project 堕天』からの改題であるらしい。オカルト雑誌のライター伊吹隼人は、ある女性を助けたことで悪魔を捕縛する銃を託され、天使と悪魔の抗争に巻き込まれていく。イグニッション・エンターテインメント・リミテッドから2011年に発売された3Dアクションゲーム『El Shaddai -エルシャダイ-』と世界観が繋がっていて、DLCでこちらの作品の主人公イーノックの悪魔バージョンが登場する。

マジシャンロード／NEOGEO
ADK／1990年4月

古代の封印から復活した巨悪を倒すべく、救世主「マジシャンロード」の子孫エルタが戦っていく横スクロール型のアクションゲーム。3つのエレメンタルの組み合わせでドラゴンや雷神からポセイドン、シノビなどさまざまな姿に変身し、全8ステージを踏破する。SNKのアーケード、家庭用の両用ゲーム機NEOGEOのローンチタイトルで、「ショゴス」「ダゴン」「ニャルラトテップ」など、敵モンスターの大半がクトゥルー神話由来。ラスボスは「アズ・アトース」である。PS4、Xbox One、Nintendo Switchなど、複数プラットフォーム向けにダウンロード配信も。

クーデルカ／PS
SNK／1999年11月

ある人物に導かれてウェールズのネメトン修道院を訪れた霊媒師の女性クーデルカ・イアサントの冒険を描く、ゴシックホラーRPG。実在の人物を元にしたキャラクターも登場し、モーションキャプチャやリップシンクで存在感を演出している。クトゥルー神話色の強いストーリーで、ダークヤング（『クトゥルフ神話TRPG』におけるシュブ＝ニグラスの黒き子山羊）やガグなどのクリーチャーが登場。また、後日談においてクーデルカと結ばれ一子を設けることになるエドワード・プランケットという名前は、HPLが尊敬し、強い影響を受けたロード・ダンセイニの本名でもある。

「シャドウハーツ」シリーズ／PS2
アルゼ／2001年6月〜

第一次大戦前夜の欧州から中華民国、大日本帝国を股に掛け歴史の闇に隠された陰謀を解き明かすオカルトホラーRPGで、『クーデルカ』の15年後を描く後日談的な物語でもある。大連やプラハのような実在の土地が舞台となり、マタ・ハリやシートンといった人物も登場するが、一癖も二癖もある性格にアレンジされている。1作目に『ルルイエ異本』『無名祭祀記』などのアイテムが登場する他、1929年のアメリカに時代と舞台を移し、キャラクターが一新された第3作には、アーカム大学とラヴクラフト教授が登場する他、ディープワンなどクトゥルー神話系のモンスターも登場する。

**「マーヴル・スーパーヒーローズ」シリーズ／AC、SS、PS、他**
カプコン／1995年9月～

『ストリートファイター』シリーズで2D格闘ゲームを牽引していたカプコンが開発した、マーベル・コミックス社のアメコミに登場するヴィジランテ（ヒーロー）やヴィラン（悪役）たちが題材の格闘ゲームシリーズ。現在ほどには日本では広く読まれていなかったアメコミの読者を一気に増やしたシリーズで、『X-MEN VS. STREET FIGHTER』などのクロスオーバー作品もある。ドクター・ストレンジの宿敵とはいえ、マイナーな存在であったクトゥルー神話系の邪神シュマ＝ゴラス（ゲーム中ではシュマゴラス）に独特なキャラ付けを行って登場させ、世界的に知名度をお仕上げた。

---

**「BLAZBLUE」シリーズ／AC、PS3、PS4**
アークシステムワークス／2008年11月～

『ギルティギア』のシステムを継承した2D対戦格闘ゲーム。蒼の魔道書《ブレイブルー》を右腕に宿した重犯罪者ラグナ＝ザ＝ブラッドエッジを中心に、総勢36人のプレイアブルキャラクターの想いと信念が絡み合ったストーリーが展開する。2016年の第4作「セントラル・フィクション」で本編ストーリーは最終章を迎えた。プレイアブルキャラクターである世界虚空情報統制機構の技術大佐、マッドサイエンティストのレリウス＝クローバーが使用する技名の中に、「イド・ロイガー」「イド・ハース」「イド・ナイア」といったクトゥルー神話ネタのものが紛れ込んでいる。

---

**CHAOS CODE／AC、PS3、Win**
FK Digital、アークシステムワークス／2011年8月

台湾に開発拠点を持つオーストラリアのゲームスタジオFK Digitalが、日本市場向けに開発した2D格闘ゲーム。無限エネルギー「カオティクス」によって未曾有の繁栄を遂げた未来社会を舞台に、謎の言葉「CHAOS CODE」の秘密を巡って地球全域を巻き込んだ争奪戦が繰り広げられる。使用キャラクターの一人が、リリカルマジカルワンダフル魔法少女を自称するクトゥルーの娘クティーラで、クトゥグァ、ティンダロスの猟犬、ヨグ＝ソトースといったクリーチャーを召喚してバトルする。パッケージ販売はされていないが、アークシステムワークスがダウンロード販売を行っている。

---

**ニトロプラス ブラスターズ －ヒロインズ インフィニット デュエル－／AC、PS3、PS4**
エクサム、マーベラス・エンターテインメント／2015年4月～

ニトロプラス作品のヒロインが戦う『ニトロ＋ロワイヤル』を再構築、後発作品のヒロインも追加した2D格闘ゲーム。メインストーリーは参戦作品の風景が寄せ集められたモザイク状の世界から元の世界に帰るために戦うというもの。虚淵玄の参加した『PSYCHO-PASS』や『楽園追放』のキャラクターも参戦している。実は『斬魔大聖デモンベイン』とコミック『D.Y.N.FREAKS』を繋ぐ作品であり、家庭用ゲーム機版で追加されたストーリーでは、とあるHPL作品が下敷きの、過去にアーカムシティで起きた事件を再現したという物語が展開する。シナリオライターは森瀬繚。

**インスマウスの館／バーチャルボーイ**
I・MAX／1995年10月

時は1922年。人々が恐怖し、同時に渇望する禁断の魔術書『ネクロノミコン』を持ち帰るという依頼を受け、「死者の森」の奥深くにたたずむ館へと潜入する名もなき探偵。ついに目的の本を手にした彼の前に、暗黒の神話に語られるこの世ならぬ怪物、インスマウスが現れる。屋敷の中を逃げ回りながら「ダゴンの鍵」を見つけ、制限時間内に脱出するのがゲームの目的だ。双眼鏡のように、直接目にあててゲーム画面を覗き込む方式の、任天堂のユニークなゲーム機、バーチャルボーイ用の作品のひとつ。バーチャルボーイ特有の赤いゲーム画面が、不気味な雰囲気を醸し出している。

**デジタルピンボール　ネクロノミコン／SS**
KAZe／1996年11月

KAZeから発売された、セガサターン用のピンボールシリーズの第2作。『ネクロノミコン』のタイトルが示す通り、クトゥルー神話をイメージ上のモチーフにしたピンボール台で、ゲーム機ならではの現実のピンボールでは再現できない美しい盤面と、黒人修道僧が禁断の書『ネクロノミコン』を求めて書庫に分け入る様子を映像化した、冒頭の実写ムービーは必見である。Arkham、Cult of the Bloody Tongue、Dreamlandsという3つのテーブルの存在は、『ネクロノミコン』を求めたアーカムの修道僧が、血塗られた舌の教団での惨劇を経て、夢の国へと至る物語を暗示しているのだろう。

**「ラングリッサー」シリーズ／MD、SS**
メサイヤ、日本コンピュータシステム、タイトー、他／1994年8月～

聖剣ラングリッサーを巡って起こる戦争を描く大河ファンタジーSLG。各ユニットは指揮官と10人の兵士で構成され、歩兵・槍兵・騎兵の属性による三すくみがあるため、物量や力押し一辺倒にならない戦略的なプレイングが楽しめる。戦場でのロマンスもストーリー上重要な要素であり、セクシーな女性指揮官が数多く登場する。2作目の『ラングリッサーII』（リメイク版は『デア・ラングリッサー』）以降の作品に、混沌神カオスが鍛えたという設定の闇の剣、魔剣アルハザードが登場する。作品タイトルになっている聖剣ラングリッサーと対の剣で、物語中で重要な役割を果たす。

**「カルドセプト」シリーズ／SS、PS、DC、PS2、Xbox 360、NDS、3DS**
大宮ソフト／1997年10月～

最大4人のカード使い《セプター》が、創造と破壊の書カルドセプトの断片であるカードから独自の魔法の書《ブック》を構築し、スゴロクのようなマップを移動しながら、魔物を召喚して土地を支配したり直接妨害して魔力を奪い合うというデッキ構築型のカード／ボードゲーム。シリーズを通して、水属性クリーチャーの王としてダゴンが登場。古の反逆神が、四柱神の対立心を利用して創り出した魔天使という設定のミゴールというモンスターもいるが、ゲームでのビジュアルは人型。また、DC版の『カルドセプトセカンド』（1999年）以降にはバ＝アルに変身できるトラペゾンというアイテムが。

**ダンガンロンパ 希望の学園と絶望の高校生／PSP**
スパイク・チュンソフト／2010年11月

「超高校級の才能」を持つ高校生のみが入学できるという希望ヶ峰学園を舞台に、閉鎖された校舎内で、生き残りと脱出を求めた生徒たちが互いに殺し合い、「学級裁判」で犯人を追求する――「サイコポップ」がテーマの推理アドベンチャーゲーム。クロ（犯人）だと判明したキャラクターは、残虐なおしおき（処刑）によって殺害されるのだが、その執行を含めた進行役のロボット「モノクマ」の声を『ドラえもん』の大山のぶ代が演じたことも話題になった。
3割の確率で占いが的中するという超高校級の「占い師」、葉隠康比呂のセリフ中に「外なる神」というワードがある。

**DarksidersⅡ／PS3、XBox360**
スパイク・チュンソフト／2012年11月

世界を滅亡させた罪に問われ幽閉されている前作の主人公ウォーの無実を証すため、弟デスが生命の樹を探して放浪するダークアクションRPG。開発はTHQで、日本語ローカライズ版がスパイク・チュンソフトから発売されている。特徴的な四つの世界をさまざまなアクションで探索し、隠された謎を解き明かしていく。二本の鎌を使った戦闘もテンポよく爽快にプレイできる。中盤の「死者の都」のボスである「嘆きの主 The Wailing Host」が、顔の下半分から触手を伸ばしたクトゥルーそっくりのデザインになっている。後に、PS4向けに完全版が発売されたが、日本では未発売。

**テラリア／PS3、XboxOne、その他**
スパイク・チュンソフト／2013年5月～

Re-Logicが開発した海外製2Dサンドボックスゲームで、Windows版から各プラットフォームに移植された。その後、家庭用ゲーム機向けの日本語ローカライズ版がスパイク・チュンソフトから発売されている。すべてがブロックでできた世界で、家を建てたり道具を作ったりして自由に進めていく。ダンジョンでを探索したり、好き放題に景観を造り上げることも思いのままだ。色々なものが作れるからこそ、他の人のプレイ風景を見るのが楽しいゲーム。ボスモンスターとして「クトゥルフのめだま」という巨大な目玉の姿をした怪物が登場。「クトゥルフのしもべ」を召喚し、攻撃してくる。

**RPGツクール MV／PC、Mac、他**
スパイク・チュンソフト／2015年12月

アスキーもパソコン雑誌『MSXマガジン』が開発・発売した『RPGコンストラクションツール Dante』に遡る歴史の長いRPG作成ソフトの最新作で、スパイク・チュンソフトが販売した。MVは「マルチ・ビュー」の意味で、対応プラットフォームは、WindowsやOS X、iOS、Android、WEBブラウザなど幅広い。
『クトゥルフ神話TRPG』とのコラボにより、クトゥルー神話系のクリーチャーなどがキャラクター素材として配信されている。2018年1月現在、パッケージ版は入手困難だが、Windows版についてはDegicaのダウンロード販売版が存在する。

## ありす イン サイバーランド／PS、PC

グラムス／1996年12月

アドベンチャーゲームとギャルゲーの融合した「ギャルベンチャーゲーム」と銘打ったAVGで、Windows版の『ありす イン サイバーランド 闇夜の魔導師』とPS版が同時に発売された。メディアミックス企画で、1997年1月にはOVAやドラマCDも発売されている。私立ミスカトニック学園中等部に通う水無月ありすら3人が、仮想空間サイバーランドの開発者であるありすの父が遺したダイブシステム「ルシア」を用いてサイバーランドに潜り、電子犯罪に立ち向かうというストーリーである。キャラクターデザインを森山大輔が、設定とシナリオを小中千昭が担当した。

## serial experiments lain／PS

PIONEER LDC／1998年11月

ソニーマガジンズのアニメ雑誌『月刊AX』に連載されたテキストストーリーとアニメ、ゲームなど複数の媒体で同時期に展開されたメディアミックス作品『serial experiments lain』のゲームソフト。設定やシナリオを脚本家の小中千昭が担当した。ネットワーク内に散らばったlainこと岩倉玲音の映像記録などの情報をかき集め、彼女の秘密に近づいていくというコンセプトの「アタッチメントソフトウェア」。彼女とネットを介して交流している橘総合研究所の牧野慎一郎がミスカトニック大学で博士号を取得したという設定になっている。動画が多いためか、CD-ROM2枚組だった。

## 対決ウルトラヒーロー／GBA

ジョルダン／2004年3月

特撮ドラマの「ウルトラマン」シリーズが題材になっている、2D対戦アクション。平成のウルトラシリーズからもティガ、ダイナ、ガイア、アグルの4戦士が参戦し、トーナメントモードを勝ち抜いて得られるポイントでステータス育成が可能。バルタン星人やゼットン2代目などの怪獣と戦うこともでき、特定の条件を満たせば名場面グラフィックが見られる。

プレイアブルキャラクターとして、『ウルトラマンティガ』のラスボスであり、クトゥルー神話由来であるガタノゾーアが参戦。気になる攻撃方法は基本的に触手でぶっ叩いたり、突き刺したりすることで、原作再現要素は薄い。

## 「剣と魔法と学園モノ。」シリーズ／PSP、PS3

アクワイア／2008年6月～

冒険者養成学校の生徒となって数多のダンジョンに挑む3DRPG。「ととモノ。」の通称で知られ、マイケルソフトの「ウィザードリィ エクス」シリーズの開発スタッフが関わっている。愛らしいグラフィックだが難易度は高くしっかり遊び込むことができる。10種族からキャラクターを作ることができ、2からは他のゲームでの職業に当たる学科も選べるようになった。第4作で一度完結。リブートした「新」は見下ろし型のフィールドとなっている。シリーズを通して、『黒の書』『セラエノ断章』『ナコト写本』『ネクロノミコン』『ルルイエ異本』などの本アイテムが存在する。

**ティアーズ・トゥ・ティアラII　覇王の末裔／PS3**
アクアプラス／2013年10月

ウェールズの伝説をまとめた『マビノギオン』と、アーサー王物語を下敷きにしたアクアプラスのファンタジーRPGシリーズの第3作（第2作の後に外伝が）。滅びた王家の末裔であり、戦神メルカルトの力を秘める青年ハミルが古代の女神を自称する少女タルトと共に、過酷な支配を布く帝国に反旗を翻す物語。前作の1年後が舞台で、引き続き登場するキャラクターも存在する。半魚人系モンスター「深きもの」が登場。なお、ピーター・トレメインの小説「深みのもの」は、アイルランド・ケルト神話とクトゥルー神話を融合させた作品だが、これを意識したかどうかは不明である。

**アサシンクリード　シンジケート／XBox360**
ユービーアイソフト／2015年11月

遺伝子に隠された記憶を辿り、伝説的なアサシンたちの人生を追体験してゆくステルスアクションシリーズの第9作で、『アサシンクリード ユニティ』の直接的な続編にあたる。1868年のロンドンを舞台に、犯罪組織を支配するテンプル騎士団と、ギャングに加わった双子のアサシン・フライ姉弟の戦いを描く。ダーウィンやナイチンゲールといった歴史上の人物も数多く登場し、ストーリーを彩ってくれている。「旧支配者の愛撫」という名前のブラスナックルが武器として登場。フレーバーテキストには「このブラスナックルは「うがふなぐるふたぐん…」」とだけ書かれている。

**Caligula -カリギュラ-／PSVita**
フリュー／2016年6月

バーチャルアイドルμ《ミュー》が作り出し、ファンの意識を取り込んだ理想世界からの脱出を目指す「帰宅部」の戦いを描く学園ジュブナイルRPG。「女神異聞録　ペルソナ」の里見直がシナリオを担当、μが歌う楽曲は人気のサウンドコンポーザー9人が書き下ろしている。2018年にPS4でのリメイクとアニメ放映が決定している。敵のドロップや宝箱などから入手したワードを揃えていくと隠しダンジョンが解放されるのだが、その名称が「星界からの侵攻」「旧支配者の片鱗」「恐怖を振りまく姦婦」といった具合の、クトゥルー神話を否応なく想起させるものになっている。

**忍び、恋うつつ―甘蜜花絵巻―／PSVita**
IDEA FACTORY／2017年9月

忍者学校仮入学の初日、なぜか男性をメロメロにする術を発動してしまった主人公・片桐かえでが、10人のエリート忍者候補生たちと甘い関係を築きつつ、術の制御と試験合格を目指して奮闘する女性向け恋愛アドベンチャーゲーム『忍び、恋うつつ　―雪月花恋絵巻―』のファンディスクである。本編で結ばれた恋人とのその後が描かれている。登場人物の一人、中二病というキャラクター設定の我来也のゲーム中セリフに「混沌からの呼び声」という文章があるのだが、音声では「クトゥルーからの呼び声」となっている。声優は、アニメ『ラーゼフォン』の神名綾人役などが知られる下野紘。

**クロスゲート／PC**
スクウェア・エニックス／2001年7月

スクウェア・エニックスが運営していたWindows用のMMORPG。2003年12月発売の『パワーアップキット2～楽園の卵～』において実装されたメインシナリオにおいて、クトゥルー神話に由来する名称のNPC（「ハスターの家」に住んでいたルルイエ爺さん、その友人であるツァール、クエストの進行役であるホテップなど）が登場し、魔導書の写しやエルダーサインにまつわるストーリーが展開していく。前述のハスターの家に加え、海底墓所やダゴンフォールといった、やはりクトゥルー神話を思わせる場所も数多く登場。2007年10月にサービスが終了した。

**Asgard／Windows**
ネクソン／2003年8月

アイテム課金制、見下ろし型視点の、Windows用2DオンラインRPG。光と闇、善と悪を操った古代文明の力を取り戻すことを目論む帝国が舞台となっている。最大52人のパーティでモンスターと戦いダンジョンを攻略する他、闘技場や善悪陣営での大規模戦、ギルドによる攻城戦など対人戦コンテンツも豊富だった。聖職者クラスの使用する天上－悪属性のスキルスペルに、混沌に呼びかけて悪の魂を復活させるという力を持つ「アザトース」というものがある。また、ウェンディゴ系列のモンスターが登場するが、邪神ではなく本来の悪霊らしい。2015年6月にサービス終了。

**エミル・クロニクル・オンライン／PC**
ガンホー・オンライン・エンターテイメント／2005年12月

ガンホー・オンライン運営の、絵本を思わせる可愛らしいデザインが特徴の、ハートフルオンラインRPGと銘打たれたWindows用MMORPG。サービス開始後、人為的に繋がれた三つの世界の共生と戦いを描くシナリオが追加された。またSAGAと銘打たれた大規模なアップデートが数ヶ月おきに行われ、有名ブランドとのコラボ衣装なども販売された。魚人族「インスマウス」や、クトゥルフ、ハスターなどのモンスターが登場する。また、『インスマウスがサルバナナ？』というモバイル用パズルゲームが、ジー・モードから配信されていた。2017年8月末にサービスが終了している。

**Tree of Savior／PC**
imc Games／2016年9月

クラスチェンジを繰り返しながらスキルを取得してキャラクターを育成してゆく、2Dと3Dを併用したWindows用MMORPG。世界を守る女神が姿を消し、神の化身である神樹が暴走して世界中を侵蝕し始めてから数年、啓示を受けた主人公は女神を探すために旅立つ。2018年1月現在、トーリーは未だ完結しておらず、アップデート毎に進行している。クラスのひとつ、モンスターの遺骸を消費して魔法を使うネクロマンサーの基本装備がネクロニコンで、これに幾つかのカードを挿すことで使用可能なスキルにショゴスを召喚する「クリエイトショゴス」というものがある。

**みんなdeクエスト／ブラウザ**
スクウェア・エニックス／2001年7月

剣と魔法の世界を旅するオンラインRPG。サービスが始まった当初は『MaildeQuest（メールでクエスト）～虹色の夜～』というタイトルで、JavaScriptに対応したWEBブラウザ上でプレイする。リアルタイムではなく、あらかじめ入力した行動選択に沿って1日2回のペースで冒険が進行してゆく。最大4人のパーティを組み、メールや掲示板で連絡を取り合って協力して戦うことも可能。
アルビノペンギン、ウェンディゴ、ディープワン、ビヤーキーなど、クトゥルー神話由来のモンスターが数多く登場していた。１５年以上続いた長寿サービスだが、２０１７年3月末に運営が終了。

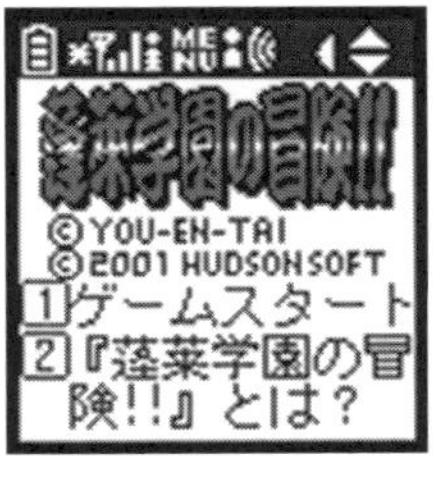


**蓬莱学園の冒険!!／フィーチャーフォン**
ハドソン／2001年2月

iモード対応の携帯電話向けに、webbeeハドソンから配信されたメールゲーム。株式会社遊演体のネットゲーム（PBM）やTRPG、小説の舞台であった生徒総数10万人の巨大学園・蓬莱学園を舞台に、学園生徒となったプレイヤーが一人の生徒として学園生活を送るというもの。ゲーム中、世界周遊修学旅行の際にルルイエが浮上しかけたり、自称「海王星の皇女」こと留学生レアージュをニャルラトテップが襲ったり、巨大なティンダロスの猟犬が出現したりするなどの、クトゥルー神話ネタのイベントがいくつも発生した。ライター陣の多くは後に、ライアーソフトに合流している。

**いんすまっ! お魚でもイイですか?／フィーチャーフォン**
ホープムーン／2007年～

『夢魔の天蓋』シリーズとは打って変わってポップなドタバタコメディ。DoCoMo版は「みんなDEファンタジー!」、SoftBank版は「みんなでファンタジー!」で配信された。ホラー小説家を目指して上京した港町出身の主人公（プレイヤー側で設定する）。生活にようやく慣れてきた主人公の前に突然現れ、彼のアパートに居ついてしまったチカという少女。彼女を中心に、大家である天才少女メリッサ、管理人の蓬を交えて一夏の甘い思い出の物語が展開することになる——の、だろうか?『週刊まんが★大王』においてコミックも公開されていたが、現在は閲覧できなくなっているようだ。

**「アンソニー・クリーガンの事件簿」シリーズ／フィーチャーフォン**
ワーカービー／2009年4月～

超常現象にまつわる事件を手がけ、闇社会で名前の知られた私立探偵アンソニー・クリーガンが、１９２８年冬に失踪するまでの間、解決したという２６の事件を描くシリーズ。『アンソニー・クリーガンの事件簿 Act.1』は１９２２年4月、旧知のジェーン・ラザラールの依頼で、アンソニーは彼女と2人の妹たちが住むマサチューセッツ州のエルズマーチに赴く。そして、サイコ・リボルバーを手に、ラザラール邸を脅かす怪事件に挑むのだった。２０１０年配信の『Act.2』は、主人公がジェーンと知り合った「豪華客船事件」が描かれる前日譚。リボルバー入手の経緯が明かされる。

### 夢魔の天蓋、夢幻狂詩ネクロノミコン、夢幻舞葬モンストラバルツ／携帯電話

ホープムーン／2005年～

第1作『夢魔の天蓋』は2005年配信の魔術バトルRPG。プレイヤーは、神秘学に精通した日系アメリカ人のジン・レイカーとなり、魔術に魅せられて妻子を異界の神の生贄に差し出し、異形の怪物と化した父ジャッジマンを追跡する。続く『夢幻狂詩ネクロノミコン』は2006年。前作の1年後、各地で頻発する「詩篇事件」の謎に、ジン・レイカーと日本人留学生・速水隆介が挑む。第3作の『夢幻舞葬モンストラバルツ』は2007年。ジンの協力者であるノーマン・アトキンス教授を主人公に、ミスカトニック大学を退官した彼が巻き込まれる第1作の19年前の事件が描かれる。

### 底根アンダーグラウンド／フィーチャーフォン

スクウェア・エニックス／2012年2月～

クトゥルー神話（作中ではクトゥルフ神話）が題材の、スクウェア・エニックスのホラーテイストRPG。奇妙な噂が絶えない地方都市、底根市。プレイヤーは、この底根市にある大学の学生となり、城山恵子や梶間陽平といった遺跡調査サークルの仲間たちと共に市内の無古都遺跡などに出入りする内に、怪異に巻き込まれていくことになる——。登場するモンスターは、普通の野生動物もいるが基本的にクトゥルー神話系のクリーチャー。なお、現在も閲覧可能な公式サイトでは、クトゥと名乗る好々爺然とした妙にフレンドリーなクトゥルフ神が、ゲームの進行を解説してくれる。

### エルダーサイン～無貌の鏡像～／ブラウザ、iOS、Android

ミラクルポジティブ／2012年8月

モンスターとコンパニオンを組み合わせ、パーティを作って戦うオンラインカードRPG。タイトルの通り、クトゥルー神話を題材にした作品で、数多くの邪神や神々が登場し、「絶望と再生のストーリー」が展開された。1日2回の定期更新で、行動内容をセットしておくと自動的に結果が提示される。複数のプレイヤーで連合を組んで戦うユニオンレイドや対抗戦、ユーザー同士で競い合うランクマッチが導入されていた。ソーシャルゲーム『Fate/GrandOrder』を運営しているディライトワークスに買収され、完全子会社となったことを受けて、2016年8月に運営が終了している。

### クトゥルフダンジョン、クトゥルフモンスターズ／iOS、Android

Hiroki Bouchi、さむずあっぷプロジェクト／2016年10月～

それぞれiOS版はHiroki Bouchi、Android版はさむずあっぷプロジェクトの名義で配信されている、クトゥルー神話（作中ではクトゥルフ神話）が題材のスマホ向けゲームソフト。『クトゥルフダンジョン』（2016年10月配信）は、クトゥルー神話の邪神や生物が待ち構えるダンジョンを探索するという内容の、パンゲア・ウルティマ大陸が舞台のファンタジーRPG。『クトゥルフモンスターズ』（2017年7月）は、打って変わってゆるふわな姿にアレンジされた神話生物を召喚して他次元の世界を滅ぼす「次元戦争」を戦うディフェンス型のシミュレーションゲームである。

**ドラゴンコレクション／iOS、Android**
KONAMI／2010年9月～

世界に散らばる秘宝を集めると神々より与えられるドラゴンの力のため、冒険者がモンスターを収集・育成しながらドラゴンマスターを目指すカードバトルRPG。闇属性のユニットとして、男性の姿に擬人化された海底に傾ぐ遺跡に眠る古き邪神「クトゥルフ」、「深淵の君主ダゴン」、名状し難き旧き風の支配者「黄衣の王ハスター」などが実装されている。

**モンスター★モンスター／ブラウザ、iOS、Android**
さくらソフト／2011年3月～

召喚士となり、召喚したモンスターを進化や合成で育成、軍団を組織して他のユーザーと対戦できるカードバトル型RPG。複数タイプの「アザトース」「ヨグ＝ソトース」や「クトゥルフ」「クティラ」「シヨゴス」など、少女の姿をしたクトゥルー神話の邪神やクリーチャーが実装されている。中でも特徴的なのが、「ヨグ＝ソトース・ヤハウェ」の存在だろう。

**アイドルマスター シンデレラガールズ／iOS、Android**
バンダイナムコエンターテインメント、Cygames／2011年11月～

『THE IDOLM@STER』シリーズの世界観がモチーフの、アイドル育成ソーシャルゲーム。海の底に引きずり込むというコンセプトの4人組ユニット「ル・リエー」の呼び声」が登場する。また、2014年のイベント「アイドルプロデュース 聖靴学園の七不思議」において、心霊マニアの白坂小梅のセリフ中に、ネクロノミコンのレプリカが宝物だという発言が。

**パズル&ドラゴンズ／iOS、Android**
ガンホー・オンライン・エンターテイメント／2012年2月～

「パズドラ」の愛称で親しまれる、息の長いソーシャルゲーム。モンスターでチームを組み、ドロップを消して敵を攻撃しながらダンジョンを攻略するパズルゲームで、モンスターは合成、進化することでパワーアップできる。「無形なるもの・アザトース」「狂王なるもの・クトゥグア」「悪夢なるもの・クトゥルフ」など、ドラゴンの姿をした邪神たちが登場する。

**神魔×継承！ラグナブレイク／iOS、Android**
MightyGames／2012年3月～

次元上昇により天界・魔界・地上界がつながった世界を舞台に〝なんでもあり〟の世界観でくりひろげられる、1万枚を超えるカードによるファンタジーRPG。「夢魔王クトゥルー」を筆頭とするクリーチャー系デザインのユニットと、「創命神アザトース」を筆頭とする擬人化されたユニットが混在して登場。他に、「召喚教授アルハザード」も。

**あやかし陰陽録／iOS、Android**
ジンガジャパン／2012年5月～

陰陽師の当主となり、あやかしが引き起こす怪異や問題を解決、集めた式神で戦いを繰り広げる和風ファンタジー・カードバトルRPG。「クトゥルフ神話に登場する、宇宙の混沌より召喚された邪神の一柱」ニャルラトホテプの女性態といわゆる〈月に吼えるもの〉形態、そして邪神召喚に用いられた「輝くトラペゾヘドロン」の精霊などが登場する。

**最強ガーディアン・クルス／iOS、Android**
スクウェア・エニックス／2012年6月～

魔獣ガーディアンを捕獲・育成して最強のガーディアンチームを作っていくカードバトルRPG。ガチャではなく、アクションゲーム的な手法で捕獲するタイトルとしても知られる。「クトゥルフ」と上位種「最強水神クトゥルフ」「ハスター」などのガーディアンが存在する他、「クトゥグア」を捕獲するハントイベント「魔に生きる狂う炎」が開催された。

**幻獣姫／iOS、Android**
Mynet／2012年6月～

その身に凶悪な幻獣を封じ込めた乙女「幻獣姫」。情熱、妖艶、清純の3タイプの姫を服従・調教・昇天させて幻獣王を目指すカードバトルRPG。基本的に人間の女性に擬人化された姿で、「クトゥルフ」「アザトース」「ヨグ＝ソトース」といったクトゥルー神話の邪神たちや、「ナイトゴーント」「ティンダロスの猟犬」などのクリーチャーが登場する。

**レジェンド オブ モンスターズ／iOS、Android**
Mynet／2012年7月～

大銀河に浮かぶ惑星ネオテルスを舞台に、勇者たちが幻獣と協力して平和な世界を取り戻すべく〝昏き無の王〟と戦うハイ・ファンタジーカードバトルRPG。異形の怪物の姿をした「統べる者クトゥルフ」、襤褸をまとったような姿の「混沌の皇太子ハスター」の他、「聖天の銃皇ラヴィニア」というマスケット銃使いの女性（姓は不明）のユニットが存在する。

**クレイジータワー／iOS、Android**
ガンホー・オンライン・エンタテイメント／2012年9月～

住人たちに住居と仕事を与えてタワーを高くしていき、住人たちの力でモンスターを撃退する、タワー経営とタワーディフェンス要素を持つゲームである。「ミッション03：薫製はじめました」のハント対象のモンスターとして、かわいらしくデフォルメされたような姿（ただし、目だけは爛々と輝いている）の「クトゥルフさん」が登場する。

**栄光のガーディアンバトル／iOS、Android**
ポケラボ／2012年11月～

世界樹に支えられたパラレルワールドで大いなる力を秘めたクリスタルの争奪戦を繰り広げる。騎士団を結成、他の騎士団へ戦いを挑むリアルタイムカードバトル。「ナイアーラトテップ」「クトゥルー」「ハスター」「イホウンデー」「ガタノトーア」などのユニットが存在していたようだが、早くにサービス終了してしまったため情報が乏しい。

**超破壊!!バルバロッサ／iOS、Android**
インブルー／2012年11月～2016年6月

魔界の魔王となってお気に入りの小悪魔と絶対魔王を目指す。RPGバトルゲームとあるが、実際にはスクエア制を採用したシミュレーションRPG。「クトゥルフ」と「ニャルラト」のユニットが存在。これらの邪神たちを魔王として従えるという滅多にないシチュエーションが体験できた。なお、「超邪神!!クトゥルフの絶対支配」というイベントも存在。

**禁断召喚！サモンマスター／iOS、Android**
ブシロード／2013年1月～

アーバニア大陸にある2つの王国の覇権をかけた争いを背景に、それぞれの国を治める2人の王女を守る召喚士となって戦うカードバトルゲーム。「アザトース」のユニットの存在が確認されているが（pixivにイラスト元絵が投稿されている）、サービス終了から久しく情報が乏しいため、他のユニットについては画像ともども確認できていない。

**デーモントライヴ／Android iOS**
セガネットワークス／2013年2月～

現実世界に異形のデーモンたちが出現するようになった近未来を舞台に、能力者がデーモンに変身してデーモンと戦うというコンセプトの協力対戦型RPG。「ヨグ＝ソトース」「シュブ＝ニグラス」「ガタノトーア」「ビヤーキー」「ショゴス」「シアエガ」など、クトゥルー神話系の邪神やクリーチャーのユニットが存在したようだが、画像は未確認。

**蒼穹のスカイガレオン／iOS、Android**
ジー・モード／2013年3月～

カードに封印された神々やモンスターを召喚して領土拡大を目指すカードバトルゲーム。サービス終了後、カード閲覧ができるアルバム機能アプリが提供されている。クトゥルー神話系では珍しい「クァチル・ウタウス」「ヴルトゥーム」などの、少女に擬人化されたユニットがある。また、「アトラック＝ナチャ」とは別に「アトラナート」という少女ユニットも。

**ドラゴンポーカー／iOS、Android**
アソビズム／2013年5月～

ポーカーとRPGを組み合わせたリアルタイム進行のカードバトルゲーム。モンスターカードを入手して合成しモンスターを育てることができる。スマホ向けソシャゲの中では比較的早くクトゥルー神話実装をおおっぴらに広報した作品で、骸骨とタコを組み合わせたようなデザインのショゴスなど、独特のユニットも。

**まぞくのじかん／iOS、Android**
アンビション／2013年7月～

人間との戦争に敗れ魔王が存在しないまぞくの国で、おてんばゾンビのアーディが見習い魔王となりモンスターとパーティーを組んで人間たちを成敗していくRPG。【混沌王】アザトース、【泡帝】ヨグソトース、【風渡神】イタクァ、【黄衣王】ハスター、【冷王】ウェンディゴなどの、クトゥルー神話由来のユニットが存在する（複数タイプあるものも）。

**モンスターストライク／iOS、Android**
mixi／2013年9月～

自分のモンスターを指で引っぱり弾くことで敵モンスターに当てて倒していくターン制のアクションRPGで、「モンスト」の愛称で知られている。入手したモンスターは合成や進化で育成することができる。天使や悪魔、世界各地の神話や伝説、日本の戦国時代などの様々なユニットが存在するが、クトゥルー神話からは今のところ「宇宙生物クトゥルフ」のみ参入。

**スカイロック -神々と運命の五つ子-／iOS、Android、ブラウザ**
gloops／2013年10月～

天界神と人界神に封印された冥界神サタナスの復活を阻止するため、神の血を引く五つ子が魔者（マモノ）を駆使して冒険を繰り広げる王道RPG。「ロイガー」という、タコがベース（翼が生えているヴァリエーションも）の怪物が登場。オクトパスインク、邪心の吸盤などのスキルを持っている。他にも、「アトラク・ナクア」「ウィンディゴ」などの魔者がいる。

**神獄のヴァルハラゲート／iOS、Android**
Grani／2013年1月～

神と悪魔の共存する世界を舞台にヴァルハラゲートを開く聖域の鍵を目指すリアルタイムギルドバトルゲーム。最大25人のギルド同士による戦いが毎日行われる。どこかで見たようなスーパーロボットの姿に描かれた「破壊神アザトース」「海神ダゴン」（イラスト作成はダイナミック企画）や、女性の姿をした「這い寄る混沌ニャルラトホテプ」がいる。

**アイドルマスター ミリオンライブ！／iOS、Android、ブラウザ、フィーチャーフォン**
バンダイナムコエンターテインメント、Cygames／2013年2月～

『THE IDOLM@STER』シリーズの世界観がモチーフの、アイドル育成ソーシャルゲーム。「ミリマス』「グリマス」と呼ばれることも。芸能プロダクションの765プロではどうやら『クトゥルフ神話TRPG』が流行中らしく、ゲーム中に出てくるホワイトボードに、温泉ロケの最終日にセッションを行う旨の、秋月律子からのお知らせが書かれている。

**DEADMAN'S CROSS -デッドマンズ・クルス-／iOS、Android、PS Vita**
スクウェア・エニックス／2014年2月～

デッドマン（ゾンビ）であふれかえる近未来のアメリカを舞台に、デッドマンを捕獲・育成して荒廃した世界を生き抜くゾンビカードバトルRPG。ゾンビと言いつつ、ミ＝ゴ、ショゴスなどの神話クリーチャーが登場。ミ＝ゴが毒性のデッドマンで、倒すと「トリップキノコ」というデッドマンギア（デッドマンの装備）が入手できるあたり、菌類設定が生きている。

**サモンズボード／iOS、Android**
ガンホー・オンライン・エンタテイメント／2014年2月～

プレイヤーが召喚士となって、仲間にしたモンスターでチームを組み、4×4マスの召喚盤の上でモンスターを動かしてダンジョンを攻略するボードゲームRPG。アザトース（女性擬人化）、シュブ＝ニグラス（女性擬人化）、クトゥルフ、ニャルラトテップなどが登場。進化させることで無形の黒影アザトース、万物の母シュブ＝ニグラスにパワーアップする。

**グランブルーファンタジー／iOS、Android、ブラウザ**
Cygames／2014年3月～

空に浮かぶ島々を舞台に騎空士となり伝説の島イスタルシアを目指して冒険する本格RPG。クオリティの高い人気タイトルで2017年にはTVアニメも放映された。ヨグ＝ソトース、シアエガなどのクトゥルー神話系邪神が登場。また、Cygamesの『神撃のバハムート』のキャラクターである死人使いのリタが登場し、ネクロノミコンというスキルを使う。

### ドラゴンジェネシス 聖戦の絆／iOS、Android
gumi／2014年4月～

剣と魔法の世界で騎士として多彩なジョブを極め、幻獣を降臨させて多人数によるリアルタイムのギルド対抗戦「聖戦」を戦い抜くファンタジーRPG。「ダゴン」という名の、巨大なタコのような姿をしたモンスターがいる。海神としてのダゴンと、「タコ」の駄洒落の組み合わせかもしれないが、結果的にクトゥルーに似通った存在になっている珍しい例。

### ブラッド オブ ドラゴン／ブラウザ
DMMゲームズ／2014年5月～

カードに宿る力を使役する「召喚士」として軍勢を強化して戦い、敵味方1万人の兵士がぶつかりあう大規模バトルが特徴的な大軍勢RPG。女性の姿に擬人化された「旧邪神クトゥルー」「無冠帝ニャルラトホテプ」「屍塁魔ネクロノミコン」などが登場。ネクロノミコンは、書物から半身を現した少女の姿で、擬人化というよりも本に宿る精霊を思わせる。

### ポコロンダンジョンズ／iOS、Android
グレンジ／2014年6月～

モンスターを育成してパーティーを編成、同色のパズルブロックをなぞって主人公を動かし敵モンスターを討伐してダンジョンを攻略していくパズルRPGで、通称は「ポコダン」。アザトース、クトゥルフ、イグ、ニャルラトホテプなどが登場、それぞれ盲目神アザトース、悪夢神クトゥルフ、蛇柱呪イグ、混沌王ニャルラトホテプに進化させられる。

### 白猫プロジェクト／iOS、Android
株式会社コロプラ／2014年7月～

飛行島で〈最果ての地〉を目指し、7つの大いなるルーンを集める冒険を描くアクションRPG。2017年5月開催の「絶海の侵略者～混沌インフィニティX～」がクトゥルー神話パロディ。ストーリーやクエストの名前が「闇に囁くメイド」「ナルト写本」で、覚醒時の名前が「窮極の虚空、暗澹たる螺旋の渦動ルル・ルゥ」である魔道士のルルが登場する。

### 刻のイシュタリア／iOS、Android
シリコンスタジオ／2014年9月～

千年王国イシュタリアを舞台に、騎士となり美少女たちと諸国を旅しながら砂塵（ストーム）とともに現れた魔神と戦うアクティブバトルカードRPG。「焼き尽くす者クトゥグア」「冒涜の魔女アルハザード」「秘湯の魔女アルハザード」「魔猫ウルタール」などのクトゥルー神話由来のキャラクターが登場。クトゥグアは珍しくも少年の擬人化キャラである。

### マジカルフリック／iOS、Android
NTTドコモ／2014年11月～2016年3月

ファンタジー世界で仲間たちと共にダンジョンを探求するフリックパズルRPG。縦横にパズルを操作し、同色のパズルを揃えて攻撃する。女性に擬人化された「九頭龍・クトゥルフ」「アトラク＝ナクア」「深海の魔・ダゴン」などが登場する他、「混沌巨神・ガタノトーア」「邪悪呪木・ハスター」「深淵大帝・ノーデンス」などの降臨イベントがあった。

### 幻獣契約クリプトラクト／iOS、Android、ブラウザ
Bank of Innovation／2015年2月～

領土を破壊した幻獣を討伐するために旅立った領主として冒険する王道ファンタジーRPG。討伐した幻獣との契約によりユニットを大幅に強化することができる。シナリオのセリフ中「魔界でも名前しか伝わっていない古代生命体」として、クトゥグアやアザトースの名前が挙がっている。今のところ、本編未登場だが、いずれ実装されるのかもしれない。

### 崩壊学園／Android iOS
株式会社miHoYo／2015年3月～

崩壊が訪れ、ゾンビ化した人間が溢れる世界。「選ばれし者」の末裔である主人公がゾンビ化を免れた仲間と生き残りをかけて戦う横スクロールのアクションゲーム。装備として、ダメージを増加する「災厄降臨」のスキル持ちの、少女人形の形をした「ネクロノミコン」と、状態異常の敵に対して強くなる「理性剥奪」のスキル持ちの「ナコト写本」が存在する。

**【18】キミト ツナガル パズル／iOS、Android**
モブキャスト／2015年3月～

夢と現実の狭間にある夢世界で眠り姫症候群に囚われた女性の心を解放するため、ダイバーとなった主人公が夢世界の深淵を目指すミステリアスパズルRPG。「魔書使いラヴウラフト」「魔術召喚士ラヴクラフト」と2タイプの、美青年ラヴクラフトが登場。アーカーシャレコードへアクセスし、神話体系「クトゥルフ神話」を創り出したという設定になっている。

**ぐるっと淡路島クエスト　アワクエー！／iOS**
アニメエッグ／2015年3月～

淡路島観光用現地連動型探索アプリゲーム。現地の神話伝説に則した妖精キャラが登場し、GPS機能と連動して現実の名所探索を先導してくれる。シナリオ3では沼島の人魚姫ヌーアイが現れるが、プレイヤーに託す祝詞は「いあいあ……だごんだごん」、護符の形象描写もD・タイスン版ダゴンの印である。序盤「窓に、窓に！」のフレーズもあり。

**ブレイブソード×ブレイズソウル／iOS、Android**
グリモア／2015年4月～

巨大な鍵ユグドラシルが刺さる魔界を舞台に、少女の姿をした古代兵器「魔剣」と、彼女たちを使って戦う「魔剣使い」たちにより展開していくRPG。「ネクロノミコン」「ルルイエ異本」「イステの歌」といった神話系魔導書に加えて、『這いよれ！ニャル子さん』の影響で準クトゥルー神話ガジェットに数えられることが多い「バールのようなもの」も。

**カタコマ／iOS、Android**
バレット、ゆずソフト／2015年6月～

太正16年の帝都を舞台に妖怪を悪衣と呼ばれる怪物に変える二人組に立ち向かう美少女陰陽師RPG。ゆずソフト製美少女ゲームのキャラクターも登場する。「唱えよ　我が帰還を！」イベントボスとして、自爆特攻を仕掛けるガレオン・サイドを従えた悪衣「クトゥルー」が登場。成長させると「来るべきものクトゥルー」「旧支配者クトゥルー」に進化する。

**女子メカ！ねじまき学園生徒会戦記／iOS、Android**
スタジオワンダーエフェクト／2015年7月～

人間の脳波を受けて動く半自動ロボットであるメカ娘「ゼンマロイド」（デザインは中山徹）を操ってバトルする、ドタバタ学園ストーリーの痛快メカバトルシミュレーションゲーム。

「テンタレイス」という触手（無論、ナマモノではなくメカ）を備えたゼンマロイドの上位機種として、冒涜的高性能ゼンマロイドの「クトゥルー」が投入されている。

**Diss World（ディスワールド）／iOS、Android**
TIAM／2015年7月～2017年10月

「理想郷＝This World」と「否定された世界＝Diss World」という対照的な二つの世界を舞台に、世界から否定された主人公が、自分を否定した世界に復讐するべく、旅をしながら仲間を集めていくダークファンタジーRPG。通称は「ディスワ」。「ハスター」「ショゴス」「ムーン＝ビースト」などのクトゥルー神話系モンスターが登場している。

**Fate/Grand Order／iOS、Android**
TYPE-MOON、アニプレックス／2015年8月～

TYPE-MOONの『Fate』シリーズに連なるRPG。主人公は人理継続保障機関・カルデアの一員として、人類の歴史が焼却される危機に立ち向かう。2016年夏のイベント「カルデアヒートオデッセイ」においてパロディ的に神話ネタが盛り込まれ、1．5部の「異端なるセイレム」と2018年正月の葛飾北斎体験クエストにも神話作品からの影響が見られた。

**モン娘☆は～れむ／iOS、Android**
フリュー／2015年8月～

勇者たちとの戦いで荒廃した魔界の復興と最高のハーレムを作りあげるため立ち上がった魔王となって、モンスター娘たちを集めデートや冒険を繰り広げるRPG。クトゥルヒ（B・ラムレイ『タイタス・クロウの帰還』に登場するクトゥルーの落とし子、クトゥリー）やナイアルラトホテップ、スター・ヴァンパイアなどが、モンスターの種族とされている。

**モンスターハンターエクスプロア／iOS、Android**
カプコン／2015年9月～

『モンスターハンター』の世界観がベースの、スマホ向けRPG。未開の島々でモンスターをハンティング、さらに探検とトレジャーハントが加わった狩猟生活が楽しめる。使用した所有者が次々と根暗の未婚になって、ついには行方不明になるという「ある災害のランプ」というアイテムが登場。もちろん、「アルハザードのランプ」のパロディである。

**「君の目的はボクを殺すこと。」シリーズ／iOS、Android**
ふんどしパレード／2015年9月～

ゲームに迷い込んだ「君」が「魔人」から自分を殺すように頼まれる意味深なストーリー展開が魅力の、望みどおり魔人を殺していく放置系タップバトルゲーム。
『君の目的はボクを殺すこと3』に、クトゥルフ、グラーキ、シアエガ、ミ＝ゴなどのクトゥルー神話系のクリーチャーが登場。クトゥルフ神話が出典と書かれてはいるが、説明は割りと適当だ。

**ゆっくり育てていってね！／iOS、Android**
MiuLabo／2015年10月～

アスキーアートから派生したキャラクター「ゆっくり」の育成ゲーム。まんじゅうを与えて育て、成長すると「伝説のまんじゅう」を探しに冒険に出ていく。
「本」カテゴリの装備アイテムとして、「千年以上前に書かれた魔導書」である『ネクロノミコン』が登場する。ただし、「ゆっくりのかしこさでは理解できる部分はほとんどない」とも説明される。

**もんすた～☆こんぷり～と／ブラウザ　Android　iOS**
株式会社アール／2015年10月～

可愛くてユニークな「もんすた～」をタマゴから育てる育成ゲーム。他プレイヤーのもんすた～の世話やランキングや対戦で競い合うこともできる。バトルトライアルイベント「魔界団を壊滅せよ！」において、クトゥルフやアザトースを筆頭に、クトゥルー神話の邪神たちやクリーチャーが登場した。ショゴスがメイド属性のキャラ付けなのは……。

**アリスオーダー／iOS、Android**
スクウェア・エニックス／2016年1月～

大震災に見舞われた2020年代の日本を舞台に、平行世界からの侵略者に対抗する超能力をもった少女〈アリス〉から成る特殊部隊の指揮官となり、戦うシミュレーションRPG。それぞれ「ダゴンの噴気」「ヨグ・ソトースの子」というESP能力を有する、アリス・M（マーシュ）とシャーロット・W（ウェイトリー）が〈アリス〉として登場する。

**神姫プロジェクト／ブラウザ、iOS、Android**
DMMゲームズ／2016年3月～

魔法科学文明の崩壊した世界でデバイスと呼ばれる遺物を入手した主人公が、神姫と呼ばれる伝説の存在を集め、文明崩壊を食い止めるべく戦うRPGで、通常版とR－18版が存在する。クトゥルフ、ニャルラトホテプなどのメジャーな神話存在に加え、ファロールなども登場。クトゥグア、ノーデンスがメインのイベント「忍び寄る炎の狂気」も開催された。

**Darkness Myth～異形の神々と旧支配者～／iOS、Android**
Genius／2016年10月～

クトゥルー神話の神々との恋愛を体験できる恋愛SLG。世界を崩壊させようと企むクトゥガを封印するべく、主人公がクトゥルー神話の邪神や旧支配者と旅に出るというストーリーになっている。女性向けの乙女ゲームなので、攻略が可能な神話の神々がイケメン化しているのが特徴だ。シュブ＝ニグラスがイケメンの男性になっている、珍しい作品でもある。

**クリミナルケース／Android　iOS**
PrettySimple／2016年11月～

グリムズバラの捜査官チームの一員となり、犯行現場に駆けつけ証拠品を探しながら殺人事件を解決していく「モノ探し」要素がメインのアドベンチャーゲーム。証拠アイテムとして「ネクロノミコン」が存在。ただし、デザイン的には、人皮装丁の表紙に人間の顔がある、『死霊のはらわた』に出てくる『ネクロノミコン・エクス＝モルテス』がベース。

**東京放課後サモナーズ／iOS、Android**
ライフワンダーズ／2016年12月〜

各地に開いた23個の扉から出現した八百万の異形のものたちが、異界からの「転光生」として学園生活を送っているという、東京が舞台のカードバトルRPG。主人公の仲間となるクラス委員長の本居シロウの持つ「神器」が、どうやら『ネクロノミコン』であるらしい「屍書」と呼ばれる魔書で、屍書五狂（コズミックテラー）などのスキルを使用する。

**バンドリ！ ガールズバンドパーティ！／iOS、Android**
Craft Egg／2017年3月〜

ライブハウスの新人スタッフとしてバンドとライブイベントを盛り上げるリズム&アドベンチャーゲーム。リズムゲームパートとストーリーパートで構成されている。「Rozalia」というバンドのキーボード担当である白金燐子は、花咲川女子学園で図書委員を務める読書家で、バンド仲間の宇田川あこにクトゥルー神話について説明してあげたらしい。

**Goddess〜闇夜の奇跡〜／iOS、Android**
崑崙日本／2017年3月〜

未来からやってきた勇者が幻獣や女神とともに、ウォーリア、ウィザード、バンパイアの三種族が共存できる世界を目指すリアルタイムバトルのMMORPG。「海魔クトゥルフ」という、背中に大きな翼を生やした人形の悪魔のようなモンスター（ゲーム中の分類ではウィザード型となっている）が登場する。触手などの、海産物を思わせる外見的な要素はない。

**アナザーエデン 時空を超える猫／iOS、Android**
ライトフライヤースタジオ／2017年4月〜

ワームホールに飲み込まれた主人公が過去・現在・未来を駆け巡るストーリーが展開する、シングルプレイに特化した王道ファンタジーRPG。ストーリーの第7章及び外伝のクエスト「千年の匣、わだつみの神殿」の舞台として、水の都アクトゥールが登場。「アクトゥールの呼び声」というサブクエストも存在する。

**戦姫絶唱シンフォギアXD UNLIMITED／iOS、Android**
ポケラボ／2017年6月〜

アニメ『戦姫絶唱シンフォギア』シリーズをベースとした歌と共に戦うシンフォニックバトルRPG。原作アニメの追体験やオリジナルのシナリオをプレイできる。「ファラオの憤懣」という、顔のないスフィンクスの描かれたメモリアカードが登場。『シンフォギア』シリーズの実質的な原作者である金子彰史はクトゥルー神話ファンとして知られているので――。

**漂流少女／iOS、Android**
DAERI SOFT／2017年7月〜

水中に沈んでしまった世界を舞台に、水没の原因を調べるためにイカダに乗りこみ、釣りをしながら旅をする少女が主人公の、オープンワールドゲーム。スローライフな漂流生活を楽しめる作品である。ルルイエに出現するBOSS魚として、邪悪な古代神である「キュートルルー」が登場。「しかし油断は禁物です。彼はまた帰ってきますから…テケリ・リ！」。

**アズールレーン／iOS、Android**
Yostar／2017年9月〜

海からの異形の敵《セイレーン》と、これを巡って対立する2つの勢力《アズールレーン》と《レッドアクシズ》の戦いを描く、艦船を擬人化した艦隊によるシューティングRPG。ルルイエというログインサーバーの導入で話題を集めたほか、「名状しがたい植物」という名の、いわゆるパックンフラワー型の家具が存在。「ああ！鉢に！鉢に！」との説明文も。

**キルドヤ／ブラウザ**
DMMゲームズ／2017年11月〜

勇者に意識高い系へと改竄させられた異世界ブニターリカを舞台に、魔王となり意識高い系ビジネス用語の擬人化美少女を率いて戦う意識高い系ワード擬人化RPG。「フレキシブル」の擬人化キャラが実装されており、環境に合わせて自在に姿を変える不定形生物とされている。時折、「テケリ・リ」と啼くということは、つまりその正体は――。

## ネクロノミコン／PC
フェアリーテール／1994年6月～

フェアリーテール（後のアイデス、F&C）の「フェアリーテール・ハードカバー」レーベルから発売された、日本の美少女ゲームジャンルでは最初のクトゥルー神話作品。イギリスにあるアーカムという地方都市を舞台に、自身の家系のことを調べにこの町を訪れたジャーナリストのジョナサンが遭遇する恐怖を描く作品。1994年6月にPC98版が発売され、その後CD-ROM媒体のFM TOWNS版とPC-9821版、Windows版が発売された。プロデューサーの金杉はじめによれば、シナリオを担当した廣野健一がクトゥルー神話好きだったことから立ち上がった企画だとか。

## Yes!HG／PC
姫屋ソフト／1995年6月

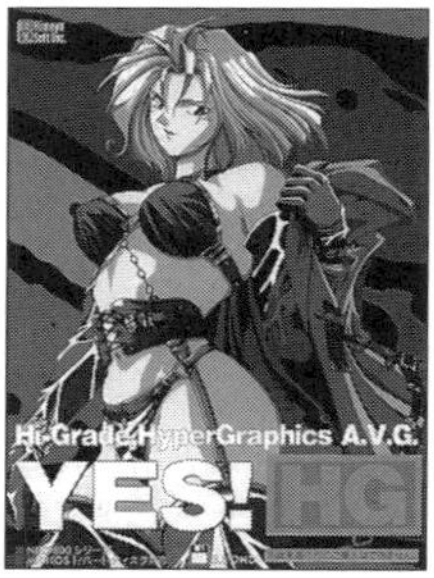


姫屋ソフトのオムニバスAVG全部で8本の短編シナリオが収録されている。3番めのシナリオ「豪州怪奇紀行」がクトゥルー神話ものだった。オーストラリアへの1週間のペア旅行のチケットが当たった高校生の主人公・正治は、幼馴染であり、今は恋人となっている浜田祥子と共に日本を後にする。しかし、バス移動中のうたた寝の中、奇妙なタコのような何かを夢に見たのを皮切りに、彼の身辺では奇妙な出来事が起き始める。奇妙な犬。神への贖罪を求める宗教家。プールに出現した半魚人のような怪物。一体、何が――。PC98版、PC9821、FM TOWNS共用版が発売された。

## DIVI-DEAD／PC
C's ware／1998年1月

マルチエンディングのWindows用サスペンスホラーAVG。山奥の全寮制高校に転入した主人公・響矢蘭丸は、学長である叔父の指示で校内を騒がせる不祥事を調べることになる。学生の間で流行する謎の香木、発砲騒ぎ、殺人事件と連続して起こる事態の中、繰り返される奇妙な夢に翻弄されながら、主人公は事件と自分自身の秘密を解き明かしていく、伝奇ホラー的なストーリーが展開する。直接的なクトゥルー神話描写はゲーム中に存在せず、「永劫」などのワードが時折ほのめかされる程度だが、発売当時の雑誌などでクトゥルー神話をベースにした作品と広報されていた。

## マジカルディープ☆ワン／PC
Vanilla／1997年4月

一人暮らしをしている恭次の家に、海の底の魔法の国の女王候補を名乗る瑠璃と、お目付役の銀髪の美青年にゃー様がやってくる。人間の世界に滞在する瑠璃の「お兄ちゃん」となって、ここで5人の人間を幸せにしなければならないという彼女の修行の手助けをしながら仲を深めていくという内容の、コマンド選択式のWindows用美少女AVG。内容的にはホラー要素0%の魔法少女ものだが、タイトルからして一目瞭然のクトゥルー神話関連作品で、それなりに工夫を凝らした原作ネタがいくつも仕込まれていた。瑠璃とにゃー様主従のテンポの良いかけ合いも、本作の魅力のひとつである。

**「涼崎探偵事務所ファイル」シリーズ／PC、SS**
アボガドパワーズ／1995年7月～

私立探偵事務所を経営する涼崎聡が主人公の、パソコン用AVGシリーズ。初期プラットフォームはPC98だが、後にWindowsにも移植されている。アメリカで探偵をやっていた頃にメイン州のリヴァーバンクスで経験した怪事件をきっかけに、クトゥルー神話に関わる事件に遭遇するようになった涼崎とその仲間たちの探索を描く。『黒の断章』『Esの方程式』の2作が発売され、3作目として予定されていた『人工失楽園』は未発売。SS版の『黒の断章』は10万本が売れるヒット作となった。18禁OVA版の英語タイトルはMystery Of The Necronomiconで、海外で根強い人気があった。

**「蠅声の王」シリーズ／PC**
LOSTSCRIPT／2006年4月～

「涼崎探偵事務所ファイル」シリーズを手がけたシナリオライター大月涼樹による、クトゥルー神話を下敷きにしたWindows用ダークファンタジーAVG。選択に沿って物語全体に割り振られたパラグラフの数字を追って進めていくデジタライズド・ゲームブックというコンセプトの作品である。ダメージやアイテム消費は手元で記録し、判定も画面上のデジタルダイスか同梱の六面サイコロを使って結果を自分で参照するという、正当なプレイもズルもプレイヤーの意志次第で自由に行える、ゲームブックを再現したシステムが特徴だ。続編のシナリオⅡが2009年6月に発売された。

**長靴をはいたデコ／PC**
LOSTSCRIPT／2007年9月

LOSTSCRIPTの贈る、デジタライズドゲームブックの第2弾。画面が縦長で、文庫や新書を思わせる構成になっている。新宿と原宿の間にある小さな町、よもぎ（代喪木）にあるという見知らぬ家の庭で目覚め、長靴をはいたデコ娘のはむ、猫の〝ながぐつ〟と一緒に暮らすことになった記憶喪失の青年・滝沢耕介。そんな彼が送る、わけありヒロインたちとの日常生活と、80年代ジャンプ漫画への熱いリスペクトが溢れ出す劇中劇「ホスト☆聖夜」を交互にプレイしながら進行する。シナリオライターは『黒の断章』『蠅声の王』の大槻涼樹で、クトゥルー神話ネタが盛り込まれている。

**ら～じPONPON／PC**
オーバーフロー／1999年11月

『School Days』で有名なオーバーフローのWindows用アダルトAVG。「妊娠」が作品テーマで、主人公がモトカノから「できちゃった」と告げられるところからストーリーが開始する、産婦人科を舞台とした異色のラブコメディ。入院した恋人、実は主人公を好きだった彼女の妹、主人公を探していた幼なじみのナースといった多様なキャラクターとのストーリーが楽しめる。タイトル通り全員を妊娠させられることも特徴で、シーンとCGも用意されている。主人公の勤めてめている会社内の会話が色々と不穏で、どうやらクトゥルー神話的な存在と関係していることが示唆される。

## 「デモンベイン」シリーズ／PC

ニトロプラス／2003年4月

私立探偵、大十字九郎。螺旋を描く運命は彼を魔導書『アル・アジフ』と巡り合わせ、覇道財閥の巨大ロボット、「魔を断つ刃」デモンベインのコクピットへと導く。クトゥルー神話と、王道のスーパーロボットものを大胆に組み合わせた作品で、受け手よりもむしろ造り手を大いに刺激した。シナリオライターの鋼屋ジンは、無限の並行宇宙が舞台の壮大な世界観を構想しており、続編の『機神飛翔デモンベイン』やコミック『D.Y.N. FREAKS』などの関連作から片鱗が窺える。『ニトロ＋ロワイヤル』『字祷子《アザトース》D　妖都最速伝説』など、ニトロプラスの廉価ソフトも関連作品として挙げておこう。

## 沙耶の唄／PC

ニトロプラス／2003年12月

交通事故で両親を喪い、一人だけ生き残った医大生の匂坂郁紀。脳手術を経て生還した彼の目には、周囲の風景や人間が醜悪極まる肉塊か何かのような外見に見えるようになっていた。そんな彼の前に、失踪した父親を探す沙耶という少女が現れる。悍ましく歪み果てた郁紀の世界において、彼女のみは唯一正常に見えるのだった——。狂気の彼方で花開いた、人外の存在との愛を描くサスペンスホラーAVG。シナリオライターは虚淵玄で、TRPG『クトゥルフの呼び声』の経験が活かされている。2010年には米IDWパブリッシング社からアメコミ版“Song of Saya”全3冊が刊行された。

## 塵骸魔京／PC

ニトロプラス／2006年2月

他者との共感能力を欠いている九門克綺——全人類の魔力の中継点である「門」である彼を狙い、人外の者たちが町に群れ集うという筋立ての、人外伝奇AVG。シナリオは海法紀光（夜刀史朗名義）。TRPG『BEAST BIND 魔獣の絆R.P.G』の世界観が下敷きで、同人ソフトとして開発中のところ、ニトロプラスにおいて商業化された。ヒロインの一人である人狼の少女、〈風のうしろを歩むもの〉は、ジョージ・マクドナルドの『北風の後ろの国』と、C・A・スミス作品における「ハイパーボリア（北風の彼方）」などをイメージした命名である。他にもラヴ（クラフト）・ヴィネなどの小ネタが。

## 装甲悪鬼村正／PC

ニトロプラス／2009年10月

蝦夷《ドワーフ》と呼ばれる種族が鍛えた劔冑《ツルギ》なる機動兵器が存在する、現実とは似て非なる世界。六波羅幕府が統治する大和帝国を舞台に、狂気と恐怖を撒き散らしながら虐殺を繰り返す武者・銀星号と、劔冑・村正を纏ってそれを追う未決死刑囚・湊斗景明の凄絶な戦いを描く「スラッシュダークADV」。物語の背後に、超古代の地球に外宇宙から飛来した金属生命体・金神の存在があるのだが、その周囲の描写にクトゥルー神話の影響が見られる。また、作中で言及される新聞の連載小説が、明智光秀や松永弾正などが登場しての、『斬魔大聖デモンベイン』の戦国時代篇とも言うべき作品である。

## ガンブレイズ／PC、SS
アクティブ、キッド／1994年10月～

アクティブからPC98版、FM TOWNS版が発売されたスチームパンク風のRPG。19世紀のロンドンを舞台に、貧乏私立探偵のマークが、偶然知り合った少女ジュエルと共に、女性だけで構成される秘密結社「薔薇十字団」の超物質エーテルを巡る野望を砕くというストーリー。1998年にはSS版の『ガンブレイズS』がキッドから発売された。内容にクトゥルー神話要素は全く存在しないが、登場するモンスターたちの一部が、TRPG『クトゥルフの呼び声』のサプリメントとして発売された『クトゥルフモンスターガイド（クトゥルフ神話図説）』そのままのデザインだった。

## Discipline ～ The record of a Crusade～／PC
アクティブ／2002年8月

『HEARTWORK』『Bible Black』と続いてきたアクティブのWindows版AVG三部作の最終作で、シナリオと原画を聖少女が担当。女学校である聖アルカディア学園に編入した早見拓郎は、学園の支配を巡る戦いに巻き込まれていく。女性にサディスティックに弄ばれるシーンや、スカトロなどの刺激的な描写が多数ある。後に後にOVA版全6話が制作され、こちらの映像をベースにしたDVDPG版も発売されている。作品の舞台である聖アルカディア学園の経営母体、森本財閥の令嬢であり、学園長兼理事長を務める森本レイナが、ミスカトニック大学出身という設定になっている。

## WHITE ALBUM／PC
Leaf／1998年5月

芸能界で今まさに花開きつつあるアイドル・森川由綺と恋人関係にある主人公・藤井冬弥と、彼の周囲にいる女性たちとの哀切な三角関係をテーマにした、パラメータ型の恋愛シミュレーションゲーム。後に幾度もリメイクされているが、ここでは最初に発売された作品を対象とする。冬弥、由綺の友人である七瀬彰（Leaf作品を通じて登場するとある一族の出身）がH・P・ラヴクラフトの愛読者らしく、クトゥルー神話について口にするシーンがある。シナリオライターの原田宇陀児は後に小学館刊行の『新興宗教オモイデ教外伝』、『風に乗りて歩むもの』でもラヴクラフトに言及している。

## ToHeart2 XRATED／PC
Leaf／2005年12月

2004年12月にアクアプラスよりPS2用が発売された、人気恋愛ノベルゲームのPC版。タイトルにX指定とある通り、アダルト要素が加えられている。このヴァージョンでの追加ヒロインである久寿川ささらのルートにおいて、狭いロッカーの中に隠れるハメに陥った主人公・河野貴明が「自由を奪われた格好で、狭くて真っ暗なロッカーにほうり込まれたのだからSANが削られてしまうのはもっともなことだ」という妙に説明的なセリフを口にしている。作品そのものは後にPSP、PS3版も発売されているが、この久寿川ささらルートは『ToHeart2 XRATED』のみの要素である。

**「Rance」シリーズ／PC**
アリスソフト／1989年8月

1989年8月発売の『Rance -光を求めて-』に始まり、20年近く続いてきたアリスソフトの長寿美少女ゲームシリーズ。「世界中の美女は俺様のもの」と公言して憚らない赤毛の鬼畜戦士ランスの冒険行を描く作品で、最終作となる『Rance X 決戦』が2018年2月に発売予定。外伝的な作品であり、最初のWindows専用タイトルでもある『鬼畜王ランス』（1996年）以降に登場するパイア・サーバーは、禁断の魔導書『ノミコン』を読んだことで気が狂ってしまったという設定。『Rance VI ゼス崩壊』（2006年）にも登場。終盤で正気に戻り、魔導書の研究者となる。

**アトラク＝ナクア／PC**
アリスソフト／1997年12月

宿敵・銀《シロガネ》との戦いで傷ついた女郎蜘蛛の妖怪・比良坂初音は、再戦に備えて巣を張った学園で不良に襲われていた少女・深山奏子と出会う。古から現代、人と人食いの間に芽生えた愛憎が描かれる伝奇ノベルゲーム。1997年に発売されたアリスソフトのファンディスク『アリスの館4・5・6』の収録作だったが、好評価を得て単独製品として改めて発売された。クトゥルー神話要素はタイトル以外に存在しない。「蜘蛛の怪物」ということでC・A・スミスが創造したアラク＝ナクアの名前を借用したのだが、神話要素を期待した購入者が多かったためか、発売元による注意書きが同梱された。

**「ぱすてるチャイム」シリーズ／PC**
アリスソフト／1998年11月～

冒険者学校卒業を目指す主人公が幼なじみを始めとするヒロインたちと一緒にダンジョンを探索し、レベル上げにいそしむという、アリスソフトのWindows用学園RPGシリーズ。「ぱすチャ」の通称で親しまれている。2作目の『ぱすてるチャイムContinue』（2005年）の登場モンスターに「ティンダロス」がいる。また、システム周りが一新された8年越しの新作『パステルチャイム3 バインドシーカー』（2013年）にはレベル70クエスト「炎帝降臨」のボスキャラとして「アルハザード」が登場。これを倒すとSランクのバインドであるアルハザードが入手できる。

**CROSS FIRE／PC**
JANIS／2006年12月

2年前に共学化したばかりの聖リリウム学園に通う天海戒は、街に不穏な空気が漂い始めたある日、影のような魔物に襲われる。謎めいた転校生・神威玲鳴に助けられた戒は彼女と一緒にに暮らすことになるが、危機は友人たちにも忍び寄っていた。ミッション系の学園を舞台に少女たちと事件の謎を追う、恋愛バトルAVG。設定の根幹にクトゥルー神話が使われていて、ミ＝ゴと思しいクリーチャーや、『クトゥルフ神話TRPG』準拠のデザインの〈ナコト五芒星形〉をあしらったエルダーサインが登場。他に、「門にして鍵」などと呼ばれる古妖魔の一柱が、美少女の姿で登場する。

**アオイシロ／PS2、PC**
サクセス／2008年11月

CERO15の美少女AVG。まずPS2版が発売された後、2008年11月にビジュアル強化と共にシナリオの追加されたWindows版が発売された。年齢制限があることから、こちらのカテゴリで取り上げることにする。青城女学院剣道部の部長・小山内梢子が、浜辺で倒れていた少女を助けたことをきっかけに奇妙な事件に巻き込まれてゆく和風伝奇AVG。日本神話とアイルランド・ケルト神話、クトゥルー神話を組み合わせた独特の世界観で、クロウクルウと呼ばれる混沌の神などが登場する。前作『アカイイト』と世界観を共通している。『百合姫』にコミック版が掲載された。

**「スチームパンク」シリーズ／PC**
Liar-soft／2006年7月〜

かつてLiar-softに所属していた桜井光がディレクター、シナリオを担当していた、『蒼天のセレナリア』に始まるAVGシリーズ。現実世界と似て非なる歴史を歩み、蒸気機関が高度に発展した「既知世界」と、異世界ファンタジー風の「未知世界」を舞台に繰り広げられるスチームパンク冒険活劇である。クトゥルー神話における幻夢境カダスがベースの「未知世界」は元より、クトゥルー神話が世界設定のベースになっており、フィクションの登場人物や歴史上の実在人物が交錯する。Liar-softのFC会報である『月刊うそ』やWEBブログ上でショートストーリーが発表されてもいる。

**LOVE&DEAD／PC**
ライアーソフト／2008年4月

引っ込み思案な飛井風太、新人教師の庄司ロミオ、俳優の卵・佐村海の3人を主人公に、総勢6人のヒロインとの恋を実らせるべく奮闘する恋愛コメディAVG……なのだが、選択次第で日常は簡単に崩壊し、ゾンビが溢れ殺人鬼が徘徊するB級エンターテイメントと化す。当然のように多数のバッドエンドがあり、その大半で死亡者が出るのだった。登場人物の大半がゾンビ物絡みのクリエイターやキャラクターをもじったものになっていて、ヒロインの一人である西輪鳩子はHPL「ハーバート・ウェスト―死体蘇生者」をもじったもの。ライアーソフトの作品らしく、パロディネタも満載だ。

**信天翁航海録／PC**
レイルソフト／2010年7月

ライアーソフトの姉妹ブランドであるレイルソフトから発売されたWindows用AVG。汽船・信天翁《アルバトロス》号に集うダメ人間たちの時にシリアス、時にドタバタな航海を描く。主人公は躁鬱気質のヘタレ、船長はガリガリに痩せた挙動不審の少女、美しくも荒っぽい双子の航海士、関わった男に破滅をもたらす淑女と、一癖ではすまない人物が揃っている。シナリオライターは明治・大正時代の文士を思わせる古風かつ濃厚な文体が特徴の希で、このスタイルに合わせた縦書き表示を採用している。作中、ダゴンが登場するのだが、これは旧約聖書の異教神というよりもクトゥルー神話のダゴンである。

**朝の来ない夜に抱かれて -ETERNAL NIGHT-／PC**
F&C・FC03／2002年6月

日本の神話・伝承とクトゥルー神話を下敷きにした全五章構成の伝奇AVG。開発はF&Cのブランドの一つであるF&C・FC03で、シナリオを担当したのは素浪人と弘森魚。一章分が約1時間ほどでプレイでき、始めと終わりに主題歌付きのムービーが流れる構成になっている。幼なじみと一緒に化物に襲われた青年・八雲辰人が、無貌の神と名乗る邪神をその身に宿すことで一命をとりとめるものの、異界の存在との戦いに巻き込まれてゆくというストーリー。本編はもちろんのこと、オープニングムービーもクオリティが高く、発売から15年以上経っている今も熱心なファンが多い。

**エーテルの砂時計／PC**
DreamSoft／2006年3月

DreamSoft（旧F&C・FC03）から発売された、クトゥルー神話が題材の美少女AVG。世界の狭間にある銀座○×町が舞台で、かつて一度死に、天使によって蘇ったという謎めいた青年・芹緒カンナが主人公。昼間は喫茶店ANGEL-TIMEを経営している若きマスターだが、夜には狩人として妄執から生まれたファントムと戦うカンナと、彼と同じく死から蘇った少女たちの交流を描く。カンナの正体は神々の肉体を繋ぎ合わせた人造人間で、その体には血の代わりに黄金の葡萄酒が流れている。彼はこれを触媒とすることで邪神や怪物を召喚し、戦うことができるのだ。

**「ソレイユ」シリーズ／PC**
SkyFish／2007年3月

『朝の来ない夜に抱かれて』『エーテルの砂時計』などを開発したドリームソフトのスタッフを中心に結成されたSkyFishによる、カードバトル方式が特徴の美少女ゲーム。雑誌『TECH GIAN』の付録DVDに連載された『白銀のソレイユ Valkyr in Love』に始まる戦乙女のシリーズで、北欧神話やクトゥルー神話を下敷きにしている。中でも特に2作目の『鋼炎のソレイユ ChaosRegion』はクトゥルー神話色が強く、「無貌なる者の結社」「深き者共」などの神話ワードやクリーチャーが次々と登場した。『虹翼のソレイユ』『新・白銀のソレイユ』にもクトゥルー神話要素がある。

**瑠璃の檻 ルリ・ノ・イエ-DOMINATION GAME-／PC**
SkyFish／2016年5月

太平洋上の離島が舞台の伝奇ホラーAVG。プロデューサーのひろもりさかなが愛好し、たびたび題材にしてきたクトゥルー神話に真っ向から取り組んだ作品である。予備校の教え子と恋愛関係になった主人公・旺辺流人は、恋人の父親に命を狙われてしまう。何とか生き延びた彼は、一か月前の事故で兄と共に亡くなったという兄嫁の妹、摩州水樹に請われ、太平洋上の離島、波手乃島へと赴いた。水樹が摩州家を継ぐための〝婚姻の儀〟で、かりそめの夫として相手役を務めることになる主人公。しかし、その夜を境に彼の人生は一変する――。WEBサイトに前日譚小説が公開されている。

**「闇の声」シリーズ／PC**
Black Cyc／2001年6月

絶海の孤島に立つ謎の屋敷の女主人・小夜子とメイドの少女・Kが、迷い込んだ者の心の奥底に秘められた欲望底に秘めた欲望を曝け出すAVGシリーズ。女装や性転換などのシチュエーションも数多く存在するのが特徴だ。第6作の『闇の声ZERO』（2008年3月）は、小夜子とKの出会いが描かれる前日譚。主人公である池上清彦は、ミスカトニック大学日本校で物理学を教える教授で、小夜子の正体がクトゥルー神話のある存在だと明かされた。2008年発売の『闇の声 永久堕落BOX』にシリーズ作品がまとめられ、2011年にはスピンオフ作品の『小夜子』が発売されている。

---

**EXTRAVAGANZA 蟲愛でる少女／PC**
Black Cyc／2006年10月

異形の蟲を使って戦うバトルAVG『蟲使い』のパラレルワールドにあたる作品で、蟲使いによって苗床とされてしまったヒロインが、ただ1人の家族である蟲と逃げ出し、生き延びていく。全三部構成で、最初の「幼蟲の章」から最後の「成蟲の章」までで約15年の歳月が流れる。残酷、猟奇的なシーンが多く描かれるが、全編を通したテーマは「家族愛」とされている。クトゥルー神話ものではないが、神武コーポレーションの協力者として蟲の研究に命を捧げ、純粋な科学的探究心から悍ましい実験を繰り返す冷酷なマッドサイエンティスト、西正人のニックネームが「Dr.West」。

---

**ク・リトル・リトル／PC**
Black Cyc／2010年3月

いかにもありそうで、実はそれほど多くない触手ジャンルのクトゥルー神話AVG。遥かな太古、邪神から分かれた8組の《触手姫》と触手が再び集い、ただ一柱の生き残りを賭けて相戦うバトルものの作品である。平和な日常を送っていた高校生・久世玲壱。外国人の少女オーガストと出会ったその日から、彼の日常は粉々に打ち砕かれ、《触手姫》たちの戦いに巻き込まれていくのだった。シナリオを担当したのは、ラノベ作家として活躍中の伊藤ヒロ。同年発売のファンディスク『ク・リトル・リトル グレートハンティング』には、4篇のアナザーストーリーが収録されている。

---

**狗哭／PC**
Black Cyc／2011年3月

会った記憶のない母方の祖母の葬儀のため、平家の落人伝説が残る真砂《まさご》村まで同行を求められた鳴沢拓人は、幼い頃に出会った少女と再会するのだが、数十年ぶりに催された秘祭に隠された謎を知ってしまう。山奥の村に隠された狂気とインモラルを描く、源平の戦いとクトゥルー神話を下敷きにした伝奇ホラーAVG。メインシナリオライターは坂東真紅郎で、触手や輪姦陵辱、性転換などの鮮烈な表現が多い。「世具」「狗戸賀」などの字が当てられたヨグ＝ソトースやクトゥグアなどの言及があり、ヨグ＝ソトースの落とし子が登場するなど、濃厚なクトゥルー神話臭が漂っている。

**時の回廊／PC**

White Cyc／2005年1月

『闇の声』シリーズのシナリオライター、幻咲也による現代日本が舞台の伝奇ホラーデジタルノベル。主人公は、私立星南学院の剣道部副部長である泉恭子。誕生日を間近に控えた彼女の周囲で、異変が起き始める。家族の不審な行動、残忍な殺人事件、そして人ならざるものの気配。後輩の風間卓也に危ういところを救われた恭子は、彼と共に自らの過去を遡り、やがて邪神の復活を巡る闇の歴史が浮き彫りになるのだった――。いつの頃からか、異形の生き物が巣食うという噂が流れる赤牟《あかむ》市の、平和そうな街が舞台。ダウンロード販売のみなので、今から入手するのは困難かも知れない。

**クロガネの翼　THE ALCHEMIST'S STORY～／PC**

White Cyc／2009年12月

普通の人間が後天的に学習して身につける錬金術の力を、生まれながらにして持つ少年・鎚夏希。彼の日常は、父親の再婚で出来た新しい家族である妹と、２人の転入生との出会いで少しずつ変わっていく。しかし世界の統制を求める「Ｓ研究所」による攻撃が開始され、世界は急激に変わってしまった。非日常の世界で夏希と少女たちが直面する選択を描く、「いのちを紡ぐ恋愛ＡＶＧ」。クトゥルー神話がストーリーに直接絡んでくるわけではないのだが、サブヒロインたちの一人に、中東の小国から留学してきた褐色の肌の占い師、ナディア・アルハザードという少女がいる。

**終末少女幻想アリスマチック／PC、PS2**

キャラメルBOX、ラッセル・キュア／2006年10月～

重なり合った次元が融合し侵入不能の異空間と化す「散花蝕《ペトレーション》」によって死に至る病が蔓延し、世界が滅亡の危機に瀕した２０２２年。東京湾の埋め立て地に建設された新東雲学園都市に集められた少年少女が、科学省の召還を受けた少年少女たちが集う。彼らは、未来という可能性を勝ち取るべく、仮想空間での死闘に身を投じるのだった――。世界設定の根幹がクトゥルー神話で、偏倚多面体（トラペゾヘドロン）や銀の鍵などのガジェットや、旧き蕃神とその眷族たちが登場する。２００７年にファンディスクが、翌２００８年にはラッセル・キュアからＰＳ２版が発売された。

**真剣《マジ》で私に恋しなさい！A／PC**

みなとそふと／2016年12月

川崎市をモチーフとする架空の地方都市、川神市を舞台に、文武両道の生徒たちを育成する川神学園に通う、風間翔一を中心として堅い結束で結ばれた風間ファミリーの仲間たち（主人公は参謀格の直江大和）の騒がしい日常を描くドタバタ・コメディ『真剣で私に恋しなさい！』のファンディスク。「Ａ」は「アペンド」の意味である。２０１３年から全5回にわたってダウンロード販売され、最終的にパッケージ版にまとめられた。最初のパートである『真剣で私に恋しなさい！Ａ－１』に「這い寄れ与一くん」というストーリーが収録されていて、クトゥルー神話ネタが散見される。

## DUEL SAVIOR／PC

戯画／2004年10月

横スクロールアクションと恋愛AAVGを組み合わせたシステムの、Windows用美少女ファンタジー。義妹の未亜ともども、異世界「アヴァター」に召喚された当真大河が、千年に一度訪れる「破滅」に対抗する救世主候補として、召喚器（救世主たちの使用する武器）トレイターを使って危難に立ち向かっていくというストーリー。ヒロインたちの一人であり、作中世界の重要な謎を担う召喚師のリコ・リスが、召喚器として『ネクロノミコン』を使用している。2005年にはトゥルーエンドを追加した『DUEL SAVIOR JUSTICE』と、PS2版『DUEL SAVIOR DESTINY』が発売された。

## この青空に約束を―／PC、PS2、PSP、他

戯画／2006年3月

丸戸史明がシナリオを担当した、Windows用ハートフルAVG。PS2、PSPなどに移植され、2007年にアニメ化もされた他、2015年にはPSVita用の完全版が発売された。過疎化しつつある南栄生島を舞台に、生徒の減少で入寮者が主人公とヒロインたちだけになってしまった高見塚学園・つぐみ寮の、廃寮までの最後の1年間を描く。主人公・星野航のセリフを中心に「お前はこの島の人間のことを、どっかの深きものたちと勘違いしてないか?」「無貌の神に誓って」といった神話ネタが散見される。美少女ゲームアワード2006で大賞を受賞するなど、評価が高い作品だ。

## 果てしなく青い、この空の下で…。／PC

TOPCAT／2000年6月

過疎化した安曇村の学校は主人公を含めて生徒数わずか6人、すでに廃校が決定している。全員が幼なじみような5人の少女と過ごす最後の1年間を描くAVG。シナリオは春夏秋冬の4パートに分かれ、キャラクターごとに因習に囚われた村、身寄りのない少女の苦難、そして村に伝わる伝承の真実とさまざまな展開を見せる。直接的なクトゥルー神話描写はないが、雑誌での紹介記事や『果てしなく青い、この空の下で…。公式ビジュアルブック』（ベストセラーズ）ではラヴクラフトの影響を受けた作品であることが公言され、HPL「ピックマンのモデル」がモチーフと思しい画家の存在も。

## アトリの空と真鍮の月／PC

TOPCAT／2009年11月

過疎の村・芦日村に6年ぶりに帰ってきた主人公は、他に4人の少女だけが通う小さな学校に転入する。しかし純朴な彼女たちとの暮らしの裏で、村には実質的な指導者である湊本家と不動産業者の対立が暗い影を落としていた……。同じTOPCATの『果てしなく青い、この空の下で…。』と物語上の直接的な繋がりはないものの、同じ世界が舞台の物語である続編的な作品にあたり、随所で前作との繋がりが言及される。前作同様に直接的なクトゥルー神話描写があるわけではないが、ヤマノカミの存在や、神室神社に祀られる海神の設定などにその片鱗が垣間見られる。

**終ノ空／PC**

ケロQ／1999年8月

クラスメイト・高島ざくろの突然の自殺によって学校中に広がった、この世界が7月20日に終末を迎えるという奇妙な噂。学校という閉鎖空間の中で狂気が蔓延し、日常はあっけなく崩れ去っていく。救世主を自称する間宮卓司が目指す〈終ノ空〉とは一体何なのか？ヴィトゲンシュタインの認識論を題材とした哲学AVGで、4人の主人公の視点から、それぞれの見る世界が語られていく。実は濃厚なクトゥルー神話作品で、作中で予備的な説明なしに神話的な出来事が次々起きるので、ある程度予備知識がある人間でないと支離滅裂な物語に見えてしまう危険性すら存在する。

**素晴らしき日々　―不連続存在／Windows**

ケロQ／2010年3月

『終ノ空』をベースに作られた、認識論をテーマとするアドベンチャー。同名のキャラクターも登場するが、リメイクではなくシナリオは大きく異なる。「不思議の国のアリス」を題にとり、それぞれの主人公の視点で語られる全五章が、さらに大きな物語へと繋がっていく。物語が繋がっているわけではないが、『終ノ空』の続編的な位置づけにあり、ヴィトゲンシュタインをはじめとする数多くの衒学的な知識で組み立てられた世界の中に、クトゥルー神話の要素も断片的に組み込まれている。考察好きにはたまらない「濃い」作品で、萌えゲーアワード2010にてシナリオ賞金賞を受賞した。

**しゅぷれ～むキャンディ／Windows**

枕ソフト／2008年9月

ケロQの姉妹ブランドである枕ソフトの作品で、『素晴らしき日々―不連続存在』と同じくSCA自(すかぢ)がシナリオを担当している。対人関係が苦手な男子校生・斗南優は、たまたま拾った魔法の飴玉を使って子どもの姿になり、子どもが無邪気に遊ぶ女子校に入り込んでしまう。そこで一目惚れした少女は、幼い頃に出会った魔法使いだった。彼女に会いたい一心で女子校に通い詰める優が、多くの少女たちと出会い、変化してゆく恋と魔法の青春ラブコメAVG。ジャコ、ヘスペラスのルートがクトゥルー神話が題材のストーリーで、最終的にはとある邪神との対決も描かれる。

**クトゥルフ姦話／PC**

Devil-seal／2014年1月

千年前から土地の守り神として人類のため戦い続ける三日月彩希《さき》。学生として生活する彼女の通う学校に、悍ましくもグロテスクな怪異が出現する。それは彼女がかつて相対したことのなかった異邦の存在・クトゥルフなのだった。親友を守って戦う彩希だが、二十にも及ぶ旧支配者たちに敗れ、陵辱されてしまう。彼女たちの堕ちていく果てに、待ち受ける運命は――。アニメーションするCGも多数収録されている廉価な美少女AVG。クトゥルー神話（作中ではクトゥルフ）を正面から扱った作品で、登場人物の一人は、人間の姿をとった魔導書『ネクロノミコン』という設定。

**3day's 満ちてゆく刻の彼方で／PC**
Lass／2004年6月

平凡な学生の高梨亮は、10月16日からの三日間で、二度の学友の死に遭遇し、最後には幼なじみと一緒に殺されてしまう。次に目が覚めると再び10月16日が始まって……生存をかけて無限に繰り返される三日間を繰り返し、事態の謎を探っていく伝奇ホラーAVG。暴力・グロ表現に制限をかけられる機能が搭載されている。『死霊秘宝』の写本とされる人皮装丁の書物『冥王の鍵』(デザインは『死霊のはらわた』準拠)や、神話ファンには馴染み深い意匠が施されている「カイロスの時計」といった魔術道具が登場。作中で使用される魔術の呪文にも、クトゥルー神話ネタのものがある。

**11eyes 罪と罰と贖いの少女／PC**
Lass／2008年4月

隻眼の少年・皐月駆《さつきかける》は、幼なじみと共に謎の「赤い夜」に取り込まれてしまう。同じく取り込まれた5人の少年少女と出会った駆は、襲い来る闇精霊や黒騎士たちと戦いながら事態の謎に迫っていく。同じ場面を他の視点から見られるクロスビジョンが搭載され、物語をより深く理解できる。さらに移植版では外伝シナリオが追加された。『3day's 満ちてゆく刻の彼方で』の続編にあたり、こちらにも『冥王の鍵』が登場する。また、登場人物のミシェル・マキシミリアンが「形なき知られざる神に仕えしもの」を名乗るのも、クトゥルー神話のある存在がモチーフなのかもしれない。

**妖魔受胎 ～淫獄の退魔士～／PC**
BLACK LiLiTH／2004年12月

魔物を狩る裏の流派「鬼斬流」の伝承者・刹那に倒された鬼である主人公は、精神だけの存在となって復讐の機会を狙っていた。人間に憑依する能力を駆使して周囲の人間を操作・籠絡。張り巡らせた触手で母子二人を陵辱し、自分の肉体を孕ませるのが目的のAVG。低価格でシナリオは大きく分岐しないがボリュームは多い。主人公の名前が蓮太《ハスター》と設定されていることを始め(同名の邪神との関連性は明確にされない)、作中に登場するクリーチャーのデザインや、魚の霊に取り憑かれた登場人物が半魚人のような姿に成り果てるなどの趣向に、クトゥルー神話からの強い影響が窺われる。

**雷光の退魔師ナナホ ～淫神復活～／PC**
BLACK LiLiTH／2010年11月

女刑事ミレイは連続失踪事件を追って陰鬱な雰囲気の漂う港町・綿山町にたどり着く。出会った光魔法使いの末裔・ナナホと共に怪異と戦い謎を追っていくが、ついには捕らえられてしまう。異形の快楽を与える陵辱の儀式に二人は耐えられるのか。「暗黒神話系ヒロイン地獄ENDアドベンチャー」がキャッチコピーのAVGで、クトゥルー神話が世界観のベースとなっている。本作と『妖魔受胎』は、元々は原画家のズンダレぽんが企画していた同人ゲーム『赤いバラ』が原型だったようで、こちらのWEBサイトを見る限り、OVA化企画を経てゲーム化されるという流れだったようだ。

## 何処へ行くの、あの日／PC、PS2

MOONSTONE、プリンセスソフト／2004年6月

国見恭介は、少女を殺したという記憶と悪夢、そして義妹・絵麻との禁じられた関係に悩んでいた。ある時過去に戻ることができるドラッグ「マージ」を手に入れた恭介は、殺人の記憶の正体を確かめるべくそれを使う決意をするが、それは身近な少女たちの心に秘めた秘密を知ることでもあった――。恭介と幼馴染の神崎千尋の会話中、ヨーロッパ風のたたずまいの桐敷学園（キリガク）に、いかにも魔術書がありそうだという会話の中で、『ネクロノミコン』の書名が挙がっている（ただし、恭介には通じなかった）。２００５年２月、プリンセスソフトからＰＳ２版が発売されている。

## 仄暗き時の果てより／PC

MOONSTONE／2016年12月

恋人の死をきっかけに故郷の島に帰ってきた御城康一は、妹・由乃から怪物の噂と、それと戦う少女がいると聞かされる。真に受けなかった康一だが、ある夜襲撃を受け、刀を持った少女に間一髪で助けられる。怪物の潜む闇の向こうを垣間見てしまった康一が、禁断の領域に足を踏み入れていくサスペンスホラーＡＶＧ。

登場する怪物たちは、クトゥルー神話的な悍ましい存在で、ゾンビについても映画『死霊のはらわた』の悪霊憑きのような描写がされている。この作品には３つの世界線が存在していて、登場人物の一人がクトゥルー神話のとある邪神として顕現する展開も。

## 巫女さん細腕繁盛記／PC

すたじお緑茶／2004年6月

神職修行に出された加賀美神社は経営難の上、大鎮魂祭《おおしずめのまつり》を控えた時期に宮司が行方不明。主人公は幼なじみに頼まれ、やむなく宮司代理を引き受ける。６人の巫女さんとの生活に加え、妖怪退治までさせられるというてんやわんやの日々が始まった――。すたじお緑茶のスタッフにクトゥルー神話ファンがいるようで（おそらくシナリオライターの氷雨こうじ）、本作でも夜中の怪談話で「インスマスを覆う影」の物語がネタにされるなどの小ネタがちりばめられていた。なお、ファンディスク『巫女さん細腕繁盛記えくすとら』収録のアクションゲーム『香奈恵ちゃんFight!!』にも小ネタあり。

## 恋色空模様／PC

すたじお緑茶／2013年3月

離れて暮らしていた妹の住む神那島に引っ越してきた伊東誠悟が送る楽しくも騒々しい学院ライフと、５人のヒロインとの恋模様を描いていく。全２３話のエピソードで構成され、毎話冒頭であらすじが説明されるなどアニメを意識した構成になっている。サブヒロインの一人であり、「鋼鉄の眼鏡」の異名を持つ融通の効かないマジメ一辺倒の風紀委員・三木真智子が、一度目をつけたからにはどこまでも追いかけてくる「ティンダロスの猟犬」にたとえられるなどの神話ネタが。三木真智子は、ファンディスク『恋色空模様 after happiness and extra hearts』において攻略対象に昇格した。

## 最果てのイマ／PC、PSP

Xuse（純米）／2005年8月

田中ロミオ（山田一）がシナリオを担当した美少女AVG。7人の仲間たちと共に、放課後になると町外れの工場跡で毎日を過ごしている主人公・貴宮忍の日常を、エリック・サティの曲に載せて描く物語——なのだが、幾度も同じ光景が繰り返されるうちに、プレイヤーの目には徐々に何てことのない彼らの日常の影に潜む違和感に気づくことだろう。やがて、引き裂かれた物語の断片が組み上がった時、凄絶なドラマが浮かび上がることになる。ヒロインの紅緒あずさが「ふんぐるっ、ふんぐるるっ」という奇声をあげたり、塚本葉子が「銀の鍵の門」と口にしたりするなどの小ネタがある。

## ジーザス13th —喪失われた学園—／PC

XUSE【本醸造】／2013年5月

最終戦争の後の復興しつつある世界。優秀ながら平凡な学生・小碓蒔椰《おうすまきな》は、超エリート校「わだつみ学園」の学園長だった祖父の死を知り、学園に呼び寄せられる。彼は祖父が学園で何をしていたかを知るべく、絶対権力者・真珠姫となるための試験に挑むが——。秒間三十フレームのアニメーションCGが特徴の学園秘蹟AVG。ホラー作家の朝松健が創造した架空の地方都市「千葉県海底郡夜刀浦市」を舞台に展開する、クトゥルー神話をベースにした伝奇物語で、目と目の間が離れてギョロッとなり、鼻が大きくなる風土病の存在など、わかる人にはわかる設定になっている。

## 新世黙示録 —Death March—／PC

XUSE【本醸造】／2013年5月

平和だった鳥海知空《とりみちから》の日常は、杯山団地に溢れ出したゾンビによって終わりを告げた。戦いの中覚醒した知空は超常の存在である神々と出会う——。オカルトRPG『女神転生』シリーズの初期における中心的なスタッフであり、TRPG『真・女神転生RPG』のデザイナーである鈴木一也が企画した作品で、世界各地の神話やクトゥルー神話をベースに世界観を構築した鈴木オリジナルのTRPG『新世黙示録』をベースにしている。シナリオも担当するということで話題を集めたが、発売時、「永遠神剣」シリーズの高瀬奈緒文などがヘルプに入ったことが公表されている。

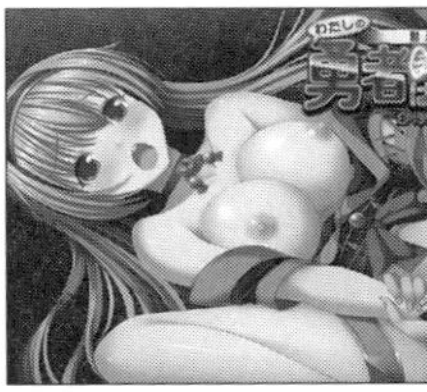


## 黙示録外伝　わたしの勇者は多重神格者／PC

XUSE【本醸造】／2014年12月〜

XUSE【本醸造】からエピソード個別と数話をまとめたパックがダウンロード販売された、廉価版のRPG。神々の力を封じた百の剣が姿を変えた「剣娘《けんむす》」を探し出し、性交渉でその力を復活させる使命を担う、1つの体に3つの神格を押し込まれた「ヘカトンケイル三兄弟」の奇妙な冒険を描く。この世界の神々はかつて、天界魔界世界を巻き込んだ大きな戦いを行っていたのだが、この神々とは異なる異形の存在——〝旧支配者〟を復活させようとする動きがあった。〝旧支配者〟が目覚めてしまうと、地球は大変なことになる。大地の女神ガイアの意を受けた主人公の冒険が始まった。

**学園BETRAYER ～秘密の性体験～／PC**
Potage／2011年2月

別れさせ屋を生きがいにする田所敦と、恋に恋する残念系の天才少女・土方颯季《さつき》。宇宙人の手違いによって特殊能力を使えるようになってしまった二人が、思惑など無視して望むままに能力を使い、学園を欲望の渦に巻き込んでいくという内容の陵辱AVG。主人公によって展開が大きく異なり、一部ルートではヒロインが寝取られてしまう展開も存在する。ゲーム中、颯季のセリフに「りりけて りりけて ふんぐるい いあ いあ」という、うろ覚えの呪文が挿入されている。本作を含むPotage作品におけるクトゥルー神話ネタについては、続く『独り占め』の解説も参照のこと。

**独り占め／PC**
Potage／2012年3月

平凡な大学生の只野敦と兄の嵐は、資産家だった叔父の遺産を受け継ぐためアミューズメント施設で働き、スタッフの女性二人から認められるという試験を受ける。敦は二人を籠絡し、金も女もすべて自分のものにしようと企んでいた。兄を出し抜き、二人をモノにすべく奮闘するAVG。この目論見に失敗すると、逆に兄に寝取られるストーリーが展開する。同じブランドの『学園BETRAYER～秘密の性体験～』と同じく、「クトゥルフ」などのワードがセリフ中に挿入されている。シナリオライターの百合倉かえでは『学園BETRAYER』にも参加しているので、ライターの趣味なのだろう。

**カミカゼ☆エクスプローラー！／PC**
クロシェット／2011年5月

環境変化によって若者の間に発生した特殊能力「メティス」の育成・教育を行う澄之江《すみのえ》学園にスカウトされた主人公・速瀬慶司。学園都市調査研究会「アルゴノーツ」のリーダーとなった彼は、ヒロインたちと共に学園のある上ヶ瀬市に伝わる妙な噂を追っていく。少し変わった力を持つ少年少女の、恋と青春を描くアドベンチャー。ヒロインの一人、祐天寺美汐に仕えるメイド兼参謀の近濠菜緒との、海に人間が引きずり込まれる都市伝説を巡る会話中、クトゥルー神話ネタの応酬がある。シナリオライターの一人である姫ノ木あくは、『サキガケ⇒ジェネレーション！』のメインライター。

**サキガケ⇒ジェネレーション！／PC**
クロシェット／2014年5月

ゲーム好きの主人公・海堂秀穂《かいどうしゅうほ》と彼が立ち上げた初土《うぶつち》学園エンターテイメント同好会の仲間たちは、転入生が持ち込んできた試作段階のヴァーチャルRPGにのめり込む。だがその間にも現実ではさまざまな問題が発生していた。ゲームと現実を行き来しながら恋と青春を謳歌するAVG。秀穂の妹（割りとブラコン気味で、いつも一緒にいる）である璃々子が、オカルト趣味で中二病を発症したキャラクターと設定されており、どうやら愛読しているらしくクトゥルー神話ネタのセリフをばんばん連発するのであった。萌えゲーアワード2014において金賞を受賞した作品である。

## ぎゃるふろ Gal's Frontier／PC

PIAS／1999年5月

雑誌編集者の主人公は美人編集長とケンカをし、新創刊の『ギャルズフロンティア』で自分が担当するハメ撮りコーナーを一番人気にするという賭けをする。普通のお姉さんからコスプレイヤー、占い師、果てはアンドロイドまで個性豊かな総勢39人の女の子に、いくつもの質問で好感度を高めて、最終的にはベッドインを目指すというクラシックスタイルのナンパAVGだ。ヒロインの一人であるセリアが、『ルルイエ異本』『セラエノ断章』『ナコト写本』などの、クトゥルー神話由来の禁断の書物を研究しているという設定になっていて、セリフ中に、他の神話ワードもある。

## 天藍の夏／PC

U・Me SOFT／2000年3月

東京に出て、一人暮らしを満喫していた主人公。しかし、アルバイトと遊びに明け暮れるつもりだった夏休みを目前にして、交通事故に遭った父親の代わりに実家である温泉旅館（薬院別荘）の面倒を見るよう、母親から頼まれてしまう。落胆する主人公だが、帰省した故郷では、女の子たちとの再会や出会いが待っていて——。伝奇的な要素もある、いわゆる田舎ものAVG。舞台の街が朱矛《あかむ》で、御簾門大学などのネーミングがクトゥルー神話を意識したものとなっている。朱矛はアーカムネタであると同時に、古史古伝にしばしば言及される謎めいた金属、ヒヒイロカネに結び付けられている。

## 捕らわれた硝子の心／PC

TEATIME／2001年4月

3Dグラフィックスによる萌え系の美少女の描写に定評のある、TEATIMEのリアルタイム3DAVG。父親から受け継いだ洋館にやってきた主人公は、遺言状を持つ3人の女性と2人のメイドに出会う。しかし車のタイヤはパンクし電話も不通になり、5日後の定期配達まで彼女たちと館で過ごすことになるのだが——。Hシーンはリアルタイムレンダリングで描画されるヒロインたちをクリックして反応を引き出す仕組みになっている。ストーリー展開に関わってくるわけではないが、舞台となる洋館に『ラヴクラフト全集』が数冊あり、伝奇的な雰囲気を盛り上げる小道具として機能する。

## リトルモニカ物語／PC

Rune／2001年9月

久し振りに生まれ育った街、リトルモニカへと帰ってきた主人公は、過去に面識があり、今は喫茶店を営んでいるセリアと、その二人の妹たちに歓迎される。彼女たちと共に新生活を始める主人公だったが、どういうわけかリトルモニカでは奇妙な事件が次々と起こり始めるのだった——。新聞形式のマニュアルである『リトルモニカ新聞』が同梱されているのだが、どういうわけか「リチャード・アプトン・ピックマン展」や『無名祭祀書』の復刻版といった、クトゥルー神話ネタの公告が掲載されている。本編に関わるわけではないので、これは製作者の遊び心によるものだろう。

## Milkyway 2／PC

Witch／2002年6月

喫茶店Milkywayが舞台のラブコメディ。前作の主人公・七瀬健治の妹・晶に一目惚れした赤川裕樹が、同店初の男性アルバイトとして入店し、同じく働いている少女たちとすごすドタバタの日常を描く。同人誌即売会やコスプレが重要な要素として描写されており、桃井はるこ率いるUNDER17の主題歌も好評だった。コスプレイヤーの坂本礼が、どういう事情で入手したのか自分でもわからない魔道書『ねこのみかん』を常に持ち歩いているという設定。よぐという名前の猫も登場。『ねこのみかん』の設定については、同じメーカーの『ふぇいくreality』で掘り下げられた。

## プライベートガーデン3／PC

テトラテック／2002年8月

全168面のブロック移動パズルをクリアして、ギャルやスポーツ少女などバラエティ豊かな8人のヒロインのCGや、オムニバス形式のアドベンチャーゲームパートを楽しむことのできるパズルゲーム。いわゆるバカゲーに分類される作品である。女の子ブロックと男ブロックをくっつけると消滅するが、レズブロックとくっつけると合体して拡大おまけのドットアニメが大きくなるなどのギミックも多数搭載されている。ヒロインたちの一人である、身長146センチメートルのロリ系の少女、亜月蜜柑のシナリオのひとつが「淫スマスの影」と題するクトゥルー神話パロディのストーリーだ。

## 螢子／PC

タイガーマンプロジェクト／2002年9月

大学生の主人公と恋人の杵築《きづき》螢子《ほたるこ》は、螢子の失われた記憶に関連する天戸島を訪れる。島主の一族と判明した螢子と、村で起こる奇怪な殺人事件。疑いわれた主人公は無実を証すため調査を開始する。閉鎖的な島の怪事件を追うホラーAVG。後にアニメ『School Days』の演出で高い評価を得る金澤勝眞が原作を担当している。物語の背後にはクトゥルー神話の世界観があり、邪神を復活させるための扉を開こうとする天戸島の住民たちの一派と、それに対抗する別の一派の対立構造がある。そして、彼らの背後には、状況を掌の上で弄んでいるかのような邪神の影も――。

## 蒼色輪廻／PC

美遊／2004年4月

借金を背負い鬱屈した人生を送る青年・堂浦聡は、自殺の直前に謎の少女・インフィニティーと出会い、さらなる不運に見舞われる。ヤクザに射殺された彼にインフィニティーは異世界に渡る能力を与え「キミが死ぬところが見たい」と笑う。時間を遡る走馬灯と、新しい選択を可能とする鍵を駆使して、二つの世界の人生を経験するパラレルワールドもののAVG。聡がアパートの部屋で飼っている虫の名前がダーレスであったり、転生先の異世界でクトゥルー神が崇拝され、ナイアルラトホテップが聖人と仰がれていたりといった具合に、クトゥルー神話ネタが挿入されている。

**ついつい～ツインテールツインズ～／PC**
はにぃぽっと／2005年5月

私立対対《ついつい》学園に講師として勤め始めて1年の重文字孝史。隣家に住む神楽家の双子、空き家だった逆隣のお屋敷に越してきた姫杉家の双子。二組の双子が仲良くケンカしながら孝史を奪い合う、学園ラブコメディ。ヒロインは双子で長さの違う二つ結び《ツインテール》と徹底している。個別ルートだけでなく、4人全員と結ばれるハーレムエンドもあり。姫杉姉妹の妹・詩杏がおまじない好きのオカルト少女。怪しい呪術を用いては周囲をパニックに落とし入れる霊媒体質の持ち主で、「いあ！ しゅぶにぐらす！ うがなぐる！ ふたぐん！」という呪文を口にするシーンがある。

**MOON STRIKE／PC**
ヴァナヘイム／2006年11月

月面都市を舞台に、かつて世界を救ったものの、戦いの意義を見いだせなくなったかつての正義の変身ヒーロー・船井天。マグノリアホープ学園の生活指導教師となった天が、ヒロインたちの交流や新たな敵との戦いを通し、再びヒーローとして立ち上がる近未来カードバトルAVG。クトゥルー神話に基づく世界観で、作中で様々な神話ワードが言及される。わかりやすいところでは、主人公の前に現れる新たな敵モンスターがクトゥルーニアンで、その首魁がシェドムルール（シャッド＝メルが元ネタだろう）。2007年12月にはファンディスク『MOON STRIKE Lost chronicle』が発売された。

**るいは智を呼ぶ／PC、PS3、PSVita**
暁WORKS、5pb／2008年6月

死んだ母親から手紙を受け取ってから数日、不運に見舞われ続ける和久津智は、同じ痣を持ちトラブルに襲われる5人の少女たちと同盟を結び、ともに生き延び絆を結んでいく。だが彼女には仲間にも明かせない秘密が――。作中、皆元るいが過去に巻き込まれた事件について語られるのだが、その内容が「帰省の途中で立ち寄った港町の住人は、みな特徴的な顔立ちをしていて、魚の腐ったような匂いが町全体に（以下略）」というもの。他にもセリフの端々にクトゥルー神話ネタがある。2010年にはファンディスクと主人公フルボイス版、2013年には家庭用ゲーム機版が発売された。

**あるす☆まぐな！ ―ARS：MAGNA―／PC**
light／2008年7月

魔法が徐々に発達しつつある世界。特異な体質「竜の相」を持つために、女の子ばかりが通う国立魔法学院に転入させられた山下九十九は、幼なじみとの再会をきっかけに、それぞれに秘密を抱えた少女たちと出会い、少しずつ成長していく。アニメのようなアイキャッチ演出やBGMタイトル表示など、凝った演出が多い。魔法学院ヒロインの一人であり、魔法学院の図書館の司書にして学園七不思議にも時に数えられる謎めいた人物、黒野美子の名前が『ネクロノミコン』をもじったもの。司書というよりもとんがり帽子を被るなど魔女（魔女っ娘？）めいた服装で、魔導書を持ち歩いている。

### 幼なじみは大統領／PC

AIcot／2009年10月

朝起きたら隣家がホワイトハウスで、幼なじみが大統領だった。宇宙人が起こした事故で世界中の国家元首が死亡し、ごまかすために世界中の人間を洗脳したのだ。ただ一人洗脳が効かなかった主人公は、修復が完了するまで世界を幼なじみの無茶と勢いだけの政治から守るはめになる。メタフィクションに踏み込むドタバタコメディ。
世界がしっちゃかめっちゃかになる事故を起こした宇宙人が、大銀河連邦の命を受け、国交樹立目的で地球にやってきたメフィラス＝ポテフ第7白色彗星人クー・リトルリトルである。地球に混沌を撒き散らすという意味合いでは、元ネタ通りの行動ではある。

### クロウカシス　七憑キノ賛／PC

Innocent Grey／2009年10月

1964年冬、奇妙な伝承が残る東北の山村・七月村にやってきた二人の大学生は吹雪で遭難しかけたところを七憑館と呼ばれる洋館に招かれる。館では花嫁が棺の中で一晩を過ごすという奇妙な結婚式が行われていたが、翌朝新郎が無惨な遺体で発見された……。孤立した館の中、疑心暗鬼で過ごす3日間を描くサスペンスAVG。

ヒロインの一人である七月家の次女、七月紅緒がオッドアイの黒猫を飼っていて、その名前がラヴクラフト。彼女のオカルト趣味に基づく命名である。『TECHGIAN』誌に収録された体験版には、メイドの水守なるみがラヴクラフトを探すエピソードがあった。

### かしましコミュニケーション／PC

AxL／2010年2月

国際交流に憧れる城崎丈太郎が出会った少女はなんと小国のお姫様。翌日学校に転入してきた彼女は、丈太郎の所属する変人集団・異文化交流研究会にも入部する。それぞれが違った異文化との出会いを目指す会員たちの、恋と青春の日々が幕を開ける。
ゲーム中ではなく、メーカーサイトに掲載された発売2日前のカウントダウンCGとして『大空の城アガルタ』という映画『天空の城ラピュタ』のパロディコミックが掲載。シータ役（？）のヒロイン、木住野純が「困った時のおまじない……いあ…いあ…はすたぁ…ふるぐとむ……ふぐとらぐん…」という呪文を口にするコマが冒頭にあった。

### こんそめ！　～combination some body～／PC

シルバーバレット／2010年6月

揉め事処理を生業にしていた叔母に憧れ、よろず屋を目指す内藤恭太郎は、サギ師の少女との出会いをきっかけにワケありの少女たちを仲間に加え、学内よろず屋「こんそめ」を立ち上げる。ヒロインたちには職業《ジョブ》が設定され、パーティプレイでクエストを解決していく、RPG風味のAVG。現在はスマートフォン版がプレイ可能。
キャラクターの会話中に大量のパロディネタが挿入されており、狂気の瀬戸際でSANチェックに成功するとか、「てけりりてけりりてけりり♪」というセリフであるとかのクトゥルー神話ネタ（前者は『クトゥルフ神話TRPG』ネタ）が含まれている。

### Sugar+Spice!2／PC
ちゅあぶるそふと／2010年7月

姉と幼なじみと三人で暮らす主人公・天本響は、楽しくも騒がしい日常を送っていた。しかし憧れの先輩・柊銀河との再会で、自分が夢や目的を持っていないことに気付かされる。ヒロインたちとのエピソードを重ね、隠された夢や目的を見いだして、告白を成功させるADV。ただし積み重ねが不十分だとフラれてしまう場合も——。任意のタイミングでヒロインに告白できるという、「好きになったら告白！システム」を取り入れたシリーズの第2弾。ストーリーを進めていくと、ヒロインと映画を見るイベントがあるのだが、そのタイトルが『ルルイエの館 ミスカトニックレポート』だった。

### 死神のテスタメント ~menuet of epistula／PC、スマホ
3rdEye／2012年2月

如何なる願いも叶えるという黒衣の書《エピストゥラ》。しかし所有者は死神に命を奪われるという。昨今真幌《まほろ》市を騒がせている謎の連続殺人事件は、死神の伝説との関係を噂されていた。主人公は同じ学園の生徒が死神・ヴィヴィに殺される現場を目撃し、黒衣の書を巡る暗闘に巻き込まれていく。伝奇バトルにサスペンス要素を盛り込んだAVG。行く先々に現れては、予言めいた言動を残して蜃気楼のように姿を消してしまう、正体不明のエプロンドレス姿の少女、ナインが登場。ユーザの間では彼女のモチーフがクトゥルー神話のとある邪神ではないかと推測されている。

### 英雄＊戦姫／PC、PS3、PSVita
天狐、5pb.／2012年3月

群雄割拠の時代、記憶を失った主人公が邪馬台の英雄ヒミコと出会い、世界の平和を目指して戦ってゆく地域制圧型シミュレーションゲーム。「夢のオールスター世界大戦」と銘打たれ、ナポレオンやアーサー王など、時代や場所を問わず美少女化された英雄たちが数多く登場し、文化も年次を問わないため、EUの隣にマケドニア王国があるなど地図は混沌とした様相を呈している。主人公たちが世界統一を達成すると、クトゥルー神話でお馴染みの邪神が黒幕として登場し、世界のカラクリを明かした上で最終決戦が始まる。後に5pb.からPS3、PSVita版が発売されている。

### ドラクリウス／PC
めろめろキュート／2012年5月

母を亡くし孤独に暮らしていた荻島潤の前に現れた異国のメイド。潤は自分が吸血鬼の真祖の血を引くことと、父方の名門ブランドル家の家督を継ぐために見定められていることを知る。魔女のメイド、許嫁の吸血鬼、吸血鬼狩りのシスターからクラスメイトの男の娘まで、一癖も二癖もあるキャラクターたちが登場する伝奇アクションAVGである。ヒロインの一人、リカ・ペンブルトンの正体が、対吸血鬼組織ダイラス・リーンに所属する吸血鬼ハンターだ。ダイラス・リーンというのはHPL「未知なるカダスを夢に求めて」に言及される、夢の国を流れるスカイ河の河口に位置する大都市の名前。

**デデンデン！／PC**
One up／2013年2月

極秘に開発された人工頭脳「オラクル」が「人格」に目覚めて暴走した結果、巻き起こった「breakdown」によって、人類と機械の戦争が始まってから18年が経過した。崩壊した秋葉原周辺で、人類レジスタンス向けの発掘屋「21世紀でんでん」を商う主人公たちの生存と戦いを描く。AVGパートに加えて、有人戦闘ロボットを操り襲い来る軍用ドローンと戦っていく横スクロールアクションが楽しめる。
ゲーム中、「ふ、腐海じゃあ！　SANの海じゃあ！」という、クトゥルー神話と『風の谷のナウシカ』の両方にひっかけたらしいセリフが存在する。

**おたマ！～おたく仲間はちっこいマニア～／PC**
ユニゾンシフト・アクセント／2012年10月

あらゆるジャンルを押さえているオールマイティオタクの七瀬弘明（20）は、その知識からネットで知り合ったコミュニティ内では〝先生〟とからかい半分で呼ばれていた。しかし、オフ会で顔を合わせた仲間たちは何と、小さな可愛い女の子ばかりだったのである。リアルの女性は大の苦手ながら、何だかんだで面倒見の良い弘明の明日はどっちだ⁉　ヒロインたちの一人で、オカルトオタクの北欧系ハーフである大宮いいなトゥルネンはクトゥルー神話マニアで、『這いよれ！ニャル子さん』パロの自己紹介に始まり、会話中でクトゥルー神話ネタをあれこれ挟んでくるのだった。

**受け触手／PC**
脳内彼女／2013年8月

男性器の皮を元にして触手を生やした淫獣として生まれた魔神三千雄は、そのアイデンティティを放り投げてお医者さんを目指す好青年。しかし彼を魔王として覚醒させようと目論む母の差し金で、最高の触手を狙う話を聞かない幼なじみと、彼の触手に惚れ込んだ話を聞かない妹による、触手が意味を為さない行為が繰り広げられる。
企画当初はクトゥルー神話ものだったらしく、メーカーのWEBサイト内にある製品ページにはクトゥルーっぽいクリーチャーの描かれたバナーが置かれている。残念ながら、実際に発売された製品からは、クトゥルー神話要素はオミットされているようだ。

**未来戦姫スレイブニル／PC**
STARGAZER／2013年11月

遙か未来の銀河の統治者の祖先である如月カタナ。彼の命を守るために派遣された戦姫エグゼと、遺伝子を狙う宇宙海賊、亡国の王女、暗殺者、そしてもう一人の戦姫とのドタバタの日常、そして暗躍する黒い影との戦いが展開する、恋愛アクションADV。無人島漂流エピソードを収録した追加シナリオが無料配布されている。未来に滅びた王国、冥王月王国の末裔だという月乃・ユーガッタ・ファメル13世の愛機であるダゴンという四足歩行ロボットが「ふんぐいるくとぅるーふたぐんっ！」というセリフを口走るシーンがある。「ふんぐるい」ではなく「ふんぐいる」のあたりが微妙にポイント。

**クロノクロック／PC**
Purple software／2015年4月

大企業の御曹司である沢渡澪が祖父から受け取った遺品、それは5分だけ時間を戻す力を持った、不思議な懐中時計だったのである。時計に宿る精霊クロに使い道を尋ねられた澪は、なんでもできる力を彼女を探すために使うと決めるのだった。明るく優しい性格だが、少しズレた主人公の成長と、少女たちとの出会いと恋を描くタイムスリップ型青春恋愛AVG。

「ああ、窓に！」というHPLの「ダゴン」ネタのセリフがある。なお、Purple softwareは「天使たちの午後」シリーズなどのアダルトゲームで知られる老舗のメーカー、ジャストのブランドPurpleとして発足したブランドである。

---

**ダンジョン オブ レガリアス　背徳の都イシュガリア／PC**
アストロノーツ・シリウス／2016年3月

魔法文明の空中都市ウィンダルの廃墟を探索する冒険者の街イシュガリアにやってきた青年オリアスは、失われた過去を求めて廃墟の闇に踏み込んでいく。剣闘士と魔術師のペアから悪魔召喚師の令嬢や人妻のシノビまでバリエーションに富んだ9名のヒロインとパーティを組み、ダンジョンを探索していくクォータービューRPG。

テンタクルス、何とかいうモンスター（同じ姿のモンスターがブロブとして登場）など、クトゥルー神話系らしいモンスターが登場。廃都の塔B2のストーリーボスがショゴスである。他に、アビスハンターという半魚人モンスターは、〈深きもの〉かもしれない。

---

**美少女万華鏡 罪と罰の少女／PC**
ωstar／2017年8月

主人公・覡夕摩は、とある事情で休学し入院生活を送っていた。一年ぶりに美しい双子の姉・夕莉と再会し、一緒に暮らし始める夕摩だったが、彼にはひとつの秘密があった。姉の夕莉に対して、倒錯的な愛を抱いていたのである。彼女に強制され、女装して女子校に通うことになってしまう夕摩は飲み込まれる、愛と狂気の物語。八宝備仁が原画を担当し、濃厚なエロスが描いている。夕摩のクラスメイトになるオカルト少女の御殿場鏡子がラヴクラフトの熱烈なファンで、「ラヴ様」と呼んでいるという設定。夕摩も、それがクトゥルフ神話の創造者だという程度の知識はあるらしい。

---

**ドラゴンプロヴィデンス／ブラウザ**
DMMゲームズ／2014年11月～

聖なる樹セフィロトを巡る神と悪魔の大戦が終結した千年後を舞台に、聖騎士団に所属する騎士として戦うファンタジーRPG。成年指定のゲームとして配信されているので、プレイ時には要注意。

「混沌神ニャルラトホテプ」「銀霧神ヴォルヴァドス」などの神々が実装されている。なお、ニャルラトホテプのつむじのあたりからはアホ毛が伸びていて……。

**TOKYO天魔 -DEVIL SLAVE-／ブラウザ**
DMMゲームズ／2015年12月～

20XX年の東京で魔物に勝利して魔物娘たちを手に入れていく、スロットを回すことで戦闘するスロットバトルRPG。成年指定のブラウザゲームである。クトゥルー神話の神々、クリーチャーの中から、「ニャルラトホテプ」「バイアクヘー」が参入。女性の姿に擬人化されているものの、ややクリチャーみの強い「バイアクヘー」がある意味では特徴になっている。

## サンディ・ピーターセン／クトゥルフの呼び声

TRPG／ホビージャパン／1986年

ケイオシアム社から1981年に発売されたボックス版TRPG、Call of Cthulhuの日本語版。ルールブックとしては第二版がベースで、後に遊演体ネットゲーム88のグランドマスターとなる有坂純（六行道士）が翻訳を担当。「クトゥルフ」表記はピーターセンの吹き込んだカセットテープに基づくが、「ゲームから入った人間はクトゥルフ」という誤解の基になった。プレイヤーは神話物語の登場人物（探索者と呼ばれる）に成りかわって奇怪な事件を調査し、背後に隠された神話的存在と対面、その脅威に立ち向かうことになる。正気度（サニティ）というステータスの存在が特徴である。

## グレン・ラーマン／ウェンディゴへの挑戦

TRPG／ホビージャパン／1986年12月

『クトゥルフの呼び声』は審判役のキーパーと複数のプレイヤーで遊ぶゲームだが、この作品は1人でも楽しめる、ゲームブックに似た形式のソロシナリオである。プレイヤーは、冊子に書かれた記述を読んで、そこに記された選択肢から自分の望む行動を選ぶ。選択肢には番号が振ってあるので、次はその番号の書かれた記述を探して読めば、そこには読者が選んだ行動の結果が記されているという仕組みだ。プレイヤーはミスカトニック大学の文化人類学者であるネーデルマン博士（男女選択可能）となってカナダ北西部へ探検に向かい、そこでさまざまなクトゥルフ神話の脅威と遭遇する。

## ユレク・チョダク、キース・ハーバー、他／クトゥルフ・コンパニオン

TRPG／ホビージャパン／1987年

『クトゥルフの呼び声』をより深く楽しむため、呪文やクリーチャーなどの追加データをまとめたサプリメント。ゲーム中に使用するデータ以外にも様々な読み物が充実しており、「中央アメリカの宗教の中のクトゥルフ神話」と題された論考では中央アメリカで信仰されたケツァルコアトルとイグの関係や、地下世界クン＝ヤンの文明がマヤ文明などに影響を与えていたという説が紹介されている。収録されているシナリオは、強大な相手を敵にする短編「地底の脅威」と、中央アフリカのコンゴの奥地へと冒険に出かけた探索者を襲う恐怖を描いた「四つの神殿の谷」の二編である。

## ジョン・S・クレッグ、サンディ・ピーターセン、他／ヨグ＝ソトースの影

TRPG／ホビージャパン／1987年

TRPGでは複数の短中編で構成される一連の長編シナリオをキャンペーンシナリオと呼ぶが、本作品は『クトゥルフの呼び声』初の商業キャンペーンシナリオである。ボストンに現われた友愛団体「銀の黄昏錬金術会」。上流階級の人気を集める一見無害そうな団体の背後には、邪神を崇拝する大魔術師カール・スタンフォードが率いる秘密結社があった。その目的が海底に沈むルルイエを浮上させ、彼らの崇拝する大いなるクトゥルフを目覚めさせることだと知った探索者たちは、彼らの野望を阻止するためニューヨーク、スコットランド、イースター島などを転戦していくことになる。

**キース・ハーバー／ユゴスからの侵略**
TRPG／ホビージャパン／1987年

『クトゥルフの呼び声』のキャンペーンシナリオ第二弾。霊媒師ポール・ルモンドの失踪を調査していた探索者は、やがて「野獣の結社」の恐るべき陰謀を察知。アメリカ、ルーマニア、ペルー、エジプトと世界各国を飛び回り、その企みを阻止すべく奔走する。魔道士ハウプトマン男爵と深きもの教団の指導者ラン＝フーに率いられた「野獣の結社」は、「銀の黄昏錬金術会」に劣らぬ強大な敵だ。彼らは古代エジプトの司祭ノフル＝カの予言に従い、彼らが野獣と呼ぶニャルラトテップの化身「顔のないスフィンクス」を呼び出して世界を滅ぼした後、ノフル＝カの子孫による支配を企むが――。

**ジョン・S・クレッグ、他／療養所の悪魔**
TRPG／ホビージャパン／1987年

短編シナリオが七編収録された、『クトゥルフの呼び声』のシナリオ集。アーカムのミスカトニック大学はもとより、オーストリアの上流階級が集うオークション会場、ロマノフ王家の亡命貴族が同乗する豪華客船モーリタニア号、サラ・ウィンチェスターが建造した実在の屋敷がモデルになった、ウェストチェスターの奇妙な屋敷、不可解な出来事が頻発し、奇矯な入所者であふれかえる療養所などなど――このシナリオ集は実に魅力的な舞台設定を提供してくれる。比較的短いシナリオが多く、派手さこそ少ないが、前述の通り舞台設定のバリエーションの豊富さが楽しいシナリオ集だ。

**ウィリアム・A・バートン／クトゥルフ・バイ・ガスライト**
TRPG／ホビージャパン／1988年

1890年代のイギリスを舞台に『クトゥルフの呼び声』を遊ぶためのサプリメント。当時の有名人や、オカルト団体、変わったところではクトゥルフ神話的なタイムトラベルのやり方のガイドなどが収録されている。収録されているシナリオ「ヨークシャーの怪事件」はシャーロック・ホームズのファンには嬉しい名作。探索者はあのシャーロック・ホームズ本人から依頼を受け、濡れ衣を着せられたホームズの兄シェリンフォードの無実を証明するためヨークシャーへ赴くのだが、その裏には犯罪界のナポレオンことジェームズ・モリアーティ教授の恐るべき計画があった――。

**有坂純／黄昏の天使**
TRPG／ホビージャパン／1988年

全8編からなる国産オリジナルのキャンペーンシナリオで、発売当時の1980年代末から90年代を舞台にしたもの。国産オリジナルということで、日本神話や『遠野物語』がシナリオのベースになっていて、海外のシナリオとは異なる雰囲気の物語を楽しむことができる。人外の血を引くものが支配し、外なる神々の力を利用して繁栄するも滅びた古代出雲王朝。現代になり、王朝の血を受け継ぐ夕泊蘭子の暗躍を知った探索者たちは、彼女に対抗する力である三種の神器を探し日本各地を旅することになる。「夜叉姫伝説」シリーズの第部と銘打っていたが、残念ながら続かなかった。

**サンディ・ピーターセン、キース・ハーバー、リン・ウィリス、他／クトゥルフ・ナウ**
TRPG／ホビージャパン／1989年

発売当時で言うところの「現代」、すなわち1980年代を舞台に『クトゥルフの呼び声』を遊ぶためのサプリメント。時代背景についての資料は省略され、代わりに科学技術の発展に伴う技能の拡張や、近代兵器と法医学の進歩についての解説が中心になっている。シナリオは四編が収録されており、邪神を崇拝する人気ロックバンドのツアーを題材とした「悪魔のロックバンド」、人の見た夢を記録する機械に邪神が干渉する「虚像の悪夢」、ラヴクラフトの「神殿」をモチーフに最新鋭潜水服で海底神殿に赴く「海底の都市」など、どれも現代ならではの題材を扱ったものとなっている。

**ラリー・ディティリオ、リン・ウィリス／ニャルラトテップの仮面**
TRPG／ホビージャパン／1989年

『クトゥルフの呼び声』の古参ファンの間でも特に高い評価を受けているキャンペーンシナリオ。時は1925年。ケニアのナイロビで行方不明となったアメリカのカーライル探検隊の消息を追うため、探索者はニューヨークから、ロンドン、カイロ、ケニア、上海と世界の大都市へ調査に向かう。その過程で、探索者はこの事件の背後に隠された神話的陰謀を暴き、ブラック・ファラオ団を始めとした各地のニャルラトテップの化身とその崇拝者たちと対決するという、スケールの大きなシナリオである。96年発売の第3版ではオーストラリア編が追加されたが、日本語版には含まれない。

**山本弘、岡本博信、北川直、他／クトゥルフ・ワールド・ツアー**
TRPG／ホビージャパン／1990年

現代アメリカ、鎌倉時代の日本、1890年代イギリス、ハイパーボレアといった様々な舞台で『クトゥルフの呼び声』をプレイした様子を伝えるリプレイを収録した1冊。巻頭には山本弘による短編小説「スキュラ」（後に単行本『ヘンダーズ・ルインの領主』に収録）、巻末には現代日本を舞台にした「中国水晶」というシナリオが掲載され、読み応えたっぷりの贅沢な内容となっている。北川直の「クトゥルフ・ハイパーボレア」は、C・A・スミス作品の古代大陸ハイパーボレアを舞台にプレイするための追加ルールで、最初から呪文やクトゥルフ神話の知識を知る神官などを作成できる。

**キース・ハーバー、他／アーカムのすべて**
TRPG／ホビージャパン／1991年

ラヴクラフトが創造したマサチューセッツ州にある架空の町アーカムは、彼の作品のみならず、他の多くの作家たちも用いたためクトゥルフ神話における最も重要な場所のひとつとなっている。そのアーカムを、詳細な地図とともに解説したのが本サプリメントだ。小説に登場した場所や人物はもちろんのこと、筆者らの独自の発想による興味深い場所や人物も掲載されており、シナリオを作る手助けとなってくれる。収録された四本のシナリオのひとつ「生半可な知識は……」では情報源としてアセナス・ウェイトが登場するなど、HPL作品と接続するファンサービスの要素もある。

**キース・ハーバー、スコット・D・アニオロフスキー、他／13の恐怖**
TRPG／ホビージャパン／1991年

『クトゥルフの呼び声』で遊ぶためのシナリオ集だが、シナリオにクトゥルフ神話がまったく関わっていない。厳密に言えば、これはクトゥルフ神話関連の作品とは言えないが、表紙に描かれているチェーンソーを持った怪人は、おそらくはクトゥルフ御大だとは思うのだが……残念ながら、彼は本編には登場しないのであしからず。このシナリオ集に収録された十三編のシナリオに登場するのは幽霊やミイラ、恐竜やエイリアンなどどこかのホラー映画で見たような連中ばかり。つまりは、そういったB級ホラーのオマージュを楽しむための異色の作品だが、これはこれで楽しいシナリオ集である。

**キース・ハーバー、他／クトゥルフ・スーパースクリーン**
TRPG／ホビージャパン／1993年

『クトゥルフの呼び声』の審判役であるキーパーがゲーム中にプレイヤーたちから手元を隠すために使用するついたて（それをキーパースクリーンと呼ぶ）用のルールサマリーと、1920年代の資料集のセット。資料集では現代日本人にとって縁遠い1920年代のアメリカについての情報がまとめられており、当時の社会情勢や風俗、流行やファッション、著名人、メディアについて知ることができる。徒歩から航空機までの交通手段や武器についての詳細なデータの他、ミスカトニック大学専用便せんやアーカム療養所の診断書といった遊び心満載のおまけもついている。

**サンディ・ピーターセン、リン・ウィリス／クトゥルフの呼び声　改訂版**
TRPG／ホビージャパン／1993年5月

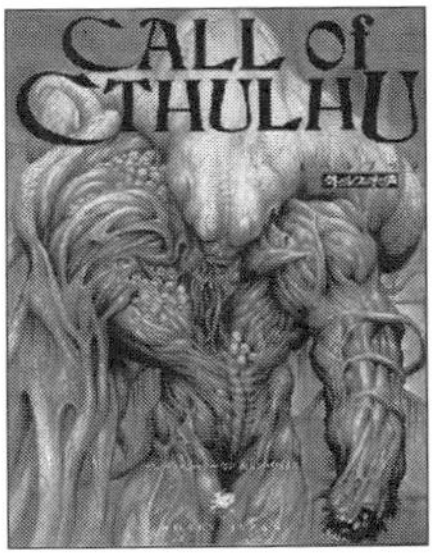


Call of Cthulhu 第五版がベースになっている日本語版で、従来、複数の冊子に分かれていたボックス版のスタイルから、冊子1冊に統合するスタイルに変更されている。ルール、データも全面的に改定され、技能の統廃合や新しい職業の追加も行われた。また、サプリメントで追加された神格やクリーチャー、呪文のデータも記されている上、１８９０年代、１９２０年代、現代の三種類の探索者シートも付属している。収録されたシナリオは4編。新たに収録された「死者のストンプ」はジャズ奏者やギャング、酒の密輸といった１９２０年代の要素をふんだんに盛り込まれている。

**サンディ・ピーターセン、他／クトゥルフ神話図説**
TRPG／ホビージャパン／1994年8月

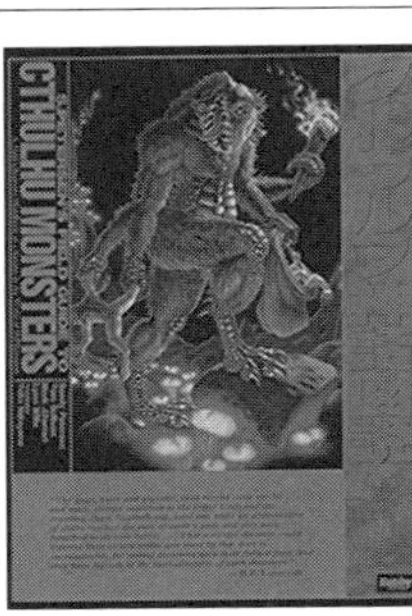


ケイオシアム社から刊行されたPetersen's Field Guide to Cthulhu Monsters と Petersen's Field Guide to Creatures of the Dreamlandsを合わせたもの。これに先立ち、『クトゥルフモンスターガイド』全2冊としてホビージャパンから刊行されていたが、これを合巻にしたのが『クトゥルフ神話図説』で、ゲーム業界をはじめ多方面に大きな影響を与えた。美麗なイラストで図示された邪神やクリーチャーについて、『幻想文学』誌の書評では否定的な評価を加えていたが、ＨＰＬ自身のスケッチや描写から決して外れてはおらず、独自の解釈も加えた優れたガイドブックである。

**渡辺ヒロシ、ホビージャパンゲーム開発室／放課後怪奇くらぶ**
TRPG／ホビージャパン／1997年11月

ケイオシアム社のベーシック・ロールプレイング、より直接的には『クトゥルフの呼び声』をベースにデザインされた、現代日本の学校が舞台の怪奇RPG。ホビージャパンのTRPG雑誌『RPGマガジン』1997年5月号に掲載された「クトゥルフ・イン・スクール」がベースで（渡辺ヒロシによるシナリオ、リプレイも掲載されている）、当初はこちらを商品化するつもりだったようだが、最終的にクトゥルフ神話要素がオミットされたようだ。アーキタイプ方式のキャラクター・メイキングが採用されていて、コミックや小説などの「一般的な学生」キャラクターを簡単に作成可能である。

**リチャード・ラウニウス／アーカム・ホラー**
TRPG／ホビージャパン／1988年7月

ケイオシアム社から1987年に発売されたボードゲームで、ゲームデザインはクトゥルー神話もののボードゲームを数多く手がけてきたリチャード・ラウニウス。マサチューセッツ州アーカムの各地に出現し、怪物たちを吐き出しはじめたゲートを全て破壊する協力型ゲームで、プレイヤーが競争するのではなく全員で力を合わせて勝利し、世界を破滅から救うことが目的である。当時、ホビージャパンが商品展開していたTRPG『クトゥルフの呼び声』と同じサイズの、ボックス製品として発売された。TRPGのボードゲーム版というわけではなく、怪物と積極的に戦闘するゲームである。

**モンテ・クック、ジョン・タインズ／コール オブ クトゥルフ d20**
TRPG／新紀元社／2003年12月

世界中で広く遊ばれているd20システムというTRPGルールに『クトゥルフの呼び声』を融合させた製品で、正気度や狂気など独特のルールも踏襲されている。ルールやデータが詳細かつ明確化されているのが特徴で、特に人知を超えた異形の神々の能力までも妥協なく明文化されているのには脱帽させられる。収録されているシナリオは「パラダイスの終演」と「薄切りの死」の二編。それぞれ映画館と睡眠研究クリニックが主な舞台となる現代が舞台のシナリオで、後者はラヴクラフトの「彼方より」をモチーフとしている。『クトゥルフ神話TRPG』と共用のサプリメントも存在した。

**サンディ・ピーターセン、リン・ウィリス、他／クトゥルフ神話TRPG**
TRPG／エンターブレイン／2004年9月

国内での展開がストップして久しかったケイオシアム社のCall of Cthulhuだったが、『クトゥルフ神話TRPG』と名前を改めて、日本における第二期が開始した。ベースのルールブックは第六版で、アークライトが事実上の国内代理店として複数版元にて関連製品を展開している。旧ルールに加えて、ミ＝ゴやイス人などの異界のテクノロジーに関する記述も追加された他、魔道書の情報も大幅に強化されている。TRPGのルールブックであるにもかかわらず、その巻頭にHPLの代表作であり、ゲームのタイトルの由来となった小説「クトゥルーの呼び声」がまるごと収録されている。

**キース・ハーバー／H．P．ラヴクラフト　アーカム**
TRPG／新紀元社／2004年12月

HPLが創造したニューイングランド地方架空の町、アーカムを詳細に解説したサプリメント。内容的にはかつて出版された『アーカムのすべて』とほぼ同じだが、本書は『クトゥルフ神話TRPG』と『コール　オブ　クトゥルフd20』の両方に対応したデュアル・システムをうたい、二種類のデータを掲載している他、補遺記事として後者の追加データが用意されている。シナリオは新作「サイラス叔父の蔵書」一編のみが収録。見ず知らずの親戚から相続した財産がもとでクトゥルフ神話の恐怖に遭遇することになるという、クトゥルフ神話小説の典型のような導入は見逃せない。

**シュテファン・ゲシュベルト／クトゥルフ・ダークエイジ**
TRPG／新紀元社／2005年4月

クトゥルフ神話作品は近現代を舞台に描かれることが多いが、本作は10世紀のヨーロッパを舞台とした異色作である。元々はドイツで出版された『クトゥルフの呼び声』のサプリメントで、英語圏での出版時に独立したTRPGとして再編集されたものである。傭兵や聖職者、修道士や商人などを探索者にして遊ぶため、一見ファンタジー物のRPGのように見えるかもしれない。だが、相対するのはありふれた妖精や魔物ではなく、クトゥルフ神話の神格やクリーチャーである。あるいはそれらこそが妖精や魔物の正体、伝承の起源なのかもしれないとの解釈が行われているのだ。

**キース・ハーバー、他／クトゥルフ神話TRPG　キーパーコンパニオン**
TRPG／エンターブレイン／2006年5月

本書は『クトゥルフ神話TRPG』では紹介しきれなかった、クトゥルフ神話にまつわる様々な情報を詳細に紹介するソースブックだ。特にクトゥルフ神話を彩る重要なアイテムである魔道書に関しての記述が充実し、『ネクロノミコン』や『無名祭祀書』といった有名な魔道書については、原書版、英語版など異なる翻訳版についての紹介がされている。他にも有名な「輝くトラペゾヘドロン」のようなアーティファクトについてのデータや、深きもの、ミ＝ゴ、ヘビ人間、シャッガイからの昆虫など、地球に出没する人間以外の知的種族の紹介文もなかなか興味深い内容となっている。

**坂本雅之、坂東真紅郎、他／クトゥルフ神話TRPG　クトゥルフと帝國**
TRPG／エンターブレイン／2005年12月

ラヴクラフトが数々の神話作品を発表していた、1920～30年代にかけての日本を紹介した日本オリジナルのソースブック。関東大震災後、急速に再建された帝都東京を中心に、昭和初期の文化や社会についての紹介がされており、当時の探索者をプレイするのに役立つ資料が盛りだくさんである。また、当時の著名人や日本を始めとする東アジアの土俗信仰や秘密結社、カルトに関する紹介もあり、シナリオを考えるヒントとなるだろう。シナリオは3編を収録しており、そのひとつ「浅草十二階」は大震災直後の浅草を舞台に、倒壊した浅草十二階を巡る物語だ。

### 朱鷺田祐介（スザク・ゲームズ）／比叡山炎上

ＴＲＰＧ／エンターブレイン／２００６年５月

先に紹介した『クトゥルフ・ダークエイジ』が中世暗黒時代のヨーロッパならば、こちらは日本の戦国時代を舞台に『クトゥルフ神話ＴＲＰＧ』を楽しむためのルールブックである。「織田信長はクトゥルフ神話に関わっていたのではないか?」というコンセプトの元に、戦国時代の日本に深く巣食う神話的存在について描いた、日本オリジナル作品ならではの異色作である。なにより面白いのが、クトゥルフ神話のクリーチャーたちが、日本の神や妖怪たちと関連づけて考察されたデータの数々で、混沌としたクトゥルフ神話の世界に相応しい紹介のやり方とも言えるのではないだろうか。

### 坂本雅之・編／クトゥルフ神話ＴＲＰＧシナリオ集　七つの怪談

ＴＲＰＧ／新紀元社／２００７年１２月

『クトゥルフ神話ＴＲＰＧ』の日本展開スタッフによって編集された、オリジナルの短編シナリオ集。収録シナリオの統一テーマとして「怪談」を掲げており、古典的な怪談や都市伝説などがモチーフになっているシナリオが七編収録されている。船幽霊の出る海域で遭難した探索者を襲う恐怖を描く「ひいてけの海」。戦前の閉鎖的な山村で起きる忌まわしい事件を扱った「蛇の子の呪い」。お盆に伝統工芸について調べる学生が経験する怪奇譚「泣きこけし」。新宿副都心の片隅で異界からの侵入を垣間見る「狐火、または青い音」など、バラエティに富んだシナリオが揃っている。

### スコット・アニオロフスキー、他／クトゥルフ神話ＴＲＰＧ　マレウス・モンストロルム

ＴＲＰＧ／エンターブレイン／２００８年３月

３８０種に及ぶ様々なクトゥルフ神話のクリーチャーや神格、伝説上のクリーチャー、そして実在の動物のデータをまとめたソースブック。「黄衣の王」や「パンの大神」など神格の化身も含まれ、千の仮面を持つとされるニャルラトテップについては、４３種もの化身が紹介されている。図版は神話存在そのもののイラストではなく、有名な絵画や芸術作品などがクトゥルフ神話由来のものであるかのようにパロディ化したというユニークなもので、ゲームの資料として有効活用できる。神話事典の側面もあるが、あくまでも『クトゥルフ神話ＴＲＰＧ』の設定であり、独自設定も含まれている。

### クリス・ウィリアムズ、サンディ・ピーターセン、他／クトゥルフ神話ＴＲＰＧ　ラヴクラフトの幻夢境

ＴＲＰＧ／エンターブレイン／２００９年３月

「未知なるカダスを夢に求めて」など、いくつかのＨＰＬ作品の舞台となっている異世界「幻夢境」を詳細な地図や記述で解説したソースブック。幻夢境は、地球の生物の夢の中に存在し、中世風文化の人々や人ならざるものたちが住む神秘と驚異に満ちた場所である。本書では幻夢境への行き方、幻夢境独特の呪文やクリーチャー、著名ＮＰＣなどのデータが紹介される他、幻夢境の住人として探索者を作成するルールも掲載されている。収録されているシナリオは６編。幻夢境内だけで完結するものもあれば、現実世界と幻夢境を行き来しながら探索するものもあるバラエティに富んでいる。

**坂本雅之、内山靖二郎、坂東真紅郎、他／クトゥルフ神話ＴＲＰＧ　クトゥルフ２０１０**

ＴＲＰＧ／エンターブレイン／２０１０年３月

現代の日本を舞台に『クトゥルフ神話ＴＲＰＧ』をプレイするための、日本オリジナルのソースブック。職業や技能が再定義されている他、火器をはじめとした現代技術、日本の公的組織、そして国内のクトゥルフ神話作品から引用された様々な怪奇スポット、妖怪などについても詳細な記述やデータが掲載されている。収録されているシナリオは痩身願望が意外な形で絡む「もっと食べたい」。隔離された研究所での恐怖を描く「腕に刻まれた死」。ふたつの神話勢力の対立に探索者が巻き込まれる「奇妙な共闘」の3編だ。なお、学生の探索者を作成するための選択ルールも掲載されている。

---

**内山靖二郎、高平鳴海、寺田幸弘、他／クトゥルフ・ワールド・ツアー　クトゥルフ・ホラーショウ**

ＴＲＰＧ／アークライト／２０１１年２月

クトゥルフ神話のコズミックホラーではない、ありふれたホラー映画のようなゲームを遊ぶために作成されたソースブック。かつての『13の恐怖』がシナリオ集だったのと異なり、本書ではホラー映画のガイド、ホラー映画的な演出テクニックの紹介や、探索者の身代わりとなって死亡するＮＰＣ「捨て駒キャット」などの選択ルールなども掲載されている。収録されているシナリオはそれぞれ「ゾンビ」「動物パニック」「エイリアン」をテーマにした3編で、作成済み探索者を用いてすぐに遊べるようになっている。内容の多くは『クトゥルフ・コデックス』に再録された。

---

**ケビン・ロス、他／クトゥルフ神話ＴＲＰＧ　インスマスからの脱出**

ＴＲＰＧ／エンターブレイン／２０１１年４月

ラヴクラフトの創造したニューイングランド地方の架空の土地を詳細に解説した「ラヴクラフト・カントリー」シリーズのひとつで、深きものと結託したダゴン秘密教団が支配する荒廃した漁村インスマスを題材としている。住人の多くは深きものの血を引いており、よそ者に対して敵対的だが、中にはごく普通の人間もいて生活している。収録されているシナリオは3編だが、そのひとつ「インスマス襲撃」はＨＰＬの小説とリンクする、連邦政府によるインスマスへの手入れが題材で、非常に大規模な長編シナリオだ。それ以外にもシナリオのアイデアになりそうなフック集が用意されている。

---

**内山靖二郎、坂本雅之、寺田幸弘、他／クトゥルフ・ワールド・ツアー　忌まわしき古代遺跡**

ＴＲＰＧ／アークライト／２０１１年８月

謎に包まれた古代遺跡、そこには人の知るべきではない秘密や知識が隠されているのがクトゥルフ神話における定番中の定番だ。本書はそんな古代遺跡に焦点を当てたソースブックとなっている。オーストラリアのイス人の遺跡、ミ＝ゴの潜む鉱山遺構、アラビア半島の無名都市が詳細に解説されている他、収録されているシナリオ「トートの短剣」では謎に満ちた短剣をめぐり探索者たちは古代エジプトの地下神殿へと足を踏み入れることになる。巻頭にはクトゥルフ神話にまつわる遺跡の世界地図が掲載されているが、「地獄」と呼ばれる別府の温泉が混ざっているのはご愛嬌。

**内山靖二郎、坂本雅之、寺田幸弘、他／クトゥルフ・ワールド・ツアー ナチス邪神帝国の陰謀**
TRPG／アークライト／2012年1月

ナチス・ドイツとクトゥルフ神話を絡めるアイデアは洋の東西を問わず広く使われている。本書も同様に第二次世界大戦を背景として、クトゥルフ神話の力を利用しようとするナチス・ドイツと戦う、英国情報部に協力する探索者を主に取り扱っている。ナチス・ドイツについてのある程度の解説はもとより、第二次大戦中に使用された銃器や戦闘車両のデータ、戦場における狂気のあり方についても記述されているのは喜ばしい。掲載された3編のシナリオは、ドイツ、中東、チベットを舞台にしており、独立したシナリオとしても一本のキャンペーンシナリオとしても楽しめる。

---

**キース・ハーバー、他／クトゥルフ神話TRPG ダニッチの怪**
TRPG／エンターブレイン／2012年3月

本書も「ラヴクラフト・カントリー」シリーズのひとつで、「ダニッチの怪」の舞台であるダニッチとその周辺を扱っている。ダニッチには独自の信仰が根付いており、この地に多く集まる神話存在と絡み合い、さびれた田舎の村という薄皮の下にははかり知れない闇が広がっている。インスマスほどあからさまな敵意を見せないが、探索者たちは用心して村人に接する必要があるだろう。村の周辺にはあっと驚くような怪異も潜んでおり、そちらにも注目だ。「ダニッチの怪」の後日談である「ダニッチへの帰還」、ごく短い「地と天と命あるもの」の2編のシナリオを収録している。

---

**内山靖二郎／クトゥルフ神話TRPG入門 るるいえびぎなーず**
TRPG／エンターブレイン／2012年12月

本書は『クトゥルフ神話TRPG』の遊び方を解説する初心者向けのガイドブックだ。「TRPGとは何か」から始まりプレイヤーとしての遊び方、進行役であるキーパーのやり方などをリプレイ形式とコラムで丁寧かつわかりやすく記述している。特筆すべきは付属シナリオ「彼方より来たる」で、シナリオそのものだけでなく、それを遊んだ記録がリプレイで掲載されており、初めてキーパーとしてシナリオを運営する際の教本として使えるのだ。FAQや戦闘ルールのまとめ記事も掲載されており、『クトゥルフ神話TRPG』を遊ぶ人すべてにお勧めの書と言える。

---

**坂本雅之、内山靖二郎、坂東真紅郎、他／クトゥルフ神話TRPG クトゥルフカルトナウ**
TRPG／エンターブレイン／2013年3月

日本オリジナルのソースブック第2弾は、探索者の敵として立ちはだかることが多い邪神を崇拝するカルトに焦点を当てた内容だ。イス人を支援する「クライン生命保険相互会社」、北海道に浸透したチョー＝チョー人の結社「山蓮界」といった新たに設定されたものから、「星の智慧派」や「銀の黄昏教団」のようにおなじみのカルトまで十種類が紹介されているのに加え、キーパー向けのカルト活用ガイド、カルトや秘密結社についての翻訳記事も用意されている。シナリオは「血は海の水よりも濃くて」「しろがねコーヒー」「とある漫画家に起きたこと」「白無垢の母」の4編を収録。

## キース・ハーバー、他／クトゥルフ神話TRPG　キーパーコンパニオン改訂新版

TRPG／エンタープレイン／2013年4月

基本的には、以前に発売された『キーパーコンパニオン』の内容ほぼそのままだが、新たに「ミソス・エクス・マキナ」の章が追加された。これまで出版されたシナリオに登場した、異界の超科学や魔術によって創造されたさまざまな機械や薬物などをまとめたものだ。その内容から、イス人やシャッガイからの昆虫、古のものたち人知を超越した技術や文化を垣間見ることもできよう。さらに、キーパーがゲーム中にプレイヤーたちから手元を隠すために使用するついたてであるキーパースクリーンも付属しており、プレイヤー側でも手軽なルールサマリーとして利用されている。

## ウィリアム・バートン、ケビン・ロス、他／クトゥルフ神話TRPG　クトゥルフ・バイ・ガスライト

TRPG／KADOKAWA／2014年3月

かつてホビージャパンから発売された『クトゥルフ・バイ・ガスライト』の新版であり、大幅に増補された第3版を底本としている。追加された内容は探索者を個性付けする「特徴」ルール、イギリスの怪奇スポットや神話に関連する場所のガイド、そしてネモ船長やジキル博士といったシャーロック・ホームズ以外のこの時代の架空の著名人のデータ集などだ。収録されているシナリオは「ヨークシャーの怪事件」に加え、ロンドンで発生した連続殺人を追う「ジャッカルの夜」、うら寂しいデヴォンシャーの荒野に潜む古の恐怖を描いた「焼け焦げた男」の3編が収録されている。

## サム・ジョンソン、他／クトゥルフ神話TRPG　ミスカトニック大学

TRPG／エンタープレイン／2013年7月

アーカムに存在し、『ネクロノミコン』などの魔道書を蔵するミスカトニック大学を解説する「ラヴクラフト・カントリー」シリーズのひとつ。建学の歴史から学部・学科の構成、主だった教授・学生はもちろんのこと、カリキュラムや校歌、書類の書式まで紹介されており、ミスカトニック大学の実在を信じてしまいそうだ。もちろん、図書館に所蔵されている魔道書のリストや「ダンウィッチの怪」のヘンリー・アーミテッジ博士をはじめとする著名NPC、大学に隠された秘密の数々も必見である。シナリオは、『アーカムのすべて』に掲載された「生半可な知識は……」が再録されている。

## キース・ハーバー、他／クトゥルフ神話TRPGアーカムのすべて完全版

TRPG／エンタープレイン／2014年10月

長らく入手困難になっていたソースブック『H．P．ラヴクラフト　アーカム』が、装いも新たに帰ってきた。本書は『H．P．ラヴクラフト　アーカム』を底本とし、アーカムという地方都市の詳細な解説はそのまま同じである。ただし、『クトゥルフ神話TRPG』にのみ対応したデータが掲載されており、『コール　オブ　クトゥルフ　d20』対応のデータは削られている。その代わり、『アーカムのすべて』に掲載された4編のシナリオのうち、『ミスカトニック大学』に収録された1編を除く3編が再録されている上、「サイラス叔父の蔵書」もそのまま掲載されている。

**坂東真紅郎、ランディ・マッコール、アダム・クロシンガム、他／クトゥルフ神話TRPG　クトゥルフ・フラグメント**

TRPG／エンターブレイン／2015年3月

本書は、タイトルに含まれる「フラグメント」（断片）という言葉が示す通り、様々な内容の短い記事を集めたオムニバス形式のソースブックである。古代ギリシャを舞台とするシナリオ「星空の子供たち」、幕末の日本での探索を可能にする追加ルール「幕末異聞」などバラエティに富んだ内容となっているが、目玉といえるのは猫族の探索者で遊ぶ「キャットゥルフ」だ。猫族の探索者で行う冒険は、普通の人間の探索者で行うものとは視点も展開も大いに異なる。だが、トリックと呼ばれるさまざまなわざを会得した猫族の探索者での冒険は、新たな刺激に満ちたものとなるだろう。

**坂本雅之、内山靖二郎、坂東真紅郎、他／クトゥルフ神話TRPG　クトゥルフ2015**

TRPG／エンターブレイン／2015年10月

現代の日本を舞台に『クトゥルフ神話TRPG』を遊ぶための日本オリジナルのソースブック第3弾だが、あくまで『クトゥルフ2010』を拡張し、選択肢を増やすためのものとされている。内容はアイドルやネットタレントのような新たな職業の追加から、アーティファクトや現代テクノロジーの運用についての提案、探索者を支援するサポート・グループ、さらには通常は敵となる狂信者や深きものとの交雑種を探索者として用いる方法などだ。掲載されているシナリオは4編。そのひとつ「亡霊の樹」は『ウェンディゴの挑戦』のようなゲームブック形式となっている。

**ケビン・ロス、他／クトゥルフ神話TRPG　キングスポートのすべて**

TRPG／エンターブレイン／2016年4月

本書は「ラヴクラフト・カントリー」シリーズのひとつで、アーカムの隣にある港町キングスポートを取り上げている。「魔宴」や「霧の高みの不思議な家」の舞台であるキングスポートは、現実と夢想の境界があいまいな場所だ。静かな観光地にしか見えないこの町にも底知れぬ闇と秘密が隠されており、そのひとつが「魔宴」で示された緑色の炎を崇めるキングスポートのカルトだ。本書に収録されているシナリオは4編。そのうちの「灰に色あせて」は元々別のシナリオ集に掲載されていたものだが、キングスポートを舞台にしているため邦訳時に採録されることとなった。

**サンディ・ピーターセン、他／クトゥルフ神話TRPG　クトゥルフ神話怪物図鑑**

TRPG／エンターブレイン／2016年9月

かつて『クトゥルフ神話図説』として日本語版が発売された、モンスターガイドブックの改訂新版。「クトゥルフ神話のクリーチャーや神格を実地で識別するための観察ガイド」という体裁で執筆されているため、はい／いいえで分岐する識別ガイドや、生態や生息地の詳細な記述が充実している。巻末には数々の架空の論文や書籍が典拠としてリストアップされており、好奇心をそそられる題名が並んでいる。すべてのイラストが新たに書き起こされており、従来のイメージを一新するものとなった。加えて、日本オリジナルの要素としてそれぞれのクリーチャーのデータ・ブロックが追加された。

**坂本雅之、内山靖二郎、寺田幸弘、他／クトゥルフ神話TRPG　モジュラー・クトゥルフ**

TRPG／エンターブレイン／2016年11月

本書はこれまでとは少し角度を変え、現代日本における容易に組み合わせ可能な施設・建物の設定を提供する日本オリジナルのソースブックだ。病院や大学、図書館や寺院など、『クトゥルフ神話TRPG』で舞台もしくは調査場所として使われる14のロケーションを来歴や見取り図、NPCなどをまじえて紹介している。リプレイなどに登場する美津門大学の詳細な情報も掲載されている。掲載されているシナリオは現代日本の町工場、洋館、ショッピングモールを舞台にしたものに加え、1920年代アメリカの巡回サーカス団が中心になる翻訳「フリークショー」の4編。

---

**内山靖二郎、坂東真紅郎、ウィリアム・バートン、ランディ・マッコール、他／クトゥルフ神話TRPG　クトゥルフ・コデックス**

TRPG／エンターブレイン／2017年9月

『クトゥルフ・フラグメント』に続く二冊目となる、オムニバス形式のソースブック。入手困難な過去作から再録されたものが多く、『クトゥルフ・ナウ』から「宇宙からの殺人鬼」、『療養所の悪魔』から「オークション」が再掲された他、『クトゥルフ・ホラーショウ』が復活した。他にも原始時代のネアンデルタール人を遊ぶシナリオ「呪わしきは都市」。平安時代の探索者を遊ぶ追加ルール「平安京怪異譚」には2編のシナリオが付属している。さらに、クトゥルフ神話の怪物に殺された情景の描写集「死亡報告」が収録されており、クトゥルフ神話の多様性を体現している。

---

**内山靖二郎／クトゥルフと帝國リプレイ　白無垢の仮面**

TRPG／新紀元社／2006年10月

サプリメント『クトゥルフと帝國』を使用したリプレイ。キーパー及びリプレイ著者は現アーカム・メンバーズの内山靖二郎で、1930年代の東京を舞台に、日本の鉄鋼業界の背後で暗躍する秘密結社〝佐比売党〟の陰謀を描く全3話からなるキャンペーンシナリオが展開される。重要NPCとして、佐比売党の勢力を維持する鍵であるという〝白無垢の巫女〟が登場。プレイヤーキャラクターの一人、古物研究家の鷹城秀作が彼女と偶然出会ったことから、怪事件が幕を明けることになる。この時期、『クトゥルフ神話TRPG』のリプレイは新紀元社からも刊行されていた。

---

**内山靖二郎／クトゥルフ神話TRPGリプレイ「るるいえ」シリーズ**

TRPG／新紀元社／2009年12月

エンターブレインから刊行されている、『クトゥルフ神話TRPG』の人気リプレイシリーズ。『るるいえあんてぃーく』（2009年12月）に始まり、現在までに10冊が刊行されており、第7弾の『るるいえがすらいと』はサプリメント『クトゥルフ・バイ・ガスライト』を使用、現代日本とヴィクトリア朝ロンドンという二つの時間軸で物語が展開する変則的なシナリオとなっている。東京郊外の骨董店、るるいえ堂の関係者たちがプレイヤーキャラクターで、キャラクターデザイン及び挿絵を『這いよれ！ニャル子さん』の狐印が担当。ドラマCDも作られている。

**内山靖二郎／みなせゼミの名状しがたき夏休み**

TRPG／新紀元社／2010年7月

新紀元社から発売された、現代日本が舞台の『クトゥルフ神話TRPG』のリプレイで、同社のTRPG雑誌『Lead&Read』に掲載されたリプレイシリーズをまとめたもの。内山靖二郎のリプレイや小説にしばしば登場する神奈川県の御津門大学の講師、水無瀬克馬（プレイヤーキャラクターである）とそのゼミ生を中心とするグループが、民俗学のフィールドワークの最中に遭遇した怪事件を描いたもの。ダムに沈んだ四国の村、九州の漁村、秋田県の山村などを舞台に、日本の民俗学を題材にしたシナリオが中心だが、アーカムで過去に起きた事件が絡んできたりもする。

**内山靖二郎、アーカム・メンバーズ／クトゥルフ神話TRPGリプレイ 御津門学園ゲーム部の冒涜的な活動**

TRPG／エンターブレイン／2014年12月

エンターブレインのライトノベルレーベル、ファミ通文庫から刊行された最初の『クトゥルフ神話TRPG』リプレイ。「るるいえ」シリーズにも登場する東京の私立御津門学園（高校）のゲーム部に所属するプレイヤーキャラクターたちが、ネット上でカルトな人気を集めているインディーズ・ゲーム『飢神』にまつわる怪事件に巻き込まれていくというストーリーで、『吉永さん家のガーゴイル』の田口仙年堂、『まぶらほ』の築地俊彦、『バカとテストと召喚獣』の井上堅二といったライトノベル作家たちがプレイヤー参加しているのが特徴である。イラストは『サイコメ』の生煮えが担当。

**いい大人達、坂東真紅郎／クトゥルフ神話TRPG VS いい大人達 リプレイ 生放送で邪神召喚！**

TRPG／エンターブレイン／2015年4月

エンターブレインのライトノベルレーベル、ファミ通文庫から刊行された2冊目の『クトゥルフ神話TRPG』リプレイである。ニコニコ動画で活動しているゲーム実況グループ「いい大人達」によるTRPGセッションを、アーカム・メンバーズの坂東真紅郎がリプレイに仕上げたもの。実況者たちがプレイヤーキャラクターとなり、生放送出演のために訪れたスタジオで怪事件が発生、巻き込まれてしまうというメタフィクション・ストーリーが展開する。なお、ファミ通文庫の人気ライトノベル『バカとテストと召喚獣』のイラストレーター、葉賀ユイがイラストを担当している。

**内山靖二郎、アーカム・メンバーズ／クトゥルフ神話TRPGリプレイ セラエノ・コレクション**

TRPG／エンターブレイン／2017年5月

人知を超えた〝なにか〟によって生み出された神話遺物――アーティファクト。名家の令嬢・安針塚雅と、運命に引き寄せられるように銀座の画廊に集ったプレイヤーキャラクターたちは、このアーティファクトを巡る怪事件に巻き込まれ、それらを回収して収蔵する組織「セラエノ・コレクション」に加わることとなるのだった。キーパー、リプレイ作成を内山靖二郎、狐印がイラストという「るるいえ」シリーズのコンビによる、新しい『クトゥルフ神話TRPG』リプレイシリーズの1冊目。アーティファクトとその収集組織という伝奇物語定番の設定をPCの動機付に使用した作品である。

**有坂純／ネットゲーム'88**

PBM／遊演体／1988年

数千人のプレイヤーが郵便葉書で行動を送るというやり方で1988年に運営された、遊演体の大人数TRPG「ネットゲーム」の第1弾。『クトゥルフの呼び声』の翻訳者である有坂純がグランドマスターを務めた。根の国の死女王の復活を巡る怪事件が横行する中、人間側（ゴッドハント）と怪物側（ゴッドバンド）の二陣営にプレイヤーが分かれ、一年をかけて相争うというゲーム。ゲームのパンフレットにクトゥルーのイラストが描かれていたり、ゲーム中に新興宗教団体「陀厳宗」やオカルト学の大家H・P・ラヴクラフト教授が存在するなど、クトゥルー神話要素が多々含まれていた。

**柳川房彦／ネットゲーム'90 蓬莱学園の冒険！**

PBM／遊演体／1990年

生徒総数十万人の巨大学園、蓬莱学園高等学校を舞台に、後に「90年動乱」と呼ばれる激動の一年間を描く伝説的な作品。グランドマスターは柳川房彦（新城カズマ）で、ゲーム開始時にH・P・ラヴクラフト教授が編纂したという体裁の、旧・蓬莱大学とミスカトニック大学の南極探検の顛末を伝える手記の断片が配布された。1991年発売のTRPG『蓬莱学園の冒険!!』にも、『試験に出る蓬莱学園』（BNN）に男子寮の人気メニューとしてショゴス丼が紹介され、サプリメント『蓬莱学園の秘密!!』掲載の魔導書ルール中に『ネクロノミコン』が挙がるなどの神話要素が存在する。

**きざしせんいち／ネットゲーム'91 那由他の果てに**

PBM／遊演体／1991年7月～

時空嵐によって数多くの異世界との接触点が開いた地方都市、神奈川県波津野市が舞台の遊演体ネットゲーム第3弾。伊豆平成マスター担当の9月期のリアクションにおいて、時空海賊ヘブダの操る巨大怪獣ハズラと対策本部の攻防が描かれる。このハズラというのが、体長100メートルほどの巨大なピンク色のクトゥルフもどきだった。阻止作戦が失敗し、ついに上陸せんとするハズラだったが、怒り狂った本物が海中から出現し、バラバラにされてしまう。なお、伊豆平成マスターはリアクション末尾で「本物」についてはここだけのこととして忘れるようプレイヤーに告げている。

**宮川健、ホビー・データ／仙術超攻殻ORION**

PBM／ゲームネットジャパン／1998年10月～

遊演体ネットゲームのプレイヤーたちを中心に設立され、SFネットワークRPG『クレギオン』シリーズなどを展開したホビー・データが制作し、関連会社であるゲームネットジャパンが運営したインターネット利用のネットワークゲーム（PBM方式）で、後にPBeMと呼ばれるスタイルのゲームの走りとなった。スタートセットは、インターネットブラウザで動作するパソコン用のパッケージソフトとして発売された。クトゥルー神話から採られた設定が多々盛り込まれている士郎正宗の同名のコミックが原作だが、御簾過渡大学などのゲームオリジナルの設定も存在している。

**ケン・セント・アンドレ／トンネルズ&トロールズ**

TRPG／社会思想社／1987年12月

アメリカで、最初のTRPGとされる『ダンジョンズ&ドラゴンズ』が発売された翌年の1975年に、フライング・バッファロー社から発売された。本独特のユーモアや簡便ながら汎用性の高いルール、一人で遊べるゲームブック形式のソロアドベンチャーが豊富なのも特徴である。ソロアドベンチャー「カザンの闘技場」には、対戦相手として巨大な人形の生き物であるショゴスが登場、音楽好きと設定されていた。サプリメント『モンスター！モンスター！』にはツァトガを始めクトゥルー神話の怪物たちも収録。近年、グループSNEによる最新版の展開が始まっている。

**勝木康明・原案、藤浪智之・監修／ナイトメア・ハンター　夢魔狩人**

TRPG／翔企画／1988年11月

夢の世界に入ることができるナイトメア・ハンターとなり、現実世界に侵入しようとする夢魔の起こす事件を解決していくホラーTRPG。元々は、OVA『ドリームハンター麗夢』の同人TRPGとして勝木康明がデザインしたもので、商業化の過程で夢の世界で夢魔と戦う骨子部分のみが残り、オリジナル設定のTRPGとして再構成された。収録されているモンスターには直接夢魔と関係ないものも含まれていて、何万年もの間封印されていたが目覚めようとしている「古の種族」と、それに関係あるらしい「半魚人」はイラストがそれぞれクトゥルーと深きものを思わせるものになっている。

**安田均、白川剛、グループSNE／ゴーストハンターRPG**

TRPG／アスペクト／1994年7月

パソコンRPG『ラプラスの魔』『パラケルススの魔剣』に代表される「ゴーストハンター」シリーズ向けにデザインされたシステムがベースのホラーTRPG。世界観も、これらのゲーム及びノベライズがベースである。パーセントロールを判定に用いるシステムだが、伏せた状態で渡されるトランプのスートと数字で狂気を処理する、独特のシステムを採用していた。かつては、アスペクトのTRPG雑誌『LOGOUT』でフォローされていた。第二版の『ゴーストハンターRPG02』やボードゲーム『ゴーストハンター13タイルゲーム』、『ゴーストハンター03』などの後続作品が続いている。

**高平鳴海、チーム・アガルタ／メタルヘッド**

TRPG／ホビージャパン／1990年

巨大企業が支配するメガシティと荒れ果てた荒野に二極分化した22世紀の地球を舞台に、ハンターと呼ばれるプロとなって様々な事件を解決する国産としては初のサイバーパンクTRPG。サイバーパンクジャンルではしばしば電脳空間が視覚化されて表現されるが、本作ではファンタジーRPG風や1920年代風などに分けて環境の差を表現している。そのうち、1920年代風のテクスチャを持つパンナムネットワークでは、防衛プログラムに「ゴーント」「ビアーキ」「ニゴラス・シープ」「ショゴム」などクトゥルー神話の怪物を想起させる命名がされて、侵入者を排除する。

**大貫昌幸／ダブルムーン伝説　TRPGシステムブック**

TRPG／角川書店／1991年7月

ゲーム情報誌『マル勝ファミコン』（後に『マル勝スーパーファミコン』）に連載されていた、読者参加ゲームがベースのTRPG。題名が示す通り二つの月が存在する異世界を舞台にしたファンタジー物ながら、特撮ヒーロー的要素も盛り込まれている。TRPGとしてはクラス制を採用したオーソドックスなもので、コンピュータRPG風のシステム設計となっていた。下級のモンスターとしてビアーキーが存在する他、オプションクラスである神霊術師が行使するオカルトマジックには「コールビアーキー」の呪文があり、それを使えばビアーキーを呼び出して使役することができる。

**スティーブ・ジャクソン、安田均／ガープス・ベーシック　汎用RPGルールブック**

TRPG／角川書店／1992年8月

SFやファンタジー、サイバーパンクやスーパーヒーロー物などの多様なジャンルを、ひとつのTRPGシステムで遊べるという汎用システムは数多く存在するが、成功例の一つがスティーブ・ジャクソン・ゲームズの『ガープス』である。多様な特徴や技能によるキャラクターの再現性が人気を博し、本国では歴史物や各種SF作品を再現するサプリメントが数百点発売されたが、その中にはサイバーパンク世界にクトゥルフ神話を導入した『CTHULHUPUNK』という変わり種が存在する。日本では、翻訳を担当したグループSNEによる日本独自のサプリメント展開が行われた。

**山本弘、友野詳、グループSNE／ガープス・妖魔夜行　妖怪アクションRPG**

TRPG／角川書店／1994年1月

日本国内で『ガープス』を展開していたグループSNEによる、日本独自のサプリメント。友好的な妖怪となり、人間社会に害をなす妖怪と戦うというもの。本作では妖怪を「人間の〝想い〟が生命エネルギーに形を与えたもの」と定義し、妖怪の由来を神話や伝説などに限らず、都市伝説やテレビ番組すら妖怪を生み出す源とした。そのため、創作神話であるクトゥルフ神話に由来する妖怪も生まれるのである。リプレイ『戦慄のチェスゲーム』ではガグが、データ集『闇紀行』付属のシナリオではシュゴーランが登場している。小説シリーズが刊行された他、続編『百鬼夜翔』も展開された。

**友野詳、グループSNE／ガープス・ルナル：七つの月の世界ワールドガイド**

TRPG／角川書店／1992年11月

グループSNEによる日本独自の『ガープス』サプリメント第一弾。七つの月が空に浮かぶ世界ルナルを描くファンタジーで、ワールドデザインは友野詳。この世界が舞台の作品群は「ルナル・サーガ」とも呼ばれている。プレイヤーは七つの月のいずれかの神を信仰し、それに応じて得られる魔術や特殊能力を駆使して冒険する。七つの月の一つ「銀の月」はクトゥルー神話が主モチーフで、人間の精神では理解困難な神々を伴って到来したという設定。この月の神を信仰すると次第に心身が変容し、いずれは異形のものに変貌するとされた。後継作『ガープス・ユエル』（富士見書房）も存在する。

**河嶋陶一朗、冒険企画局／魔道書大戦ＲＰＧ　マギカロギア**
ＴＲＰＧ／新紀元社／２０１１年５月

『インセイン』等と同じく「サイコロ・フィクション」を使用し、「世界の滅び」を防ぐため魔道書を奪い合う魔法使いを演じる現代ファンタジーＴＲＰＧ。魔法や魔道書がフィーチャーされているＴＲＰＧだけにそこかしこにそれらしい用語が散見される。さらに、掲載されたリプレイの主人公格である過越大夢は人類以前の魔法使いが設計した人造ボディの持ち主であり、続巻『幻惑のノスタルジア』でその設計者がレムリアの魔法を研究していたブラヴァツキー夫人であると判明した。なお、ブラヴァツキー夫人のプレイヤーは『スチームパンク』シリーズなどの作者である桜井光。

**河嶋陶一朗、冒険企画局／マルチジャンル・ホラーＲＰＧ　インセイン**
ＴＲＰＧ／新紀元社／２０１３年９月

冒険企画局の汎用ＴＲＰＧシステム「サイコロ・フィクション」を使用したホラーＴＲＰＧ。２０１２年のクトゥルフオンリー・コンベンションで河嶋が卓を立てたクトゥルフ・サイコロフィクションの発展型で、プレイヤーに渡される【使命】や【秘密】、【狂気】の相互作用により、他のホラーＴＲＰＧとは一味違ったプレイ感覚を体験できる。付属のシナリオ「遺産」は１９２０年代のアーカムを舞台にしたクトゥルー神話もの。また、『インセイン２　デッドループ』付属のリプレイ「四人の客」では、山形県鰐田市に伝わるカミサマ「おおさだごわ」が重要な役割を果たしている。

**河嶋陶一朗、冒険企画局／神話創生ＲＰＧ　アマデウス**
ＴＲＰＧ／富士見書房／２０１５年１２月

神の血を引く神子アマデウスとなり、神話災害から世界を守る現代伝奇ＴＲＰＧ。ＧＭから提示される予言カードの情報を集め、条件を満たして予言を成就させていくことで事件の解決を目指す。設定上、プレイヤーキャラクターは何らかの神の血を引いているのだが、ギリシャ神話やエジプト神話、日本神話の神々に並んでクトゥルフやナイアーラトテップがルールブックに収録されているのは２０１０年代ならではといったところか。クトゥルフ神話の神々の思考は理解しがたい物ながら、クトゥルフの夢と神子の夢という二重のフィルターを通じて理解できるものになっているとされる。

**平野累次、冒険企画局／異世界ＴＲＰＧ伝説　ヤンキー＆ヨグ＝ソトース**
ＴＲＰＧ／新紀元社／２０１７年７月

『インセイン』と同じく汎用ＴＲＰＧシステム「サイコロ・フィクション」を使用しているが、その毛色は大きく異なっている。プレイヤーがファンタジー風の異世界ガイヤンキーに召喚されたグッドヤンキーとなり、クトゥルフ神話の邪神にケツモチされたバッドヤンキーを倒すというのがこのゲームの大まかな流れである。シナリオの最後にはバッドヤンキーの後援者である邪神が必ず登場し、それを叩きのめして退散させることで一件落着となる。なお、タイトルの略は『Ｙ＆Ｙ』であり、ＴＲＰＧの元祖『ダンジョンズ＆ドラゴンズ（Ｄ＆Ｄ）』のパロディになっている。

**朱鷺田祐介、スザク・ゲームズ／深淵**
TRPG／ホビージャパン／1997年3月

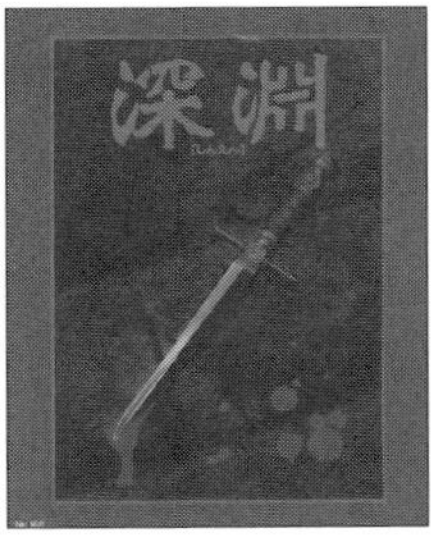


十二と一つの星座がしろしめすファンタジー世界を舞台に、運命に翻弄される人々を遊ぶTRPG。運命や幻想といった要素を強調し、セッションを通じてひとつの物語を完成させるのを重視した独特の雰囲気が根強いファンを獲得している。第二版がエンターブレイン刊行で流通している他、第三版の制作がアナウンスされた。まったくの別世界が舞台のためクトゥルー神話そのものが取り扱われているわけではないが、読むだけで狂気をもたらす魔道書、封印され復活の時をうかがう魔族とその崇拝者など、『比叡山炎上』の著者が手がけているだけあってそれらしい要素には事欠かない。

---

**朱鷺田祐介、アトラス／真・女神転生TRPG　魔都東京200X**
TRPG／JIVE／2005年7月

『真・女神転生Ⅲ－NOCTURNE　TRPG』のシステムを使い、『真・女神転生Ⅱ』の世界観で遊ぶというコンセプトで制作されたTRPG。本作以前にディジタルデヴィルの鈴木一也が手がけた一連の『真・女神転生』TRPGとは別のシステムとなっている。元々の『真・女神転生』の時点ではクトゥルー神話の神々やクリーチャーは登場していなかったが、その後の関連作で登場していたためか、本シリーズでは基本ルールブックにクトゥルーなどが収録されている。また、リプレイ『退魔生徒会』シリーズではニャルラトホテプが重要な役割を果たした。

---

**鈴木一也／新世黙示録　SIN APOCALYPSE**
TRPG／エンターブレイン／2002年3月

アトラスで『真・女神転生』シリーズの開発に携わった鈴木一也（現・デジタルデヴィル代表）が、独立後に展開していた『真・女神転生RPG』のサプリメントとして当初発表されたが、諸般の事情によりタイトルを改めて刊行されたオリジナルTRPG。基本的には『真・女神転生』と同じく、世紀末に復活し暗躍する神々との交流や戦いを扱っているのだが、クトゥルー（九頭竜）やニャルラトホテプなどが中生代に地球に君臨した旧神族として配置されている。彼らはより新しい神々に敗れて封印されたが、アーカム教団なるカルトを手先にして復活を画策していると設定されている。

---

**力造／武装伝奇RPG　神我狩**
TRPG／新紀元社／2013年8月

神殺しの力に目覚めた超人カミガカリとなり、災いをなす邪神アラミタマを倒す現代伝奇TRPG。魔導書の研究管理を行うアーカム大学や、不定形の怪物「虹色に泡立つもの」が存在するなど、ルールブックの段階から関連ワードが出現していたが、2016年に発売された『ストーリー&データ集　混沌神話との接触』で本格的にクトゥルー神話要素が導入された。バルザイの偃月刀などクトゥルー神話で言及されるいくつもの武器に加え、『ネクロノミコン』をはじめとする数々の魔道書も魔法武器として収録。敵となる怪物もクトゥルー神話の怪物や神々が網羅されている。

**三輪清宗、小太刀右京、F.E.A.R.／異界戦記カオスフレア**
TRPG／新紀元社／2005年9月

多様な孤界からの侵略者が集う始源世界オリジンを舞台に、造物主の尖兵として世界の新生を企むダスクフレアに対抗するカオスフレアとなって戦うクロスオーバーファンタジーRPG。多様なジャンルをクロスオーバーさせ、一堂に会させる本作にはクトゥルー神話の要素も含まれている。第一版のリプレイ『リオフレード魔法学院』にはクトゥルー神話の邪神をモチーフにした造物主の手先「宇宙怪獣」が登場し、サプリメント『クリスタルトゥーム』で魔物と契約し使役するデーモンロードの契約相手にクトゥルーが登場した。これらの設定は、現行の第二版にも引き継がれている。

---

**小太刀右京／天下繚乱RPG**
TRPG／JIVE／2010年3月

時空破断と呼ばれる現象によって過去から未来までが入り混じってしまった架空の江戸時代の日本を舞台に、宿星に導かれた英傑として世界滅亡を企む妖異と戦うクロスオーバー時代劇TRPG。公式ウェブサイト掲載のシナリオ第二弾「銀河邪神剣」でイースター島沖に眠る星の怪物が登場したのを皮切りに、サプリメント『江戸絢爛』や『時空破断』で落とし子や亜空の猟犬、星海から来たる者などクトゥルー神話の怪物が敵として設定された。その他にも『快刀乱麻』で追加されたクラス・土蜘蛛の高レベル特技には大いなる蜘蛛神アトラク＝ナクアの名を冠するものもある。

---

**井上純弌、重信康、F.E.A.R.／ビーストバインドトリニティ**
TRPG／エンターブレイン／2010年9月

魔物と人の狭間にあってエゴと愛に揺れ動く半魔となり、世界の裏側で様々な事件を解決するゴシックロマンホラーRPGの第三版。初版時代より細かいネタとしての言及はあったが、この版においてサプリメント『ドミニオンズ』で「コズミックホラー」が追加され、クトゥルー神話の神々の分霊や落とし子、眷属たる怪物をプレイヤーキャラクターとして遊ぶことができるようになった。また、直後に発売されたリプレイ『海魔夜航〜レヴィアタンズ・ナイト〜』にはシュブ＝ニグラスの娘がプレイヤーキャラクターとして登場し、敵よりも敵らしいと評される活躍を見せている。

---

**藤田史人・林啓太、F.E.A.R.／メタリックガーディアンRPG**
TRPG／富士見書房／2013年3月

機甲暦と呼ばれる地球で巨大人型兵器ガーディアンを駆り、アビスの力で世界征服を企む悪漢や侵略者と戦う巨大ロボットアクションTRPG。様々なサブジャンルが存在する巨大ロボット物には、魔法をフィーチャーしたものも少なくない。その種のロボットを再現する目的で、サプリメント『ラディアントブレイブ』において導入されたミスティック級と呼ばれるクラスは魔法の力で駆動するのだが、例示されている大逆咒装ダークハウラーは「無貌の神」「月に吠えるもの」なるもっとも古き神それ自体を顕現させたものと設定され、混沌そのものを射出する銃で戦う存在である。

**Wizards RPG Team／ダンジョンズ&ドラゴンズ　プレイヤーズ・ハンドブック　日本語版**

TRPG／ホビージャパン／2017年12月

TRPGの元祖、『ダンジョンズ&ドラゴンズ』は四十年の歴史の中でルール改定を重ね、現在は第五版が展開されている。かつて、ケイオシアム社とのいざこざがあり、いったんサプリメントに掲載されたクトゥルー神話要素を排除してからはこの神話を題材にすることはなく、マインド・フレイヤーという魔物や人知の及ばぬ奇怪な〈彼方の領域〉にその影響が窺われる程度だった。しかし、第五版では神に伍する強大な存在との契約で魔術を行使するクラス、ウォーロックの契約相手にグレート・オールド・ワン（大いなる古き者）が含まれ、偉大なるクトゥルフの名も挙がっている。

**—／ネクロスの要塞**

TRPG／ロッテ／1986年

ロッテから発売された食玩製品で、付録のフィギュアやカード類を使って簡単なテーブルトークRPGを遊ぶことができた。架空のファンタジー世界のタンキリエ王国を舞台に、魔王ネクロスを倒すために集った8人の勇者たちの戦いを描くストーリーで、プレイヤーは勇者たちの一人を選び、箱の中から取り出した敵キャラクターとダイス戦闘を行うのである。最後に発売された第8弾が「邪神クトゥルフ編」で、暗黒聖書を解読したウィザードによって呼び寄せられたルルイエ妖星、そしてクトゥルフ以下の邪神たちとタンキリエ8代王の息子、アース王子らの戦いをテーマにしている。

**栗本薫・原作、永橋隆／魔境遊撃隊　ナイルの呼び声**

ゲームブック／富士見書房／1986年4月

栗本薫のクトゥルー神話伝奇ホラー、『魔境遊撃隊』の続編として制作されたゲームブック。新進SF作家である栗本薫（原作者ではなく、彼女の作中人物としての男性作家）のもとに、かつて秘境での冒険で苦楽を共にした遊撃隊のリーダー、印南薫からの手紙が届く。手紙によれば、彼は誘拐されてどこかに閉じ込められているというのだが——。謎の象形文字に導かれ、マッドサイエンティストの雷電博士（の、双子の兄弟）、剣術使いの秋月慎悟、鮫島兄弟といった頼もしい仲間たち——再び集った遊撃隊の、アフリカを舞台にした冒険行が始まるのである。無論、クトゥルー神話要素もアリ。

**安田均・原作、ハミングバードソフト／ラプラスの魔　BOOKバージョン**

ゲームブック／アスキー／1986年5月

山本弘による小説版とほぼ同時期に発売された、ゲームブック版の『ラプラスの魔』。ウェザアートップ屋敷に入ることができるパーティの上限人数が3人であるなど、ゲームブックという媒体に合わせた独自のシステムが採用されている。プレイヤーが自分で名前を設定する主人公の存在を除き、登場人物やストーリー進行は小説版とほぼ同じであるものの、より安田均による原作に近いものであるらしいので、読み比べてみるのも面白いだろう。巻末近くにまとめて掲載されているモンスター一覧には、ハスターやビヤーキーといったクトゥルー神話系モンスターのデータも掲載されている。

**大瀧啓裕／暗黒教団の陰謀／輝くトラペゾヘドロン**
東京創元社／1987年2月

翻訳家の大瀧啓裕によるゲームブック。時は1980年代、ミスカトニック大学の元教授である叔父の指示で、〈旧支配者〉の復活を阻止する鍵となる〈輝くトラペゾヘドロン〉を手に入れるべくインスマスに潜入する主人公。ラバン・シュリュズベリイ博士の協力のもと、彼は〈深きものども〉の手中に落ちた〈輝くトラペゾヘドロン〉を首尾よく取り戻すことができるのか――。オーストラリア地底編、狂気の山脈編と続く三部作を予定していたが、文中の指示に従わない読者の存在を知った作者の意向で中断された。山田章博による〈ウィアード・テールズ〉風の挿画は一見の価値がある。

**栗本薫・原作、中野康太郎／アドベンチャー・ゲームブック　魔界水滸伝**
ゲームブック／角川書店／1987年3月

異次元生命体である〈古きものども〉、クトゥルーによる地球侵略と、それに対抗する〈先住者〉と呼ばれる地球本来の神々や妖怪たち、そして地球人の戦いを描く、栗本薫の伝奇ホラー小説『魔界水滸伝』のゲームブック版。原作第一部の展開のダイジェストのようなストーリーではあるが、主人公であるルポライター・安西雄介が取材のため赴くことになった瀬戸内海の黄泉防《よみもり》島が物語の発端になっているなど、ゲームブック版独自の展開がある。黄泉防島には、地元住民の間で黄泉戸と呼ばれる黄泉の国に通じる扉があり、奈良時代に唐の僧侶、玄蔵によって封印されたという設定。

**松枝蔵人／戦え!!イクサー1　クトゥルフの逆襲**
ゲームブック／富士見書房／1987年8月

1980年代当時、『聖エルザクルセイダーズ』などの作品で人気を博していた松枝蔵人による、OVA『戦え!!イクサー1』の続編という体裁のゲームブック。地球を戦いが始める前の状態に戻し、クトゥルフ族と共に宇宙の旅を続けるイクサー1。しかし、かつて彼女が滅ぼし、取り込んだはずの宿敵・ビッグゴールドが再び蘇り、地球への再侵攻を開始する。イクサー1はかつてのパートナー、加納渚に迫りくる危機を告げ、再びビッグゴールドの野望を打ち砕くべく戦いを開始する――。オリジナル展開の続編で、本編シリーズに登場したものとは異なる、独自のイクサー3が登場する。

**スタジオ・ハード編／「邪聖剣ネクロマンサー」のゲームブック**
ゲームブック／双葉書房、勁文社／1988年6月

編集プロダクションのスタジオ・ハードは、全く同時期にRPG『邪聖剣ネクロマンサー』が題材のゲームブックを2冊、別の版元から刊行している。草野直樹『邪聖剣ネクロマンサー　イシュメリアの悪夢』(双葉書房)は、英国の湖水地方(レイク・ディストリクス)の農村に住む15歳の腕白トリオ、ミック、キース、シーナの3人が骨董品マニアのロバート爺さんの家から古びた剣を盗み出したことに始まる冒険譚。上原尚子『邪聖剣ネクロマンサー　イシュメリア魔空戦記』(勁文社)は原作ゲームの後日談で、復活した魔空王アザトースの倒すべく旅立つアーイシャ王女の冒険を描く。

**アンドレア・キアルヴェシオ、ジャンルカ・サントピエトロ／キングスポート・フェスティバル**
ボードゲーム／ホビージャパン／2014年10月

HPLの「魔宴」をモチーフに、キングスポートに住む邪教徒となって神々に祈り、キングスポートの町に影響力を広げることで勝利点を獲得するボードゲーム。プレイヤーは正気度を支払って神々に祈り各種リソースを得るのだが、気まぐれな神々に願いをかなえてもらえるかは振ったダイスの出目次第。さらに正気度がなくなると勝利点を捧げなければならないのが悩みどころ。もちろん、プレイヤーたちの前には探索者が立ちはだかるので、彼らを排除するための呪文なども手に入れなければならない。シナリオカードを導入すれば特別ルールが追加され、プレイ毎に異なる展開が楽しめる。

**リチャード・ガーフィールド／新・キング・オブ・トーキョー　モンスターパック　クトゥルフ 日本語版**
TRPG／ホビージャパン／2017年3月

プレイヤーそれぞれが巨大怪獣を操り、トーキョーを破壊して点数を競い合うボードゲーム『新・キング・オブ・トーキョー』及び『キング・オブ・ニューヨーク』。その追加モンスターパック第一弾に選ばれたのはなんと、海底より目覚めた大いなるクトゥルフそのものであった——。この拡張パックを導入することで、他の怪獣に混じってクトゥルフで大暴れできるようになるのである。なんとも痛快なゲームなのだ。また、拡張ルールを用いれば、他のプレイヤーに狂気トークンを配って行動を阻害したり、狂信者の部隊で他のモンスターを攻撃させたりすることもできる。

**チャック・D・イェーガー、マット・リーコック／パンデミック：クトゥルフの呼び声**
ボードゲーム／ホビージャパン／2017年5月

世界各地で感染拡大する疫病を封じ込める協力型ボードゲームの名作『パンデミック』。本作はこのゲームのヴァリアントで、クトゥルー信者による邪神召喚を食い止めんとする探索者の戦いへと移し替えたものだ。探索者たちはニューイングランドを舞台に狂信者と戦うが、狂信者はショゴスの召喚や復活の儀式でオールドワンを目覚めさせようとする。もちろん探索者には正気度があって、発狂のリスクも抱えている。ゲームバランスはかなりタイトで、プレイヤーがなすすべもないまま世界が滅亡することも珍しくないが、それだけに再挑戦したいという気持ちをかきたてるものがある。

**ロブ・ダヴィオー／狂気山脈**
ボードゲーム／ホビージャパン／2017年10月

ミスカトニック大学の南極探検隊が見舞われた運命を描くHPLの「狂気の山脈にて」がモチーフの、協力型ボードゲーム。探検隊の一員として、何かしらの学術的発見を携えて狂気山脈から脱出するのが目的である。山上に配置されたタイルに指定されたタスクをクリアしながら進んでいくのだが、相談時間は限られている。さらにタスクに失敗すればリーダーシップはゆらぎ、隊員は負傷や狂気に侵されていく。特に狂気は深刻で、「五七調で話す」「イエスマンになる」など相談しにくくなるものが満載だ。パーティゲーム向きの作品だが、プレイするにはある程度広い空間が必要になるだろう。

**リチャード・ラウニウス、ケヴィン・ウィルスン／アーカムホラー　完全日本語版**
ボードゲーム／アークライト／2010年11月

かつてケイシアム社から発売されていた同名作品の後継ゲームで、2005年にFantasy Flight Gamesから発売された。アーカムの街を移動しながら次々と開くゲートを閉じ、邪神の復活を阻止するというプレイヤーの目的は旧版と同じだが、内容やコンポーネントが一新された上、プレイヤー間の競争を廃し、純粋な協力ゲームとして再構成されている。拡張セットとしてインスマスやダンウィッチ、キングスポートなどを扱ったものも発売されているが、これらは完全日本語版が発売されておらず、英語版に和訳マニュアルとカードなどに貼りつける和訳シールが付属する形で流通した。

**コーリー・コニーカ／マンション・オブ・マッドネス　完全日本語版**
ボードゲーム／アークライト／2011年12月～

1人がゲームマスターとしてモンスターや罠を操作するゲームフィールド内を、2～5人のプレイヤーが探索者となって行動し、それぞれの勝利条件達成を目指す、TRPGの入門編とも言うべき変則対戦型ボードゲーム。あらかじめシナリオが用意されていて、マスターは指示通りに部屋タイルや各種イベントカードなどを配置してプレイヤーを待ち構える。拡張セット『野生の呼び声』『禁断の錬金術』の他、「魔女の帰還」「銀のタブレット」など5本のシナリオも翻訳された。2016年12月には、スマホ用のアプリがマスターの役割を果たす第2版の完全日本語版も発売されている。

**リチャード・ラウニウス、ケヴィン・ウィルスン／エルダーサイン　完全日本語版**
ボードゲーム／アークライト／2012年4月～

『アーカムホラー』をデザインしたリチャード・ラウニウスらが、拡張を重ねたことで肥大化した同ゲームを改良し、より手軽に遊べるように開発した簡易版『アーカムホラー』とも言えるボードゲームが本作、『エルダーサイン』である。プレイヤーは命や正気を危険にさらしながら協力し、様々な事件を解決しながら手がかりやアイテムを獲得、邪神エンシェント・ワンの復活を阻止するのが目的。ゲームの舞台は博物館だが、拡張セット『氷の黙示録』では寒冷なアラスカの原野が舞台となる。ルールの改訂や修正が度々行われた結果、現在流通しているものは改訂2版となる。

**ニッキ・ヴァレンス、コーリー・コニーカ／エルドリッチ・ホラー　完全日本語版**
ボードゲーム／アークライト／2014年4月

『アーカムホラー』『マンション・オブ・マッドネス』で起きる事件は基本的にアーカムの街中や特定の空間内とどまっていた。しかし、本作では一箇所の町にとどまることなく、世界各地を旅して回りながら開きつつある異世界へのゲートを封印して回る、というスケールの大きなものとなっている。プレイヤーが探索者を一人担当し、アイテムや呪文、手がかりを集めながら事件を解決していく流れもほぼそのままの協力型ボードゲームだ。拡張セットが4つ発売されており、『アンダー・ザ・ピラミッド』ではエジプト、『狂気の山脈にて』では南極がサブボードとしてクローズアップされている。

**マーティン・ウォレス／翠色の習作 完全日本語版**
ボードゲーム／アークライト／2016年6月

蘇った旧支配者が支配する19世紀末のヨーロッパを舞台に、プレイヤーは旧支配者に忠誠を誓う体制維持派と人類の復権を企む復古主義者に別れ、互いの正体を探りながら相手陣営を潰し自分の勝利を狙うことになる。ニール・ゲイマンの同名のホームズもの短編小説をモチーフにしていて、シャーロック・ホームズやモリアーティ教授も登場するが、クトゥルー神話よりも当時の革命勢力色が濃厚だ。ゲーム自体は自らのデッキを構築しつつ、各都市にエージェントや影響キューブを配置したり、王族やエージェントを暗殺するなどやることは多いが、正体隠匿もあってスリリングな展開となる。

**サンディ・ピーターセン／クトゥルフ・ウォーズ 完全日本語版**
ボードゲーム／アークライト／2017年9月

人類滅亡後の地球を舞台に、旧支配者が覇権争いを繰り広げるこの対戦型ボードゲームは、デザイナーが『クトゥルフ神話TRPG』をデザインしたサンディ・ピーターセン自ら手がけたゲームということで発表当初から注目を集めた。クトゥルフ、シュブ＝ニグラス、ハスター、ニャルラトテップの4つの勢力はそれぞれが独特の能力を持つ配下を従えて地球制覇を狙うのだが、勝利条件こそ同じなものの勢力毎に有効な戦法や戦術は異なるので、自らの勢力を変えるだけで異なる駆け引きが楽しめる。最大の特徴は造形が精密な64体ものコマで、それを広げて遊ぶ様子は壮観だ。

**駆虎人I号／ホラー・ナイト**
カードゲーム／ホビージャパン／1989年

ホビージャパンと翔企画が共同展開したカードゲームシリーズ、「JAS CARD」の1作。汚染物質や異次元、宇宙からやってきて闇夜を徘徊し、人類を脅かしつつある忌まわしき魔物たちを探し出し、これを封印することで世界を巣食うというホラー・ジャンルのカードゲーム。クトゥルー神話ものというわけではないが、登場するこのゲームオリジナルのモンスターたちの名前が「ヨブシュール YOBSHLU」「クヴォルゥ QWORHU」「シャトゥーグァ SHATHUGA」といった具合の、クトゥルー神話の神々やクリーチャーを想起させる設定となっている。うらべすうがイラストを担当。

**葛西伸哉／ホラーハンター**
カードゲーム／翔企画／1990年

「JAS CARD」シリーズのカードゲームのひとつ。後にグループSNEの『ソードワールド』の短編小説でライトノベル作家デビューを果たす葛西伸哉がゲームデザインを担当したホラー・ゲームである。邪神の復活が迫り、ダークパワーが強まったことによってモンスターたちもまた復活を果たしてしまう。プレイヤーたちはホラーハンターとなり、宇宙の秩序を乱すモンスターたちを退治するのであった――。「怪奇作家フィリップス」「呪術師ミスカマカス」などのキャラクターや、『死者の書』（イラストの表紙に「NECRONOMICON」）などのアイテムがカードに描かれている。

**鈴木銀一郎／ナイトメアハンター**
カードゲーム／翔企画／1990年

「夢が狂気の色をみせ、人に牙をむけたとき…、ナイトメアハンターの出動です！」翔企画から刊行されていた同名のTRPG『ナイトメア・ハンター夢魔狩人』をカードゲーム化した「JAS CARD」シリーズのホラーゲームで、人間の夢の中を舞台にした作品である。クトゥルーがモチーフの、タコのような頭部とコウモリのような翼、触手が絡み合った芋虫めいた胴体の「古の種族 THE VERY OLD FOLK」というモンスターを描いたカードが存在する。イラストはあんくるさむが担当。『クトゥルフ・ホラー』のTOMBOYが「協力」でクレジットされている。

**藤本ミルキー／クトゥルフ・ホラー**
カードゲーム／TOMBOY／1990年

1990年前後のカードゲームブームの最中、ホビーステーションTOMBOYから発売された、クトゥルフ神話もののカードゲーム。プレイヤーは、恐ろしい邪神の存在とその崇拝者たちの存在に気づいている一握りの人間となり、地球を巣食うべく悍ましい存在と戦うのである。『アーカムホラー』のような協力型のゲームだが、プレイヤーの誰かが意図的に邪神を復活させた場合は「悪魔に魂を売り渡した」扱いとなり、そのプレイヤー対他のプレイヤーの構図になるという特徴がある。加藤直之の手になる、ルルイエに鎮座するクトゥルフを描いたパッケージには一見の価値がある。

**ジャンルカ・サントピエトロ／キングスポート・フェスティバル：カードゲーム**
カードゲーム／ホビージャパン／2016年12月

ボードゲーム『キングスポート・フェスティバル』を元にデザインされた、簡略版的なカードゲーム。邪教徒になって神に祈りをささげ、立ちはだかる探索者をなんとかしながら勝利点を獲得していくというゲームの流れそのものは同じだが、カードとダイスだけで遊べるようになったためルールはかなり異なっている。例えば、ダイスを振って邪神に祈りを捧げるのは同じだが、複数の神に祈ることができた元のゲームと違い、本作ではひとつの神にしか祈れない。また、難易度がもっとも高いアザトースへの祈りが成功すればゲームを終了し勝利点を計算するように勝利条件が変更されている。

**スティーブ・ジャクソン／マンチキン クトゥルフ 日本語版**
カードゲーム／アークライト／2007年9月

TRPGにおいてルールの穴をつき自分を有利にしようとするプレイヤーを俗に「マンチキン」というが、そんなマンチキンなプレイヤーの暴れぶりをモチーフにしたパロディ多めのカードゲーム・シリーズのクトゥルフ神話ヴァリアントで、発売元はスティーブ・ジャクソン・ゲームズ。対戦型カードゲームであるため、足の引っ張り合いや一時的な協力などの駆け引きが重要になる。モンスターにはショゴスのパロディで「××ゴス」という命名ルールがあるが、日本オリジナルの最強モンスター「ヤスキンゴス」は、翻訳を担当したグループSNEの代表・安田均の名前をもじったものである。

**マイク・エリオット、エリック・M・ラング／クトゥルフ神話カードゲーム　スターターセット　完全日本語版**
カードゲーム／アークライト／2009年9月

2人用のリビング・カードゲームで、プレイヤーはそれぞれが「政府機関」や「ハスター」「ヨグ＝ソトース」といった8つの勢力から一つを選び、デッキを構築し対戦する。対戦といっても直接戦うのではなく、解決したストーリーカードの数を競う形となっている。リビング・カードゲームとは製作元であるFantasy Flight Gamesの考案したもので、TCGに似ているが、追加カードパックにランダム性がなくコレクション要素が薄い代わりに、必要なカードを容易に入手できるという利点が売り。拡張パックが6つ発売されていて、主にドリームランドとその住人が中心の内容となっている。

**Role&Roll編集部／ミ＝ゴの脳味噌ハント！**
カードゲーム／アークライト／2012年11月

ユゴス星において実行する重要な儀式のため、基地の近くにある三つの町から人間をさらって、脳みそだけユゴスへ持ちかえろうとするミ＝ゴ（ユゴスよりのもの）。しかし、それぞれの町には彼らの邪魔をする勇敢な探索者たちの姿もあった――というカードゲーム。三つの山札のどれかからカードをめくり、得点の高い優秀な頭脳カードを集めれば勝利へ近づくのだが、めくればめくるほど探索者に邪魔されやすくなる。時には普通の探索者よりも強力なタイタス・クロウらが現れることも。プレイ時間も短くルールも簡単なので、TRPGを遊んだ後軽く遊ぶにはもってこいだ。

**ダーウィン・カスル／クトゥルフ・レルムズ　完全日本語版**
カードゲーム／アークライト／2015年12月

邪神たちが目覚めつつある中、ライバルである狂信者を蹴落として最後まで生き残るのが目的のデッキ構築型カードゲーム。2人用だが、3～4人でもプレイ可能。共通の手札10枚から始め、コストを払って公開されている場札から新しいカードを入手し、自分の戦法に適したデッキを構築しながら勝利を目指す。一枚のカードには大抵複数の効果があり、条件を満たせば同時に効果が発揮されるのでコンボを組む楽しみもある。相手を攻撃するのだが、攻撃して減らすのは生命力ではなく正気度なのがミソ。デザイナーのカスルは、世界的な『マジック：ザ・ギャザリング』プレイヤーである。

**カナイセイジ／ラブクラフト・レター**
カードゲーム／アークライト／2016年4月

シンプルながら奥深いゲーム性で世界でも好評を博したカードゲーム『ラブレター』を、元ゲームのデザイナーであるカナイセイジ自らクトゥルー神話ゲームとしてアレンジしたヴァリアント。プレイヤーは、身の回りで起きた怪異を調査しながら、世界の真実へと迫っていくことになる。基本的には互いの手札を推理しながら最後まで生き残るのを目指すが、カードの中には捨てると狂気に陥るものがあり、精神崩壊による脱落の危険が導入されるなどクトゥルフ神話らしい要素が追加され、ゲーム性も少し変わっている。また、地球の存亡を賭けて連続して遊ぶ「地球の支配者」ルールも付属。

**ブルーノ・カタラ、リュドヴィク・モーブラン／ポケット・マッドネス　完全日本語版**
カードゲーム／アークライト／２０１７年４月

フランス人ゲームデザイナーが手がけたカードゲーム。プレイヤーは古き神々の崇拝者となり、不気味な場所を調査して知識を深めながら神の元へ向かうゲートを探してゆく。プレイヤーはそれぞれが別の神を崇拝しているので、調査によって得た知識で他のプレイヤーを狂気に突き落とし、邪魔をすることもできる。ゲートを開けばその先にいる神のカードを獲得し、特別な効果を発揮させることができるが、ゲートの開きやすい神は効果もそれなりな上、他のプレイヤーがゲートを開けばそちらにカードを奪われてしまう。そのあたりの駆け引きをしつつ、自らの正気を保ち続ける努力が必要だ。

---

**ネイト・フレンチ、マシュー・ニューマン／アーカムホラー　ザ・カードゲーム　完全日本語版**
カードゲーム／アークライト／２０１７年５月

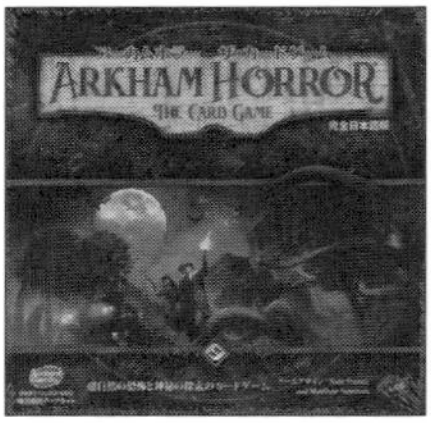


ボードゲーム『アーカムホラー完全日本語版』の雰囲気を維持したまま、リビング・カードゲームとして再構成したもの。ゲームの手順が全体的に簡略化され、遊びやすくなっている。プレイヤーはアーカムで活動中の探索者となり、アイテムや呪文のカードで自分のデッキを構築しながら手がかりを追い、事件を解決していく。１～２人用と必要人数が少ないことも特徴で、ソロプレイも可能だ。３本のシナリオが用意され、一本は館物だがそれ以外は街中に出て探索するものとなっている。英語版では追加カードパックやシナリオが多数発売されており、今後それらの翻訳・発売に期待したい。

---

**イアン・リチャード／カード・オブ・クトゥルフ**
カードゲーム／クロノノーツゲームズ／２０１６年３月

プレイヤーが探索者となり、邪神を崇拝する４つの教団の野望を阻止するという目的の、協力型カードゲーム。この種のゲームには珍しいことに経験点の概念が存在し、邪神の下僕を倒すと獲得し、魔法の呪文を覚えることができる。こうして得られた呪文やアイテムでコンボを組めば、効率的な戦闘が可能になる。登場する教団が崇めるのはおなじみのクトゥルフとヨグ＝ソトースに加え、チャウグナー・フォーンとアルワッサ。後者は『クトゥルフ神話ＴＲＰＧ』のシナリオで言及されたもので、他媒体での登場は大変珍しい。キックスターターでの資金調達を経て製品化された。

---

MAGIC The Gathering

**リチャード・ガーフィールド／マジック：ザ・ギャザリング**
TCG／ウィザーズ・オブ・ザ・コースト、他／1995年4月～

入手したカードをもとにデッキを構築して対戦する本作は１９９３年の発表直後から爆発的な人気を呼び、トレーディング・カードゲームという新しいジャンルそのものを作り上げた。日本での販売は当初のホビージャパンからタカラトミーへと移り、現在はウィザーズ・オブ・ザ・コースト日本支社が行なっている。２０１０年発売のエキスパンション『エルドラージ覚醒』で登場した多元宇宙の旧神エルドラージはクトゥルー神話の影響が色濃い存在で、デザイナー本人もそれを認めている。エルドラージは『イニストラードを覆う影』など以後のエキスパンションにも登場している。

**グループSNE、他／モンスター・コレクション**

TCG／富士見書房、ブロッコリー、他／1997年9月〜

「六門世界」と呼ばれる世界を舞台に、召喚術師と呼ばれる存在になりモンスターを召喚して対戦相手のモンスター軍団と戦うトレーディングカードゲーム。当初はグループSNEがゲームデザインを手がけていた。「モンコレ」の愛称で親しまれている、国産カードゲームの黎明期を代表する作品で、現在も根強いファンがいる。２０１７年３月には誕生から２０年を記念したブースターパックが発売された。「魔海神ダゴン」「深海の巫女ハイドラ」を筆頭に、クトゥルー神話の「深き者ども」系列のモンスターが存在。なお、可愛らしい女性人魚の姿をした「深きもの」のカードもある。

---

**高橋和希・原作／遊☆戯☆王オフィシャルカードゲーム**

TCG／コナミ／1999年2月〜

『週刊少年ジャンプ』に連載されていた高橋和希『遊☆戯☆王』に登場するカードゲームをもとにした、対戦型カードゲーム。１９９９年の発売以来、日本のみならずアメリカや韓国を中心に全世界で高い人気を集め、２０１１年にはカードの累計販売枚数が２５１億枚を突破したことが大きなニュースとして取り上げられた。

「古神」「外神」「旧神」としてクトゥルー神話由来の神々が存在している他、「禁断のトラペゾヘドロン」「アトラの蟲惑魔」などの関連カードがある。ユニークなものとして、ティンダロスの猟犬と「角度」を混ぜた「ティンダングル」シリーズがある。

---

**—／デジタルモンスターカードゲーム**

TCG／バンダイ／1999年6月〜

現実の世界と酷似しているデジタルワールドに存在するデジタル生命体「デジタルモンスター（通称：デジモン）」を題材とする対戦型トレーディングカードゲーム。自動販売機タイプの児童向けカードゲーム筐体として、ゲームセンターのみならずデパートやショッピングモールなどにもしばしば設置されていたデジタルカードダスに連動する、「デジタルモンスターカードゲームα」が新装版として登場している。ベースになった携帯ゲーム版やアニメ版に登場した、クトゥルー神話関係のデジタルモンスター、ダゴモンやハンギョモンのカードが、それぞれ複数種類存在している。

---

**—／アクエリアンエイジ**

TCG／ブロッコリー／1999年7月〜

特殊能力を持つマインドブレイカーとなり、キャラクターと共に世界の覇権をかけて戦うという内容の、ブロッコリーのトレーディングカードゲーム。「SagaⅠ」「SagaⅡ」「Saga3」と続いた後、「アクエリアンエイジ」に名称が戻っている。『斬魔大聖デモンベイン』とのコラボカードが存在する他、『ネクロノミコン』や「コール・オブ・ルルイエ」「コズミック・ガール〝アブホースJr.〟」といったクトゥルー神話題材のカードがある。２００２年にはＴＶアニメ『アクエリアンエイジ Sign for Evolution』がテレビ東京系列局で放送されたが、公式サイトの更新が停止して久しい。

**ランブリングエンジェル製作委員会／ランブリングエンジェル、Lycée**
TCG／Silver Blitz、他／2002年8月～

千代田区に本社があることで「ちよれん」と称したâge、Nitroplus、Overflowのキャラクターを用いたクロスオーバーTCG。後に他のメーカー、ブランドも参入した。『斬魔大聖デモンベイン』を介してクトゥルー神話要素が入り込み、ザウス（本醸造）の『永遠のアセリア』に登場するアセリア・ブルースピリットが『デモンベイン』のバルザイの偃月刀（「叛月刀」と誤記）を持つなど、原作にはない組み合わせも。2005年1月からは後継ゲーム『Lycée』がブロッコリーから販売され、こちらにも『デモンベイン』や『ブレイブソード×ブレイズソウル』の神話系キャラが登場する。

**シンクガレージ／「LORD of VERMILION」シリーズ**
TCG／スクウェア・エニックス／2008年6月～

オンラインマルチ対戦型トレーディングゲームとしてスクウェア・エニックスが展開しているタイトル。《大崩壊》によって七つの世界が一つに融合し、複数世界の生物が混在することになってしまった異形の世界を舞台に、世界の根幹を支える紅蓮の魔石《アルカナ》を持つ六人のロードたちが《紅蓮の王》の座を巡って戦うという物語。漫画原作者の七月鏡一が設定やシナリオに関わっており、クトゥルー神話由来のクリーチャーが数多く登場する。平行世界からの助っ人という扱いで、他のゲームやアニメ、小説、漫画などのキャラクターたちとコラボレーションを果たしているのが特徴だ。

**マイケル・エリオット／Battle Spirits**
TCG／バンダイ／2008年9月～

カードダス20周年記念でバンダイが販売した、「バトスピ」の愛称で知られる対戦型TCG。『マジック：ザ・ギャザリング』をはじめ数多くのTCGに携わったカードゲームデザイナーのマイケル・エリオットが原案を担当した。アニメシリーズなどのメディアミックス展開も行われている。「異神獣クトゥルム」「深海大帝ノーグ・デンス」「炎斬蝎クトゥグマ」など、その大部分がネーミングを少々もじられた形で、クトゥルー神話由来の邪神やクリーチャーが登場している。他に、『ウルトラマンティガ』の邪神ガタノゾーア、超古代尖兵怪獣ゾイガーなどのコラボカードも。

**—／Force of Will**
TCG／FORCE OF WILL株式会社／2012年10月～

パートナーとなるカード「ルーラー」とともに様々な呪文を駆使し、相手と戦うTCG。世界中の民話や神話、童話が世界観のベースになっている。2014年に英語版がリリースされると、アメリカを中心にヒットし、世界的によく知られた人気TCGとなっている。メインテーマのひとつにクトゥルー神話があり、神話由来の数多くのカードが存在するのみならず、グリム童話由来の赤ずきんがニャルラトホテプの化身であるという独特の設定も見られる。怪奇作家の黒史郎がシリーズ構成、脚本を担当するアニメ映画も予定されていたが、残念ながら流れてしまったようだ。

**—／Z/X《ゼクス》 -Zillions of enemy X-**
TCG／ブロッコリー／2012年4月〜

遺伝情報を書き換える化学兵器の戦争への投入により、世界の人口が半減した時代。新人類創造を目的として、《ハイドラ財団》《ロイガー・ダイナミクス》の資金提供を受けた北九州の研究機関においてクローン人間《NOAH》が生み出され、さらには新人類《ブレイバー》に進化する。やがて世界は、このブレイバーたちによって、群雄割拠の時代に突入するのだった——。世界観の背景に、九頭竜学院大学やアトラクナクア（組織名）など、クトゥルー神話用語が散見されるブロッコリーのTCG。2013年にはPS3用のRPG『Z/X 絶界の聖戦』（日本一ソフトウェア）も発売された。

**—／アンジュ・ヴィエルジュ**
TCG／メディアファクトリー、他／2013年10月〜

太平洋の孤島に設立された巨大学園で来るべき危機に向けて鍛錬に励む、「異能（エクシード）」に目覚めた少女たちの戦いがテーマの、メディアファクトリーのTCG。駒尾真子が原作、吉岡榊が作画を担当するコミック『アンジュ・ヴィエルジュ プルミエ』や、セガゲームスの『アンジュ・ヴィエルジュ〜第2風紀委員ガールズバトル〜』、そしてTVアニメ版などメディアミックス展開が行われた。TCG自体の展開は2017年4月に終了済。2016年3月に発売された、ブースターパック第11章「はじまりの少女たち」に「ティンダロス式徹甲結界」というカードが含まれている。

**山口朋、八十岡翔太／WIXOSS -ウィクロス-**
TCG／タカラトミー、他／2014年4月〜

タカラトミーとホビージャパンが共同開発したトレーディングカードゲームで、名称の由来は「Wish Across（願いの交錯）」。ワーナーブラザース・ホームエンターテイメントやJ.C.STAFFなどと組んでメディアミックス展開を行っており、アニメやコミック、スマホ版ゲームなど複数媒体で展開されている。ゲーム中でプレイヤーの分身となる「ルリグ」と呼ばれる少女（カード）の中に、《コードアンチ ヨグソトス》や《混沌の豊穣 シュブニグラ》などクトゥルー神話由来のものが存在する。中でもウムルとタウィル、二人の合体した姿であるウトゥルスは重要なルリグとされている。

**—／銀鍵のアルカディアトライブ**
TCG／KADOKAWA、ホビージャパン、他／2015年10月〜

KADOKAWA、ホビージャパン、グリーエンタテインメントプロダクツの三社が開発・運営する、スマホアプリと連動したトレーディングカードゲーム。AVG「スチームパンク」シリーズの桜井光がストーリー・世界観原案を担当（協力として森瀬繚、チーム・バレルロールの小太刀右京、三輪清宗もクレジット）し、クトゥルー神話を意識した世界観、物語が展開される予定だったが、第1弾の発売からわずか2ヶ月後の12月に第2弾以降の発売中止が発表され、展開が終了した。詳しい経緯は不明だが、翌年3月の株主総会でグリーエンタテインメントプロダクツが解散している。

**ジャック・アーノルド・監督／大アマゾンの半魚人**
Universal International Pictures／1954年7月

モンスター・ムービーの老舗、ユニヴァーサル映画による、半魚人（ギル＝マン）映画の第一号。アマゾンの奥地にある黒い入江（ブラック・ラグーン）に潜む半魚人と、調査のためやってきた探検隊の面々の死闘を描く。日本の怪物本では、原題に含まれるLagoonをもじった「半魚人ラーゴン」として紹介され、特撮ドラマ『ウルトラQ』に登場する海底原人ラゴンの原型となった。「インスマスを覆う影」がモチーフだという「関係者の証言」がしばしば言及されるが、映画の筋は「インスマス」の元ネタのひとつであるR・W・チェンバーズのIn Search of the Unknownとそっくりである。

**ロジャー・コーマン・監督／怪談 呪いの霊魂**
Alta Vista Productions、他／1965年6月

怪優ヴィンセント・プライスをメインに、エドガー・アラン・ポーの作品を映像化するという企画の一作。ポーの「幽霊屋敷」を脚色した怪奇映画というフレコミだったが、筋立てや登場人物（プライスは仇役のジョゼフ・カーウィンを演じた）などは、完全にHPLの「チャールズ・デクスター・ウォード事件」だった。邪神復活を目論む黒魔術師ジョセフ・カーウィンは、目的を果たせぬまま村人に殺害されるのだが、その後、古城を相続した孫に乗り移って復讐を開始するのである。2012年、本作を含むポーもの8作品のセルフリメイクをコーマン監督が発表したものの、実現はしていない。

**ダニエル・ホラー／襲い狂う呪い**
MGM Studios、他／1965年10月

ユニバーサル映画の『フランケンシュタイン』での怪物役をはじめ、モンスター映画の俳優として活躍したボリス・カーロフの晩年の出演作。TV放映された際のタイトルは「悪霊の棲む館」だったので、そちらで覚えている日本人も多いことだろう。英国の寒村アーカムを舞台に、隕石の落下に端を発する奇病に見舞われた人々の運命を描く作品で、HPL「異世界の色彩」をベースにしているが、登場人物の名前（カーロフ演じるナーアム・ウィットリー（ネイハム・ウェイトリー））などいくつかの要素については、「ダンウィッチの怪」はじめHPLの他作品からも借用している。

**デビッド・グリーン・監督／太陽の爪あと**
Seven Arts Productions、他／1967年5月

ニューイングランド地方の寂れ果てた孤島、ダンウィッチ島にある古びた製粉工場を相続した新婚のケルトン夫妻を襲う、身の毛もよだつ出来事を描くサウコホラー風の映画。原作は、HPLとA・W・ダーレスのいわゆる死後合作のひとつである「閉ざされた部屋」（「ダンウィッチの怪」に関連するHPLの創作メモを膨らませたもので、未完成草稿などの形で作品が存在したわけではない）ということになっているが、かろうじて原型をとどめている程度の大きなアレンジが加えられているので、クトゥルー神話的な物語を期待して鑑賞すると肩透かし感を味わうことになるかもしれない。

**ダニエル・ホラー・監督揮／ダンウィッチの怪**
American International Pictures／1970年1月

『襲い狂う呪い』のダニエル・ホラーが監督を、『怪談 呪いの霊魂』のロジャー・コーマンが製作総指揮をした、HPL「ダンウィッチの怪」の映画版。ウィルバー・ホエイトリーという男がアーカム大学の図書館を訪れ、稀購書である『ネクロノミコン』の閲覧を希望する。貸し出しを希望するウィルバーの望みを、アーミテッジ博士は拒絶する。その男の名は、悪魔召喚の儀式を行った罪で数十年前に死刑となった、ダンウィッチ村の黒魔術師と同姓同名だったのだ——。2017年9月、ようやく日本語字幕対応（TV放映時の字幕とは異なる新規のもの）のDVD版が発売された。

**カルロス・アウレド・アロンソ・監督／メシア・オブ・デッド**
V/M Productions、その他／2005年4月

ジョージ・A・ロメロの『ナイト・オブ・ザ・リビング・デッド』の後追いで発表された派生作品群のひとつ。謎めいた手紙を寄越した父親の安否を確かめるべく、彼の住む海辺の町にやってきたオーレッティ。父が住んでいた別荘で見つかった日記には、百年ぶりに海からこの町に帰ってきて人ならぬ存在と成り果てた町の住民たちを導いてくれるという奇怪な伝説が記されていた。オーレッティの来訪と時を同じくして、町の中では悍ましい出来事が起こり始めた——。HPLの影響が随所に見られるということで、海外ではラヴクラフティアン・ムービーに数えられている一作である。

**ウィリアム・ガードラー・監督／マニトウ**
Mid-America Pictures、他／1978年4月

グレアム・マスタートンのクトゥルー神話小説が原作の、アメリカ先住民族の呪術師が振りまく呪いを描くホラー映画。サンフランシスコのとある病院に、カレンという名の女性が、首の後ろにある腫瘍の治療のためやってきた。

やがて、宿主の意思と関係なく動き回る奇怪な腫瘍の正体は、四〇〇年前の北米に生きていた先住民族の祈祷師、ミスカマカスの悪霊だと判明する。カレンの恋人ハリーと祈祷師のジョンは、先住民族の信仰する精霊マニトウの力を結集し、悪霊を祓おうとするのだが——。

ヘラルド映画文庫から原作小説が抄訳されている。

**リドリー・スコット・監督／エイリアン**
Brandywine Productions、他／1979年7月

何者かの信号を傍受し、とある小惑星に向かった宇宙貨物船ノストロモ号。しかし、その小惑星で乗員たちを待ち構えていたのは、恐るべきエイリアンだった——。

H・R・ギーガーは、彼がHPLから受けたインスピレーションを具現化した1977年刊行の第一画集『ネクロノミコン』がきっかけで、この映画にデザイナーとして関わることになった。のみならず、原案を作成したダン・オバノンは本作をクトゥルー神話作品として構想しており、彼のシノプシスには主人公たちを襲撃する怪物について「half anthropoid. half octopus（半ば類人猿、半ばタコ）」と書かれている。

**ルチオ・フルチ・監督／地獄の門**

Dania Film、他／1980年8月

『サンゲリア』に続く、イタリア出身のルチオ・フルチ監督が手がけたゾンビ物ホラー映画第2弾。地図に載っていない町、ダンウィッチ。トーマス神父がキリスト教の戒律に背き、冒涜的な首吊り自殺を遂げて以来、その町では奇怪な事件が次々と起きるようになっていた。ダンウィッチに開かれた地獄の門を万聖節の夜までに閉じなければ、この世は悪霊が跋扈する地獄そのものと化してしまう。ニューヨークの交霊会において世界が直面する破滅を幻視し、ひとたび命を落とした後に息を吹き返した霊媒師のメアリーは、新聞記者のピーターと共にダンウィッチへと向かうのだが――。

**ルチオ・フルチ・監督／ビヨンド**

Fulvia Film、他／1981年4月

1927年、ルイジアナ州のとある町にあるセブン・ドアーズ・ホテルにおいて、一人の画家が近隣の村人たちから凄惨なリンチを受け、ついには殺害されてしまうという事件が起きた。半世紀を経て、閉鎖されたホテルの相続人であるライザは、営業再開に向けて改修工事に着手するのだが、工事に携わる者たちが次々と謎の死を遂げていく。実はこのホテルの地下こそ、『エイボンの書』にも予言されている、地獄の門が開く呪われた場所だったのである。『エイボンの書』の所有者である盲目の女性エミリーの警告は間に合わず、やがてライザたちの眼前にこの世の地獄が現出するのだった。

**ゲイリー・シャーマン・監督／ゾンゲリア**

Barclays Mercantile Industrial Finance、他／1981年6月

ダン・オバノンとロナルド・シャセットの、『エイリアン』に携わった製作者たちが手がけたゾンビ映画系のホラー・ミステリー。ニューイングランド地方の海沿いにあるポッターズラフという田舎町で、旅の青年が地元の若者たちに襲われ、焼き殺される事件が発生する。次々と奇怪な殺人事件が起きる中、保安官のダンはついに、葬儀屋のドッブスがかつてロードアイランド州のプロヴィデンスの主任病理学者であり、無許可の検死を行って解雇された人物であることを知るのだった――。「ハーバート・ウェスト―死体蘇生者」など、ＨＰＬ作品の影響を受けたことが窺えるホラー映画だ。

**サム・ライミ・監督／「死霊のはらわた」シリーズ**

Renaissance Pictures、他／1981年10月～

低予算ホラーの人気シリーズ。山小屋で見つかった人肉装丁の書物『ナチュラン・デモント』（1987年の『死霊のはらわたⅡ』以降は『ネクロノミコン・エクス＝モルテス』）。本に付属していた録音テープの呪文を再生してしまったことにより、休暇を過ごすべくアッシュことアシュレイ・J・ウィリアムズは、永遠に悪霊（デッダイト）から追われる身となるのだった。映画としては『キャプテン・スーパーマーケット』（1993年）まで3作を数え、2015年からはTVドラマ『死霊のはらわた リターンズ』が始まった。ゲームやアメコミなど、多方面で展開が続いている。

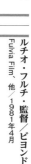

**スチュアート・ゴードン、ブライアン・ユズナ・監督／「死霊のしたたり」シリーズ**

Empire Pictures、Re-Animator Productions、他／1985年10月〜

1985年制作の『ZOMBIO／死霊のしたたり』に始まる、HPL「ハーバート・ウェスト─死体蘇生者」が原作のスプラッタ・ホラー映画シリーズ。2作目以降はブライアン・ユズナが監督で、『死霊のしたたり2』（1989年）、『RE-ANIMATOR　死霊のしたたり3』の3本が作られた。シリーズを通してジェフリー・コムズがハーバート・ウェストを演じ、原作では金髪設定だったウェストのイメージを、注射器で緑色に光る怪しい薬品共々、この映画のイメージで上書きした。ハーバート・ウェストもののアメコミも多数存在するが、基本的にこの映画準拠の姿である。

**ジョージ・A・ロメロ・監督／クリープショー**

Creepshow Films、他／1986年2月

「ゾンビ」シリーズのロメロが監督を、スティーヴン・キングが脚本を手がけた、全5話から成るオムニバス形式のホラー映画。キングが幼少期に熱中したECコミックス社のどぎついホラー・コミック雑誌をイメージした内容・構成となっている。第2話の「ジョディ・ベリルの孤独な死」は、落下してきた隕石に不用意に触れてしまった田舎者のジョディ・ベリル（キング自ら演じている）の肉体が徐々に変異し、ついには植物のような姿に成り果ててしまうというもの。キングは特に気に入っているHPL作品のひとつに「異世界の色彩」を挙げているので、オマージュ作と考えて良いだろう。

**ロジャー・エヴァンス・監督／邪神伝説デビルゾンビ**

日活／1987年10月

片田舎の町を舞台に、凄惨な殺人事件が相次いでいた。不吉な兆候に気づいてしまった占い師のマグナスを皮切りに、川辺のコテージでパーティを楽しんでいた若者グループといった人々が次々と犠牲になっていく。グループのうち、唯一生き残ったマーカスとカメラマンのレジー、レオ警部補たちは協力して調査を進め、やがてマグナスの自宅にあった『ネクロノミコン』とC・D・ウォードの『門の鍵』、そして『ヨグ・コサッグ記』などの書物から、何者かが邪神ヨグ・コサックの復活をもくろんでいることに気づくのだった。果たして、黒幕の正体は。そして、不死身のゾンビを倒す方法は——。

**スチュアート・ゴードン・監督／フロム・ビヨンド**

Empire Pictures、他／1987年12月

『ZOMBIO／死霊のしたたり』を手がけた奇才スチュアート・ゴードン監督が、HPLの「彼方より」を大胆かつ自由な着想で映画化した作品。人間の脳の深淵を刺激し、第六感を増幅させる実験に没頭していたプレトリアス博士が、首をねじり取られた変死体となって発見される。容疑者であるティリンギャスト（『死霊のしたたり』でハーバート・ウェストを演じたジェフリー・コムズ）の精神鑑定を担当したことで、松果体を刺激して第六感を機能させようという彼らの実験の詳細を知ったキャサリン博士は、好奇心に導かれるままにこの禁断の実験を再開するのだが——。

**ジョン・カーペンター・監督／パラダイム**

Alive Films、他／1988年1月

ジョン・カーペンターがマーティン・クォータマス名義で脚本も手がけたオカルト・ホラー。ロサンゼルスのゴダール教会で、緑色の液体の入った棺が発見される。超常現象の専門家であるハワード・バイラック教授の調査によって、この棺は700万年前に〈暗黒の王子 Prince of Darkness〉と呼ばれる邪悪な存在が封印されたものだと判明する。折しもその頃、活性化した緑の液体が研究員のひとりスーザンに憑依し、仲間を襲い始めるのだった——。バイラックの教え子で、実質的な主人公であるキャサリン・ダンフォースをはじめ、HPL作品で見かける名前が散見される。

**ジャン＝ポール・ウーレット・監督／ヘルダミアン 悪霊少女の棲む館**

K.P. Productions、他／1988年9月

聖職者たちによって〈地獄の子〉と呼ばれる魔物が封印された、呪われた館にまつわる怪事件を描く、オカルト・ホラー映画。主人公はオカルト研究家である大学生、ランドルフ・カーター。彼の周囲の人間たちが、とある館で次々と行方を絶つという事件が勃発する。カーターとその友人ハワードもまた、失踪者たちを探すべく屋敷にやってくる。悍ましい魔物に襲撃されるハワードだったが、屋敷の中で見つけた『ネクロノミコン』の中にカーターが見つけた封印の呪文によって魔物は再び捕縛されるのだった——。一応、HPLの「名状しがたきもの」が原作ということになっている。

**デヴィッド・キース・監督／デッドウォーター**

Trans World Entertainment／1988年9月

テネシー州テリコ・プレインズ（実在の土地）の大農場主であるネイスンと母親が結婚したことにより、馬の合わない義理の父と兄を持つことになったザック。そんなある日、農場に隕石が落下する。建設計画で一儲けを企んでいた不動産屋のチャーリーの目論見で、形ばかりの調査が行われるのだが、隕石の中から出てきた液体によって農産物や家畜が汚染されていく。やがて、心身の変調がついには人間にも及び——。宇宙からやってきた水による地球侵略を描く、HPL「異世界の色彩」が原作のホラー映画である。物語の舞台がアーカムの郊外から、テネシー州に移されている。

**ルチオ・フルチ・監督／ルチオ・フルチの新デモンズ**

Lanterna Editrice／1990年10月

『デモンズ』シリーズとは何の関係もない作品なのだが、フルチ作品といえば日本だとそちらの知名度が高いということで、「新デモンズ」としてリリースされたスプラッター・ホラー。かつて、シチリア島において、修道女達が島民によって十字架に磔にされ、火あぶりにされるという惨劇があった。考古学者のライザは、降霊会で修道女たちが処刑される幻影を見る。その後、発掘隊の一因としてシチリア島を訪れた彼女は降霊会で見たのとそっくりな修道院跡を発見。地元民の忠告を聞かず足を踏み入れ、封印を解いてしまう——。修道院の地下にアザトース、クトゥルーなどの文字がある。

**ミケーレ・ソアビ・監督／デモンズ4**
ADC Films、Penta Film／1991年3月

『サスペリア』『デモンズ』のダリオ・アルジェントが製作として名前を連ねていたので、日本ではシリーズの一作とされてしまった、邪神崇拝が題材のホラー映画。
物語はまず、1970年のカリフォルニアの湖のほとりで起きたカルト教団がらみの殺人事件から幕を開ける。時は流れて1991年、ドイツの山奥で小学校の教師を務めるミリアムという女性が、老人との接触事故に始まる異様な出来事を経て、悪魔の子を宿すことになるのだった——。
邪神崇拝者たちが遠い昔、神によって地球に追放されたというあたりに、クトゥルー神話の影響が垣間見られる。

**J・P・サイモン・監督／H・P・ラヴクラフト 新・悪魔の儀式**
Dister Group、他／1992年1月

H・P・ラヴクラフトとクトゥルー神話にインスパイアされたという触れ込みのスペイン製ホラー映画で、原題は"Le Mansion de los Cthulhu（クトゥルーのマンション）"。カーニバルの夜、不良グループのホークたちは麻薬目当てで強盗を起こすのだが、仲間のひとりが警官に撃たれてしまい、怪しげな超能力ショーを上演していた霊能者チャンドラの家に逃げ込むことに。銃で脅しつけて仲間を治療させる一方、家の中を漁ったホークは、『クトゥルー』と題された謎めいた本を見つけてしまう。霊能者チャンドラの正体は、邪神に魂を売り渡したカルティストだったのだ——。

**ジャン＝ポール・ウーレット／ダークビヨンド 死霊大戦**
The Unnamable Productions／1993年2月

HPL「名状しがたきもの」の映像化作品である『ヘルダミアン 悪霊少女の棲む館』には、『ヘルダミアン2 蘇る魔獣伝説』『ヘルダミアン3』と題されたナンバリングタイトルが続いているが、いずれも日本でのリリース時に勝手にタイトルのつけられた無関係の作品。本作のみが正式な続編となっている。墓地の近くに建っているウィンスロップ家の屋敷から、命からがら脱出してきたハワード。彼の口から出て来るのは、恐ろしい怪物を見たという言葉のみである。アーカムに伝わる古い伝説との関連に気づいたカーターは、ウォーレン教授らと共に、その怪物が潜む洞窟へと向かう。

**ダン・オバノン・監督／ヘルハザード 禁断の黙示録**
Scotti Brothers Pictures、他／1993年3月

HPLの「チャールズ・デクスター・ウォード事件」を、ダン・オバノンが現代の探偵映画に仕立て上げたゴシック・ホラー映画。
私立探偵ジャック・マーチは、ロードアイランド州プロヴィデンスの住人であるクレア・ウォードから、夫の身辺調査を依頼される。クレアの夫であるチャールズ・ウォードは科学者なのだが、ここのところドクター・アッシュと称する人物と共に研究用途の家に入り浸り、奇怪な実験に没頭しているのだった。ジャックの調査によれば、ウォードのそうした振る舞いは祖父ジョセフ・カーウィンの肖像画を離れで発見した日に始まったというのだが——。

**ショーン・S・カニンガム・監督／13日の金曜日　ジェイソンの命日**

New Line Cinema、その他／1993年8月

ジェイソン・ボーヒーズの凶行を描くスプラッター映画の人気シリーズ『13日の金曜日』の第9作。殊部隊によってクリスタルレイクにおびき出されたジェイソンが、爆薬で粉々に吹き飛ばされたシーンから物語は幕を開ける。肉体はなくなったものの彼の魂は消えず、他の者たちに取り憑いて殺戮を続けるのだ。ボーヒーズ家において『ネクロノミコン・エクス＝モルテス』が見つかるシーンがあり、本作限定の設定ではあるが、ジェイソンの不死性の起源だと示唆される。第11作『フレディVSジェイソン』に続く、『死霊のはらわた』とのクロスオーバー企画の名残であるらしい。

**金子修介、ブライアン・ユズナ、他・監督／ネクロノミカン　禁断の異端書**

Davis-Films／1994年7月

禁断の書物『ネクロノミコン』がテーマのオムニバス・ホラー映画。ジェフリー・コムズ演じるH・P・ラヴクラフトがカルト教団に忍び込んで『ネクロノミコン』を盗み読む筋立ての「library」を幕間に挟む形で、HPLの「壁の中の鼠」がモチーフの第1話「The drownd」はクリストフ・ガンズが、「冷気」がモチーフの第2話「The Cold」は金子修介が、「闇に囁くもの」がモチーフの第3話「The whisper」はブライアン・ユズナがそれぞれ監督。邦題を『ネクロノミカン』としたのは、配給会社であるパイオニアLDCの方針だろう。見どころは、仕込み杖で戦うラヴクラフトだ。

**C・コートーニー・ジョナー・監督／地底人アンダーテイカー**

Full Moon Entertainment／1994年7月

刑務所から仮釈放されたジョン・マルテンスが訪れたのは、レファーツ・コナーズという田舎町である。呪われたマルテンス家の一員だというだけで投獄されていたジョンは、父が生前に大金を隠したという墓地を探索しにやってきたのである。折しもこの町では、地下に潜む怪物たちに脅かされていた——。HPLの「潜み棲む恐怖」が原作のホラー映画。マルテンス一族の呪われた血の秘密と、地下に隠された大金を巡り、様々な思惑が絡み合う物語である。

この頃のラヴクラフト原作ものの映画に高確率で出演しているジェフリー・コムズも、酔っぱらいのハギス医師役で登場している。

**ジョン・カーペンター・監督／マウス・オブ・マッドネス**

New Line Cinema／1995年2月

ジョン・カーペンターのオリジナル・ホラー映画。熱狂的な人気を集めており、新刊『マウス・オブ・マッドネス』の発売を前に、各地で暴動すら起きているホラー小説家サター・ケインが失踪した。アルケイン出版社から『マウス・オブ・マッドネス』の原稿を回収する依頼を受けた保険調査員のトレントは、ニューイングランド地方にある地図に出ていない町に向かう。そこで彼を待ち受けていたのは、ケインの小説が現実を侵蝕する悪夢めいた世界だった——。HPLとクトゥルー神話の世界がモチーフで、原題「In the Mouth of Madness」も、「インスマスInnsmouth」をもじったもの。

### スチュアート・ゴードン・監督／キャッスル・フリーク

Full Moon Enterprises、他／１９９６年６月

イタリアの古城、オルシノ城に隠棲していた老公爵夫人が、心臓発作で急死した。オルシノ家の末裔であるジョン・ライリー（演じるはジェフリー・コムズ）は、スーザンと盲目の娘レベッカを連れて、城の相続手続きに城を訪れた。しかし、壁一面に悍ましい絵画が並べられたこの不気味な城には、見た目通りの忌まわしい秘密が隠されていた。ジョンの起こした交通事故によって長男JJを亡くした事件を巡り、夫婦仲が破滅的な危機を迎える中、城の周囲でも奇怪な事件が起き始める——。ＨＰＬの「アウトサイダー」を現代の物語に翻案した、Ｂ級のイタリアン・ホラー作品だ。

### ピーター・スヴァテク・監督／ブレーダーズ クライチカ

Fries/Schultz Film Group、他／１９９７年７月

カナダ／アメリカの共同制作で、カナダ版タイトルをベースにした『ヘモグロビン』の邦題でも知られる。なお、タイトルの「クライチカ」は外国語ではなく、「暗い地下」のこと。脚本には『エイリアン』の原案などで知られるダン・オバノンが名前を連ねる。原因不明の血液病を患う夫ジョンの治療のため、夫の故郷であるニューイングランドの孤島を訪れたキャスリーン。地元の医師は、ジョンの病気は彼の先祖であるヴァン・ダム一族特有の遺伝病だと説明する。一方、この島で地中に人が引き摺り込まれるという事件が起き始め——。ＨＰＬ「潜み棲む恐怖」が原作のホラー映画。

### スチュアート・ゴードン・監督／ＤＡＧＯＮ

Castelao Producciones、他／２００１年１０月

スペイン／アメリカの共同製作。タイトルは『ＤＡＧＯＮ』だが、ＨＰＬの同名作品ではなく、「インスマスを覆う影」が原作である。インターネット事業で一儲けし、スペインのガリシア地方でクルージングを楽しんでいたポールとその仲間たち。突然の暴風雨によってヨットが座礁し、彼らはインボッカという寂れた漁村に助けを求めて上陸するのだが、そこは海神ダゴンを崇拝する人ならぬものどもの拠点なのだった——。「ボッカ bocca」はスペイン語で口を意味する「boca」に由来する言葉で、「インボッカ」というのはいわば「インスマス」のスペイン語形なのである。

### アーロン・バネック・監督／The Weird Tale Collection, Vol.1: The Yellow Sign and Others

自主制作、Lurker Films／２００１年１０月

２００１年10月にアマチュア映画フェスティバル H.P.Lovecraft Film Festivalで上映された、Ｒ・Ｗ・チェンバーズの『黄衣の王』収録作品がモチーフとなっている自主制作映画。２００８年になって、Lurker FilmsからWeird Tale Collectionの第1弾としてＤＶＤが発売された。The Yellow Sign、Tupilak、The King in Yellowという、短めの3作品から成るオムニバスで、いずれもチェンバーズの原作はもちろん、ＨＰＬからの濃厚な影響を漂わせている。洋盤ＤＶＤではあるが、日本語字幕が収録されているので、外国語がわからなくても普通に鑑賞することが可能だ。

**ギレルモ・デル・トロ・監督／ヘルボーイ**
Revolution Studios、他／2004年7月

アメコミ『ヘルボーイ』の劇場版で、原作者のマイク・ミニョーラ自らデザインに加わっている。世界大戦末期の1944年のスコットランド、追い込まれつつあったドイツ軍の一部勢力が、科学技術と妖術によって戦況逆転を図る〈ラグナロク計画〉の儀式で、人間世界に出現した悪魔の赤ん坊がいた。赤ん坊はヘルボーイを名付けられ、長じた後は超常現象調査防衛局（BRPD）のエージェントとして怪異と戦っていた——。映画冒頭にエピグラフとして映し出されるのが混沌の七神、オグドル・ヤハドにまつわる『妖蛆《ようそ》の秘密』の記述で、この邪神はクライマックスに復活を果たす。

**マーク・L・レスター・監督／プテラノドン**
American World Pictures／2005年12月

現代に蘇った翼竜プテラノドンの群れが人間を襲うという、パニック・ホラー映画。トルコとアルメニアの国境地帯にあるジュラ紀の火山口が地震の影響で開いたという知らせを受け、化石が豊富なティナラ山に学術調査へと向かう、マイケル・ラブクラフト教授以下の古生物学研究者たち。折しも、ティナラ山にはゲリラのグループが潜伏中で、これを追う米国の特殊部隊も入り込んでいた。殺人翼竜プテラノドンの群れを前に、目的も出自も異なる彼らは立ち向かうことができるのだろうか——。ラヴクラフトという姓は非常に珍しく、HPLを意識したネーミングではあるだろう。

**ケネス・J・ホール・監督／ガーディアン 陰・獣・教・室**
BV Entertainment／2007年4月

ジョギング中に失踪した妹の行方を探すべく、警察にやってきたラリッサ。折しもその頃、教会が運営する女子更正院で神隠しの事件が起きていた。2つの事件には繋がりがあるのではないかと睨んだティック刑事は、ラリッサに女子更正院への潜入を持ちかける。やがて、明らかになる驚くべき事実。事件の背後には、『ネクロノミコン』との出会いから悍ましい邪神を崇拝するようになった、一人の女性の姿が——！　煽情的なパッケージからはポルノ映画的な印象を受けるが、中身はそれほどでもない（ただし、セリフ回しは下方面が多い）、典型的な低予算モンスター・ムービー。

**ホルヘ・オルギン・監督／ゾンビーズ・シティ**
Solos／2008年4月

南米のチリで製作された、異色のゾンビ映画。病原菌の蔓延によって、人類の大部分がゾンビ化した時代、生存者たちはシェルターに身を隠し、感染から防護する装備を整えた戦闘部隊が各地で絶望的な戦いを繰り広げていた。そんな中、病原菌に感染せず、ゾンビに襲われることもない子供たちが各地に出現する。彼らは一様に、首の側面に三本の引っかき傷のような筋があり、保護者の言葉に従って旅立つのだった。彼らを災禍から救い出してくれるという、巨大なタコのいる海を目指して——。日本ではギレルモ・デル・トロが絶賛したというフレコミでDVDが発売された。

**ヘンリー・シェーン・監督／邪神バスターズ**

Outlaw Films／2012年7月

クトゥルー神話の世界観を題材にした、おバカなノリのホラーコメディ。ある日、うだつのあがらないサラリーマンであるジェフ・フィリップスの家を、ミスカトニック大学の考古学教授を名乗るレイクという人物が訪ねてくる。彼が携えた箱には、邪神クトゥルーの実在を証明するレリック（遺物）の欠片が入っていた。レイクによれば、現在、邪神教団のもとにあるもうひとつの欠片とこれが揃うと、世界に破滅が訪れるのだという。そして、ジェフこそは世界を救う唯一の存在、怪奇作家H・P・ラヴクラフトの子孫だというのである。邪神復活を妨害するための、ジェフの戦いが始まった。

---

**ドリュー・ゴダード・監督／キャビン**

Lionsgate、Mutant Enemy、他／2013年3月

メタフィクション的な構造の、異色のホラー映画。大学の夏休みに、山奥のキャビン（小屋）にバカンスにやってきたデイナたち5人組。小屋の中を探検するデイナたちは、地下室で奇妙なキューブや日記などを発見する。ペイシェンス・バックナーという少女が書き残した日記のラテン語の文句をデイナが読み上げた時、森の中で死者が蘇り、殺戮を開始するという映画『死霊のはらわた』そのままのストーリーが展開する。そんな彼らの様子を、近代的な設備の整った施設からじっと監視する人々の存在が――。どんなクトゥルー神話要素があるかについては、実際に観て確かめて欲しい。

---

**コール・グラス・監督／キングダム・ウォーズ　魔界からの侵略者**

Arrowstorm Entertainment、他／2013年9月

ファンタジー世界から現代アメリカに逃げてきたエルフの姫君を、不法侵入絶対許さないマンと化した退役軍人が守るという、一風変わったアクション・ファンタジー。戦争に疲れたベテラン軍人のジョン・ノートンは、田舎の一軒家に隠遁し、心を癒やしていたが、ある日、ファンタジー世界から逃げてきたエルフの姫君マシエラに救いを求められる。姫を追いかけ、押しかけてきたのは剣や斧を構えたオークたち。やむなく、ラスティは現代兵器を駆使して撃退するが、ついにオーク軍団が迫ってくる――。隠棲先を探していたジョンが利用した業者の名前が「ダンウィッチ不動産」である。

---

**アダム・ペトケ、ショーン・ブラウ・監督／エグザイル　終末の子供たち**

自主制作、Midnight Releasing／2014年4月

空から降りてきたという天使の教義に支配される、閉鎖的なコミュニティが物語の舞台だ。「祝福」を受けて真の信徒となるか、それとも荒れ地に追放されるかが決まる審査の日が近づく中、一組の少年少女は互いに説明のつけられない感情を抱き、共に一夜を明かす事になるのだった。やがて、訪れる審査の日において、次々と明らかになる真実。子供たちは、異形の天使に支配されたコミュニティから脱出できるのだろうか――。H.P. Lovecraft Film Festival 2013の観客賞授賞作。触手を備えた怪物的な天使の姿は、『クトゥルフ神話TRPG』に登場する、とある存在を想起させる。

### スチュアート・スパーク・監督／リバイアサンX 深海からの襲来

Dark Rift Films／2016年8月

海底の謎の生物にまつわる、サスペンスホラー映画。ミスカトニック大学出身の女性海洋学者オリーブは、最新の潜水具を身に着けて深海にある謎の音源を探査するが、そこで頭足類めいた姿の奇怪な生物と接触する。彼女は命からがら逃げ延びたものの、報告を信じてもらえない上、潜水具を破損したことを咎められ、解雇されてしまう。意趣返しにと潜水具に付着していた卵を持ち帰ったオリーブは、卵から孵化した謎の生き物に墨を吐きかけられたのをきっかけに精神の平衡を失い、この生き物を育てることにする。調べた結果、生き物に最適な餌は人間の生き血であることが分かり――。

### ブレット・パイパー・監督／ナイトメアビーストと迷宮のダンジョン

Tomcat Films、他／2017年4月

離婚した前夫の紹介で、小綺麗な借家に引っ越してきた小説家のナンシー。しかし、新居の地下室の壁には謎めいた図形が描かれていたのみならず、ナンシーは夜毎に悪夢にうなされるようになる。やがて、悪夢と現実は交錯し、夢の中から奇怪な偶像を持ち帰ってくるナンシー。それは、〈這いつくばるカオス〉とも呼ばれる野獣の神ニオ・ラス・オテップの姿を象ったものだった。やがて、妹のケリーが悪夢の世界で命を落としたことで、現実世界での存在が消えてしまう。果たしてナンシーは、悪夢の中から妹を連れ帰ることができるのか――。ＨＰＬの「魔女の家の夢」がモチーフである。

### マーティン・キャンベル・監督／ＳＦＸハードボイルド／ラブクラフト

Home Box Office、Pacific Western／1991年9月

誰もが魔術を身に着け、使用することができる１９４８年のアメリカ。そんな中にあって、魔術を使わないことで知られる元警察官の私立探偵、ハワード・フィリップス・ラブクラフトは、ある人物から禁書『ネクロノミコン』を探して欲しいという依頼を受ける。調査を進めるラブクラフトの周囲では奇怪な事件が連続し、やがて巨大な陰謀が浮き彫りになっていくのだった――。ハードボイルド・ミステリーとクトゥルー神話をミックスさせた異色のＴＶ映画。字幕をつけた翻訳者がクトゥルー神話に疎かったらしく、カスール（クトゥルー）、トラコグア（ツァトーグァ）などになっている。

### ポール・シュレイダー・監督／魔界世紀ハリウッド

Home Box Office、Pacific Western／1994年12月

魔術を使えない私立探偵ラブクラフトが主人公のＴＶ映画『ＳＦＸハードボイルド／ラブクラフト』の直接的な続編だが、監督もキャストも入れ替わっていて、ラブクラフトを演じる俳優もフレッド・ウォードからデニス・ホッパーに変更された。前作同様、魔術が存在するアメリカが舞台の作品で、１９５０年代に吹き荒れた赤狩りを魔女狩りに置き換えたドラマが展開する。女優キム・ハドソンから素行調査の依頼を受けたラブクラフト。しかし、肝心のターゲットは謎の死を遂げていた――。日本では長らくＶＨＳ、ＬＤのみだったが、２０１７年２月にようやくＤＶＤソフトが発売された。

**フレッド・オーレン・レイ・監督／制服人形**
American Independent Productions／2008年12月

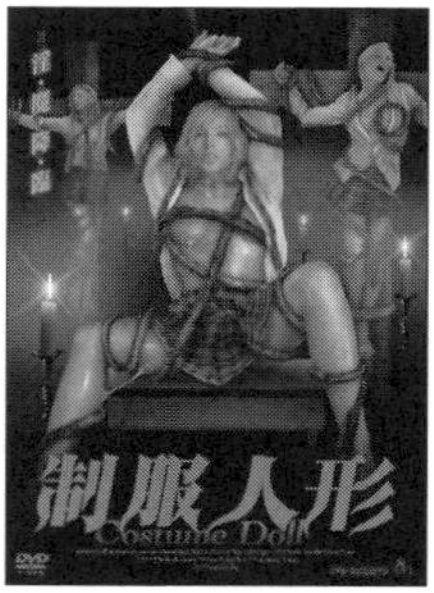


「禁断の学園ハード・エロティック・レッスン」と銘打たれたレズビアン系ポルノ映画。学校でクラスメイトとレズったことがバレて、ダンウィッチ女学校に転校させられてしまった女子高生クリスティーナ。ただし、まだ処女。ルームメイトのマリアはブードゥー魔術の使い手で、クラスメイトたちに性的ないたずらを繰り返す曲者だった。のみならず、校長をはじめとする教師たちは怪しげな偶像を崇拝していた。不穏の影だらけの学校生活を、果たしてクリスティーナは乗り切ることができるのだろうか――。DVDの発売元は、B級映画の配給元として有名なアルバトロス。

**イヴァン・ズッコン・監督／死霊のいけにえ2**
Studio Interzona／2001年

「ランドルフ・カーターの陳述」などが下敷きのイタリア製ビデオ映画。1571年のバグダット、哲学者アル・カレブがディー博士の依頼で翻訳した『ネクロノミコン』を巡る物語だ。ヒプノスの仮面の儀式を実行して〈彼方〉と呼ばれる領域に迷いこんだ現代のエレナと、同じ空間に飲み込まれた兵士たちが、『ネクロノミコン』を狙う亡者たちと相対する。

**イヴァン・ズッコン・監督／忌み嫌われる家**
Studio Interzona／2003年10月

HPLの同名作品が原作のビデオ映画。数世紀もの間、数多の住人たちが毒殺、刺殺、絞殺、首吊りなど、様々な形で奇怪な死を遂げてきたいわくつきの屋敷があった。ジャーナリストのアレックスと恋人のリタは、この謎を解明するべく屋敷に泊まり込んでの調査を開始するのだが――。『死霊のいけにえ2』と同様、時系列が複雑に入り組んだ映像が展開する。

**セルジュ・ロドナンスキー・監督／チルド**
Rojak Films／2007年2月

かつて、医療事故によって医者の道を断念した作家の卵、サム。彼が働いている食料品店の店主ムニヨスもまた元医者なのだが、悪魔の書物『ネクロノミコン』を用いた悍ましい研究に手を染めていた――。HPL「冷気」を下敷きにしたサスペンスホラー。クトゥルー神話色の薄かった原作小説に、『ネクロノミコン』を絡ませた作品となっている。

**ウーリー・ロメル・監督／霊廟**
The Shadow Factory／2007年8月

『SAW』『CUBE』などに代表される限定空間サディスティック・スリラー映画で、パペットマスターと呼ばれる人物が支配するゲームの一貫として、狭い霊廟に閉じ込められた男女を襲う恐怖を描く作品。HPL「霊廟」がモチーフということだが、原作小説の要素はあまり残っておらず、クトゥルー神話要素も特にないオリジナル作品である。

**ダン・カーティス、他・監督／事件記者コルチャック**
Universal Television／1974年9月～

1976年には日本テレビ系列で全20話が放送された、いわゆるオカルト探偵もののTVドラマ。シカゴのインディペンデント通信社に務める事件記者コルチャックが、取材の過程で遭遇し、公にされることはないものの解決した様々な怪事件が描かれる。建設中の病院の地下に封印されていた怪神マッチモニードの恐怖を描く第8話「よみがえった地底の怪神」をはじめ、クトゥルー神話の影響を受けたと思しいエピソードがいくつか存在する。なお、2013年にはムーンストーン社から、Kolchak Necronomiconと題するクトゥルー神話もののアメコミシリーズが発売されている。

**ロッド・サーリング・製作／新トワイライト・ゾーン**
Universal Television／1985年9月～

1950年代末期に遡るアメリカのSFドラマシリーズ『トワイライト・ゾーン』の第2期にあたるTVドラマ。第1シーズンの第10話がスティーヴン・キングの「おばあちゃん」を映像化したエピソードで、母親の留守中、苦手な祖母の面倒を見るよう言いつけられた少年ジョージィを見舞う、恐ろしい運命が描かれる。セルソフトとしては、VHS版、LD版が存在する『新トワイライト・ゾーン』第4巻に収録されていたが、アシェット・コレクションズ・ジャパンの『隔週刊 ミステリー・ゾーンDVDコレクション』の65号（2016年3／2号）に収録された。

**J・マイケル・ストラジンスキー、他・製作／バビロン5**
Babylonian Productions、Warner Bros. Television／1994年1月～

23世紀の巨大宇宙ステーション〈バビロン5〉を舞台にした、SFドラマのTVシリーズ。シーズン1の第9話「不老不死の薬」以降のエピソードに登場するパクマラというクリーチャーのデザインが、明らかにクトゥルーをモチーフにしている。また、シーズン3の第4話「黒バラの幻影」には、チャールズ・デクスターというキャラクターが登場する。クトゥルー神話の物語というわけではないが、製作の中心人物であるJ・マイケル・ストラジンスキーは自身がH・P・ラヴクラフトの熱狂的なファンであると公言しているので、これらの類似は偶然のものではないのだろう。

**エリック・クリプキ・製作／スーパーナチュラル**
Kripke Enterprises、Warner Bros. Television、他／2005年9月～

妖怪や魔物の退治を生業とするウィンチェスター兄弟の旅路を描く、ロードムービー風のオカルト・ドラマ。現在までに12シーズンが制作され、日本では2007年4月から日本テレビ系列局などで放送された。シーズン6の第21話「最後の戦い」は、「闇の跳梁者」の原稿をタイプライターで書き上げたばかりのラヴクラフトが何者かに殺害されるシーンで幕を開ける。作中の日付は1937年3月15日で、これは実際にラヴクラフトの命日である。また、シーズン10第18話「呪われし者」の本」には、『ネクロノミコン』にインスパイアされたと思しい禁断の書物が登場する。

**スチュアート・ゴードン、他・監督／マスターズ・オブ・ホラー**
Nice Guy Productions、他／2005年10月

ケーブルテレビ局ショウタイム向けに制作された、ホラー映画の世界で活躍してきた巨匠ばかりを集めたオムニバス・シリーズ。シーズン1の第2話が、スチュアート・ゴードンによる「魔女の棲む家」で、HPL「魔女の家で見た夢」を原作とする映像作品だ。ミスカトニック大学で非ユークリッド幾何学を学ぶウォルターは、論文に集中するべく築300年のアパートの一室を借りる。しかし、入居して間もなく、住人に警告されていた人面ネズミを目撃してしまい――。角川エンタテインメントから発売されている『マスターズ・オブ・ホラー DVD-BOX Vol.1』に収録されている。

**ロブ・ボウマンマーク・ヘイバー、他・監督／スティーブン・キング短編シリーズ 8つの悪夢《ナイトメアズ》**

Coote Hayes Productions／2006年～

ターナー・ネットワーク・テレビジョン（TNT）で放送され、日本でも2007年9月にWOWOWで放送されたTVドラマ。スティーヴン・キングの短編小説を映像化した、全8回のミニシリーズで、第2話にあたるのがロンドン北部のクラウチ・エンドという地区（実在）で、境界の向こう側に迷いこんでしまった夫婦を見舞う恐怖を描くクトゥルー神話オマージュ作品、「クラウチ・エンド」である。じりじりと真綿で首を締めるような原作の雰囲気を忠実に再現した映像作品で、Cthulu Kryon、R'Yeleh、Yogsoggoth などのワードも原作小説の通りに登場する。

---

**ブライアン・シンガー、他・監督／Dr.HOUSE**

Heel & Toe Films、他／2004年11月～

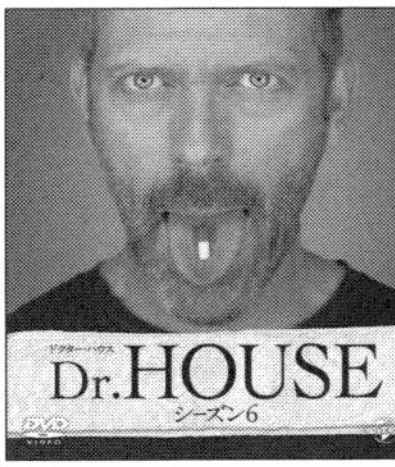


ニュージャージー州プリンストンに位置するプレインズボロ教育病院において、解析医療部門の責任者である「ドクター・ハウス」ことグレゴリー・ハウスとそのチームの活動を描く、医療探偵もの。シーズン6の第18話「決闘」は、ルネサンス祭りの最中、ウィリアム卿が衛兵隊長のホレスに挑むという模擬決闘で幕を開けるエピソード。目を真っ赤に充血させて病院に運び込まれたウィリアムの病因を調査するハウスの部下たちが、『ネクロノミコン』を見つけるシーンがある。事件の関係者たちがニューエイジ・サイエンス（オカルト）にかぶれていることを示唆する小道具である。

---

**ノア・ワイリー、他・監督／ライブラリアンズ**

Electric Entertainment／2014年2月～

この世の不思議な力や魔法を調査し、邪悪な力から世界を守るべく選び出された各分野の天才たち。メトロポリタン公立図書館に集う彼らを、人は秘密図書館員「ライブラリアン」と呼ぶ——。2004年にTV映画として制作された『ライブラリアン 伝説の秘宝』のTVドラマ版。「第二章 復活の魔術師」（シーズン2）の第4話「ライブラリアンズと教育の代償」は、異次元の研究者によって創設されたウェクスラー大学が舞台の怪事件を描くエピソード。ある人物の実験によって異界とのゲートが開き、作中でクトゥルー神話の邪神と結び付けられている悍ましい怪物が現れる。

---

**ザ・ダファー・ブラザーズ・監督／ストレンジャー・シングス 未知の世界**

Electric Entertainment／2014年2月～

1980年代のSFドラマの再現を目指して製作された、Netflix配信のドラマ・シリーズ。インディアナ州の片田舎にあるホーキンスという町には、超自然現象と超能力を研究するホーキンス国立研究所があるのだが、周囲では奇怪な事件が相次いでいた。失踪したウィルの友人たちは、エルという超能力者の少女の助力を得て「裏側の世界」に入り込み、ウィルを救出しようとするのだが、彼らの前にはTRPGの世界から飛び出してきたような怪物が出現するのだった——。80年代文化のひとつとしてクトゥルー神話がモチーフに含まれ、シーズン2にはマインドフレイヤーが登場する。

### 小中千昭・脚本／インスマスを覆う影

TBS／1992年8月

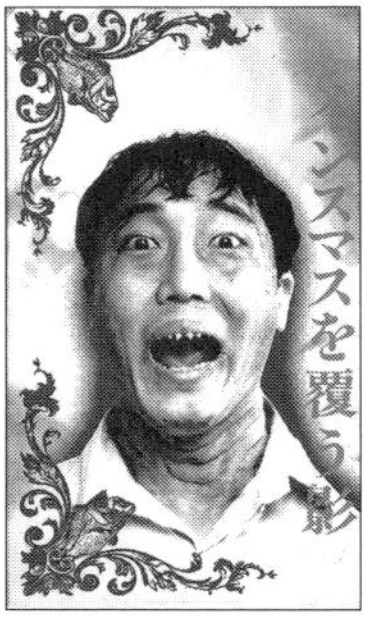


TBS系列のTV局で、毎週火曜日に流れていたバラエティ番組『ギミア・ぶれいく』の枠内で、1992年8月25日に放送されたドラマ。HPL「インスマスを覆う影」の舞台を日本の寂れた漁村・蔭洲升に移した翻案作品で、佐野史郎演じるカメラマンの平田が、取材旅行に赴いた陰洲升で体験した身の毛もよだつ出来事を描く。平田が入った食堂で出された魚がぴくりと動くシーンなどは、佐野史郎の実体験が元になっており、これが日本でも「インスマスを覆う影」をやれるという着想の出発点になったという。1993年2月にパック・イン・ビデオからVHSソフトが発売された。

### 円谷一、他・監督／ウルトラQ

TBS、円谷プロダクション／1966年1月～

毎日新報報道カメラマンの江戸川由利子と、彼女がよく利用する星川航空パイロットの万城目淳らが遭遇する、奇妙な事件を描く特撮ドラマ。第20話「海底原人ラゴン」は、ライターの大伴昌司が協力したエピソード。伊豆の海底火山噴火を受け、岩根島へ取材に向かう由利子たち。その頃、島の漁師の網に奇妙な卵がかかり――。ラゴンの名前は『大アマゾンの半魚人』に由来するが、「2億年ぐらい昔にこの地球を支配していた海底原人ラゴン」の設定は、クトゥルー神話のダゴンも意識しているのだろう。ラゴンはその後、『ウルトラマン』第4話「大爆発五秒前」などにも登場している。

### 松原信吾、他・監督／ウルトラマンティガ

毎日放送、円谷プロダクション／1996年9月～

『ウルトラマン80』以来、16年ぶりとなる『ウルトラマン』のTVシリーズ。小中千昭が脚本参加しており、彼が担当した第50話から最終第52話に至る3連続のエピソードじゃ、怪獣ゾイガーとガタノゾーアを巡るクトゥルー神話色の色濃いエピソードだった。小中は後に、後日談的な短編小説「深淵を歩くもの」を発表している。なお、劇場版『ウルトラマンティガ THE FINAL ODYSSEY』には超古代遺跡ルルイエも登場するが、小中はノータッチ。なお、2016年放送の『ウルトラマンオーブ』では、本編に登場こそしないものの闇ノ魔王獣マガタノゾーアの存在が示唆される。

### 村石宏實、他・監督／ウルトラマンガイア

毎日放送、円谷プロダクション／1998年9月～

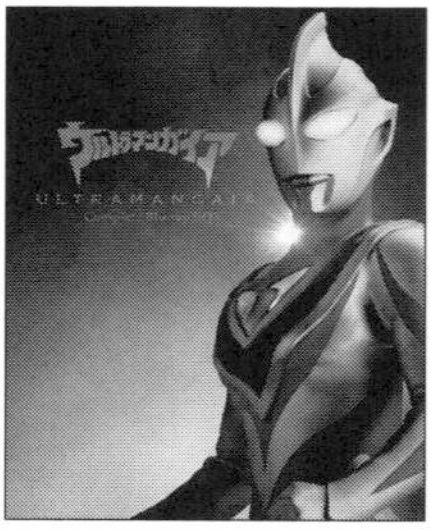


平成ウルトラマンTVシリーズの第3作。2クール目までのシリーズ構成を小中千昭が担当。主人公の高山我夢は、城南大学出身の天才物理学者という、ウルトラマンシリーズには珍しい科学者畑の設定だった。第5話「もう一人の巨人」に登場する大海魔ボクラグが、HPL「サルナスを見舞った災厄」に由来する怪獣である他、人類の滅亡を目的に宇宙からやってくる怪獣たち――根源的破滅招来体という設定に、クトゥルー神話の邪神からの影響が垣間見られる。なお、大海魔ボクラグの体は大部分が海水で、実体弾は通用せず、切断してもすぐに再生するという設定だった。

**小中和哉、他・監督／ウルトラマンネクサス**
中部日本放送、円谷プロダクション／2004年10月〜

制作体制が変わり、TBS系列局で放送されたTVシリーズ。対象年齢層を引き上げるという目的のもと、連続ドラマを意識した構成、「ウルトラマンに変身する人間が複数存在し、しかも物語を動かす主人公は最終回までウルトラマンには変身しない」などの異色の試みが行われた。凶悪な宇宙生命体スペースビーストにまつわる事件が頻発する中、秘密裏に怪物と戦う非公然防衛組織TLTと、その実働攻撃部隊ナイトレイダーの戦いを描く。EPISODE.22に始まる3話連続のエピソードに、海洋生物を混ぜ合わせたような姿のクトゥーラが登場。別位相の〈異形の海〉から触手を伸ばして攻撃する。

**―／エコエコアザラク**
円谷映像／1997年2月〜

古賀新一の魔術ホラーマンガを映像化したTVドラマ。不思議な雰囲気を持つ黒井ミサは、黒魔術を使う若き魔女。彼女の周囲で起きる奇怪な事件が描かれる。佐伯日菜子主演の1997年の第1シリーズにおいて、第20話「面」と第22話「魔女裁判」（共に、神戸連続児童殺傷事件の影響による打ち切りで、TV未放送）を脚本家の七月鏡一が担当。前者には盲目の画家・愛倉太と「ピックマンの面」が登場している。また、TVシリーズの後日談とも言える映画『エコエコアザラクⅢ -MISA THE DARK ANGEL-』では、「エコエコアザトース エコエコウボサスラ」という呪文が使われた。

**小中和哉、他・監督／魔法戦隊マジレンジャー**
テレビ朝日、東映、／2005年2月〜

東映の戦隊シリーズの第29作にあたる特撮ドラマ。作品テーマは「魔法」と「家族の絆」で、小津家の5人兄妹が「五色の魔法使い」マジレンジャーに変身する。地の底深くに存在する暗黒の世界、地底冥府インフェルシア。その伝説に伝わる邪神たち、冥府十神の実力者（三賢神の一柱でもある）として魚のような頭部を持つ冥府神ダゴンが登場する。なお、この作品のラスボスである絶対神ン・マはタコのような頭部と巨大な翼を備えた悪魔のような姿をしている。発音しにくい名前に加え、冥府神ダゴンを腹心にしているあたり、クトゥルーをモチーフにしていることが窺える。

**北村龍平・監督／ゴジラ FINAL WARS**
東宝／2004年12月

『ゴジラ』生誕50周年記念作品にして、最終作を謳ったシリーズ第28作。20XX年、地球上で長引いた戦乱により、数多の巨大怪獣が目覚めてしまう。国連は地球防衛軍を結成し、通常の人間よりも身体能力に優れたミュータントを集めた〈M機関〉を組織。怪獣王ゴジラの封じ込めに成功する。折しもその時、地球に妖星ゴラスが迫るとの警告を携え、X星人が姿を現した――。作中、佐野史郎が演じる黒衣の男が国連事務総長を襲撃するシーンで、「古きものたちがやってくるぞ！」と喚き散らす。パンフレットによれば佐野自身の提案によるもので、クトゥルー神話を意識したとか。

**はくぶん・監督／玩具修理者**
キュームービー／2002年1月

小林泰三による同名の短編小説が原作の、ホラー映画作品。物語は、喫茶店で男女の思い出話から始まる。女がまだ幼い頃、近所に住んでいたという玩具修理者は子供たちだけが知っている秘密の存在で、頼めばどんなおもちゃでも直してくれる。親が恐い子供たちは壊したおもちゃをこっそり玩具修理者のところに持って行って直してもらった。そしてある日、彼女は誤って弟を死なせてしまう——。謎めいた玩具修理者ようぐそうとほうとふを演じるのは、元宝塚歌劇団宙組のトップスターである姿月あさと。ただし、セリフは美輪明宏が吹き替えており、原作小説の雰囲気を見事に再現した。

**石井てるよし・監督／邪願霊 狙われた美人キャスター**
彩プロ／2005年4月

小中千昭脚本によるオリジナルビデオ映画。アイドル産業の構造を解き明かすという内容のドキュメンタリーの制作過程で、ある新人アイドルのプロモーション企画を追跡する取材時に撮影されたフィルム——という体裁のモキュメンタリー。次々と起きる怪奇現象によってこの企画はついにお蔵入りとなるのだが、後にスタッフが撮影したビデオを編集中、撮影した覚えのない録画テープを発見する——。このアイドルの新曲のタイトルが「ラブ・クラフト」。また、作詞家の淡島香が登場するシーンで、彼女の過去の作品名として「インスマスにさよなら」というタイトルがテロップで流れている。

**清水崇・監督／稀人**
ユーロスペース／2004年10月

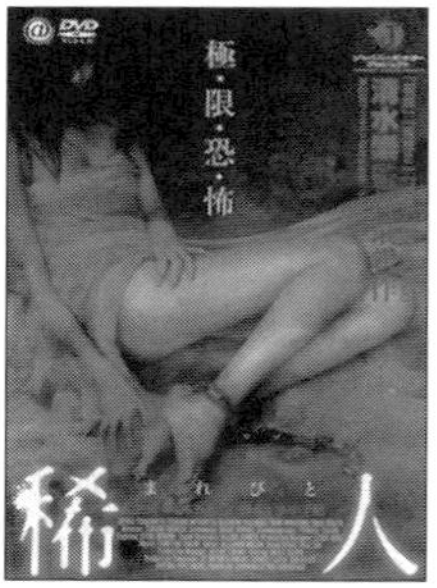


『学校の怪談G』などのTVドラマや、『呪怨』シリーズを手がけた清水崇と、小中千昭のタッグで制作された現代ホラー。映像カメラマンの増岡拓喜司はある日、男が自らの眼を刺し貫いて絶命する現場に遭遇する。その映像は、独占スクープとして繰り返しテレビ放映された。増岡はそれ以来、人が恐怖する顔に惹かれ、それを求めて〝無作為なる映像〟を撮り続ける。その映像は増岡の意識を次第に変え、現実の世界から遠ざけていく。やがて、地下の世界に迷い込んだ増岡は「狂気の山脈」と呼ぶ広大な空間にたどり着き、彼は鎖でつながれた一人の少女をそこから連れ出すのだが——。

**佐々木浩久・監督／発狂する唇**
オメガ・プロジェクト／2000年2月

昭和風のカルトホラー映画。倉橋暎子の息子・美智夫が、女子中学生ばかりを狙った連続殺人の容疑をかけられたまま失踪した。一家の大黒柱が死刑囚だったこともあり、マスコミと大衆が倉橋家を責め立てる。兄の無実を信じる里美の相談を受けた霊能者・間宮悦子は、早速、倉橋家で降霊術を実行。犠牲になった少女たちの霊を呼び出し、自分の首を探しに行かせる。そんなドタバタ劇の背後で、神降ろしの陰謀が密かに進むのだった——。ヒロインの倉橋里美を演じるのは、数多くのホラー映画に出演し、和製ホラークイーンとも呼ばれる三輪ひとみ。阿部寛がFBI捜査官として出演している。

**白石晃士・監督／カルト**
ダブル・フィールド／2013年7月

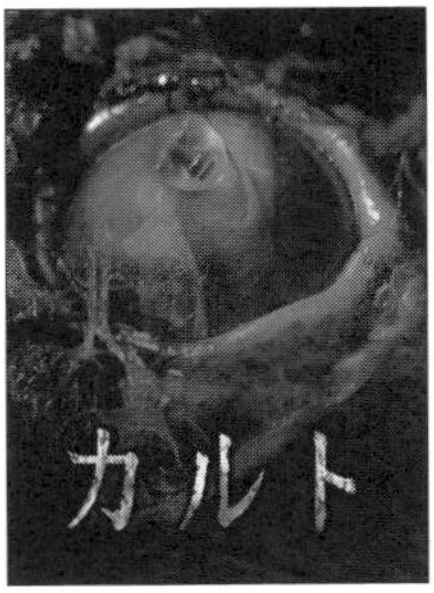


かねてクトゥルー神話好きを公言し、『ノロイ』、『オカルト』といった作品でも「古の神々」などのワードを挿入し、異次元から現れる触手の怪物などを登場させてきた白石晃士の監督作品。番組制作のため、心霊現象に悩まされる金田家へと赴く三人の女性タレントたち。しかし、霊の力は大きく、次々と怪現象が起き始め、同行してきた霊能者の雲水の除霊も及ばない。果たして、悪霊を追い払うことはできるのか——。直接的なワードは登場しないが、広報においてはっきり「クトゥルー神話もの」だと明言された作品。TOブックスより三好幹也によるノベライズも刊行されている。

**佐々木浩久・監督／PSYCHIC SCHOOL WARS 学校が危ない！淫霊女学園**
TMC／1996年7月

オリジナルビデオドラマとして発売された、エロティックホラー。美貌の女教師礼子こと悪霊ハンターのレイは、赴任先の聖愛学園を覆う怪しい気配を感じていた。彼女の悪い予感は当たっており、何者かが邪神を呼び出そうと目論見、女生徒たちを毒牙にかけ、生贄として捧げていたのである。レイは、鮮血に彩られた女生徒たちを淫らな悪魔の手から救うことはできるのか——。冒頭からしてH・P・ラヴクラフトの引用（微妙に間違っている）が掲げられている、知られざるクトゥルーもので、主役のレイを演じるのは、1980年代に一世を風靡した元アイドルの柏原芳恵である。

**岡迫和之、他・監督／夢次元ハンターファンドラ**
カナメプロダクション／1985年9月～

『BIRTH』『幻夢戦記レダ』に続くカナメプロダクションのファンタジーOVAで、漫画家の永井豪が世界観などを設定した。2000年後の未来、人類の文明は高度に発達し、ディメンションフライトによって複数の次元を行き来できるようになっていた。賞金目当てに次元犯罪者たちを狩る次元ハンターのファンドラが狙う次の獲物は、カダス教団の教皇ゲルスバーグになりすまし、レム王国を影から操るヨグ・ソゴス。しかし、彼とファンドラの間には、知られざる因縁があった——。クトゥルー神話好きを公言する永井豪が、直接、神話ワードを盛り込んだ珍しい作品である。

**平野俊弘・監督／戦え!!イクサー1**
AIC／1985年10月～

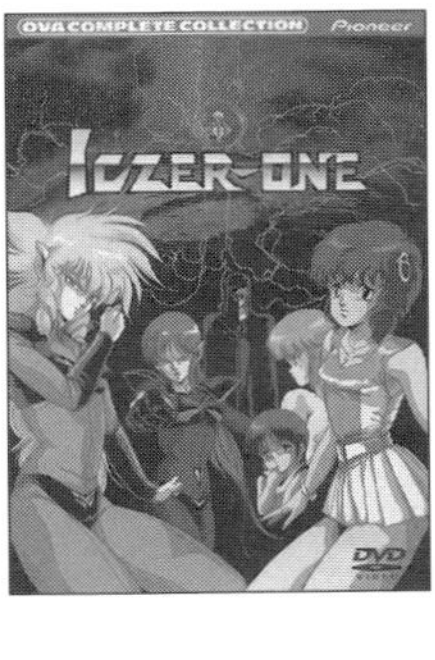


阿乱霊のSFコミックを原案とするOVAシリーズ。監督・脚本などを手がけた平野俊弘により、実質別作品となっている。隕石型宇宙船〈クトゥルフの月〉が地球に迫る。宇宙を放浪するクトゥルフの民、その支配者であるビッグゴールドが、安住の地を求めて地球侵略を開始したのだ。彼らに対抗するのは、本来はクトゥルフの守護戦士として作られたが、善の心を持つが故にビッグゴールドに反旗を翻したイクサー1。地球人の少女・加納渚をパートナーに選んだイクサー1は、イクサーロボを駆って同胞に挑むのだった。『冒険！イクサー3』『戦ー少女イクセリオン』などの派生作品も。

**佐藤順一・監督／魔法使いTai!**
バンダイビジュアル／1996年5月

『魔法使いTai!』は佐藤順一原案のアニメで、OVA版を皮切りにメディア展開が行われたコメディ作品である。舞台となるのは現代日本。謎の巨大物体ツリガネが地球に飛来し、街のど真ん中に居座るという非日常的な事態が勃発。都立北野橋高校の魔法クラブの面々が、魔法によってこの状況をどうにかしようと試行錯誤する物語。OVA版の第3話、魔法クラブの面々が、高倉部長に指導のもと物質の縮小魔法を実践するシーンで、分厚い魔術書（書かれているのはヘブライ文字と思しい）を参照しながら「イヤア シュウブニッグ ラトフ」という呪文を唱えている。脚本は小中千昭。

**宇佐美廉・監督／GR-GIANT ROBO-**
Softgarage／2007年1月

横山光輝原作のロボット漫画『ジャイアントロボ』が原作のOVAシリーズで、脚本は小中千昭。正体不明の組織GROが繰り出す巨大ロボットによって、世界各地の古代遺跡が破壊されるテロが頻発していた。そんな中、南与那国島のダイビング・ショップでアルバイトをしている草間大作青年は、島の遺跡から発見された〈エドフの鉄神〉ことGR-1と契約、マスターマインドになってしまう。GROの繰り出すGRシリーズの巨大ロボットを次々撃破していくGR-1と大作だったが、彼らの正体はかつて宇宙から地球を侵略しにやってきた古き神々に対抗する守護者なのだった――。

**元永慶太郎・監督／School Days OVA スペシャル マジカルハート☆こころちゃん**
エイベックス・ピクチャーズエンタテインメント／2008年3月

オーバーフローから発売された、色々な意味で話題になった美少女ゲーム『School Days』の番外編OVA。元々は、オーバーフローが2007年4月1日のエイプリルフール企画として限定公開した架空の企画の短編ムービー『特報!マジカルハート☆こころちゃん』（DVDに収録されている）で、この冗談ムービーを本当に製品化してしまったのがこのOVAである。魔法少女マジカルハートに変身した〝こころちゃん〟こと桂心が、世のため人のために悪に立ち向かうという物語。心が魔法少女に変身する際、「ふんぐるい むぐるうなふ」から始まる呪文を唱えている。

**長澤剛・監督／「這いよれ!ニャル子さん」シリーズ**
名状しがたい製作委員会のようなもの／2012年4月〜

人気ライトノベル『這いよれ!ニャル子さん』のアニメ版。2013年4月からは第二期『這いよれ!ニャル子さんW』が、2015年6月には完結編として劇場公開もされたOVA『這いよれ!ニャル子さんF』が制作された。監督の長澤剛は熱心な『クトゥルフ神話TRPG』ファンで、原作以上のクトゥルー神話ネタを映像のそこかしこに仕込み、ウーツル=ヘーア星人のツル子、ガタノソア財閥の令嬢グタタンといったオリジナルのキャラクターを登場させている。なお、TV版に先立ってDLE制作のFLASHアニメ『這いよる!ニャルアニ』シリーズが発売されていた。

**高山秀樹・監督／黒の断章 Mystery of Necronomicon**
ディスカバリー／1999年10月〜

クトゥルー神話を題材にしたアボガドパワーズの成年向けAVG『黒の断章』が原作のアダルトOVAシリーズ。1999年にディスカバリー（株式会社セブンエイト）から全4章がVHS、LD、DVDと複数媒体で発売された。その後発売された北米版（タイトルはMystery of Necronomicon）も人気を博したという。2009年10月には、このOVA版の映像を使用したDVDゲーム『黒の断章〜VFT完全版』が、姫ちゃんカンパニーから前後編で発売され、2017年には総集編となる『黒の断章CompleteEdition』がミルキーピクチャーズから発売されている。

---

**滝沢敏文・監督／ダーティペア**
日本サンライズ／1985年10月〜

高千穂遙のスペースオペラ「ダーティペア」シリーズが原作のTVアニメ。銀河連合御用達の特殊機関、WWWA（世界福祉事業教会）に所属する犯罪トラブルコンサルタント、コードネーム〈ラブリーエンゼル〉のケイとユリの、銀河狭しの活躍を描く。第13話「何よこれ！玉のお肌がドロンドロン」は、主人公たちが住むダモクレスタワーの下水処理施設に巣食う怪物との戦いを描くエピソード。巨大な芋虫めいた怪物は、ラブクラフト星系の軟体動物、おそらくコウサイ類に属する変異体と説明されている。脚本は伊藤和典。宇宙の怪物ということでラブクラフトの名前を採用したのだろう。

---

**片山一良・監督／THE ビッグオー**
サンライズ、バンダイビジュアル／1999年10月〜

100年後の未来、かつてのニューヨークは、40年前に起きたある事件によって住人たち全てが記憶を失った街「パラダイムシティ」となっていた。この街随一の凄腕ネゴシエイター、ロジャー・スミスと彼が操る巨大ロボット（メガデウスと総称される）、ビッグオーの戦いを描く、ノスタルジックなロボット・アニメで、脚本は小中千昭。シーズン1の第7話、「The Call from The Past（SOS！ 深海の危険な2人）」はクトゥルー神話を意識したエピソードで、〈深きものども〉をモチーフにデザインされたダイバーたちや海に沈んだ都市、メガデウスのダゴンが登場する。

---

**角銅博之・監督／「デジタルモンスター」シリーズ**
東映アニメーション／1999年3月〜

携帯育成ゲーム『デジタルモンスター』は、現在までに7シリーズのTVアニメが制作されている。2作目『デジモンアドベンチャー02』（2000年4月〜）の第13話「ダゴモンの呼び声」は、ダゴモン登場回ということで小中千昭を脚本に起用、異様な雰囲気の海に放り出されたヒロインのヒカリが、ハンギョモンの姿をした異形の生物たちと遭遇する物語が描かれた。その後、第6作『デジモンクロスウォーズ』の3シーズン『デジモンクロスウォーズ 時を駆ける少年ハンターたち』の第73話「海底大冒険！ 夢の財宝デジモンを探せ」にも、海の邪神ダゴモンが登場している。

**りんたろう・監督／SPACE PIRATE CAPTAIN HERLOCK OUTSIDE LEGEND ~The Endless Odyssey~**
マッドハウス／2002年12月～

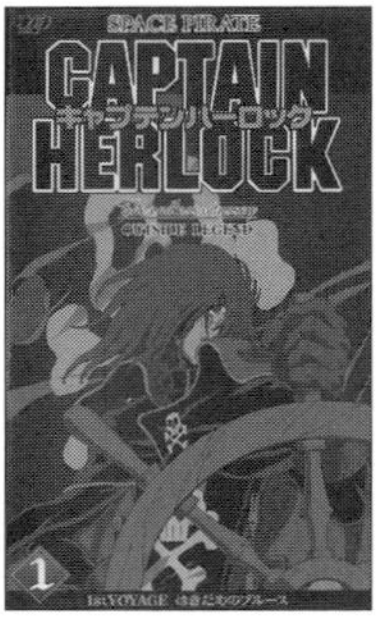


1978年のTVアニメ『宇宙海賊キャプテンハーロック』の監督を務めたりんたろうによる、新たなハーロックの物語として制作されたアニメ作品。マゾーンとの戦いの後、伝説の海賊キャプテンハーロックは姿を消し、宇宙には腐敗がゆるやかに広がっていた。そんな中、恐怖で人間を支配しようと目論むヌー（本来の名前は人間には発音できない）と称する亡者に父親を殺害された青年・台羽正はハーロックに導かれ、アルカディア号に乗り込むことになる。第3話のタイトルが「はるかなるヌーの呼び声」であることなどから、ヌーのモチーフがクトゥルー神話の邪神であることが窺える。

**増尾昭一・監督／機神咆吼デモンベイン**
デモンベイン製作委員会／2006年5月～

WOWOWのノンスクランブル枠で放送された、ニトロプラスのAVG『斬魔大聖デモンベイン』のアニメ化作品。タイトルはPS2版『機神咆吼デモンベイン』に合わせたものとなっている。美少女ゲーム原作の（当時の）TVアニメには珍しく、ゲーム版と同じ声優陣が同じ役柄を演じている。基本的に、原作ゲームと同じ流れだが、邪神ダゴンのデザインがフナムシベースからアノマロカリスになっているなど、細かい部分で変わった点もある。なお、PS2用の『機神咆吼デモンベイン』DX版に同梱されているOVAは、TVアニメ版とは繋がっておらず、デザイン類も異なっている。

**長岡康史、佐藤英一・監督／キスダム -ENGAGE planet-**
サテライト／2007年4月～

サテライト制作のオリジナルSFアニメ。2031年、地球人類は変種生命体〈ハーディアン〉に脅かされていた。人類はその脅威に対抗して、国際防衛組織N.I.D.F.を結成、対決の時に備えていた。〈ハーディアン〉と何らかの関係を持つと思われる『死者の書』によって異能の力を与えられ、〈ネクロダイバー〉となったパイロット候補生の哀羽シュウと、〈ハーディアン〉との戦いを描く。クトゥバーン、イグソード、ユッグミゴ、アヴホースの骨など、作中にクトゥルー神話由来のワードが散見される。2008年にリテイク版の『キスダムR -ENGAGE planet-』が放送された。

**水島努・監督／BLOOD-C**
Production I.G／2011年7月

Production I.Gが2000年から展開していた吸血鬼もののメディアミックス企画『BLOOD THE LAST VAMPIRE』の系譜に連なるTVアニメで、漫画家集団CLAMPがキャラクターデザインや脚本などを手がけている。浮島神社の巫女である高校2年生の少女、更衣小夜が主人公。平和な高校生活を送る傍ら、神主である父の命により、小夜は夜な夜な御神刀を手に街に出ては、人間の世界に仇なす〈古きもの〉と呼ばれる異形の存在を人知れず狩り続けているのだった――。CLAMPのストーリー担当である大川七瀬によれば、〈古きもの〉のワードはクトゥルー神話を意識したもの。

### 岸誠二・監督／DEVIL SURVIVOR2 the ANIMATION
bridge／2013年4月〜

『女神転生』シリーズに連なる、現代日本の高校生たちが主人公のニンテンドーDS用シミュレーションRPG『デビルサバイバー2』を原作とするTVアニメ。アニメ版の主人公は久世響希（ゲームではデフォルト名なし）で、携帯サイト「ニカイア」に「死に顔」（知人の死ぬ未来画像）が表示されたことをきっかけに、悪魔召喚者になった友人たちと共に、謎の存在〈センプテリオン〉と戦うという物語。EPISODE 03の「2ND DAY 激動の月曜日Ⅱ」、気象庁の指定地磁気調査部（ジプス）大阪本局のシステムが侵入を受けるシーンで、モニタ上に神話用語が次々と表示される。

### 増尾昭一・監督／とある科学の超電磁砲S
PROJECT-RAILGUN S／2013年4月〜

鎌池和馬のライトノベル『とある魔術の禁書目録』のメインキャラクターの一人、御坂美琴が主人公のスピンオフコミック『とある科学の超電磁砲』、そのTVアニメ版第二期にあたる作品。アニメ本編にクトゥルー神話要素があるわけではないが、ソフト化時の初回版特典として原作者描き下ろしの小説『とある魔術の禁書目録SS『必要悪の教会』特別編入試験編』全8話の冊子がついてくる。こちらの内容が、作中世界では創作であるはずの『ネクロノミコン』やクトゥルフ神話にまつわるストーリーとなっている。この作品は、2018年1月時点で単行本などに収録されていない。

### さとうけいいち・監督／神撃のバハムート GENESIS
MAPPA／2014年10月〜

Cygamesが開発・運営する同名のソーシャルゲームが原作のTVアニメ。「GENESIS」は、その第一期にあたる。（第二期は「VIRGIN SOUL」）第4話「Reunion at Ysmenport」の舞台は、イースマンポートという、インスマスとイスを混ぜ合わせたような名前の港町。目的地であるヘルヘイムに行く船があるという情報を得た主人公たちは、セレファイス号という船に乗り込んでその港町へ向かう。セレファレス号を襲撃する海賊の船がダゴニアであったり、仇役が水棲人を召喚するなど、クトゥルー神話の「インスマスを覆う影」などを意識したストーリー展開である。

### 小野勝巳・監督／戦姫絶唱シンフォギアGX
サテライト／2015年7月〜

『戦姫絶唱シンフォギア』は音楽プロデューサーの上松範康が原案、ゲームデザイナーとして『ワイルドアームズ』シリーズを手がけた金子彰史がシリーズ構成を務めるTVアニメ・シリーズである。聖遺物と融合することで歌を戦力に変えるシンフォギアを装備した少女たちが、ノイズと呼ばれる怪物たちと戦うというもの。『戦姫絶唱シンフォギアGX』は2015年7月に始まったシリーズ第3期にあたる。EPISODE9「夢の途中」に登場する、異端技術の管理特区「深淵の竜宮」に封印されている聖遺物リストの中に、「GHARNE FRAGMENTS」の名前がある。本編には未登場。

**岸誠二・総監督／ダンガンロンパ3 -The End of 希望ヶ峰学園-**
希望ヶ峰学園第3映像部／2016年7月～

スパイク（後にスパイク・チュンソフト）のゲームソフト『ダンガンロンパ』の第3作（TVアニメ版の第二期ではなく）として制作されたTVアニメ。シリーズ全体の前日譚にあたる絶望編と、時系列的に最新となる希望編を週2回、交互に放送する前代未聞の体制が話題を呼んだ。絶望編第4話「狛枝凪斗の憂鬱と驚愕と消失」に登場する、忌村静子が研究していた蘇生薬（Reanimator）が『死霊のしたたり』シリーズネタ。また、ブルーレイBOX1巻付録のドラマCD「黄桜公一の分身」で、希望ヶ峰学園入学前の九頭竜冬彦が、里賀組あるいは蓮田組の鉄砲玉を蹴散らしている。

**石平信司・監督／ヘボット！**
BN Pictures／2016年9月～

「HEYBOT」と書いて「ヘボット」と読む。バンダイが仕掛ける同名の玩具プロジェクトが原作のギャグアニメ。ネジの形をしているネジが島には、ネジを頭に挿したようなデザインのロボットに似た謎の生命体、ボキャボットたちが住みついていて、ボキャバトルという面白い言葉を競う勝負を繰り返していた。ボキャボットのヘボットとネジが島の第二王子ネジルの、ネジ集めの旅が描かれる。第35話「インスマ浜の呼び声」が、タイトルから一目瞭然の、クトゥルー神話ネタのエピソードで、団宇市、赤牟などの地名や稀購書『ネジレノミコン』、ダゴンの名を呟くキャラなどが登場する。

**長崎健司・監督／僕のヒーローアカデミア**
ボンズ／2017年3月～

『週刊少年ジャンプ』連載コミックのアニメ版。人口の約8割が〝個性〟と呼ばれる何らかの特殊能力を有する現代世界で、何の能力も持たない無個性でありながら、災害や事故、悪役（ヴィラン）と呼ばれる能力者たちから人々を守るヒーローを目指す少年・緑谷出久。彼と同じく無個性者だった最強のヒーロー、オールマイトに後継者と見込まれた出久は、彼から〈ワン・フォー・オール〉の〝個性〟を授けられるのだった。アニメ版オリジナルエピソードの「それぞれの職場体験」に、やはりオリジナルキャラクターであるタコのような上半身のヴィラン、インスマスが登場した。

**あおきえい・監修／Re:CREATORS**
TROYCA／2017年4月～

漫画家の広江礼威が原案・キャラクターデザインを担当したオリジナル・アニメ。アニメやラノベ、同人誌などのキャラが現代日本に顕現、姫君と呼ばれている軍服姿の謎のキャラクターとの戦いを開始した。戦いに巻き込まれたクリエーター志望の少年、水篠颯太には軍服の姫君に見覚えがあったが、それは彼の苦い思い出につながっていた――。ライトノベル『夜窓鬼録』の犯人キャラである築城院真鍳は、自分の嘘を相手に否定させることで、その嘘を具現化させる能力の持ち主。第6話「いのち短し恋せよ乙女」では、彼女の能力によって、本に書かれたティンダロスの猟犬が出現する。

**山本裕介・監督／しあわせソウのオコジョさん**
RADIX／2001年10月～

宇野亜由美の漫画『オコジョさん』が原作のTVアニメ。オスのオコジョと、その飼主となった大学生・槌谷揺らの周囲で起こるドタバタを描くギャグ。第31話前半のエピソード「科学君の恐るべき実験」において、槌谷と精神が入れ替わった状態で大学に連れて行かれたオコジョを注意する教授の持つテキストが、なぜか『THE NECRONOMICON』である。

**新房昭之・監督／ぱにぽにだっしゅ！**
ガンジス、SHAFT／2005年7月～

脱力系ギャグ漫画『ぱにぽに』が原作。桃月学園の生徒たちと、天才ちびっこ先生・レベッカ宮本を中心に、適度にゆるい学園生活を描く。第拾五話「堅忍不抜」で、橘玲の携帯メールに「いあいあはすたあ ぶるぐとらぐるんぶるぐと」。これに関連し、Bパートアイキャッチで、ベッキーがメタリカ（神話関連の楽曲がある）のベーシストのマネをしている。

**斎藤久・監督／そらのおとしもの**
空美町新大陸発見部／2009年10月～

水無月すうの同名コミックのアニメ版。天空の謎の大陸から落ちてきた有翼の少女、イカロスと出会った高校生・桜井智樹のエロティック・ラブロマンス。第5話「任侠と初夜」のEDパートが、イカロスが世界の海底をさまよい歩く「イカロスの海底大冒険」になっていて、イカロス南太平洋の海底都市を訪問した後、異形の邪神を横目に歩き続けるシーンがある。

**石原立也・監督／中二病でも恋がしたい！**
京都アニメーション／2012年10月～

京都アニメーションが2011年に立ち上げたKAエスマ文庫の第1期作品、虎虎の『中二病でも恋がしたい』が原作のTVアニメ。ドラマCD『極東魔術昼寝結社の夏に聞く黙示録』に『ネクロノミコン』への言及があり、アニメ第二期『中二病でも恋がしたい！戀』第2話でも、水族館でヒロインがルルイエやミスカトニック大学の話をするシーンがある。

**高橋幸雄・監督／犬とハサミは使いよう**
GONZO／2013年8月～

更伊俊介のライトノベルが原作。強盗犯に殺害され、ミニチュアダックスフントに転生してしまった読書バカの晴海和人と、美少女ながらも何かにつけてハサミを持ち出す狂乱の人気ラノベ作家、夏野霧姫の騒がしい毎日を描く。第六話「雨降って犬固まる」は、和人が生前贔屓にしていた本田書店のエピソード。書棚に並ぶ本の中に、『○○のアザトース』がある。

**ねぎしひろし・監督／愛・天地無用！**
AIC PLUS+／2014年10月

人気アニメシリーズ『天地無用！魎皇鬼』の20周年を記念し、シリーズを通しての作品の舞台として「聖地巡礼」の走りともなった岡山県高梁市とのタイアップで制作された5分枠の帯アニメ。物語の二日目、元宇宙海賊の魎呼が天地のために作っている手料理の材料が「アンドロ星雲のクルウルウ星に棲んでいるンダゴン」。天地シリーズ唯一のクトネタである。

**信田ユウ・監督／ハイスクール・フリート**
プロダクションアイムズ／2016年4月

オリジナルアニメ。日本列島の国土の大部分が海中に沈んでしまった、架空の日本が舞台の作品。海上の保安を防衛を担う女性主体のブルーマーメイドの養成学校に学ぶ少女たちの奮闘を描く。第10話「赤道祭でハッピー！」で、晴風クラスの機関員・伊勢桜良が読む占い雑誌『Fortunetelling』の表紙に、「ルルイエの囁き」という特集記事らしき文字がある。

**品川亮・監督／H・P・ラヴクラフトのダニッチ・ホラー その他の物語**
東映アニメーション、幻冬舎／2007年6月

H・P・ラヴクラフトの原作小説を、舞台芸術家としても活躍している人形作家・山下昇平の造形とストップモーションで描き出した、一風変わったオムニバス映画。「家の中の絵」「ダニッチ・ホラー」「フェスティヴァル」の3作品が映像化されている。アニメ、映画、活字メディアを融合させる「画ニメ」と呼ばれる作品群のひとつである。

**ジャン・ギャバン・総監督／スーパーマン アニメ・シリーズ**
ワーナー・ブラザース・アニメーション／1996年～

DCコミックス社のスーパーヒーロー、スーパーマンのアニメ・シリーズで、日本では1999年からカートゥーンネットワークで放送された。シーズン1のファースト・エピソードである「クリプトン最後の息子」において、カル・エル（後のスーパーマン＝クラーク・ケント）の父親であるジョー・エルが、異変の続くクリプトン星北部の地下調査に赴いた際、氷壁の中から出現した緑色の空飛ぶ不定形生物、ショゴット Shoggot に襲われるシーンがある。なお、吹き替え版ではショゴットではなく「アイス・モンスター」に変更されていた。日本語版DVDの第1巻に収録されている。

**バッチ・ルーキック、ダン・リバ・監督／ジャスティス・リーグ**
ワーナー・ブラザース・アニメーション／2001年～

スーパーマンやバットマンなど、DCコミックス社の名だたるヒーローたちが集うヒーローチーム、ジャスティス・リーグの活躍を描くアニメ作品。日本では2002年からカートゥーンネットワークで放送された。シーズン2の第41・42話「異世界からの驚異」に、古代のサナガー星人が崇拝し、アトランティスを脅かしたこともある巨大なタコのような姿の邪神イクトゥルー Icthulhu が登場。この際、この邪神が率いていた怪物たちの中には〈深きものども〉やイゴーロナク、ナイアルラトホテプ、そしてクトゥルーに似た怪物たちの姿があった。残念ながら、日本語版DVDには未収録。

**トレイ・パーカー、マット・ストーン・製作／サウスパーク**
Celluloid Studios、Braniff Productions、他／1997年～

コロラド州の町を舞台に、4人の悪ガキとボンクラな大人たちの珍騒動を描く不謹慎アニメ。日本版はシーズン9までだが、シーズン11の「Imaginationland」で、想像が具現化した怪物の中にクトゥルーが含まれている。また、シーズン14に、次元の穴からクトゥルーが出現し、主人公格のスタンたちがこれを阻止しようとルルイエに赴く展開がある。

**アレックス・ハーシュ・製作／怪奇ゾーン グラビティフォールズ**
ディズニー・テレビジョン・アニメーション／2012年10月～

夏休み中、オレゴン州のスタン大叔父さんの家で暮らすことになったパインズ姉弟が、超常現象に次々と遭遇する物語。第35話で、戸棚に積まれたボードゲームの中に『ネクロノミコンノポリー』がある。また、最終エピソード「ミヨウマゲドン」で、異次元から出現した怪物の中にクトゥルーによく似たC-3-lhuがいる。ディズニー・チャンネルで放送された。

**ー／毘―Vi―、天と地と**
Music in Amber／2008年12月

戦国時代が舞台の、豪華声優陣を揃えたオリジナル・ドラマCD。戦国時代、実は美少女であった毘沙門天の化身・上杉謙信は宿敵、武田信玄率いる軍勢と戦場で対峙していた。世に言う、川中島の戦いであるが、この戦いの背後では、かつて毘沙門天に封印された悪神の影が蠢いていたのであった――。残念ながら、第二話以降は発売されなかった模様。

**ー／螺湮城新伝　既刊2話**
セブンネットショッピング／2016年10月～

セブンネットショッピング専売のオリジナルドラマCD。ヘッドルームの乙女ゲー専門誌『Cool-B』の掲載作品で、脚本は「Dies irae」シリーズの正田崇。遙かな昔、天変地異によって滅び去った超大陸ミヨイを舞台が舞台の物語で、独自解釈に基づく螺湮城（ルルイエのこと）、ヴルトゥーム、ネフレン＝カなどクトゥルー神話由来のワードが用いられている。

……というわけで 4か月にわたって連載した 邪神伝説・番外編 『ティラムバラム』 いかがだったでしょうか？
髪の色がちがうだけか
基本キャラだもん
発売が延びてるけど もう少しまっててね
カツラ
ちがーう ゲームジョッキーだー!

LIBROS DE
CHILAM BALAM
編集部注：
このコミックは左開きなので、本書の末尾側からお読みください。

……こうして
邪神の計画は
未然にふせがれた
ぴーん
……はずだったが？
もしも あなたが店頭で
『ティラムバラム』を
見つけたとしても
決して手を出しては
いけない
なぜならそれは
邪神が仕掛けた
怖るべき罠
なのだから
ギロ
END

ゲームに見せかけた
邪神信仰の洗脳ソフトを
広めようとするたくらみは
私達「ケイオス・シーカー」が
阻止する!!
な…名無し子
じゃなくて
渚!?
月刊NORA
7・8月号にも
前後編で
「リ・バース」が
載ってます
よろしく
PR
私が活躍する
クトゥルフ神話コミック
「邪神伝説シリーズ」
学研NORAコミックスから
「ラミア」「ダーク・マーメイド」
「ラスト・クリエイター」の3冊出てます
おそい!
お…おのれ
よくも!!
あなたの担当編集者
村上弘明はすでに
始末したわ
ソフトハウス ライトスタッフにも
今ごろ ケインたち別動隊が
攻め込んでるはず
もうおしまいよ
観念しなさい!

そは永久《とこしえ》に横たわる死者にあらねど
測り知れざる永劫のもとに死をも越ゆるもの
……というわけで 長い間お待たせしました 『ティラムバラム』！ いよいよ ゲームの紹介です！
おお
4か月目で やっとプレイ できる
……と言っても システム自体は標準的な トップビューのRPGで 特に説明する事って無いのよね
ここは疲れた者たちを休ませる場所です。休んでいきなさい。
ウィルフレッド Level 3 H.P 57 P.P 32
マクシミリアン Level 3 H.P 61 P.P 47
リチャード Level 2 H.P 45 P.P 30
ルカ Level 2 H.P 41 P.P 29
CHILAM BALAM
DQⅣや FFⅣ同様 物語主体の ゲームね
このゲームの最大のウリは 何といっても マジで本格的な 「クトゥルフ神話」世界を 描いてる事！ これに尽きると 言ってもいい
ゲームを終えた時 あなたが知るのは 究極の……
そこまでよ！
CTHULHU
NYARLATHOTEP
YOG-SOTHOTH

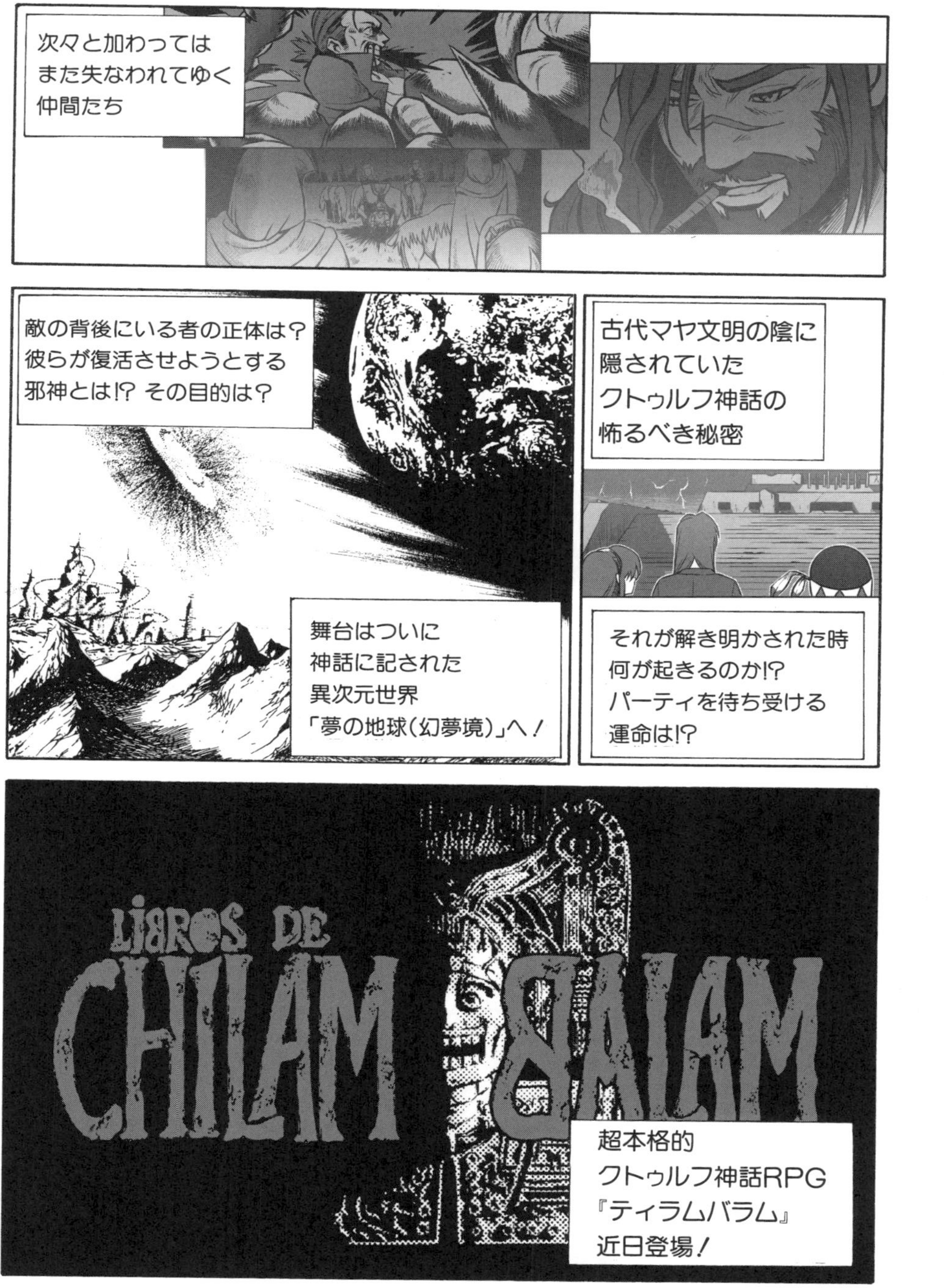
次々と加わっては
また失なわれてゆく
仲間たち
敵の背後にいる者の正体は？
彼らが復活させようとする
邪神とは!? その目的は？
古代マヤ文明の陰に
隠されていた
クトゥルフ神話の
怖るべき秘密
舞台はついに
神話に記された
異次元世界
「夢の地球（幻夢境）」へ！
それが解き明かされた時
何が起きるのか!?
パーティを待ち受ける
運命は!?
LIBROS DE
CHILAM BALAM
超本格的
クトゥルフ神話RPG
『ティラムバラム』
近日登場！

彼らを救ったのは
先住民の少女 ルカだった
部族を皆殺しにされ 行方不明の父を捜す
ルカが持っていたのは
魔道書「偉大なる兄弟への祈禱」
彼女を加えたパーティーは
さらなる謎へと巻き込まれて行く
メキシコで発見された
発掘者を死に至らしめる
巨大な黒い石板
「丘の一族」と呼ばれる
邪教の信者たち
そして 敵の本拠地で
彼らが見たものは!!

アメリカ
西部開拓時代
17歳のカウ・ボーイ
フレッドは
父の形見の旧型拳銃を
奪った犯人を追って
旅に出た
同行する仲間は
兄貴分のマックスと
賞金稼ぎの
エドワード
……だが
突然襲い来る
謎の一団！
彼らは人間ではなかった！
だが！

『ゲームジョッキー』より

# 邪神伝説外伝「ティラム・バラム」第4回

みなさん こんにちは 名前のない 女の子でーす
わし コナン
来月はいよいよ あの クトゥルフ神話RPG 「ティラム バラム プレイしてみます
わくわく
楽しみ
おかげで完成 したそうですよ 「ティラムバラム」
そうでしょう コナンは 食いでが ありますから ね
われわれも 奉仕したかいが あったというものです

闇《やみ》に這《は》う者？
何故だ…!?
「黄衣の王」を
知っているかね
這《は》いよる混沌《こんとん》!?
またの名を……
おまえは!?
まさか……
同じことを
パソコンソフトで
やろうとしたのが
「ティラムバラム」だ
奉仕する相手は
「別の御方《おかた》」だがな
「神話」に出てくる
本の名だ
1度ページを
めくったが最後
読むのをやめる
ことはできず
読み終えたとき
その人間の魂は
邪神ハスアーに
食われ
肉体はゾンビと
なって永久に
邪神に奉仕する
ニャル……
グニャ

きさまら！
彼女に
何を…!?
助けて！
コナン
名無し子!?
くわっ
うっ!?
やめろ！
何をする
ムダだよ　コナンくん
彼女は
生まれかわったのだ

あ!! あれは
LIBROS DE
CHILAM BALAM
カシャ
カシャ
CHILAM BALAM
「ティラムバラム」
完成して
いたのか!
いいや!
それはまだ
サンプル版だよ
まだ少し
足りないものが
あってね
ソフトハウスが
夜休んでる……
おかしいとは
思ったが
やはりワナか
……だが
その用意は
してきてる!
やめたほうがいい
モニターを
見たまえ!

このひと月
「クトゥルフ神話」について
さんざん調べた
「ティラムバラム」の舞台の
時代のアメリカや
中南米の黄金文明についても
……
だが 結局何も
わからなかった
わかっているのは ただひとつ！
あの「ライトスタッフ」のビルに行ったとき
すべては始まったということ
……だから
ドカッ

なおのこと
おまえにがんばって
もらわにゃならんと
ゆーとろーが
コナン！
ゲームジョッキーに穴あける気か？
悪い冗談!!
彼女 ほんとに
先月から行方不明！
だからァ！
わし とても 心配
もういい！
わし ひとりで
さがす!!
困りますねェ
あんまり刺激
されては
なぁに！
案外……
かえって好都合
かもしれませんよ
村上さん
なるほど……
お手並み拝見
と
いきましょうか

こら
……と
ヴィヴィアンの警告もむなしく
名無し子は……

『ゲームジョッキー』より
# 邪神伝説外伝「ティラム・バラム」第3回

ぞくっ

……そのころ

ピロロ……
カチャ
はい
あ テクノポリスの村上さん
え？ 届いた
ほう？
『ティラムバラム』のサンプル版があがりましたか
そいつは楽しみだ

忘れないで！
『ティラムバラム』は
ただのゲームじゃない
いけない！
来る
決して
世に出しては……
な…
何が!?
夢…？
はっ

誰!?
私はヴィヴィアン
どうということ？ やっぱりあれは!?
ピク
はっ!?
お願いです あのソフトの発売を 中止させてください
『ティラムバラム』を 世に出してはいけません 怖ろしいことになります
ヴィヴィアン……って ゲームの設定にあった 「夢の地球(幻夢境)」に住む 「夢見る人《ドリーマー》」!?
そんな…… なぜ!?

やっぱり……
あれは夢？
ただの白昼夢？
いいえ！ 違うわ
あれは確かに……
……そういえば
ソフトの名前は『ティラムバラム』！
「チラム・バラム」じゃなかった
……ということはゲームの元になってる
「書」は別のもの……？ それとも
まさか……
失われた
マヤ語原典!?

あれが
からかわれた
だけ……？
とても そうは思えない……
……でも
それでいいんでしょう？
ごまかせた
とも
思えないが？
でしょうね

…だから
「チラム・バラムの書」に
書かれていることが
必ずしもマヤ人の神話とは
限らないってことさ
何しろアダムとイブの話まで
書いてあったりするんだから
インカ
マヤ
アステカ
だけど あの聯句《れんく》は……
ラブクラフトが
クトゥルフ神話を書いたのは
1920年代よ!!
それに
あの黄金の仮面
……
それ
だけどね
インカ マヤ アステカ 謎の黄金文明
ここを見てごらん
ミシュテカの金細工
モンテ・アルバンより出土
「高さ11センチ」!?
そう
でも……!!
とてもかぶれるような
サイズじゃない
つまり
からかわれたんだよ
キミたちは
ソフトを売るための
話題作りにさ
インカ マヤ アステカ 謎の黄金文明

## 「チラム・バラムの書」

16世紀 マヤを征服したスペイン人は
マヤ人たちの宗教を邪教と決めつけ
徹底的な文化破壊を行った

マヤ文字の使用は禁じられ
すべての書物は焚書《ふんしょ》に会い
永遠に失われた

だが マヤ人たちは新たに
その内容をラテン語で記した
数多くの書物を作った
その総称が「チラム・バラムの書」である

「チラム・バラムの書」には
宗教・歴史・年代記・医学など
さまざまな内容が書かれ
ユカタン北部の都市の多くは
それぞれの「書」を持っていた

しかし 一度失ったものを
記憶のみに頼って復元したためと
征服者に強制されたキリスト教の世界観が
混じり込んだため
原典とはかけ離れた内容となってしまった

「チラム」とは神の預言者の意味で神官職を指す
「バラム」とは征服直前のマヤ神官《チラム》の中で最高位にあった人物の名で
ジャガーあるいは魔術師を意味する
つまり「チラム・バラムの書」とは「神官バラムの預言の書」という意味である

『ゲームジョッキー』より

# 邪神伝説外伝「ティラム・バラム」第2回

うわあアッ
もしもし
テクノポリスさんじゃ
ありませんか？
なかなかおいでに
ならないので……
どうしたんです
こんなところで
あ……
あなたは？
ライトスタッフの
長谷川です
さ どうぞ
……そこは
さっきまでいたはずの
ビルの前でした
さっきのは夢？ それとも……

さあ どうぞ
えんりょ
なさらずに
グフフ
グフ…
どうです
せっかくだから
あなたも
かぶってみては
面白いものが
見えますよ
ゴーン
!
うっ!
コナン!
ド
ザ
化物!
いやあーッ

この黄金像は
確か
ミシュテカ族の
死神……
レプリカ
ですよね
当然？
そう……
思いますか？
え？
「そは永久《とこしえ》に横たわる
死者にあらねど
測り知れざる
永劫のもとに
死を超ゆるもの」
ネ…ネクロノミコン※
ですかァ
やだなーフンイ気出しちゃって
この聯句《れんく》は
「CHILAM BALAMの書」
にも載ってるんですよ
「ティラムバラム」？
この像ね
かぶれるん
ですよ
そして こうすることで
ある秘密が明らかになるんです
その秘密とは……
……そ
そうですか
わかりました
続きはまた
さっきの部屋で……
いいじゃないですか
そんなに
あわてなくても

※ネクロノミコン：神話中たびたび言及される究極の魔道書。ラブクラフトの創作した仮空の書物とされているが実在するとのウワサもある

さて…
実際のゲームの内容は開発担当者から説明させましょう
青柳です
よろしく
なんか魚くさくないか？
うん！なんだろ
ゲーム自体は基本的にトップビューのRPGです
舞台は南北戦争終了後のアメリカ
主人公の父の形見である1丁の単発式拳銃をめぐって事件は始まります
西部劇の世界からしだいに「神話」の世界へ
次々登場する怪しげなキャラクタたち
舞台も南部からメキシコへ
マヤの遺跡
そして夢の……
この銃自体にも秘密がありますがもっとすごいアイテムが登場します
お見せしたほうが早い
こちらへ
あっ！

※"CTHULHU"は本来、人間には発音不可能な音のアルファベット表記であるため「クトゥルー」・「ク・リトル・リトル」などさまざまな読み方をされている

……まず
これを見て
ください
モンスター
デザインの
スケッチです
まさか⁉
こっ……
これは⁉
Ghast
Shantak
Wamp
Gug
Nightgaunt
…そうです
今度の新作

へー
ここが「ライトスタッフ」かァ
…その日
なかなかかっこいー建物だね♡
FUJITYU
CHARP
う~~ ドキドキするなァ
ソフトハウス訪問なんてゲームジョッキー始まって以来初めてだもんね!
楽しみ!
私とコナンは新ゲーム「ティラムバラム」の取材で「ライトスタッフ」を訪れたのでした
久遠に臥したるもの
死することなく
怪異なる永劫の内には
死すら終焉《しゅうえん》を迎えん
え? 今何か言った?
?
何も
お待ちしてました営業本部長の青山です
テクポリのコナンです
名無し子です

『ゲームジョッキー』より
邪神伝説外伝「ティラム・バラム」第1回
漫画・矢野健太郎
協力・さとをみどり